종교개혁 500년,
'以後' 신학

종교개혁 500년, '以後' 신학

루 터 밖 에 서
루 터 를 찾 다

| 변선환 아키브 편 |

이제 종교개혁 以後 신학은 서구적 범주와 개념 없이도 가능할 수 있게 되었다. 선/후천 사상이 '역사유비'의 한 유형인 이상 이것은 기존의 두 신학원리들-가톨릭(존재유비)과 개신교(신앙유비)-과 상관없이 독자적 신학이라 말해도 좋다. 이로써 일찍이 일아(一雅) 변선환이 바랐듯 우리들 사유가 본문(Text)이 되고 서구 신학이 각주(footnote)가 되는, 실로 신학함에 있어 주객의 도치를 이루게 되었다. 이런 전환에 힘입어 기독교 개혁 500년 역사가 항차 축(軸)의 시대에 태동된 일체 종교들을 개혁할 수 있는 계기가 되었으면 좋겠다.

도서출판 모시는사람들

종교개혁 500주년에 신학자들의 반란을 꿈꾼다
- 그때 서기관들처럼 그렇게

몇 해 전부터 종교개혁 500주년이 되는 2017년 10월을 어찌 맞을까를 생각해 왔다. 500이란 숫자의 의미가 중(重)해서뿐만 아니라 기독교, 아니 한국교회의 미래를 위한 변곡점이 될 수도 있다는 위기의식 때문이었다. 하나의 거대한 행사로 이날을 지나겠으나 새로움을 일으키는 사건으로 만들 역량이 이 땅 교회들에게는 없는 듯하다.

2017년 5월, 필자는 종교개혁 500주년을 주제로 열린 독일 개신교의 날 행사를 경험했다. 수십 만이 모인 이 행사에서 독일 교회는 난민을 비롯한 세계적 차원의 문제를 회피하지 않겠다고 천명했다. 마치 하느님께서 곤경에 빠진 하갈의 형편을 살펴주셨듯이(창16:13) 슬픔을 겪는 세상에 대한 교회의 책임으로 종교개혁을 완수하자고 다짐한 것이다. 특히 수많은 젊은이들이 이를 환호하고 아멘으로 수용하는 광경에 감동되었다. 유럽 교회를 향해 죽었다고 선포한 한국교회 지도자들을 무색케 하는 광경을 베를린 교회의 날 행사장에서 목도한 것이다.

이에 반해 사회의 문젯거리로 전락한 이 땅의 교회들의 경우 2017년을 지나는 방식이 정작 너무 안이하다. 아직도 시선은 교회 속에 함몰되었고, 자신에 대한 비판적 성찰보다 보신(保身)에 급급하며, 자기 밖에 적을 세워 자신들의 실책과 잘못을 모면코자 한다. 어느 신학대학들 하나 성한 곳이 없고 교단들마다 돈과 권력을 쫓다 율사들의 노예가 되고 있으니 가관이다. 예수를 여전히 빌라도 법정에 세우면서도 자신들 잘못을 뉘우칠 줄 모른다. 지난 촛불혁명으로 세상은 조금씩 달라지고 있건만 교회의 변화를 가능타 여기는 사람들 수는 아주 적다. 말로는 초대교회로, 혹은 루터시대로 돌아가자 하나 실제로 그리 될 것을 누구도 절박하게 믿지 않는다. 오히려 종교개혁 500년과 함께 교회의 종말을 걱정하는 소리가 커지고 있다. 그렇기에 필자는 2017년이 교회 개혁을 넘어 기독교 혁명의 원년이 되길 바랐다. 천년을 지탱하던 가톨릭교회, 이후 500년을 유지한 개신교를 대신할 새로운 기독교가 이 땅에서 새롭게 태동될 것을 소망하는 것이다.

가톨릭교회가 기독교를 로마화시킨 역사적 형태라면 지금의 개신교는 자본주의화된 종교라 할 것이다. 3개의 '오직'(only) 교리로 대표되는 종교개혁 원리들 모두가 타락한 자본주의 체제를 유지·지탱하고 있는 탓이다. 달리 말하면 현실 교회들이 타락한 자본주의 문화를 떠받치는 밑기둥이 되었다. 행위의 정의로움를 묻지 않는 '오직 믿음', 물질적 축복과 등가(等價)로 이해된 '오직 은총', 그리고 타자 부정적인 문자적 '오직 성서'가 개신교회 내에 만연한 결과라 할 것이다. 주지하듯 대다수 교회들의 존재 양상은 철저하게 자본주의화되어 있다. 2-3중직 현실로 내몰리는 목회자들이 있는 반면 세금을 반대할 정도로 고액 연봉을 받는 성직자들이 병존한다. 몇백 억의 비자금을 조성한 목회자도 있을 정도가 되었다. 이렇듯 빈부격차를 비롯하여 성직매매, 교회대물림 현상이 편법으로 확산되고 있는 바, 총칭하여 영적 파산의 경지라 할 것이다. 신앙보다는 법과 돈이 우선가치가 되었고, 평화와 관용보다는 배척과 정죄가 교회적 에토스가 되었기에 날개 없는 천사처럼 이들의 끝이 너무도 명백해 보인다.

이 책을 구상하기 전 읽은 책 중에서 성서신학자 A. 호슬리가 쓴 『서기관들의 반란』이란 책이 있다. 포로기 이후 제사장 중심으로 이스라엘 역사가 전개되었고 제사상들 곁에서 그들을 도우며 백성들의 종교적 삶을 이끌었던 서기관의 역할도 작지 않았음도 배웠다. 하지만 서기관들을 비판적으로 언급한 신약성서 탓에 이들에 대한 평가는 상대적으로 박했고 부정적이었다. 오늘의 신학자들이 바로 구약시대 말기로부터 신약성서 시대를 살았던 서기관들, 율법학자들과 동류(同類)라 할 것이다. 포로기 말엽, 이스라엘 민족을 이끌었던 제사장들이 외세와 결탁하며 집단적으로 타락하자 서기관들은 이들의 문제를 지적·비판했으며 그 비판의 근거이자 토대로서 묵시문학 문서들을 쏟아냈다. 인습화된 성전(교회)이 아니라 '새로운 신학', 즉 묵시문학에 바탕한 이스라엘 종교운동을 이끌었던 것이다. 당시 이들 서기관들은 현실비판을 넘어 현실을 부정할 만큼 제사장들의 성전신학과 불화했고 반목했다. 하느님의 새로운 현실이 이스라엘 역사 속에 재현되길 바라서였다. 이를 일컬어 호슬리는 '서기관들의 반란'이라 칭했다. 그렇다면 종교개혁 500년을 맞은 시점에서 이 땅의 신학자들 역시 교회 현실에 대해 반란을 꿈꿔야 하지 않을까 싶다. 삶이 고단하고 어렵기에 눈감고 '을(乙)질'을 감내하며 사는 현실을 충분히 이해할 수 있다. 하지만 아예 길들여져 무수한 갑(甲)에 대해 용비어천가를 읊거나 힘 있는 제사장들 곁에서 권력을 탐하고 이득을 구하는 이들이 적지 않은 현실에는 분노한다. 교회를 섬기는 학문이란 이름하에 신학자는 신학의 비판적 기능을 방기할 수 없다. 목회자들이 타락한 시대에 신학자들은 루터가 보였던 그 저항(protest)을 온몸으로 보여줄 일이다. 물론 이 책을 함께 쓴 저자들이 필자의 생각과 같을지는 모를 일이다. 하지만 이런 생각으로 필자는 이 책을 기획했다. 종교계에서 이런 일이 일어나지 못한다면 그것으로 종교는 끝이다. 계시종교로서 자부심 넘친 기독교라 할지라도 바람에 날리는 한 줌 티끌에 다름없게 된다. 불교계 적 폐청산을 위해 단식하는 한 스님의 이야기도 귀감으로 삼아야 할 것이다.

이 책은 2016년 10월, 종교개혁 500주년을 1년 앞둔 시점에서 기획되었다. 고(故) 변선환 선생님 20주기 행사를 마친 시점이기도 했다. 선생님이 살아 계셨다면 2017년에 무슨 생각을 하며 지나셨을까를 상상한 결과라 말해도 좋겠다. 변선환아키브 이름으로 의사를 타진했고, 학자들을 모았다. 필자의 제자들로서 아키브에서 활동한 소장학자들 다수가 마음을 합해 주었다. 그리고 감신대 밖의 학자들로서 평소 필자가 눈여겨 보았던 몇몇 소중한 학자들도 함께했다. 신학 방향성은 다를지라도 삶과 생각이 진실했기에 필자가 적극 청한 경우라 할 것이다. 전남 고흥, 프랑스 파리, 그리로 일본 오사카에서 강의하며 글을 쓰는 제자들도 필자의 계획에 힘을 보태주었다. 낮에는 강의하고 밤에는 아르바이트를 하며 살아가는 제자들도 죽을 힘을 다해 글을 써주었다. 목회자이면서도 학자의 본분을 지키며 살던 이의 글도 함께 실렸으니 참으로 고맙고 감사하다. 이는 모두 변선환 선생의 삶을 존경했고 필자의 청(請)을 거절 못한 결과였겠으나 하늘의 은총이라 생각한다. 종교개혁 500년을 맞아 한국 땅에서도 서기관들의 반란이 일어나는 징조라 믿는다.

그동안 10번 이상 모였고 하룻밤을 지새웠다. 이 책을 공동 지성의 산물로 만들고 싶었던 까닭이다. 필자는 집필진들에게 두 가지 원칙을 제시했다. 첫째는 최소한 종교개혁을 이끈 루터의 신학과 일정부분 논쟁할 것이며, 둘째는 그 논쟁점을 아시아적 시각에서 진일보시켜야 한다는 것이었다. 토착화 신학 전통 속에서 살아온 필자에게 이런 원칙은 대단히 중요했다.

더구나 루터에게로 돌아가는 것이 능사가 아니라 루터의 시각으로부터 자유롭게 되는 것이 신학발전에 필요하다는 성서학자들의 의견도 있었던 탓이다. 집필자 19명 모두가 이런 원칙을 지켜 글을 완성시키지는 못했으나 우리는 모일 때마다 토론했고 각 저자들의 생각을 수정토록 요구했다. 지난한 과정이었고 귀찮은 일이었으며 때로는 마음이 불편하기도 했을 터인데 잘 감내해 주었다. 모두가 인격적으로 성숙했기에 가능했던 일일 것이다. 끝까지 함께하려 했으나 상황이 여의치 않아 도중에 글을 포기한 몇몇 분들 얼굴도 떠오른다. 안타까워하며 마음을 접어야 했던 선생님들께도 심심한 감사를 드린다.

19명의 글을 받고 필자와 편집위원들(이은선 교수, 최태관 박사, 홍정호 박사, 김광현 전도사)이 몇 차례 모여 다음처럼 분류했다. 처음 뜻과는 글 방향이 달라진 것이 있었기에 묶어내는 일이 쉽지 않았다. 그럼에도 크게 네 갈래로 묶을 수 있었다. 제1부에는 루터 신학 자체를 심화시키거나 서구적으로 적용·발전시킨 글 몇 편을 묶었다. 아무리 루터를 비판해도 루터 신학의 공(功)을 부정할 수 없기 때문이다. 해서 제1부의 제목을 '루터 안에서 루터를 톺아보기'로 했고 여기에 해당되는 저자들이 제법 많았다. 제2부에서는 서구 신학에서 루터를 비판적으로 극복하는 제(諸)시도를 담았다. 이미 루터 파에 속하는 키에르케고어와 본회퍼 등이 루터 신학의 비판자였던 것을 기억할 것이다. 그래서 제2부의 제목을 '루터를 넘어 루터 밖으로 나가기'라 했다. 루터 신학에 대한 서구적 비판을 상세히 소개할 목적에서이다. 제3부는 제1부와 연계된 것으로 루터신학의 긍정적 모티브를 한국적 정황에서 창조적으로 수용한 글들로 구성했다. 루터의 찬송가 이해, 루터의 예배관 그리고 성만찬론들이 아시아적으로 재의미화될 것이다. 따라서 이 장의 제목을 '루터,

아시아적 토양에서 만나다'로 했다. 제4부에는 이 책의 결론이자 최초 의도한 것으로서 '루터 밖에서 아시아적으로'라는 표제어를 붙였다. 이는 이 책 제2부와 짝을 이루는 내용으로서 루터에 대한 서구적 비판을 아시아적으로 재구성한 글들을 총칭하는 말이다. 종교개혁 以後 신학을 상상하는 창조적 무례를 범하는 글들을 만나게 될 것이다. 서기관들의 반란 중에서는 가장 치열한 반란이 될 것을 기대한다. 시장 자본주의에 기생하는 기독교에 대한 비판으로부터 시작하여 선교(宣敎)를 선교(先交)로 보는 새로운 선교관, 유교적으로 재해석된 기독교 나아가 가톨릭(존재유비)과 개신교(신앙유비)를 넘는 새로운 기독교의 원리도 선보일 것이다. 루터 밖에서 새로운 루터가 발견되기를 소망한다.

지난 1년간 이 책을 구성하고 엮어 가느라 마음을 많이 썼다. 쉽지 않은 일이었다. 지금까지의 모임에 빠지지 않고 참여해 준 이들이 고맙다. 먼 거리에서 달려와 발제를 해 주고 글을 보내준 제자들에게 마음깊이 감사한다. 그때마다 힘을 주고 마음을 다한 제자들 덕에 여기까지 온 것이다. 이 책을 엮어 내면 뭔가 세상이 달라질 것이라 생각했으나 지금 이 순간 마음이 다시 헛헛해진다. 교회 현실이 조금도 달라지지 않을 것 같은 참담함 때문이다. 그러나 대학을 떠나는 순간부터 지속적으로 말해 왔듯이 "글로써 세상을 흔들지 않으면 세상은 한 치도 흔들리지 않는다"는 말을 믿고 따르고 있다. 글을 쓰는 것이 우리들 본분이다. 그러나 우리의 글이 제사장 신학을 비판했던 서기관의 마음으로 쓰여졌다면 분명 반향이 있을 것이며 세상을 흔들 수 있을 것이다. 글에 삶이 실려지면 말이다.

종교개혁 500년을 맞아 신학자의 역할이 소생해야 한다. 세월호 以後의 교회, 신학을 말하기 위해서라도 말이다. 이 책을 통해 신학자의 역할이 되물어질 수 있다면 그보다 큰 기쁨이 없겠다. 현장(顯藏) 아카데미에 마련된 작은 공간에서 이런 작업이 시작된 것을 감사하며 변선환아키브 회원들 그리고 신옥희 선생님의 노고를 치하드린다. 끝으로 홍정호 박사를 비롯한 네 분 편집위원 선생님들의 헌신에 재차 감사하며 집필자를 대신하여 머릿글을 쓴다.

2017년 8월 22일 이정배 삼가모심

| 제1부 |

루터 안에서
루터 톺아보기

"그리스도가 우리 안에"

- '개혁', 변화냐 인식이냐?

1. 들어가는 말

이 글에서 필자가 다루려는 내용은 다음의 명제로 정리해 볼 수 있다.

> *'개혁'은 교회의 기초, 신앙의 기초, 곧 예수 그리스도를 통해 이루어진 하나님과 인간의 관계에 대한 바른 인식에서 비롯된다. 그리스도를 통해 세워지는 관계의 변화에 대한 인식은 삶의 변화와 분리되지 않는다. 기독교 복음적 의미에서의 개혁에서 신앙 및 교회의 기초에 대한 바른 인식과 외형상의 변화는 동시적인 것이기 때문이다.*

특히 루터에게서 나타나는 개혁의 의미를 고찰해 보는 가운데 이 명제의 정당성을 살펴보고자 한다. 루터의 개혁이 오늘날 정당하게 받아들일 수 있느냐 하는 문제는 다른 문제이고, 이 논문에서는 오직 루터의 개혁의 의미를 밝히는 데에 집중하고자 한다. 이로써 필자는 오늘의 시공간에서 개혁의 의미와 방향을 위한 단초를 제안해 볼 것이다.

1) '개혁', 세속적 및 기독교적 이해: 변화의 노력, 이상 추구, 예방적 조치, 진보

교회 안팎으로 불만족스러운 일들이 많다 보니 흔히들 지금은 '개혁의 시대’라고 말한다. 개혁의 필요성과 요구는 점점 더 강해지고 있다. 현실이 원칙에서 벗어나 있다는 판단에서 비롯한 시대 읽기의 결과다. 그런데 우리가 직면하고 있는 것은 개혁의 외침과 의지와 달리 이렇다 할 변화가 없는 현실뿐이다.

‘개혁’은 크게 네 가지 의미로 사용된 것 같다. 첫째, 원칙으로 돌아가자는 것이고, 둘째, 과거의 잘못으로부터 벗어나 새로운 사회를 실현해 보자는 것이다. 그러나 그동안 이 두 가지 의미에서 행해지는 개혁은 만족스럽지 못했다. 셋째, 개혁은 예방적인 조치로 나타난다. 개혁을 외친다고 해서 현실에서 크게 변화되는 것은 없지만, 앞으로는 그런 일들이 다시 일어나지 않도록 해서 결국에는 새로운 사회를 경험하도록 하는 것이다. 끝으로 ‘개혁’의 의미 가운데는 ‘점진적인 진보’라는 의미가 담겨 있다. 지금보다 더 나아지리라는 기대를 갖고 끊임없이 도전하는 것이다. 목표를 향한 꾸준한 노력을 표현한다.[1]

교회와 신학교 안에서의 상황 또한 크게 다르지 않다. 2017년은 종교개혁 500주년을 기념하는 뜻깊은 해이지만, 사실 해마다 종교개혁을 기념하는 날이 되면 그리스도의 법과 정신을 구체화시키자는 의미에서 ‘개혁’에 관심이 집중되었다. 각 교단의 총회 때마다 신학적으로 더 이상 정당화될 수 없는 이유로 사분오열된 교단이 이제는 한 기구 아래 통합되어야 한다고 소리를 높이고 있지만, 실제적인 변화로 이어지진 못하고 있다. 그동안 수없이 외쳐진 각종 개혁들을 되돌아보면, 그것들이 단순히 ‘기독교’의 명분만을 세워주는 일에 불과한 것이 대부분이 아니었나 하는 의구심을 갖는다. 더욱 안타까운 일은 그런 결과에 대해 아무런 반성이나 부끄러움도 없이 살아가는 사람들이 지금도 교계와 학계에서 나름대로 큰일들을 계획하며 실행해 나가고 있다는 사실이다. 뜻있는 사람들의 의지는 경직된 사고를 가진 몇몇

지도자들로 인해 한계에 부딪히고 있다. 개혁의 외침은 계속되어 왔고 또 지금까지 계속되고 있지만 변화가 뒤따르지 못하는 이유는 무엇인가?

교회와 신학계에서 말하는 '개혁' 역시 일반 사회에서와 마찬가지로 부정적인 현실을 극복하기 위해 원칙을 회복하고 또 새로운 시대에 부합된 새로운 현실을 형성해 나가며, 앞으로 일어날 수도 있는 잘못들에 대한 경고로서, 또 외형상의 모순과 부조리를 근절하면서 교회와 신학에서의 변화를 추구하면서 한 걸음씩 앞을 향해 나아가는 진보로 이해되고 있음을 확인해 볼 수 있다. '개혁'(Reformation)[2]에 해당되는 개념이 원래 '정치적인 변화' 혹은 '삶의 상황들의 개선'이라는 의미를 포함하고 있기 때문이다. 교회의 개혁은 형태의 변화가 아니라 내부의 변화 곧 갱신(Erneuerung)에 가깝다.

2) '개혁'은 인간의 행위인가, 하나님의 행위인가?

'개혁'의 필요성을 공감하면서 개혁을 실천하려 할 때 제기되는 몇 가지 질문들이 있다. 개혁의 필요성에 대한 주장은 무엇에 근거하는가? 개혁은 어떻게 시작되는가? 개혁의 주체는 누구인가? 이런 질문들에 직면할 때마다 개혁에 대한 질문은 대개 규범을 묻는 질문으로 바뀐다. 다시 말해서 인간이 주체가 되는 행위를 문제 삼게 되면서, '개혁의 문제'는 시대를 바르게 판단하도록 돕는 '규범을 묻는 질문'으로 탈바꿈되고, 규범은 보통 인간의 이념(이데올로기)이나 이상으로 채워진다. 그래서 사람들은 한편으로 이념에 맞지 않는 결과로 이끄는 원인들을 제거하는 데 최선의 노력을 기울이며 개혁을 추진해 나가지만, 결과적으로 개혁에 대한 합의에는 이르지 못한 채 입장 차이만을 확인할 뿐이다. 다른 한편으로 이러한 딜레마에서 벗어나기 위해 과거에 이미 동의되었고 인정되어 온 규범을 재확인하는 일로 나타나기도 한다. 처음과 너무나 다른 현실을 보며 초심으로 돌아가려는 노력이 개혁운동으로 나타나는 것이다.

이처럼 인간의 행위로써 세대와 세대를 이어가며 계속해서 주장되는 '개혁'은 회복, 개선, 갱신, 정화 등 지금과는 다른 현실을 추구하자는 것이었고, 새로운 시대에 부합하는 모습을 회복해야 한다는 요구였다.[3] 개혁이 이처럼 인간의 행위로 이해되기 때문에 종교개혁을 기념할 때마다 '현실 개혁'이 우리 삶의 중심적인 과제로 느껴지는 것은 부정할 수 없는 사실이다. 여하튼 500주년 종교개혁 기념일을 맞이하면서 오늘 우리 모두가 원하는 것은 오직 한 가지다. 개혁의 정신이 지금 이 땅에서, 교회에서, 그리고 신학교에서 나타나도록 하는 것이다.

개혁에 대한 소망과 함께 제기되는 질문이 있다. 도대체 무엇이 변해야 하고, 또 어떻게 변화되어야 하는 것인가? 개혁을 판단할 만한 기준은 무엇인가? 만일 교회에서 요구하는 개혁의 의미 역시 진정 인간의 행위에 의해 '새로운 것으로 변화되는 것'을 의미한다면, 세속적인 의미에서 추구하는 개혁과 무엇이 다른가? 루터(Martin Luther, 1483-1546)에게서 발견될 수 있는 '개혁'의 의미가 바로 이러한 '변화'를 말하는 것인가? 아니면 루터는 현실에서 숨겨져 있는 하나님의 행위, 이미 성취된 약속에 대한 바른 인식을 추구한 것인가? 부제로 제기된 질문인 "변화냐, 인식이냐?"는 바로 이러한 배경을 염두에 둔 것이다.

500년 전, 그러니까 1517년 10월 31일은 독일의 신학자 마르틴 루터가 교회에 해를 끼치는 여러 악폐들을 경험하면서 이에 대한 의문점들을 95개조 반박문의 형태로 기록해 그것을 비텐베르크(Wittenberg) 대학 게시판에 붙인 날이다. 장로교 전통의 신학교와 교회는 비록 쯔빙글리(Huldrych Zwingli, 1484-1531)와 칼뱅(Johannes Calvin, 1509-1564)에 의해 기초된 개혁주의 전통에 속해 있지만 오늘 같은 날에는 그 기념비적인 날짜로 인해 루터의 종교개혁의 의미를 되새겨보는 것이 바람직하다고 생각한다. 사실 어거스틴(Augustinus, 354-430)의 죄론과 은총론에 큰 영향을 받은 루터 스스로는 '개혁'이 하나님의 행위에 속하는 것이기 때문에 자신의 주장과 행위를 '개혁'이라고 명명하지 않았다. 또 그런 이름으로 루터를 정치나 사회개혁에 이용하려는 일련의 행위들에 대해서도 부정적인 시각을 갖고 있었다.[4] 그럼에도 불구하고 새로운 시대를 꿈꾸며 역사로부터 교훈을 얻고자 하는 많은 사람들에게 루터는 개혁의 선구자로 인식되어 왔다. 이것은 루터의 개혁을 오해한 것에서 비롯한 것이고 이 오해를 수정하려는 것이 바로 이 글의 목적이다. 이 글을 통해 필자는 특별히 개혁교회의 본질을 구성하는 '개혁'의 본래적인 뜻이 좀더 명확해질 수 있도록 노력해 보겠다.

3) '개혁'에서 변화와 인식의 문제

개혁교회 전통에 선 교회들의 경우 '개혁'은 한편으로는 교회의 기초에 해당되지만 다른 한편으로는 교회의 본질적인 과제에 해당된다. 개혁교회는 개혁을 기반으로 세워졌기 때문에 개혁은 교회가 자기 스스로를 인식하고 성숙해지는 과정의 추진력을 제공하고, 교회가 나아갈 방향을 제시하며, 또한 참 교회됨을 바로 인식하게 하는 원리로 작용한다. 그래서 개혁교회를 가리켜 '끊임없이 개혁되는 교회'라고 하는 것이다. 개혁교회는 올바른 기초 위에 있고, 세상과의 관계 속에서도 하나이고 거룩하고 보편적이며 사도적인 교회로서의 모습을 잃지 않으며, 또한 예수의 정신으로 새롭게 개혁되기를 주저하지 않는다는 말이다. 엄밀히 말해서 이런 의미의 '개혁'이 종교개혁을 통해 비로소 형성되진 않았다. 기존의 흐름들이 종교개혁을 통해서 좀 더 분명하게 밝혀졌고 또 확실한 근거를 얻게 되었다고 볼 수 있다. 그런데도 우리는 종교개혁의 기본정신을 루터에게서 발견한다. 왜냐하면 그것은 앞서 언급한 '외형상의 변화'와는 다른 의미에서의 '개혁'이었기 때문이다. 루터는 교회의 외형적인 변화가 아닌 기초, 곧 하나님과 인간의 관계에 대한 새로운 인식으로서 '개혁'의 의미를 보여주었다는 것이 필자의 생각이다. 이것이 루터에게 있어서 얼마나 근본적인가 하는 것은 그가 1532년 시편51편에 대한 강의에서 진정한 의미에서의 신학의 대상은 "죄를 짓고 멸망 받게 된 인간과 [그 인간을] 의롭다고 칭하시고 구원하시는 하나님"[5]이라고 본 것에서 확인해 볼 수 있다. 그의 신학은 처음부터 인간과 하나님 인식에 초점이 맞추어져 있었던 것이다: 나는 하나님과 영혼을 인식하고자 한다. 그렇다면 그 밖에 다른 것은? 아니, 그 이외에 것에 대해서는 아무런 관심도 없다(Deum et animam scire cupio. Nihilne plus? nihil omnio).

그러므로 루터의 '개혁'은 '개혁'이라는 이름으로 시도된 기존의 정치적, 사회적, 종교적 노력들과 마땅히 구별되어야만 한다. 사실 루터의 노력이 '개혁(Reformation)'이라고 불린 것은 1688년 예수회 신부인 마임부르크(Maimbourg)가 루터를 비난한 것에 대해 젝켄도르프(V. L. von Seckendorf)가 루터를 방어하는 과정에서 언급한 것이 처음이었다.[6] 루터의 노력이 한참 후에 '개혁'이라 불린 것에 주목할 필요가 있다. 그것은 '개혁'의 의미가 루터 당시에도 아직 분명하게 규정되지 않았다는 말이고, 어거스틴과 마찬가지로 루터마저도 '개혁'을 하나님에 의해서만 일어날 수 있는 일로 생각했기 때문이다. 젝켄도르프가 후에 루터의 노력을 '개혁'이라 일컬은 것은 그가 루터의 '개혁'에서 외형상의 변화가 아닌 본질적인 부분을 발견했기 때문이다. 그것은 교회의 기초, 신앙의 기초, 곧 예수 그리스도에 대한 바른 인식이었다. 예수 그리스도를 통해 나타난 하나님과 인간에 대한 새로운 인식과 그것에 대한 칭의

론적인 근거가 제시되면서 외형상의 변화는 필연적인 것이 되었고 또 그 과
정은 과격하지 않게 자연스럽게 이루어졌다.[7] 이 점을 좀더 자세하게 살펴
보자.

2. '개혁'은 '신학적'인 사건

'개혁'의 참다운 의미를 생각하려 할 때 먼저 염두에 둘 두 가지가 있다. 하
나는 루터의 종교개혁이 16세기의 시대적 상황에 따른 당연한 귀결은 아니
었다는 사실이다. 시대 상황을 전적으로 배제할 순 없으나 루터의 독립적인
노력이 더욱 결정적이었다. 당시 농민전쟁(Bauernkrieg, 1525)과 같이 잘못된 현
실을 개선하려고 추진된 개혁의 움직임들은 성공하지 못했을 뿐 아니라 루
터의 동의도 얻지 못했다. 당시 루터의 개혁운동을 천년왕국설에 근거해서
환영했던 사람들은 루터의 이러한 태도에 크게 실망할 수밖에 없었다. 그
결과 루터는 자신의 개혁운동에서 중요한 지지 세력들을 잃는 아픔을 감수
해야만 했다. 심지어 정치, 사회, 종교적인 측면에서 보았을 때 개혁운동가
로서의 루터는 "좌절된 혁명가"로 간주될 수 있을 정도다.[8] 하나님과 인간의
인식이 그의 개혁에 있어서 더욱 결정적이었다는 말이다. 루터의 노력이 성
공할 수 있었던 배후에는 루터의 철저한 성서 연구가 있었다. 루터는 성서
연구를 통해서 하나님의 약속은 세속적인 힘을 통해 얻을 수 있는 것이 아
니라 오직 하나님의 말씀에 근거할 때 인간들 가운데서 성취된다고 보았다.

다른 하나는 세속적인 의미에서의 개혁운동을 생각할 때 루터가 선구자
로 간주될 수는 없다는 사실이다. '개혁'을 이해하는 데 차별화가 필요하다
는 말이다. 사실 루터 이전에도 로마 가톨릭 교황에 의해 주도되는 정치, 경
제에 대한 사람들의 불만은 여러 가지로 표현되고 있었다. 잉글랜드의 콜

렛(John Colet, 1467-1519)[9]과 프랑스의 쟈끄 르페브르 데따풀르(Jacques Lefévre d'Etaples)[10] 그리고 네델란드의 에라스무스(Desiderius Erasmus, 1466?-1536)와 같은 인문주의자들에 의한 교회 비판이 있었다. 이들은 개혁의 필요성과 정당성을 고전연구에 바탕을 두고 역설해 나갔다. 합리적인 관점에 부합한 사회적인 규범을 개혁의 근거와 방향으로 삼은 것이다. 변화를 수용하기 위해서는 스스로를 개혁자들의 비판에 노출시켜야 했기 때문에, 당시의 기득권자였던 교회가 개혁의 뜻을 받아들이는 일은 쉽지 않았다. 이렇게 경직된 교회에 대해서 그들은 교회의 각종 비리와 비합리적인 신학에 대한 비판을 통해 개혁의지를 펼쳐나갔다. 이처럼 사회 각 분야에서 로마 가톨릭과 신학의 개혁을 요구하는 소리는 계속되고 있었다. 그 가운데 영국의 휘클리프(John Wycliffe, 1330-1384)와 보헤미아의 후스(John Huss, 1369-1415)의 개혁은 당시 교회의 가장 큰 위험요소로 여겨졌다. 이들에 따르면, 구원에 관한 한 지상의 교회는 불필요하고, 오직 신앙과 성서만이 내세의 생을 달성하는 데 주요한 수단이기 때문이다. 교회의 부패와 타락의 정도가 극심했기 때문에 이렇게까지 과격한 주장이 제기된 것이었다.

스페인과 프랑스, 그리고 영국은 강력한 정치력을 바탕으로 이미 로마 가톨릭으로부터 벗어나 독자적인 길을 가고 있었지만, 당시 독일은 지방분권이 지나치게 강화됨으로써 상대적으로 중앙집권의 힘을 상실해 외부세력에 무력할 수밖에 없었다. 그 결과 독일은 주변의 강대국들과는 달리 여전히 로마 가톨릭에 충실하였다. 어떻게 보면 매우 순진한 국민들이었다. 독일의 이런 상황을 잘 알고 있었던 교황 레오 10세가 베드로 성당 증축[11]을 위한 기금을 모으기 위해 1515년 면죄부(Ablassbrief) 판매령에 재가하고 난 후 면죄부는 독일 북부지방에서부터 판매되었다. 면죄부 판매는 신앙이 물량주의로 이해될 수 있다는 것을 말해주고, 다른 한편으로는 거룩하신 분의 권위가 교회지도자들에 의해 심하게 훼손되었다는 사실을 보여주는 것이었다. 루터는 신학적인 오류에 기초한 이런 면죄부가 어린양들에게 미치는 끔찍한 악영향을 직시했다. 그는 1516년 7월 처음으로 면죄부에 대한 의문을 제기하는 설교를 했다. 일련의 설교를 통한 호소에 아무런 반응을 얻지 못한 루터는 일 년 후인 1517년 10월 31일에 95개조 반박문을 발표하였다. 이를 통해서 루터가 원했던 것은 새로운 교회를 건설하거나, 교황에 의한 정치나 경제적인 측면의 개선을 촉구하는 것이 아니었다. 그것은 독일 지역 내에서 재정조달을 위해서 면죄부를 팔았던 마인쯔(Mainz), 막데부르그(Magdeburg) 대주교인 알프레히트(Albrecht)의 양심에 호소하는 것이었고, 순전히 면죄부의 효능을 묻는 신학적인 질의와 반박이었다.[12] 그의 반박문의 처음에는 그의 이런 의도가 잘 나와 있다. 루터는 자신이 이 반박문을 게재하는 이유를 설명하면서 "진리를 사랑하는 마음과, 진리의 기초를 세우기 위한 노력을 위해"[13] 논점을 제시한다고 말했다. 신학적이라 함은 면죄부 판매를 비롯한 당시 교회의 관행이 잘못된 신학에 기초되어 있었기 때문에 그것에 대해 이의를 제기한 것이었음을 의미한다. 그의 이런 태도가 2년 후에 가서는 "면죄부는 로마[가톨릭]의 가식적 행위로서 전혀 무용한 것이다"[14]라고 비판했을 정도다. 개혁의 처음은 이렇게 시작되었고 그것은 잘못된 현상을 일으킨 원인으로 잘못된 신학을 비판한 것이었다. 곧 개혁의 단초는 올바른 신학적 인식에 있었다. 이 사실을 다음에서 좀 더 살펴보자.

3. 루터의 칭의 사건 이해

1) 신학적 인식

> 내가 복음을 부끄러워하지 아니하노니 이 복음은 모든 믿는 자에게 구원을 주시는 하나님의 능력이 됨이라 먼저는 유대인에게요 그리고 헬라인에게로다. 복음에는 하나님의 의가 나타나서 믿음으로 믿음에 이르게 하나니 기록된바 오직 의인은 믿음으로 말미암아 살리라 함과 같으니라.
>
> (롬 1:16-17, 참고; 갈 2:16-21)

이 말씀은 "보라 그의 마음은 교만하며 그 속에서 정직하지 못하나 의인은 그의 믿음으로 말미암아 살리라"는 하박국 2장 4절을 인용한 것이다. 이 말씀에 근거한 사도 바울의 의인사상은 롬 3:28, 갈 2:16과 3:11에도 기록되어 있다. '개혁'의 참다운 의미를 바로 이해하기 위해서는 종교개혁의 근거가 된 이 본문을 루터가 어떻게 이해했는지 아는 것이 중요하다. 루터는 이 말씀을 새롭게 깨닫고 받은 감동을 회고하며 1545년에 다음과 같이 말했다.

> … 내가, 하나님의 의와 그리고 '믿음으로 의롭다하심을 받은 사람은 살 것이다'라는 말씀 사이에 관련이 있음을 알 때까지 나는 밤낮으로 생각해야만 했다. 그때 은총과 완전한 사랑을 통해 하나님은 믿음을 가진 우리를 의롭다고 인정하시는데 바로 그것이 하나님의 정의라는 것을 알게 되었다. … 그래서 나는 내 자신 새롭게 거듭나고 천국으로 열린 문을 통과하는 듯한 느낌을 가질 수 있었다. … [15]

이 체험은 흔히 Turmererlebnis라고 불려진다. 직역하면 '탑 체험'인데, 루터가 연구하며 보냈던 방이 비텐베르크 수도원 탑에 위치했던 관계로 이렇게 불려졌다. 하나님의 행위에 대한 인식의 변화는 루터로 하여금 새롭게 태어나고 심지어 천국의 열쇠를 얻은 것 같은 느낌을 갖게 만들었다. 새로운 인식은 새로운 경험을 가능하게 했다.[16] 그는 바로 이러한 인식에 근거해서 당시 교회의 신학에서 근본적인 잘못을 보았다. 루터에게 있어서 인간의 선한 행위는 우리 안에 계신 그리스도를 통해서(빌 1:6: 너희 안에서 착한 일을 시작하신 이가 그리스도 예수의 날까지 이루실 줄을 우리는 확신하노라.) 새로운 것을 창조하시는 하나님의 의에 따른 결과이다. 하나님의 의는 성령의 인도하심에 따르는 순종의 삶 속에서 그리고 이웃 사랑의 삶, 곧 종의 삶 속에서 보다 분명하게 드러날 뿐만 아니라 또한 새로운 믿음을 창조해 나간다 함이다.

인식 자체가 동기가 되었다면 특별히 루터로 하여금 구체적인 제도의 변화로까지 이끌어 가도록 한 인식의 변화는 무엇인가? 교회와 전통에 대한 믿음으로부터 하나님에 대한 믿음으로의 변화였다. 교회가 가르침의 중심이 되고, 교회의 전통이 성서보다 우위에 서고, 교회의 판단과 구원에 자신을 내맡기는 신앙으로부터 은혜로운 하나님의 판단에 자신을 내맡기는 신앙으로의 전환이었다. 구체적으로 살펴보면 다음과 같이 몇 가지로 정리해 볼 수 있다.

먼저 루터에게 있어서 하나님 인식은 두 가지 의미로 이해된다. 이것은 칼뱅이 기독교 강요에서 말한 하나님에 관한 두 개의 지식과 일치한다. 하나는 실존적인 인식에 가까운 것으로 십자가를 통한 인식이다. 이것은 인간이 십자가를 만남으로써, 곧 예수 그리스도를 통해 나타나신 하나님을 인격적으로 만나게 되고 자신을 죄인으로 인식함으로써 하나님을 용서와 구원의 하나님으로 인식하게 된다 함이다. 이런 인식은 믿음을 통한 인식으로 삼위일체, 예수 그리스도의 두 개의 본성, 성찬식에서 그리스도의 임재 등을 알도록 한다. 인간이 스스로를 하나님의 행위에 노출시킬 때 얻어지는 것으로 믿음을 통한 인식을 통해서 하나님을 고백할 수 있게 된다.

또 다른 인식은 이성에 의한 인식이다. 스콜라철학적 전통에 따르는 인식으로는 하나님의 존재나 선, 은혜, 자비와 같은 그의 속성들, 세상의 근원자라는 것, 하나님의 공의와 그의 계명들 가운데 일부를 알 수 있게 한다.[17] 그러나 이성에 의한 인식으로는 하나님을 고백할 수 없다고 본다. 이성은 본성적으로 자기중심적이고 또 하나님으로부터 독립되려는 경향을 가지고 있기 때문이다. 그렇다고 해서 루터가 신학에서 이성을 배제하거나 간과한 것은 결코 아니다. 이성은 앞서 언급한 자연신론적인 지식 이외에 믿음에 의해 얻어진 지식에 대해서 숙고하는 기능을 갖는다고 보았다. 루터의 전환을 가능하게 한 신학적인 인식의 내용은 다음 몇 가지로 정리해 볼 수 있다.

첫째, 인간에게 은혜로 경험되는 '하나님의 능력'에 대한 바른 이해였다. 하나님의 능력은 온 세계로 말씀을 선포하게 하시는 성령의 권능이고(행 1:8), 위로부터 오는 능력(눅 24:49)으로 모든 피조물이 마땅히 기다려야 할 대상이며, 또 처녀에게서 아이가 태어나게 하는 지극히 높으신 자의 능력(눅 1:35)이다. 루터는 '하나님의 능력'을 인간의 능력과 구별했다. 인간의 능력이 얼마나 무능한지를 루터는 예수의 십자가의 사건에서 확인할 수 있다고 본다. "사람의 구원은 헛됨이니이다"라고 고백하는 시편 60편 11절을 인용하며, 어떤 인간에게도 스스로 구원할 만한 능력은 없다고 보았다. 동시에 루터에게 십자가에서 발견한 하나님의 능력은 은폐된 하나님의 능력이었고 또한 복음의 능력이었다. 복음은 성령의 능력으로 이해되었다. 복음은 오직 그것을 믿고 순종하는 자들에게 그 능력이 나타나고 또 입증되는 것이기 때문에, 복음을 믿는 자들은 세상의 관점에서 볼 때 연약하고 어리석게 보일 수밖에 없다고 말했다. 그리고 본문 가운데 "하나님의 의가 나타났다"(계시되었다, apokalyptetei 완료형)는 말은 감추어졌던 하나님의 의(iustitia Dei)가 그 모습을 드러냈다는 것을 말하는데, 이것을 루터는, 예수 이전에는 사람들이 자기 스스로에 의해서 의에 이를 수 있다고 믿은 것에 반해, 예수 그리스도 이후에는 인간이 그를 믿음으로써 의를 선물로 받을 수 있게 된 것이라고 이해했다.

둘째, 인식에 대한 근거이다. 루터는 스콜라 신학과 철학을 잘 알고 있음에도 불구하고 자신의 깨달음을 그것에 근거하지 않았다. 오히려 그는 자신의 깨달음에 대한 기초를 오직 성경에서 발견하려고 노력했다. 물론 어거스틴의 죄론과 은총론이 그의 사상 형성에 지대한 영향을 미친 것은 사실이지만, 루터는 어떠한 사상가의 견해로부터 근거 지으려는 노력을 하지 않고 오직 성경에서 근거를 발견하고자 했다. 이런 노력은 당시 스콜라철학과 신학이 아리스토텔레스(Aristoteles)와 토마스(Thomas von Aquinas, 1225/26-1274)에게서 근거를 발견하려고 했던 것과 매우 대조되는 것이었다. 성경에 기초한 사상은 결국 새로운 신학적인 인식을 가능하게 했고 개신교의 탄생으로 이어지게 했다.

셋째, 하나님의 의를 새롭게 이해하게 된 것이다. 당시의 스콜라 신학에 따르면 하나님의 의는 심판을 위한 의였다. 심판의 기준으로 이해되었기 때문에 심판에서 살아남기 위해 모든 인간은 선한 행위를 통해서 하나님의 의를 충족시켜야 했다. 그러나 루터는 인격과 행위를 구분해서 오히려 선한 인간이 선한 행위를 할 수 있다고 보았다.[18] 그러므로 인간은 먼저 하나님의 의에 의해서 의롭게 되어야 한다고 생각한 것이다. 다시 말해서 하나님의 의를 심판하는 의로서가 아니라 죄인인 인간을 의롭게 만드는 의로 이해한 것이다. 하나님의 의는 믿음을 창조할 뿐 아니라 새로운 인간을 창조한다고 보았다. 하나님은 당신의 이러한 사역이 예수 그리스도를 통해서 완성되었다고 보고 또한 예수 그리스도를 통해서 인간을 보기 때문에 그를 믿고 그 안에 있는 사람들을(요 14:20, 15:7) 더 이상 죄인이 아니라 의인으로 본다는 것이다. 그리고 이것을 '구원의 유일한 근거'(der Grund des Heils)이자 또한 하나님의 신실한 약속으로 이해했다. 그래서 그는 인간에 대한 유명한 말을 하였는데, 이 땅위에 살아가는 신앙인은 죄인이면서 동시에 의인이라는 것이다(simul iustus et peccator). 죄인일 수밖에 없지만, 하나님의 구원의 약속에 근거해서 의인으로 인정받았다 함이다. 믿음은 이것이 참임을 인정하는 것이고 그런 약속을 주신 하나님을 신뢰하는 것이다. 단순히 지적인 동의가 아니라 삶의 변화가 나타나도록 하는 것이 참 믿음이라는 것이다. 믿음의 신뢰란 지적인 동의와 삶의 변화가 동시에 나타나야 비로소 효력이 발생한다. 루터는 이 믿음을 통해서 하나님의 약속이 우리의 것이 된다고 보았다. 스콜라 신학에서 생각했던 하나님의 심판하시는 의와는 전혀 다른 것이었다.

루터가 이해하는 하나님의 의는 이중적인 것이었다. 하나는 그리스도의 의, 곧 우리 밖의 낯선 것으로서(justitia aliena) 세례나 혹은 회개의 순간에 외부로부터 그리스도 안에 있는 모든 사람들에게 부어진다. 이것은 보는 관점에 따라서 두 가지로 불린다. 하나님으로부터 받는다는 의미에서 보통은 '수동적인 의(justitia passiva)'라고 한다. 루터의 이해에 따르면, 이런 의는 이미 아브라함에게 약속되었다(창 12:3, 22:18, 사 9:5). 이방인들은 예수 그리스도에 대한 믿음으로 약속에 참여한다(롬 8:32). 왜냐하면 예수 그리스도의 모든 사역과 그의 고난과 죽음 그리고 부활은 바로 그를 믿는 모든 사람들을 위한 것이기 때문이다.

루터는 이것을 다음과 같이 말했다: "그러므로 그리스도에 대한 믿음을 통해서 그리스도의 의는 우리의 의가 되고 그의 모든 것은, 심지어 그 자신이 우리 것이 된다". 하나님의 의, 그리스도의 의는 우리들의 어떠한 행위도 요구하지 않고 오직 은혜를 통해서만 우리들에게 부어진다. 하나님이 적극적으로 주신다는 의미에서 우리는 이것을 하나님의 '능동적인 의(justitia activa)'라 부른다. 심판자로서 하나님의 판단은 구원하는 힘이 있다. 왜냐하면 바로 이 판단 속에는 인간들의 수고를 헛되게 하지 않는 하나님의 인자하심이 나타나 있기 때문이다. 예수 그리스도를 통해서 자신을 드러내신 하나님을 참 하나님으로 고백하고 또 말과 생각으로 하나님을 옳다고 인정하는 사람은 하나님을 그 어떤 공격에도 무너지지 않는 강한 성으로 고백할 수 있으며(찬송가 384장; "내주는 강한 성이요"), 또한 이러한 은혜 속에 자신을 숨겨서 마침내 구원을 받는다.

다른 하나는 우리 자신의 의다. 우리 자신에 의해서 형성되는 것이라는 의미가 아니라 하나님의 의에 근거해서 작용하는 의라는 의미에서 이해된다. 이 의는 육체의 온갖 정욕을 죽이고 이웃에 대한 사랑, 그리고 하나님을 경외하며 그 앞에 겸손히 행한다는 점에서 하나님의 의의 결실이다(갈 5:22). 다시 말해서 우리 자신의 의란 하나님을 경외하고 이웃을 사랑하는데 있고, 또 그것은 하나님의 의가 인간에게서 나타나고 또 인간을 통해서 나타난 결실이다. 이것은 행함으로 하나님을 옳다고 인정하는 믿음이다. 달리 말한다면, 예수 그리스도를 신뢰하고 그를 모범으로 삼아 그를 따른다는 것이다. 하나님께 죽기까지 순종하고 이웃을 위해 헌신한 그리스도를 인간이 자신의 삶 가운데 드러냄으로써 하나님의 의는 인간의 선한 행위 속에서 완성된다는 것이다. 이것은 인간의 선한 행위를 통해서 인간의 선한 본질을 회복할 수 있다고 보면서 하나님의 의에 이르려 하는 것(Werkgerechtigkeit)과 또 하나님보다는 오히려 인간의 능력을 신뢰했던 당시의 생각과는 전혀 반대되는 것이었다. 루터는 행위를 통해 하나님의 의에 이르려 하는 사람들을 향해 "내 힘만 의지 할 때는 패할 수밖에 없도다"(찬송가 384장 2절)라고 외쳤다.

하나님의 의에 대한 루터의 신학적 발견을 정리해보자.

일찍이 다윗은 "주의 눈 앞에는 의로운 인생이 하나도 없나이다"(시 143:2)라고 고백했다. 모든 인간은 하나님으로부터 오는 은혜를 필요로 한다는 말이다. 하나님 앞에 의로운 사람은 하나도 없다는 인식이 사도 바울에게 와서는 선한 행위가 하나님의 의를 이룰 수 없다고 표현되었고, 이것을 루터는 '하나님 앞에서 그 효력을 갖는 의'로 이해했다. 이 의를 믿는 믿음이야말로 하나님이 인간을 의롭게 만들고 하나님을 신뢰하게 하며 또한 그리스도를 통해 끊임없이 인류를 구원하려고 애쓰고 계시다는 것을 인정하는 것임을 루터는 깨달았다. 하나님의 의를 심판의 근거이자, 또한 판단 기준으로 사용했던 스콜라 신학을 생각한다면, 하나님을 죄인을 의롭다고 판단하시는 분이라고 보는 루터의 칭의 사상은 하나님의 의를 은혜로 인식하게 하는 안목을 열어주었다. 인식의 확장이라고도 말할 수 있고, 혹은 새로운 인식의 안목을 열어주었다고도 볼 수 있을 뿐만 아니라, 토마스 쿤(Thomas Kuhn)의 용어를 빌리자면, 패러다임 전이를 이룬 것과 관련해서, 우리는 그의 노력을 '개혁'이라고 말한다.

루터는 자신의 발견에 대한 근거를 칭의론으로 다져나갔다. 다시 말해서, 루터에게 있어서 '개혁'의 본질은 제도의 변화나 행위의 변화와 같은 겉모습의 변화에 있지 않았다. 결과적으로 볼 때 그것이 나타나기는 했지만, 본질은 판단의 주체와 기준이 사람에게서 하나님에게로 옮겨졌다는 것에 있었다. 사람에게서 하나님에게로 옮겨졌다는 것을 인정했을 뿐만 아니라 마음속 깊이 느끼는 경험을 했을 때, 그것은 하나님의 은혜로 고백되었고 이 고백에 기초했을 때 현실적인 장애물이 신학적으로 분명하게 인식될 수 있었다. 이런 인식에 바탕을 두고 이뤄진 조직과 제도의 정비를 통해 마침내 로마 가톨릭과는 다른 형태의 개신교가 태어나게 되었다. 스콜라 신학적인 의화론에 반하는 칭의론을 바탕으로 루터는 신학을 새롭게 구성할 수 있었다. 신앙인들의 삶의 방향을 정해주고 또 교회의 구조화된 제도에 대해 강력하게 비판할 수 있었다. 다른 한편으로는 에라스무스와 같은 인본주의자와 칼슈타트(Andreas Rudolf Bodenstein von Karlstadt, 1486-1541), 뮌처(Thomas Müntzer, 1490?-1525), 재세례파(Wiedertäufer)와 같은 열광주의자(Schwärmer)들, 그리고 가톨릭의 공격에 대한 방어에서 그는 자신의 생각을 보다 구체적으로 정리하게 되었고 또한 제도의 개혁을 추진할 필요를 강하게 느꼈다.

루터의 개혁을 생각하는 사람들은 이것을 명심할 필요가 있다. '종교개혁'을 모델로 삼아 변화를 위한 개혁의 의지를 드높이고 강조한다 해도 만일 하나님의 의롭다하시는 판단을 도외시하고 오직 인간의 기준인 규범만으로 현실을 비판하며 변화를 모색한다면, 이는 루터 당시에 루터의 뜻에 따라 열정을 불태웠지만, 오히려 루터의 개혁의지를 희석시켜 루터 자신마저 경계하고 비판해야만 했던 인본주의자들이나 열광주의자들과 다를 바가 없다. 루터에게 개혁은 먼저 하나님을 바로 인식함으로써 주체와 중심이 옮겨지는 것으로부터 시작되는 것이었다. 다시 말해서 속사람의 변화, 곧 내 안에 내 자아, 나의 이상, 나의 규범이 아니라, 그리스도가 내 안에, 우리 안에 있다는 인식이 선행되어야 할 것을 시사한다. 우리가 예수 그리스도를 믿는 순간 우리는 없고 그리스도가 우리 안에 계시다는 사실을 인정하고 그것을 삶 속에서 발견할 수 있을 때 외형상의 변화, 제도의 변화, 윤리와 도덕에서의 변화는 결과로서 나타난다 함이다. 곧 사람의 변화가 행위의 변화로 이어진다는 주장이었다.

그렇다면 루터에게 있어서 칭의 사건에 대한 신학적으로 바른 인식은 어떤 실천적인 이해와 결과를 가져왔을까? 루터의 저서에서 제안되고 또 주장된 일련의 개혁의 조치들과 신학적인 근거와의 관계가 분명하게 밝혀질 경우 우리는 그의 개혁에서 인식과 변화의 관계를 확인해 볼 수 있게 될 것이다. 그러나 이곳에서는 루터의 종교개혁에서 가장 중요하게 여겨지는 세 개의 논문으로 제한하도록 하겠다.

2) 칭의 사건에 대한 실천적 이해, 그리고 신학적 근거지음(인식)과의 관계

루터는 하나님의 칭의적인 행위, 곧 은혜에 대한 인식에만 머무르지 않았다. 행위에 대한 강조를 결코 간과하지 않은 것이다. 예컨대, 1535년에 행해진 논쟁(Disputation "De fide")에서 루터는 다음과 같이 말했다.

> 만일 선한 행위가 뒤따르지 않을 경우 그리스도가 주시는 믿음이 우리 마음 안에 거하지 않을 뿐만 아니라, 그것은 살아있다고 말할 수 없는 믿음임에 분명하다.[19]

다시 말해서 이 말은 하나님의 은혜가 헛되지 않았다는 것을 보여주며 또한 이런 의미에서 선한 행위는 구원의 확신을 갖는 데에 크게 기여할 수 있다 함이다.[20] 루터는 불로부터 불타는 것과 빛들이 분리되어질 수 없듯이 그렇게 행위와 믿음이 서로 분리될 수 없다고 말했다.[21] 그래서 하나님의 행위에 대한 바른 인식을 바탕으로 루터는 인간과 제도의 변화를 위한 세 개의 글을 집필했는데, 1520년 종교개혁사에서 기념비적이면서도 실천적인 측면이 강조된 글이었다: "An den christlichen Adel deutscher Nation von des christlichen Standes Besserung"(독일 국가의 그리스도인 귀족들에게 그리스도교 상태의 개선에 대하여, 8월, WA 6, 407-415), "De captivitate Babylonica Ecclesiae

Praeludium"(교회의 바빌론 유폐에 대하여, 10월, WA 6, 497-573) 그리고 "Von der Freiheit eines Christenmenschen"(그리스도인의 자유에 대하여, 11월, WA 7, 20-38). 이 글들에서 볼 수 있듯이, 루터는 개혁의 실천적 근거를 자신이 새롭게 인식하게 된 하나님의 의와 그로 인해 그리스도 안에 있게 된 모든 인간이 하나님과 은혜계약에 있게 된다는 점에서 발견했다. 실천적인 측면에서의 변화는 하나님의 의에 대한 새로운 발견과 그에 근거한 신학적 비판과 더불어서 일어난 것이었다. 그러므로 개혁의 실천적 측면을 고려해볼 때, 그것은 하나님과 인간의 관계에 대한 새로운 인식의 후폭풍에 불과한 것이었다.

실천적인 측면에서의 개혁의 내용은 주로 "독일 국가의 그리스도인 귀족들에게 기독교적 신분의 개선에 대하여"에서 나타나고 있는데, 이 글에서 루터는 로마 가톨릭이 매우 교묘한 방법으로 여리고에 비유될 수 있는 벽을 쌓아놓고 그 안에 안주함으로써 개혁이라는 것이 도대체 불가능하도록 만들어, 결국에는 스스로 위험한 상태에 처하게 되었다고 비판했다.[22] 세 가지 벽이란 교권과 정치권의 관계에서 영적인 것이 세상적인 것에 우위에 있다는 것, 오직 교황만이 성경에 대해 오류 없이 해석할 수 있다는 생각, 오직 교황만이 적법한 공의회를 소집할 수 있다는 생각이다. 이러한 비판에 이어서 교황제도에 대한 개혁, 독일의 정치와 교회문제에서 로마의 간섭으로부터 독립, 신앙적 삶과 세속적 삶에서 개혁 등과 같은 일련의 조치들이 이어졌다. 세 번째 벽에 대한 비판을 제외한다면, 처음 두 개의 비판에 대한 근거로서 루터는 '만인제사장직론'을 포함해서 관련된 성경구절을 제시하였다. "모든 그리스도인들은 진정으로 영적인 상태에 속해있고 서로에 대해 아무런 차이를 갖지 않는다."[23]라고 말하고 있는 만인제사장론은 벧전 2:9, 계 5:10에 근거하고 있는데, 이러한 근거를 제시할 수 있었던 것은 하나님과 인간의 관계에서 그리스도의 사역을 통해 이루어진 것이 성직자나 평신도나 동일하게 적용될 수 있다는 인식을 바탕으로 한 것임은 이미 잘 알려진 사실이다. 두 번째 벽에 대한 비판에 대한 근거를 루터는 성경 안에서 발견했다. 만인제사장적인 신분을 드러내는 것 이외에, 특히 고전 14:30, 요 6:45을 인용했는데, 루터는 이를 통해서 모든 사람들은 믿음을 바탕으로 성경을 듣거나 읽음으로써 하나님으로부터 가르침을 받는 것이라고 말했다.[24]

"교회의 바빌론 유폐에 대하여"에서 당시 교회에서 실행되고 있었던 7개의 성례에 대해 행해진 비판 역시, 아무리 사제라고 하더라도 인간인 그들의 행위로 인해 하나님의 은혜가 내려질 수 없다는 기본적인 생각에서 비롯되었고, 또한 성경에 근거할 때 오직 세례와 성찬만이 성사로 인정될 수 있음을 주장했다. 더욱이 성례에서 믿음은 사제의 행위보다 더욱 중요하다고 말했다.[25] 두 가지 성례만을 인정한 것도[26] 오직 그리스도만이 제정할 수 있는 권한을 가지고 있다는 이유에 근거하고 있을 뿐만 아니라 성례 안에는 약속이 포함되어 있는 것이라고 생각했기 때문이다.[27]

"기독교인의 자유에 관하여"는 루터와 로마 가톨릭과의 화해를 위해 노력한 폰 밀티쯔(Karl von Miltitz)의 권고로 집필되었다. 이 글에서 루터는 변증법적인 이중명제로 시작하고 있는데, 다음과 같다:[28] "그리스도인은 모든 만물의 가장 자유로운 주이며 그 어떤 무엇에게도 종속되어 있지 않다", "그리스도인은 모든 만물을 가장 기꺼이 섬기고 있는 종이며 모든 만물에 종속되어 있다." 이 두 개의 명제는 고전 9:19("내가 모든 사람에게 자유로우나 스스로 모든 사람에게 종이 된 것은 더 많은 사람을 얻고자 함이라")과 롬13:8("피차 사랑의 빛 외에는 아무에게든지 아무 빛도 지지 말라 남을 사랑하는 자는 율법을 다 이루었느니라")에서 명백하게 나타나 있다고 보면서, 이중명제를 먼저는 하나님의 의와 예수 그리스도를 통해 주어진 인간의 자유에 근거지었다. 그리고 사도 바울에 따라 인간의 두 가지 본성(영적, 육적 인간)과 상호 간에 미치는 영향력에 대해 고려하면서, 루터는 말씀을 통해 형성된 인간, 그리스도 안에 있는 내적인 인간, 하나님에 의해서 선물로 주어진 것들을 통해서 인간은 비로소 경건하게 될 뿐만 아니라 참 자유를 얻게 된다고 보았다.[29] 이것을 믿음만이 인간을 경건하게 한다는 것과 동일하게 보았다. 그러므로 그리스도인들이 마땅히 해야 할 유일한 행위는 말씀을 듣고, 자기 안에 계신 그리스도를 인정하면서 끊임없이 믿음을 연습하며 강화시키는 것이라고 말하면서,[30] 이는 "어떠한 행위도 믿음처럼 하나님의 말씀을 따르지 않고 또한 영혼 안에 있을 수 없으며, 오직 말씀과 믿음만이 영혼 안에서 다스린다"[31]고 생각했기 때문이다.

앞서 말한 바와 같이 루터는 하나님의 의를 "우리 안에 계시는 그리스도"로 깨닫게 되었다. 그리스도가 우리 안에 오심으로 중심은 이제 내가 아니라 그리스도이다. 달리 표현해본다면, 겉 사람이 아니라 우리의 속사람이 바뀐다는 의미이다. 내가 없어진다는 말이다. 나를 비움, 그리고 판단의 주체가 하나님이 된다는 것, 이것이 바로 실천적인 의미에서 개혁을 뒷받침한 것이었다. 인식과 동시에 나타나는 이런 내적인 변화가 하나님에 의해서 이루어지는 것임을 발견함으로써 루터는 과감하게 가톨릭교회의 미사를 포기할 수 있었고 또한 성도 각자가 직접 하나님 앞에 제사장이 된다는 만인제사직을 주장할 수 있었다.

이제는 루터가 새롭게 발견한 내용이기도 하면서 이 글의 주제에 해당하는 "그리스도가 우린 안에"가 오늘 우리에게 어떤 의미를 갖는지에 대해 살펴보도록 하자.

4. "그리스도가 우리 안에"

　새롭게 발견되고 또 개혁을 통해서 그 의미가 더욱 분명해진 하나님의 의에 대한 인식은 오늘 우리에게 무엇을 의미하는가? 곧 개혁을 염원하면서 우리에게 먼저 있어야 할 인식의 변화는 무엇일까? 이 질문은 루터 개혁의 단초가 신학적인 인식에 있었다는 사실이 개혁을 모색하는 오늘 우리에게 어떤 의미가 있는지를 묻는 것일 뿐이다. 다시 말해서 신학적인 인식 자체와 그 후에 전개되는 종교개혁 과정이 정당했다는 판단을 전제하지 않음을 밝힌다.

　오늘 우리에게 필요한 것이 진정 시대에 대한 올바른 분별력과 비판의식, 그리고 변화시키려는 의지라고 한다면, 만일 그래서 종교개혁 500주년을 기념하면서 개혁의 의미를 돌아보는 것이 매우 중요했다고 생각되었다면, 필자는 무엇보다 중요한 것은 먼저 이 시대에 이루어 놓으시고 또 이루어 나가시는 하나님의 공적과 사역을 인정하고 그것이 교회의 행위를 통해 나타나기를 기대하며 소망하는 것이라고 생각한다. 그 기초 위에 서 있을 수 있기 위함이다. 예수 그리스도를 통해서 완성된 것, 그를 통해서 우리에게 약속된 모든 것, 생명, 평화, 자유, 사랑, 기쁨, 구원, 하나님 나라 등, 하나님의 모든 약속들이 오늘날에도 유효하기 때문이다. 이것들은 예수 그리스도 안에서 이미 이루어졌지만 오늘 우리에게는 하나님의 약속으로 이해되고 있다. 그러므로 오늘 우리에게 중요한 것은 그리스도를 우리 밖에서가 아니라 우리 안에서 발견하고 그를 범사에 주님으로 인정하는 것이다. 우리 속사람의 변화를 종말론적인 지평에서 지금 경험할 수 있을 때, 세상은 새롭게 또 바르게 인지된다. 다시 말해서 우리와 함께 계시고 우리 가운데 거처를 삼으신 그분을 먼저 인정하는 것이 개혁의 첫걸음이다. 경험하는 것이 중요하지만, 그렇지 못할 경우 소망 가운데서 볼 수 있는 것으로 족하다. 그렇지 않으면 하나님 나라는 다만 객관적인 정보로 전락한다. 이런 지식은 삶을 결코 변화시키지 못한다고 루터는 보았다. 그리스도가 우리 안에 오시고, 우리가 그리스도 안에 있게 될 때 하나님을 바로 알게 되고 또 새로운 세계를 볼 수 있다는 것이다. 그때 비로소 하나님 나라를 향유할 수 있으며, 이때 비로소 먼저 내가 변하게 되며 또한 나의 주변이 변화할 수 있는 확실한 근거를 얻는다. 그리스도 안에 있다 함은 지금 현존해 있는, 그러나 장차 나타날 새 하늘과 새 땅에 들어가 있다 함을 의미하기 때문이다. 이미 기초가 세워져 있음에도 불구하고 그것을 인식하거나 인정하려는 노력을 기울이지 않고 외형적인 변화에만 집착하게 될 때 개혁은 말잔치와 거품으로만 끝나게 될 뿐이다.

그렇다면 그리스도가 우리 안에 있다는 사실을 우리가 알고 인정할 때 우리에게 무엇이 일어날까? 첫째, 하나님의 의에 대한 인식, 즉 중심의 변화에 대한 인식을 통해 하나님에 대한 잘못된 이해가 수정된다. 하나님과 인간의 관계가 새롭게 정립된다. 율법의 질서로부터 은혜의 질서로 옮겨진다. 다시 말해서, 하나님은 장차 우리를 심판하실 분이지만, 예수 그리스도를 통해서 계시되신 분은 무엇보다 우리를 사랑하시고, 우리 안에 거처를 가지시고, 우리를 위로하시며, 우리의 과거를 묻지 않으시고 우리의 죄를 용서하실 뿐만 아니라, 또한 구원과 생명을 약속하신 분이다. 심판하시되 우리를 살리시기를 원하시는 분이다. '그리스도가 우리 안에' 계시다 함은 우리 인간들이 바로 이런 하나님의 은혜 속에서 관계를 맺고 살아간다는 것을 말한다.

둘째, 하나님의 의에 대한 인식은 바로 인간의 정체성에 대한 새로운 생각을 가능하게 한다. 인간은 자기 자신의 노력과 기대를 통해서가 아닌, 오직 하나님의 판단을 통해서만 새롭게 되고 또 의롭게 된다. 하나님의 최종적인 판단은 마지막 날에 있을 것이다. 그렇다면 죄인이자 또한 의인으로서 아직 완전하지 못한 모습을 갖는 한, 모든 인간은 하나님 안에 숨겨져 있는 존재로 있다.[32] 우리의 자아는 우리의 과거나 우리의 현재 위치나 능력, 혹은 우리의 비전에 의해서 결정되는 것이 아니다. 우리의 개혁의 의지를 통해서 만들어질 수 있는 것도 아니다. 소위 '자아실현'이란 종말론적 사고를 인정하지 않는 인본주의자들의 이상이요 말장난에 불과하다. 자아는 실현되는 것이 아니라 창조되는 것이고 하나님께서 장차 계시하실 그 순간에 발견될 뿐이다.(요일 3:2) 하나님의 사역 속에서 우리는 우리 자신의 참 모습을 발견한다. 바울은 우리가 지금 보는 모든 인간은 거울을 보는 것과 같이 희미한 것일 뿐이고 장차 그날이 오면 인간의 본질, 즉 우리가 누구인가 하는 것이 얼굴을 대면하여 보는 것과 같이 분명해 질 것이라고 말했다. 이런 하나님과 인간의 인식에 바탕을 두면서 바울은 인간에 대한 인간 자신들에 의한 모든 판단을 중지하고, 심지어 나 자신에 대한 나의 판단마저도 삼갈 것을 권고한다. 우리를 판단하시는 분은 오직 하나님이시기 때문이다. 그래서 사도 바울은 자기가 옳다고 생각한 그것으로 자신을 판단하지 않는 자가 복되다고 말한 것이다.[33]

판단하는 일에 대해서 말하자면, 우리는 종종 양심이나 신앙의 기준에 따라 사회와 인간을 또 나 자신을 판단한다. 양심의 판단과 성령의 판단을 구별한다. 다시 말해서 우리들은 나 자신의 판단을 흔히 양심의 판단이라고 말한다. 법질서와 도덕적, 윤리적 규범들이 제 기능을 다하지 못할 때 흔히 양심에 호소하는 이유는 바로 자기 자신을 가장 잘 판단하는 것이 양심이라고 생각하기 때문이다. 양심은 책임감을 가지고 있다. 무엇을 해야만 한다고 말한다. 아무리 열심히 무엇을 해도 그것이 부족하다고 말한다. 항상 마음의 갈등을 일으킨다. 그리고 양심의 궁극적인 판단에 의해 결국에는 스스로 목숨을 끊기도 한다. 양심의 판단은 사회적인 요구와 무관하지 않고 자신의 이상 및 윤리적 규범과 무관하지 않기 때문이다. 때로는 프로테스탄트로서 우리가 No!라고 외쳐야 할 이유를 양심에서 발견하곤 한다. 그래서 양심은 변화를 추구하는 근거로 이해된다. 우리 생명에 대해서 우리가 책임져야 한다고 말하기까지 한다. 그러나 이것은 우리 프로테스탄트들에게 있어서 하나의 유혹이다. 성령의 판단은 그렇지 않기 때문이다. 우리의 생명은 그리스도 예수의 생명으로 존재한다. 성령의 판단은 우리가 외치는 No!가 나의 것이 아니라, 오히려 나의 이러한 바람과 판단에 대한 하나님의 No!에 해당된다. 성령의 판단은 그리스도 안에 있는 우리를 결코 정죄하지도 않고 정죄받도록 허락하지도 않는다. 연약함으로 인해서 좌절할 수밖에 없음을 너무나 잘 알고 있고 그래서 우리를 대신해서 기도하며 우리가 다시 일어서도록 돕는다. 성공을 겨냥하는 것이 아니라 자유를 생각한다. 갈등을 일으키기도 하지만, 파괴를 위한 것이 아니라 새로 태어나기 위한 고통일 뿐이다. 성령의 판단은 현재를 부정하는 것이 아니라, 현재 가운데 감추어져 있는 하나님의 것들이 드러나도록 한다. 어거스틴은 그의 고백록에서 다음과 같이 말했다: "주님, 당신은 우리가 당신을 향하도록 그렇게 만드셨습니다. 그러나 우리의 마음은 우리 안에서 불안해 할 뿐입니다. 그리고 이러한 불안은 우리가 당신 안에서 안식을 발견하게 될 때까지 계속됩니다."

그리스도가 우리 안에 있다고 해서 양심의 소리가 다 그리스도의 음성은 아니다. 그러나 분명한 것은 우리 안의 그리스도란 다름 아닌 우리를 위한 그리스도라는 사실이다. 그러므로 그가 하신 모든 사역을 참으로 인정하고 또 그것이 우리를 통해 나타나도록 우리 자신을 허용하는 것, 이것만이 우리의 최선의 할 일이다. 작게는 나를 위한 것이고, 크게는 우리 공동체를 위한 것이기 때문이다. 더 나아가서는 사회와 국가를 위한 것이며, 궁극적으로는 하나님의 영광을 위한 것이기 때문이다.

셋째, 그리스도가 우리 안에 오시고 또 그럼으로써 나와 너에 대해 새롭게 이해됨과 동시에 나와 너와의 관계가 변한다. 잘못된 관계가 치유된다. 이것에 대한 좋은 예를 우리는 갈라디아서 2장에서 발견할 수 있다. 유대인들은 여호와 하나님에 의해서 선택된 백성이라는 것과 율법을 가지고 있다는 사실로부터 자기 자신들을 다른 사람들과 구별했다. 율법을 갖지 못한 자들은 이방인으로서 죄인이고(갈 2:16) 자기들은 율법을 소유하고 있는 구원 받은 백성이라는 것이었다. 그런데 바로 이러한 차별의식은 하나님의 보편적 은혜로 인해서 무너진다. 유대인들이나 헬라인이나, 서양인이든 동양인이든, 백인이든 흑인이든, 여성이든 남성이든 모든 사람들을 향한 하나님의 은혜는 예수 그리스도로 인해서 그를 믿는 모든 자들을 의롭다고 선언하신다. 우리 안의 그리스도로 인해서, 우리를 우리로 만드는 것이 더 이상 우리가 아니기 때문에 우리 스스로에 의해 이루어진 구별들, 즉 유대인과 이방인의 구별은 무의미해진다. 서로를 차별하고 또 구분 짓도록 만드는 온갖 조건들은 우리 안에 계신 그리스도로 인해서 무너진다. 만약 그렇지 못하다면 우리의 기초를 새롭게 인식하는 개혁이 필요하다. 이를 위해 하나님의 의에 대한 바른 이해가 요구된다. 그리스도가 내 안에 계심을 바로 알고 인정하는 인식의 개혁이 필요하다. 우리의 힘으로는 결코 할 수 없기 때문이다.

내가 율법으로 말미암아 율법에 대하여 죽었나니 이는 하나님에 대하여 살려 함이라 내가 그리스도와 함께 십자가에 못 박혔나니 그런즉 이제는 내가 사는 것이 아니요 오직 내 안에 그리스도께서 사시는 것이라. (갈 2:19~20)

무슨 말인가? 나 스스로에 의해서 의롭게 되고자 하는 나, 옛날의 나는 죽었다는 말이다. 내 안에 내가 사는 것이 아니기 때문에 이제 더 이상 나를 중심으로 보아서는 안 될 것이다. 내 안에 그리스도가 계심으로 이제 내가 사는 것이 아니고, 내가 결정하는 것이 아니고 그리스도가 살고 그리스도가 결정하신다. 이러한 일이 일어나도록 우리 안에 공간을 비워 두는 일이 일어나야 한다. 이것이 바로 '개혁'이다. 이 일이 비록 식상하게 들릴지는 몰라도 이 일이 일어나지 않는 한 우리에게 진정하고 지속적인 개혁은 요원하다. 그럼에도 변화되었다는 것이 있다면 명분을 세우는 일일 뿐이요, 하나님의 영광을 드러내기에 턱없이 부족할 뿐이다.

넷째, 인식과 더불어서 생긴 빈 공간 속에서 성령이 일하실 때 행동의 변화가 온다. 기독교에서 인식과 행위는 서로 분리되지 않는다(마 18:21-35). 만일 행동의 변화가 아니라 먼저 인식의 변화를 말한다면, 혹자는 사회적 책임을 등한시하는 것이 아니냐고 생각하고, 혹시 무책임하고, 나태하고 심지어 숙명주의에 빠지지 않겠느냐는 우려를 나타낼 것이다. 사실 기독교인이 전체 국민의 3분의 1이 된다고 자랑하지만 이 사회 안에서 기독교인들이 도대체 제 기능을 다하고 있는지 의심될 정도로 결실이 보이지 않는다는 지적을 많이 받고 있다. 각종 비리와 부패로 구속되는 정치인들이나 경제인들을 보더라도 그들 가운데 상당수가 장로요 집사들이다. 이런 종류의 사람들 가운데는 심지어 목사도 있고 신학교 교수들도 있다. 사정이 이와 같다 보니 구약학자이며 제2세대 민중신학을 이끌고 있는 임태수 교수는 1995년에 행한 강연에서 "적어도 한국인들은 행함으로 구원을 얻는다"는 말을 했고, 20여 년이 지난 지금도 그 주장은 계속되고 있다. 기독교인들의 잘못된 행위가 하나님의 진리를 어떻게 왜곡시키고 있는지를 보여주는 좋은 예다. 그래서 인간의 잘못된 행위에 대한 비판이 범람하고 있다. 그러나 고쳐지지 않는 부정적인 현상을 보면서 오히려 뒤집어서 생각해 볼 수 있다. 다시 말해서 인간에 의한 변화라는 것이 결국은 제자리걸음이라는 것이다. 그동안 얼마나 많이 외쳤는가? 우리 스스로 변화를 위한 노력을 얼마나 기울였는가? 그러나 변화된 것 같으면 새로운 문제가 나타나 또 다른 변화가 요구되곤 한다. 해 아래 새것이 없다는 전도서의 말씀을 필자는 우리 안에 그리스도가 없는 삶의 개혁은 결코 새것으로 거듭날 수 없다는 말로 이해한다. 우리가 결코 잊지 말아야 할 진리가 있다. 기독교인들의 잘못된 행위로 인해 설령 하나님의 진리가 백일하에 드러나지 못하게 된다 하더라도 하나님의 진리는 사람들의 행위와는 무관하게 참 진리로 드러나게 된다는 믿음과 기대다. 이 기대는 결코 무너지지 않을 것이고, 예수의 부활은 이것을 확증해주는 사건이다. 우리의 구원은 오직 하나님의 구원하시는 행위를 통해서 얻는다. 그런데 행함에 있어서 자기 자신만을 생각하고 도덕적 타락에 빠지게 되는 기독교인들은 자신들 안에 계신 예수 그리스도를 인정하지 못하고 있거나 혹은 잘못 이해하고 있기 때문이다. 설령 바로 알고 있었다고 한다면, 삶 속에서 바로 인정하지 않기 때문이다. 기독교에서 앎과 실천, 인식과 고백, 곧 증거는 결코 분리되지 않는다. 동시적인 것이다.[34] 그러므로 우리의 삶은 오직 그의 말씀에 근거한다. 혼탁한 세상 속에서 창조의 주님을 보며 새 하늘과 새 땅이 이루어지길 기대하며, 전쟁 속에서 평화의 주님을 인정하며, 고통 속에서 기쁨을 주시는 주님을 인정하게 된다는 말이다. 이러한 인식이 삶의 변화를 가져온다. 진리는 우리를 자유롭게 만들어 주기 때문이다. 세상 사람들에게 아무런 매력이나 가치도 없고 또 불확실할 뿐만 아니라, 심지어 위험하다고 여겨지는 것이라 할지라도, 참 주님을 바로 알게 되고 우리의 기초를 그 인식 위에 굳게 세워 놓는다면 예수님의 말씀이라는 그 이유 하나만으로 우리들의 삶 전체를 지탱하도록 허락하게 된다. 이것이 바로 우리 안의 그리스도를 우리가 인정하는 믿음이다.

기독교 신학에서 인식은 하나님의 세계를 보는 것과 그것에 관해 듣는 것에 근거하고 있다. 그것은 우리들에게 보이지도 또 들리지도 않는 것이지만 하나님이 계시를 통해서 볼 수 있게 하시고 또 들을 수 있도록 하셨다. 학문이라는 것이 결국은 보이지 않거나 혹은 정확하게 말해서 아직 밝혀지지 않는 것들을 드러내도록 노력하는 활동이지만, 신학은 특별히 새로운 세계, 이미 계시되었지만 아직 나타나 있지 않거나 혹은 감추어져 아직 보이지 않는 하나님의 현실을 인식하는 행위이면서 또한 그것을 인간의 언어와 상징적 행위로 드러내 보여주는 기술행위이다. 그뿐 아니라 기독교 신학은 인식과 실천을 분리하지 않는다. 예수님은 먼저는 산상수훈(마 7:24-27)에서 그리고 천국의 비유(마 18:21-35)를 통해서 이 두 가지 상관관계를 잘 보여주셨다.

특히 천국의 비유는 일만 달란트를 탕감받았음에도 불구하고 이것을 제대로 인식하고 또 그 가치를 인정하지 못한 사람이 백 데나리온의 빚을 진 친구에 대해서 독촉하다 못해 친구를 법정에 세운 자에 대한 이야기이다. 이 이야기에서 우리가 주목해야 하는 것은 용서받은 사실의 의미와 가치를 인지하지 못했다는 사실과 그 결과 나타나는 행위이며, 그리고 결국에는 용서가 철회된 사실이다. 인식과 행위는 결코 분리되지 않지만, 변화는 바른 인식을 통해서 자연스럽게 이루어진다. 행위가 수반되지 않는 인식은 자살하는 자와 다르지 않다. 중력의 법칙을 알고 있으면서도 고층 빌딩에서 뛰어내리는 사람이 있겠는가. 자살을 생각하고 있지 않았다면 결코 있을 수 없는 일이다.

5. 목회적인 통찰

인식의 변화와 삶의 변화에 대한 지금까지의 서술은 목회 현장에서 어떤 통찰을 줄 수 있는지에 관해 생각해 보자.

예수 그리스도는 자기의 뜻대로 사시지 않았고 또 자기 자신의 유익을 위해서 살지도 않으셨다. 그는 하나님의 뜻을 아셨고 그 뜻에 순종하셨다. 하나님의 영광을 아시고 또 스스로 그 영광을 얻으신 분이었지만 연약한 자들을 위해 사시면서 그들과의 연합을 결코 부끄러워하거나 주저하지 않으셨다. 그는 하나님과 하나였다. 참 하나님이시다. 그의 행위는 바로 하나님의 뜻이 실현되는 것으로 이어졌다. 바로 이분이 우리 안에 계신다. 바로 이분이 참 사람으로서 자신의 처소를 우리 안에 세워 놓으셨다. 이분이 참된 나의 정체성과 의지를 구성한다. 이분의 행함과 뜻이 참이고 진리라고 인정함에도 불구하고 행위에서 그렇지 못한 사람들은 바로 자기모순에 빠진 것일 뿐이다. "선생님이여 내가 무슨 선한 일을 하여야 영생을 얻으리이까?"(마 19:16) 라고 묻는 젊은 청년을 향해서 "네 소유를 팔아 가난한 자들에게 주라"(마 19:21)고 하신 예수님의 말씀을 많은 사람들은 선한 행위를 요구하는 것으로 이해하고 있다. 그렇지 않다. 예수님의 말씀은 구원을 얻고자 하는 그 젊은 청년에게 올바른 구원은 자기가 무엇을 행함에 있는 것이 아니라 예수의 삶이 그의 삶 속에서 인정되고 있는가를 묻고 계신 것이다. 다시 말해서 예수의 대답은 '네가 가난한 자들 가운데 있는 나를 인정하느냐'는 질문에 해당한다. 이 질문에 대해서 그 젊은 청년은 대답할 수 없었던 것이다. 화려한 구원, 대가가 기대되는 율법적인 구원에는 자신이 있었지만 가난하고 연약한 자들 속에 머무는 그런 구원을 그는 생각할 수도 또 원하지도 않았던 것이다. 행위에 대한 촉구가 아니라 인식의 변화를 요구하신 것이다.

생명과학의 시대, 인공지능의 시대, 4차 산업혁명의 시대로 불리는 오늘날은 그 어느 때보다도 철저한 변화가 요구되는 때이다. 이런 변화의 흐름에 맞는 모습으로 또한 교회가 바뀌어야 할 때라고 많은 사람들은 생각한다. 하나님의 정의를 충족시키기 위해서 우리가 마땅히 무엇을 해야만 하는 그런 때로 느낀다. 한편으로는 분명 그렇다. 이 시대에 필요한 것은 분명 변화다. 특히 구체적인 변화가 요구되고 있다는 사실은 부정할 수 없다.

그러나 이것에 앞서 선행되어야 하는 것이 있다. 지금 우리의 시대는 내가 나에 의해 주장되고, 하나님이 하나님으로 인정받지 못하고 있고, 인간의 온갖 야망과 비전이 하나님의 비전으로, 하나님의 계획으로 탈바꿈되고 있고, 인간의 능력이 하나님의 능력을 대신하고, 하나님의 판단보다는 인간의 판단이 더 유효하게 여겨지는 그런 시대이다. 스스로 성숙해졌다고 판단하여 하나님을 더 이상 필요로 하지 않는다고 거침없이 말하는 시대이다. 바로 이런 현실에서 우리가 마땅히 해야 할 일은 여호와 하나님이 참 하나님임을 바로 인식하고 또 인정할 수 있도록 하는 것이다. 하나님은 하늘에서 이미 완성하신 당신의 나라를 지금 이곳에서 세우기를 원하신다. '우리가 무엇을 해야만 하는가?' '무엇을 바꾸어야 하는가?'라는 질문은 이제 바뀌어야 한다. '하나님은 오늘 우리의 현실에 무엇을 하시고 있는가, 무엇을 하실 것인가, 무엇을 위해서 나를 필요로 하시는가?' 우리 안에 계신 그리스도, 그의 말씀, 하나님의 영이 무엇을 이루려 하시는가에 대한 분명한 인식을 가져야 할 때이다. 모든 순간 우리와 함께 하시면서 우리에게 당신을 보이시는 하나님을 하나님으로 바로 알고 인정하는 일이 우선적으로 요구된다. 이 일이 우리가 성급하게 기울이는 변화를 위한 노력보다 선행되어야 한다. 이는 곧 우리 자신을 비워 내고 우리 안에 예수 그리스도의 자리를 마련해 두는 것이다. 인간의 모습으로 인간 가운데 오신 예수 그리스도를 제대로 인식하지 못하고 영접하지 못해 죄를 범한 사람들의 잘못을 오늘 우리가 반복해서는 안될 것이다. 심지어 연약한 모습으로 나타나시는 하나님의 모습을 참 하나님으로 인정하는 가운데 하나님이 스스로 참 하나님으로 입증될 공간을 남겨두어야 할 것이다. 내 안에 그리스도를 바로 아는 자만이, 곧 오직 믿음으로 의롭다 인정하심을 받았음을 아는 사람만이 주님 안에서의 삶을 누리게 될 것이다. 루터의 개혁은 바로 이것에 대한 분명한 깨달음에서 시작되었고 이것을 바탕으로 하나님이 하나님으로 인정받기를 원하시는 때에 자기가 사용되고 있음을 깨달은 것뿐이다. 하나님의 의, 그의 구원하시는 행위에 대한 바른 인식으로서 개혁은 루터에 의해 발견되고 그에 의해서 먼저 일어났다. 과거와는 차별화된 이런 개혁으로 인해 루터는 당시 교회가 가지고 있던 하나님에 대한 잘못된 인식에 대해 힘차게 No!를 말할 수 있었다. 이러한 신학적인 근거로부터 제도적인 변화를 과감하게 시도할 수 있었던 것이다. 변화는 새로운 인식에서 비롯한다.

6. 나가는 말

필자는 지금까지 신학적으로 새로운 인식을 통해 종교개혁을 시작할 수 있었다는 사실을 보여주려 노력했고, 이에 따라 필요한 실천적인 과제에 관해 생각해 보았다. 글을 마무리하면서 이 사실이 과연 종교개혁 이후 500년이 지난 오늘날 한국교회를 위해 어떤 의미가 있을지에 대해 생각해 보자. 변화를 위해 오늘 우리가 새롭게 인식해야 할 하나님의 행위는 무엇일까?

만일 부패한 현실이 아니라 신학적인 인식이 관건이라면, 한국교회의 개혁을 말하는 목소리가 끊이지 않는 현실에서 우리는 무엇보다 현상을 태동케 한 신학에 주목해야 한다.[35] 이런 문제의식에서 볼 때 필자에게 가장 크게 다가오는 질문은 '한국 신학에 과연 문화 형성 능력이 있는가?'이다.

이런 점에서 한국 신학의 문화 형성 능력을 신학적인 과제로 파악하며 한국의 종교문화사와 교회 및 신학의 역사를 비판적으로 조명하고, 이를 바탕으로 풍류도의 신학을 전개했던 유동식의 노력을 재조명할 필요가 있다. 특히 그의 선구적인 노력으로 신학의 토착화 논의가 시작되고, 그 후 일련의 논의를 바탕으로 예배 예전에 한국의 전통 악기와 문화를 도입한 것은 매우 고무적인 일이라 생각한다.

그러나 안타까운 점은 신학적인 문제인식과 논쟁에서 지나치게 서구 신학에 의존하려는 경향이 여전한 현실이다. 현상에 대한 관찰과 관찰된 것에서 신학적인 문제를 인식하고 그 후에 문제를 해결하는 과정에서 전개된 논쟁을 살펴보면 대체로 서구 의존적이다.[36] 다시 말해서 한국교회의 문제를 한국인 스스로 성찰한 후에 신학적인 논쟁을 거쳐 인식하는 방식을 취하기보다 서둘러 서구 이론에 의존하여 문제 해결을 시도하고 있다. 이것은 신학이론 형성과정과 관련해서 이미 잘 알려진 사실이나 진지하게 인지되지 못하고 있다.

신학적인 주제는 하나님의 행위에 대한 인간들의 인식을 체계적으로 표현한다. 아직까지는 서구적인 전통이 지배적이지만 그렇다고 서구적인 것만은 아니다. 진정으로 한국인의 입장에서 신학하기를 원한다면 서구인들의 하나님 인식을 문제해결을 위해 차용하기 이전에 먼저 그들이 왜 그렇게 인식했는가를 정확하게 관찰할 필요가 있다. 그 다음에는 관찰한 것을 바탕으로 그것과 다른 인식의 가능성을 제시할 수 있을 뿐 아니라 특히 동양적인 시각에서 새롭게 인식할 수 있음을 입증해야 할 것이다. 신학적인 주제에 관한 성찰과 논의는 서구 전통과의 대화를 불가피하게 하지만 그렇다고 해서 동양적인 것이 아무런 의미가 없는 것은 아니다. 문제는 한국교회의 문제에 대한 관찰과 인식은 그렇다 해도 한국인에 의한 논쟁이 결여되어 있는 것이다.

하나님의 행위에 대한 동양적 인식은 바로 주제에 대한 동양적인 이해와 논의를 전제한다. 신학적인 주제와 신학적인 전통과의 논의 과정을 통해서 우리는 신학을 학문으로 건축할 수 있다. 이렇게 되면 한국인들의 신앙고백에 대한 이유를 묻는 사람들에게 설명할 수 있는 가능성을 확보할 수 있다. 바로 이런 과정을 거쳐 신학함을 실천할 때 타 학문과의 대화는 신학적인 주제의 발견을 위해(발견의 맥락) 절대적으로 필요하며 또한 신학적으로 근거를 짓는 작업 이전의 과정(정당화 맥락)에서 필요한 작업임을 알 수 있다.

현대 한국교회에서 개혁을 위한 과제가 있다면, 무엇보다 한국에서 신학함의 과정에서 신학적인 과제를 인식하는 것이고 또한 그것을 정당화하는 과정에서 서구 신학 의존을 탈피하는 것이다. 다시 말해서 한국 신학의 정당화 맥락을 발견하는 일이다. 이것이 신학적으로 새로운 인식과 관련해서 한국의 신학이 고민해야 할 과제라고 생각한다.

최 성 수_ 순천중앙교회 교육목사

02

비구상적 하나님

- 루터와 크라나흐로부터

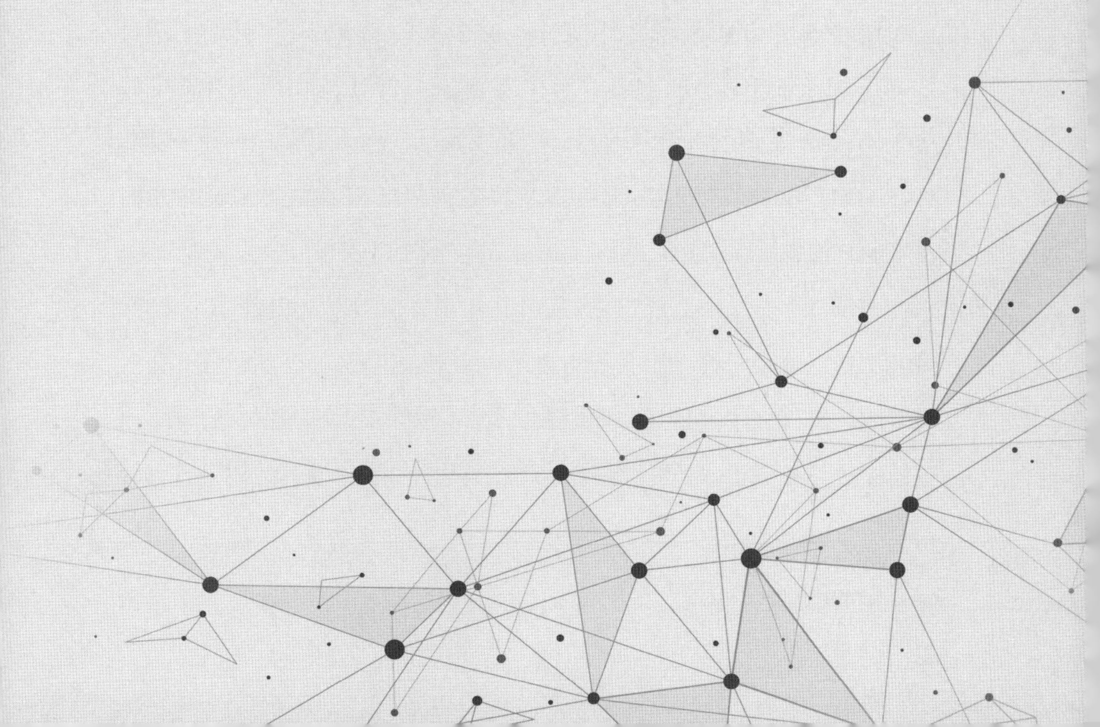

해와 별들을 예배하는
사람들이 많이 있습니다. 그렇다고
우리가 하늘로부터 해와 별들을
제거할 것을 제안하겠습니까 ?
아닙니다. 우리는 해와 별들이
그대로 하늘에 있기를 바랍니다.

- 마르틴 루터

1. 종교와 이미지, 그 오랜 애증의 관계

신의 재현 혹은 비재현 방식에 따라 종교의 정체성을 알 수 있을 정도로 그 양태가 서로 다르며, 신론의 핵심을 드러낸다. 20세기 전, '비재현' 원칙의 유대교는 재현 가능한 신의 출현을 용납할 수 없었고, 이에 기독교가 나온다. 구약에서 비교적 비구상, 비재현(non-figuration[불어], nonrepresentation[영어])적인 신이, 신약에서 성육신(成肉身) 사건을 계기로 급속도로 구상화된다. 레지 드브레(Régis Debray, *Vie et mort de l'image*)는 "예수의 등장"(cf. "Le visible était la manifestation de l' invisible")으로 "서구가 이미지 재능을 갖게 되었다"고 하는데, 이미 그리스의 추상적 신들을 구상화 구체화한 전적을 가진 서구이기에 이미지 재능의 '발견'이 아니라 '재발견'이 좀 더 정확하다. 애매모호한 추상적 성향의 동양과 달리, 서구의 설득력 있는 구상적이고 구체적인 이미지 재능

덕분에 기독교는 세계에서 가장 중요한 종교 중의 하나가 되었다. 그러나 5세기 전, 역설적이게도 지나치게 범람하는 물질적, 구상적 이미지(성화, 조각 등)에 반대하며, 개신교는 가톨릭으로부터 분리된다. 다수의 종교개혁자들이 이미지를 반대하고, 그 가운데 성상파괴자들(Iconoclasts)은 교회 내의 조각을 파괴하고 그림을 불태웠다. 그렇게 개신교회의 벽들이 비워진 채 500년이 지나고, 시각예술과 그와 관련된 분야에 대한 비판 능력도 함께 비워졌다.

16세기 종교개혁 때 성상파괴자들에 의해 파괴된 네덜란드의 성마틴 위트레히트 성당(St. Martin's Cathedral, Utrecht, or Dom Church)의 부조(浮彫)

디르크 반 델렌(Dirck van Delen), 〈교회의 성상파괴자들〉(Iconoclasts in a church), 1630, oil on panel, Rijksmuseum, Amsterdam

　교회의 제단과 벽에 이미지가 사라졌다고 해서, 개신교인들의 머리에도 이미지 공간이 비워진 채 있는 것은 아니다. 오히려 걸러지지 않은 이미지가 채워진다. 인간이 오감을 통해 외부 정보를 받아들일 때, 그중에 70~80%를 시각이 담당할 만큼 큰 영역을 차지하며, 뇌에서도 시각 영역(후두엽 Occipital Lobes)의 비율이 가장 크다. 따라서 이미지의 역할은 지대한 영향을 끼친다. 이미지를 선도하는 세계적인 '이미지 생산자들'(작가들)의 작품 중에 기독교의 상징이 사용된 경우는 다음과 같다. 제프 쿤스는 〈하늘에서 만들어진〉(Made in Heaven, 1989-1990) 연작에서 포르노 비디오의 한 장면처럼 아담(제프 쿤스의 초상)과 하와(치치올리나의 초상)의 성적인 장면을 노골적으로 묘사하기에, 미술관에서도 '미성년자 관람불가'라는 표시와 함께 전시장이 따로 마련된다. 마우리치오 카텔란(Maurizio Cattelan)은 죽은 말과 'INRI'(유대인의 왕, 나사렛 예수)라고 쓰인 명패를 함께 전시한다(〈무제〉 Untitled, 2009). 데미안 허스트의 〈신만이 안다〉(God Alone Knows, 2007)라는 작품은 커다란 세 개의 유리관에 각각 십자가형을 받고 있는 양들이 배가 찢기고 척추뼈가 드러난 채 포름알데히드 안에 담겨져 있다. 예수가 십자가에 달린 그날의 골고다 언덕의 풍경이 이처럼 끔찍하게 재현됐다. 안드레 세라노(Andres Serrano)의 〈피스 크라이스트〉(Piss Christ, 1987)는 작가의 오줌으로 가득 찬 커다란 유리관 안에 십자가에 달린 예수상이 담겨 있는 작품이다.

　이러한 작가들 대부분은 세계에서 가장 잘나가고 비싸다는 10대 작가들[1]로, 교회 밖에서 통용되는 인기 있는 시각적 언어를 창출해 내고 있다. 기독 미술사에 등장하는 작품들과 격세지감이 느껴지지만, 바로 이런 종류의 이미지가 현대인들을 주도하고 있다. 이 작품들은 첫눈에는 혐오감을 주기도 하지만, 때로는 편견과 고정관념을 깨트리는 도구나, 현재를 진단할 수 있는 뛰어난 자료가 되기도 하며, 새롭게 종교가 가야 할 길을 보여주기도 한다. 교회는 이러한 이미지를 어떻게 해석해야 할까? 기독현대미술사는 언제까지 현대미술사를 외면할 수 있을까?

종교개혁에서 미술의 양의적 역할

위에서 잠깐 언급했듯이, 예술은 다음과 같이 종교개혁이 일어나게 한 중요한 원인이었다.

(1) 바티칸은 성베드로성당을 비롯한 많은 성당 건축과 이를 장식할 예술 조형물 제작에 드는 막대한 재정을 충당하기 위해 면죄부 판매.

(2) 성스러운 그림(Icon), 성모상, 성인들의 유물(때로는 성유물을 담는 용기가 고가의 예술품)이 숭배의 대상이 됨으로써 신앙적인 타락과 신학적 부패 만연.

(3) 르네상스 예술의 바탕이 된 풍부한 인간적 감각(신적 이성이 아닌)과 종교적 코드를 넘어선 개인적 창의성 등이 종교개혁자들에게는 도덕적으로 방탕하고 종교적으로 타락한 것으로 여겨짐.

이처럼 종교개혁자들의 관점에서 볼 때 예술은 종교개혁을 일어나게 한 부정적인 원인이었다. 반면에, 다음과 같은 거장들은 종교개혁이 성공하도록 도움을 주기도 했다. 한스 홀바인(Hans Holbein, 1497-1543, 독일), 16세기 독일을 대표하는 3대 화가인 알브레히트 뒤러(Albrecht Dürer, 1471-1528), 대(大) 루카스 크라나흐(Lucas Cranach the Elder, 1472-1553, 이하 '크라나흐'로 표기), 마티아스 그뤼네발트(Matthias Grünewald, ca.1470-1528), 네덜란드를 대표하는 대(大) 피터 브뤼겔(Pieter Brueghel de Oude, ca.1525-1569), 렘브란트 하르먼손 판 레인(Rembrandt Harmenszoon van Rijn, 1606-1669) 등. 이들은 종교개혁 정신을 예술로 재현하여, 대중들에게 심미적 · 정신적으로 영향을 주었다.

한스 홀바인 〈대사들〉 1533, 캔버스에 유화,
207x209.5cm, 런던 내셔널 갤러리

대 피터 브뤼겔 〈베들레헴의 인구조사〉 1566,
목판에 유채,116x164cm, 벨기에 안트웨르펜
왕립미술관

렘브란트 〈십자가에 올려지는 예수〉
c.1633, 캔버스에 유화, 96x72cm, 독일
알테 피나코테크

이타아스 그뤼네발트, 이젠하임 제단화(십자가
처형 부분 일부), 1515, 목판에 유채, 프랑스
콜마르 운티린덴 미술관

당시의 '판화'는 현대의 SNS처럼 종교개혁 이념을 대중에게 빠르고 널리 전달하여 이슈화하는 데 지대한 역할을 했다. 마르틴 루터(Martin Luther, 1483-1546)도 청각적 예술(음악)은 물론, 특히 크라나흐(루터 미술의 상징)의 지대한 도움을 받았다. 루터가 시각적 예술의 힘을 빌린 것은, 오늘날 미셸 푸코, 질 들뢰즈, 모리스 메를로 퐁티 등도 사용하는 현대적인 사유 방식의 한 유형으로, 좀 더 열린 시각을 갖기 위해 목회자나 신학자들에게도 요청되는 방식이다. 이는 70~80%를 차지하는 시각적 정보에 대한 책임감을 느끼고, 고양되고 승화된 방식으로 방향 전환을 제시하는 것이기도 하다. 더욱이 현대의 개념적 비구상적 예술은 하나님과 인간 영혼과 관련하여 지나치게 구상적이고 구체적인 이미지에 집착했던 것에서 벗어나, 추상적이며 창조적인 이미지를 회복하는 데 도움이 될 것이다. 500년 전부터 근대까지는 르네상스 미술처럼 인간적이고 완벽한 이미지가 지배적이었다면, 현대미술은 이러한 '완벽을 극복'(이우환)할 수 있는 추상적이며 열린 이미지를 제시한다. 이처럼 각 시대의 미술은 그 당시를 '진단하는 처방전'(cf. 발터 벤야민)이기도 하다.

2. 루터와 크라나흐

1) 왜 10월 31일인가 ?

마르틴 루터가 비텐베르크성(城) 교회 정문에 95개조 반박문을 붙인 날은 1517년 10월 31일이다. 왜 하필 이날이었을까? 이 역사적인 날 역시 미술과 관련된다. 유럽에서 11월 1일은 모든 성인의 날(Allerheiligen)로 오늘날도 여전히 중요한 축제일이며, 지역에 따라서는 공휴일이기도 하다. 큰 축제를 앞둔 전야인 1517년 10월 31일, 작센 선제후 프리드리히 3세(Friedrich III, 1486-1525)의 성유물(대략 5,000여 점 소유)이 축제를 계기로 전시되는 것을 보기 위해 사방에서 신자들이 몰려 들고, 비텐베르크 시는 들썩거렸다. 시각적인 효과가 극대화되는 성유물 전시에 대한 기대가 고조에 이른 축제 전날, 루터는 당시 게시판처럼 사용되었던 비텐베르크성 교회 정문에 95개조 반박문을 게재한다(cf. 루터선집, 제5권 교회의 개혁자(1), 컨콜디아사, 1984, 43쪽). 성상, 성유물을 예배하는 것은 우상 숭배라는 문제, 또한 당시 성유물, 성상, 미술품 기부는 전형적인 선행 중의 하나로, 루터는 이같은 행위에 의한 구원을 바라는 것은 '우상' 행위라고 보았다.

루터는 성상과 성유물에는 반대했지만, 교회 안에 이미 있는 것을 파괴하는 것에는 동조하지 않았다. 예를 들어, 루터의 비텐베르크 대학 동료 교수였던 안드레아스 칼슈타트(Andreas Karlstadt)[2]나 가브리엘 츠빌링(Gabriel Zwilling)은 이 시기 성상 파괴에 앞장섰다. 츠빌링은 1522년 1월 10일에 어거스틴 수도원, 12월 3일에는 비텐베르크에 있는 프란체스코 수도원의 제단 및 예술품을 파괴했다. "루터는 과격한 개혁자들이 일으킨 소란과 혼란을 어떻게 해결할 것인가를 의논하기 위한 3일간의 회의를 위하여 발트부르크(Wartburg)로부터 비텐베르크"로 돌아온다. 폭력적인 행위에 반대하는 루터의 설교는 '성상파괴'의 시작이었던 8세기로 거슬러 올라간다. 그는 726년부터 '성상파괴운동'에 박차를 가한 비잔틴 제국의 황제 레오 3세(재위 717-741)와 이를 반대한 로마 교황 그레고리우스 2세(재위 713-731)를 상기시키며, "양자 모두 잘못"했는데, 그 이유는 "자유로운 것을 '필수적인 것'으로 만들었기 때문"이라고 한다. 그는 또한 바울이 아덴을 방문했을 때(행 17:16-32), 여러 우상 제단을 발견했지만, "그중의 단 하나도 그의 발로 차지 않았으며", "어느 하나도 폭력으로 파괴"하지 않았음을 강조한다.[3] 그러면서 루터는 사람들이 "성상 폐지를 위한 가장 중요하고 가장 높은 이유를 간과"하고, "가장 덜 중요한 이유에 집착"한다면서, 다음과 같이 설교를 이어나간다.

"저쪽에 있는 십자가가 나의 하나님이 아니라 단순히 하나의 표적이라는 것을 알지 못하는 사람들은 하나도 없을 것이라고 나는 생각합니다. 왜냐하면 나의 하나님은 지금 하늘에 계시기 때문입니다. 그러나 세상은 다른 남용으로 가득차 있습니다. 해(그리고 달과 별들)는 모든 백성들을 섬기기 위하여 창조되었기 때문에 우리로 하여금 그것들을 예배하지 않도록 우리의 눈이 그것들을 우러러 보지 말라고 하나님은 신명기 4장 19절에서 우리에게 명령하셨습니다. 그러나 해와 별들을 예배하는 사람들이 많이 있습니다. 그렇다고 우리가 하늘로부터 해와 별들을 제거할 것을 제안하겠습니까? 아닙니다. 우리는 해와 별들이 그대로 하늘에 있기를 바랍니다. 다시 예를 들면, 포도주와 여인들은 많은 남자들을 비참하게 만들고 바보로 만듭니다(집회서 19:2, 31:30). 그렇다고 우리가 모든 여인들을 죽이고 모든 포도주를 쏟아버릴 수는 없지 않습니까? 다시 예를 들면, 금과 은은 많은 악을 야기시킵니다. 그렇다고 우리가 이것들을 정죄합니까?"[4]

루터가 성상 파괴에 반대한 또 다른 이유에는 크라나흐의 영향도 있다. 루터는 당대 최고 화가인 그와 대화하면서 예술의 중요성과 효용성을 알았다. 실제로 성상 자체가 문제가 아니라, 그림을 성화하고 남용하는 것이 문제이다. 또한 루터는 예술의 시각적인 영향력과 교육의 효과도 익히 알고 활용하고 있었다.

2) 크라나흐, 루터주의 화가

16세기 독일을 대표하는 화가 대 루카스 크라나흐는 독일의 작은 마을 '크라나흐'에서 화가의 아들로 태어났다. 그는 1505년 비텐베르크로 이사하고, 선제후 프리드리히 3세의 궁정화가가 된다. 크라나흐는 유럽 전역에 유행한 남방 르네상스 스타일에 휩쓸리지 않고 자신의 스타일을 고집했으며, 많은 도제(徒弟)가 있

소 루카스 크라나흐, 〈대 루카스 크라나흐, 77세의 초상화〉, 패널에 유화, 67×49cm, 이탈리아, 플로렌스, ca. 1550.

어 작품을 다량으로 생산한다. 그는 비텐베르크의 최고 부자 중의 한 명이 었으며, 1537년에서 1544년까지는 시장을 역임한다.

루터와 크라나흐의 우정은 각별했다. 그들은 서로 결혼의 증인이었고, 아이들의 대부였다. 크라나흐는 루터가 번역한 독일어 성경에 그림을 넣어 출판했으며, 루터의 초상화 여러 점과 종교개혁 지도자들의 초상화를 그려서 대중에게 제공했다. 또한, 많은 목판화를 만들어 가톨릭교회의 부패를 널리 알렸으며, 종교개혁사상을 그림으로 재현하여 대중의 이해를 돕는 등, 루터의 종교개혁운동에 적극적으로 참여하고 후원했다. 이러한 활동으로 인해 그는 루터주의 회화의 창시자가 되었으며, 루터파 교회를 위해 여러 중요한 제단화를 제작했다.

크라나흐, 루터와 카타리나의 초상화, 1529

크라나흐는 루터와 그의 아내 카타리나 폰보라(Katharina von Bora, 1499-1552)의 개인 초상화뿐만 아니라, 이들이 하나의 화면(그림)에 함께 등장하는 단체 초상화도 여러 점 제작하였다. 현재 우리가 볼 때는 사진 역할 정도의 단순해 보이는 부부 초상화는 당시의 삶, 생활, 신학 등 모든 분야에 걸친 세기적인 스캔들이자 혁명이었다. 수도사였던 루터가 그것도 수녀였던 카타리나와 결혼한다는 것은 비텐베르크를 넘어 유럽을 떠들썩하게 만든 사건으로,

루터의 적대자들은 마음껏 조롱하고, 옹호자들은 통곡했다. 루터 부부의 초상은 개혁의 상징이며, 결혼, 가족, 자녀 교육 등의 시각적 표본이기도 했다. 그 당시 사제들은 첩이 있었고, 가톨릭의 독신 권장으로 젊은 연인들은 비밀결혼을 하는 등 종교적 사회적으로 많은 문제를 일으켰던 독신에 대한 하나의 해결책이기도 했다.

비텐베르그 제단화

크라나흐부자(父子), 〈비텐베르그 제단화 Wittenberg Altarpiece〉 1547

종교개혁이 일어난 장소에 있는 〈비텐베르그 제단화〉는 루터 개혁의 중심적인 이념을 시각화한 대표적인 작품으로 종교개혁을 대중에게 알리는 데 중요한 역할을 했다. 비록 이 작품은 루터 사후 1년 후에 완성되었지만, 기획에서부터 제작 과정 동안 크라나흐는 루터와 충분히 대화를 하며 검증을 받은 작품이기에 '개신교의 정체성'을 표상한다.

이 세 패널은 전체적인 조화가 뛰어나며, 왼쪽의 둥근 세례대, 가운데 둥근 테이블, 오른쪽의 둥근 의자 등받이 등을 배려하며, 형태, 색깔이 잘 어울린다. 제단화는 중세적이며 전통적인 3면화의 형태를 취하고 있으며, 성찬식을 중심으로 한 새로운 믿음 공동체를 보여주고 있다. 이 작품은 왼쪽 '세례', 중앙 '성찬-최후의 만찬', 오른쪽 '고해-신앙고백', 그리고 가장 아랫부분인 프리델라(predella)에는 '루터가 설교하는 모습'이 묘사되어 있다. 세례(The Sacrament of Holy Baptism) 장면이 묘사된 왼쪽 패널에는 루터의 중요한 종교개혁 동역자인 멜랑흐톤(Philipp Melanchthon)이 유아세례를 주고 있다. 성만찬을 묘사하고 있는 가운데 패널에는, 대 크라나흐의 아들인 소 크라나흐가 루터에게 성찬 잔을 건네주고 있다. 오른쪽 패널의 신앙고백(고해 The Office of the Keys)의 장면에는 요하네스 부겐하겐(Johann Bugenhagen)이 고해를 듣고 있다. 그는 비텐베르크 교회의 목사이며 루터의 친구, 상담자, 고해목사로 루터의 결혼식 주례를 맡았으며, 루터의 장례도 집례하고, 루터의 사후에는 그의 가족을 돌보는 등, 루터의 종교개혁을 지속적으로 도왔다. 작품 속에서 부겐하겐이 양손에 들고 있는 열쇠는 죄를 고백한 성도가 하나님의 은총으로 사함을 받아 하나님 나라에 갈 수 있다는 상징이다. 프리델라에는, 십자가 상의 예수는 인류의 구원을 위한 은혜의 핵심임을 강조하듯 넓은 공간의 중심에 홀로 있고, 왼쪽에는 대중들이, 오른쪽에는 설교단에서 루터가 설교를 하고 있다. 루터의 오른손은 성서를, 왼손은 십자가를 가르키고 있다. 남녀노소, 신분고하 상관없이 같은 공동체로서 대중이 모여 설교를 청취하고 있다. 이 대중 가운데는 루터의 아내와 아들, 그리고 화가 크라나흐도 보인다. 이 작품은 루터가 "의회와 교회에 관하여"(On the Councils and the Church, 1539)에서 중요하게 언급한 세례, 성찬, 고해, 설교, 기도와 십자가 등이 모두 재현되었다. 또한 1530년 '아우구스부르그 신앙고백'(The Confession of Augsburg)처럼, 교회의 '성례가 행해지는 곳'으로서의 역할(위의 3부작)과 복음 선포의 역할(프리델라)이 재현되어 있다.

바이마르 제단화

크라나흐 부자(父子), 〈바이마르 제단화〉 (Weimar Altarpiece), 1555.

크라나흐의 〈바이마르 제단화〉(Weimar Altar-piece)는 기독교인들이 어떻게 구원을 받을 수 있는지, 루터의 "믿음에 의한 칭의"(롬 3:24-28, 갈 2:16, 엡 2:8-9)를 시각화하고 있다.

제단화의 배경 그림은 크라나흐의 대표적인 연작 중의 하나인 〈율법과 은혜〉로 구약의 율법과 신약의 은혜를 대조하고 있다. 십자가에 못 박힌 예수가 화면 중심에 있고, 십자가는 화면을 수직으로 크게 두 부분으로 나누고 있다. 오른쪽 부분 근경에는 [우에서 좌로] 루터, 크라나흐, 세례 요한이 일렬로 서 있다. 크라나흐 뒤로 펼쳐지는 원경에는 모세가 놋뱀을 만들어 장대 위에 걸쳐 놓았다(민 21:6-9). 이 장면의 신약 버전은 근경에 강조된 십자가 상의 예수이다. 불뱀에 물린 이스라엘 백성들이 놋뱀을 보고 죽을 병에서 치유된 것처럼, 예수도 인류를 죽음과 죄에서 치유한다. 세례 요한 뒷편의 원경에 모세가 십계명 판을 들고 있고, 그 앞에 한 남자가 괴물과 해골에 의해 쫓기고 있다. 괴물은 사탄이자 죄이고 해골은 죽음을 상징하는데, 인류를 상징하는 이 남자는 지옥의 불이 있는 곳으로 달리고 있어 피할 곳도 희망도 없는 듯하다. 하지만, 죄 없는 예수가 그(인류)의 죄를 대신하여 십자가에 못 박힌다. 그림 왼쪽 아랫부분에, 무덤의 돌문이 열려 있고 부활한 예수가 그 앞에 서 있다. 생명(피)을 상징하는 붉은 색 옷을 입고 있는 그리스도는 지팡이로 괴물과 사탄, 즉 죽음과 죄를 제압하고 있다. 세례 요한은 오른손 검지로 십자가에 달린 예수를, 왼손으로는 십자가 아래에 있는 죄 없는 어린 양(예수)을 가리키고 있다. 부활한 그리스도와 양이 각각 들고 있는 지팡이가 나란히 평행을 이루며 두 주제의 관계성을 암시한다. 그리스도의 붉은 옷자락 끝에는 ECCE AGNVS QVI TOLLIT PECCATA MVNDI(보라 세상 죄를 지고 가는 하나님의 어린 양이로다, 요한복음 1:29)라고 쓰여 있다. 우리 관람자를 쳐다보고 있는 그리스도와 양의 눈동자는, 이 모든 행위가 바로 이 작품을 보고 있는 '우리'를 위한 것임을 말하고 있다. 독특한 M자형 수염의 크라나흐는 두 손을 모아 경배하고 있다. 그도 웅변적인 눈으로 우리를 바라보며, 구원의 역사에 동참할 것을 설득하고 있다. 창에 찔린 예수의 옆구리에서 흘러나와 그의 머리 위로 떨어지는 보혈은 은총에 의한 구원을 의미하는데, 이는 크라나흐 한 개인이라기보다는 모든 믿는 자에게 주어지는 은총을 상징한다. 가장 오른쪽에 있는 루터는 손으로 성경을 가리키고 있는데, 그가 입고 있는 검은 사제복과 대조되어 성서가 빛처럼 밝게 드러나고 있다. 이 제단화는 루터의 종교개혁 3대 명제인 '오직 성경(sola scriptura), 오직 믿음(sola fide),

오직 은혜(sola gratia)'를 시각화하고 있다.

3. 교회 그리고 시각적 '암시'와 '재-제시'에 대하여

1) 교황, 적그리스도 혹은 문화의 구원자?

루터는 1521년 교황 레오 10세에 의해 종교적 파문과 보름스의회에서 찰스 황제에 의해 정치적 파문을 당하자, 작센 선제후 프리드리히 3세의 보호를 받는다. 이 기간 동안에 그는 독일어 성경을 번역하고 또한 교황을 적그리스도(anti-Christ)로 묘사한 『그리스도의 수난과 적그리스도』를 출판한다. 이 책에서 루터는 교황의 부패를 그리스도의 행적과 비교하며 크게 열세 가지로 분류하고 있다. 이러한 비교를 통해 대중들은 그리스도와 교황, 성서와

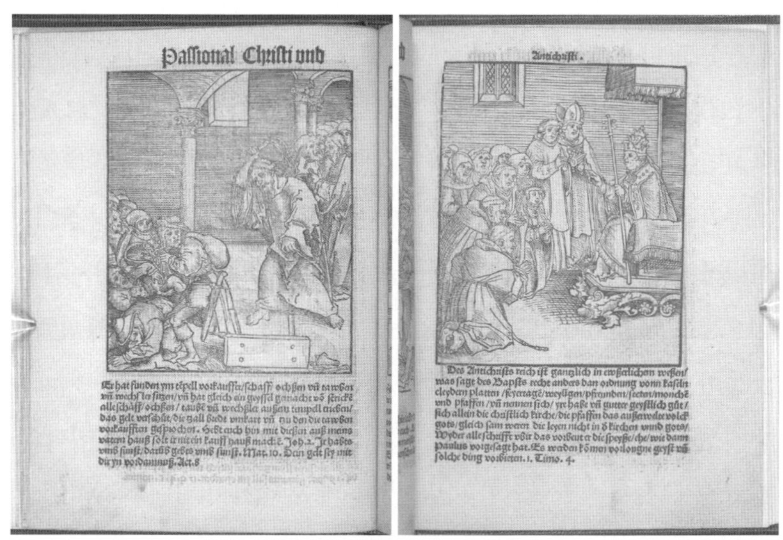

루터(글), 루카스 크라나흐(그림), 『그리스도의 수난과 적그리스도』 비텐베르그, 1521.
왼쪽 그림은 교회 내의 상인을 쫓아내는 예수의 행적을 묘사하고, 오른쪽 그림은 이와 반대로 교황 자신이 면죄부에 서명하고 이를 파는 적그리스도로 표현되어 있다.

교회법이 얼마나 다르고 어떤 문제가 있는지 쉽게 파악할 수 있다.

여기서 우리가 주의해야 할 것은, 비록 루터는 교황 레오 10세를 적그리스도로 표현하고 있지만, 문화예술적 관점에서는 다른 해석이 가능하다는 사실이다. 교황 레오 10세는 이탈리아 메디치 가문 출신으로, 이 가문은 예술 분야에 전례 없는 지원을 하여 찬란한 르네상스를 가능하게 한 주역이다. 개혁주의자들과 그 후손들은 이를 간과하기 쉬운데, 종교개혁과 르네상스는 동전의 양면처럼 함께 다뤄져야 공평한 비판이 가능해진다. 인류 역사상 메디치가처럼 한 가문이 문화예술, 과학의 발전에 오랜 기간 지대한 공헌을 한 경우는 없었다. 피렌체에서 금융업으로 시작한 메디치 가문은 15세기부터 약 300년 동안 12대에 걸쳐 지속되었으며, 그 기간 동안 레오 10세와 클레멘트 7세 등 두 명의 교황과, 카테리나 데메디치, 마리아 데메디치 등 두 명의 프랑스 왕비가 배출되었다.

메디치가는, 르네상스 3대 미술가인 레오나르도 다빈치, 미켈란젤로, 라파엘로와 또 다른 르네상스 거장인 보티첼리를 비롯하여, 단테, 보카치오, 마키아벨리 등 무수한 예술가와 과학자를 발굴, 후원, 보호하여 '르네상스'를 꽃피웠다. 전 세계 예술가들, 과학자들, 문학가들이 메디치가의 날개 아래로 몰려들었다. 레오 10세와 그 후계자들은 로마를 기독교의 중심지뿐만이 아니라 유럽 문화의 중심지로, 16세기의 수도로 만들었다. 이처럼 레오 10세는 문화 예술을 우선으로 생각하는 메디치 가문 출신의 교황이었기에 이방 문화, 철학 사상과 이방 신들을 가톨릭의 본거지인 바티칸에 예술을 통해 입성시킬 수 있었다. 기독교 신학에서 그리스로마 문화와 철학의 영향은 모두가 다 아는 공공연한 비밀이었는데, 이러한 비밀이 시각화된 셈이다. 또한 교황청의 그림과 조각에는 때로는 상반되는 성서적 해석과 문화적 배경이 드러나는데, 예술을 통해 다양성과 다름에 대한 시각적 관용과 포용도 실현된 셈이다. 특히, 르네상스 미술은 "유화, 원근법, 피라미드 구조, 자아 등"을 발견하였으며, '조화'를 위해 균형이나 비례의 규칙 등과 같은 테크닉을 발전시켰다. 이는 근대주의의 토대가 되었으며, 세상을 원근법적으로 바라보는 시각도 이때부터 시작되었다(반면에, 현대인은 '비원근법'적 시각으로 세상을 보는 방법을 잊었는데, 20세기 후반부터 '비원근법'적 관점을 다루는 작품들이 등장하고 있다). 실제로 르네상스 사람들은 그 시대를 '근대'(moderne era)라 불렀다. 원근법의 발견으로, 가까이 있고 커다란 '자아'와 멀리 있고 작은 '타자'의 구별이 명료해졌고, 개인주의가 발전할 수 있는 기반이 되었다. 르네상스는 단순한 문화적 부흥 이상으로, 근대 세계의 출발, 근대정신이 탄생한 시기이다. 르네상스는 현대(포스트-모더니즘)를 가능하게 한 근대(모더니즘)와 타자의 탄생에 대한 이해의 지평을 여는 중요한 시기이다.

2) 구상과 추상 사이에서

창세기 'P문서'에는 인간 창조와 관련하여, "우리의 형상을 따라 우리의 모양대로 우리가 사람을 만들자"(창 1:26)라는 유명한 문장이 나온다. 모세 마이모니데스에 따르면, "형상"(image, 히브리어 tselem)은 "물질적, 육체적 닮음"을 의미하고, "모양"(ressemblance, 히브리어 demût)은 "추상적, 정신적, 지적인 닮음"을 의미한다(Moïse Maïmonide, *Le Guide des égarées*, I, 1.). 시각예술에 비교한다면, '형상'은 '구상적, 재현적, 구체적 이미지'에, '모양'은 '비구상적, 비재현적, 추상적 이미지'에 가깝다(참조로, J문서 창 2:7의 인간 창조에서는 하나님이 마치 도공이나 조각가처럼 느껴진다). 기독교미술이 오랜 기간 '형상'('하나님의 형상' imago Dei)과 관련해서 구상적 이미지에 집착해 왔다면, 이제 '모양'과 관련해서 추상적 이미지도 함께 생각할 때이다. 사실 종교개혁시 제거된 대부분의 이미지도 구상적인 것이었으며, 이를 대체할 수 있는 추상적 이미지가 태어나기 훨씬 전이었다. 서구에서 시각적으로 구상을 벗어나게 되는 것은 추상미술이 시작되는 19세기 말로, 초기 추상에는 칸딘스키나 말레비치와 같이 선분, 네모, 세모 같은 기하학적 형상이 있었고, 앵포르멜에 접어들면서 그나마 남아 있던 형상도 모호하게 되면서 좀 더 비구상적이 된다. 어찌 보면, 종교개혁으로 비워진 벽에 이제서야 대체할 이미지가 생겼다고도 볼 수 있다. '인간적인 너무나 인간적인' 혹은 '구상적인 너무나 구상적'이었던 신에 대한 이미지를 이제 서서히 바꿀 수 있게 되었다.

피터 산레담, 〈아센델프트 교회의 내부〉, 패널에 유채, 50cm, 국립 미술관, 암스테르담, 1649. 이 작품은 성상파괴운동 이후, 제단화, 성물, 성화, 등 어떤 것도 없는 교회 내의 모습을 보여준다. 하얀 벽이 무게감 있게 다가온다.

20세기 중반, 의식 있는 서구 예술가들은 산업혁명과 정보혁명의 후유증으로 오브제와 정보로 꽉 찬 공간에 숨막혀하며, 동양의 '공'(空)이나 '여백'에 관심을 갖는다. 미국에서, 로버트 라우쉔버그(Robert Rauschenberg)는 아무것도

이우환, 〈대화〉(Dialogue), 2008.
라우쉔버그의 〈하얀 캔버스〉(혹은 빈 캔버스)와 달리, 관람객은 이 그림 〈대화〉 앞에 서면, 캔버스의 그려진 부분(붓자국, 혹은 점)에 의해서 캔버스의 그려지지 않은 부분과 캔버스를 넘어서 그림이 걸려 있는 공간에까지 울림(바이브레이션)이 퍼지는 "여백의 현상"을 체험하게 된다.

이우환, 〈관계항-신호〉(Relatum-A Signal), 2005/2010, 일본 나오시마 섬에 안도 다다오 건축한 '이우환 미술관'에서
비록 안도 다다오가 세계적인 건축가라고 할지라도, 위의 장소에 이우환의 조각이 없었더라면, 관람객들은 이브 클라인의 '공(空)'전시처럼 사방에 가득찬 시멘트 벽만 보고, 심지어는 전쟁 벙커 안에 있는 것처럼 느낄 수도 있다. 하지만 이우환의 조각은 이 유한한 장소에 "여백의 현상"을 일으키며 무한을 맛보게 한다. 거기다가 묵중한 철판답지 않게 살짝 치올려진 모서리는 정감을 자아내며 관람객을 미소짓게 만든다.

그려지지 않은 빈 캔버스(*White Painting* [three panel], oil on canvas, 1951)를 전시하고, 존 케이지는 〈4′ 33″〉(1952)와 같은 음악적 여백을 작곡한다. 파리에서 이브 클라인(Yves Klein)은 빈 캔버스조차 걸어 놓지 않은 아무것도 없는 전시장을 전시('Exposition du vide', chez Iris Clert, 1958)한다. 이에 대해 다니엘 뷔렌(Daniel Buren)은 다음과 같이 지적한다. "갤러리에서 클라인의 '공(空)'이라는 전시를 보는 사람들은 '공'을 보는 것이 아니라, 오히려 '꽉 참(滿)'에 대한 강박관념을 보았을 것이다. 왜냐하면 전시장에는 사면 벽이 꽉 차 있었기 때문이다".[5] 같은 논리로, 라우쉔버그의 빈 그림에는 꽉 찬 캔버스가 보이고, 존 케이지의 〈4′ 33″〉 연주에는 주변 소음이 들린다. 20세기의 이러한 '클라인의 실수'(error)는 16세기 종교개혁을 연상시킨다. 종교개혁시 벽을 공백으로 비워놓고 이를 대체할 다른 제안이 없었기에 교회 밖에서 세속적인 것으로 채

위지게 되었고, 교회는 이러한 이미지를 제어할 연결끈마저 잃어버린다. 혹은 16세기 시각적 언어를 21세기 디지털 세계에 강요하기도 한다. 교회의 벽을 비운 것이 아니라, 오히려 시각예술과 또 다른 형태의 타자와 현재를 진단할 수 있는 통로에 벽을 쌓은 것이다.

어떻게 해야 '비움'을 볼 수 있을까? 더 나아가 어떻게 해야 만들어진 것(피조물)이 만들어지지 않은 것(창조자)을 '암시'할 수 있을까? 어떻게 유한한 것이 무한을 '재제시'할 수 있을까? 종교적인 함의를 떠나서, 이러한 질문은 이우환이 평생 고민한 것으로, 그의 예술은 이 질문에 답하고 있다. 물질세계와 보이는 것만 믿는 우리에게 여백과 무한을 느낄 수 있도록 하기 위해서는 '암시'나 '재제시'가 필요하다. 이우환이 즐겨 인용하는 차인(茶人) 센노 리큐 (千利休, 1522~1591)의 행적이 있다. 차인은 뜰에 가득찬 낙엽을 말끔히 청소한 후에 단지 몇 잎만 떨궈 놓는다. 일반적으로 낙엽이 가득찬 뜰에서는 오히려 낙엽을 보지 못하고[혹은 무시하고], 깨끗한 뜰에 단지 몇 잎만 있을 때(재제시), 그 아름다움을 발견하기 때문이다. 마찬가지로 이우환도 자신의 화폭이나 전시장에 수 개의 잎(회화에서는 '점', 조각에서는 '자연석')을 떨궈놓는다. 이와 같은 방식으로 그의 예술은 다른 세계로 인도하는 일종의 '암시' 혹은 '재제시'가 된다.

"점은 '그림'이 아니라 그려지지 않은 여백을 인식시키기 위한 최소한의 표식일 뿐이다. 그래서 나는[이우환] 캔버스에 최소한의 개입만 하여 많은 공간을 빈 채로 둔다. 전체를 만들겠다는 것이 아닌, 한 점 즉 최소한의 개입(활동)을 의미한다. 이렇게 해서 그려지지 않은 부분, 즉 만들어지지 않은 부분이 회화로 들어온다."[6]

만들어지지 않은 부분을 느끼게 하기 위하여, 그리고 진정 원하는 것을 보여주기 위해서는 비워두는 것이 아니라, '암시'를 하거나 '재제시'를 해야 한다. '재생산'(re-production)도 아니며, '제시'(presentation)도 아닌, '재제시'(re-presentation)가 필요하다. 생산이나 제시는 인간이 만들거나 창조한다는 의지가 개입되나, 이우환이 말하는 '재제시'는 이미 신이 만든 것을 인간은 단지 현시대의 상황과 감성에 맞게 다시 보여줄 뿐이며, 그것도 아주 극히 일부를 보여준다는 겸허함이 포함된다. 그는 다음과 같이 말한다.

"이건[이우환의 작품] 창조가 아니라, 있던 것을 다시 제시하는 것으로, 일종의 '괄호넣기'(epoché, 판단중지)입니다. 그럼으로써 현실이 다시 보입니다. 예술은 그래서 '창조'가 아니라, 이러한 '재제시'에 불과하다고 봅니다."[7]

기독교와 관련하여 현대예술에서 '재제시'의 몇가지 예를 들면 다음과 같다. 우선 안도 다다오의 '빛의 교회'(Ando Tadao, Church of Light, Osaka, Japan, 1989)와 '물의 교회'(Chuch on the Water, 1985-1988)가 있다. '빛의 교회'는 특별한 장식이 있는 것이 아니라, 단지 교회 정면에 십자가 형태로 슬레이트가 뚫어져 있을 뿐이다. 이 슬레이트를 통해 사시사철 다른 햇살이 들어오면서 빛의 십자가가 연출된다. 일본에서 제일 추운 홋카이도 중앙산맥의 한 고원에 있는 '물의 교회'는 정면이 모두 유리벽이고, 이 벽을 통해 인공호수와 고원의 풍경이 펼쳐지며, 이러한 풍경 한가운데 십자가가 보인다. '빛의 교회'를 통해서는 창조자의 작품인 빛의 아름다움과 빛으로 상징되는 신의 은총을 경험할 수 있다면, '물의 교회'에서는 자연의 숭고함과 오래 전에 잃어버린 인간의 근원적인 감성을 회복하게 한다. 1971년 설립된 미국 휴스턴에 있는 로스코 채플은 모든 종교의 경계를 극복하며, 치유를 경험케하고 평화를 촉각적으로 느끼게 한다. 목사도 설교도 없는 이 채플 안에는 오직 로스코가 작업한 검은 색조의 회화 14점이 있을 뿐이다. 해마다 8만여 명이 방문하여 치유를 받으며, 내셔널지오그래픽에서는 "살아있는 동안 방문해야 할 가장 평화롭고 신성한 장소"라고 지칭했다. 또한 하버드 대학에는 로스코의 〈3면화 벽화〉(Mark Rothko, Panel One, Panel Two, and Panel Three, Harvard Mural Triptych)가 있는데, 하버드대학 학장 네이션 퍼시는, "[벽화의] 색채는 그리스도의 수난을 재현하는데, 어두운 색조는 예수의 성금요일 고난을, 더 밝은 패널은 예수의 부활을 말하는 것 같다"고 했다.

이처럼 추상적 재현만 가능한 것은 아니다. 안셀름 키퍼의 〈태초에〉(Anselm Kiefer, 〈Am Anfang〉, 2008)라는 연작은 신표현주의적, 신구상적인데도 그 앞에 서면, 창조자가 세상을 창조할 때의 그 장엄함, 두려움, 신비함 등의 감성을 느낄 수 있다. 작품 안에 인물이 없음에도 관람자 자신이 그 작품 속의 인물인 듯 공감하게되며, 알 수 없는 어떤 초월적인 손길을 느낀다.

교회는 전통과 풍성한 대화를 나누기 위해서는 고전예술의 위엄과 영원한 미(美)도 연구해야 하지만, 현시대에 통용되는 시공간적이며 미(美)적인 언어도 업데이트해야 외부와의 소통이 원활해 진다. 현대미술은 비가시적인 현시대의 감성과 개념을 가시화하고, 때로는 언어의 한계를 극복하면서, "현시대를 진단"하고(발터 벤야민), "시적, 비판적, 초월적"(이우환) 역할을 수행하기 때문이다.

심 은 록_ 미술비평 및 기획자

03

근친애적 고착과
그리스도인의 자유
- 에리히 프롬의 자유이해를 중심으로

　이 글은 종교개혁 500주년을 맞이하여 '그리스도인의 자유' 문제를 다루려고 한다. '그리스도인의 자유'에서 루터는 자신을 신앙의 자유를 소유한 종교적 개인으로 이해하고, 타율적인 교회권력으로부터의 해방을 주장한다. 그 해방의 경험에는 하나님과의 내면적 관계에서 일어난 실존적 변화와 존재 근거에 대한 경험이 존재한다. 특히 그는 종교적 개인의 독자성을 지니고 교회의 권위로부터 해방된 근대적 개인의 모습을 보여준다. 그럼에도 불구하고 에리히 프롬은 루터를 권위주의의 전형적인 인물로 소개한다. 왜냐하면 그는 권위를 증오하고 그것에 반항하였으나, 역설적으로 권위를 찬미하여 그것에 복종하려고 하였기 때문이다. 루터는 자신의 고독감(孤獨感)과 무력감(無力感)으로 인해 권위에 복종했다.[1]

　그럼 루터에 대한 에리히 프롬의 평가에는 어떤 의도가 있는 것일까? 그는 루터에 대한 비판을 통해서 근대적 개인이 직면하고 있는 내면의 부자유를 지적하려 한다. 근대적 개인은 루터와 같이 중세 가톨릭교회로부터 자유를 획득하였으나, 내면의 부자유, 즉 고독감과 무력감에 빠졌다. 게다가 근대적 개인은 고독감과 무력감에서 벗어나기 위해 이기적이고 자기도취에 빠진 인간이 되어야만 했다. "근대사회는 모든 인간이 모든 활동의 중심이자 목적이 되었으며, 인간이 하는 일은 그 자신을 위해서 하는 것이고, 이기심과 자기중심주의라는 원리가 인간 활동의 가장 강력한 동기라는 사실을 전제하고 있기 때문이다."[2]

에리히 프롬이 말하는 근대적 개인은 타인을 자신의 욕망을 위해 조종하는 대상이나 자신의 목적에 의해서 파괴할 수 있는 존재로 이해하였고, 결국 권력과 부를 획득하기 위한 욕망에 사로잡힌 존재가 되었다.

오늘날의 상황에서 볼 때, 에리히 프롬은 개인심리학적 구조에서 사회심리학적 구조로 넘어감으로써 현대인의 부자유 문제를 적절하게 밝혀내고 있다. 에리히 프롬은 사회적 병리현상으로 사디즘과 마조히즘 사이의 부정적인 상호의존성을 인지하고 치유함으로 진정한 자유, 즉 자기애로 나아갈 수 있으며, 모든 원자화된 개인이 자발적으로 자신을 실현하여 건전한 사회로 발전해 가리라 생각했다. 그는 루터의 종교개혁에서 시작된 근대적 개인의 자유를 극복하고, 개인의 자발성과 타인에 대한 존중을 바탕으로 자아를 실현함으로써 진정한 '사회민주주의'를 구현하려는 대안을 제시한다. 따라서 현대인은 경쟁사회에서 생성된 고립감과 무력감에서 벗어나 독립적으로 존재할 수 있고, 이웃과의 진정한 상호관계로 나아갈 수 있을 때 수긍하게 될 것이다. 그러면 종교는 인간이 독립적으로 자아를 실현하고 이웃과의 상호관계로 나아가는 데 어떠한 역할을 할 수 있는가? 에리히 프롬은 이기적인 방식으로 자본을 획득하는 과정에서 '근대적 개인'이 다양한 욕망의 대상들을 우상으로 만들고 정당화를 비판했던 것이지, 종교 자체를 비판한 것은 아니다. 그는 개인의 진정한 상호관계성과 그에 따른 자아실현은 종교를 통해서 가능하다고 보았으며, 자신이 추구해 온 종교를 휴머니즘적 종교로 규정한다. 휴머니즘적 종교는 상대방에 대한 지배의 욕망에서 벗어나 다른 이웃과의 인격적인 관계를 통해서 자아실현의 길로 나아간다. 따라서 본 연구는 프롬의 종교의 길에서 제3의 길을 모색해 보고자 한다.

첫째, 이 글은 근대적 부자유의 원인으로 '근친애적 고착'을 살피고자 한다. 근친애적 고착은 종교의 권위로부터 해방된 근대적 개인들이 새롭게 등장한 내면의 부자유로부터 도피하고자 새로운 외형적 권위, 예컨대 정치권력이나 혹은 자본권력에 의존하게 되는 부자유성을 뜻한다. 근친애적 고착은 모성적 종교성으로서 근원적 안정감에서 비롯된다. 에리히 프롬의 종교사는 근원적 안정감을 부여하던 모성적 종교가 가부장적 종교들로 대치되었는지를 보여주는 데 반해 중세 가톨릭교회는 성모마리아의 상징을 바탕으로 근원적 안정감을 정치적으로 이용해 왔다. 이에 저항하여 종교개혁자들은 모성적 종교성을 바탕으로 하는 근원적 안정감을 제거함으로써 개신교를 가부장적인 종교로 강화했다. 종교개혁자들은 정치권력과 자본권력에 결탁하여 개인을 교회중심주의로부터 해방시키고 자유를 쟁취하게 하였지만 내면의 부자유, 경쟁과 욕망에서 비롯된 고독감과 무력함에 빠지게 하고 말았다.

둘째, 이 글은 에리히 프롬의 근대비판과 그 대안을 다루고자 한다. 내의 부자유는 근대적 개인이 근원적 안정감으로부터 벗어나 삶에 대한 욕망과 권력의지를 구현하는 과정에서 무의식적으로 빠지게 된 소외의 경험이다. 에리히 프롬은 근대 세계가 가부장적 문화의 반복을 통해 지배문화를 재현했다고 본다. 근대의 종교적 개인은 고독감과 무력함을 극복하기 위해 새로운 도피처-민족주의나 국가주의-를 모색하게 된 것이기 때문이다. 구체적으로 근친애적 고착에서 발생한 내면의 부자유를 극복하는 프롬의 종교적 대안에 대해 살핀다. 근대 시대의 가부장적 종교문화와 기본적 바탕에 대한 안정감 문제를 지적하고 개인의 내면적 자유와 자발성을 바탕으로 하는 '휴머니즘적 종교'를 종교적인 이념으로 제시한다.

셋째, 이 글은 근대사회에서 비롯된 내면의 부자유를 극복하기 위한 책임의 주체로서 종교 문제를 다루고자 한다. 근대 세계에서 기독교는 내면의 부자유 문제를 외면함으로써 외형적 권위 집단의 힘을 더욱 강력하게 만들었다. 결국 개인의 본래적 자유는 기독교만이 아니라, 기독교를 포함한 개별종교들이 사회주체성의 공간을 확보함으로써 해결할 수 있다고 생각하며, 원자화된 개인은 홀로 자신의 근본적인 고독감과 무력함을 극복할 수 없다. 특히 다종교 상황에서 개인들은 자신의 본래적 자유를 기독교와 개별종교들이 개인들의 평등성과 상호관계적 자유를 바탕으로 구현하는 상호주체성 공간을 제공하는 데에서 찾을 수 있다. 이 글은 루터의 '그리스도인의 자유'를 그리스도인의 문제만이 아니라, 소외된 개인과 자연의 근원적 해방을 위한 종교들의 자유의 문제로 확대되어야 한다고 주장한다.

1. 에리히 프롬의 종교사에서 본 종교적 부자유의 근거로서 '근친애적 고착'

『자유에서의 도피』에서 에리히 프롬은 루터의 종교개혁에서 시작된 '근원적 안정감', 즉 개인의식이 없는 결연의 상태와 그로부터의 해방 과정을 서술한다. "시원적 결연은 개성화의 과정을 통해 개성이 완전히 발견되기 이전의 유대를 뜻한다. 이는 정상적인 인간 발전의 일부분이 되고 있다는 점에서 유기적이다. 그런 결연은 개성의 결여를 뜻하지만 개인에게는 안정감과 나아갈 방향을 제시한다."[3] 인간은 어머니의 자궁 안에 존재하는 태아와 같은 근원적 안정감을 끊임없이 갈망하고 갈구하지만 되돌아갈 수 없다. 그래서 인간은 새로운 도피처로써 궁극적 안정감을 모색해 왔으며 본성적이든 의도적이든 인간은 그곳으로부터 벗어나려고 시도했으며 종교를 인간의 발전사와 함께 발전시켜 왔다.

에리히 프롬의 종교사(宗教史)는 가부장적 종교로 발전해 온 종교들의 역사를 의미한다.

　그의 종교사는 모성적 종교로부터 벗어나, 가부장적 종교로 나아가는 종
교들의 이야기이다. 인류 초기의 종교는 모성적 형태의 종교였으나 점차적
으로 '사랑하는 어머니'의 상징에서 비롯된 근원적 안정감에서 벗어나 가부
장적 종교로의 전환이 있었다고 한다. 세계종교들은 각기 상이한 방식으로
가부장적 종교를 형성해 왔고, 모성적 종교는 은폐되거나 억압해 왔다. 에
리히 프롬에 따르면, "신은 인간을 전적으로 보호해 주고 양육해 주는 '위대
한 어머니'의 형태로 나타났다. 그러다가 인간은 이성, 원칙, 법률을 나타내
는 신을 숭배하기 시작한다."[4] 유대교, 중국에서 공자와 노자, 인도에서 불
타, 그리스의 철학자들, 로마의 기독교, 후대의 마호메트에 이르기까지 세
계종교들은 '근원적 안정감'을 벗어나, 신정 권력을 중심으로 하는 가부장적
종교를 형성한 것이다. 따라서 인간은 모성적 종교에서 누려왔던 근원적 안
정감을 잃게 되었다. 게다가 그들은 개인으로서 자기 자신을 의식하지 못하
면서, 종교들을 통합하는 힘, 즉 신에 의해서 결합된 문화의 형태를 구성해
왔다. 이들은 근원적 안정감도 잃어버리고, 개인으로서 자기 자신을 상실하
는 이중적 소외를 경험하게 된 것이다. 구약성서는 전통적으로 흙과 원시
적으로 결합되어 있던 모성적 종교에 대해서 에덴동산의 추방 설화와 아들
에 대한 총애를 기반으로 하는 가부장적 문화를 주장해 왔고, 다양한 현상
들 속에 있는 신적 현상을 포괄하는 원칙으로서 신(神)을 강조해 왔다. 구약
성서의 근원적 안정감을 파괴한 힘은 신의 개념이었다. 한편, 유대교인들은
근원적 안정감과 자신의 개성을 인식하는 데에 실패했다. 다른 한편, 중세
교회는 성모마리아의 상징을 통해서 가부장적 권위에 짓눌린 대중들에게
그들을 위로해 주고 중재해 주는 '사랑하는 어머니'로서 교회의 근원적 안정
감을 주는 데 성공했지만, 교회권력을 더욱 강화하였다.

　종교개혁가들은 구약성서의 가부장적 정신을 토대로 종교 개념에서 모성

적 요인을 제거했다. 그들은 마리아의 모성적 사랑에 머물지 않았고, 초월자로서 신에게 완전히 굴복함으로써 자신을 개인으로 인식했다.[5] 그들은 근원적 안정감에서 벗어나 개인을 의식하게 된 것이다. 종교개혁가들은 가톨릭교회의 권위주의로부터 벗어났으나, 국가나 경제구조에서 발생한 새로운 권위의 토대를 세웠다. 이는 자연스럽게 국가 혹은 자본을 맹종하는 새로운 의미의 근친애적 고착 관계를 의미하게 되었다. "근친애적 고착은 개인과 타인과의 관계뿐만 아니라, 자기가 속해 있는 집단구성원들과의 관계와 자기 자신과의 관계도 해친다. 혈연과 자연에서 자신을 해방시키지 않는 사람들은 인간으로 완전히 태어난 것이 아니다. 그들은 사랑과 이성의 능력이 불구의 상태이며 자기 자신과 동포를 실재로서 체험하지 못한다. 민족주의는 우리의 근친애적 고착의 한 형태이며, 우상이고 일종의 정신이상이다."[6] 근대세계는 점차적으로 교회중심주의에서 해방되었지만, 혈연과 흙의 새로운 우상, 국가주의와 인종차별로 도피한다. 종교적 개인이 자본을 중심으로 새로운 권력관계를 형성해 왔고, 근친애적 고착 관계에 빠지게 되었다. 근대적 개인들은 자본을 가지고 타인을 착취의 대상으로 만들고, 타인에게 복종하고, 획일성을 띤 개인으로 전락시킴으로써 자아의 감정을 상실하게 만드는 사회로 만들었다. 그 결과 그들은 고독감과 무력함에서 자유로울 수 없었고, 맹목적인 안정감을 찾는 퇴행적 결과를 겪어야 했다. 에리히 프롬이 말하는 "건강한 사회는 개인이 동료를 사랑하고 창조적인 작업을 하고 이성과 객관성을 발전시켜 자신의 창조적 힘을 체험함으로써 얻어진 자아의 감각을 갖도록 하고 인간 능력을 촉진해 주는 사회를 뜻한다."[7]

건전한 사회에 이르기 위해 인간은 권위주의나 근친애적 고착에서 벗어나, 타인과의 진정한 관계에서 자신의 개성을 인식하고, 자아를 실현해야 한다. 그러므로 인간은 전통적인 종교가 만들어 왔던 가부장적 종교의 '권위주의'와 모성적 종교의 부정적 측면으로서 '근친애적 고착'을 극복해야 한다. 사회는 더 이상 주어진 자연환경과 같이 안정감을 부여하는 장소가 아니라, 스스로 자신이 살아갈 장소를 새롭게 창조해야 하는 곳이기 때문이다. 이는 부성적 종교의 긍정적인 면과 모성적 종교의 긍정적 측면을 온전히 발현함으로써 가능하다. 인간은 자신의 창조성을 통해서 스스로 건전한 사회를 만들어가야 한다. 그렇다면 에리히 프롬이 근친애적 고착-자기 상실, 이기주의, 사도마조히즘, 획일성-을 극복하기 위해서 제시하는 대안은 구체적으로 무엇인가? 근친애적 고착으로서 근대적 개인의 부자유성과 그에 따른 대안에 대해서 살피려고 한다. 모성적 성향에서 비롯된 평등의 사상과 자발적 참여와 자유를 바탕으로 자기실현을 지향하는 휴머니즘적 종교이다.

에리히 프롬은 국가와 자본의 권위, 개인의식의 부재에서 발생하는 인간의 획일성, 인간의 파괴성을 바탕으로 형성된 근대문화를 비판한다. 특히 개인의 심리학적 문제들이 사회심리학적 문제로 확대되는 과정에서 인간의 내면적 자유가 파괴되어 간 근대사를 고발한다.

첫째, 근대적 인간이 내면적 자유를 상실하게 된 원인은 권위주의의 반복에 있다. 그는 근원적 근친애적 고착에 붙들린 채 부정적 권위를 반복해서 만들어 내기 때문이다. 인간의 근원적 자유는 무력감과 고독으로부터의 해방이다. 예컨대, 마르틴 루터는 외형적 권위에서는 벗어났으나, 인간이 지닌 근친애적 고착을 인식하지 못함으로써 새로운 권위로 도피한다. 루터는 가톨릭교회의 외형적 권위로부터 해방되고 하나님 앞에 죄인으로 서게 된 인간의 고독감과 무력감을 하나님으로부터 은총의 출발점으로 여겨왔다. 오직 신의 은총만이 유일하게 구원으로 인도하는 길이기 때문이다. 종교적 개인으로서 루터는 개인의 독자성(獨自性)을 완전히 인식하지 못했지만, 고독한 존재로서 인식했던 그는 자신이 죄인임을 자각하고, 하나님 앞에서 자신의 무능을 인식한다. 고독감과 무력감을 극복할 수 있는 유일한 방법은 종교적 개인이 하나님의 은총으로 나아가는 데 있다. 그러나 루터는 국가와 자본에서 비롯된 새로운 권위를 인정함으로써 국가와 자본에 대한 개인의 복종을 정당화시킨다.

루터는 경제적 능력과 자본 축적을 그리스도인의 책임으로 여겼고, 하나님에 대한 완전한 복종과 같이 국가적 권위에 대해 신적 권위를 부여하는 종교적 토대를 부여했다. 이는 경제적으로 근대적 개인이 물신(物神)을 창조하는 종교적 원인이 되었다. 자본가는 다른 사람이 아니라, 오직 물신을 위해서 고독을 감내해야 하고, 무기력함을 보이지 않는 자본의 힘으로 넘어서야 하므로, 능동적으로 자본을 중심으로 다른 사람을 지배하는 새로운 권위주의를 양산한다.[8] 자본에서 소외된 사람은 자유를 상실한 채 자본의 지배를 받아들인다.

둘째, 에리히 프롬은 근대적 자본주의의 맹아(萌芽)로서 개인의 '이기주의(利己主義)와 자기도취'를 고발한다. 근대적 개인은 일반적으로 사회적 자아를 뜻하지만, 본질적으로 개인적 자아의 역할에 한정하고, 자신의 사회적 역할을 객관적인 지위로 곡해한다. 프롬은 이를 사회적 위장이라고 부른다. 근대적 이기주의는 사회적 위장을 통해서 진정한 자아를 빼앗고, 자본에 붙들린 사회적 자아를 양산한다. 근대적 개인은 자신을 위해서 살아가지만, 만족할 수 없고, 경쟁에서 오는 불안과 두려움으로 타인을 강력하게 지배함으로써 자신을 고독의 감옥에 가둔다. 결국 그는 정작 자신을 위해서는 아무것도 할 수 없고 오히려 자신을 사랑할 수 없는 존재로 전락시킨다. 따라서 자신을 위해서 만들어 왔던 세계가 자신을 지배하고, 조종하는 실재로 변한다. 따라서 근대적 개인에게 신의 존재는 자아를 잃어버린 개인이 만든 자본주의 허상에 지나지 않는다. 결과적으로 근대적 개인은 끊임없이 외형적 권위로부터 자유를 취득해 왔으나, 새로운 권위에 붙들림으로써 근친애적 고착에 빠져들게 된다. 근대적 개인은 항상 자신을 국가나 혹은 경제제도의 목적에 종속시켜 왔다. 예컨대 "칸트와 헤겔은 개인의 자율성과 자유를 중심적인 공리로 이해했으나, 개인은 국가 안에서만 그 자유를 보장받았다."[9] 따라서 새로운 권위에 종속됨으로써 고독감과 무력함을 반복해서 경험하는 순환적 운동은 근친애적 고착에서 발생한다. 에리히 프롬은 그 순환적 운동에서 벗어나기 위해 인간의 내면에서 발생하는 심리적인 운동을 파악한다.

셋째, 에리히 프롬은 상호관계적 자유를 상실한 사디즘과 마조히즘의 상호의존성을 고발한다. 상호관계적 자유는 개인이 상대방의 자발적 행동을 촉진하고 상대방을 존중하고 사랑하는 과정에서 자신과 상대방의 자아를 실현하도록 촉진하는 역동적인 힘이다. 그러나 근대적 개인은 그 자유를 가로막는 '도피의 심리 과정'에 붙들려 있기 때문에, 자신의 의지와 상관없이 부자유하다. 도피의 심리적 과정이 사디즘과 마조히즘의 상호의존성이다. 그 심리적 과정은 서로 다른 운동으로 보이지만, 개인이 상대방을 도구로 이용한다는 점에서 동일하다. 지배하려는 욕망과 지배당하고자 하는 욕망을 지닌 개인은 상대방에 대한 파괴적 본성을 구체화한다. 예컨대, "자본물신에 따르면 물신은 인간의 삶 자체를 파괴하기에 이른다. 물신이 살기 위해서 인간이 죽어야 한다."[10] 그 두 가지 욕망은 철저하게 '이기주의'와 '자아도취'에 바탕을 두고 있으며, 완전하게 개성화가 이루어진다는 점에서 근대 이전의 속박과 구분된다. 특히 에리히 프롬은 사디즘과 마조히즘의 상호의존적 관계에서 근대적 인간이 계속해서 익명의 권위를 양산하고 자신의 지배와 복종을 정당화한다고 보았다. 양쪽에 속해 있는 근대적 개인들은 공통적으로 근친애적 고착에 붙들려 있으므로 근본적인 무력감과 고독감으로부터 자유롭지 못하다. 왜냐하면 그들은 과학이나 상식, 정상적 상태나 여론에 의해 그 권위를 은폐하거나 혹은 자동인형의 상징과 파괴적 본성에서 자신의 자아를 포기하고 외형적 권위에 대한 복종을 자발적 선택으로 정당화하기 때문이다.[11] 따라서 국가나 자본가는 외형적인 지배력과 개인들의 복종에 대한 정당성을 부여한 반면, 개인들은 그 지배력에게 복종하는 것을 통해서 자신의 근친애적 고착을 만족시키고자 했다. 그러나 그들은 지배구조에 대한 개인의 복종을 이끌어내는 데에는 성공했지만, 근원적 자유로 이끌어가는 데에는 실패했다. 이와 같은 사실은 "근대민주주의가 모든 외적 속박에서 개인해방시킴으로써 참된 개인주의를 성취했다는 통념에 도전하는 것이 된다."[12] 오히려 새롭게 등장한 권위에 복종함으로써 자아를 상실하고 무기력감에 빠진 근대적 개인들은 지배자나 피지배자나 할 것 없이 익명의 권력에 의해서 주어진 자아를 의도적으로 강요당하고, 원하지 않는 행동을 반복적으로 행할 수밖에 없다. 아무리 개인이 자유롭게 결정하고 판단하여 행동한다고 믿는다 할지라도 그 믿음은 환상에 지나지 않는다. 사디즘과 마조히즘의 상호의존성이나 자동인형의 일치와 같은 자아의 상실이 인간이 자신의 운명에 따르고, 권위의 힘에 날개를 달아주기 때문이다. 그렇다면 프롬은 이와 같은 근대적 인간의 부자유성을 어떻게 극복하려고 하는가?

2. 근친애적 고착에 대한 저항으로서 휴머니즘적 종교
   : 창조적 불복종

에리히 프롬은 근친애적 고착을 피할 수 없는 인간의 운명으로 인정하고, 그 비극적 운명을 극복하기 위한 수행의 길을 종교로 이해한다. 그의 저서 『정신분석과 종교』에서 다음과 같이 종교를 정의한다. "종교는 구성개체들에게 '정향'의 틀과 '헌신'의 대상을 제공하는 일군의 집단에 의해서 공유되어 있는 사상과 행위체계에 대한 통찰이다."[13] 그러나 한 종교가 인간에게 강압적 권위를 내세우고, 지속적인 헌신과 불합리한 복종을 요구할 때, 인간은 그 종교에 대해 복종하거나 혹은 저항한다. 또한 개인이 자아를 상실하고 운명을 극복할 수 있는 힘을 상실할 때 종교는 우상숭배로 전락한다. 에리히 프롬은 우상숭배나 신경증적 고착에서 비롯된 종교에 대해 저항하고, 극복하는 힘을 '휴머니즘적 종교'에서 찾는다.[14] "종교적 개인이 현실도피에 맞설 수 있는 것은 윤리적 행위를 통한 자유이며, 그것은 개인적인 자아의식이나 가치, 자존감, 그리고 민주주의적 가치를 가속화하는 책무에 대한 사유를 깊이 있게 만들기 때문이다."[15] 더불어 에리히 프롬은 인간의 부자유성을 자신과 다른 사람과의 왜곡된 관계에서 야기된 문제로 보기 때문에, 자기비판과 타인에 대한 비판을 통해 상호 변혁의 길로 나아간다. 자신과 다른 사람을 모두 부자유하게 만드는 근본적인 문제들은 모든 인간의 공통적인 문제이기 때문이다. 실제로 "에리히 프롬은 자아통합을 위한 주된 싸움이 전체주의 국가에 대항할 뿐만 아니라, 우리 자신의 제도들일 수도 있다고 주장했다."[16] 더 나아가 진정한 자아통합을 추구할 수 있는 개인의 자유를 그의 휴머니즘적 종교에서 발견한다. 휴머니즘적 종교는 종교적 개인을 개별화하고 온전한 자유와 독립성을 추구하는 인격적 실재로 발전시킴으로써 모든 개인이 다른 사람들과의 관계에서 스스로 자아실현을 할 수 있는 건전한 사회로 발전시킬 수 있는 근본적인 힘이다. 그 힘은 궁극적 실재와의 관계에서 개인과 관계하는 힘으로써 권위적이거나 획일성을 요구하지 않으며, 근친애적 고착으로부터 벗어나 한 사회에서 개인의 창조성을 발현시켜 건전한 사회를 이루도록 촉진하는 힘이 된다. 따라서 에리히 프롬의 종교사는 궁극적 실재로서 그 힘을 구체화하는 신의 내러티브(Narrative)이다. 루터의 종교개혁으로부터 시작된 그의 종교사적 고찰은 나치의 '국가사회주의'의 비판에서 정점을 이룬다. 그는 근친애적 고착에서 비롯된 왜곡된 종교성을 극복함으로써 건전한 사회를 이루어가는 종교적 힘을 휴머니즘적 종교에서 찾은 것이다. "인간이 자연, 모친, 씨족에 근친애적으로 뿌리박고 있는 한 개성이나 이성 발전은 저해받는다. 그러므로 인간은 자신의 이성과 사랑을 발전시킬 때와 인간적인 방법으로 자연계와 사회 세계를 체험할 때만 안주를 느끼고 자신의 인생의 주인이 될 수 있다."[17] 그러나 근대 세계는 가부장적 문화의 반복을 통해서 지배문화를 재현했다고 보았으며, 근대문화는 고독감과 무력함을 경험하게 된 개인을 새로운 도피처, 틸리히가 유사종교로서 표현한 바와 같이 '민족주의'나 '국가주의'로 이끌어갔다.

에리히 프롬은 근친애적 고착에서 발생한 인간의 부자유 문제를 해결할 수 있는 가능성을 휴머니즘적 종교에서 찾는다. 그 종교가 인간평등사상, 생명의 신비, 자연의 열매를 모든 사람이 나눌 수 있다는 사상들을 자연법, 휴머니즘, 계몽철학, 사회민주주의에 내재된 모든 인간의 평등성을 지향하는 모성적 성향에서 비롯된 것으로 인식하기 때문이다.[18] 또한 그 종교는 모성적 성향에서 나타난 문화적 가치들을 개인의 내면적 자유와 자발성을 바탕으로 구현하기 때문이다. 따라서 자유를 근간으로 하는 개인들의 관계를 왜곡시키는 종교는 인간을 근원적으로 자유롭게 할 수 없다. 강력한 권위에 대한 굴복을 통해서 개인이 일시적으로 자신의 고립감과 무력함으로부터 벗어나고 신의 이름으로 보호를 받을 수 있을지는 모르나, 근본적인 해결을 얻지 못한다. 왜냐하면 개인이 외적인 속박이나 익명의 권위에 의해서 나타난 자아를 받아들일수록 그는 자신의 자유를 잃게 되고, 개선과 자발성을 포기하게 되기 때문이다. 이에 반해 종교적 개인의 "자발적 활동은 자아의 완전성을 희생시킴 없이 고독의 공포를 극복하는 방법이다. 개인은 자아를 자발적으로 실현시킴으로써 자기 자신을 외부 세계-인간, 자연 그리고 자기 자신-에 노출하지 않는다. 이와 같이 자발성을 구성하는 가장 중요한 요소로서 사랑은 자아를 다른 사람 속에 해소시켜 버리지 않고, 다른 사람을 자발적으로 긍정하고 개인적 자아를 보존해 간다는 것을 기초로 한다."[19] 에리히 프롬은 인간이 자발적 행동으로 자아를 실현하여 세계와 관계할 때에 고립감에서 빠져나올 수 있고, 삶의 의미를 발견할 수 있으며 부정적인 자유로부터 벗어날 수 있다고 믿었다. 개인의 자유는 자기실현에서 자신의 독자성을 인식하고, 다른 실재와 유기적 관계를 맺고, 항상 평등한 존재로서 존재의 근거에서 비롯되었음을 인식하는 것이다. 개인의 자유는 바로 권위주의와 그에 따른 획일성과 자발적 복종을 토대로 형성된 사회적 우상을 극복하고 개인의 자발성을 중심으로 하는 종교적 공동체에서 구현되는 것이다. 우상숭배를 벗어나는 길이야말로 에리히 프롬에게는 종교이다. 특히 사회가 만들어 놓은 지배구조를 통해서 인간은 지속적으로 근친애적 고착에서 발생한 환상으로 퇴행하거나 혹은 권위에 대한 복종을 요구받지만, 종교적 개인은 지속적으로 사회적 평등성을 바탕으로 상대방에 대한 상호 존중을 통해서 상호주체적 공동체를 구현한다. 따라서 인간은 끊임없이 현재의 지배적 종교와 문화에 대해서 창조적 불복종을 시도한다.[20] 일방적인 권위주의에 대항하는 그의 창조적 불복종이 새로운 휴머니즘적인 종교로 나아가게 하는 인간의 종교성이다. 그렇다면 에리히 프롬이 주장하는 휴머니즘적 종교는 무엇인가? 휴머니즘적 종교는 권위주의적인 사회체계나 불합리한 입장에 대해 비판과 극복할 수 있는 힘을 제공하는 종교를 말한다. 그 종교는 근친애적 고착에서 벗어나, 신과의 관계에서 자신의 자율성을 구현하는 종교이다.

첫째, 휴머니즘적 종교는 자아중심의 '이기주의'와 '자기도취'에 불복하고 저항한다. 휴머니즘적 종교는 타인에 대한 사랑과 자기애를 바탕으로 하기 때문이다. 사랑이란 단순히 누군가를 대상으로서 사랑하는 것이 아니라, 탐욕이나 굴욕적인 복종 없이 자발적으로 사랑하는 데에 있다. 그러나 인간은 이기주의와 자기도취를 바탕으로 다른 사람들을 억누르고 복종을 강요하면서 사랑이라고 믿지만, 항상 자기기만에 빠진다. 이에 반해 자기를 진정으로 사랑하는 사람은 상호관계적인 사랑에서 다른 사람의 존재의 의미가 드러나도록 한다. 에리히 프롬은 진정한 사랑을 토대로 개인들은 사랑으로부터 소외됨 없이 자신을 통합할 수 있다고 하였으며, 그 통합적 실재가 곧 생명이고 상호주체적 관계에서 개인들을 통합하는 종교적 힘이 된다. 이를 에리히 프롬은 틸리히가 주장하는 바와 같이 궁극적 관심에서 생성된 자기 안에서 하나 됨과 타자와의 하나 됨 뿐만 아니라 모든 생명체, 나아가 우주 전체와의 하나 됨으로 규정한다.[21] 이러한 일치로서의 종교는 종교적 개인의 내면에 존재하는 자아의 한 부분을 의미한다. 이와 같은 존재의 힘과 관계하는 개인만이 자신의 내면 안에 존재하는 통합의 힘을 인식한다. 이러한 인식을 통하여 에리히 프롬은 유럽종교사에서 나타난 기독교의 권위주의적 특징들을 고발하고, 더 이상 인간에게 지배와 굴종을 요구하는 종교가 아니라, 한 사회에 속한 모든 개인들이 다른 사람과의 사랑의 관계를 통해서 자기실현의 길로 나아갈 것을 요청하고 있다.

둘째, 휴머니즘적 종교는 근친애적 고착에서 비롯된 불합리한 권위주의와 내면의 부자유에 대하여 창조적 불복종으로 저항한다. 창조적 불복종은 인간이 신과의 관계에서 자기실현으로 나아가는 유일한 힘이다. 한편, 에리히 프롬은 휴머니즘적 종교의 가능성을 불교와 선불교에서 찾는다. 그는 종교들이 초월적 권위를 벗어남으로써 세계와 연대하고 세계와 하나가 되는 힘과 자아를 실현하는 힘을 얻는다고 보았다. 그 과정에서 신은 더 이상 권위의 상징이 아니라, 인간의 삶을 구현하는 종교적 힘이다.[22] 신은 교리 체계가 아니라, 인간과의 관계에서 진리로 드러날 뿐이다. 왜냐하면 종교적 개인은 모든 진리를 자신의 삶의 근거로 비롯된 자율적 가치로 인식한다. 게다가 그는 신으로부터 이성과 사랑의 힘을 얻음으로써 모든 억압으로부터 자유와 자신의 삶을 구현하는 내적 힘을 얻을 수 있기 때문이다.[23] 다른 한편, 그는 '구약성서'의 인류의 타락과 홍수의 상징에서 신을 더 이상 마음 내키는 대로 행할 수 있는 절대적인 지배자나 권력가가 아니라, 신과 인간이 준수해야만 하는 하나의 법조문에 의해 제약을 받는 존재로 이해한다. "신은 그 자신도 감히 침범할 수 없는 하나의 원칙에 의해서 구속되는데 그 원칙이 바로 '생명존중'의 원칙이다."[24] 에리히 프롬은 이 원칙을 통해서 자발성을 근간으로 하여 궁극적 자유로 나아가는 인간의 종교적 삶의 영역을 밝힌다. "진정한 종교의 영역에서 신은 인간의 더 높은 자기형상이며, 이는 한 인간이 잠재적으로 그렇게 될 수 있고, 또 그렇게 되어야만 하는 그런 상징체이다."[25] 따라서 에리히 프롬은 다양한 개인들이 상호주체성을 토대로 자신의 자유와 독자성을 인식하는 곳이 휴머니즘적 종교의 자리로 이해한다. "인간의 진짜 타락은 자기로부터의 소외이며, 권력에 굴종하거나 신을 숭배한다는 가면을 쓰고 자기 자신에게 등을 돌리는 것이기 때문이다."[26]

셋째, 휴머니즘적 종교는 지배자 중심의 종교에 불복하고 저항한다. 에리히 프롬은 지금껏 세계종교들은 자신이 속한 지역에서 자신들의 종교적 체계를 발전시켜 왔고, 종교를 중심으로 계층을 만들어 왔다고 생각한다. 그 과정에서 종교들은 민중 계급들에게는 피안적 삶을 제시함으로 세계 안의 삶에서 위안을 주어 왔던 반면, 지배계급에게는 그들이 억압하는 사람들로 인해 생기는 죄책감으로부터 해방시키는 역할을 해 왔다.[27] 따라서 전통적인 종교들은 대중들의 억압을 정당화하고, 정치적 지도자들과 결탁하여 개인들의 평등과 자유를 철저하게 짓밟았다. 기독교도 예외는 아니다. 에리히 프롬은 그의 저서 『사회심리학적 그리스도론』에서 역사적 예수론으로서 '양자론과 형이상학적인 로고스 기독론을 철저하게 계층적 대립 구조에서 인식한다. 초기 기독교 역사에서 양자론은 소외된 자들의 종교적 토대로 나타난다. 초기 기독교인들은 역사적으로 메시아 신앙과 관련하여 예수님의 성육신을 하나님에 대한 적개심의 근거로 삼는다. 그들은 자신들과 같이 동일하게 고난당하는 역사적 예수를 하나님과 동일시함으로써 십자가에 달리신 하나님을 곧 자기 자신으로 이해한다. 그렇게 그들은 하나님에 대한 적개심을 해소한다고 한다.[28] 또한 그들이 역사적 십자가의 죽음과 고통을 통해서 아버지인 하나님에게 항거하는 그들의 죽음의 원망이 속죄함을 받았다고 믿었다는 것이다.[29] 이와 반대로, 로고스 기독론은 예수의 재림의 연기와 더불어 제도로서 교회가 정착하고 지배자의 종교로 전환되는 과정에서 생성되었다. 기독교는 더 이상 고난받는 자들의 종교가 아니라, 부유한 자들의 종교가 된다. 이 과정에서 교인들은 더 이상 국가와 교회에 저항하는 존재가 아니라, 신앙의 교리를 조직화하고 모든 신자들을 그에 따라 교육하는 제도로서 교회가 된다.[30] 따라서 에리히 프롬은 예수가 신이 된 것이 아니라, 신이 인간 예수로 성육신한 존재로 인식함으로써 교회가 신에 대한 인간의 적대감을 제거하고 지배자와 피지배자, 혹은 지도자와 대중을 포괄하는 종교로 변형시켰다고 보았다.[31] 이와 같은 기독교의 변형 과정에서 기독교는 지배자들의 종교로 전락하고, 저항의 기능을 상실한다. 에리히 프롬에 의하면, "기독교는 반항적이고 혁명적 종교에서 탈피하여 지배계급의 종교로 탈바꿈함으로써 대중을 복종시키고 이끌어 주는 역할을 상실하게 된 것이다. 아버지에 대한 능동적 적개심을 수동적인 복종으로 대치한 것이다."[32] 그러나 기독교는 정치권력이나 경제권력 중심의 종교에서 벗어나, 모든 억압과 압제에 저항하는 종교로 거듭나야 한다. 그 과제가 에리히 프롬이 주장하는 휴머니즘적 종교의 과제이고, 기독교를 포함한 세계종교들은 휴머니즘적 종교를 지향해야 한다. 휴머니즘적 종교의 궁극적 지향점은 자유이다.

3. 상호주체적 자유를 지향하는 책임적 주체로서 종교들의 문제

지금까지 에리히 프롬은 근대비판을 통해서 근대적 자본주의와 국가주의가 근친애적 고착에서 비롯되었음을 주장하였고, 정치적이고 종교적 권위주의와 상호의존적 부자유로부터 개인의 해방과 자아실현을 휴머니즘적 종교에서 모색하였다. 그의 휴머니즘적 종교는 전통 종교들의 무용성을 주장하는 것이 아니라, 개인 해방과 자아실현을 종교들의 공동 문제로 제시한다. 에리히 프롬은 개별 종교들에게 종교 간 상호관계를 모색함으로써 신을 향해 가는 구도자의 길을 제안하고 있다. 근친애적 고착에 빠져 있는 종교적 개인들이 자신의 고유한 독자성을 자각하고, 자신을 옭아매고 있는 지배구조에 불복함으로써 저항하고, 자신의 유한성을 넘어 '신과 같이 되리라'는 그의 예언자적 선언이다. 그러면 에리히 프롬이 주장하는 신과 같이 되는 것이 의미하는 바는 무엇인가? 그는 개인을 근친애적 고착으로부터 해방되고 자아실현의 길로 나아갈 수 있는 자유와 권리를 지닌 존재로 이해한다.

첫째, 모든 개인은 신과 같이 될 수 있는 권리를 지닌 평등하고 자유로운 존재라는 뜻이다. 개인은 어떠한 국가권력이나 자본권력 앞에서 자신의 자유와 저항에 대한 권리를 빼앗길 수 없다. 프롬은 개인이 지닌 자유와 저항의 권리를 빼앗는 모든 실재를 우상으로 여긴다. 그에 따르면, "인간이 자신의 능력에서 소외된 상태를 표현한 것이 우상이고 이런 능력과 접촉하는 방식이 우상에게 복종하고 집착하는 것이라면 우상숭배는 필연적으로 자유, 자주와 양립할 수 없다는 결론이 나온다. 예언자들은 우상숭배를 자기학대와 자기비하로 하나님 숭배를 자기해방과 타자로부터의 해방으로 거듭 규정짓는다."[33] 따라서 에리히 프롬이 주장하는 진정한 종교는 신 앞에서 일방적으로 복종을 강요하지 않고, 자유로운 판단과 윤리적 타당에 의해서 자발적으로 참여하고 행동할 수 있도록 인도하는 종교를 의미한다. 또한 신은 휴머니즘적 종교성이 발현되는 인간의 자유를 보장하고 촉진하는 종교적 상징이거나 혹은 가치적 존재인 반면에, 종교적 개인들은 신과의 관계에서 휴머니즘적 가치를 모색하고 구현해야 하는 책임적 존재이다. 따라서 신은 종교적 개인들에게 휴머니즘적 가치를 향한 다양한 길을 계시하기 때문에, 특정한 종교가 유일한 길은 아니다. 모든 종교들이 왜곡된 우상의 문제를 공동적으로 대응해야 하기 때문이다. 따라서 모든 종교적 개인들은 휴머니즘적 최고 가치를 표현하는 종교적 힘을 외형적인 권위나 내면화된 권위가 아니라, 자신의 창조적 근거에서 찾아야 한다. 에리히 프롬은 그 창조적 근거를 미지의 경험으로 표현한다. 그에 따르면, 미지의 경험은 "에고와 탐욕, 그에 따른 두려움을 내려놓는 것이며, 마치 파괴할 수 없는 별개의 실체인 양 자아에 매달리려는 생각을 버리는 것이며 세계를 온전히 받아들여 그에 반응하고 그것과 하나가 되어 사랑할 수 있도록 자기 자신을 텅 비우는 것이다."[34] 다시 말해 인간이 자신의 자기중심성과 배타적 집착과 탐욕에서 벗어나는 것이 미지의 경험이다. 에리히 프롬은 미지의 경험을 종교적 초월의 경험으로 이해한다. 초월적으로 미지를 경험하는 인간은 세계를 변화시키기 위해서 일방적으로 저항하는 주체가 아니라, 자신의 존재 자체를 자기변혁의 계기로 이해하는 존재이다. 그 초월의 경험이 이기주의와 자기도취를 벗어나 진정한 자아에 이르게 한다. 에리히 프롬은 모든 종교적 개인들이 그 초월적 경험을 가지고 있고, 신 앞에서 평등한 존재로 이해한다. 특히 그는 종교적 경험이 선불교, 유대교, 기독교, 무슬림의 신비주의 경험에 뚜렷이 표현되고 있다고 보았다.[35] 미지의 경험을 중심으로 하는 종교 간 모델은 진정한 자아로 나아가는 종교들의 대화의 길을 제시한다.

둘째, 신과 같은 존재가 의미하는 바는 종교적 개인이 자신의 자아를 넘어서 상호주체성으로 나아가는 것을 의미한다. 상호주체성은 개인들이 상대방에 대한 진정한 사랑과 신뢰를 바탕으로 형성하는 사회적 자아이다. 그들은 상대방의 존엄성과 가치를 존중함으로써 상대방의 고유한 자유와 권리를 인정하듯이, 자아실현으로 나아갈 자유와 권리를 인정받는다. 사회적 자아에서 신은 그들의 상호주체성을 지지하는 존재의 힘이다. 에리히 프롬은 유일신의 상징적 의미를 여기에서 찾는다. "유일신 사상은 인간이 실존의 분열을 해결하기 위한 새로운 해답이다. 인간은 인류 발생 이전으로 돌아가는 것이 아니라, 사랑과 이성이라는 인간의 특별한 자질을 최대한 개발함으로써 세계와 하나라는 사실을 깨달을 수 있다."[36] 따라서 신과 같이 된다는 에리히 프롬의 주장은 단순히 신과 동일한 존재가 된다는 것을 의미하는 것이 아니라, 인간은 자신의 내면에 존재하는 창조적 근거를 인식함으로써 자아의 힘을 발전시킬 수 있음을 주장하는 것이다. 그 자아의 힘이란 다른 사람들의 실재를 인정하고 수용함으로써 자신을 진정으로 독립적인 실재로 인식하게 하는 무제약적 힘이다. 따라서 에리히 프롬의 휴머니즘적 종교는 종교적 개인들이 쉽게 빠질 수 있는 개별 종교나 혹은 교회의 권위주의적 태도나 혹은 국가주의와 같은 유사종교를 극복할 수 있는 의미 있는 대안을 제시한다. 지금껏 근대비판에서 그는 교회와 국가가 자아실현을 추구하는 개인의 창조성을 억누르고 있다고 비판한다. 새로운 유사종교로서 국가주의와 자본주의도 동일하게 인간의 자아실현을 방해하고 있다고 비판한다. 그 결과 자아를 잃어버린 개인은 혼자만 살아남기 위해서 재산을 축적하고 다른 사람들을 지배하고 착취하면서도 종교적으로 정당화한다. 결국 그는 경쟁자로서 다른 사람과 다른 생명체를 파괴하는 데에 이르게 된다. 그의 휴머니즘적 종교는 더 이상 개인이 홀로 살아갈 수 없고, 오직 다른 사람과의 유기체적 관계에서 자아를 실현하며, 다른 사람의 자아들과 함께 사회적 자아를 형성함으로써 유기체적 공동체로 나아갈 수 있게 한다. 유기체적 공동체로서 사회적 자아는 종교적이거나 정치적 권력과 근원적인 안정감에 대한 인간의 욕망으로부터의 해방을 전제로 한다.

셋째, 신과 같은 존재가 의미하는 바는 근대 세계의 유신론에서 벗어나, 역사적 이해로의 전환을 의미한다. 이는 초자연성을 바탕으로 하는 신에 대한 무제약적 저항성을 의미한다. 에리히 프롬은 전통적 형이상학에서 벗어나려는 신에 대한 저항성을 창조적 근원에서 발견할 것을 요청하고 있다. 그는 형이상학적 신을 일방적으로 수용하고 복종하는 것이 아니라, 다양한 종교들과의 접촉을 통해서 창조적으로 불복하고, 실존적인 방식으로 보이지 않는 존재의 힘과 관계하는 자발적 참여를 요구한다. 왜냐하면 초기 그리스도교가 지니고 있던 신에 대한 저항성이 성육신의 교리적 발전과 함께 사라짐으로써 중세 가톨릭교회는 뿌리 깊은 퇴행에 빠지게 되었기 때문이다. 에리히 프롬에 의하면, "고난을 스스로 당하는 자에게만 용서를 베풀어

주시던 아버지 같은 하나님이 어린이를 양육하고, 그 자궁 속에서 보호해 주며 그리하여 용서를 베풀어 주는 은혜가 충만한 어머니 같은 하나님으로 탈바꿈한 것이다. 심리학적인 각도에서 볼 때 이러한 변화는 아버지에 대한 적대적인 태도와 저항적 태도에서 수동적인 마조히즘적 양순성으로의 변화이며 그리고 마지막으로는 어머니의 사랑에 파묻히는 어린애의 태도에로의 변화이다."[37] 사회적이고 경제적인 변화에 의해 교리가 변질됨에 따라, 정치지도자나 종교지도자들은 일반 대중의 저항성을 교리의 발전을 통해서 상실하게 만들었다. 그와 같은 퇴행 현상은 자연스럽게 근대 세계의 퇴행으로 이어졌다. 따라서 프롬은 휴머니즘적 종교를 통해 그 퇴행들을 극복하려고 했다. 극복 대안은 종교적 퇴행에 대한 저항성과 신의 창조성의 인식이다. "하나님이 행하는 대로 행동함으로써 하나님을 본받는 것은 더욱더 하나님처럼 되는 것을 뜻한다. 따라서 하나님의 방식을 아는 것은 하나님이 사람들과 관계를 맺는 방식, 즉 정의와 무한한 사랑과 자애와 용서라는 하나님의 포괄적 원리를 알고 실천한다는 뜻이다."[38] 이러한 포괄적인 신과의 관계에서 성장하여 인간은 스스로 독립적으로 실천할 수 있는 단계로 나아가는 것을 의미한다. 그러나 점차적으로 성장함에 따라 인간은 신을 필요로 하지 않는 성숙한 단계에 이르지만, 인간은 자신의 창조적 근거에서 끊임없이 자신을 드러내는 존재의 힘을 만난다. 그렇지 않으면 인간은 지속적으로 퇴행의 나락으로 떨어지기 때문이다. 근대 시대에 보여준 종교개혁가 루터, 국가주의와 자본주의는 그 퇴행의 예이다. 따라서 인간은 지속적 퇴행을 유발하는 형이상학적 신에 저항함으로써, 새로운 가치를 창조하고 자기실현으로 나아가도록 인도하는 궁극적 실재와 만날 수 있다. 그의 휴머니즘적 종교는 진정한 자유의 길로 초청하고 있다. 진정한 자유로의 길은 종교들의 개별적 자유를 토대로 한다.

4. 프롬의 휴머니즘적 종교에 대한 비판과 평가

근친애적 고착에 대한 프롬의 문제의식과 휴머니즘적 종교로서의 극복 대안은 분명히 의미가 있으나, 여전히 인간중심주의의 한계를 명확히 드러낸다. 휴머니즘적 종교를 바탕으로 하는 그의 건전한 사회이론은 근대 세계가 파괴해 온 자연과 생태계에 대한 성찰이 사실상 부재하기 때문이다. 인간이 다른 사람과의 온전한 관계에서 상호주체성을 인식하고 그에 따라 자기를 실현한다고 할지라도 그가 지적한 사디즘적이고 마조히즘적인 상호의존성을 극복할 수 있을까? 인간으로부터 배재된 존재자들은 여전히 인간의 근친애적 고착의 희생물로 전락하고 있지 않은가? 그의 휴머니즘적 종교가 과연 우리 시대에 의미 있는 답일 수 있는가? 특히 종교개혁 500주년을 맞이하는 이 시기에 우리는 프롬이 제시하고 있는 휴머니즘적 종교의 길을 갈 수 있는가? 실제로 라인홀드 니버는 에리히 프롬이 권위주의와 종교적이고 윤리적 의미를 동일시함으로써 지나치게 휴머니즘적 종교로 빠지는 것을 우려했다.[39] 따라서 필자는 프롬의 휴머니즘적 종교 사유를 비평적으로 평가하고, 한국적 컨텍스트에서 루터의 종교개혁을 극복하는 새로운 대안을 제시하고자 한다.

에리히 프롬은 휴머니즘적 종교를 통해 스스로 넘어설 수 없는 인간의 한계를 정확히 지적하고 있다. 개인은 일시적으로 자신을 옭아매고 억압하는 권력으로부터 벗어날 수 있으나, 항상 새로운 의존 대상으로 도피한다는 것이다. 하지만 인간은 항상 본래적 자유를 향한 길을 가야 한다. 프롬은 그 길을 휴머니즘적 종교에서 찾았다. 예를 들면, 종교개혁가 루터도 교회권력으로부터 개인들을 해방하는 데에는 성공했으나, 개인심리학적으로 볼 때 퇴행을 경험하고 있었다. 실제로 그는 자신의 종교적 퇴행을 은총으로 경험하고 있었고, 그 은총의 근거였던 '오직 그리스도만'이라는 원칙도 새로운 권위적 대상으로 만들었다. 에리히 프롬이 지적하는 루터가 피할 수 없었던 근본 원인은 인간의 근원적 공포, 즉 죽음에 대한 두려움이다. 루터는 근원적 안정감의 부재를 통해 심리적 안정을 갈망하기 시작했다. 그 과정에서 그는 고독감과 무력감을 경험해야 했고, 신 앞에서 자신의 죄를 고백하고 은총을 구하는 겸손한 자가 되어야 했다. 그러나 루터의 심리적 변화는 퇴행을 일으키고, 그는 새로운 안정감을 찾기 위해서 국가권력으로 도피하게 된다. 그 욕망이 새로운 의미의 근친애적 고착을 깨운다. 그는 정치권력에 기대기도 하고, 자본축적의 원칙을 종교적으로 정당화한다. 그러나 루터는 자신이 직면하고 있는 근친애적 고착에도 불구하고, 초대 그리스도교가 지닌 혁명적 저항성을 인지하고 있었다. 초대 그리스도인들은 그리스도의 복음을 창조적 자기 변혁을 위한 저항의 원칙으로 이해하고 있었고, 그리스도론의 사회적 기능을 인식했다. 실제로 초대 그리스도교의 혁명적 저항성은 근대의 종교적 개인이 자신을 자각하고 민주주의의 기본 가치로서 평등과 자유를 인식하는 토대를 만들었다. 그러나 중세 교회가 그 혁명적 저항성을 은폐한 것이다. 에리히 프롬에 따르면, 로마의 제국주의에 저항하여 메시아주의와 다양한 혁명운동이 발생하던 시기에 초기 그리스도교는 가난하고 무식한 혁명적인 대중의 몸부림 속에서 등장했고, 가난한 사람들과 억압당하는 사람들의 종교로 나타났다. 초기 그리스도인들은 예수 그리스도를 양자론의 입장에서 이해함으로써 혁명적 성향을 보여 주었다. 그러나 그들의 혁명적 성향은 부유한 자나 혹은 권력자들에 대한 폭력적 혁명이 아니라, 계층구조에 상관없이 자발적 참여를 기반으로 하는 민주적이고 형제애에 기반을 둔 혁명적 성향이다. 그와 같은 혁명적 전환이 신이 된 역사적 예수와의 공동적인 동일화에 의해 결합된 공동체 조직을 배태할 수 있게 되었다.[40] 그러므로 초기 그리스도인들은 국가권력들과 부자들에 의해서 지배된 사회체제의 사디즘-마조히즘의 부정적 상호의존성에서 벗어나, 상호주체성을 근간으로 하는 공동체를 형성할 수 있었다. 후대의 가톨릭교회와 대조적으로 초기 그리스도인은 자기부정을 통한 마조히즘이 아니라 고난당하는 예수와 동일시함으로써 아버지를 대신하는 데에서 상호주체성의 토대를 인지했기 때문이다.[41] 따라서 종교개혁의 3대 원칙-오직 은총, 오직 그리스도, 오직 성서-은 더 이상 근친애적 고착을 자극하는 원칙이 아니라, 근원적인 저항의 원칙으로 살아나야 한다. 또한 저항의 원칙에 따라 형성된 그리스도론의 의미들을 살려내야 한다.

둘째, 에리히 프롬은 휴머니즘적 종교를 통해 기독교의 자기 변혁 과제를 제시한다. 그는 휴머니즘적 종교를 다른 종교들과 같은 변형적이거나 혹은 단순히 인간중심적인 종교로 이해하는 것이 아니라, 개별 종교들의 변혁의 원칙으로 제시한다. 종교개혁가들이 중세 가톨릭교회를 비판하고 새로운 원리들을 제시했음에도 불구하고, 개혁의 대상이 되었다. 또한 근대 세계의 발전사는 곧 기독교의 지속적인 자기비판과 변혁의 역사가 되었다. 이 사실은 항상 그리스도인들은 교회의 종교적 권력 남용을 지속적으로 감시해야 하고, 다른 개인들의 종교적 자유와 권리를 보호해야 하는 휴머니즘적 종교가치를 수용해야 함을 뜻한다. 또한 우상화되어 가고 있는 다양한 문화권력에 대한 책임적인 비판과 저항에 대한 기독교의 책임을 구체적으로 보여주고 있다. 게다가, 휴머니즘적 종교의 입각점에서 그리스도인들은 다른 종교들을 종교적 동반자로 인식해야 하는 책임이 있다. 예컨대 에리히 프롬이 유대교에 대하여 대단한 관심을 가지고 있음에도 불구하고, 불교에서 휴머니즘적 종교의 가능성을 발견하는 것은 상당히 의미가 있는 일이다. 그에 따르면, "석가는 위대한 스승이었으며 인간 실존의 진리에 대하여 깨달은 선각자였다. 그는 초자연적인 힘의 이름을 빌어 말하지 않았고, 다만 이성의 이름으로 말했다. 그는 모든 사람에게 자기 자신의 이성 능력을 사용하여 석가 자신은 단지 맨 처음으로 보았을 뿐인 그 진리를 보라고 촉구했다. 그리고 석가는 더 나아가 진리를 내다보려는 첫발을 내딛었다면 자기의 이성 능력을 발달시켜 중생들에게 자비를 베풀 수 있는 힘을 신장시키는 삶을 살아가기 위해 모든 노력을 기울여야 한다고 주장한다.”[42] 에리히 프롬이 주장하는 바는 신 앞에서 진정한 겸손한 자세를 기독교가 배울 때에 권위주의적 태도를 벗어나 대화의 길로 나아갈 수 있다는 점이다. 물론 에리히 프롬은 전통적인 기독교에도 권위주의와 휴머니즘적 태도가 동시에 존재한다고 본다. 예컨대 성서는 이미 신을 권위적 대상으로 선언하는 말씀을 지니고 있지만, 성서는 ‘천국이 너희 안에 있다’는 예수의 설교를 통해서 비권위적인 특성을 보여주고 있다.[43] 이것은 성서가 모순된 주장을 하는 것이 아닌 휴머니즘적 가치를 향해 발전해 온 기독교 발전사의 흔적들을 보여주는 것이다. 다시 말해 에리히 프롬의 종교사는 개별 종교가 이미 휴머니즘적 가치들을 통해 권위적 특성들을 극복해 온 역사를 보여준다. 따라서 기독교는 현대사회에 지속적으로 나타나고 있는 새로운 권위주의적 종교 형태를 고발하고, 상호주체적 종교로 발전할 수 있는 근거들을 성서와 예수 그리스도의 복음에서 찾아야 한다. 그것은 루터의 ‘오직 성서로만’ 혹은 ‘오직 그리스도로만’의 실재적 의미일 것이다.

셋째, 에리히 프롬은 종교의 탈권위적이고 탈정치적 휴머니즘을 말한다. 왜냐하면 기독교가 정치적이고 권위적으로 변질되었을 때에는 항상 하나님의 은총이라는 이름으로 자신들의 권력을 남용해 왔기 때문이다. 그는 유럽 종교사에서 기독교가 세속적인 권력과 제휴할 때에 반드시 권위주의적 종교로 변질되어 왔음을 비판한다. 따라서 기독교는 하나님의 은총을 더 이상 종교적 개인들의 근친애적 고착을 정당화하는 수단이 아니라, 자기 소외를 극복하고 진정한 자신과 만나는 데 있음을 강조해야 한다. 그리고 궁극적으로 자신을 만나는 것은 고립된 자아와 만나는 것이 아니라, 나와 이웃과 세계가 어우러지는 생명이라는 이름으로 만나는 것이다. 에리히 프롬에 따르면 "근친상간적으로 정향되어 있는 사람은 자기와 안면이 있는 사람에 대해서는 친근감을 느끼지만, 낯선 사람들에게 가까이 다가가지 못한다. 이러한 정향 구조 아래에서는 모든 감성과 관념들이 옳고 그름에서 판단되는 것이 아니라, 친근과 낯설음에 의해서 판단된다. 그러나 예수가 '나는 아들은 아버지와 맞서고 딸은 어머니와 며느리는 시어머니와 서로 맞서게 하기 위해서 왔다'고 했을 때, 그는 부모에 대한 미움을 가르치는 것이 아니라, 가장 명쾌하게 강경한 어조로 사람이 인간적이 되기 위해서는 근친상간의 끈을 끊고 그로부터 자유로워져야 한다는 원칙을 천명하는 것이었다."[44]

최근에 벌어진 국정농단 사건을 볼 때, 근친애적 고착이 얼마나 한국 사회를 병들게 했고, 심지어는 한국교회도 편법 세습이라는 병을 앓게 해 왔는지 명확하다. 인간이 인간적이지 못할 때 하나님의 은총은 그에게 다른 이를 억압하고 괴롭히는 가학적 본성으로 전락할 수밖에 없다. 이것이 종교개혁 500주년을 맞이하는 한국교회에게 주는 중요한 메시지라고 생각한다. 그럼에도 불구하고 에리히 프롬의 종교관의 문제는 심리학적으로만 이해할 수 없는 종교의 영역, 특히 기독교에 대한 충분한 이해가 결여되어 있기 때문에 상당히 주관적인 판단이 강하다는 점에 있다. 오히려 이러한 문제가 그의 이론이 자기중심성에 갇히게 할 수 있는 결과를 가져온 것은 아닌가 하는 생각이 든다. 따라서 그의 주장은 상당히 예언자적으로 들리긴 하지만, 학문적 정당성을 확보하는 데 상당히 어려움이 있을 수 있다고 생각한다. 그럼에도 불구하고 한국교회의 자성을 일으키는 중요한 비판점들을 제시한다는 점에서 에리히 프롬의 휴머니즘적 종교관의 의미가 있다.

종교개혁 500주년을 맞이하여 한국교회는 루터의 그리스도인의 자유를 넘어서야 하는 새로운 과제를 인식해야 한다. 특히 한국교회는 프롬이 분석한 바와 같이 개인의 사디즘과 마조히즘의 상호의존성에 직면하여 루터의 그리스도인의 자유를 비판적으로 극복하는 새로운 길을 제시해야 한다. 따라서 한국교회는 그리스도인을 새로운 욕망에 가두는 곳이 아니라, 보이지 않는 힘과의 관계에서 그리스도인이 자신을 이해하고 성찰하고 실현시키는 장이 되어야 한다. 또한 다른 이웃 종교와 함께 권위적 태도로부터 해방 과제를 수행해야 하고 그 토대로서 진정한 종교성을 밝혀야 한다. 우리는 스스로 억압과 지배를 정당화하고 있는 사회적 메커니즘을 인식하고 그 대안을 제시할 때 진정한 의미의 자유에 이를 수 있을 것이다.

이 글을 쓰면서 필자가 떠올린 인물은 일아(一雅) 변선환(邊鮮換)이었다. 서구 기독교와 자본주의를 비판하고 한국적 기독교의 길을 모색하면서 그가 보여준 것은 다름 아닌 '오직 은총으로만'이라는 종교개혁의 원칙을 가지고 형성된 유럽중심주의의 우월의식과 그리스도 중심적 배타성이었다. 이는 분명 근대의 인간중심적 기독교에 대한 비판이었다. 이와 같은 시각에서 볼 때, 변선환의 종교해방과 민중해방의 선언은 어찌 보면 우리가 서구 기독교의 근친애적 고착을 그대로 수용하여 서구의 악행들을 재반복하는 한국 그리스도인에 대한 예언자적 선언이 아닌가 한다. 우리는 해방의 길로 나아가기 위해 그가 주장하고 있는 종교 간 대화의 길은 에리히 프롬의 휴머니즘을 향한 길과 상당히 닿아 있음을 느낀다. 그 과제를 수행하는 데 에리히 프롬의 서구 기독교가 얽매어 있었던 근친애적 고착에 대한 고발과 휴머니즘적 극복은 분명한 의미가 있다고 생각한다. 그러나 지나치게 자아의 문제에 집착함으로써 종교들이 지니고 있는 개별적 가치들의 사회적 기능을 놓치고 말았다. 그런 의미에서 종교개혁에 대한 중요한 단초들을 제공했음에도 불구하고 상당히 제한적으로 이해했음을 부인할 수 없다. 에리히 프롬이 주장하는 휴머니즘적 종교성, 근친애적 고착을 지양하는 혁명적 저항성과 자아실현, 종교적이고 정치적이고, 자본주의의 권력에 저항하는 종교들을 중심으로 사회적 해방운동, 생명을 향한 신과 자아와 세계의 통합으로 나아가기 위해서, 한국기독교는 변선환의 종교해방신학의 예언자적 제안을 수용해야 한다. 예컨대 그는 민중신학과 민중불교의 대화와 협력을 위하여 상호변혁과 상호보완의 길을 가기 위해서 몇 가지 제안을 한다.

1) 천년왕국적 민중운동은 계속 사건의 현장에 새로운 세계의 개벽을 알리고 증거하는 현장신학과 현장불교로 나타나야 한다.[45]

2) 메시아주의는 결코 기독교의 배타적 독점물이 아니다. 미륵 메시아니즘의 샘도 유대적-기독교적 메시아니즘인 묵시문학적 종말론과 같이 이란의 조로아스터교, 태양신 미트라 숭배와 깊이 관계되어 있다. 사회경제사적 해석은 종교사적 해석에 대하여 관심을 가지고 있으면서 판넨베르크가 암시시켜 주듯이 종교사를 전체로서 문제시하며 여러 종교들 사이에는 구체적인 상호관계가 있다 보아야 한다.[46]

3) 민중신학은 민중불교와 함께 미래의 메시아인 예수와 미륵의 임박한 도래를 기다리며 세계변혁이라는 궁극적 목표를 향해 나가는 여로 위에서 만난 동반자요 길벗이라는 연대의식을 가져야 한다.[47]

4) 한국의 민중해방운동은 구백제 지역의 입석불, 와불, 하체 매몰불에서 계속 미륵은 불의하고 부당한 권력에 항거하는 민중과 아파하며 함께 싸우고 계시는 저항적 동반자인 것을 읽어가면서 미륵은 곧 민중이라고 철저하게 이해해야 할 것이다.[48]

5) 천년왕국적 민중운동은 결코 굳어진 정치 이데올로기만으로 전락되어서는 안 된다. 물론 민중의 시각에서 볼 때, 천년왕국의 임박한 도래를 갈망하는 민중종교는 그 나라의 지상 실현을 위하여 현장의 요청에 창조적으로 응답하기 위하여 메시아 신앙을 세속화하고 이데올로기화해야 한다.[49]

(민중해방을 지향하는 민중불교와 민중신학)

근친애적 고착에서 벗어나 부정한 세속적 권력에 대해 저항하는 종교들은 에리히 프롬이 주장하는 건전한 사회에 머물러서는 안 되고, 살아 있는 모든 생명이 억압으로부터 해방되어 자유를 얻는 날까지 지속되어야 할 것이다. 따라서 루터의 그리스도인의 자유의 의미는 더 확장되어야 할 것이며, 그리스도인들은 아직도 미완의 상태로 지속되고 있는 종교해방, 민중해방, 생명해방의 길을 새롭게 열어 나가야 한다.

최 태 관_ 감신대 외래교수

01

마르틴 루터의 『로마서 강의』 새로 읽기
- 칭의론과 율법관에 대한 비판적 검토

1. 들어가는 말

루터(Martin Luther)는 CE 1515-16년에 비텐베르크 대학에서 로마서를 강의하면서 종교개혁의 기반을 마련했다. 루터는 거룩한 하나님이 죄인을 의롭게 만드는 '하나님의 의'에 근거하여 '칭의' 개념을 설정했다. 그것은 '율법'[1]에 의거하지 않고 복음 안에서 '믿음'을 통하여 일어나는 사건이다. 루터에 따르면, 믿음은 참회에 이르는 것을 목적한다. 인간은 믿음으로 자기의 죄성과 하나님의 의를 깨달을 수 있다. 회개에 이르는 믿음으로써 죄인이 의롭다고 인정받게 된다. 그래서 루터는 그리스도인의 실존을 '의인이자 죄인'으로 규정했다. 『로마서 강의』에 나타난 율법관 및 칭의론은 종교개혁의 동인으로 작용했다. 루터는 구원을 위하여 종교적 행위를 강조한 로마 천주교회에 대항하여, '오직 은혜로' '오직 믿음으로' '오직 성서로'라는 기치를 내걸고 종교개혁을 주도하였다. 하지만 루터의 칭의 개념과 율법 이해는 완벽하지 않다. 아퀴나스(Thomas Aquinas)에 따르면, 구약성서는 '옛 법'이고 신약성서는 '새 법'이다.[2] 그는 로마서 3장 27절에 근거하여 옛 법을 "행위의 법"으로, 새 법을 "믿음의 법"으로 보았다. 아퀴나스의의 견해를 수용한 루터는 율법은 복음에 비하여 열등한 것이라고 여겼다.[3] 율법과 행위는 옛 시대 이스라엘에게 해당하는 것이고, 복음과 은혜는 새 시대의 교회에 주어지는 것이라고 보았다. 루터는 바울 서신에 나타난 갈등을 유대교의 율법주의와 바울의 복음주의 사이에 발생한 논쟁으로 단정했다. 유대교는 의롭게 되기 위해 '율법'에 의존했고, 바울은 '믿음'을 구원의 근거로 삼았다는 것이다. 뒤에서 살펴보겠지만, 이러한 견해에는 오류가 포함되어 있다. 이러한 잘못된 주장이 오랫동안 기독교신학을 지배하게 되었다. '오직 믿음(sola fide)'으로 의롭게 된다는 사상은 개신교가 신앙 일변도로 나아가는 결과를 초래하였다. 복음과 율법을 분리하는 이분법적 사고는 '믿음'과 '행함'의 분열을 초래하였다. 루터의 견해처럼, '모세의 율법'이 '그리스도의 복음'과 상반되는가? 유대교는 행위 구원론에 입각하고, 기독교는 은혜 구원론에 근거할까? 과연 바울이 믿음만을 강조하고, 행함을 배척했을까? 구약시대의 율법이 현대의 그리스도인들에게는 전혀 상관없는 것인가? 종교개혁 500주년을 맞아 우리는 루터의 공헌을 인정하면서 또한 그것의 한계를 인식할 필요가 있다. 따라서 루터 신학을 재조명하고 그의 성서 해석을 비판적으로 계승하는 것이 요구된다. 칭의 및 율법의 본의를 파악하기 위하여 바울의 서신을 보는 새로운 프레임(frame)이 요구된다. 이 글은 "새로운 관점(the new perspective)"[4] 및 '사회학적 연구방법(the sociological approaches)'을 수용하여, 『루터: 로마서 강의』[5]를 비판적으로 읽고 율법과 복음의 관계를 살펴보며 루터의 칭의론과 율법관을 검토하고자 한다. 이 글에서 살펴볼 본문의 범위는 지면 관계상 로마서 3장 21-31절, 7장 7-25절, 10장 4-8절 등으로 제한하겠다.

2. 새로운 관점과 사회적 정황

1) 새로운 관점

개신교회에서 종래의 로마서 해석은 주로 루터 신학의 지배를 받아 왔다.

로마 가톨릭의 신학과 종교적 행위에 대항하고자 루터는 은혜와 믿음을 내세웠다. 그는 유대교를 은혜에 대립하는 율법적 종교로 보았다. 그래서 인습적인 신학은 여전히 율법과 복음의 대립 관계를 고집한다. 전통적으로 바울은 유대주의와 율법주의를 공격하고 은혜와 복음을 강조한 신학자라고 알려져 있다. 하지만 예수 운동을 통하여 유대교를 갱신하려 한 바울은 생각보다 유대적이고, 율법에 대해서 우호적이었다. 이제 유대교를 재평가하고, 전통적 입장인 '옛 관점'에서 벗어나 '새 관점'으로 로마서를 읽을 필요가 있다. 새 관점이 형성된 경위는 다음과 같다.

샌더스(E. P. Sanders)의 유대교 연구는 기존의 관점에서 벗어나, 예수와 바울 시대의 유대교에 대한 이해의 지평을 확장했다. 샌더스에 따르면, 제2성전 시대 이후 팔레스타인에 존재한 유대교는 "언약적 율법주의(covenantal nomism)"[6]에 근거하고 있었다. 흔히 오해하고 있듯이, 유대교는 인간의 공덕(merit)을 내세우는 율법주의(legalism) 종교가 아니다. 언약적 율법주의는 유대교가 은총의 종교임을 보여준다. 이스라엘은 하나님의 선행적 은총으로 구원받았다. 그리고 나서 야훼 하나님과 이스라엘이 언약을 체결하고, 야훼는 이스라엘에게 율법을 수여했다. 그러므로 언약의 틀 안에서 율법을 보아야 한다. 율법은 언약의 표증이다. 율법에 순종하는 삶은 언약 백성이 되기 위한 것이 아니라 언약 백성의 신분을 유지하는 방편이다. 율법 준수는 구원의 조건이 아니라 언약 관계를 유지하는 길이다. 이러한 관점은 율법에 대한 새로운 이해를 제공한다. 샌더스의 견해를 수용한 던(James D. G. Dunn)은 성서 연구에 바울에 대한 새로운 관점(the new perspective on Paul)을 설정하였다. 옛 관점은 구원론 중심적이며, 하나님과 인간 사이의 수직적인 관계에 집중한다. 이에 비하여 새 관점은 사회학적이고, 교회론적이며, 인간들 사이의 수평적 관계에 관심한다. 루터 신학의 입장에서 벗어난 '새 관점'은 신약시대의 율법 연구에 획기적으로 기여했다. 언약적 율법주의는 바울의 율법관과 크게 다르지 않다. 바울이 율법주의적 유대교와 투쟁한 것이 아니라는 것이다. 그렇다면 왜 바울이 유대주의자들과 싸웠는가?(135쪽) 바울이 유대인들을 비판한 이유는 배타적 민족주의 때문이었다. 하나님의 구원 경륜이 먼저 부름을 받은 유대인을 통하여 이방인에게까지 확장되어야 함을 그들이 망각했던 것이다.

로마서의 기록 동기와 목적을 선교적 관점, 변증적 관점, 목회적 관점에서 설명할 수 있다.[7] 선교적 차원에서 바울은 로마교회가 자신의 선교를 인정하여 주기를 바라면서, 복음을 소개하고 선교의 비전을 제시하려 했다. 변증적 차원에서 로마서는 오해와 비난을 받고 있는 신학 사상, 특히 믿음과 율법에 대한 입장을 해명했다. 목회적 차원에서 로마서는 유대인 신자들과 이방인 신자들로 구성된 공동체의 내적 일치와 화해를 유도하였다. 교회 안에서 유대계 신자들이 '율법의 행위'로 인하여 자신들이 의롭게 되었다는 우월감을 지니게 되었다. 그래서 바울은 유대인들의 민족적 우월의식을 지적하며 유대인과 이방인의 차별을 극복하려는 칭의론을 내세웠다. 로마교회의 화해를 도모하려 한 것이었다. 모든 사람은 믿음으로 의롭게 되기에, 유대인과 이방인은 그리스도 안에서 평등하다는 것이다. 바울은 유대인들의 민족주의에 맞서서, 그리스도로 말미암아 창조되는 '새 이스라엘'을 주장했다. 새 이스라엘은 유대인과 함께 이방인을 함께 아우른다.

2) 로마교회의 사회적 정황

로마서는 보편적 진리를 다룬 체계적인 신학 논문이 아니라, 로마 지역에 소재한 초기 교회들의 실존적인 상황에서 기록된 서신이다. 로마서는 로마

제국과 교회의 역학 관계에서 산출되었다. 바울은 교회의 구체적인 문제에 대한 해답을 자기 방식으로 제시하려 하였다. 로마서는 경우에 따라서 일관성을 결여하고 율법에 관하여 상이하게 진술한다. 샌더스도 율법에 관한 바울의 진술에 일치하지 않는 부분이 있다고 보았다.[8] 율법에 대한 모순된 진술은 로마의 교회가 처한 상황과 무관하지 않다. 성서 본문을 올바르게 읽으려면, 본문이 형성된 역사적 배경과 본문의 '삶의 자리'를 살펴보아야 한다. 그러므로 바울이 제시한 율법의 의미와 칭의론의 기능을 이해하려면, 당시 교회가 처한 사회적 정황을 살펴보는 것이 요구된다.

로마의 역사가 수에토니우스(Suetonius)에 따르면, CE 49년에 로마제국의 클라우디우스(Claudius) 황제는 유대인들에게 로마 추방령을 선포하였고, CE 54년에 네로(Nero) 황제가 그 칙령을 철회하였다. 로마제국의 정책은 로마에 소재한 교회에 변화를 초래하였다. 애초에 초기 기독교 공동체의 구성원은 회당 출신의 유대인들을 비롯하여 유대교로 개종한 이방인들과 하나님을 경외하는 자들이었다. 그런데 유대인들이 추방된 이후에, 로마교회에는 이방계 신도만 남게 되었다. 나중에 추방당한 유대인들이 로마로 돌아왔을 때, 교회에서 이방계 신자가 대세를 이루고 있었다. 로마교회 안에서 유대인과 이방인 사이에 갈등이 발생하게 되었다. 할례와 음식 등에 자유로운 입장을 지닌 이방인 신자와 전통을 고수하려는 보수적인 입장을 견지하는 유대인 신자들이 서로 친교하기를 꺼려했다. 두 집단은 서로 의심하고 공동 예배를 기피할 정도로 상황이 심각했다. 로마서 14-15장에서 등장하는 '강한 자'는 이방계 신도를 가리키고 '약한 자'는 유대계 신도를 가리킨다. 약한 자와 강한 자의 긴장은 교회의 지도력과 연관된 주도권 다툼에서 야기된 것이다.[9] 바울은 양자의 갈등을 해소하고 교회의 일치를 도모했다. 이러한 상황에서 분열된 로마 지역의 교회에 '칭의론'이 제시된 것이다. 그런데 루터는 구원론적 관점에서 칭의론을 설정하고, "오직 믿음(sola fide)"을 내세웠다. 이제 교회론적 관점에서 로마서 본문을 주의하여 읽어보자.

3. 마르틴 루터의 『로마서 강의』 새로 읽기

1) 하나님의 의와 예수의 믿음(3:21-31)

(1) 예수 그리스도의 믿음

로마서 3장 21-31절에서 '하나님의 의', '예수 그리스도의 믿음', '칭의' 등의 주제가 등장한다. 특히 '예수 그리스도의 믿음'은 이 단원을 풀어가는 열쇠로 볼 수 있다. 바울은 하나님의 의에 관하여 이렇게 진술했다. "이제는 율법과는 상관없이 하나님의 의가 나타났습니다. … 하나님의 의는 '예수 그리스도의 믿음'을 통하여 오는 것인데, 모든 믿는 사람에게 미칩니다"(21-22절). '하나님의 의'는 '믿음(πίστις)'을 통하여 실현된다. 여기서 믿음의 주체를 파악하는 것이 중요하다. 누구의 믿음인가? 신자의 믿음인가, 예수의 믿음인가? 루터의 해설에 따르면, 하나님의 구원 방법은 율법에 순종함에 달려 있지 않고, 예수 그리스도에 대한 신자의 믿음에 근거한다.[10] 루터는 예수에 대한 믿음을 내세움으로써 율법의 행위를 부정적으로 평가했다. 그런데 '예수 그리스도의 믿음'으로 말미암아 '하나님의 의'가 모든 사람에게 미친다는 것이 무슨 뜻인가?

여기서 주목할 것은 "피스티스 예수 크리스투(πίστις Ἰησου Χριστου)"라는 구절이다. 한글 성경에서 "예수 그리스도를 믿는 믿음"으로 번역된 이 구절은 '그리스도가 되는 예수의 믿음'으로 읽을 수 있다. 예수(Ἰησου)와 크리스토스(Χριστου)는 동격이고, 양자의 형식은 속격이다. '예수의 믿음(πίστις Ἰησου)'에서 예수를 문법적으로 목적격적 속격(objective genitive)으로 볼 수 있고, 주격적 속격(subjective genitive)으로도 볼 수도 있다. 우리말로 풀이하면, 전자는 목적격 조사를 붙여서 '예수를 믿는 믿음'으로 읽고, 후자는 주격 조사를 붙여서 '예수가 믿는 믿음,' 곧 '예수가 지닌 믿음'으로 읽을 수 있다. 예수를 신앙의 대상으로 보는 전통적인 입장은 예수('Ιησου)를 목적격적 속격으로 해석한다. 루터는 "그리스도는 하나님"이라고 규정하고, "의롭다 하심을 얻는 의는 오직 예수 그리스도에 대한 믿음을 통해서만 우리에게 주어진다"[11]고 주장했다. 일찍이 라틴어역 성서(Vulgata)는 "πίστις 'Ιησοῦ Χριστοῦ"를 "예수 그리스도의 믿음"(fides Iesu Christi)으로 번역하였다. 그밖에 여러 번역본들도 주격적 속격을 따랐다. 그런데 루터가 이 구절을 목적격적 속격으로 보아서 "Glauben an Jesus Christus"이라고 번역한 이후로는, 그의 해석이 대세를 이루게 되었다. '예수 그리스도를 믿는 믿음'이라는 해석이 '오직 믿음으로'라는 종교개혁 정신과 부합하기 때문이다. 그러나 성경의 문맥을 따르면, '예수 그리스도가 믿는 믿음'이 적절하다고 생각한다. 21절에 나타난 "하나님의 의"는 22절의 "예수 그리스도의 믿음"과 결합되어 있다. 라이트(Tom Wright)에 의하면, 전 인류를 위한 하나님의 구원 계획은 '메시아 예수의 믿음'을 통하여 성취되었다.[12] 예수 그리스도의 믿음이란 신실한 예수의 삶과 가르침을 포함하여 죽음에 이르기까지 복종한 메시아의 죽음을 가리킨다.

예수의 믿음은 기존의 기독론을 검토하기를 요구한다. 예수는 믿음의 대상인가, 믿음의 주체인가? 전통 신학은 예수를 믿음의 대상으로 보았다. CE 325년에 작성된 니케아신조에서 예수와 하나님을 존재론적으로 동일본질(homoousios)로 규정했다. 중세 이래로 인습적인 기독교는 예수를 하나님으로 높였다. 그리하여 예수는 경배의 대상이 되었다. 루터 역시 예수 그리스도를 믿음과 경배의 대상으로 여겼다. 일반적으로 대속주 예수를 신앙함으로써 구원받는다고 생각한다. 그러한 기독론은 예수와 신자 사이의 괴리를 초래한다. 전통 교리는 신격화의 근거로 요한복음을 내세웠다. 하지만 요한복음은 실존론적으로 읽어야 그 뜻이 제대로 드러난다. "아버지의 품속에 계신 외아들이신 하나님께서 하나님을 알려주셨다"(요 1:18). 예수가 하나님을 나타내 보였다는 것은 무슨 뜻일까? 그것은 예수의 삶과 가르침의 중심에 하나님이 있다는 것이다. 예수의 중심에 하나님이 있으므로, 예수를 보는 것은 하나님을 보는 것이다(요 14:9). 그런 뜻에서 도마는 예수를 "나의 하나님"(요 20:28)으로 고백했던 것이다. 이 글에서 본격적으로 다루지는 않겠지만, 예수의 믿음은 '역사적 예수(historical Jesus)'의 문제와 연결된다. 역사적 예수는 기존의 신격화된 기독론에서 벗어나, 참된 예수상을 추구한다. 역사적 예수의 삶과 가르침은, 예수가 믿음과 선포의 주체임을 입증한다. 예수의 믿음은 "새로운 케리그마로서의 선생 예수"[13]와 만난다. 참 인간이며 인류의 스승인 예수는 믿음의 본을 보였다. 예수의 믿음(22절)은 신자의 믿음(26절)을 이룬다. "하나님의 의가 복음에 나타나 있으며, 믿음으로 믿음에 이르게 합니다"(롬 1:17). 예수의 믿음에 참여하는 신자의 믿음으로 말미암아 구원 사건이 발생한다. 예수의 믿음이 뜻하는 바는 하나님의 구원 사건인 역사적 예수의 믿음에 참여하여, 예수처럼 믿고 예수처럼 살자는 것이다.

'예수 그리스도의 믿음'은 다음과 같은 의의를 지닌다. ① 구원 사건의 핵심은 인간의 믿음이 아니라 예수의 믿음이다. 예수의 믿음이란 인간의 행위에 선행하는 하나님의 은혜로운 구원 사건이다. 구원 사건에 참여한 하나님은 인간의 참여를 요구한다. ② 예수의 믿음은 신자가 본받을 '믿음의 전형'이다. 예수의 믿음은 신자의 믿음이 된다. 신자의 본분은 예수의 믿음에 참여하여, 예수처럼 믿고 예수처럼 사는 것이다. ③ 예수의 믿음은 신자의 주체성을 강화한다. 예수가 믿는 믿음은 예수와 신자의 상호 주도적 관계, 곧 예수의 주도적 구원행위와 그에 응답하는 신자의 자발적인 결단과 참여를 나타낸다. ④ 예수의 믿음은 역사적 예수를 추구한다. 역사적 예수는 신격화된 기독론을 지양하고 진정한 기독론을 모색한다. ⑤ 예수의 믿음은 신자의 '믿음'과 '행위'를 통합한다. 신자의 믿음과 삶은 그리스도의 순종과 의를 공유하는 것이다. 그러므로 예수의 믿음은 신자에게 '행위를 포함하는 믿음(fide cum opera)'을 요구한다.

(2) 칭의론의 의미와 기능

로마에 보내는 바울의 서신에서 교회가 당면한 문제를 해결하기 위해 '칭의(Justification)' 개념이 필요했다. '칭의론'은 루터 신학의 핵심이자 개신교 신학의 정수다. 종교개혁의 전통에 서 있는 서구의 신학은 칭의론을 내성적인 양심의 차원에서 해석하여 왔다. 그러나 원래 칭의론은 개인의 실존적인 구원 문제에서 비롯된 것이 아니라, 초기 교회가 처한 선교적 상황에서 형성되었다. 따라서 개인적이고 교리적인 차원을 넘어서, 역사적이고 사회적인 정황을 고려하여 칭의론을 논의함이 요구된다. 로마서에 나타난 칭의론의 의미와 기능은 무엇인가?

로마서 3장 21-24절에 '하나님의 의', '예수의 믿음' 그리고 '칭의'가 함께 나타난다. "이제는 율법과는 상관없이 하나님의 의가 나타났습니다. … 하나님의 의는 예수 그리스도의 믿음을 통하여 오는 것인데, 모든 믿는 사람에게 미칩니다. 거기에는 아무 차별이 없습니다. … 사람은 그리스도 예수 안에서 얻는 구원으로 말미암아, 하나님의 은혜로 값없이 의롭다는 선고를 받습니다."인습적인 기독교는 이러한 구절을 근거로 그리스도의 대속과 인간의 신앙을 연결하여 구원론을 전개했다. 아우구스티누스(Aurelius Augustinus)에 의하면, '하나님의 의'란 하나님 자신이 의롭다는 뜻보다는 거룩한 하나님이 죄인을 의롭게 한다는 의미를 담고 있다. 하나님은 어떻게 죄인을 의롭게 만드는가? 전통적인 칭의론은 그리스도의 대속(代贖)과 의로움의 전가(轉嫁)를 강조했다. 루터는 로마 가톨릭이 내세우는 인간에게 내재하는 의로움에 반대하여 밖으로부터 오는 의로움을 주장했다. "하나님은 우리 안에 내재하는 의를 통해서가 아니라 우리 밖으로부터 오는 의(per extraneam iustitiam)를 통해서 우리를 구원한다."[14] 이 낯선 의는 우리의 행함 없이 오직 은혜를 통해 우리 안에 주입된다. 죄인은 의의 전가를 통해서 의로워진다. 하나님의 전가(Dei reputatione)를 통해서 인간은 본질적으로 변화된다는 것이다.[15] 그리스도의 의가 죄인에게 전가되고(imputatio iustitiae christi), 인간의 죄가 그리스도에게 전가된다. 그래서 루터는 그리스도인을 죄인이면서 동시에 의인(simul iustus et peccator)으로 규정했다. 그리하여 믿음으로 말미암아 그리스도의 의가 전가되어, 하나님은 죄인을 의롭다고 여긴다는 이신칭의(以信稱義) 교리가 개신교회 신학의 기초를 이루게 되었다.

로마서 3장 24-25절은 대속과 칭의의 관계를 설명하는 것처럼 보인다. "사람은 그리스도 예수 안에서 얻는 구원[속량]으로 말미암아 하나님의 은혜로 값없이 의롭다는 선고를 받습니다. 하나님께서는 이 예수를 속죄 제물로 내주셨습니다. 그것은 그의 피를 믿을 때에 유효합니다."이 문장에 나타난 "속량", "피", "속죄제물" 등의 용어들은 전통 신학의 대속론을 설명하는 데 사용되었다. 그리스도가 우리의 죄악을 대신해서 죽었다는 형벌적 대속론은 하나님과 인간의 관계를 왜곡하고, 인간의 주체성과 자발성을 억제한다. 주의하여 문맥을 읽으면, "속량", "피", "속죄제물" 등은 '참여'와 관련된 용어임을 알 수 있다. 구원 사건에 참여하는 하나님은 인간의 참여를 요구한다. 틸리히(Paul Tillich)에 따르면, "그리스도 예수라는 새로운 존재에 참여함으로써 인간은 하나님의 속죄 행위에 참여하게 된다."[16] 속죄론에서 대속(substitution)의

개념을 참여(participation)의 개념으로 해석해야 구원의 의미를 올바르게 드러
낼 수 있다.

그러므로 '전가'의 틀을 벗어나서 '참여'의 빛에서 볼 때, 칭의는 올바르게
해석된다. '의롭다고 하다'($\delta\iota\kappa\alpha\iota\acute{o}\omega$)라는 용어는 원래 법정 용어로서 사회적 의
미를 지닌다. 칭의 개념은 개인적인 차원을 넘어서 공동체적 의미를 지닌
다. 라이트는 새 관점의 기초 위에 세워진 언약 구조 안에서 바울의 칭의론
을 해석했다. 그는 '예수의 믿음'을 칭의의 근거로 보았다. "한편으로 메시아
예수의 믿음에 기초하여, 다른 한편으로 그를 믿는 모든 사람을 위하여, 하
나님의 의가 드러난다."[17] 예수의 믿음은 그리스도의 대속과 전가를 넘어선
다. 칭의는 '의의 전가'가 아니라 '의의 선언'을 의미한다. 그것은 그리스도로
부터 전가된(imputed) 의가 아니라 그리스도 안에 연합된(incorporated) 의다. 하
나님의 법정에서 그리스도 예수의 의로움이 선언된다. 그것에 근거해서 그
리스도에 참여하는 신자의 의로움이 선언된다. "법적 맥락에서 칭의란 법정
의 선언으로 어떤 사람이 지니게 되는 상태를 가리킨다."[18] 그것은 어떤 사
람을 변화시키는 행위가 아니라, 누군가에게 어떤 상태를 부여하는 선언이
다. 이 상태의 구체적 내용은 '당신은 그리스도와 함께 하나님의 언약 백성
이 되었다'는 것이다. 따라서 칭의란 신앙공동체 안에서 부당한 관계를 바로
잡고 새롭게 설정되는 관계의 변화를 뜻한다. 그것은 그리스도 안에서 유대
인과 더불어 이방인이 하나님의 동등한 백성으로 선언되는 사건을 가리킨
다.

서구 신학은 실존적이고 내면적인 죄 문제를 해결하려는 관점에서 바울
의 칭의론을 논구하였다. 전통적인 관점은 칭의를 내성적인 양심의 차원에
서, 개인에 대한 하나님의 속죄 행위로 규정한다. 하지만 로마교회의 사회
적 정황을 살펴보면, 칭의론은 구원론적인 문제가 아니라 교회론적인 관심

에서 제기되었음을 알 수 있다. 루터의 관점에서 칭의론의 중심 의제는 사람이 의롭게 되려면 '율법을 지킬 것인가, 그리스도를 믿을 것인가?' 하는 것이다. 그런데 새 관점에서 보면, 사도 바울의 관심은 '유대인과 이방인이 어떻게 이스라엘 공동체에 포함될 수 있는가?' 하는 데 있었다. 그것은 개인의 내면적인 속성의 변화가 아니라, 사회적인 차원에서 정당한 관계를 회복하는 것을 의미한다. 하나님의 의는 인간과 인간 사이의 수평적 관계에서 발생한 소외, 차별, 억압 등의 불의에 희생당한 사람을 구출하는 데서 구현된다. 칭의론의 목적은 유대인과 이방인 사이에 설치된 장벽을 제거하는 것이다. 따라서 칭의론은 사회적 조정 기능을 지닌 변론, 곧 교회 구성원의 부당한 관계를 바로잡으려는 이론적 장치라고 할 수 있다. 요컨대, 칭의론이란 인간이 '어떻게 구원받는가'를 말하는 것이 아니라, '누가 구원받는가(하나님의 백성에 포함되는가)'를 말하려는 것이다. 따라서 인간의 믿음이 아니라 메시아 예수의 믿음을 칭의의 근거로 본 라이트의 견해가 정당하다고 생각한다. 그동안 개신교회는 외래적 의로움의 전가를 역설한 루터에 의해 바울의 칭의론을 오독했던 것이다.

(3) 율법과 믿음

루터는 유대교와 기독교를 율법주의 대 은혜신학의 프레임으로 몰아갔다. 그는 유대인들은 외면적으로 율법을 지킴으로써 스스로를 의롭게 여긴다고 보았다.[19] 유대교는 인간의 노력으로 의롭게 되고 구원받는 율법주의(legalism)에 의존했고, 바울은 '믿음'을 구원의 근거로 보는 은혜신학을 주장했다는 것이다. 그러한 루터의 오해는 율법에 대한 좁은 의미를 일률적으로 적용한 데서 기인한 것이다.

3장 27-28절에서 "행위의 법"과 "믿음의 법"이 대비되고, "율법의 행위"와

"믿음"이 대비되고 있다. 21절의 "율법 외에"는 28절에 있는 "율법의 행위와는 상관없이"와 상응한다. 루터는 "율법과는 상관없이"를 "율법의 도움 없이"로 읽음으로써, 구원에서 율법의 역할을 배제한다.[20] 그에 따르면, 바울은 '행위 없는 구원'을 주장한 셈이 된다. 그러나 "율법"이라는 용어는 문맥에 따라서 그 의미가 달라진다. 예를 들면, 21절에서 "율법"을 두 번 사용했는데, 그 뜻이 같지 않다. 전자는 부정적인 의미로 사용되고, 후자는 긍정적인 뜻으로 쓰였다. 본문에 등장한 "율법"(21절), "행위의 법"(27절), "율법의 행위"(28절) 등은, 던의 구분에 따르면 율법의 행위란 신분표식(identity markers)이나 경계표지(boundary markers)로서 안식일, 할례, 음식물 등에 관한 제의적 법규를 가리킨다.[21] 그것은 유대인이 독점한 율법이며, 민족적 편견으로 치우쳐 유대인의 표지로 내세우는 제의법, 곧 부정적 의미의 '율법'이다. 따라서 율법, 곧 제의법과는 상관없이 하나님의 의가 나타난 것이다.

반면에, 바울은 믿음의 관점에서 율법을 재해석한다. 앞선 용례와는 달리, 21절의 히브리 성서를 가리키는 "율법과 선지자" 및 31절에 나타난 "율법"은 야훼가 이스라엘에게 삶의 길로 제시한 '토라'를 말한다. 그래서 31절에서 바울은 '믿음으로 세우는 율법'에 관한 진술을 통하여 적극적으로 율법을 옹호한다. 27절에서 "믿음의 법"이라는 독특한 용어가 나타난다. 여기서 사용된 '법(νόμος)'은 율법을 가리키는가, 아니면 원리를 뜻하는가? 믿음의 법은 믿음의 원리, 곧 믿음의 차원에서 이해된 율법을 가리킨다. 그것은 언약 구조 안에서 파악된 율법을 말한다. 31절은 27절의 "믿음의 법"이 확장된 것이다. 이 구절에서 하나님의 가르침을 가리키는 토라로서의 율법이 긍정된다. 인간의 본질은 행위다. 인간의 운명은 의지와 행위를 통하여 개척된다. 율법은 삶의 길이다. 그래서 권연경은 "행위 없는 구원"에 이의를 제기한다. "바울이 칭의의 유일한 근거로 제시하는 믿음은 도덕적 행위를 부정하는 개념이 아니다."[16] 바울은 율법 자체를 부정하지 않았다. 바울이 비판한 것은 유대인들이 율법을 자랑하면서도, 정작 율법을 실천하지 않는다는 것이다.[17] 로마서 3장 31절에서 사용된 '폐하다'와 '세우다'라는 용어는 마태복음 5장 17절에 있는 전승을 상기시킨다. 예수 그리스도의 사명은 율법을 폐기하지 않고 완성하는 것이다. 3장 31절에 제시된 율법의 개념은 21b절에서 언급된 율법의 개념과 동일한 것으로, 구약성서에서 계시된 복음의 기초가 된다. 따라서 믿음은 율법을 배제하지 않는다. 믿음은 율법을 굳게 세운다는 의미는 신앙과 생활을 통합하고, 윤리적 실천이 믿음에서 분리되지 않는다는 것이다.

히브리 성서에서 원래 '토라(תורה)'는 이스라엘을 올바른 길로 인도하는 하나님의 가르침(teaching)이나 교훈(instruction)을 뜻한다. 바울 당시에 널리 통용된 율법(νόμος)이란 "조상의 전통"(마 15:2; 막 7:3), 곧 구전된 율법에 대한 유대교적 해석인 '미쉬나(משנה)'를 가리킨다. 그런데 칠십인역 성경(LXX)을 비롯한 대부분의 성경들이 토라를 종교적 계율의 의미가 부각된 율법이라고 번역하였다. 바울의 주장을 검토해 보면, 상황에 따라서 율법의 용례가 다른 이유를 찾을 수 있다. 던은 제의적 계율과 하나님의 가르침인 토라를 구분함으로써, 모순적으로 진술된 율법에 관한 난제를 해결하고자 했다. 전자는 유대인의 신분을 표시하는 '제의법'이고, 후자는 이스라엘이 실천해야 할 '윤리법'을 가리킨다. 그러므로 바울의 서신에 사용된 '율법'으로부터 '제의적 행위'와 '윤리적 실천'을 구별하는 것이 요구된다.

2) 율법과 죄(7:7-25)

루터는 로마서 7장 7-25절을 영의 사람인 바울의 자기 고백으로 보고, 이

단락에서 영적 인간의 12가지 특성을 찾아냈다.[18] 루터는 로마서 7장 7-25절의 내용을 바울 자신의 개인적인 경험으로 인식한 것으로 보인다. 하지만 7-25절에 등장하는 "나(ἐγώ)"라는 1인칭 대명사는 회심 이전 또는 회심 이후의 바울 자신을 가리키는 것이 아니라, '전형적 나'(paradigmatic I)로서 율법 아래 있는 모든 인간을 지칭한다. 이는 바울의 개인적인 경험이 아니라 보편적인 인간에 관한 진술이라고 할 수 있다. 이 단락은 "율법이 죄입니까?" 하는 수사학적 질문과 "그럴 수 없습니다!"(7절)라는 대답으로 시작한다. 이것은 하나님이 율법을 주셨다는 것과 동시에 율법이 죄와 연관되어 있다는 견해를 담고 있다.

(1) 율법의 부정성과 긍정성(7:7-13)

이 단락에서도 율법의 부정성과 아울러 율법의 긍정성이 제시된다. 바울은 율법의 한계를 지적하고, 율법이 죄와 관련된 것으로 고발한다. 로마서 7장 5, 8, 11절 등은 죄를 유발하는 율법의 부정적인 역할을 지적한다. ① 죄가 계명을 악용하여 내가 죄를 범하게 한다(8절). ② 생명을 주어야 할 계명이 도리어 사망으로 이끈다(10절). ③ 죄가 계명을 이용하여 나를 속이고 죽인다(11절). 죄가 율법을 변질시켜 인간을 속박하게 한다. 8-11절에서 죄가 인격적 실체로 묘사된다. 바울에게서 죄(ἁμαρτία)는 심리적 또는 관념적인 개념이 아니라, 살아있는 실재이고 우주적 권능이다. 이러한 죄가 율법을 악용하여 온갖 탐욕을 일으킨다(8절). 율법이 죄는 아니지만, 죄가 그릇된 방식으로 율법을 이용하고, 율법의 의도를 곡해하는 결과를 초래한다.

반면에, 로마서 7장 7-13절에서 바울은 율법의 긍정적인 측면을 강조한다. ① 율법은 하나님으로부터 온 것이다. ② 율법은 거룩하고 의로우며 선하다(12절). ③ 율법은 죄의 정체를 드러낸다(7, 13절). 율법은 부정적인 기능을 통하여 긍정적으로 작용한다. "율법으로는 죄를 인식할 뿐입니다"(롬 3:20). "율법에 비추어보지 않았다면, 나는 죄가 무엇인지 알지 못하였을 것입니다"(롬 7:7). 율법의 목적은 인간을 정죄하여, 인간이 그리스도를 통한 구원을 기대하게 하는 것이다. 7장 7절에서 수사학적 질문과 대답으로 문단을 시작한 바울은 13절에서 같은 방식으로 단락을 마무리한다. "선한 것이 나에게 죽음을 가져왔습니까? 그렇지 않습니다!" 그리고 13절은 뒤따르는 14-25절과 이어주는 고리 역할을 한다. 율법이 사망의 원인인가? 아니다! 사망의 원인은 죄다. 죄는 인간의 한계상황이다. 죄가 율법을 악용하여 인간을 사망으로 유도한다. 인간 안에 있는 죄가 거룩하고 선한 율법을 악용하여, 인간으로 하여금 범죄하고 갈등하게 한다.

(2) 하나님의 법과 죄의 법(7:14-25)

로마서 7장 7-13절은 과거시제로, 14-25절은 현재시제로 서술되어 있다. 전자는 율법과 결부된 인간의 역사를 서술하고, 후자는 율법 아래 있는 인간의 실존을 묘사한다. 이 단락은 과거의 바울과 현재의 바울을 비교하는 것이 아니라, 율법의 속성과 인간의 속성을 대비하는 것이다. 14절은 근본적인 문제를 지적한다. "우리는 율법이 신령한 것인 줄 압니다. 그러나 나는 육정에 매인 존재로서, 죄 아래에 팔린 몸입니다." 그 결과 인간의 실존은 율법 아래에서 갈등한다. 15-17절은 18-20절과 병행을 이루고 있다. 인간은 율법을 따라서 선을 행하고자 한다. 그러나 원하는 선을 행하지 않고, 원하지 않는 악을 행한다(15절과 19절은 의미적으로 병행). 왜 인간은 자기분열을 경험하는가? 그것은 내가 아닌 죄가 나를 다스리기 때문이다. 인간을 지배하는 것은 "내 속에 자리를 잡고 있는 죄"(17절-20절)이다. "내 속"은 인간의 본성을 가리킨다. 여기서 '인간의 본성과 죄의 관계'라는 중대한 주제를 다루기는 어렵다. 아무튼 인간의 본성에 뿌리박고 있는 죄가 인간을 분열시킨다. 하나님의 법인 율법은 거룩하고, 의롭고, 신령하며, 선하다(12, 14, 16절). 그런데도, 내가 해야겠다고 생각하는 일을 하지 않고, 해서는 안 되겠다고 생각하는 일을 한다. 그것은 죄의 법이 나를 지배하기 때문이다. '죄의 법'이란 죄가 율법을 악용하여 인간을 지배하는 것이다. 바울은 자아를 "마음(νοῦς)"과 "육신(σάρξ)"으로 구분하고, 율법을 "하나님의 법"과 "죄의 법"으로 구분한다. "나 자신은 마음으로는 하나님의 법을 섬기고, 육신으로는 죄의 법을 섬기고 있다"(25절). 그래서 나에게 선과 악이 함께 있으며, '마음'과 '육신'이 대립한다. 이러한 구분은 인간을 영혼과 육체로 분리하는 헬라철학을 따른 것이라기보다 인간의 한계상황에서 비롯된 실존론적 고백의 표현으로 보는 것이 타당하겠다. 자기분열의 원인은 율법이 아니라 인간 본성에 뿌리박고 있는 죄다. 마침내 일반 인간은 "누가 이 죽음의 몸에서 나를 건져 주겠습니까?"(24절) 하고 절규하게 된다. 절망을 절망으로 통감함으로써 인간은 희망을 발견할 수 있다. 인간의 절망은 하나님의 희망이기 때문이다.

바울은 그리스도에게서 희망을 발견하고, 율법을 폐기하는 대신에 그리스도의 빛 아래에서 율법을 재해석하기를 시도했다. 로마서 8장은 성령(πνεῦμα)[19]을 통하여 율법은 '생명의 법'이 된다는 것을 설명한다. 성령을 따라 사는 사람은 율법이 요구하는 바를 이룬다.

3) 율법과 복음(10:4-8)

(1) 율법의 마침(10:4)

로마서 10장 4절은 "그리스도는 모든 믿는 자에게 의를 이루기 위하여 율법의 마침이 되시니라"고 선언한다. "율법의 마침"(τέλος νόμου)이 무엇을 뜻하

는가? 여기서 헬라어 '텔로스(τέλος)'를 해석하기가 간단하지 않다. '텔로스'는
① 마치다, 종결하다(finish, end) ② 이루다, 성취하다(fulfill, accomplish)의 뜻을 지
니고 있다. 그러므로 '텔로스 노무(τέλος νόμου)'를 '율법의 종결', '율법의 성취'
로 번역할 수 있다. 전자는 율법과 복음의 단절을 명시하고, 후자는 율법과
복음의 연속성을 인정한다. 이 구절에서 텔로스는 마침일까, 이룸일까? 아
니면 둘 다를 뜻하는가? 이에 대한 답변은 세 가지 입장으로 정리된다. 첫째
입장은 텔로스를 '종료' 또는 '폐지'로 본다. 루터신학의 영향 아래 있는 학자
들은 대부분 첫 번째 입장을 따른다. 케제만에 따르면, "바울로는 아직은 율
법과 복음의 변증법을 발전시키지 않았다. 그는 율법과 복음을 상호배타적
인 반명제로 보았다."[20] 여기서 율법과 그리스도는 대립관계에 있다. 우리말
성경은 이러한 해석을 따르는 듯하다. 두 번째 입장은 텔로스를 '목표' 또는
'성취'로 해석한다. 던은 바울이 사용한 텔로스가 목표를 의도한다고 생각했
다. 캠벨(W. S. Campbell) 및 바데나스(R. Badenas)는 텔로스를 시간상의 종국이기
보다는 목적론적인 방법으로 보았다. 그리스도가 모든 사람들을 위하여 가
져온 의는 율법이 지향하는 것과 동일하다. 이러한 맥락에서 율법의 요구가
그리스도를 통하여 이루어졌다는 것이다. 세 번째 견해는 텔로스에 '종료'와
'성취'의 뜻이 공존한다는 것이다. 슈라이너(T. R. Schreiner)는 율법을 '도덕적 율
법'과 '제의적 율법'으로 구분하였다. 제의법이 믿는 자들에게 더 이상 유효
하지 않다는 의미에서, 그리스도는 율법의 마침이다. 그러나 율법의 도덕적
요구는 믿는 자에게 여전히 유효하다는 의미에서, 그리스도는 율법의 성취
라는 것이다. 많은 이들이 세 번째 견해에 동의한다. 그리스도에 대한 믿음
이 하나님의 의에 이르는 유일한 통로라는 측면에서 그리스도는 그 배타적
인 통로의 폐기이다. 동시에 하나님의 포괄적인 의를 획득함이 그리스도 안
에서 구현되었기 때문에 그리스도는 율법의 완성이라고 할 수 있다.

본문의 문맥을 고려하면, 로마서 10장 4절의 텔로스는 '마침'과 '이룸'이라는 이중적 의미를 지니는 것으로 보인다. 한편으로, 율법을 좁은 의미로 한정하는 경우에, 그리스도는 종교적 행위와 관련된 율법을 종결시킨다. 전후 구절에서 하나님의 의에 이르는 두 가지 길, 곧 "믿음"과 "행위"(9:32), "하나님의 의"와 "자기 의"(10:3), "율법에 근거한 의"와 "믿음에 근거한 의"(10:5, 6)가 대립한다. 이러한 문맥에서 볼 때, 4절에서 "그리스도"와 "율법"이 대비되는 것으로 볼 수 있다. 여기서 율법은 '그리스도의 믿음'과 대립하는 '율법의 행위' 곧 유대주의를 강화하는 제의법 준수로 한정된다. 다른 한편으로, 넓은 시야로 보면, 언약의 성취자인 그리스도는 율법의 완성자이다. 마태복음 5장 17절에 따르면, 예수는 율법을 "폐하러 온 것이 아니라 완성하러 왔다." 예수가 율법을 폐기하지 않는 이유는 이스라엘이 전수한 '토라'는 하나님의 의를 지향하고 있기 때문이다. 예수가 율법을 완성했다는 것은 율법을 재해석하고 원래 의미를 회복했다는 뜻이다.

(2) 율법과 복음(10:5-8)

율법과 복음을 대립관계로 본 루터는 두 가지 의, 곧 "율법으로 말미암는 의"(10:5)와 "믿음으로 말미암는 의"(10:6)를 비교했다. 율법에 근거한 의와 관련하여 모세는 이렇게 말했다. "율법을 행한 사람은 그것으로 살 것이다"(레 18:5). 믿음에 근거한 의를 두고는 다음과 같이 말했다. "하나님의 말씀은 네 입에 있고, 네 마음에 있다"(신 30:14). 루터는 모세의 말을 편파적으로 해석했다. 전자(레 18:5)는 인간의 선행에 달려 있고, 후자(신 30:14)는 믿음과 관련되는 것으로 보았다. 믿음의 의는 구원의 지름길이지만, 율법의 의는 돌아가는 길이라고 주장했다.[21] 그의 관점에서 '자기 의'와 '율법'이 동일시되고, '그리스도'와 '율법'이 대립하고 있다. 루터의 결론은 복음은 율법보다 우월하다는 것이다. 하지만 바울의 견해는 루터의 시각과 좀 다르다. 바울은 "자기 의"와 "하나님의 의"를 대립시킨다(롬 10:3). 유대인이 자기 의를 세우는 방편인 율법(제의법)을 폐지하지만, 하나님의 뜻을 이루는 율법(하나님의 가르침)을 그리스도가 부정한 것은 아니다. 바울은 레위기 18장 5절을 인용하여 율법에 근거한 의에 대한 책임을 인간에게 돌렸다. 이어서 신명기 30장 11-14절을 제시하며, 인간의 기준으로 불가능한 것이 하나님에 의해 값없이 주어졌다고 설명했다. 율법의 의와 믿음의 의가 '새 언약' 안에서 종합된다. 신명기 30장 6-8절은 야훼의 은총을 통한 구원을 진술한다. "야훼 너희의 하나님이 너희의 마음과 너희 자손의 마음에 할례를 베푸셔서 순종하는 마음을 주실 것이다"(30:6). '마음에 할례를 베푸심'은 예레미야가 선포한 "새 언약"(렘 31:31)을 뜻하며, 에스겔에서 '새 영' 또는 '하나님의 영'을 마음에 둔다는 구절과 일치한다. "너희 속에 내 영을 두어, 너희가 나의 모든 율례대로 행동하게 하겠다. 그러면 너희가 내 모든 규례를 지키고 실천할 것이다"(겔 36:27). '새 언약'을 상징하는 '마음의 할례'와 '마음에 둔 새 영'은 율법에 대한 순종을 가능하게 한다. 그리스도 안에서 마음의 할례 및 새 영의 임재가 온전하게 이루어지게 되었다. 사람은 율법(토라)의 완성자인 그리스도의 믿음을 통하여 율법에 순종할 수 있다.

율법과 복음은 어떠한 관계인가? 언약 안에서 율법은 복음의 대립 개념이 아니다. 신명기 30장 11-14절과 로마서 10장 5-8절에서 모세의 율법은 바울의 복음과 만난다. 바울은 로마서에서 신명기의 구절을 인용하면서, 율법준수를 '복음'으로 해석한다. 모세가 반포한 "하나님의 말씀"(신 30:14)은 바울이 전파하는 "믿음의 말씀"(롬 10:8)과 일치한다. 실로 내면화된 명령/율법은 "믿음의 말씀", 곧 "복음"(10:16)이다. 신명기의 메시지와 로마서의 복음이 근본에서 일치한다고 할 수 있다. 신명기 30장 6-8절에 나타난 마음의 할례는 그리스도 사건에 상응한다. 바울은 로마서 10장 6-8절에서 율법에 관한 신명기 30장 12-14절의 언급이 그리스도를 가리키는 것이라고 해석한다. 그런 뜻에서 '마음의 할례'는 신학적으로 은총에 의한 '칭의'를 의미하는 것으로 볼 수 있을 것이다.

구약성서와 신약성서는 연속성을 지니고 있다. 구약에도 은혜와 복음이 있고, 신약에도 율법과 계명이 있다. 구약시대에 율법은 하나님과 이스라엘의 언약 관계를 유지하는 방편이었다. 이스라엘이 율법을 지키는 데에 실패하자, 야훼는 마음에 할례를 베풀고 마음에 새 영을 두심으로써, 야훼와 이스라엘은 새로운 언약을 맺었다. 언약은 율법을 배제하지 않는다. 옛 언약과 마찬가지로, 새 언약의 중심에 '율법'이 자리한다. 새 언약은 옛 언약을 폐기하지 않고 완성한다. 하나님의 은혜로 말미암아 인간은 율법에 순종하게 되었다. 신약시대에도 율법은 유용하다. 율법은 성령을 통하여 생명의 법이 된다. 그리스도 안에서 생명을 누리게 하는 성령의 법이 인간을 죄와 죽음의 법에서 해방한다. 새 언약 안에서 율법은 하나님과 함께 살아가는 길이다. 만약에 스스로의 힘으로 율법을 지키고자 한다면, 율법은 인간을 속박하는 멍에가 된다. 그러나 '그리스도 안에서' 또는 '성령을 따라' 율법에 순종하면, 율법은 생명과 자유의 길이다. 복음이란 언약의 성취자인 그리스도를 통하여 이루어진 율법의 완성이라고 할 수 있다. 따라서 새 언약의 빛에서 보면, 율법은 곧 복음이다.

4. 나가는 말

우리는 '언약적 율법주의'를 수용하고 '새로운 관점'에서 마르틴 루터의 『로마서 강의』를 비판적으로 읽어왔다. 그리하여 루터의 칭의론에 문제가 있고, 율법에 대한 주장은 바울의 율법관과 일치하지 않는 부분이 있음을 확인했다. 이를테면, 로마서 3장에서 문맥에 따라 '율법'의 용례가 획일적이지 않음을 볼 수 있었다. 여기서 부정적으로 묘사되는 "율법", "행위", "율법의 행위" 등은 제의법 내지 종교적 행위를 가리키는 용어들이다. 반면에 복음이 율법을 항상 배척하는 것은 아니다. 예를 들면, 21절과 31절에 나타난 토라로서의 율법은 긍정적인 의미를 지닌다. 로마서 7장에서도 바울은 율법의 한계를 지적하면서도 율법의 가치를 긍정했다. 율법 자체가 악한 것이 아니다. 내 속에 거하는 죄가 의롭고 선한 율법을 악용한다. 죄에 물든 본성 때문에 인간은 자기분열을 겪는 것이다. 로마서 10장에서 "율법으로 말미암는 의"와 "믿음으로 말미암는 의"를 대비했다. 중세적 상황에서 로마서를 이해한 루터는 여기서 믿음은 율법보다 우월하고, 율법과 그리스도는 대립관계에 있다고 보았다. 그는 유대교가 '율법'에 의존했고, 바울은 '믿음'을 구원의 근거로 보았다. 바울이 유대주의와 율법주의를 공격하고 은혜와 복음을 강조한 신학자라고 평가했다. 그러나 바울은 유대교와 율법에 대해서 막무가내로 적대적인 태도를 취하지 않았다. 그가 예수 운동을 통하여 유대교를 갱신하려 했기 때문이다. 10장 4절에서 바울은 "그리스도는 율법의 끝마침"이라는 선언했다. 루터는 이 구절을 그리스도가 율법을 종료하고 폐지한 것으로 해석했다. 하지만 그것은 그리스도가 율법의 대척점에 있다는 것을 뜻하지 않는다. 발언의 취지는 율법을 완성한 그리스도는 모순 안에 있는 인간을 해방한다는 것이다.

　루터의 '칭의론'은 종교개혁 이래로 개신교회의 핵심적인 신학 사상이 되었다. 그의 편향된 주장이 오랫동안 개신교회를 지배하게 되었다. 로마서를 제대로 읽으려면 로마교회가 처한 사회적 정황을 파악해야 한다. 로마에서 일어난 유대인들이 추방된 사건은 로마교회에 변화를 초래하였다. 추방령을 폐기한 이후에 로마 지역의 교회 안에서 배타적인 민족주의 입장을 고수하려는 유대계 신자와 율법에 대하여 비교적 자유로운 견해를 지닌 이방계 신자 사이에 알력이 발생했다. 바울이 반대한 것은 율법주의가 아니라 유대인의 신분을 내세우는 민족적 배타주의다. 교회의 지도력과 연관된 집단 간의 주도권 다툼으로 유대인 신자와 이방인 신자 사이에 발생한 갈등에 당면하여, 두 집단의 화해를 도모하고 공동체의 일치를 목적으로 바울은 만민의 평등을 전제한 칭의론을 개진한 것으로 사료된다.

율법(제의법) 준수를 강조하는 유대인과는 달리, 바울은 교회 일치의 차원에서 평등을 강조하는 '믿음'을 내세웠다. 여기서 '믿음'이란 예수의 믿음(πίστις Ἰησοῦ)을 뜻한다. 예수는 믿음의 대상이 아니라 믿음의 주체다. 예수의 믿음이 뜻하는 바는 하나님의 의로움에 참여하여, 예수처럼 믿고 예수처럼 살자는 것이다. 유대인이든지 이방인이든지 누구나 평등하게 믿음으로 의로움을 얻는다. 여기서 두 집단에게 공통적으로 적용되는 '믿음'을 강조하다 보니, 상대적으로 '율법'을 부정적으로 진술한 것으로 비추어졌다. 하지만 바울이 민족적 자긍심을 유발하는 유대인의 표지인 '제의적 계율'을 경계한 것이지, '율법(토라)' 자체를 부정한 것은 아니다. 앞에서 살펴본 대로, 바울 사도는 율법을 배제하고 오직 믿음으로 의롭게 된다고 주장하지 않았다. 율법과 복음은 양자택일의 문제가 아니다. 로마서는 행위 없는 구원을 복음으로 규정하지 않는다. 또한 율법을 세우는 믿음은 행함을 배제하지 않는다. 우리의 행위는 우리를 의롭게 하는 것이 아니라, 우리의 믿음이 참되다는 사실을 입증한다. 결론적으로, 성경은 오직 믿음(sola fide)을 내세우는 것이 아니라 행함이 있는 믿음(fide cum opera)을 가르친다.

김 종 길_덕성교회 목사

02

'오직 행위',
'오직 믿음'에 응하다

1. 신학은 무엇을 탐구하는 학문인가

서울 송파구 반지하방에 살던 60대 어머니와 30대 두 딸이 번개탄을 피워 세상을 떠났다. 세 모녀는 하얀 봉투 안에 5만 원짜리 14장을 넣고 겉면에 "주인아주머니께… 죄송합니다. 마지막 집세와 공과금입니다. 정말 죄송합니다."라고 적어 두었다. 장안동 주택 1층의 세입자였던 최 씨는 집을 비워 달라는 주인의 통보를 받고 목을 매 숨졌다. 그의 집은 전세금 6000만 원 중 5700만 원을 LH공사가 지원해준 것이었다. 노모를 모시고 공사 현장에서 일했던 최 씨는 노모가 숨진 뒤로는 아무 일도 하지 않았다고 한다. 세상을 떠나기 전 자신의 시신을 수습하러 올 사람들을 위해 봉투에 돈을 남겨두었다. 봉투 겉면엔 "고맙습니다. 국밥이나 한 그릇 하시죠. 개의치 마시고"라는 글씨가 적혀 있었다. 전세 수학여행을 가던 단원고 학생들을 포함한 탑승 인원 476명을 태운 세월호는 4월 16일 진도군 앞바다에 침몰했다. 단원고 학생인 고 김영은 양은 마지막 순간에 "엄마 정말 미안해 그리고 사랑해 정말."이라는 메시지를 남겼다. 7살의 '원영이'는 친부와 계모에 의해 학대를 받고, 욕실에 방치되어 사망했다. 계모는 원영이를 3개월간 욕실에 감금했고, 소변을 흘린다는 이유로 구타했고, 몸 전체에 락스를 뿌렸다. 락스를 뒤집어쓴 원영이는 숨을 헐떡거리면서 "엄마… 엄마…."라고 했다.

경향교회의 석원태, 석기현 목사 부자(父子)의 사례비는 한 달에 2000만 원이었고, 성찬과 세례를 집례하는 비용으로 50만 원을 따로 받았다. 절기마다 800만 원, 사지도 않을 책 구매비 1200만 원, 생일 축하금으로 500만 원을 받았다. 아버지 석원태 목사는 예장고려 총회의 이사장과 고려신학교의 교장이었다. 석원태 목사의 불륜 의혹이 일자 목사 부자는 교단을 탈퇴해버렸다. 100명이었던 교회를 2만 명으로 만든 스타 목사 전병욱은 자신을 따르던 여성 신도 성추행했다. 여성 청년에게 구강성교를 강요하고, 주례를 부탁하러 교인을 성추행했다. 자신의 성추행 사실이 드러나자 교회를 사임하였지만, 같은 교단의 같은 노회에서 홍대새교회라는 이름의 교회를 개척했다. 제자훈련으로 유명한 사랑의 교회는 예배당이 작다는 이유로 강남에 2100억 원의 예배당을 건축했다. 오정현 목사는 건축 헌금 안내서를 통해 다음과 같이 말했다. "사랑의 교회는 민족과 열방을 섬기기 위한 시대적인 사명이 있다. … 주님께서 주신 이 소명을 따라 기도하면서 우리는 현재 공간의 한계성을 뛰어넘어, 건축이라는 비전을 품게 되었다." 오 목사는 박사학위 논문을 표절했으며, 주일 점심으로 25만 원짜리 출장 뷔페를 먹었다.

신학은 무엇을 탐구하는 학문인가. 사회의 고통을 조롱하는 자들이 교회를 대표하는 한국교회의 현실 한 가운데서 신학은 자신에게 질문해야 하는 사명 앞에 서 있다. 신학은 무엇을 탐구함으로써 자신의 존재 이유를 정당화하는지 말할 수 있어야 한다. 다시 말해, 신학이 탐구하는 것이 무엇이기에 신학이 존재해야만 하는지 설득력 있게 제시할 수 있어야 한다. 학문은 언어가 무력하듯 무력하다. 그래서 모든 학문은 그 무력함을 극복하기 위해 자신의 존재 이유에 대답하려고 고군분투한다. 이 전투 속에서 살아남은 학문은 지속하며, 그렇지 않은 학문은 사라지거나 무력한 모습으로 명맥만 유지한다. 물론, 발터 벤야민(Walter Benjamin)이 말했듯이 과거는 구원을 갈구하는 목록을 구비하고 있다. 죽었던 학문이 구원의 손길에 의해 다시 살아나기도 한다는 뜻이다. 그러나 그것은 그 학문이 자신의 존재 이유에 적절하게 대답했을 때 가능하다. 즉, 학문의 탐구 행위가 인간과 세계에 필요한 일이라는 것이 증명되었을 때 비로소 학문은 소생한다. 그러므로 신학이라는 학문은 무엇을 탐구하는 학문인지 스스로 질문하고, 그 탐구가 인간과 세계에 어떻게 기여하는지 대답해야 한다. 신학은 무엇을 탐구함으로써 고통에 신음하는 인간과 세계에 자신의 존재 이유를 증명하는지 끊임없이 물어야 한다.

2. 마르틴 루터의 '믿는 주체'

신학의 범위를 확장한다면, 신학이라는 학문의 탄생 시점은 인간의 종교성이 탄생한 시점과 일치할 것이다. 그 역사를 가늠하는 일은 아득하지만, 상상력을 발휘해 어렴풋이 떠올려볼 수 있다. 신학이 탄생한 순간은 아마도 인간이 자신의 한계와 타자의 초월을 경험하는 순간이었을 것이다. 유한한 인간이 자신의 유한함을 깨닫고 무한을 향한 상상의 날개를 펼친 순간, 신학은 탄생했다. 그때 인간은 초월에 관해 묻기 시작했다. 무한의 둘레는 얼마나 크며, 영원의 폭은 얼마나 깊으며, 신의 이름은 무엇인지 물었다. 유한한 인간이 새로운 인식 단계에 이른 것이다. 이러한 인식의 전환에 대하여 적절하게 포착한 철학자는 르네 데카르트(René Descartes)였다. 데카르트는 유한한 인간이 무한의 관념을 가지고 있는 것을 흥미롭게 생각했다. 유한한 존재는 유한한 인식을 소유하는 것이 정당해 보였기 때문이다. 유한자가 무한에 대한 인식을 가지게 된다면, 그 이유는 외부의 무한자로부터 무한 관념을 부여받았기 때문일 것이라고 데카르트는 생각했다. 이것이 데카르트의 신 존재 증명이다. 물론 서구 사상사에서 데카르트가 신 존재 증명을 한 최초의 철학자거나 유일한 철학자는 아니다. 켄터베리의 안셀무스(Anselmus Cantuariensis)나 토마스 아퀴나스(Thomas Aquinas) 역시 인간의 한계와 그 한계 너머 초월의 대비를 통한 신 존재 증명을 탁월하게 해낸 바 있다.

그러나 정작 데카르트의 증명이 드러낸 보다 본질적인 주제는 다른 곳에 있다. 신 존재 증명을 통해 증명된 신이 중요한 것이 아니라 이 증명을 통해 신을 증명해낸 인간이 중요하다는 점이다. 데카르트에게 신 존재 증명의 명석판명한 토대는 인간이다. 무한이 먼저 존재하는 것이 아니라 유한이 먼저 존재하고, 무한의 존재가 먼저 증명되는 것이 아니라 유한의 존재가 먼저 증명되기 때문이다. 신이 먼저 증명되는 것이 아니라 인간이 먼저 증명된다. 생각하는 존재의 존재 증명이다. 데카르트가 "나는 생각한다, 고로 나는 존재한다(Cogito, ergo sum)"고 말했을 때, 그가 증명한 것은 생각하는 존재인 인간이었던 것이다. 이것은 곧 주체를 의미한다. 데카르트는 서구 사상사에서 존재의 문제를 주체의 문제로 뒤집어놓은 결정적인 철학자다. 그리고 이 주체는 임마누엘 칸트(Immanuel Kant)에 의해 완성되는 동시에 근대 사상의 중심 주제가 된다.

근대 사상의 지배 속에서 자연스럽게 신학의 중심 주제도 주체 문제로 전환되어야 할 필요성이 생겼음은 두말할 나위도 없다. 프리드리히 슐라이어마허(Friedrich Schleiermacher)는 그 점을 놓치지 않았다. 그는 그리스도교 신학의 중심 문제를 주체로 인식한 최초의 신학자였다. 그에게 중요한 질문은 그리스도교적인 인간이 어떻게 가능한가였다. 다시 말해, 그리스도교적 주체란 무엇인가 하는 것이다. 그는 신에 대한 전적 의존의 감정이 그리스도교적 주체를 가능하게 한다고 생각했다. 이 점에서 칼 바르트(Karl Barth)는 슐라이어마허보다 후퇴했다는 점을 지적해야 한다. 바르트는 주체 문제를 신에게 전적으로 돌려버렸기 때문이다. 오직 신만이 주체라는 것이다. 신학과 신앙의 주체는 신이지 인간이 아니라는 주장이 바르트 신학의 핵심이다. 불행하게도 이후의 신학은 주체적 인간, 다시 말해 주체적 그리스도인에 대한 논의를 상당 부분 상실해버렸다. 신학은 다시 전-근대(pre-modern)로 돌아갔다. 주체는 신론이나 구원론 혹은 종말론과 같은 다른 근원으로부터 파생된 주제로 취급되었다. 현대신학은 주체에 관한 문제보다 사실의 문제, 즉 존재의 문제에 몰두하게 된다.

송파 세 모녀, 세월호, 원영이 사건 등에 대해 신학이 무기력한 이유 중 하나는 신학이 그리스도교적 주체 문제에 소홀했기 때문이다. 사회적인 고통에 대해 신학은 언제나 신을 탐구할 뿐이었다. 고통은 신이 내린 형벌이라거나, 고통의 원인은 인간의 죄 때문일 뿐 신과는 무관하다거나, 미래에 신이 고통을 정복할 것이라거나, 고통 가운데 신이 함께 있다거나, 어떤 것이든 신학의 질문은 신이었고, 질문에 대한 대답 역시 신이었다. 그리스도교 신학의 재료이자 거름인 성서학은 해석학적 순환(Hermeneutic circle)에서 헤어나오지 못한 채 신론과 존재론 중심의 신학에 이바지함으로써 자신의 존재 이유를 방어적으로 변호하고 있을 뿐이다. 그러므로 그동안 소홀했던 주체 문제를 다시 신학의 중심으로 가져오는 것은, 오늘날 신학의 소중한 임무이자 의무이다. 무기력한 신학에서 벗어나 신학의 존재 이유를 증명할 길은 신학이 주체 문제를 다시 탐구하는 것이다. 그리스도교적 주체는 무엇을 할 수 있으며, 무엇을 해야 하며, 고통에 어떻게 응답하는지 물어야 한다. 중요한 것은 '주체'이다. 그리스도교적 주체란 무엇인가. 이것이 오늘 우리에게 던져진 가장 중요한 신학적 담론이다. 그리스도교적 주체를 다르게 말하면 그리스도인을 의미한다. 따라서 질문은 이렇게 변한다. 그리스도인이란 누구인가. 나는 누구인가.

그 그리스도교적 주체 문제가 신학의 중심 주제임을 염두에 두면서 그리스도교 사상사를 다시 바라보면 주의주의(主意主義)자인 둔스 스코투스(Duns Scotus)가 눈에 들어온다. 스코투스는 신앙과 이성의 종합에 의한 신 존재 증명을 반박한 바 있다. 스코투스는 신학을 실천적 학문으로 이해했다.[1] 실천적 학문이란 지성적 학문과 구별되는 학문을 뜻한다. 스코투스에 따르면, 실천은 실천적 인식 이후에 오는 것으로 이 실천은 지성과 구별되는 활동이다. 이것을 그는 '의지'라고 생각했다. 신학은 지성의 학문이 아니라 의지의 학문이라는 것이다. 이러한 사유의 전환은 신학의 토대를 이성이 아니라 의지에 기반을 두도록 만들었다. 이는 신 존재 증명을 통해 드러난 신에 대한 인식에 문제를 제기한다. 스코투스에 의하면 신이란 단순한 인식의 대상이 될 수 없다. 이성으로서 신에게 접근하는 것은 불가능하다. 왜냐하면, 신은 신을 사랑하는 의지를 통해서만 인식할 수 있기 때문이다. 신이 사랑의 대상이라면 신은 사랑함으로써만 신을 인식할 수 있고, 이때 사랑은 실천과 의지를 의미한다. 신에 대한 인식은 주체인 인간의 실천과 의지를 통해서만 가능하다는 것이다. 따라서 의지가 이성에 우선한다. 스코투스에 따르면, 신의 속성을 이해할 때도 신의 의지적인 능력이 이성적인 능력보다 중요하게 취급되어야 한다. 다시 말해, 신은 이성과 합리의 질서를 거스를 수 있는 의지의 자유를 지닌 존재란 것이다. 신이 이성과 합리의 질서를 거스르지 못한다면 신은 이성의 지배를 받게 되고, 그러면 신은 이성보다 작은 존재가 된다. 그러나 신은 이성보다 크고 신의 의지는 이성을 넘어선다. 마르틴 루터는 이러한 주의주의적 사상을 다음과 같이 문학적으로 표현한 바 있다. "하나님은 휜 활로도 쏘실 수 있고, 절름발이 말도 타실 수 있다." 루터에게 하나님의 자유는 이성에 앞서는 것이었다

신이 사랑의 대상이기 때문에 인간은 사랑의 실천과 의지를 통해서만 신을 인식할 수 있다는 생각은 루터에게 새로운 그리스도교적 주체를 탄생하

도록 만들었다. 그는 물었다. 그리스도인은 누구인가. 나는 누구인가. 500 년 전, 가톨릭의 사제이자 수도사인 젊은 신학자 마르틴 루터는 괴로워하는 인간이었다. 괴로워한다는 것은 자기 자신을 질문의 대상으로 삼는다는 것 이다. 그가 읽은 본문은 로마서 1장 17절이었다. "… 기록된 바 오직 의인은 믿음으로 말미암아 살리라 함과 같으니라." 이 구절은 괴로워하는 루터에게 생명수였다. 그는 해방감을 맛보았다. "여기서 나는 내가 완전히 새로 거듭 나서 열린 문들을 통하여 낙원으로 들어갔다는 것을 느꼈다. 거기에서 성서 전체의 전혀 다른 면모가 보였다."[2] 루터는 이 새로운 낙원으로 들어가는 깨 달음에 오직 믿음(sola fide)이라는 이름을 붙였다. 새로운 그리스도교인 개신 교는 이 명명으로부터 시작된 것이다.

주체론적 시각에서 루터의 신학을 이해해 볼 때, 루터의 오직 믿음은 믿 는 주체의 탄생을 의미한다고 해석할 수 있다. 루터가 제시한 그리스도교적 주체는 믿는 주체였다. 믿는 주체란 이해하는 주체가 아니라는 의미이다. 그리스도교 신학은 크게 두 가지 흐름을 지니고 있다. 하나는 아우구스티 누스(Sanctus Aurelius Augustinus)와 아퀴나스를 비롯한 대개의 신학자가 따랐던 "나는 이해하기 위해서 믿는다"(credo ut intelligam)이다. 반면에, 테르툴리아누 스(Quintus Septimius Florens Tertullianus)를 비롯한 신학자들은 "나는 이해할 수 없 으므로 믿는다"(credo quia absurdum)를 따랐다. 앞서 언급한 스코투스 역시 이 입장이다. 루터도 후자의 입장에 서 있었다. 그에게 신을 인식하는 것은, 신 을 이해하는 것과 구분되는 것이었다. 신을 인식하는 것은, 신을 믿는 것이 었다. 루터 신학의 핵심인 '칭의'와 '죄인인 동시에 의인'인 인간도 믿음으로 써만 가능한 것이었다. 루터의 '믿는 주체'를 뜻하는 '오직 믿음'은 개신교 신 학을 대변하는 로고가 되었다. 그러나 이 로고만큼 개신교를 혼란에 빠트린 것도 없다.

한편, 의지가 이성에 앞서는 하나님의 자유는 그리스도인의 자유로 이어진다. 이것은 루터에게 그리스도인 됨을 나타낸다. 그리스도인은 자유로운 자이다. 어떤 것으로부터도 예속되지 않는 존재이다. 그리스도를 바라보는 것은 자유를 얻는 것과 같다. 그리스도인은 모든 것으로부터 자유하고, 그리스도인이 아닌 자는 모든 것에 속박되어 있다.[3] 물론 이 자유는 이웃을 섬기는 것을 방해하지 않는다. 이웃에게 사랑을 행하는 것은 그리스도인에게 중요하다. 루터는 그리스도인이 자유로운 주인인 동시에 섬기는 종임을 지적한다. 그러나 오직 믿음은 이성과 믿음의 이분법이 아니라 행위와 믿음의 이분법이라는 결과를 가져왔다. 사랑의 행위는 그리스도교적 주체의 부차적인 특성이 되었다.

3. 디트리히 본회퍼의 '행위 하는 주체'

그리스도의 증인이라 불리는 천재 신학자이자 목회자이며 스파이였던 디트리히 본회퍼(Dietrich Bonhoeffer)도 루터처럼 괴로워하는 인간이었다. "나는 처음으로 성서를 진지하게 읽기 시작했다. 이것을 말하는 것도 매우 괴로운 일이다. 나는 자주 설교했고, 교회에 관한 것을 많이 보았으며, 이에 관해 말하고 글로 썼다. 나는 아직도 진정한 그리스도인이 되지 못했다. 나는 길들여지지 않은 야생마처럼 내 자신의 주인 노릇을 하고 있었다."[4] 그의 괴로움도 루터처럼 성서 본문 앞에서 변하게 되는데, 본회퍼의 본문은 산상설교였다. 그는 벅찬 감정으로 이렇게 고백했다. "이로부터 나를 해방시킨 것은 성서, 특히 산상설교였다. 그 이래 모든 것이 달라졌다. 나는 이 사실을 분명히 느끼고 있었고, 심지어 내 주변 사람들도 그랬다. 그것은 하나의 위대한 해방이었다." 이로써, 본회퍼와 루터의 공통점이 드러난다. 그들은 그리스도교적 주체란 무엇인가, 그리스도인은 누구인가, 나는 누구인가 하는 질문 앞에 서 있었다. 그들로 하여금 이 질문 앞에 서게 한 것은 그리스도교적 사건일 것이다. 사건은 그들을 주체로 불렀다. 그들이 추구한 주체의 성격이 다른 것은 두 사람의 차이점이다. 이 차이는 그들이 각각 의존했던 성서 본문의 차이에서 발견된다. 이 차이로 말미암아 본회퍼는 루터의 신학에 저항한다.

> 오늘은 종교개혁 기념일입니다. 무엇보다도 우리 시대에 많은 것을 생각하게 하는 날이지요. 어찌하여 루터의 업적으로부터 그가 원하던 것과는 정반대의 결과들이 생겨나서, 그의 말년을 황폐하게 하고, 그의 필생의 역작마저 의심하게 하였는지 자문해 봅니다. 그가 원한 것은 교회와 서구, 다시 말해 기독교를 믿는 민족들의 진정한 일치였지만, 결과는 교회와 유럽의 분열이었습니다. 그가 원한 것은 "그리스도인의 자유"였지만, 결과는 무관심과 황폐화였습니다. 그가 원한 것은 로마 가톨릭교회의 후원 없이 순수 세속 사회 질서를 수립하는 것이었지만, 결과는 농민전쟁이라는 봉기였고, 삶의 모든 진정한 유대와 질서의 해체였습니다. … 키에르케고르는 이미 100년 전에, 루터가 오늘 살아 있다면 당시에 했던 것과는 정반대의 말을 할 것이라고 했습니다. 저는 - 좀 에누리해서 말하면 - 그의 말이 옳다고 생각합니다.[5]

이 글은 히틀러 모반 공모로 테겔 교도소에 수감 중이던 본회퍼가 부모에게 보낸 편지의 한 대목이다. 산상설교를 붙들었던 본회퍼가 히틀러를 암살하려는 계획에 동참해 스파이로 활동한 것도 아이러니하지만, 그가 손발이 묶여 있는 수감자임에도 불구하고 그의 관심이 개신교의 상황에 있다는 점도 평범해 보이지 않는다. 여하간 본회퍼는 이 글에서 루터의 유산이 루터 자신의 기대와는 달리 반대의 결과를 만들었다고 지적한다. 그리고 그런 이유로 루터의 "평생의 역작"도 의심스럽게 만들었다고 꼬집는다. 루터의 신학이 나쁜 결과로 이어지게 된 것은 단지 루터 후예의 문제만은 아닐 것이다. 루터 자신에게 어떤 맹점이 있었기 때문에 이후의 변질과 왜곡도 가능한 것이다. 변질과 왜곡의 여지를 남긴 루터의 맹점이 무엇인지 찾아내는 것이 본회퍼의 관심이었다.

그러므로 루터가 자신의 시대에 살고 있다면 반대의 주장을 했을 것이라는 본회퍼의 판단은, 우리로 하여금 루터의 맹점을 넘어서는 새로운 신학을 제시하려는 본회퍼의 의도를 추측하게 만든다. 그렇다면 루터 당시의 말과 정반대인 말은 무엇을 가리키는 것일까? 오직 믿음(sola fide)의 반대말은 오직 행위(sola actio)이다. 루터가 본회퍼의 시대에 있다면 '오직 믿음'이 아니라 '오직 행위'를 말할 것이라는 게 본회퍼의 내심인 것이다. 이는 개신교 신학의 뿌리를 흔드는 주장처럼 들릴 수 있다. 개신교 신학자이자 루터 신학의 충실한 후예인 본회퍼가 루터의 주장을 뒤집으려는 발상은 놀랍다.

4. "오직 복종하는 자만이 믿는다."

디트리히 본회퍼가 핑켄발데 신학원에서 집필한 『나를 따르라』는 신앙의 행위를 특히 강조한 저작이다. 루터가 오직 믿음을 전파하던 날로부터 420년이 지난 후, 본회퍼는 이 책을 세상에 내놓았다. 본회퍼가 산상설교에 의해 "위대한 해방"에 사로잡힌 그 무렵 쓴 책이다. 이 책에는 그리스도의 제자가 되는 것에 대한 본회퍼의 성찰과 고민이 담겨있다. 한마디로 '제자'가 책의 주제인데, 본회퍼는 이 책에서 루터의 오직 믿음이 값싼 은혜가 되어버렸다고 토로한다. 결의에 찬 그는 1장의 첫 문장을 다음과 같이 시작한다.

"값싼 은혜는 우리 교회의 숙적이다. 오늘 우리의 투쟁은 값비싼 은혜를 얻기 위한 투쟁이다." 첫 문장이 시작되고 갑자기 문단이 바뀐다. 첫 문장이 곧 첫 문단이다. 그 문장을 강조하고 싶었던 것이다. 루터는 값싼 은혜를 전파했다. 하지만 본회퍼는 값비싼 은혜를 전파한다. 이어지는 문단에서 본회퍼는 교회의 숙적이라 칭한 값싼 은혜가 무엇인지 그 정체를 밝힌다. 값싼 은혜를 풍자한다.

> 값싼 은혜란 투매 상품인 은혜, 헐값에 팔리는 용서, 헐값에 팔리는 위로, 헐값에 팔리는 성찬, 교회의 무진장한 저장고에서 무분별한 손으로 거침없이 무한정 쏟아내는 은혜, 대가나 희생을 전혀 요구하지 않는 은혜를 의미한다. 언제든지 쓸 수 있도록 미리 계산을 치렀으니 선급한 계산서를 토대로 무엇이나 공짜로 얻을 수 있는 것이 은혜의 본질이고, 미리 지급한 대가가 무한히 큰 까닭에 사용 가능성과 낭비 가능성도 무한히 크며, 은혜가 값싸지 않다면 그것이 어찌 은혜이겠느냐는 것이다.[6]

본회퍼가 설명하는 값싼 은혜는 보기 드문 예외가 아니다. 그것은 루터의 후예인 개신교인들에게 널리 친숙한 은혜이다. 루터는 오직 은혜(sola gratia)를 설명하면서 은혜가 값없이 주어진 것임을 강조했다. 그러나 본회퍼는 그것을 값싼 은혜로 치부한다. 값싼 은혜는 오직 믿음이 거름이 되어 자란 나무일 뿐이다. 그가 생각하기에 값싼 은혜는 은혜가 아니다. 값비싼 은혜만 은혜다. 본회퍼는 시를 쓰듯, 노래를 부르듯 9번이나 반복되는 "때문이다(weil)" 대구(對句)를 사용해 은혜가 값비싼 이유를 말한다.

은혜가 값비싼 것은 따르라고 부르기 때문이다. 그것이 은혜인 것은 예수 그리스도를 따르라고 부르기 때문이다. 은혜가 값비싼 것은 사람에게 목숨을 요구하기 때문이다. 그것이 은혜인 것은 사람에게 생명을 선사하기 때문이다. 은혜가 값비싼 것은 죄를 비난하기 때문이다. 그것이 은혜인 것은 죄인을 의롭다고 인정하기 때문이다. 은혜가 무엇보다 값비싼 것은, 그것이 하나님께 소중하기 때문이고, 이를 위해 하나님이 자기 아들의 목숨을 대가로 지급하셨기 때문이다. 하나님께 소중한 것이 우리에게 값싼 것이 될 수 없기 때문이다. 은혜가 무엇보다도 은혜인 것은 하나님이 자기 아들을 우리의 생명보다 더 귀하게 여기지 않고 우리를 위하여 내어 주셨기 때문이다."[7]

드디어 본회퍼는 루터의 오직 믿음을 대신할 명제를 내놓는다. "오직 믿는 자만이 복종하고, 오직 복종하는 자만이 믿는다." 그는 이 명제의 타당성을 예수의 부름에서 얻는다. 예수는 제자를 불렀다. 제자는 예수를 따랐다. 부름과 따름. 중요한 것은 제자들이 예수의 부름에 신앙고백이 아니라 복종의 행위로 응답했다는 점이다. 예수의 부름과 제자의 따름 사이에는 아무것도 없다는 것이 본회퍼의 설명이다. 제자가 선생을 따르려면 그 따름의 근거가 될 "심리적 매개"나 "역사적 매개"가 있어야 한다. 그러나 예수와 제자 사이에는 그런 매개가 없다. 예수를 따르게 만드는 심리적 감동이나 역사적 당위가 없는 셈이다. 제자와 예수는 매개 없는 직접성만 있다. 예수를 따르는 일에는 내용이 없다. "그것은 실현이 중요해 보이는 인생 계획도 아니고, 추구해야 할 목표나 이상도 아니다. 또한 그것은 인간이 무언가를 걸거나 자기 자신을 걸어야 보람이 있다고 생각하는 대의도 아니다." 예수를 따르는 일에는 내용이 없다는 의미는 예수만이 내용이라는 뜻이다. 예수 이외에 다른 내용이 존재하지 않는다. 예수라는 인격이 유일한 내용이다. 목표나 이상, 대의나 보람과 무관한 인격 그 자체가 내용인 것이다. 내용은 없고

예수라는 형식만 존재한다는 것이다.[8]

본회퍼의 이러한 주장은 그의 그리스론과 관련이 있다. 본회퍼에 따르면 그리스도는 걸림돌(skandal)이다. 이 걸림돌 앞에서 이성은 걸려 넘어진다. 이성이 자신의 한계를 인정하는 곳에서만 그리스도는 신이자 인간이다. 본회퍼는 그리스도를 반로고스(Gegenlogos)를 수용한 로고스로서, 인간의 모든 질문을 중단시키고 인간에게 "너는 누구냐?"라고 묻는 자라고 말한다. 신학의 근본적인 주제가 '나는 누구인가'라는 질문인 이유를, 본회퍼는 그리스도가 그렇게 묻기 때문이라고 답한다. 그리스도교 신학은 그리스도가 나에게 너는 누구냐 라고 묻는 것에서부터 시작된다는 것이다. 칼케돈 회의에서 드러나듯, 그리스도는 인간의 모든 사고의 가능성을 허용하지 않는 불가능한 가능성인 존재다. 그는 익명이며, "가장 나쁜 죄인"일 뿐이다. 예수를 신이게 만드는 모든 증거는 근거가 없다. 이성의 나침반을 제아무리 돌려보아도 '이 인간이 신'이라는 근거는 찾을 수 없다. 증거는 없다. 예수를 신이라고 증언하는 증인들뿐이다. 증인이 예수를 신이게 만드는 유일한 증거이다. 다시 말해 신앙만이 예수를 신으로 고백할 수 있다는 것이다. 결국, 예수는 명명불가능한 사건으로서만 존재할 뿐이다.[9]

본회퍼는 "오직 믿는 자가 복종하고, 오직 복종하는 자만이 믿는다"는 명제의 앞부분 '믿는 자가 복종한다'와 뒷부분 '복종하는 자가 믿는다'가 같은 것임을 전제한 후에, 복종을 믿음의 결과로 말하는 것을 부적절하다고 지적한다. 이 점이 중요하다. 왜냐하면 '믿는 자가 복종한다'는 명제가 값싼 은혜를 낳았기 때문이다. 그래서 그의 강세는 뒷부분에 있다. 복종하는 자가 믿는다. 그래서 그는 "복종이 믿음의 전제"라고 말한다. 이어서 다음과 같은 아름답고 도전적인 문장들을 펼쳐낸다. "우리는 복종을 믿음의 결과라고 부르는 것과 똑같이 복종을 믿음의 전제라고 부를 수도 있다.", "구체적인 명령이 떨어지면 복종해야 한다. 그래야 믿음이 가능하게 된다.", "복종을 통해 창출된 이 새로운 생활 속에서만 믿음은 가능하다." 이 문장들은 오직 믿음에 대항해 오직 행위를 강조한 본회퍼의 신학이 돋보이는 문장들이다. 그는 루터 이후의 개신교가 믿음을 지나치게 강조했기 때문에 자신이 강조해야 할 것이 복종이라고 생각한 것이다. 따라서 본회퍼는 "실제로" 복종할 것을 집요하게 강조한다.[10]

> 믿음이 있건 없건 간에 예수의 부르심에 실제로 복종하지 않아서 죄송해하는 사람에게 예수께서는 이렇게 말씀하신다. "먼저 복종해라! 외적인 행위를 해라! 너를 속박하는 것을 버려라! 하나님의 뜻에서 멀어지게 하는 일을 포기해라! '나는 그렇게 할 만한 믿음이 없습니다'하지 마라. 복종하지 않는 한, 첫걸음을 떼려고 하지 않는 한, 너는 믿음을 얻지 못할 것이다. '나는 믿음이 있어서 이제는 첫걸음을 뗄 필요가 없습니다'하지 마라. 첫걸음을 떼려 하지 않고, 겸손한 믿음을 가장하면서 불신앙을 완강히 고수하기에 믿음을 얻지 못하는 것이다."[11]

이어서 본회퍼는 성서의 구절들을 언급하면서 복종이 강조되어야 하는 이유를 설득력 있게 제시하고 있다. 그는 마태복음 19장에 등장하는 한 사람의 이야기와 누가복음 10장의 선한 사마리아인의 이야기, 이 두 가지 이야기로 복종의 의미를 되새긴다.[12] 한 사람이 예수께 질문한다. "선생님, 내가 영원한 생명을 얻으려면, 무슨 선한 일을 해야 합니까?" 본회퍼에 따르면, 이 질문은 행위를 강제하는 계명으로부터 도피하는 것이다. 이에 예수는 "네가 생명에 들어가기를 원하면, 계명들을 지켜라"고 말한다. 그 사람은 두 번째 도피를 자행한다. "어느 계명을 지켜야 합니까?" 그는 윤리적 아포리아의 상황으로 몰아가려 한다. 본회퍼는 이 질문에 이렇게 응수한다. "계명이 있는 까닭은 윤리적 갈등을 끝장내기 위해서다." 예수의 대답은 계명들을 열거하는 것에 그친다. "살인하지 말아라. 간음하지 말아라. 도둑질하지 말아라. 거짓 증언을 하지 말아라. 아버지와 어머니를 공경하여라. 그리고, 네 이웃을 네 몸과 같이 사랑하여라." 예수는 계명을 재차 언급한다.

예수의 관심은 윤리적 아포리아가 아니다. 윤리적 아포리아는 그리스철학과 서양 문명이 이끌어온 지혜의 길이다. 그러나 진리는 지혜의 길이 아니라 복종과 행위의 길을 통해서만 얻을 수 있는 것이다. 본회퍼는 예수가 지혜가 아니라 복종에 관심이 있다고 지적한다. 그 사람은 예수에게 세 번째 질문을 한다. "나는 이 모든 것을 다 지켰습니다. 아직도 무엇이 부족합니까?" 예수의 대답은 첫 번째 질문을 고려했을 때 엉뚱하다. "네가 완전한 사람이 되려고 하면, 가서 네 소유를 팔아서, 가난한 사람에게 주어라. 그리하면, 네가 하늘에서 보화를 차지하게 될 것이다. 그리고, 와서 나를 따라라." 영원한 생명을 얻기 위한 예수의 결론이 '나를 따르라'이다. 예수의 계명을 복종한 후 예수를 따르는 것, 이것이 그리스도교적 행위이자 그리스도교적 주체이다. 영원한 생명에 대한 답으로 예수는 자신을 따르라고 대답한다. 따르기의 내용은 "예수 그리스도 자신, 그분과의 결속, 그분과의 친교"다. 결론적으로, 그리스도교적 주체가 되는 것은 그리스도의 계명을 지키고 그리스도에게 결속되는 것이다.

두 번째 이야기는 누가복음 10장의 영생을 얻는 방법에 관한 율법교사와 예수의 대화이다. 이 대화의 끝에서 율법교사는 "그러면, 내 이웃이 누구입니까?"라고 질문한다. 이 질문에 대한 답변으로 예수는 선한 사마리아인 비유를 불쑥 내어놓는다. 본회퍼는 이 이야기를 풀이하면서 격양된 목소리로 이렇게 말한다.

예수께서는 자비를 베푼 사마리아 사람의 이야기 전체를 통해 사탄의 질문과 다름없는 이 질문을 단독으로 물리치고 격퇴하신다. 이 질문은 끝도 없고 답도 없는 질문이다. 이 질문은 "진리를 잃은 자", "질문 병에 걸려 말다툼을 일삼는 자"들의 "정신 착란"에서 발생한다. 이 질문에서 "시기와 분쟁과 비방과 악한 의심과 논쟁"(딤전 6:4)이 생긴다. 그것은 "겉으로는 경건하게 보이나 경건함의 능력은 부인"(딤후 3:5)하여 "늘 배우기는 하지만 진리를 깨닫는 데에는 전혀 이를 수"(딤후 3:7) 없는 교만한 자의 질문이다. 이들은 믿음이 부실하고, "그 양심에 낙인이 찍"히고,(딤전 4:2) 하나님의 말씀에 복종할 마음이 없어서 그렇게 질문하는 것이다.[13]

본회퍼가 보기에 율법교사가 한 질문은 행위를 요구하는 "하나님의 계명 자체에 대한 반항"이자 "불복종을 정당화"하는 사탄의 질문이다. 중요한 것은 계명을 지키고 행하는 데 있다. 이웃이 되는 것은 자격이 아니라, 타자의 요구로 주어지는 것이다. 예수를 따르는 자는 "매 순간, 모든 상황에서 행동과 복종을 요구받는 자"다. 본회퍼는 믿음과 행위를 이분법적으로 나눌 수 없는 것임을 전제한 후, 줄곧 행위에 초점을 맞추어 설명한다. 믿음과 행위를 나눌 수 없기에, 행위의 강조가 곧 믿음의 강조인 것이다. 따라서 그는 행위를 믿음의 전제로 제시하는 것에 주저함이 없다. 그리고 결국에는 행위에서 행위로 나아간다. "복종이 무엇인지는 복종하면서 배우는 것이지 질문을 통해 배우는 것이 아니다. 먼저 복종해야 진리를 알 수 있다."

5. 새로운 그리스도인의 자유와 "관계의 유비"

1936년 본회퍼가 산상설교를 만난 후 괴로움에서 벗어나 "그것은 하나의 위대한 해방이었다"고 고백한 뒤에, 다음과 같은 말이 이어진다. "내가 분명히 깨달았던 것은 예수 그리스도를 섬기는 자의 삶은 반드시 교회에 속해 있어야 한다는 사실이었다." 평화주의적 윤리를 강조하고 오직 행위를 강조하기 위한 산성설교 본문을 앞에 두고 교회를 언급한 것은 맥락에서 비껴간 대목으로 보일 수 있다. 그러나 이 대목은 본회퍼가 인간의 자유와 교회에 주어지는 '관계'가 역설적으로 연결되어 있음을 암시한다. '자유'와 '관계'가 관련이 있다는 것이다. 자유로운 행위를 이해하려면 교회 내에서의 관계를 이해해야 한다는 것이다. 동시에, 신앙이란 지식이나 인식이 아니라 자유로운 행위와 관계라는 것을 뜻한다.

자유에 관한 본회퍼의 설명은 그가 창세기 1-3장을 강의한 후 출판한 『창조와 타락』에 잘 나타난다. 그는 이 책에서 역사-비평을 수용하면서도 그리스도론적 해석인 "신학적 해석"을 바탕으로 본문을 해석한다. 그는 하나님의 자유에 관해 다음과 같이 설명한다. 한 처음(태초)에 하나님이 세상을 창조했다. 이때 "한 처음은 질적으로 규정할 때, 전적으로 일회적인 것이고, 수로 계량할 수 없는 일회적인 것이며, 질적인 의미에서, 즉 절대로 반복될 수 없는 것은, 전적인 자유에 속하는 것이다." 여기서 하나의 의문을 가질 수 있다. 자유로운 행위는 지속적으로 반복할 수 없을까? 현대과학의 성과를 수용한 볼프하르트 판넨베르크(Wolfhart Pannenberg)나 과정신학(Process Theology)에서 주장하는 지속적인 창조(creatio continua)처럼 말이다. 본회퍼는 이것을 거부하는데, 왜냐하면 "자유는 반복을 허락하지 않기 때문이다." 하나님의 창조 행위는 하나님의 자유와 관련이 있다. 하나님이 원인과 결과의 관계에 구속된다면 그것은 하나님이 전적으로 자유로울 수 없다는 것을 뜻하며, 하나님이 전적으로 자유로울 수 없다는 것은 그가 초월적이지 않다는 것이다. 초월적인 창조주는 모든 인과관계를 뛰어넘는 자유를 소유했다는 뜻이며,

그 자유로 세계를 창조했다는 뜻이다. 따라서 하나님의 창조 행위는 반복되지 않는 유일회적인 자유의 행위이다. "한 처음에 하나님께서 하늘과 땅을 만드셨다는 것은 창조주께서 - 자유함으로! - 피조물을 지으셨다는 것이다." 둔스 스코투스의 주의주의적 철학이 상기되는 대목이다. 신의 절대적인 자유가 신의 이성적인 행위에 앞선다.[14]

보다 중요한 점은 창조주가 인간을 자신의 형상 곧 "하나님의 형상"으로 만드는 것과 관련이 있다. "창조주가 자신의 고유한 형상을 만들려고 했다면, 그는 그것을 자유 속에서 창조해야만 했을 것이다." 따라서 "하나님께서 인간 안에서 자신의 형상을 땅 위에 창조하셨다는 것은, 인간이 자유로운 존재로서 하나님을 닮았다는 것을 뜻한다." 이 지점에서 본회퍼는 갑작스럽고도 엉뚱하게 자유는 관계이며, 관계 속에서의 자유가 진정한 의미의 자유라고 주장한다. "자유란 다만 하나의 관계일 뿐이며 그 밖의 아무것도 아니다. 다시 말하면 자유란 양자 사이의 관계이다." 본회퍼는 자유란 관계 속에서의 자유이며, 따라서 자유로운 존재란 곧 "타자를 위한 자유로운 존재"라고 주장한다. 이러한 주장은 어디서 비롯된 것일까. 본회퍼는 이러한 자유 개념을 하나님의 자유 개념으로부터 도출한다.[15]

하나님의 자유가 우리에게 매인 것이 되었고, 하나님의 자유로운 은총이 오직 우리에게 현실로 임하였고, 하나님은 자신을 위해 자유하신 것이 아니라, 인간을 위해 자유하시다는 사실이다. 하나님이 그리스도 안에서 인간을 위해 자유하신 것과 하나님께서 그의 자유를 자신을 위해서 가지지 않기에, 자유의 뜻은 우리에게 다만 "-을 위해 자유로운 존재"로 파악되는 것이다.[16]

하나님은 전적으로 자유롭다. 그런데 피조물과 관계를 맺음으로써 전적으로 자유롭다. 하나님은 피조물로부터 자유로운 것이 아니라 피조물을 위해 자유롭다. 하나님은 인간을 위해 자유롭다. 하나님의 자유를 인간을 위한 자유로 이해하는 본회퍼의 자유 이해는 역설적인 루터신학이 배경으로 깔려있다. 루터는 "하나님이 거기에 계실 때(Per se)와 그가 너를 위해 거기에 계실 때(Pro me)와는 다른 것일 뿐"[17]이라고 말한 바 있다. 루터의 기획은, 중세신학이 하나님을 그 자체로 이해하려고 함으로써 성서에서 말하고자 하는 하나님 이해를 왜곡한 것을 바로잡는 것이었다. 성서의 하나님은 있는 그 자체가(Per se) 아니라 우리를 위하여(Pro me) 계시다는 것이다. 본회퍼가 그리스도를 '나를-위한-구조'(Pro-me-Strukrur)로 설명한 것은 이런 맥락에서 이해할 수 있다.

루터의 하나님 이해에는 또 하나 중요한 점이 있다. 그것은 스콜라 철학자들의 신 이해에 대비되는 하나님 이해다. 즉, 논리적 모순을 안은 하나님 이해이다. 루터는 이성과 합리성에 갇혀 있는 신 이해를 비판하고, 모순을 끌어안은 하나님을 옹호했다. 앞서 언급했던 "하나님은 휜 활로도 쏘실 수 있고, 절름발이 말로 달리실 수 있다"는 문장은 여기서 다시 소환된다. 이 문장은 논리적인 모순을 담은 문학적인 표현이지만, 이 역설적인 표현을 쓰지 않고서는 하나님에 대해 제대로 말할 수 없다고 본 것이다. 자유란 무엇인가. 자유는 하나님에 의해 피조된 것일 뿐이다. 자유의 올바른 정의는 하나님의 자유 개념에서 얻는 것이어야 한다. 그러므로 자유란 "-으로부터의 자유"가 아니라 "-을 위한 자유"이다. 본회퍼가 말한 "-을 위해 자유로운 존재"는 자유에 대한 역설적 표현이다. 이렇게 논리적 모순으로 표현함으로써만, 우리는 진정한 의미의 자유 개념을 얻을 수 있다.

하나님의 자유를 이렇게 이해할 때, 창세기에 나오는 '하나님의 형상'에 대한 이해도 수정된다. 본회퍼에게 하나님의 형상이란 곧 하나님의 자유인이다. 하나님의 자유라는 형상이 인간에게 적용된다. 하나님이 우리를 위하여 자유하면, 우리도 '-위한' 자유의 관계가 필요하다. 그 관계의 대상이 '타자'이다. "피조물이 다른 피조물을 향하고 관계를 맺는 곳에 피조물의 자유가 있다는 것이다. 다시 말하면 인간은 다른 인간을 위해 자유로운 것이다. 그리고 하나님이 사람을 남자와 여자로 만드셨다. 인간은 홀로 있지 않다. 인간은 둘이 더불어 있음, 즉 타자를 향한 지향성 속에 그의 피조성이 드러난다." 하나님의 자유는 하나님이 인간과 관계를 맺음에서 시작된다. 그 형상을 닮은 인간의 자유도 다른 인간과의 관계를 맺음으로 얻을 수 있다.

하나님과 인간은 '-을 위한 자유'라는 관계를 맺는다는 점에서 하나님과 인간은 유비적이다. 본회퍼는 이것을 관계의 유비(analogia relationis)라고 명명한다. 가톨릭은 인간이 신을 인식할 수 있는 길을 존재의 유비(analogia entis)를 통해 열었다. 개신교는 이것에 반대하여 신앙의 유비(analogia fidei)를 내세웠다. 그러나 본회퍼는 인간이 신을 인식할 수 있는 길이 '관계의 유비'를 통해서라고 제안한다. "관계의 유비는 하나님이 맺어 주신 관계이며, 오로지 하나님이 맺어 주신 이 관계 속에서 유비가 된다." "인간의 자유는 오직 타자를 위해 자유롭다" 결국, 본회퍼는 이성이나 인식 아니라 행위, 즉 타자를 위한 행위 속에서만 진정한 의미의 자유가 가능하며 신을 인식할 수 있다고 보는 것이다.[18]

6. 이교도 간디의 복종

흥미롭게도 본회퍼는 박사 학위를 마치고 스페인에 수련목회자로 있을 때부터 인도의 모한다스 간디(Mohandas Karamchand Gandhi)를 만나려는 계획을 세웠다. 그리고 이 계획은 무려 8년 동안 지속되었다. 간디는 비폭력평화주의자의 면모로 본회퍼에게 인격적 감화를 일으킨 인물이다. 본회퍼는 간디의 비폭력 저항 운동을 연구하여 산상설교를 통해 부당한 국가에 저항하는 그리스도인의 투쟁 방식을 숙고하고자 했다. 간디는 산상설교의 삶을 실천한 인물이었다. 본회퍼가 산상설교에 사로잡혀 있을 무렵이었으니 그가 간디에게 빠지게 된 것은 어쩌면 자연스러운 모습일지도 모른다. 어쨌든 그는 인도로 건너가 새로운 경험을 하고 싶어 했다. 실제로 간디로부터 호의적인 초대장을 받기도 했다. 그러나 계획은 끝내 무산되었다. 독일의 현실이 그로 하여금 그 먼 곳까지 가도록 놔두지 않았던 것이다. 본회퍼에게 동양을 경험해보길 권한 사람은 그의 할머니였다. 그는 할머니에게 보내는 편지에서 서양 그리스도교와 동양의 간디에 대해 이렇게 평한다.

어쨌든 제가 보기에 우리의 제국교회 전체보다는 그곳의 "이교"속에 그리스도교적인 것이 더 많이 자리하고 있는 것 같습니다. 사실 그리스도교 정신은 동양에서 온 것이거든요. 하지만 우리는 그것을 이와 같이 너무나 서구화하고, 그것을 순수 문명적 사고와 뒤섞고 말았습니다. 그래서 우리가 지금 경험하는 바와 같이 그리스도교 정신이 우리에게서 사라지고 말았습니다.[19]

본회퍼의 판단이 과장이 아니라면 독일교회 전체 보다 인도의 이교도인 간디가 더 그리스도교적이다. 이런 판단을 내리게 된 이유는, 지금껏 살펴보았듯이 신학을 하나의 실천으로 생각하지 않은 서양 신학의 역사 때문일 것이다. 본회퍼는 서양의 그리스도교의 형태와 해석이 한계에 이르렀다고 생각했다. 간디는 그리스도교적 신론과 구원론에 동의하지 않음에도 불구하고 산상설교를 무시무시하게 실천으로 옮겼다. 간디는 미국인들이 인도에 선교하는 것에 대한 질문을 받자 이렇게 대답한 적이 있다. "나는 특히 개종의 의도를 가지고 자신들의 신앙을 다른 사람에게 이야기하는 사람을 믿지 않습니다. 신앙은 알린다고 받아들여지지 않습니다. 신앙은 삶으로 살아야만 하고, 그러면 스스로 전파됩니다."[20] 간디에게 신앙은 삶과 행위의 차원의 문제이지 지식과 인식의 문제가 아니었던 것이다. 서양 신학의 유구한 역사에도 불구하고 실천적 힘은 동양에서 출현했다. 도대체 그러한 실천적 힘이 어디에서 온 것인지 궁금하지 않을 수 없다. 윤리적 주체와 지식이 분리되지 않는 동양의 사상이 가진 특징 때문 아닐까.

7. 그리스도교적 주체를 탐구하며

쇠렌 키에르케고르(Søren Aabye Kierkegaard)는 "철학의 길은 객관적으로 되는 것임을 가르치는 반면 그리스도교의 길은 주체적으로 되는 것임을, 즉 진리 안에서 주체적으로 되는 것임을 가르친다"[21]고 말한 바 있다. 객관적이 된다는 것은 세계를 관전한다는 것이다. 제3자가 되는 것이다. 그러나 주체적으로 된다는 것은 세계 안으로 뛰어든다는 것이다. 진리의 세계, 즉 사건적 진리의 세계 속으로 들어가는 것이다. 알랭 바디우(Alain Badiou)는 주체가 "하나의 윤곽"으로서 후-사건적으로 발생해 진리의 주체(subject to truth)가 된다고 말했다. 주체가 사건에 이끌려 진리의 주체가 되는 것으로부터 진리가 세계에 그 모습을 드러낸다는 것이다. 주체는 그 사건적 진리에 투신하고, 충실함으로써 비로소 주체가 된다. 진리와 무관한 주체는 애초에 주체가 아니다. 주체는 오로지 사건적 진리 앞에 있다.[22]

디트리히 본회퍼는 '자유에 이르는 길 위의 정거장들'라는 시에서 행동에 대해 이렇게 쓰고 있다. "행동 / 제멋대로 행할 것이 아니라 옳은 일을 행하며 시도하고, / 가능성 속에서 허우적거릴 것이 아니라 현실적인 것을 과감히 붙잡아라, / 자유는 도망치는 생각 속에 있지 않고 행동 속에만 있음이니. / 불안하게 머뭇거리지 말고 사건의 폭풍 속으로 들어가라, / 자유가 기뻐 소리치며 그대의 정신을 껴안으리니."[23] 본회퍼에게 자유란 행위 속에서만 얻을 수 있는 것이었다. 생각에 머문 것으로는 자유를 얻을 수 없다. 사건으로 자신을 던지는 주체만이 세계가 진리를 받아들이게 할 수 있다. "도망치는 생각"으로는 자유를 획득할 수 없다. 마찬가지로 도망치는 믿음으로는 자유를 얻을 수 없다. 사건의 폭풍 속으로 들어가는 행위 속에서만 자유는 존재한다. 이 자유가 진리의 길에 이를 수 있는 문을 열어준다. 본회퍼가 신학자이며 목사로서 히틀러를 암살하려는 암살단에 들어가서 비밀 첩보 활동을 하게 된 것도, 그 행위가 그를 자유롭게 한다고 생각했기 때문일 것이다. 그것이 그리스도인은 누구인가, 나는 누구인가 라는 질문에 대한 본회퍼의 대답이다.

'오직 믿음'이라는 슬로건으로 그리스도교 신학의 핵심적인 주제인 주체를 전면에 내세워 믿는 주체를 탄생시켰다는 점에서 루터의 기여는 크다. 그러나 믿는 주체는 행위 하는 주체가 아니라 인식하는 주체로 곡해되는 것을 막지 못한다는 점에서 루터의 한계도 여실하다. 루터는 자신이 벗어나고자 했던 이성과 철학의 올가미에서 완전히 벗어나지 못했다. 본회퍼는 그 한계를 알아챘다. 그래서 그리스도교적 주체를 행위에 기초해 '행위 하는 주체'로 바꿔놓았다. '오직 믿음'에 '오직 행위'로 응했다. "오직 믿는 자만이 복종하고 오직 복종하는 자만이 믿는다."는 명제는 본회퍼가 루터 신학의 그리스도교적 주체 문제를 수용하는 동시에 넘어서고자 한 의지를 보여준다. 루터와 본회퍼는 고뇌하는 인간으로서 자유를 갈망하였다. 그러나 그 자유의 근본적인 토대는 달랐다. 본회퍼의 자유는 "타자를 위한 자유"였다. 이 신학적 사유는 그리스도를 "타자를 위한 존재"로, 교회를 "타자를 위한 교회”로 이끌었다. 그리스도가 타자를 위해 성육신과 십자가의 행위를 실천했듯이, 그리스도인과 교회는 타자를 위한 행위를 통해서만 그리스도교적 주체, 즉 그리스도인이 될 수 있다.

세월호가 시커먼 바다에 처연하게 들어가는 것을 온 국민이 함께 지켜보았다. 부모들은 자신들의 눈앞에서 살려달라고 부르짖는 자식들의 소리를 들으면서도 속수무책이었다. 물리적 환경의 악, 개인의 악, 사회의 악이 동시에 창궐했다. 고통과 신음 소리가 진도 앞바다를 일렁였다. 대부분의 사람을 대표하는 '이성 주체'는 국가와 시스템에 대해 물었다. 이게 나라냐고 꾸짖었다. 다시는 이런 일이 일어나지 않기를 바라면서 국가와 시스템을 바꾸어 갔다. 교회를 대표하는 '믿는 주체'는 하나님은 어디에 계시냐고 물었다. 슬픔과 고통을 위해 기도했다. 다시는 이런 일이 일어나지 않기를 바라면서 기도했다. '행위 하는 주체'라면 어땠을까. 그들은 “우는 자들과 함께 울라”는 말씀에 복종해 울었을 것이다. 불가능한 위로를 하면서, 울고 울다가, 죽어버렸을 것이다. 종교개혁 500주년이다. 다음 500년 동안은 행위 하는 주체인 그리스도인이 많이 등장하길 고대한다.

김 광 현_ 감신대 박사과정 수료

타락/구속의 영성에서 창조 중심의 영성으로

1. 들어가는 말

올해 10월 말, 종교개혁 500주년이다. 100 단위로 의미를 찾으려는 것보다, 개혁이 필요한 한국교회에 100 단위로 끊어진 종교개혁 기념일이 걸렸다는 것이 더 적절한 표현일 것이다. 한국교회가 품고 있는 문제점은 하도 많아서 일일이 다 열거하기가 벅차다. 성직 매매와 세습, 교회의 극우화와 자본주의적 성장주의, 사회구성원의 보편적 세계관은 이성적/합리적으로 가고 있는데, 교회는 전근대적 신화주의에 매몰되어서 여전히 그 꿈에서 헤어나오지 못하는 것 등등일 것이다. 이런 것들을 다 쓸어 버리고 한마디로 딱 이야기하자면, "한국교회는 신앙이 없다" 이렇게 표현해 볼 수도 있을 것이다. 신앙 없는 행동을 하면서, 온갖 미사여구로 신앙을 표현하고, 이러다보니, 교회의 지도력을 발휘하는 성직자나 평신도의 미사여구로 포장된 이들의 욕망이 마치 신앙으로 보인다. 자식에게 목회직 세습을 할 때, 십중팔구 이렇게 설교할 것이다: "주님께서 이 불쌍한 종의 집안을 채찍으로 치시고 치시어 겸손하게 하려 하십니다. 내가 이 교회를 섬기며 낮아지려 했지만, 하나님께서는 아브라함에게 그 신앙을 시험하시듯, 내 아들을 주님께 바치라 하십니다. 성도 여러분, 이 불쌍한 종과 그 가정을 위해 기도해 주십시오." 본문은 다를지라도, 이런 식으로 진행될 것이다. 뭐 그럴 듯해 보인다. 한마디로 세습하겠으니, 박수 쳐 달라는 소린데.

500년 전에 있었던 종교개혁도 따지고 보면 신앙을 되찾자는 것이다. 루터가 비젠부르크교회의 문 앞에 붙인 반박문 제1항에 회개는 신자의 삶 전체여야 하며, 제2항목에 사제에 의해 집도되는 고백과 속죄가 아니라고 못을 박고, 루터 역시 죄의 회개는 외적 수행이 없이는 무가치하다 하였다. 마찬가지로 교황 역시 이 죄를 사하는 능력이 없다고 하였다. 곧 교회라는 조직이 발행한 면죄부에 의해서 구원이 주워지는 것이 아니라는 것이다. 이때 면죄부를 판매하고 돌아다녔던 요한 테첼은 정확히는 아니지만 이렇게 외치지 않았을까? "성도 여러분. 연옥의 불꽃 속에서 신음하고 있는 아버지, 어머니를 생각해 보십시오. 주 예수 그리스도께서 성 베드로에게 열쇠를 맡기어 이 땅에서 열면 천국에서 열릴 것이라고 하셨습니다. 교황께서는 베드로의 열쇠를 친히 품으시고, 성찬의 떡과 포도주를 돌리듯, 이 면죄부를 여러분께 드립니다. 이를 받으신 여러분과 여러분 부모의 모든 죄가 용서받았다는 사실을 선언합니다" 그럴 듯하다. 루터가 이에 반발한 이유는 교회는 결코 구원을 주는 신의 위치에 올라서 있을 수 없다는 말이다. 그래서 루터는 교회를 뛰쳐나왔다. 그래서 교회와 교황이라는 인간이 죄를 용서해 주는 것이 아니라, 성서를 읽고 신앙을 가진 인간이 하나님과의 내적 만남과 용서의 체험을 통해 구원을 받는다고 하였던 것이다. 이리저리 다른 말만 없을 뿐이지, 그 의도와는 크게 다르지 않을 것이다. 그런데, 문제가 생겼다. 루터만 혼자 나온 게 아니고, 다수의 학자들과 사람들도 당시의 가톨릭에 반발하여 뛰쳐나왔지만, 이들 집단 역시 종교개혁교회라는 또 다른 기관이 되었다는 말이다. 루터는 뛰쳐나올 때 그냥 나온 것이 아니라, 중세의 스콜라철학적 보편 세계관을 깡그리 비판하면서 나왔는데, 문제는 그 비판의 대안이 다시 개혁신학 안에서 교리화되어 버렸다는 것이다.

중세의 스콜라철학은 철학과 과학까지 포괄하면서 중세의 보편적인

(Catholic)세계관을 만들어주었다. 그런데, 중세 후기에는 오캄의 유명론을 통해, 이런 보편주의는 면도날로 쪼개어졌다. 이것이 루터의 사유에 강력한 영향을 미쳐, 교회 안에서는 이성을 하나님의 은총과 심판에 한정시키게 되었다. 이걸 벗어나면 그건 신학이 아니며, 더더군다나, 신앙이란 곧 나의 내적 구원의 영역에만 한정되게 됐다. 한마디로, 개신교인은 내면화와 세상을 넘어선 초월화, 이 두 가지만이 이들의 궁극적 관심이 되어버린 것이다. 그런데, 한번 따져보자. 우리가 살아가는 것이 모두 다 구원 그것도 내적 구원에 한정되어 있는가? 밥은 안 먹고, 옷은 안 사 입는가? 어쩌면 종교개혁을 기반으로 탄생한 실존주의자들의 심각한 얼굴 표정은 루터가 심각하게 실패한 원인 중 하나일 것이다. 아침부터 밤까지 편집증적으로 삶과 죽음 혹은 은총과 심판만을 생각하며 사는 것, 이것이 구원의 길일까? 영멸에 대한 두려움 속에 신의 절대적 은총만을 바라는 이 가련한 영혼에게, 창조주는 먼 곳의 동떨어진 존재고, 당장 나를 구원해주는 구속주가 간절한 기도의 대상이 될 수밖에 없다. 이러다 보니 구속 이전에 하나님께서 선하다 하신 당신의 형상(Imago Dei)은 신학의 출발점이 아니고, 오로지 인간의 '타락' 사유와 신앙의 출발이요, 나의 구원 혹은 천당행이 신앙의 끝일 수밖에 없었던 것이다. 이래서, 신학은 계시를 자연 계시(창조, 과학이성)와 특별 계시(그리스도, 신학)로 나누면서 전자를 후자에 비해 열등하게 생각했던 거다. 사실 이런 생각에는 창조주에 대한 불만과 불완전한 창조에 대한 영지주의적 편견이 숨어 있지만 말이다.

이런 사유를 추적해 보면, 어거스틴과 그 이전까지 거슬러 올라가, 영지주의 논쟁까지 다다를 수 있을 것이다(창조영성을 중심으로 어거스틴을 비판하고 있는 매튜폭스는 바로 이 지점에서 어거스틴이 가지고 있는 마니교의 흔적을 읽어내고 있다). 그래서 과학과 같은 실험이성은 아예 신앙과는 무관한 것이라고 취급됐고, 이런 반이성적 태도가 축적되다 보니, 요즘에는 창조과학과 같은 사이비과학이 태동하게 되는 토양을 제공할 수밖에 없게 된 것이다. 창조과학을 과학이 아닌 사이비과학이나 유사과학이라고 말하는 이유는 이미 목적론적 결론을 내놓고 연구를 진행하고 결론을 내기 때문이다. 이미 정답은 성서 안에 있는 사건이나, 구절로 확정시켜 놓고, 연구를 진행한다 이 말이다. 이러다 보면, 결국 연구할 이유도 사라진다. 성경에 써 있는걸 믿어 버리면 그만이지, 뭐 하러 연구를 하는가?

이런 이성에 대한 태도와 함께, 루터는 인간의 선행을 통한 구원(salvation by merit)을 비판하면서, 중세 교회를 펠라기우스주의라고 규정했다. 여기서 선행이란 고해성사를 받고 난 이후에 신부가 명령하는 징벌적 선행을 말한다. 루터와 종교개혁자들은 펠라기우스를 이단으로 몰아넣은 어거스틴주의를 신학을 지탱하는 근본이라고 옹립하다 보니, 수행은 신의 구원을 수동적으로 믿지 못해 신을 찾아가는 불신이 될 수밖에 없게 되었다. 루터는 신앙적인 삶을 위해 교회에서 나왔다. 하지만, 은총에 대한 과다한 집착으로 말미암아, 수행을 불신이라고 규정되게 된 것이다. 결과적으로, 교회는 이성을 밀어내고 영성을 불가능하게 하며 은총만 기대하는 게토화된 신화적 공동체가 진행된 것이다.

이 글은 종교개혁신학 중 특히 유명론의 영향으로 이성을 한정시키고, 인간의 수행인 영성을 억압했던 루터의 신학을 비판할 것이다. 또한 루터의 신학이 기대고 있는 어거스틴의 은총론의 구조를 비판하면서, 이에 대한 대안으로 창조영성을 소개할 것이다.

2. 몸말

1) 사변이성과 계시

　세계적인 루터 연구자 베른하르트 로제는 루터에게 영향을 주었던 사조를 다섯 가지로 묶어 설명하고 있다. 첫째, 오캄주의 둘째, 어거스틴주의 셋째, 그의 스승이었던 스타우피츠, 넷째, 인문주의, 다섯째, 신비주의를 들었다.[1] 스콜라철학에 대한 비판으로 오캄의 유명론을 사용했고, 여기에 어거스틴주의와 신비주의 그리고 인문주의가 결합됐다는 것을 알 수 있다. 이런 사상적 영향 이전에, 그를 만들어 냈던 사건이 있었는데 이는 곧 '탑의 경험'이었다. 이 경험이 그 신학의 중심을 이루었고, 이것이 위의 다섯 가지 사조로 표현된 것으로 보인다. 먼저 그의 경험이 무엇이었는지 들어보자:

　　비록 내가 요동치는 수도사라고 해도, 나는 하나님 앞에 가책 속에 괴로워하는 죄인이었으며, 내 행위가 나에게 평화를 가져다 준다는 확신이 없던 상황이었다. 그래서, 나는 분노의 하나님을 사랑할 수 없었고, 그를 증오하면서 피둥됐었던 것이다. 그러나, 나는 존경하는 바울을 붙들고 그가 전하는 말씀의 뜻을 파악하려고 하였다.

　　밤낮을 가리지 않고, 하나님의 의와 "의인은 믿음으로 말미암아 살리라"를 연결시키려고 묵상하였다. 그때, 나는 은총과 자비를 통해 하나님께서 우리를 의롭게 하신다는 것이 곧 하나님의 의로우심이라는 사실을 깨달았다. 그 결과, 나는 다시 태어났고 낙원으로 향하는 길이 열렸다고 느꼈다. 성서의 전체가 새 의미로 보였고, 과거엔 하나님의 의로우심이 나에게 증오심을 불러일으켰지만, 지금, 성경의 말씀은 더더욱 위대한 사랑 안에서 달콤하게 다

가왔다. 바울의 이 말씀은 나에게 하늘로 향하는 문이 됐다.[2]

이 체험이 있기 전, 그가 이해했던 하나님은 공포의 신이었다. 왜냐하면, 아무리 금욕을 해도 신의 저주가 걱정됐기 때문이다. 그런데 루터는, 이 탑 속에서 '하나님의 의'라는 표현이 마음에 가 닿았다. 내 '선행'이 능동이었는데, 하나님의 의가 능동이 되는 코페리니쿠스적 전환점을 체험했던 것이다. 곧 신은 벌을 주는 공포의 존재가 아니라, 인간을 구원하기 원하는 사랑의 존재로 뒤바뀐 것이다. 이런 루터의 돈오(頓悟)적 체험을 문제 삼고 싶지 않다. 루돌프 오토가 성스러움을 누미노제로 표현하건, 아브라함 요시아 헤셸이 '놀람'과 '경외'로 표현하건, 나에게 없던 것이 혹은 에고의 무명(無明)이 "봄으로의 믿음(faith as visio)"[3]이 생겨난 체험이건 새로운 눈을 얻었다는 것은 종교체험의 알맹이이기 때문이다. 오강남은 이를 "사물의 본성(nature)이나 실재 (reality), 사물의 본모습, 실상, 총체적인 모습 (the whole, totality), 여여함 (tathatā)을 꿰뚫어보는 눈이다."라고 말했다. 물론 이 눈은 외부를 보는 눈이 아니요, 견성(見性)의 눈, 곧 사물을 보는 진아(眞我) 혹은 무아(無我)를 보는 눈이다. 루터의 경우, 신적 공포로 인해 그에게 증오심을 불러일으켰던 눈이 사라지고, 신의 사랑을 보는 달콤한 눈을 얻은 것이다.

그런데 문제는 루터의 '탑의 경험' 이후, 그는 자신의 새로운 눈을 확신했을지 모르나, 이 확신이 지나친 나머지 이성과 수행을 멀리하기 시작했다는 것이다. 그런데, 루터교 신학자 베른하르트 로제는 루터를 보호하기 위해 다음과 같은 애매한 주장을 펴고 있다:

루터는 스콜라 전성기나 혹은 후기의 다양한 개념들을 비교할 수 있는 인식론을 전개하지도 않았고, 가끔 혹자가 주장했듯, 신학에서 이성을 배제하지도 않았다. 루터가 계시에 반하는 인간 이성의 독단성에 대해 비판적 진술을 한 것만은 사실이다. 그는 종종 '총체적 대립'이라는 말로 표현했다. 다른 한편 루터신학은 이성과 그 적용에 대하여 기본적이면서도 상세한 설명을 하고 있어서 이성과 계시의 대립만이 중요한 것이 아님을 알 수 있다. 학문적인 영역과 세속 정부에서의 이성의 과제와 하나님과의 관계에서 본 이성은 확연히 구분되어야만 한다.(로제 278)

루터의 '계시'란 성서와 예배 의식을 통해 드러나신 하나님인데, 루터가 말하는 계시란: "말씀과 예배를 통해 하나님께서는 우리에게 알려지시고, 우리와 친교를 맺으신다. 그러나, 예배를 받지 못하시고, 친교를 맺지 못하시는 하나님에 대해 반대하는 것은, 결코 옳지 못하다. 왜냐하면 (세상의) 모든 것이 당신의 강한 팔 안에 있기 때문이다"[4] 라고 주장하고 있다. 곧, 계시는 드러난 하나님이요, 계시의 이면에는 숨어 계신 하나님(Deus Abstoconditus)이 계신다는 말이다. 숨어 계신 하나님의 근원은 마이스터 엑카르트의 신론 중 그 중심인 신성(神性 Godhead)으로 출발하여, 타울러를 통해 그의 스승, 스타우피츠를 통해 루터에게 전달된 것임에 틀림이 없다. 여하간, 숨어 계신 하나님을 전제하고 있다 하더라도, 루터가 실제로 추구했던 것은 명백히 보여주는 이성(raio eviden)"(로제 283) 곧 성서에 의해 '드러난' 하나님의 말씀이 그 중심인 것은 확실하다. 이에 대한 증거로 루터는 그의 운명적 순간인 보름스에서 이렇게 말했다고 한다: "당신들의 위엄과 은총이 간결한 답변을 요구하기에 성서의 증언을 통해 또는 이성의 명백한 근거를 통해 답변하지 않고 뿔과 이도 없는 답변을 하고자 한다–나는 교황도 공의회도 믿지 않는다. 이유는 그들은 종종 오류를 범했고, 스스로 모순되었기 때문이다–내가 인용한 하나님의 말씀을 통해 나는 승리했다. 나의 양심은 하나님의 말씀에 사로잡혔다. 그 때문에 나는 아무것도 철회할 수도 없고, 하고자 원치도 않는다. 이유는 양심에 반대하여 행동하는 것은 확실하지도 않고, 바르지도 않기 때문이다"(로제, 위의책, 283) 여기서 로제는 '양심'이라는 단어를 가지고 "계몽적인 의미로 보름스 선언을 해석해서는 안 된다"고 경고하고 있다. 결국 신앙이란 양심과 같이 "마음의 일"(로제 284)이다. 또한 루터는 "신앙은 인간과 하나님의 관계를 심판과 은총이라는 관점 아래서 다룬다"(로제 284)고 말했다고 전하고 있다. 곧, 성서와 예배는 '심판과 은총'에 관한 계시이고, 바로 이 심판과 은총에 관한 추론이나 사변적 이성이 곧 신학이라는 말이다.

물론 루터가 이성을 이런 식으로 한정 지은 이유는 당시를 지배하던 스콜라철학에 면도날을 댄 오감적 사유였다. 그런데 당시에는 이와 같은 사상이 혁신적이었을는지 몰라도, 이성을 은총과 심판의 벽에 가두어 버린 것은 신앙을 지극히 협소하게 만든 것이다. 사람이란 모름지기 밥도 먹어야 하고, 운동도 해야 한다. 책도 봐야 하고 영화도 보면서 나 자신의 세계관을 만들고 대화하고 토론한다. 먹기 위해서는 싫은 얼굴도 보아야 하고, 사랑하는 사람과 헤어지기도 한다. 그래서 불교에서는 원증회고 애별리고(怨憎會苦 哀別離苦)라 하지 않은가? 싫어하는 사람을 만나야 하는 고통, 보고 싶은 사람을 보지 못하는 고통이라 했다. 매튜폭스도 영성을 삶의 길(Way of Life)이라고 했듯, 신앙은 삶의 전반적 영역과 관계하며 이 전반적 영역은 이성과 음으로 양으로 관련되어 있다. 곧 사변이성(철학)과 나아가 실험이성(과학)은 우리 삶과 분리될래야 분리될 수 없는 것이다.

그렇다면, 루터의 종교개혁 이후 계시의 분리는 오늘날 어떤 효과를 가지고 왔을까? 과학이성과 사변이성이 지배하는 현대사회에서, 개신교는 여전히 신화적 세계관 안에 갇혀 있다. 모세가 진짜 홍해를 반으로 갈랐고, 예수는 진짜 처녀의 몸에서 태어났다. 이걸 믿으면 정통이요 거부하면 이단이다. 이도 저도 아니고 고민하는 척 하면 자유주의자다.

그러나 우리는 합리적 이성이 지배하는 세계 안에서 살고 있다. 그리고 현대인들은 이성에 의한 모더니즘이 만들어내는 환등상과 허구가 진짜인 줄 알고 살아간다. 과학이성을 넘어서려는 포스트모더니즘은 이성 역시 인간의 자유를 억압하고 착취하고 있다고 폭로하고 있지만, 이를 넘어서는 세상이 무엇인지 아직 알 수 없다고 말한다. 이성을 비판하다 보니, 주술적 세계로의 퇴행인 뉴에이지즘이 나오기도 하고, 한편에서는 전체주의로 퇴행하는 근본주의가 나오기도 한다. 한마디로 반동은 나오는데, 미래에 대한 비전이 출현하지 않고 있는 것이다.

켄 윌버(Ken Wilber)는 합리성 이전 곧 전합리성을 낭만성이라고 규정하고, 합리성을 감싸 안고 넘어서는 것을 초합리성이라고 말하고 있다. 그런데 겉으로 볼 때 전합리성과 초합리성을 구분하기란 대단히 어려우며, 이 둘을 혼돈하는 것을 '전초오류'라고 말하고 있다:

어떤 의미에서 영성이란 단지 합리성을 넘어서는 무엇으로 보는 것이 당연하게 여겨질 수도 있다. 그러나 거기에는 실제로 초합리적인 것도 있고, 전합리적인 것도 있다. 전합리성은 (감각적 지각, 약동하는 생명감(生命感), 신체적 감정, 유기체적 정서와 같은) 합리성 수준에 이르기 전까지의 모든 양태들을 포함하는 것이고, 그래서 그것은 그 속성상 여하한 미사여구를 동원한다고 해도 합리성을 배제하려는 성향이 있다. 반면에 초합리성은 이성의 다른 쪽에 놓여있는 것이다. 일단 이성이 창발하고 나서 견고하게 강화되면 의식은 계속 성장하면서 발달하고 진화하여 초합리적이고 초인격적이며 초개체적인 지각의 양태들을 향해 옮겨간다. 전합리성과는 달리 초합리성은 합리적 조망을 기꺼이 포섭하고 나서는 자신의 독특한 정의적 특성을 추가시킨다.

그래서 초합리성은 결코 반이성주의가 아니라 아주 우호적인 방식으로 초이성적이다.[5]

켄 윌버에 의하면, 표면적인 현상에서 이성을 감싸 안고 넘어서느냐 혹은 반이성적이냐에 따라 전합리성과 초합리성을 구분할 수 있다고 말하고 있다. 합리를 소외시키면 전합리적 낭만주의요, 합리를 감싸안고 넘어서면 초합리성이라는 말이다. 곧 현대주의를 넘어서는 종교적 방식은 초합리적 영성 방식이라고 할 수 있는 것이다. 그렇다면, 루터에 의해 합리적 이성을 제한한 개신교 전통은 결국 합리를 소외시킨 반지성적 집단으로 발전할 수밖에 없게 되어 있다. 곧 오늘날과 같은 과학주의가 중심이 된 세상에서 개신교는 적응하기 힘이 들 수밖에 없게 된 것이다.

켄 윌버에 의하면, 전합리적 낭만주의가 지배하는 세계는 신화적 세계다. 이 세계를 지배하는 종교적 카리스마는 샤먼이다. 그러나, 합리를 품고 넘어서는 초이성적 종교 세상, 곧 포스트모던적 종교의 카리스마는 신비가다. 그는 신비가가 예술, 도덕, 과학의 각기 다른 수준을 품어 안는, '대홀아키'라고 표현하면서 "무한을 사랑하고 거기서 나를 찾아라, 영원을 사랑하라. 내가 거기에 있을 것이니, 온우주의 무경계의 구석들을 사랑하라. 모든 것이 너에게 보일 것이다"라고 말한다. 현대 이후의 종교체험이란 바로 이것이다. 이 체험이 신과의 합일(Union with God)이라는 서구 신비주의적 표현이든, 혹은 일심(一心)에는 진여(眞如)와 생멸(生滅)의 문이 있다 하여, 공(空)과 색(色), 열반과 속세를 하나로 묶는 대승기신론적 표현이든, 결국 모든 '자아'는 해체되고 오메가포인트인 '하나'님으로 나아가는 여정이 인간을 포함한 '우주'의 행보(아트만 프로젝트)라고 켄 윌버는 말하고 있다. 현대인들은 합리 이전 신화 세계 안에서 자신을 찾아내려 하지 않는다. 이 신화는 요즘 심리학

에서 사람의 내면을 들여다보는 도구 정도로 사용되고 있을 뿐이다. 현대
인들은 이성이 중심이 되고 있는 이 세계에서 극단적 경쟁에 지쳐있다. 그
리고 이 스트레스를 해소할 수 있는 장소는 백화점이나 마트 그리고 유흥가
와 같은 소비의 환등상이다. 이곳에서 이성은 무한한 성공과 쾌락의 신화를
망상으로 퍼뜨리고 있는데, 이곳에서 어떻게 하나님을 찾아낼 것인가? 한
사람이 조현병에 시달린다. 그를 불러다 가운데 앉혀 놓고 귀신이 들렸다고
하면서, 안찰을 하고 통성기도하는 전합리적 신화 세계를 받아들일 것인가?
아니면, 정신과 치료를 받게 하고 자아의 해체에서 신과의 합일로 나아가다
실패하여 분열된 그의 내면을 성찰하게 하고, 헉슬리가 표현한 "신성한 근
본 바탕"과의 합일을 향한 아트만 프로젝트를 진행할 것인가?

　미국의 영성신학자 매튜 폭스는 서구의 전 합리적 신화적 세계관 혹은 그
의 언어 대로 말하자면 센티멘탈리즘의 원인을 '타락/구속'의 영성전통에 기
인한다고 말하고 있다. 루터가 이성의 영역을 심판과 은총안에 한정시킨다
고 했듯, 심판이란 타락의 결과이고, 은총은 구속의 원인이다. 폭스는 이 전
통의 뿌리를 어거스틴에 두고 있다. 그렇다면 타락/구속전통을 어떻게 넘어
설 것인가?

3. 타락/구속적 종교에서 창조 중심의 영성으로

1) 루터의 계시의 원천인 어거스틴의 은총론과 그 문제점

　기독교 신학은 언제나 '죄'에서 출발한다. 인간은 죄인이고, 이 죄를 그리
스도가 대속했으며, 이로써 내가 구원을 받는다는 것이다. 인간이 죄인이라
는 대전제는 이들이 유전적 질병인 원죄를 가지고 태어나고 이것 때문에 죄

를 짓기 때문이다. 그래서, 원죄는 기독교적 인간론의 원형이다. 프린스턴 대학교 종교학과 교수인 일레인 페이걸스는 이 원죄를 신학적 전제가 아닌 담론이었을 뿐이라고 하면서 다음과 같이 주장하고 있다: "아우구스티누스 는 아담과 이브 이야기를 이전의 대다수 유대인과 기독교인들과는 다르게 읽었다. 수세기 동안 인간의 자유에 대한 이야기로 읽혔던 아담과 이브 이 야기는 아우구스티누스에 의해 인간의 속박 이야기로 바뀌게 된다."[6] 창세 기 3장에 기록된 말씀이 원죄가 아니라, 어거스틴이 원죄로 읽었다는 것이 다. 마찬가지로, 도미닉 크로산에 의하면, 창세기 제3장은 전형적인 메소포 타미아의 신화적 기술적 패턴을 사용하고 있다고 말한다. 곧 생명나무와 선 악과 둘 중에 생명나무를 먹지 않고 선악과를 먹어 낙원에서 쫓겨나게 됐다 는 아쉬운 이야기란 것이다. 이 신화는 인간이란 결국 죽을 수밖에 없는 운 명이라는 신화적 기술이며, 선과 악을 구분하는 열매를 먹었으니, 선을 택 하며 살라는 교훈이라고 말하고 있다. 곧 옳고 그름을 파악하지 못하던 유 아 단계에서 성장하여 선을 선택하라는 성장의 신화적 표현이라는 것이다.[7] 곧 선을 선택하여 자유롭게 살라는 말이다. 불행히도 가인은 악을 선택하여 동생을 죽였고, 이로서 폭력이 확산되는 계기가 됐지만….

그렇다면, 어거스틴의 호적수인 펠라기우스는 창세기 3장을 어떻게 읽고 있었을까?:

아담과 하와가 선악과를 따먹었을 때, 그들은 자유의지를 사용한 것이었고, 그 선택의 결과, 그들은 더 이상 에덴동산에서 살 수 없었다. 우리가 이 이야 기를 들을 때, 우리는 그들의 불순종에 놀라고 결과 그들은 에덴에서의 완전 한 행복을 누릴 자격이 없다고 결론을 내린다. 그리고 우리는 또한 선악과라 는 나무에 대해서 놀란다. 선악과를 먹기 전에, 그들은 선과 악의 차이에 대해서 알지 못했다. 그래서 그들은 인간으로 하여금 자유로운 선택을 행할 지식을 얻지 못했던 것이다. 선악과를 먹음으로, 그들은 이 지식을 얻게 됐고, 그 순간부터 그들은 '자유'해졌던 것이다. 그래서 그들이 에덴에서 쫓겨났다는 이야기는 살상 어떻게 인간이 그 자유를 얻게 됐는가에 관한 이야기인 것이다. 선악과를 먹음으로 아담과 하와는 성숙한 인간이 되어 그들 행위에 대해 책임을 지게 된 것이다. 하나님께서 이런 은총을 내려 주셨는데, 이에 불순종할 수 있겠는가? 아담과 하와가 에덴동산에 머물러 있었을 때, 이들은 마치 어린아이와 같았다. 그들은 그저 어떤 윤리적인 이유 없이 하나님께 복종하였던 것이다.[8]

창세기 제3장에 대한 이런 독법은 단지 펠라기우스의 독특한 해석이 절대로 아니다. 크로산과 페이걸스가 주장했듯이, 창세기 제3장을 기록한 저자 역시 이와 같았고, 어거스틴 이전의 교부들도 이렇게 해석했다. 아니 그 이전, 예수도 몰랐고, 폭스의 주장대로라면 바울도 몰랐던 논리였다. 그러나 어거스틴은 완전히 다른 해석을 하고 있다:

아우구스티누스의 논리는 이전의 기독교 교리와 확실히 달랐고, 많은 기독교인들은 그의 주장을 간악한 것으로 여겼다. 전통을 따르는 수많은 기독교인들은 아담의 죄가 후손들에게 직접 전달되었다는 원죄 이론이 기독교 신앙의 중추적 역할을 하는 두 가지 토대, 즉 하나님이 행한 선한 창조와 인간이 지닌 의지의 자유를 뒤흔든다고 믿었다. 대부분의 기독교인들은, 세례를 받기 전에는 아담의 죄와 자신의 죄로 인해 더럽혀져 있었으나, 세례를 통해 '모든' 죄로부터 정결케 되었다고 생각했다. 이집트인 교사였던 장님 디디무스(Didymus the Blind)의 말대로 "이제 우리는 우리가 창조되던 때처럼 죄에 물들

지 않은 채 각자의 주인으로서 다시 한 번 태어난다"고 기독교인들은 믿었던 것이다.(페이걸스 245)

처음에는 어거스틴의 논리가 '위험한' 것이었고, 창조의 선함을 훼손시키는 불손한 것이었다. 이 원죄란 무엇인가? 어거스틴은 "모든 인간은 죄에 의해 회복할 수 없을 정도로 손상된 본성을 아담에게서 물려받았다"(페이걸스, 208)고 말한다. 이 육체는 애초에 영혼의 통제하에 있었지만, 영혼에 맞서 봉기를 일으켰으며 육체에 의해 영향을 받은 "영혼은 자신의 자유를 통해 사악한 쾌락을 느낀다"(페이걸스, 210)라고 했다. 곧 육체의 반란이란 성욕이라는 것이다. 어거스틴의 이와 같은 주장에, 펠라기우스와 그 사상적 맥을 같이 하는 율리아누스는 "아담과 이브는 낙원에서 죽음과 성욕 때문에 고민하지 않았다고 한다. 죽음과 성욕은 '태초에는' 자연의 섭리였기 때문이다"(페이걸스, 247)라고 주장했다. 그러나 어거스틴은 이렇게 말한다: "아담과 이브의 의지에 따른 행위를 통해 우주의 섭리를 변화시켰는데, 의지에 따른 단 한 번의 행위가 보편적 자연은 물론 인간의 본성까지도 타락시켰다"(페이걸스, 248) 곧 인간의 의지는 원죄 이전에도 타락했으며, 이 타락은 우주 전체를 지배하는 하나님의 선함을 파괴시킬만한 엄청난 것이었다. 율리아누스는 "아우구스티누스가 성적 방종과 성적 욕구를 혼동하고 있다"(페이걸스, 262)라고 말했지만 어거스틴은 이렇게 대답한다: "성욕을 자극받을 때 이를 통제할 수 있는 사람이 있는가? 아무도 없다! 성욕이 발동하는 순간엔 의지의 결정에 응답할 '도리'란 없다"(페이걸스, 262)라고 답한다.

그러니 성에 의해 탄생했고 성욕의 지배를 받는 인간은 구제불능이다. 그래서 그는 신의 은총 외에 그를 구할 수 없게 되어 있으며, 성교 없이 태어난 예수에 의해 구원이 가능할 수밖에 없게 된 것이다. "죄로 인해 파멸한 인간

은 이제 어쩔 수 없이 외부의 간섭을 절실히 필요로 하는 상황에 처해 있다
고 주장하는 아우구스티누스의 이론은, 세속의 권력을 정당화했을 뿐만 아
니라 (필요하다면 강압적인 형태를 띠는) 교회의 권위 역시 인간의 구원을 위해, 필
수적인 것으로 보았다"(페이걸스, 233-234) 이렇게 보면 어거스틴의 이론은 교회
가 지배하던 로마에게 있어 대단히 호감적 신학이었다. 반대로, 신비주의는
위험한 것이었던 것이다. 만일 인간 각자에게 선택하고 누릴 수 있는 자유
가 있다고 한다면, 교회와 제국의 힘은 약화될 것이기 때문이다.

　종교개혁자들은 어거스틴의 신학을 받아 절대은총을 강조하며 스스로
를 '반(半)어거스틴주의자'라고 정체화했고, 중세의 교회는 선행을 통한 구원
(salvation by merit)을 강조하므로, '반(半)펠라기우스주의'라고 이해했다. 어거스
틴주의든 반(半)어거스틴주의든, 결국 인간의 전적 타락과 은총에 의한 인간
의 구원을 강조하고 있는 타락/구속의 영성이 성립된 것이다. 이러니, 인간
의 구원을 위해 인간이 할 수 있는 일은 없다. 성욕을 가지고 있기 때문이며,
정자가 아닌 성령으로 잉태되어 성욕이 없는 예수의 중재가 없이는, 이 예
수의 '몸'을 상징하는 교회의 도움이 없이는 인간은 구원될 수 없다. 물론 루
터가 가톨릭의 교권을 타파했지만, 에클레시아의 교회는 여전히 남아 있었
고, 축소된 이성과 갈 길을 잃은 영성 위에 신의 절대주권적 구원만이 남아
있을 뿐이다. 그렇다면 이런 타락/구속 전통이 아닌 창조 중심의 영성이란
무엇일까?

2) 타락/구속 영성을 넘어선 창조 중심의 영성

　창조의 '선함'을 거부하고, 성욕을 죄의 근원으로 받으면서, 인간의 육체
를 성욕의 결과로 바라보던 기괴한 시각을 가진 어거스틴이 펠라기우스를

이단으로 몰았던 가장 큰 원인 중 하나는 "태어난 아기는 하나님의 형상을 지니고 있다"였다.[9] 하나님의 형상과 창조의 선함이 신학의 출발점이었던 펠라기우스의 이런 주장은 어거스틴의 시각으로는 도저히 받아들일 수 없는 이단적인 것이었다. 왜냐하면 태어난 아기는 부모의 성욕에 의해 만들어진 죄악 덩어리이기 때문이었다. 학문이란 모름지기, 건강한 상식이 뒷받침되어야 한다. 태어난 아기를 보고 사랑스러운 마음이 드는 것이 과연 이단적 마음의 발현인가? 태어난 아이를 보고 '경멸'해야 그가 정통적인 참 신앙인인가? 태어난 아기는 죄의 결과이고 그 역시 죄 덩어리이기 때문에, 그가 선하게 되기 위해서는 세례와 성례전을 거쳐야 하는 것이 어거스틴의 주장이었다. 그런데 서구에는 타락/구속의 영적 전통만 있는 것은 아니다. 폭스는 이에 관해 이렇게 말하고 있다:

창조 중심의 영성 전통이 여태 서구 교회에서 끊임없이 억압되어 왔다. 이레니우스와, 힐데가드와, 프란시스와 아퀴나스와 같은 사람들이 창조영성의 대표적인 사람들이었지만, 그와 동시에 소위 이단들 예를 들자면 펠라기우스, 스코투스 에리우게나, 마이스터 엑카르트, 지오다노 부르노, 데이야르드 샤르뎅은 이유 없이 고통을 당하였고 폭력을 경험했다. 그리고 대부분의 창조 중심의 신비가들 예를 들자면, 힐데가드, 메히틸트, 엑카르트, 노리치의 줄리안, 쿠사의 니콜라스 그리고 이레니우스는 조직적으로 무시되어 왔다.[10]

이들은 전통적인 교회사와 신학에서 자주 등장하는 인물들이 아니다. 그렇지만 이들은 타락/구속적 시각에서 신학과 영성을 구성하지 않고, 창조 중심으로 구성하였다는 것이다. 미쉬러브와의 인터뷰에서 매튜 폭스는 영성을 어떻게 규정하느냐의 질문에 대해 이렇게 대답하고 있다:

네, 나는 기본적으로 영성을--엑카르트가 우리 존재의 가장 내적인 영역이라고 말하는 것으로 이해합니다. 가장 내적인 헌신과 경험인데 이는 곧 우주적 경험입니다. 나는 영성을 공동체의 축하와 치유, 사회정의와 같은 것과 분리될 수 없다고 생각합니다. 그러나, 영성은 피상적인 것이 아니고, 우리의 깊이에서, 우리의 심연에서 살아가는 것이어야 합니다. 곧 바울이 말한, 겉 사람의 것이 아닌 속 사람의 것이어야 한다는 겁니다.[11]

내적인 것은 우주적인 것이다. 곧 가장 깊은 것은 가장 높은 것이다. 마이스터 엑카르트의 표현이다. 이에 엑카르트는 이렇게 말한다:

신을 참으로 가짐은 마음(Gemüt)에 달려 있고, 신을 향한 내적이고 정신적인 전향과 노력에 달려 있는 것이지, 계속 한결같이 신을 생각하는 것(Darandenken)에 달려 있지 않다. 왜냐하면 신에 대해 계속 한결같이 생각하는 일 자체가 본성상 불가능한 것이거나, 대단히 어려운 것인데다가 최상의 것도 아니기 때문이다. 사람들은 생각된 신(einem gedachten Gott)에 만족해서는 안 된다. 왜냐하면 만약 생각이 소멸된다면, 신도 또한 소멸될 것이기 때문이다. 우리는 오히려 참되고 본질적인 신을 가져야 한다. 그 신은 인간의 사유와 모든 피조물들의 생각 너머 아득히 높이 있다. 만약 인간이 의지적으로 신으로부터 등을 돌린다 하더라도, 신은 소멸하지 않는다.[12]

엑카르트에 의하면 인간의 근저는 하나님이다. 그렇다면, 겉 사람과 속 사람이란, 피상적인 것과 심층적인 것이며, 하나님의 형상과, 삶의 경험과 집착으로 구성된 상(象)들의 온갖 이미지와 이에 의해 생겨난 습관과 관성의 덩어리인 생각(Darandenken)들의 집합체다. 마치 불교에서 오감에 의해 파악된 색(色)이 제6의식인 의(意)에 의해 종합되고 그 뒤에 있는 제7식인 말나식 곧 '나라는 의식'에 의해 색(色)이 선택적으로 파악되어 제8식인 아뢰아식에 업(業)으로 저장되어 사물이 삼계에 윤회하는 범부의 삶을 떠나는 해탈이 곧 근저인 하나님께로 나아가는 것이다. 실제로 엑카르트와 불교의 불이론(不二論)과의 대화는 광범위하게 있어 왔다. 엑카르트에 대해서 전혀 언급하고 있지 않지만, 인간의 심층과 표층을 기신론적 시각으로 재구성한 한자경은 다음과 같이 말하고 있다[13]:

인간은 현상적으로 보면 전체 세계의 일부분으로서 각각 서로 다른 위치를 점하고 서로 다른 지위를 갖는 서로 다른 별개의 존재이지만, 근본에 있어서는 일체의 현상적 차이를 넘어 서로 다르지 않은 '하나'의 존재, 대등한 존재이다. 개체가 서로 다른 각각이면서도 또 서로 다르지 않은 하나일 수 있는 것은 개체가 표층과 심층 두 층위의 존재이기 때문이다. 개체는 표층에서 전체의 일부분일 뿐이지만, 심층에서는 전체를 포함하고 있어 그 자체가 곧 전체가 된다. 그러므로 개체는 표층에서는 서로 다른 남이지만, 심층에서는 서로 다르지 않은 하나이다. 표층에서는 개체가 전체의 일부분일 뿐이지만, 심층에서는 개체가 그대로 전체이며, 따라서 전체는 개체에서 반복된다. 이와 같은 개체와 전체, 표층과 심층의 관계는 다음과 같이 도표화 된다.

표층의식 :   나 ≠ 너 ≠ 그

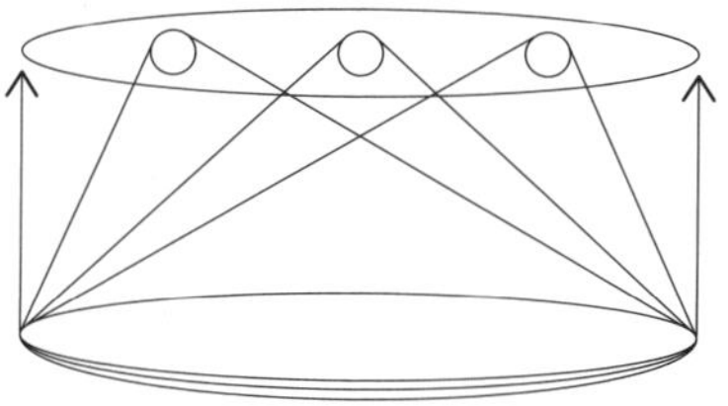

심층마음 :   나 = 너 = 그

심층마음을 유식불교에서 '아뢰아식'이라고 한다면, 엑카르트에게 있어서 근저이고 하나님이다. 그 심층마음 안에서 나와 너와 그가 통합되어 하나가 되고, 이것이 표층으로 들어 났을 때, 각각의 독립된 개체로 인식되지만, 표층의 개체성도 심층에서 나온 것이다. 이로써, 색즉시공 공즉시색(色卽是空 空卽是色), 즉 표층은 심층에서 나오고, 심층은 표층을 포괄한다.

폭스는 영성이란 심층에서 나오는 것이며, 이를 삶의 길(Way of life) 곧 영적 삶이라고 한다:

예, 삶의 길입니다. 삶의 길이란 우리 인생의 모든 것에 응답하게 인도합니다. 이것이 나무의 아름다움이거나, 바람이거나, 고난이거나, 아픔이거나, 창조성이거나죠. 영성은 이 모든 것에 대한 응답입니다. 창조 전통은 우리의 가장 기본적인 응답이 "와우" 하는 경험이라고 말합니다. 곧 경외와 놀람입니다. 랍비 헤셸은 지혜는 경외감에서 나온다고 했고, 영성은 그냥 지식이 아니고 바로 그 지혜의 경험입니다. 과학이 우주와 우리의 존재에 대해서 놀라운 소식을 알려줄수록--곧 어떻게 190억 년 전 최초의 불덩어리가 결정했는가에 따라, 지구가 존재할 수 없었다는 이야기 등--우리는 놀라게 되죠. 신비는 이 놀라움에서 시작됩니다.

자신의 에고가 혹은 피상적 자아가 오감의 이미지를 통해 만들어낸 것은 전혀 놀랍지 않다. 그러나 이 돈오적 놀라움이란 언제나 이런 이미지를 넘어선 곳에서 시작된다. 그래서 삶의 길(Way of life)이란, 그냥 사는 것이 아니라, 일종의 '길'을 따라 걷는 것이다. 이 길을 그는 긍정과 부정의 길이라고 했다. 이미 우리는 창조된 이 세계 안에 살며, 그 법칙을 거스르며 살 수 없게 되어 있다. 이 삶을 받아들이고, 그 안에서 발생하는 하나님의 창조를 경험하는 신비와 경외 속에 살다, 내가 '만들며' 창조하며 사는 것을 '창조의 길'이라고 했다. 마지막으로, 약자들과 연대하여 변화를 만드는 길을 '변형의 길'이라고 했다. 그래서 네 가지 영적 순례의 길, 긍정의 길과 부정의 길 창조의 길과 변형의 길 안에서 창조하고, 변형시키며, 하나님과 깊은 영적 교제를 갖는 것이 영적 삶의 길(spiritual path)이라고 했다. 창조영성은 위에서 밝혔듯이 과학적 세계관을 환영하며, 생명체와 우주의 경외감에서 창조주를 향한 신비에 자신의 내면을 개방한다. 이에 대해 좀 더 자세히 살펴 본다면 다음과 같다.

먼저 긍정의 길에서, 창조에 대한 놀라움과 경외, 그리고 창조의 선함에 대한 충만한 체험을 긍정의 길(via-positiva)이라고 한다. 본래 인간은 선하신 하나님께로부터 왔기 때문이다. 타락/구속의 전통이 인간의 전적 타락을 주장하며 죄로 인한 인간과 하나님의 분리를 말하지만, 폭스는 인간과 하나님은 연결되어 있다고 말한다.(폭스는 이를 범재신론, 곧 하나님이 우리 안에, 우리가 하나님 안에 있다고 한다). 이에 관해 그는 이렇게 말하고 있다:

다바르는 창조적 에너지다. 볼들레어의 싯구를 들으면, 얼마나 자연이 우리를 사랑하는지 알 수 있다. 우리가 육적인 것과 동시에 영적인 숲을 걸어갈 때 / 숲은 우리를 사랑스러운 눈으로 바라본다. 하나님의 창조적 에너지가 얼마나 위대한지 보라. 우리는 단지 하나의 숲을 걷는 것이 아니다. 우리의 모든 삶은 우리를 사랑하고 우리에게 진리를 부어주는 육적인 숲을 걷고 있는 것이다.(Fox, 38)

보이는 모든 공간과 나무와 사람과 피조물들은 다바르 곧 하나님의 에너지에 그 뿌리를 두고 있다. 이 에너지가 보이지 않는 심층의 힘이라면, 나타난 모든 것은 심층의 외형적 현상이다. 그러니, 삶의 매 순간은 심층이 드러나는 신비다. 그렇다면, 손짓 하나, 움직임 하나, 동식물과 우주의 펼쳐짐 모두 다바르 곧 하나님의 창조가 매 순간 펼쳐지고 있는 것이다. 내 손가락 하나도, 흔들리는 나뭇잎 하나도 근원이신 하나님의 다바르인 것이다. 이것이 마음에 가 닿는다면, 불교적으로는 색(色)과 공(空)이 같은 불이(不二)적 깨달음이 될 것이다. 그렇지만, 내 눈앞에 펼쳐진 온갖 '부정적'인 것들은 어떻게 이해해야 할까? 홀로코스트는? 광주는? 세월호는? 이에 대해 폭스는 부정의 길을 제시한다.

부정의 길은 창세기 제1장에 "밤이 되고 낮이 되면 이는 첫째 날이라, 밤이 되고 낮이 되니 이는 둘째 날이라…"에 등장하는 '밤'의 길이다. "융의 작품 중 가장 원대하고 도전적인 선언은 그가 익냐시오 로욜라와 마이스터 엑카르트를 비교하면서 했던 말이었다. '익냐시오는 부정의 길이 없다'"(Fox, 129) 곧, 금욕주의는 있어도, 창조의 한 면 곧 '어둠'에 대한 포용이 없다는 것이다.

폭스는 이 '부정'을 금욕이 아닌 비움(emptying), 내려놓음, 어둠으로 침잠 등으로 해석하고 있다. 사실, 동양인들에게 자신의 몸을 학대하는 금욕주의는 익숙하지 않아도, 비움과 내려놓음은 명상에서 쉽게 발견되는 것이기도 하다. 노장과 불교의 무위(無爲)와 공(空)은 자기 몸에 대한 학대가 아니라, 생각의 비움이다. 특히 불교에서는 세상의 모든 것은 육근과 육경의 인연에 의해 만들어진 상(相)이고, 특히 중관에서는 만들어진 상도 공(空)이고 파악하는 주체도 공(空)이니 모든 것은 공(空)일 뿐이라고 말한다. 집착에서 고통이 나오니, 고통을 넘어서기 위해서는 실체가 따로 있는 것이 아니라 내가 보는 모든 것은 그냥 텅 빈 오온(五蘊)일 뿐임을 관(觀)하라는 것이다. 오온의 상을 실체로 여기거나, 혹여 켄 윌버가 말했듯: "인간으로 하여금 유한 땅을 무한의 천국으로, 이 땅의 부를 초월적 안전으로 여기는 치명적 허구"[14]를 벗어나기 위해서, 자신의 인식의 무너짐과 좌절을 그대로 받아들여야 하는 것이다. 특히 노장과 신유교에서는 태극에서 나온 음양(陰陽) 곧 정함과 움직임에 의해 오행이 나오고, 이것에 의해 우주가 출현한다는 대단히 소박한 경험론적 철학이 형성됐다. 마찬가지로, 창조의 낮과 밤의 이미지와 같이, 폭스의 긍정과 부정의 길이, 하나님의 창조를 이해하고 근원되신 하나님과 사귀는 길은 동일하게 인간의 '창조'의 길로 연결시키고 있다.

긍정과 부정 이 두가지의 길과 더불어 폭스는 창조의 길을 제시한다. 폭스는 예술이 곧 명상(art as meditation)이라고 했는데, 폭스가 말하는 예술은 '수용'적 예술이 아니라, 스스로 행위하는 예술이다: "가든에 물을 주는 능력, 기본적인 악기를 연주하고, 씨를 뿌리고 이야기를 나누고, 동물과 자연과 함께 사는 삶이 널리 퍼졌었다. 그러나 산업사회와 도시의 삶은 이 대부분을 바꾸어 버렸고, 오늘날 우리는 무의식을 개발하기 위해 의식적으로 활동해야 한다."(Fox, 191) 발터 벤야민은 도시의 삶의 주변인인 산책자는 "자본주의의 외부자인 동시에, 자본과 권력이 생산하는 판타스마고리아에 도취되는 군중"[15]이라고 했다. 광고의 서사에 도취되어 결국 이 사회를 벗어나지 못하는 군중들은 식물도 가꿀 줄 모르고, 악기도 연주하지 못한다. 회사에서 자신의 삶과 무관한 극도의 전문적 일을 경쟁적으로 하다, 강제 퇴임을 당하면, 아무것도 할 수 없는 무기력한 구경꾼인 군중을 만들 뿐이다. 벤야민은 환상이 아닌 자신의 삶의 기억을 통해 "누군가에 의해 만들어진 미몽이 아닌, 스스로가 구성하는 꿈을 꾸는 자"(권용선, 272) 이를 알고 있던 "간디는 사람들에게 물레를 돌리게 했다"(Fox, 191) 곧 물레는 당시의 대영제국에 대한 저항이며, 예술적 명상은 우리를 이 지배문화에서 나와, 문화를 재창조하게 해 준다.

마지막으로 폭스는 변형의 길을 제시한다. 타락/구속 전통이 아무리 위장한다고 해도 결국은 죽은 이후에 천국 가는 것이 구원의 목적이다. 루터가 면죄부를 거부하고 이를 발행한 교황의 권위도 거부하며 95개조의 항목을 썼다고 해도, 최종 결론은 죽은 후 천국에 가는 것이다.

말년의 미셸 푸코는 국가와 자본주의의 통제구조를 벗어나 주체의 해방 공간을 확보하는 것을 자기의 테크놀로지라고 하였다. 자기의 테크놀로지를 위해 푸코는 "너 자신을 알라"가 실은 "너 자신을 배려하라"라는 뜻이며, 이를 위해 서구의 수행적 역사를 재구성하려고 하였다. 물론 이것이 무르익기 전에 그가 죽음을 맞이했지만. 매튜 폭스는 자기와 세상의 변혁을 '자비'(compassion)라고 하면서, 이렇게 말하고 있다: "자비심은 주체와 객체의 분리적 관계가 아닌 평등성을 요청한다. 영적 사람은 '자비'라는 단어를 우리의 일반적 상식적 이해에서 구원해야 한다. 물론 이런 구원은 우리가 자비를 이해하고 이를 실천하는 데 있다. 자비를 이해하는 중심은 상호관계의 의식 안으로 들어가, 존재의 평등성을 체험해야 하는 것이다."(Fox, 279) 또한, 폭스는 "자비는 곧 우주"(Fox, 281)라고 이야기한다. 하나님께서는 사랑이요, 자비이며, 이 자비의 연대적 실천은 가장 심층의 마음에 한마음 곧 일심(一心)인 아뢰아식의 표현이요, 상호의존성(interdependence)의 실천인 것이다. 그래서 변형의 길은 예언자의 길이요, 예언자란 "실천하는 신비주의자"(mystic in action)의 길인 것이다.

그렇다면, 긍정과 부정 창조와 변형이라는 끊임없는 순환적 영성을 통해 수행자는 자신의 에고를 내려놓고 그 근원 곧 신성(Godhead)에로 돌파하여, 예술과 변혁을 생산해내는 것이 창조영성의 수행적 길인 것이다.

4. 나가는 말

앞서 루터의 계시의 문제에서 봤듯이, 계시와 이성을 분리하고, 관찰이성(철학)과 실험이성(과학)을 교회 밖으로 밀어내고, 교회 안에서 신학의 임무는 오직 은총과 심판에 한정지었을 때, 교회와 세상은 양분되고 교회 스스로가 게토화되는 것을 볼 수 있었다. 그리고 이성을 넘어선 '영성'의 시대로 진입해 가고 있는 요즘 또한 종교의 절대성과 신화성에서 점점 벗어나는 사람들이 많아지고 있는 시기에, 타자에 대해 배타적이며 적대적인 교회의 전망은 점점 어두워질 수밖에 없다. 이성적 세계관에 맞선 신화적 세계관을 참된 세계관으로 보고, 다원화된 이념과 문화에 대한 증오로 전쟁을 심판으로 선동하는 근본주의는 인류의 평화에 심각한 위협으로 등장하고 있다. 또한 우리 모두는 기후변화에 따른 생태계의 파괴와 생존의 위협도 경험하고 있다.

폭스는 "인간 실존을 의미 있게 하며 우리에게 우리의 삶을 탐험하는 데 용기와 창의력을 주는 것 중 하나는 건강한 영성이다"[16]라고 하면서, 영성과 종교의 의미를 다음과 같이 구분하고 있다:

> 종교가 진실하고 건강할 때, 영성도 그렇게 될 것이다, 왜냐하면, 영성은 종교의 핵이기 때문이다(core of religion). 그러나, 종교가 인간이 만든 다양한 것들과 같이, 왜곡되고 곡해될 수 있다. 종교는 개개인들에게 에고를 겸손하게 하라고 하면서도, 그 자체의 기관적 자아(institutional ego)로 발전될 수 있다. 이 일은 실제 일어날 수 있으며, 일어나고 있다. 그래서 종교 없이 영적일 수 있다고 말할 수 있다.(Fox, One River, Many Wells 2)

타락/구속 전통이 지배하는 한국의 교회에서 건강한 영성은 이미 이 땅에서 실종된 지 오래다. 겸손과 사랑을 가르치는 목사들이 세습을 하고, 성직을 매매하며, 교회라는 단체는 이미 집단적이고 폭력적인 논리에 따라 움직인다. 이들은 때로 반공단체이고, 다양성을 받아들이지 않는 근본주의 단체다. 이들은 죽음 이후의 천국을 구원이라 하고, 이 인간의 힘이 미치지 못하는 영역에 가장 힘을 발휘하는 신의 은총과 심판을 선전한다. 그래서 일상의 삶이 저 너머의 초월로 빼앗긴다. 그래서 사회정의나 자본주의적 환등상 앞에 교회는 초월적 혹은 내세적 구경꾼들만을 만들어가고 있는 것이다. 교회의 신화적 세계는 이성과 탈이성의 현대와 현대 이후를 논의할 수 있는 능력도 없기 때문이다. 어쩌면 바로 이 점이 대형교회 중심으로 점점 더 클럽화되어 가고 있는 모습의 반증이기도 하다. 십자가는 예수가 대신 져 주어 나는 구원받을 것이다. 신의 은총이 절대적이므로, 이것이 기복신앙과 결합된다면, 사람의 성공은 모조리 신의 은총이다. 결국 신의 은총을 받은 복 받은 사람들 혹은 하나님께서 특별히 사랑해 주는 사람들이 평신도 지도력의 상층부를 형성한다. 한마디로 돈 많은 보수적 특권층들이 장로가 된다. 이로써 십자가를 지며 예수를 따라가자는 혹은 수행하자는 진보적 목사는 기성 교회에 들어갈 수 없고, 은총과 축복을 강조하며 예수가 대신 십자가를 져 주었다(imputation)라고 믿고 설파하는 목사들이 그 자리를 차지한다. 이 클럽화된 교회에서는 다양한 선교 헌금과 동아리 모임 그리고 경조사가 있다. 돈 없이 이 클럽 생활을 해 나가는 데 엄청난 애로사항이 있을 수밖에 없다. 물론 여기저기 돈을 낼 수 있는 사람이 당연히 지도력의 상층부에 올라갈 수밖에 없는 구조다. 개신교의 보수화/클럽화의 뿌리도 역시 타락/구속 전통에 의해 만들어진 루터의 반이성적 반수행적 신학에 그 양분을 받고 있는 것이다.

이에 대한 대안으로 우리는 현재의 교회를 만들어낸 종교개혁신학을 넘어서야 할 것이다. 또한 타락/구속의 전통이 인간의 내적 구원만을 강조한 나머지 기후변화와 같은 생태의 문제에 능동적으로 접근하지 못하는 점 역시 지적되어야 할 것이다. 창조영성은 긍정의 길에서 창조의 선함을 재확인하고, 인간의 편리와 잉여자본의 축적을 위해 자연을 파괴하는 것에 '변형의 길'로 저항할 수 있는 것이다.

이를 실천하기 위해, 지금 지배하고 있는 타락/구속의 방식이 우리의 일상적인 삶에 작동하지 않는다는 문제의식을 가져야 할 것이다. 가진 목회자와 평신도들과 함께 창조영성을 공부해 나가야 할 것이다. 창조영성을 통한 새로운 종교개혁을 위해 우선 신학교육이 새로워져야 한다. 타락/구속 전통을 정통으로 알고 있는 신학자들과, 이웃 종교와 과학 인문과 예술을 종합하고 수행과 사회참여를 해 낼 수 있는 전혀 새로운 커리큘럼과 지식을 얻어야 한다. 미국에서는 "폭스의 창조영성 학교(Fox Institute for Creation Spirituality)"가 운영되고 있다. 우리 역시 이 새로운 움직임을 시작해야 할 것이며, 이로써, 새 술을 새 부대에 담고, 목회자들의 재교육과 새로운 교회, 공동체를 위한 운동과 연구와 협력이 더더욱 활발해져서, 창조영성적 수행자들을 길러낼 수 있는 새로운 교회가 세워져야 할 것이라고 믿는다.

최 대 광_ 정동제일교회 목사

04

자연을 통한 은총

- 탈인간중심적 은총 이해와
관계 중심적 영성을 위한 제언

2017년, 종교개혁(1517년)이 일어난 지 500년이 흘렀다. 500이라는 숫자 자체에 압도된다. 그러다 보니 전 세계 개신교계가 들썩이고 있다. 종교개혁 500주년을 축하하고 그 의미를 오늘의 현실 속에서 논하는 각종 예배, 기념행사, 학술행사 등이 곳곳에 벌어지고 있다. 한국교회도 예외는 아니다. 어떤 사건에 대한 기념이 진정한 기념이 되는 것은 현재를 살아가는 우리가 기억하고 기리는 사건의 의미와 정신을 지금, 여기서 구현해낼 때 이루어진다.

종교개혁은 독일의 어거스틴 수도회 수도사였던 마르틴 루터(Martin Luther)가 부패한 중세 교회를 비판하고 개혁하고자 비텐베르크 성내 교회 문에 95개조 반박문을 게시한 것으로 시작되었다고 할 수 있다. 500년이 지난 만큼, 종교개혁의 정신은 얼마나 더 성숙되고 열매를 맺고 있을까? 이를 확인하기 위해 멀리 갈 필요 없다. 한국 개신교회 역사도 이제 130년을 넘어선 만큼 종교개혁 정신의 성과를 확인하기에 충분한 역사를 가지고 있다. 과연, 2017년 현재 한국 사회에서, 한국교회의 일원으로 살아가는 우리가 떳떳하게 종교개혁 500주년을 맞이하고 있는 것일까?

안타깝게도 이 질문 앞에 한국교회는 자신 있고도 긍정적으로 대답하지 못할 것 같다. 짧은 시간에 양적으로는 많은 성장을 이루어냈기에 겉으로 화려해 보일지 몰라도 우리는 한국교회 여기저기서 내는 신음 소리를 듣고 있다. 일각에서는 한국교회를 부패한 중세 교회와 비교하기도 하고, 제2의 종교개혁이 필요하다고 외치고 있는 실정이다. 지난 6월 20일 한국기독교 목회자협의회는 "종교개혁 500주년, 한국교회 갈 길을 모색한다!"는 주제로 19회 전국수련회를 가졌다. 이 자리에서 독일인이면서 루터대 교수인 이말테 박사는 기조연설을 통해 한국교회와 중세 가톨릭교회 사이의 10개의 공통점들을 신랄하게 지적하였다.

열 가지 공통점은 다음과 같다. 1. 율법주의적 예배 이해 2. 기복적 헌금 행위 3. 선행에 대한 협소한 이해 (목회자와 교회에 도움을 주는 것만이 선행) 4. 지옥과 죽음에 대한 두려움 악용 5. 교권주의 6. 성직매매 7. 목사들의 배금주의와 비윤리적 교회 재정 사용 8. 교회의 사유화 9. 목사들의 도덕적, 성적 타락 10. 목사들의 낮은 신학적 수준. 하나하나가 한국교회의 부끄러운 자화상을 드러내는 뼈아픈 지적이다. 종교개혁 500주년에 루터교 신학자가 한국교회를 향해 던진 메시지이기에 더욱 의미가 깊다 하겠다.[1]

그런데, 기조강연 중 이말테 박사가 "Reformation"을 "종교개혁"이라 번역하기보다 "큰 개혁" 혹은 "대(大)개혁"이라 번역하는 게 옳다라고 주장한 것을 곱씹어 볼 필요가 있다. 그렇게 주장한 이유는 종교개혁 운동이 종교의 영역을 넘어서 당시 유럽 사회와 역사의 흐름을 바꾸어 놓는 데 결정적 역할을 했기 때문이다. 이런 측면에서 이말테 박사 또한 한국교회와 교인들의 기독교 윤리성 강화를 주문하고 있는 것이다. 다른 말로 하면, 한국교회의 개혁은 교회 개혁을 넘어 한국 사회의 개혁까지 나아가야 비로소 완결될 수 있다고 할 수 있다. 이것을 뒤집어 생각해 보면, 한국교회의 부패한 모습들이 한국 사회의 병리적 현상과 구조를 드러내는 것이다.

어느새 한국 사회는 행복이라는 단어를 떠올리기 쉽지 않은 사회로 바뀌어 버렸다. 각종 지표들이 그것을 말해 준다. 노동시간, 노인 빈곤율, 자살률, 출산율 등이 적어도 OECD 국가들 가운데 최하위 수준을 면치 못하고 있다.[2] 대를 이은 전통적인 빈부격차뿐 아니라, IMF 사태 이후 무분별하게 양산된 비정규직 덕분에, 정규직과 비정규직 사이의 소득격차가 심각한 상황이다. 그렇다고 경쟁에 밀려난 사회적 약자들을 보호해 주는 사회보장 시스템도 제대로 구축되기까지 갈 길이 멀다. 지난 촛불혁명과 탄핵정국 이후 새로운 정권이 들어서는 과정에서 한국 사회가 복지사회로 나아가야 한다는 사회적 공감대가 이제 겨우 형성된 정도이다. 무한경쟁, 양육강식 방식의 자본주의에서 사람들은 '살아남기'에 관심이 온통 집중되어 있다. 다른 사람에 대한 관심을 둘 여유가 없다. 오히려, 경쟁에서 다른 사람들을 밟고 일어서야 내가 살아남는다는 인식이 팽배해 있다. 모든 것이 효율성과 이윤 창출 등의 경제적 가치로 환산된다. 보다 깊은 차원에서 보면 이는 우리 사회가 인간과 생명을 존중하지 않음을 보여준다. 우리들은 최근 몇 년간 우리 사회가 생명 존중과 배려라는 기본적 가치에서 얼마나 이반되어 있는가를 보여주는 사건들을 겪었다. 세월호 사건[3]과 구의역 스크린도어 사고는 우리 사회 각계에 만연한 부정부패의 구조, 정부와 관료 집단의 무능을 여실히 보여준다. 하지만 이 사건들을 통해 우리는 더 심각하고 근본적인 문제를 발견한다. 그것은 자본의 이익과 고귀한 생명의 안전을 너무나도 쉽게 바꾸는 행위들을 용인하고 배태시킨 우리 사회에 전반에 깔려 있는 가치관, 인간관, 생명관이다.

이러한 사회 현실은 한국교회의 기복신앙, 번영적 목회, 비윤리적 행태들의 직간접적 원인이 되었을 것이다. 하지만 개신교가 지난 130년간 한국 사회에 뿌리내려온 종교로서 한국인들의 영성과 도덕성 형성에 어떤 모양으로든 기여했다는 점을 비추어 볼 때, 현재 인간과 생명에 대한 몰가치, 비존중에 대한 책임으로부터 벗어나기 힘들 것이다. 그러므로 한국 신학과 교회가 종교개혁 500주년을 맞이하는 맥락이 이러하다면 한국 신학과 한국교회가 생명존중과 가치를 회복하는 일에 책임적인 응답을 해야 할 것이다.

이 책에서 독자들이 만나는 바와 같이 한국 사회와 한국교회 안에 생명존중 문화의 회복을 위해 다양한 응답들이 있겠지만 필자는 '나 이외의 다른 존재들에게 빚진 마음' 그리고 '그들에 대한 감사의 마음을 가지는 것'부터 회복이 시작될 수 있다고 말하고 싶다. 왜냐하면, '나'라는 존재가 다른 생명들의 존재 없이 존재할 수 없다고 믿기 때문이다. 그리고 이 믿음은 모든 생명을 창조한 하느님 존재에 대한 고백으로 귀결될 것이다. 다시 말하면, 본장에서 논의되는 얘기는 모든 존재가 하느님 없이 존재할 수 없다는 전통적 신앙고백이자 신학적 전제에 대한 현대적 재해석이 될 것이다. 필자는 이러한 재해석을 신학적 담론가운데 하나인 은총론 안에서 풀어내고 싶다. 신의 은총을 인정할 때, 인간은 신이라는 자신 외에 다른 존재에게 감사하는 마음을 가질 수 있기 때문이다. 성서는 그리스도인들이 범사에 감사하라고 요구하지 않았는가? 특별히, 필자는 그 감사가 신 이외에 다른 타자들에게도 향할 수 있는지, 하느님의 은총이 다른 생명 존재들을 통하여 전해지고 있는지 묻고자 한다. 이 질문에 답하기 위해서는 인간 이외의 생명들이 인간 생명의 유지와 인간 형성에 어떤 영향을 주고 있는지를 살펴보아야 한다. 따라서, 필자는 인간 존재 이해에 도전을 주고 있는 최근의 생명과학 분야의 연구들과의 진지한 대화[4]를 통해 탈인간중심적 은총 이해를 이끌어내고자 한다.

1. 기독교 은총론
: 마르틴 루터와 중세 가톨릭의 공통점과 차이점을 중심으로

목회자들은 예배 혹은 설교 후에 교인들과 인사를 나눌 때에 "목사님, 오

늘 예배, 오늘 말씀 은혜 받았어요"라고 들으면 괜시리 기분이 좋아진다. 필자도 이런 경험을 했고 그런 말을 듣게 되면 왠지 오늘 예배가 잘 된 것만 같은 착각(?) 속에 빠지기도 했다. 하지만 그러면서도 한편으로는 무언가 개운치 않은 마음이 들곤 했다. 예전에 '은총'에 관하여 신학교 시절 배운 것이 생각났기 때문이다. 은혜라는 것이 과연 내 주관적 감정과 관련한 것인가? 내가 들었을 때 기분이 좋으면 은혜라고 하는 것은 아닐까? 그래서 오늘날의 설교자들이 현대인의 구미에 맞는 메시지만 전한다는 비판이 있다. 예전처럼, 목회자들이 성도들의 죄의 문제에 대해 날카로운 지적을 하기보다 물질적 축복과 성공을 바라는 성도들의 세속적 바람에 부응하는 메시지를 전하는 것이 일반화되었고 이러한 경향이 오늘날 한국교회를 자본의 맘모니즘에 빠뜨려 부패시키는 데에 일조하였다는 것을 부인할 수 없을 것이다.

하지만 조금 전에 은혜 받았다고 고백한 성도의 입장으로 돌아가 보자. 그 성도가 예배에 참여하고 말씀을 들으면서 순전하게 하나님과 만난 경험을 했다면 어떨까? 그 성도가 목회자에게 은혜를 고백한 행위 뒤에는 "당신을 통해서 하나님을 만나게 해 주어서 감사하다"는 뜻이 숨겨져 있을 것이다. 과연 그 고백을 주관적 만족의 표현으로만 치부할 수 있을지 생각해 볼 일이다. 우리는 누군가가 베푼 친절을 받거나 사랑을 받게 되면 자연스레 그 사람에게 감사의 마음을 갖게 된다. 그것이 평범한 사람들의 인지상정이다. 우리는 그리스도인으로서 하나님은 선하신 분이라고 고백한다. 그렇다면 나에게 선한 행위를 베푼 자의 궁극적인 배후에는 그 선한 행위를 하도록 이끈 신이 존재한다 할 것이다. 바로 여기에서 은총에 대한 새로운 이해의 가능성을 발견한다. 아니, 사실은 위에서 언급한 성도의 예처럼, 그리스도인들은 이미 전통적 은총의 이해와는 다른 이해를 갖고 있었고 신앙적 관계 안에서 그렇게 이해된 은총의 의미를 다른 그리스도인들과 서로 나누고 있어 보인다. 그렇다면, 새롭게 이해된 은총은 어떠한 것인가? 그것을 분명히 하려면 우선, 기독교 신학에서 전통적으로 은총이 어떻게 이해되어 왔는지 잠시 살펴볼 필요가 있다.

2000년이 넘는 기독교의 역사만큼 은총의 역사도 오래되었기 때문에 은총의 신학을 다루는 것만도 방대할 것이다. 이 글의 목적이 종교개혁 500주년 이후의 새로운 은총론을 제시하는 것인 만큼, 종교개혁자를 대표하는 마르틴 루터의 은총론과 중세 가톨릭의 은총론을 간략히 비교하는 것에 초점을 맞추어 이 글의 논의를 이끌어 나가고자 한다.

'오직 성서로! 오직 믿음으로! 오직 은총으로!' 종교개혁의 정신을 압축적으로 보여주는 세 가지의 명제이다. 그중에 "오직 의인은 믿음으로 말미암아 살리라"(로마서 1:17)에 근거하여 구원은 오직 믿음으로 이루어진다는 루터의 주장이 개신교 구원론의 근본이라고 한국교회에 가장 널리 알려져 있다. 하지만, 같은 로마서에서 바울 사도가 분명하게 언급한 것처럼, 루터가 "하나님의 은혜로 값 없이 의롭다 하심을 얻은 자 되었느니라"(로마서 3:24)에 근거하여 '의인화'라는 종교개혁의 핵심 용어를 제시하였음을 우리는 간과하지 말아야 한다. 루터는 중세 가톨릭의 부패가 신앙 행위를 지나치게 강조하는 중세 가톨릭교회 문화와 행위를 통한 구원을 논하는 중세 가톨릭 신학으로부터 기인했다고 판단하였다. 그러므로, 은총에 대한 언급 없이 오직 믿음으로만 외친다면 자칫 믿음이 인간의 행위로 이해될 수 있고, 이는 행위로 인한 구원을 철저하게 반대했던 루터를 비롯한 종교개혁의 정신을 곡해할 수 있다. 이런 측면에서 은총은 루터의 신학에 있어서 어쩌면 믿음보다 더 중요할 수 있다.

사실, 루터에게 있어서 신의 은총이 그토록 중요했던 배경에는 그의 개인적이고 특별한 경험들이 존재한다. 독일 에르푸르트 대학의 법학도였던 루터는 1505년 7월 2일 고향을 방문하고 학교로 돌아가던 중, 들판에서 번개가 바로 옆에 떨어진 것에 놀라 엎드려 외쳤다. "성 안나여, 도와주세요! 수도사가 되겠습니다." 그리고 며칠 후 루터는 정말 학교를 그만두고 어거스틴 수도회로 들어가게 되었다. 그래서인지 루터는 오랫동안 신과 죽음에 대한 두려움 속에 살아갔다. 특별히, 공의롭고 거룩하기에 죄인을 심판하는 하느님은 루터에게 늘 두려운 존재였다. 이 두려움은 루터의 건강을 해칠 정도까지 그를 금식, 고해성사, 육체적 고행에 동참하도록 이끌었다. 그러나 루터는 이런 행위들을 통해서 자신의 죄가 용서될까 기대했지만, 고행 뒤에 따라오는 것은 허무함뿐이었다. 고행의 절정은 로마로 떠난 순례여행이었다. 당시 로마에는 계단 성당이라는 곳이 있었는데, 그 성당의 계단은 예수가 빌라도에게 재판 받을 때 오른 계단을 옮겨놓은 것으로 알려져 있었다. 그리고 많은 순례자들은 그 계단을 무릎으로 기어 오르내리면 죄가 용서된다고 믿었고, 루터 또한 그 고행에 동참하게 되었다. 그런데, 고행 중에 루터의 마음 속에 갑자기 "의인은 믿음으로 살리라"는 로마서 1장 17절의 말씀이 들어왔고, 루터는 그 고행의 헛됨을 깨닫게 되었다.[5] 이 영감은 비텐베르크 대학에서 성서를 연구하며 강화되었고, 루터는 결국 인간은 자신의 행위가 아니라 하느님의 은총에 의해 그리고 그 은총을 믿는 믿음을 통해 구원받는다고 확신하게 되었다. 이러한 확신이 종교개혁운동을 발화시킨 95개조 반박문을 쓰도록 루터를 이끌었을 것이다.

오랫동안 루터를 괴롭혀 온 죄의식과 죽음과 신에 대한 두려움은 은혜로운 하느님을 만나게 되면서 사라지게 되었다. 하느님의 거룩함과 의로움 앞에서 인간은 객관적으로 용서받을 수 없는 죄인이지만, 하느님의 자비가 인간을 의로운 자로 인정해 주는 것이다. 결국, 루터에게 있어서 구원은 은혜로운 하느님의 선물이다. 은총에 대한 루터의 몇 가지 언급들을 살펴보자.

만일 은총이 하느님의 목적 혹은 예정으로부터 임한다면, 은총은 우리의 노력이 아니라 필연적으로 임재할 것이다…더욱이 바울이 여기 로마서와 갈라디아서에서 주장한 대로 하느님이 율법이 세워지기 전에 은총을 약속했다면, 은총은 공로로부터 혹은 율법을 통해서 임재하지 않는다…선인이 고통당하고 악인이 번영하는 일이 어떻게 정당할 수 있는지는 인간 본성의 관점에서 해결될 수 없는 문제이다. 그러나 이 문제는 은총의 관점에서 풀린다. 어떻게 하나님이 자신의 힘으로는 죄를 짓고 죄책감에 빠질 수밖에 없는 사람을 용서하지 않을 수 있는지가 은총의 빛에서 볼 때 풀릴 수 없는 문제이다.[6]

이와 같이 루터의 은총 이해는 구원의 결정 및 주도권이 전적으로 하나님에게 있다는 것을 강조하는 데에 초점이 맞추어져 있다. 그런데 중세 가톨릭교회가 부패해 버린 것이 루터가 은총에 의한 구원신학을 전개한 결정적 배경이 되었다. 이는 당시 교회가 고행 등의 행위 신앙을 신자들에게 강조 내지는 강요했던 사실들을 루터가 강하게 지적하고 비판한 그의 작업들과 맞물려 있다. 이러한 비판적 정신은 종교개혁의 전통이 되었고, 개신교인을 (가톨릭교회에) 저항하는 사람들(Protestants)이라 부른 계기가 되었음을 부인할 수 없다. 하지만, 한편으로 중세 가톨릭교회에 대한 루터의 이러한 지적은 개신교인들 사이에서 가톨릭교회를 단편적으로 이해하는 배경 중 하나이다. 즉, 가톨릭교회는 구원을 하나님의 은총이 아닌 인간의 행위로 생각하며, 일종의 행위의 종교라는 것이다. 하지만, 정말 그러한가?

사실, 루터의 은총론은 전혀 새로운 것이 아니라 중세 후기에 약화된 어거스틴(Augustine of Hippo)의 은총 이해를 재발견하고 재구성한 것이라 평가되고 있다. 어거스틴에게 있어서 하느님은 진리, 완전성, 지선(至善)의 원천일 뿐 아니라 은총의 원천이다. 하느님의 은총 안에서만 인간은 새로워질 수 있다. 어거스틴은 이런 점에서 본성과 은총이라는 두 영역을 신학적으로 분리시켜 인간의 구원을 논한 최초의 신학자라 평가되기도 한다.[7] 어거스틴은 또 구원이 행위가 아닌 은총에 의해 이루어짐을 분명히 하고 있다. "하느님의 도움 없이 우리는 자유의지만으로 삶의 유혹들을 이겨낼 수 없다."[8] 그렇다면, 루터가 비판한 중세 스콜라 신학은 정말 구원이 은총이 아니라 선행에 의해 이루어진다고 주장하였는가? 그런데 스콜라 신학의 정점에 있기에 중세 가톨릭 신학을 대표한다고 할 수 있는 토마스 아퀴나스(Thomas Aquinas)의 은총 이해를 살펴보면 사실 그렇지 않다는 것을 알 수 있다. 아퀴나스는 아리스토텔레스 철학을 바탕으로 신학 체계를 세운 사람으로 잘 알려져 있지만, 보다 정확하게 말하면 그는 아리스토텔레스 철학의 언어로 바울과 어거스틴의 전통을 충실하게 이은 신학적 대가이다.[9] 어거스틴처럼, 아퀴나스도 인간을 자신의 원죄 때문에 하느님의 구원이 절실히 필요한 존재로 간주한다. "아담의 죄가 아담의 후손들에게 육체적으로 전가되는 것처럼, 그리스도의 은총 또한 믿음과 세례에 의해 영적으로 다시 태어난 모든 이들에게 전달된다." 그리고 인간의 구원은 하느님의 은총을 통하여 특별히 그리스도의 부활을 통하여 이루어진다고 아퀴나스는 강조하고 있다. "그리스도의 부활은 신적 힘을 발휘한다. 이제 이 효과는 육체의 부활뿐만 아니라 영혼의 부활에까지 확장된다. 왜냐하면 은총에 의해 영혼이 사는 일과 영혼에 의해 육체가 사는 일이 모두 하느님으로부터 나오기 때문이다."[10] 이와 같이, 구원의 은총과 주도권을 오직 하느님에게만 찾는다는 점에서 우리는 종교개혁을 대표하는 루터와 중세 가톨릭을 대표하는 어거스틴과 아퀴나스 사이에 차이보다는 큰 공감대가 존재함을 발견하게 된다.

그럼에도, 양자 사이에 차이는 존재한다. 어떤 차이일까? 한마디로 말하면, 하느님의 은총과 인간의 본성 사이의 관계를 풀어내는 방정식이 각기 다르다. 루터는 오직 은총으로만 구원된다는 것을 분명히 하고 인간의 행위로는 구원을 절대 받을 수 없음을 강조하기 위해 죄로 인한 인간 본성의 완전한 타락을 주장한다. 이러한 루터의 입장은 그의 논문, "스콜라 신학에 대한 논박"에 잘 드러난다.

17. 인간은 본성적으로 신으로서의 하느님을 원하지 않는다. 대신에, 그는 하느님이 되고 싶어하고 진정한 신인 하느님을 원하지 않는다.

62. 그러므로 인간은 신의 은총의 영역 밖에서 끊임없이 죄를 짓는다. 심지어 누군가를 공격하지 않을 때에도, 악을 행하지 않을 때에도, 화를 내지 않을 때에도 인간은 죄를 짓고 있는 것이다.

76. 신의 은총 없는 율법의 모든 행위는 겉으로는 선해 보이지만, 내면적으로 죄이다. 이는 스콜라 신학에 대한 반대이다.[11]

심지어, 루터는 은총으로 구원받기 전까지 인간에게는 진정한 의미에서 자유가 없다고 주장한다.

"… 가장 고귀한 사람에게서조차 자유롭게 선택할 수도 어떤 것도 할 수 없으며 하느님의 관점에서 의로운 것을 알지 못한다는 것은 분명하다"[12] 반면에, 중세 가톨릭 신학은 인간의 본성이 죄에 의해 완전히 파괴되어 있다고 보지 않는다. 신의 은총을 수용할 수 있는 태생적 능력 혹은 가능성이 인간 본성 안에 존재한다. 아리스토텔레스의 목적론적 세계관을 기독교의 언어로 변화시킨 아퀴나스는 이렇게 말한다. "모든 행위자는 어떤 목적을 위해 활동한다…. 그는 신의 완전함, 예를 들어 신의 선함과 소통하려 한다. 그러나 모든 피조물은 자신의 완전함, 예를 들어 신적 온전함과 선함과 유사한 것을 얻으려 한다." 그러므로, 중세 가톨릭 신학에서 은총은 치유 혹은 성화의 관점에서 이해된다. 즉, 은총은 죄에 의해 병들은 인간 본성을 치유하거나 불완전한 본성을 완전하게 만든다. 아퀴나스는 "성화시키는 은총은 영혼이 신성한 인격을 가질 수 있게 하며… 은총의 선물은 성령에 의해 주어진다"고 말하면서도, "은총의 선물에 의해 인간이 신적 영감에 응답할 수 있다"고 본다.[13]

2. 인간 구원론과 인간 본성론에 갇힌 기독교 은총론

지금까지 우리는 마르틴 루터와 중세 기독교의 은총론을 간략하게나마 비교하면서 양자의 공통점과 차이점을 파악할 수 있었다. 이 과정에서 우리는 전통 기독교(가톨릭과 개신교)가 하느님의 은총을 논할 때 공통적으로 관심을 기울여온 질문을 찾아낼 수 있다: "인간은 어떻게 구원받을 수 있는가?"

가톨릭과 개신교를 막론하고 이 질문에 대한 공통적인 답은 하느님의 은총이다. 은혜롭고 자비로운 하느님이 은총을 통해 인간에게 구원을 선물로 선사한 것이다. 그런데, 이 질문을 좀 더 자세히 들여다보면, 하느님의 구원이 인간에게 초점 맞추어져 있는 것을 발견할 수 있다. 사실, 인간 구원에 대한 관심은 서구 문명사 및 지성사의 흐름 변화로 인해 더욱 강해졌다. 그 변화의 흐름이란 중세 시대를 마감시킨 르네상스 운동(Renaissance)과 종교개혁 운동이다. 르네상스 시대를 기점으로 문학, 미술, 음악 등의 분야에서 인간에 대한 관심이 급증했고, 고대 그리스와 헬레니즘 사상들이 재발견되면서 인문주의(humanism)가 발달되었음은 익히 잘 알려진 사실이다. 종교개혁자들이 교황과 교회의 부패를 정면으로 비판하고, 이에 동조했던 기존의 일부 계급들(왕, 영주, 귀족)과 신흥 계급들(부르주아, 농민)이 세력화하면서 신의 영광이라는 이름으로 기득권을 유지했던 중세의 종교권력(교황과 성직자)이 해체되었다. 어쩌면 종교개혁 신학이 인간 구원에 집중했던 사실은 이러한 역사적 변화에 대한 신학적 응답이라 말할 수 있을 것이다. 사실, 마르틴 루터가 그토록 구원에 있어서 하느님의 은총을 강조했던 것에 개인적 경험이 중요한 배경이었다는 점을 유의해서 볼 필요가 있다. 루터의 삶을 내내 괴롭힌 질문은 "내가 어떻게 구원을 받을 수 있는가?"였다. 이는 루터의 신학이 개인의 구원(의인화)에 집중되어있는 이유를 보여준다.

하지만, 우리는 여기서 이런 질문을 던져 볼 수 있다. "과연 하느님의 은총이 인간의 구원 문제에만 작용하는가?" 이 질문에 많은 사람들이 직관적으로 그렇지 않다고 대답할 것이다. 왜냐하면, 기독교인들이 믿는 신은 구원자이기도 하지만 만물의 창조자이기도 하기 때문이다. 기독교의 하느님은 창세기 1장의 창조기사에서 창조의 하루가 바뀔 때마다 '보시기에 좋았더라'고 언급하며 피조물들을 긍정하는 하느님이다. 공평하고 은혜로운 하느님의 사랑이 인간에게만 갔을 것이라 생각하기 힘들다. 노아의 방주 이야기에서도 마찬가지이다. 왜 하느님은 방주에 노아 가족만이 아닌 동물 가족들도 초청하였을까? 은혜를 입은 자는 노아뿐 아니라 방주에 탄 모든 생명들이다. 방주에서 내린 후에 노아 가족만이 아니라 다른 피조물들과 함께 언약을 맺은 것(창세기 9장 9-10절)도 의미심장하다. 당장 예수가 하느님께서 선인과 악인을 구별하지 않고 해를 비추시고 비를 내리시기에(마태복음 5장 45절) 우리도 원수를 사랑해야 한다고 요청한 말씀이 떠오른다. 이는 은총의 보편성을 말해주는 것이다.

그러나, 앞에서 언급한 대로 루터를 비롯한 종교개혁 신학은 이제 막 발흥하고 있는 인문주의와 같은 시대적 맥락 속에서 발전하였음을 감안해야 하겠다. 근대 시대가 낳은 자아중심주의 혹은 인간중심주의를 비판하기까지는 서구 근대 문명의 발전을 근본적으로 의심하고 회의하게 된 시기까지 기다려야 했다. 이는 20세기 이후 인류가 두 차례의 세계 전쟁을 겪었고, 핵 전쟁의 위협에 직면하였으며, 환경파괴로 인한 생태계의 위기를 깨닫게 되면서 비로소 인문주의와 근대 문명이라는 거대한 패러다임의 어두운 면을 비판적으로 바라볼 수 있게 되었음을 말한다.

이처럼 전통적인 기독교 은총론이 인간의 구원이라는 차원에서만 다루어졌고 그러다 보니 인간의 본성이 중요한 신학적 주제로 대두되었다. 왜냐하면, 인간의 본성을 어떻게 해석하는가에 따라 은총의 성격과 범위가 달라졌기 때문이다. 위에서 살펴본 대로 아퀴나스로 대표되는 중세 가톨릭 신학은 인간의 본성 안에 하느님의 은총을 받아들일 수 있는 잠재력이 존재하는 것에 대해 긍정적이다. 물론, 루터와 같이 아퀴나스도 원죄를 인정하기 때문에, 인간 스스로 그러한 능력을 발휘할 수 있다고 보지는 않는다. 인간을 구원하고 의인화시키는 은총을 인간이 받아들이기 위해 미리 준비시키는 은총이 필요하다. 구원의 은총을 받아들이기 위해서는 그 은총의 초청에 응답하는 인간의 의지가 존재해야 한다고 보는 입장이다. 다시 강조하지만, 그 의지 또한 하느님의 은총에 의한 변화로 응답할 수 있게 된 것이다.

반면에, 루터에게 있어서 인간 본성에는 구원을 향한 가능성과 잠재력이 존재하지 않는다. 왜냐하면, 인간의 죄가 그 본성을 완전히 파괴했기 때문이다. 따라서, 구원의 은총을 준비하는 과정이 불필요하고 가능하지도 않다. 하느님이 의롭다 인정하는 은총은 인간의 본성을 바꾸는 것이 아니라 그의 신분을 바꾸는 것이다. 즉, 죄의 노예에서 하느님의 자녀로 거듭나는 것이며 여기에는 의인화의 은총이면 충분하다.

이와 같이, 은총과 관련한 인간의 본성에 대한 이해를 둘러싸고 중세 가톨릭과 종교개혁 사이에는 차이가 존재한다. 그러나, 이러한 차이에도 불구하고 양쪽 모두 인간 본성론에 관련하여 공통의 한계를 가지고 있다. 그들에게 있어서 인간의 본성은 '타고난' 어떤 것을 지칭한다. 태어날 때부터 갖고 있는 것이다. 그렇다면, 하느님의 창조 행위와 인간 본성을 연결시킬 만도 한데 그러한 시도가 잘 보이지 않는다. 오히려, 본성 전체가 타락했다고 보는 종교개혁 신학의 입장은 물론, 은총이 본성을 온전하게 한다는 보는 중세 가톨릭의 입장 또한 은총과 본성을 분리한 채, 양자의 관계를 생각하는 형국이다. 더구나 인간 본성을 논할 때 그들은 도덕적 선악의 개념을 전제하고 있다. 인간의 본성은 악한 것이기 때문에 구제불능이거나(종교개혁) 은총을 통해 치료받아야 하는 것(중세 가톨릭)이다. 이처럼 인간 본성이 죄와 악에 직접적으로 관련된다라는 것은 그들 모두가 죄의 유전 개념을 통해 원죄라는 기독교 신학의 기초 개념을 제시한 어거스틴 전통에 속해 있음을 보여준다.

그러나, 여기에 다음과 같은 질문들을 던져볼 수 있다. "인간의 본성은 어떤 과정을 통해 형성되었는가?", "하느님의 창조 행위는 인간 본성과 어떤 연관성을 가지는가?", 그리고 "인간 본성에는 도덕성 외에 다른 종류의 본성은 없는가?" 등이다.

이러한 질문들에 답을 하기 위해, 지적되어야 할 점 한 가지가 있다. 인간 본성론에서 '본성'이라는 용어에 해당하는 영어 용어는 'nature'이다. Nature에는 사전적으로 본성, 특징이라는 뜻도 존재하지만, 자연 자체라는 뜻도 있음을 누구나 알고 있을 것이다. 신학적 논의의 맥락이 인간 존재의 본질과 은총의 관계를 논하고 있으니, 'grace and nature'를 '은총과 본성'으로 번역한 것은 올바른 번역이다. 하지만, '은총과 자연'은 안 되는가? 하느님의 은총에 대한 논의가 인간 본성론뿐 아니라 자연 세계 전체로 확대되면 어떠할까?

여기서 필자의 문제 제기를 요약해 보겠다. 중세 가톨릭 신학과 종교개혁 신학이 보여주는 은총론의 분명한 차이에도 불구하고 그들은 구조적인 한계점들을 노출하고 있다.

첫째, 은총의 역할이 죄로부터 스스로 헤어날 수 없는 인간을 구원하는 문제에 집중되고 있다. 반면, 은총이 하나님의 창조나 섭리와 어떤 상관관계를 가지는지에 대한 논의는 상대적으로 적다.

둘째, 인간 본성이 부분 파괴된 것(중세 가톨릭)이거나 완전 파괴된 것(종교개혁)이라는 차이점에도 불구하고 인간 본성은 하느님의 창조 행위보다 인간의 원죄 혹은 도덕적 악과 연관되어 있다.

셋째, '은총과 본성'의 담론에서 본성은 영어의 nature에 대한 번역이다. nature는 자연이라는 말로도 번역될 수 있다. 그러나, 그들의 신학적 용어의 맥락에 따라 본성으로 번역된 것이다. 여기서 우리는 전통적인 은총론의 범위가 은총이 인간 구원에 한정되어 있음을 얼마나 협소한지 다시 확인하게 된다. 즉, 인간 이외의 존재에 하나님의 은총이 관여하는지에 대한 관심을 두지 않는다. 그러므로 전통적 은총론은 인간 구원론과 인간 본성론의 패러다임이라는 장벽 안에서 갇혀 있었다고 평가될 수 있다. 하지만 바로 이 지점에서 종교개혁 500주년 이후, 시의 적절한 현대적 은총론을 이끌어 낼 수 있는 틈새를 발견하게 된다. 앞에서 제기한 질문대로 본성을 자연으로 바꾸어 보면 은총에 대한 새로운 해석의 틈이 생길 것이라 기대해 볼 수 있다. 이 틈새를 통하여 장벽을 허물어 보자.

3. '은총과 본성'에서 '은총과 자연'으로

종교개혁 이후, 근대 시대를 넘어와서도 인간의 본성은 인간 안에 존재하는 고정불변하는 실체(substance)에 의해 규정되었다. 근대사상의 기초를 놓은 프랑스 철학자 르네 데카르트(René Descartes)가 인간을 마음(mind)과 몸(body)이라는 두 가지 실체로 정의했음은 유명한 사실이다. 근대 이전과의 차이점은 인간 본성에 대한 논의에서 신의 역할, 즉 은총에 대한 고려가 제외되었다는 점이다. 인간에 대한 실체론적 이해는 임마누엘 칸트(Immanuel Kant)를 통해 인식론적 전환을 맞이하게 된다. 그렇지만, 칸트가 인식론적 진리의 기준이 되는 선험적 범주들을 자연으로부터 가져온 것 같지는 않아 보인다. 오히려, 물자체(thing-in-itself)에 대한 인식론적 접근은 불가능하다는 칸트의 판단은 인간의 본성과 자연을 더욱 멀어지게 만들었다. 왜냐하면, 인간이 자연으로부터 영향을 받는 것이 아니라 자연(에 대한 지식)은 인간의 기준에 따라 구성되기 때문이다. 인간이 백지상태로 태어나 사회적 경험과 교육에 의해 성장해 간다는 존 로크(John Locke)의 유명한 '빈 서판' 이론은 칸트와 정반대의 결로 인간 본성을 해석하였다. 그럼에도 인간을 자연과 전혀 상관없는 존재로 묘사한 점에서 인간을 자연으로부터 소외시키고 더불어 인간중심주의를 확대해 온 다른 근대사상가들과 궤를 같이 하고 있다.

하지만, 근대 시대는 근대 철학자들의 인간중심주의 확대에 충분히 대항할 만한 세력을 함께 키워내었다. 그것은 자연과학의 발전이다. 여기서 우리의 논의를 위해 자연과학과의 대화가 필요하다는 것을 확인할 수 있다. 이를 통해 '은총과 본성'의 패러다임을 '은총과 자연'으로 바꾸어낼 가능성을 우리는 찾아 볼 수 있을 것이다.

근대 자연 과학 발전의 중요한 순간들은 많았지만, 사상사적 흐름에 혁명적 변환을 가져오는 데에 두 가지의 과학적 발견이 결정적이었다. 하나는 지동설의 발견이고, 다른 하나는 생물 진화의 발견이다. 지구가 태양 주위를 돈다는 사실은 오늘날에는 당연하고도 자명한 사실이다. 하지만, 코페

르니쿠스(Nicolaus Copernicus)와 갈릴레오(Galileo Galilei)가 이 사실을 발견하였을 때, 그 사실을 공표하고 출판하는 것조차 두려워했으며 가톨릭교회로부터 박해를 받았던 사실들은 이 과학적 주장이 미치는 사상적, 문화적 충격이 얼마나 컸는지를 가늠하게 한다. 지구가 더 이상 중심이 아닌 우주관 속에서 인간은 더 이상 세계의 중심이 아니게 되었다. 현대 천문학은 수천억 개의 별로 이루어진 수천억 개의 은하가 존재하는 우주의 광활함을 밝혀내고 있다. 우리가 하느님을 공평하고 사랑이 충만한 존재로 고백한다면, 이제 우주의 창조 이야기를 인간 중심적으로 읽는 일은 재고되어야 한다.

그런데, 인간중심주의에 결정적인 카운터 펀치를 날린 과학적 발견은 진화론의 등장이었다. 영국의 생물학자이자 지질학자였던 찰스 다윈(Charles Darwin)은 비글호를 타고 대서양, 태평양, 인도양을 넘나들며 5년간 모은 방대한 자료들을 다시 10년간 연구하여 1859년 『종의 기원』이라는 진화론의 고전을 출판하였다. 20세기 생물학을 발전시키는 데 공헌한 이론 생물학자 존 메이나드 스미스(John Maynard Smith)는 다윈의 진화 모델을 다음과 같이 간단 명료하게 정리하였다:

1. 생명체들의 개체군(진화의 단위)은 세 가지 특성들을 지닌다:

   ● 번식(한 마리가 두 마리로 늘어갈 수 있다)

   ● 변이(모든 개체들이 똑같지 않다)

   ● 유전(번식하는 동안 비슷한 개체들이 태어난다)

2. 개체 사이의 차이들은 생존과 번식의 가능성에 영향을 줄 것이다. 즉, 차이가 그들의 적응에 영향을 준다.

3. 자연선택의 힘이 존재하는 한 개체군은 변화한다(진화한다).

4. 개체들은 자신들의 적응을 증진시키는 특성을 갖게 된다.[14]

이런 다윈의 진화론 덕택에 다윈 이후의 자연관은 근본적인 변화를 맞이하게 되었다. 자연은 더 이상 고정된 실체가 아니라 역동적 변화의 역사와 메커니즘을 가진 것으로 이해되기 시작했다. 그리고 이 역동적인 자연의 법칙에서 인간 또한 예외가 될 수 없다. 왜냐하면 생물학적 시각에서 볼 때 인간도 자연의 진화 역사의 흐름 안에 존재하는 동물이기 때문이다. 이제 자연과 마찬가지로, 자연 안에 속한 생명체로서 인간의 본성 또한 고정된 실체가 아니라 자연환경과의 상호작용에서 형성되었음을 인정해야 한다. 인간이 가지고 있는 특성들은 변화해 온 환경에서 적응하는 데에 유리하였기 때문이다.

하지만, 생물학의 도전은 단순히 인간이 자연의 세계에 속한다는 것을 언급하고, 자연환경과의 상호작용하는 존재로 바라보는 것에 멈추지 않는다. 인간(영장류)은 진화 역사의 가장 마지막 단계에서 출현한 동물이다. 인간은 생각보다 많은 특징들을 다른 인간 아닌 동물들과 공유하고 있다. 유전자 연구가 발달하여 피그미 침팬지 유전자와 인간 유전자가 98.4%가 같다는 것이 상식화되었다. 유전공학이 발달하기 이전에도 다윈은 그의 두 번째 대표작 『인간의 유래』에서 다음과 같이 언급한다.

> 정신에 있어서 인간과 고등동물의 차이는 아무리 크다고 할지라도 그것은 정도의 차이이지 종류의 차이는 아니다. 인간이 자랑하는 감각, 직관, 그리고 사랑, 기억, 집중력, 호기심, 모방, 이성 등의 다양한 감정들과 기능들은 하등동물들에게서도 초기의 형태로, 심지어 때로는 아주 발달된 상태로 발견될 수 있다.[15]

필자는 여기서 인간 본성을 자연으로부터 이해하는 데에 새로운 도전을 준다고 판단되는 최근에 급성장한 과학 분야를 소개하고자 한다. 그것은 "동물들의 마음에 대한 비교 연구, 진화론 및 생태학적 연구인"[16] 인지 동물 행동학(cognitive ethology)이다. 이 분야는 동물들이 어떻게 사고하고 느끼는지 관심을 가지기 때문에, 동물들의 감정, 정보 처리, 사회성, 도덕성, 문화 등이 연구 주제가 되고 있다. 초기에는 통제된 실험 환경에서 동물들의 행동을 연구하는 것이 주류였다. 하지만, 제인 구달(Jane Goodall)이 침팬지를 자연 환경에서 장기간 연구하여 동물 행동학의 신기원을 이룬 이후에는, 자연환경에서 동물의 행동을 있는 그대로 관찰하고 분석, 연구하는 방법이 더욱 각광을 받고 있다.

그런데, 인지 동물행동학의 연구 주제들을 주의 깊게 살펴보면 놀라지 않을 수 없다. 감정, 이성적 능력, 사회성, 도덕성, 문화 등은 오랜 역사 동안 인간만이 소유하고 있다고 여겨져 왔던 능력들이다. 인지 동물행동학의 연구 주제들은 광범위하고 깊다. 그러므로 여기서는 이 분야의 이해를 돕기 위해 몇 가지 대표적인 연구 사례들을 살펴보도록 하겠다.

1) 인간만이 감정의 동물이 아니다!

인지 동물행동학의 연구들에 따르면, 인간만이 감정을 소유했다고 말할 수 없다. 동물들도 다양한 감정(기쁨, 사랑, 즐거움, 슬픔, 분노, 고통 등)을 가지고 있고 표현할 줄 안다. 동물 관찰의 전문성을 지닌 동물학자들이 아니더라도 동물들의 감정을 읽을 수 있다. 반려동물들을 키워 본 사람은 공감할 것이다. 필자도 강아지를 키울 때 놀아주거나 쓰다듬어 주면 그 강아지가 드러눕기까지 하면서 기분 좋아한 것을 분명히 기억한다. 혼이 나거나 스트레스를 받는 상황이 될 때 슬퍼하는 표정을 짓는다. 심지어 동물들도 그들의 방식대로 사랑을 표현한다.

우리가 '사랑'이라고 부를 수 있는 친밀하고도 지속적인 관계는 수많은 동물들에게서도 나타난다. 베른트 뷔르직이 아르헨티나의 발데스 반도 연안에서 참고래의 구애 행동을 관찰하고 있을 때였다. 암컷 아프로와 수컷 부치가 애무하듯 연신 서로의 앞지느러미를 건드리며 서로를 향해 헤엄치고 있었다. 마치 포옹하듯 앞지느러미로 서로를 붙들었다가 수면 위에 나란히 눕기도 했다….뷔르지깅 부치와 아프로를 따라다닌 한 시간 내내 그 둘은 꼭 붙어 다녔다. 그는 이 둘이 서로에게 깊은 호감을 갖고 있으며 좋은 추억을 간직한 채 함께 헤엄쳐 갔다고 확신하면서 이렇게 반문했다. "이것이 고래의 사랑이 아니고 무엇이겠는가?[17]

2) 동물도 의리는 지킨다

우리는 흔한 말로 부도덕한 행동을 하거나 폭력적인 행동을 하는 사람을 가리켜 '짐승 같다'고 표현한다. 물론, 동물들은 같은 그룹 안에서 서로 공격을 하고 다치게 하기도 한다. 그러나 동물들이 특정한 맥락 없이 공격적 행동을 하지는 않는다. 동물행동학자 및 영장류학자로 유명한 프란스 드 발(Frans de Waal)은 콘라드 로렌츠(Konrad Lorenz)와 같은 초기 동물행동학자의 해석을 비판하면서, 많은 경우에 동물은 공격적 행동 이후에 얼마 지나지 않아 갈등을 해소하는 행동과 화해의 제스처를 보낸다는 사실을 강조한다. 오히려 원숭이, 바분, 심지어 늑대와 같은 많은 동물들은 다치거나 불구가 된 동료들을 지키고 돌본다. 1982년 카리브해의 한 섬에서 관찰된 한 붉은 털원숭이 친족 그룹은 눈이 멀어 버린 한 아기 원숭이를 혼자 내버려두지 않았고, 그 꼬마 원숭이가 위험에 처할 때는 그 그룹의 어떤 원숭이든 그를 보호하였다. 영장류학자 크리스프 보에쉬(Christophe Boesch)는 코트디부아르의 타이 국립공원(Taï National Park)에서 침팬지들이 상처 입은 동료를 위해 "흘린 피를 핥아 없애고, 지저분한 것을 조심스럽게 제거하여 상처 부위에 파리들이 오지 않게 하는" 모습을 관찰 보고 하였다. 보에쉬는 침팬지들의 이러한 행동은 그들이 동료의 상처 입은 것을 인지할 뿐 아니라 그의 고통을 공감한다는 것을 보여준다고 의미를 부여한다.[18]

3) 동물도 자기를 인식한다.

미국 심리학자 고든 갤럽(Gordon Gallup)이 침팬지를 거울에 비추어 자기 인식의 능력을 가지고 있음을 증명한 고전적 연구는 동물에게 '자의식'(self-consciousness)이 존재하는지에 대한 논쟁에 불을 붙였다. 이 거울 실험은 침팬지뿐 아니라, 보노보, 오랑우탄과 같은 영장류부터 코끼리, 돌고래 같은 포유류 그리고 몇몇 조류들도 통과했다. 물론, 이 거울 실험을 통과했다고 해서 그 동물들이 인간과 같은 수준의, 즉 자기를 반성할 수 있는 자의식을 가지고 있는지에 대해서는 여전히 논란의 여지가 있다. 그렇지만, 상당히 많은 종류의 동물들은 자기 자신이 (뛰고, 점프하고, 무리 지어 돌아다니거나 날아다니는 등) 현재 활동하며 느끼고 생각하는 정도의 '자기 인식'(self-awareness) 능력을 갖고 있다. 예를 들어, 개는 후각을 통해 자기의 배설물과 다른 개의 배설물 구분하며, 박쥐는 청각을 통해 자기의 소리가 반향되는 것과 다른 박쥐의 소리가 반향되는 것을 구분한다. 그런데 프란스 드 발은 여기서 한 걸음 더 나아간다. 사회적 관계 안에서 다른 동료 동물들을 통해 자기를 인식할 수 있다. 프란스 드 발은 이를 "사회적 거울"이라 부른다.[19]

4) 동물도 전통을 지킨다

1953년, 교토대 동물학 교수로서 일본 영장류학의 기초를 놓은 킨지 이마니시는 '이모'(고구마의 일본어)라는 이름을 가진 일본원숭이가 모래 묻은 고구마를 물에 씻는 것을 발견하였다. 그러한 영리한 행위는 원숭이 집단에 전파되었을 뿐 아니라 최근의 관찰 보고가 이뤄진 2001년까지 거의 50년 동안 그 행위가 전승되었음이 장기간 연구로 드러났다. 동물행동학자들은 일본원숭이 집단이 '고구마 씻기'라는 복잡하지는 않지만 일종의 문화를 가지고 있는 것으로 해석하고 있다. 문화적 행위라는 판단 근거는 그 행위가 후대에 유전적으로 전달된 것이 아니라 비유전적으로 즉, 부모와 자녀 사이의 교육과 같은 방법으로 후대에 전승되었다는 사실이다.[20] 또, 인류가 문화를 발전시켜 온 배경에서 기술의 발달을 빼놓을 수 없을 것이다. 그런데, 많은 인간 아닌 동물들이 도구를 사용할 줄 안다는 것은 이미 널리 알려져 있다. 인간과 가까운 침팬지뿐 아니라 신세계의 원숭이 중 가장 영리하다는 꼬리감기 원숭이도 돌들을 머루와 망치와 같이 활용하여 견과류 껍질을 깰 수 있다.[21] 최근에 권위 있는 과학잡지인 네이처에 아주 흥미로운 과학 뉴스가 실렸다. 옥스포드 대학의 고고학자 토모스 프로피트(Tomos Proffitt)와 마이클 하슬람(Michael Haslam)은 브라질의 꼬리감기 원숭이가 돌을 깨뜨리는 과정에서 나온 박편들이 고고학자들이 볼 때에도 구석기 시대의 돌도끼와 같은 유물들과 상당히 유사하다는 연구를 발표하였다.[22] 많은 후속연구들을 불리일으킬 만한 의미심장한 연구 결과이다. 우리는 구석기 유물이 의도적으로 발생된 것이 아니라고 생각할 수 있다. 문제는 구석기 유물이 인류 문화의 시초라고 할 때, 이 연구는 문화의 기원에 대해 많은 생각을 하게 한다.

이와 같이 인지 동물행동학을 통해 많은 동물들은 조금 전에 살펴본 문화적 능력과 더불어 앞에서 감정, 사고력, 도덕성과 같은 인간 고유의 본성이라 불렸던 능력들을 공유하고 있음이 드러났다. 이제 이 글의 핵심 과제로 넘어가야겠다. 그것은 과학과의 대화를 통해 기독교의 교리를 재구성하는 일이 될 것이다.

4. 은총은 자연을 통하여
: 탈인간중심적 은총 이해와 관계(타자)중심적 영성

그렇다면 이러한 인지 동물행동학이 어떻게 기독교 은총론의 재구성에 기여할 수 있는가?

첫째, 인간중심주의적 인간 이해에 대한 인지 동물행동학의 과학적 도전을 심각하게 받아들여야 한다. 고대부터 오늘날에 이르기까지 인문학과 신학은 인간이 다른 동물보다 우월하다고 여겨 왔다. 왜냐하면 인간만이 생각할 수 있는 이성의 능력을, 선악을 구분할 수 있는 도덕성을, 자연과 구분되는 문화를 가지고 있다고 믿어왔기 때문이다. 그러나, 동물행동학에서 보여주는 인간 아닌 동물들의 복잡한 감정, 이타성, 사회적·문화적 행동들은 전통적인 철학적, 인간학이 유지해 왔던 인간론, 즉 인간은 다른 동물과 질적으로 구분되고, 여타 동물들보다 우월한 존재라는 주장에 도전을 주고 있다. 해묵은 인간중심주의가 해체되는 순간이다. 다만 이 글은 인간중심주의 해체에 초점이 맞추어져 있기보다, 이러한 탈인간중심주의적 인간 본성에 대한 해석이 은총의 이해에 어떤 새로운 가능성을 열어주는지 살펴보는 데에 주안점을 둔다.

둘째, 전통적 은총론에서 은총과 본성이라는 도식의 변화가 촉구된다. 왜냐하면 위에서 본 것처럼 동물행동학의 연구 결과들은 인간 본성에 대한 기존의 이해에 도전을 준기 때문이다. 인간 본성은 더 이상 인간 자체를 연구하는 것으로 충분히 이해될 수 없다. 수백만에서 수십억 년에 이르는 생명과 자연의 역사라는 큰 프레임 안에서 이해되어야 한다. 이런 맥락에서 필자는 전통적인 기독교 은총론의 프레임인 '은총과 본성'은 이제 '은총과 자연'으로 다시 번역되고 변환될 필요가 있다고 주장하는 것이다.

셋째, 동물행동학의 관점에서 볼 때, 인간의 본성은 다른 동물들을 통해 형성되었다고 말할 수 있다. 인간의 특성들이 다른 동물들과 다른 점 없이 독특하지 않다는 이야기가 아니다. 무슨 말인가 하면, 복잡한 능력들 즉, 감정, 사회성, 도덕성, 문화적 능력을 가진 인간 아닌 사회적 동물들이 생명 진화 역사의 흐름 속에서 볼 때 인간보다 먼저 출현해 왔고 인간 종은 그 능력들을 유산으로 받았다고 말할 수 있다. 이는 특정 종의 능력이 인간의 능력에 직접적으로 대응하거나 유전되었다는 뜻은 아니다. 이는 진화론적으로 불가능하다. 그러나 인간과 가까운 포유류와 영장류의 광범위한 종들에게서 다양한 종류의 감정들, 사회적 행동들이 관찰된다는 것은 그러한 능력, 행동들을 발달시켜 온 그들의 진화 역사가 없었다면 현재 인간의 감정, 사회성, 도덕성, 문화적 능력은 존재할 수 없었음을 반증해 주고 있다. 그러므로, 인간은 인간 아닌 다른 동물들에게 빚을 지고 있다고 말할 수 있다. 이제 본 글에 있어서 결정적인 질문이 제기되어야겠다. 우리가 동물들의 빚을 지고 있음을 신학적으로 신의 은총으로 표현할 수 있을까?

넷째, 필자는 인간이 인간 아닌 동물들에게 빚을 지고 있는 것을 하느님의 은총이라 말하고자 한다. 이를 위해 '은총과 본성'에서 전환된 '은총과 자연'의 패러다임은 '은총은 자연을 통하여'라는 명제로 보다 구체화되어야 한다. 그리고 이 글의 맥락에서 '자연'은 '동물'로 치환될 수 있다. 이러한 패러다임 전환에서 기독교 은총론의 무대는 구원론의 한계를 벗어나 창조론까지 확장될 수 있다. 물론, 전통적인 은총의 신학은 구원의 주도권과 결정권이 하느님에게 속한 것임을 분명히 한 공헌을 하였다. 특별히, 루터를 비롯한 종교개혁자들이 행위로 인한 구원, 공로 신앙으로 변질된 중세 후기 가톨릭을 비판하여 기독교 신앙과 신학을 개혁해낸 일은 우리가 꼭 기억하고 지켜가야 할 전통임은 분명하다. 그러나, 중세 가톨릭 신학뿐 아니라 개신교 신학은 은총론을 인간 본성의 문제와 결부시킴으로 은총의 영역을 인간 구원으로 축소시켜 버렸다. 이제 은총론을 '은총과 자연'의 틀로 새롭게 바라본다면 하느님의 은총은 인간 존재를 넘어 창조 세계의 피조물 전체로 확대될 것이다. 창세기가 고백하고 있듯이, 하느님의 창조 대상이 인간만이 아니지 않는가? 기독교 신앙에서 하느님의 만물을 창조하는 행위는 신적 사랑의 표현으로 이해된다. 그리고 현대 생물학이 밝혀낸 아주 오랜 세월 동안의 생명 진화 역사와 유기체들의 복잡한 양상들은 신학적으로 하느님의 끊임없는 (혹은 지속적) 창조로 이해될 수 있다. 그러므로, 하느님은 생명이 출현할 수 있도록, 그리고 각 생명체들이 생존, 적응, 번성할 수 있도록 섭리하고 은총을 베푼 것이라고 우리 기독교인들은 고백할 수 있다. 특별히 동물 행동학의 연구 결과들을 참고한다면, 특정 종의 특성들이 하늘에서 떨어지듯 갑자기 출현한 것이 아니라 어떤 특성과 행동은 다른 종들이 지나온 생명의 역사라는 배경을 가지고 있음을 우리는 인정할 수밖에 없을 것이다. 위에서 살펴보았듯이, 이러한 자연의 법칙은 인간의 본성에서도 마찬가지이다. 그렇다면, 우리는 창조의 하느님이 다른 동물들을 통해 인간을 창조한 것이며 하느님이 창조의 은총을 다른 동물들(자연)을 통해 인간에게 베푼 것이라 고백할 수 있다.

이제 이 글을 마무리 할 때가 되었다. 이 글의 시작 부분에서 제기한 문제로 돌아가 보자. 종교개혁 500주년을 맞이하는 한국교회와 한국 사회 모두 불의하고 부패하여 광범위하고도 근본적인 개혁을 필요로 하고 있다. 그렇다면 본 글이 제시한 '자연을 통한 은총'은 이러한 한국교회와 한국 사회의 형국을 극복할 만한 대안이 되는가를 다시 물어야 할 것이다. 앞에서 필자는 한국교회와 한국 사회가 가지고 있는 문제들의 근본적인 원인으로 나 외에 타자를 배려하고 존중하지 않는 즉, 생명 경시의 가치관, 인간관, 생명관을 제시하였다. 그러나 만일 나의 이웃 존재들이 나라는 존재를 형성하는 데에 결정적인 역할을 해 왔다는 존재론적 사실을 직시하고 깊이 깨닫는다면 나 이외에 다른 이들을 나의 경쟁 상대로, 내가 배제시켜야 할 대상으로만 보기는 힘들 것이다. 오히려 타자 없이는 내가 존재할 수 없기 때문에 나는 그 타자에게 빚을 진 것이고 그 타자에 대하여 고마운 마음을 가지게 되는 것이다. 그리고 그 감사함으로 인해 나는 이웃 존재를 진정으로 존중하게 된다. 필자는 여기서 동물행동학과의 대화를 통해 인간 아닌 동물들도 우리의 이웃 존재의 대상임을 말하고자 하였다. 그리고 나라는 존재가 가진 많은 특성들은 길고 긴 창조의 역사 속에서 다른 동물들에게 빚을 지고 있다. 그들 덕분에 현재의 내가 존재할 수 있고, 그러하기에 나는 자연세계의 다른 존재들에게 감사의 마음을 가져야 마땅하다. 그리고 이것은 신학적 관점에서 하느님의 은총으로 해석될 수 있다. 과거에는 인간의 본성을 은총과 대립적인 구도에서만 보았다. 그러나 인간의 본성조차 자연으로부터 온 것임이 밝혀졌고, 그 자연의 역사가 하느님의 계속된 창조라고 해석된다면, 인간은 자신의 존재 형성이라는 근본적 조건부터 하느님의 은총을 받은 것이다.

혹자는 이웃을 존중하는 정신을 회복하기 위해 굳이 동물과 인간의 관계까지 고려해야 하는지 의문을 제기할 수 있다. 우리 사회에 시급한 과제가 사람을 먼저 존중하는 것이라 말할 수도 있고 사람을 존중하는 일도 어려운

데 동물까지 존중하는 일이 가능하겠나 하는 의문을 가질 수 있다. 하지만, 이는 어떤 윤리적 선택의 문제가 아니다. 타자들, 특별히 자연으로부터 소외된 현대사회에서 거의 잊고 지내는 자연 속의 다른 생명체들이 우리 인간의 존재 조건이 되는 것을 필자는 보여주려 하였다. 내가 다른 동물들을 존중하는 것의 여부와 상관없이 나를 규정하려면 인간 아닌 동물들의 존재를 부인할 수 없다. 우리도 모르는 사이에 우리들은 엄청난 생명 역사의 부채를 안고 태어난 것이다. 존재의 이유를 타자에게서 찾는 시도! 이것이 관계중심적 존재 이해이다.

한편, 그 근본적 배후에는 서로에게 연결되어 있고 서로에게 의지할 수밖에 없도록 생명의 세계를 이끌어 오신 하느님의 사랑과 은총이 존재한다. 이것이 서로에게 감사할 줄 모르고 서로를 존중하지 않는 오늘의 상황에서 필요한 새로운 은총 이해이다. 필자는 이러한 은총의 하느님을 우리 기독교인들이 꼭 발견하고 고백해야 한다고 믿는다. 이러한 은총의 신앙 안에서 우리는 자연을 보며, 다른 생명들을 보며, 그들이 나에게 남겨준 생명의 유산들로 인해 그들에게 감사할 수 있게 된다. 그리고 그 뒤에 계신 창조주 하느님을 찬양하고 그분께 감사를 드릴 수밖에 없다.

이러한 관계중심적 존재 및 은총의 이해는 우리들을 관계중심적 영성으로 초대한다. 물론, 존재가 관계론적으로 구성되어 있음을 기술하는 일과 우리가 관계중심적으로 살아가는 일은 구분될 필요가 있다. 이런 점에서 전통 기독교가 발전시켜 온 의인화의 은총과 성화의 은총 이해는 여전히 필요한 신학이고 신앙이다. 다만, 필자가 제시한 대로 우리가 하느님의 은총이 자연을 통해 베풀어진다는 진리를 깊이 받아들인다면, 인간중심적이고 구원중심적이었던 전통 은총론의 한계를 극복할 수 있다. 더불어 생명 세계와 인간 본성까지도 관계중심적으로 바라본 은총론은 기존의 의인화와 성화의 교리도 새롭게 해석해야 하는 과제 또한 우리에게 주고 있다.

그동안의 기독교 구원론, 특별히 종교개혁 이후의 구원론은 '나'라는 개인이 어떻게 구원받는가에 관심을 기울여왔다. 이는 근대 이후 서구 역사에서 개인주의가 발달한 역사와 맥을 같이한다. 공동체의 행복과 사회의 개혁은 개인의 구원과 점점 무관하게 되어버렸다. 개인주의적 구원은 결국 현대 자본주의와 만나면서 오늘날 개인이 누리는 세상적 축복을 구원과 동일시하는 번영신앙이 득세하고 있다. 이제 새롭게 구성된 은총론을 통해 우리는 관계중심적, 타자중심적 영성으로 나아가야 한다. 한국교회와 한국 사회가 안고 있는 문제들을 해결하기 위해 우리의 신앙적, 영성적 패러다임이 근본에서 바뀌어야 한다. 잘 생각해 보자. 우리가 인간 아닌 동물들, 더 나아가 작은 미물들까지 생명 세계의 존재들을 우리의 이웃으로 받아들이고, 그들에게 고마워하며, 그들을 진심으로 존중한다면, 인간 생명을 소중히 여기고, 이웃들에게 감사하며, 함께 잘살고 행복할 수 있는 길을 고민하는 일은 더욱 쉽지 않을까? 다른 생명들이 나의 일부라면, 그들을 존중하고 사랑하는 일을 지속하다 보면, 그 존중과 사랑은 나에게 돌아올 것이다. 탈인간중심적 은총 이해 속에서 관계중심적으로 살아가는 영성이 종교개혁 500주년에 부끄럽지 않게 한국교회를 개혁하고 한국 사회를 생명 존중의 사회로 변혁하는 일을 앞당기게 되기를 기대해 본다.

이 성 호_ 명지전문대 교목

05

종교개혁의 포스트휴먼

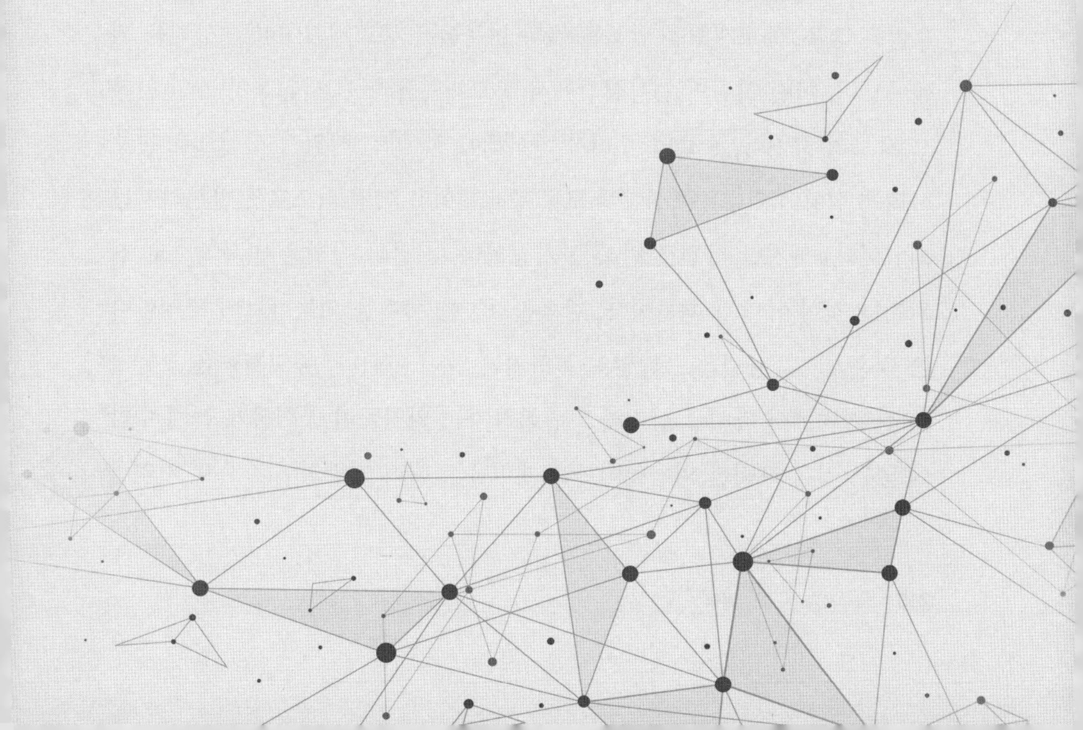

1. 종교개혁은 500주년을 거부한다

종교개혁은 단지 중세 서구의 '종교'를 개혁한 것이 아니었다. 종교개혁은 서구 사회를 재설계(re-formation)했다. 그런 의미에서 종교개혁을 "대혁명"으로 불러야 한다는 사사키 아타루의 주장은 의미 있게 다가온다. '대혁명'이란 곧 이전 시대와의 단절을 전제로 '종교개혁'을 조명하는 것이다. 그 단절은 이전 시대에 대한 부정이 아니라, 이전에는 생각되지 않았던 새롭고 창조적인 그 무엇이 바로 여기에서 시작되었음을 말하고자 하는 것이다. 본고는 바로 이런 상상력의 일환으로 종교개혁을 포스트휴먼이라는 상황과 연관하여 조망해 보고자 한다.

많은 경우, 종교개혁을 말하는 글과 논문들은 종교개혁이라는 사건을 되돌아보며, 어떤 일련의 연장선상에서 종교개혁을 어떤 시원적인 것의 반복으로 보려 하거나, 오늘날 우리가 반복해야 할 어떤 시원적 사건으로 간주하려는 성향이 있다. 두 성향들 모두 종교개혁을 어떤 식으로든 반복하자는 외침이다. 하지만 사건은 반복 불가능하다. 시간과 상황은 반복적으로 겹쳐지는 것이 아니기 때문이다. 반복불가능한 사건을 되돌아보며 조명한다는 것은 곧 그 사건을 오늘날 반복하자는 말이 아니다. 종교개혁을 오늘날의 상황 속에서 다시금 상기하고 반복하자는 외침들이 공허하게 들릴 수밖에 없는 것은 그러한 외침들이 종교개혁을 절대적 영광의 시간으로 기억하

며 반복하려 하거나, 종교개혁(혹은 초대교회 사건)을 혁명의 원형으로 삼아 그
것을 반복하고자 하기 때문이다. 이러한 시선의 전제는 곧 역사의 힘을 이
분법적으로 조망하려는 시도의 반복이다. 즉 기존 체제와 그에 대한 저항을
통해 역사의 사건들을 조망하려는 시도 말이다. 그래서 기존 체제를 보수하
고 개혁하려는 진영은 '보수', 기존 체제를 넘어 새로운 질서의 창출을 도모
하는 진영은 '진보'의 갈라짐이 존재한다. 본고의 요점은 그러한 힘에 대한
이분법적 이해에 의문을 던지는 것이다. 오히려 힘은 오직 하나이며, 이 힘
의 "존재는 언제나 사건으로 표면화"[1]될 따름이다. 본래부터 힘은 무엇에 대
한 저항이 아니라, 힘 스스로 기존의 배치를 벗어나 새롭게 조직화하는 힘
이다:

> 힘이란 자리에서 일탈해서(being out-of-place) 스스로 반복에 위임된 항에 집중
> 하는 것에 다름 아니다. 이런 방식으로 힘은 반복의 작동 방식을 막히게 하
> 고 그 법의 파괴를 가능하도록 작용한다. 낡은 일관성이 그저 미끄러짐을 처
> 방해 주던 자리에 대신 우리는 그 자리를 초과하는 순수함을 통해서 일어나
> 는 방해를 발견하게 된다. 이것이 힘의 역사이다.[2]

즉 힘은 "반복가능한 것으로부터 분리되어 비-반복되는 것으로 존재하는
것"[3]이다. '보수'란 이러한 힘의 흐름을 역으로 만들어, 힘을 결여의 반복으
로 만들어 가는 것이다. 즉 힘의 존재가 사건으로 표면화되는 것을 반복으
로 조망토록 하고, 이를 결여의 반복으로 은폐하는 것이 바로 체제의 연산
이다. 하지만 힘은 본래가 기존의 것을 움켜쥐고 지키는 힘이 아니라, 기존
의 자리에서 이탈해 나가는 힘이다.

역사를 움직이는 힘은 보수도 진보도 아니다. 힘은 언제나 '자리를 이탈

해'(being out-of-place) 나가고자 한다. 힘이 발휘되는 상황과 조건들이 변화하고 있기 때문이다. 데리다는 그의 유명한 개념--그는 개념이 아니라 하지만--'차연'(différance)을 통해 이 힘의 구조적 가능성(structural possibility)을 표현한다. '구조적 가능성', 그렇다. 프랑스 철학자들은 사회와 문화를 구조 혹은 텍스트로 보았다. 차연이란 그런 구조나 텍스트 속에서 지속적으로 기표들의 차이와 지연을 만들어 나가는 힘을 그렇게 불렀다. '종교개혁의 포스트휴먼'이란 본고의 제목은 종교개혁이 포스트휴먼의 그 어떤 전조를 담고 있다거나, 포스트휴먼은 종교개혁의 정신을 온전히 승계하는 운동이라거나의 이야기를 전혀 의미하지 않는다. 오히려 종교개혁과 포스트휴머니즘은 전혀 무관한 운동이다. 하지만 이 무관함은 무/관함으로 관계를 맺는다. 말장난으로 들리겠지만, 그 둘이 무/관하기 때문에 오늘 우리는 그 무/관계 속에서 새로운 의미를 채근한다. '연관성'을 찾아 의미를 부여하는 과정은 늘 '동일성'(identity)의 전략에 갇히기 마련이다. 즉 유유상종의 법칙을 따라, 서로 친화력이 있는 부분들을 묶어 종교개혁은 포스트휴먼을 이렇게 전조하고, 포스트휴먼은 종교개혁을 이렇게 승계한다는 식의 논리가 바로 이 동일성의 전략일 것이다. 본고는 이런 담론의 전략을 거절하고, 차연의 전략을 따른다. 힘의 역사는 '차연'(différance)의 힘으로 존재한다는 것이다.

따라서 본고의 '포스트휴먼'은 종교개혁으로부터 포스트휴먼의 씨앗을 보고자 하는 것이 아니다. 이미 포스트휴먼의 흐름들은 우리 시대 속에 진행되고 있다. 종교개혁의 포스트휴먼이란 종교개혁이 취한 이탈과 분리의 몸짓을 상기하고, 오늘의 이탈과 연대하는 과거의 몸짓을 오늘의 시각에서 재구성하고자 하는 것이다. 종교개혁와 포스트휴먼을 함께 거론하는 이유는 그 둘이 담지하고 있는 '차연의 구조'(structure of différance) 때문이다. '이미' 차연(差延)이라는 말에서 예감할 수 있듯이, 본고는 결코 '종교개혁'이라는 기표의 기의 즉 원사건에 도달하지 않는다. 오히려 그 원사건은 그를 가리키는 기표들의 연쇄 속에서 끊임없이 살아가는 것이며, 오히려 저자의 죽음을 선포한다. 즉 원사건으로서의 종교개혁은 없다는 것이다. 마찬가지로 '포스트휴먼'이라는 기표를 통해 확인 가능한 원사건으로서 포스트휴먼은 없다. 단지 그 기표들이 구성하는 구조의 네트워크 속에서 끊임없이 기의(the signified)를 가리키는 기표들의 차이(differing)와 지연(defering)이 일어나, 텍스트의 네트워크가 끊임없이 살아 약동하게 할 따름이다. 따라서 '종교개혁의 포스트휴먼'은 종교개혁이 이미 '포스트휴먼' 시대를 예언자적인 통찰력으로 예고했다는 말이 아니다. 오히려 오늘의 눈으로 '종교개혁' 속에서 포스트휴먼의 몸짓들을 재구성하자는 것, 그것은 종교개혁과 오늘의 운동을 연속선상에 올려놓고 연결하자는 것이 아니라, 그때 종교개혁의 단절의 몸짓을 오늘 우리가 필요로 하는 단절의 몸짓으로 재구성하자는 것, 그래서 우리 시대 포스트휴먼이라는 인간에 대한 새로운 이해의 과제는 우리에게 '단절'과 '극복의 과제'를 안겨준다는 것을 성찰하고자 한다. 우리가 기존에 이해하고 있었던 '인간이란 무엇인가'로부터의 단절, 그리고 지금껏 생각해 보지 못했던 방식으로 인간을 사유해야 하는 지적 모험에 대해서 말하고자 한다는 말이다. 따라서 본고는 '종교개혁'이라는 사건을 어떻게 본래적 재구성할 수 있는가를 묻지 않는다. 단지 사건적으로 어떻게 사유할 수 있을 것인가를 사고 실험(thought experiment)할 것이며, 종교개혁과 포스트휴먼을 묶는 역사적 힘은 저항과 이탈이라는 점을 설명할 것이다. 따라서 종교개혁 500주년을 말하면서, 오늘 우리의 시대에 종교개혁과 연속적인 어떤 행사를 기획하는 것은 종교개혁이라는 '사건'이 가져온 혁명적 단절, 분리, 이탈 그리고 그를 통해 새로운 역사의 창출을 송두리째 부인하는 몸짓이 될 위험이 크다. 그것은 500주년 같은 기념일이 아니었고, 새로운 시대의 창조였다. 물론 종교개혁의 주창자들이 결코 새로운 시대의 창조를 의도한 것은 아니었다. 그들은 단지 개념의 창조를 시도했을 뿐이다. 왜냐하면 낡은 개념으로는 다가오는 시대를 더 이상 감당할 수 없었기 때문이다. 오히려 역사의 여러 혁명들을 일관성 있게 엮어낼 수 있는 '공통의 분모'는 역사 안에 존재하는 것이 아니다. 그것은 언제나 그들이 존재하고 있는 역사적 매트릭스 바깥으로부터 새롭게 창출되는 것이고, 그래서 언제나 500주년 같은 기념일로 존재할 수 없는 것이다.

2. 인간의 존재론적 구별에 대한 저항과 일탈로서 종교개혁

종교개혁이 시도한 혁명은 무엇인가? 그것은 바로 '인간의 존재론적 구별에 대한 거절'이다. 인간이 존재론적으로 구별되어 존재한다는 것, 즉 존재론적으로 혹은 질적으로 왕족, 귀족, 평민, 농노 등으로 구별되어 존재하는 것이 아니라, 모든 인간은 하나님 앞에서 동등한 죄인이라는 선포, 바로 이것이 종교개혁의 혁명성이다. 이는 'sola gratia', "오직 은혜로만"이라는 말로 번역되는 종교개혁의 3대 모토들 중 하나에 드러난다. 오직 은혜로만? 그게 무슨 혁명적 발상이라고? 그렇다. 하나님의 은혜는 오직 하나님의 은혜로만 주어지는 것이지, 그 은혜를 받기 위한 사제의 매개는 전혀 필요없다는 발상. 사제의 축사를 통해 하나님의 은혜가 죄인에게 전해진다는 사유 속에 사제가 특별한 '신-인' 같은 존재라는 주장은 담겨있지 않지만, 그들은 하나님의 은혜를 찾아오는 죄인들과는 구별된 특별한 매개 즉 하나님의 은혜를 담아 전달하는 성스러운 그릇이 되었다. 그것이 사제와 신도 사이의 존재론적 구별을 야기하고 있었다. 물론 사제는 신-인이고 신자는 은혜를 필요로 하는 죄인이라는 구별이 그 양자를 서로 질적으로 다른 인간으로 만든 것은 아니었다. 하지만 사제와 신자들 사이에 놓인 구별은 단지 개념적인 것이 아니었다. 사회적 삶 속에서 그것은 실재였고, 현실이었다.

오직 성서로만(sola scriptura)도 마찬가지이다. 종교개혁 이전까지 독일어로 번역된 성서가 전혀 보급되어 있지 않았기 때문에 성서 텍스트에 접근할 수 있는 사람은 라틴어 교육을 받고 읽기 훈련을 한 사제들밖에 없었을 것이다. 성서의 텍스트는 그 스스로 인간에게 말을 건네며, 이 텍스트를 만나는 직접적 경험이 하나님의 은혜를 가져올 수 있다는 발상은 지금도 혁명적이다. 오늘날 한국교회에서 행해지고 있는 성경공부 교재를 서점에서 만나보라. 성서를 사제나 목사의 안내 없이 읽는 것에 대한 두려움이 면면히 행간에 배어들어 있는 것을 알 수 있다. 말이 '성경공부'이지, 사실은 성경 암송을 위한 지침서에 지나지 않는다. 그 성경공부 교재들은 사실 성경을 공부할 수 있도록 하는 보조 도서가 전혀 아니다. 오히려 정해진 틀과 궤도를 따라 성서를 읽는 변칙이 발생하지 않도록 무척 상세하고 구체적으로 텍스트를 읽는 법을 주입하고, 그리고 주어진 텍스트를 반복해서 적고 그리고 자신의 말로 번역해서 적도록 강요하는 교재들이다. 따라서 역설적으로 '성경공부 교재'를 통해서 우리는 결코 '성경공부'에 도달하지 못한다. 성경을 직접 공부하려는 지성들에 대한 한국교회의 두려움이 너무 크기 때문이다. 그런데 종교개혁은 사실 성서 텍스트를 사제의 안내 없이 읽을 수 있다는 선포였다. 중세 시대 평신도들을 위한 언어로 성서를 번역하지 않은 것이 신자들을 억압하기 위한 통치의 수단이었던 것만은 아니다.

결과적으로 그렇게 된 것뿐이지, 사실 그 의도는 그런 정치적이거나 권력적인 것이 전혀 아니었다. 훈련받지 않은 영혼들이 텍스트를 읽고 해석적으로 오남용할 위험에 대한 두려움이 컸었던 탓이다. 오늘날 대한민국에서 우리는 상당히 여러 종류의 사이비-기독교를 보게 된다. 이는 소위 정통 교단의 교회들에서도 마찬가지이다. '성서'를 자기 멋대로 아전인수격으로 해석하고는 그것만이 하나님의 진리에 대한 올바른 해석이라고 우기고 강요하는 삯꾼 목자들이 비일비재하지 않은가? 신천지와 같은 이단들이 활개를 칠 수 있는 것은 기존 정통 교회의 목회가 이미 사이비 수준에 상당히 근접해 있기 때문이다. 이러한 예들은 성서를 직접 아무런 훈련 없이 신자들에게 제시한다는 것이 갖는 위험성을 바로 알려준다. 그래서 성서를 평신도가 읽을 수 있는 수준의 언어로 번역하고, 그 해석을 독점하지 않는다는 것은 곧 교회가 평신도들을 위한 교육과정에 소홀하면 안 된다는 것을 의미한다. 그럼에도 불구하고, 텍스트의 해석의 권리를 특정 지식권력층에 속하는 성직자 계층이 전적으로 독점해서는 안 된다는 '오직 성서로만'(sola scriptura)의 정신은 바로 하나님의 은혜 앞에서, 그리고 성서 텍스트 앞에서, 모든 인간은 하나님의 은혜를 필요로 하는 죄인이라는 생각과 맞물려 있었고, 이는 곧 기존의 성직자와 평신도 간의 신분적 장벽을 뿌리에서부터 부정하는 결과를 가져왔다.

그 어떤 인간적 혹은 문화적 매개 없이 하나님을 직접적으로 만날 수 있거나 성서를 직접 읽을 수 있다는 '발상'이 사회 전체적인 저항의 몸짓으로 결집되기까지 사실 많은 선행 역사들이 있었다. 인간의 언어로 표현된 하나님을 넘어 '신성'(die Gottheit)을 이야기했던 에카르트의 개념은 중세 내내 이어진 여성 신비자들의 체험들이 차곡차곡 쌓여 이루어진 개념적 변혁의 산물이었다. 여성 교육이 전무한 사회적 현실에서 여성들은 성서를 읽고 해석하는 체험을 통해 하나님을 만나기 어려웠다. 하지만 그들은 하나님을 자신들의 몸과 감성으로 직접 체험하고 있었다. 그래서 그들은 문자를 통한 간접적 경험보다 몸을 통한 직접적 신앙 경험을 통해 하나님을 증언했고, 이들의 신비주의적 체험은 이후 낭만주의와 경험주의로 나아가는 길을 닦았다. 문자를 교육받은 고등지성의 남성 성직자들이 주장하는 신학적 개념이나 이론보다 몸과 감성을 통한 직접적 경험으로서의 신앙을 중시하는 이 중세 여성 신비주의자들의 신학은 하나님의 직접적인 은혜를 강조하는 루터의 신학을 낳는 전조가 되었다. 말하자면, 언어를 넘어 직접적인 체험을 통해 하나님을 만날 수 있다는 중세 신비주의의 체험주의는 결국 하나님의 은혜를 인간의 제도적 장치의 매개를 통하지 않고 직접 만날 수 있다는 급진적 발상으로 나아갈 수 있었던 것이다. 그것은 매 시대를 구조화하고 있는, 푸코의 말처럼, 지적 에피스테메나 혹은, 찰스 테일러의 말처럼, 사회적 상상(social imagery)의 '구멍'(hole) 혹은 '결함'(lack)을 지적하는 불규칙적인 몸짓들이 일구어낸 저항이다. 그것은 곧 인간이 제도적으로 일구어내려는 '진보'의 역사는 결국 '억압의 구조'로 회귀하고 만다는 역사적 경험과 그러한 도착적 회귀의 운동 아래에는 언제나 그러한 역사와 제도의 도착과 부패를 깨뜨리고, 그 백과사전적인 체제 질서의 결함과 구멍을 가리키는 비역사적인 그래서 불법적인 몸짓들이 있음을 조망하면서, 보장되지 않은 미래의 도래를 위해 자신을 던져 새로운 개념의 창조를 도모하는 반합리적 예감 사이의 이중주(duo)이다. 종교개혁은 지적 개념들과 신학적 체계들이 아니라, 그 "몸짓"을 통해 하나님의 은혜가 직접 작용한다는 저항적 선포였고, 이는 근대 시민권 개념 형성에 지대한 영향을 미쳤다. 그것은 곧 못 배우고 글자를 모르는 영혼에게도 하나님의 은혜가 직접 임한다는 그렇기 때문에 사제가 하나님의 은혜를 대신하는 자리를 차지해서는 안 된다는 저항의 몸짓이고, 이 저항의 몸짓이 근대 시민권 운동을 통해 내내 일어났던 것이 근대의 역사 아닌가.

3. 종교개혁은 대혁명이다: 개인과 인권의 등장

서구 근대 문명의 가장 큰 공헌은 '인권'(human right) 개념의 창출이다. 생명이 소중하다는 의식은 인간이 사회적으로 삶을 유지하면서 거의 모든 문명권에 공유된 생각이었지만, 그 '소중함'의 단위가 존재한다는 생각은 거의 하지 못했다. 사실 '가부장제'(patriachy)를 우리는 억압의 제도로만 인식하는 시대를 살아가지만, 그 시절 가부장제는 어쩌면 그 아래 모든 가솔들을 지키고 보호하기 위해 협동하는 생존의 단위였는지 모른다. 그러던 가부장제가 제국의 시대 이후, 억압의 제도로 도착되면서, 새로운 개념이 필요했다. 물론 새로운 개념이 필요하다는 의식적 생각 때문에 개념적 혁명이 창출된 것은 아니었다. 모든 설명과 사족은 어차피 추후의 생각(after-thought)이어서, 미네르바의 부엉이는 황혼이 지면 날아오른다는 헤겔의 이야기처럼, 뒷북이기 마련이다. 절박한 각각의 시대를 살아가는 개체들은 어쩌면 시대와 흐름을 잘 알지 못한다. 의식을 지닌 인간이 자꾸 시대와 역사의 패러다임 등을 말하는 이유는 바로 그것을 각자의 삶의 자리에서 알 수 없기 때문일 것이다. 다만 과거를 반복적으로 패턴화하여 학습함으로써, 이 시대를 어떻게 파악하고 반응할 것인지를 직감할 따름이지만, 우리가 오늘 내리는 결정이 그 직감에 맞을 것이라는 보증은 어디에도 없다.

종교개혁은 그 시기 어간을 살아가던 사람들이 필요를 직감하던 필요한 개념적 변화를 창출하였다. 하나님 앞에서 모든 인간은 회개를 필요로 하는 죄인일 따름이다. 모두가 하나님의 은혜가 필요하다. 그리고 그 은혜는 사제의 매개를 통해서 작동하는 것이 아니라, 하나님의 은혜가 직접적으로 각 신자에게 작용한다는 것. 사도 바울의 하나님의 은혜 개념을 통해 루터는 자신이 속한 중세 가톨릭 구조의 모순을 넘어설 대안을 발견했고, 그러한 필요성에 공감한 많은 사람들이 동조하면서, 서구 문명의 구조가 이제 근본적으로 바뀌게 된 것이다.

물론 모든 인간은 하나님 앞에서 평등하다는 생각이 루터의 발명품은 아니다. 이는 고대 구약 시절부터 유대교 신앙에 담겨 있던 생각이지만, 그것이 문명의 근간을 바꾸는 획기적인 개념의 발명으로 이어지게 된 계기는 종교개혁이었다: 자유, 평등, 박애. 이 이념들의 토대는 바로 각 인간의 평등이었다. 그 이전 사람들이 살아가는 세계에서 '평등'(equality)은 그들의 사회적 상상(social imagery)에 존재하지 않았다. 근대 서구 문명의 등장 이전, 모든 사회는 신분적으로 위계가 정해진 사회였다. 누구는 왕족으로 혹은 귀족으로, 누구는 평민으로 그리고 누구는 노비로 태어나면, 그 신분이 그 사람의 존재론적 질서를 의미하던 세상에서, 사람 혹은 인간이라는 이유만으로 모두가 다 똑같다거나 평등하다는 말은 곧 사회질서를 송두리째 뒤집어 엎는 불온하고 위험한 발상이다. 그래서 '하나님 앞에서 모두가 똑같이 죄인이다'는 종교개혁의 선포는 혁명의 불씨를 담지하고 있는 것이다. 바로 이 발칙한 발상에 근거해서, 근대 시민사회의 왕조들은 하나님이 내려주신 신성한 권력을 대리하는 교황에게 맞설 수 있었다. 똑같이 죄인인 사람들 중에 교황만이 예외일 수는 없다는 생각도 포함되기 때문이다. 루터의 칭의론, 즉 모든 사람은 하나님이 의롭다 칭하시는 은혜로 구원을 받는다는 생각은 요즘 우리들에게는 매우 밋밋한 표현이지만, 교황의 권위가 하나님의 전지전능함을 세속사회에서 대변하는 신분제 사회에서는 핵폭탄급의 표현이다. 교황의 무소불위한 힘을 근원적으로 부정하는 발상이 되기 때문이다. 종교개혁은 바로 이 부정을 의미한다. 온 세상을 구조적으로 질서정연하게 정돈하는 권력의 힘, 그 바깥은 존재하지 않는 절대권력의 힘, 그 일자(the One)의 세계에 저항하고, 그 너머의 세계를 도입하는 파괴적인 힘, 바로 그것이 '평등'

의 사유였고, 이 평등의 사유는 '모든 인간은 하나님 앞에서 죄인이라는 것' 그리고 '모든 사람은 오직 하나님의 은혜를 통해 의롭다함을 칭함 받음으로서만 구원받을 수 있다'는 종교개혁의 선포들을 통해 근대 세계에 도입되기 시작했다.

근대의 모든 혁명은 바로 이 '평등'(equality)을 사유함으로부터 시작한다. 프랑스혁명이 그랬고, 페미니스트 혁명이 그랬다. 그리고 1960년대 흑인 인권운동이 그랬다. 근대 이래 모든 혁명의 밑바탕에는 모든 인간은 '동등하다'(equal)는 생각이 깔려 있다. 그리고 그 동등성은 각 개인(individual)을 단위로 한다. 오늘날 우리 사회에서 '세습'(inheritance)이 공정하지 못하다고 지탄받는 이유는 바로 근대의 평등 개념을 위반하기 때문이다. 각 개인으로서 모든 사람은 동등한 것인데, 그 개인이 가족이나 인맥을 통해 재산과 권력을 물려받는다는 것은 전혀 근대적이지 못한 사고방식과 처신이다. 그래서 동등한 개인들끼리의 공정한 경쟁을 통해 '능력대로' 사회적인 지위와 자원을 차지해야 한다는 발상은 근대의 이상(ideal)이다. 진화론이 근대 시대에 서구 교양인의 세계에 잘 자리 잡을 수 있었던 이면에는 바로 진화론이 '공정한 경쟁'의 야생적 모델을 제시해 주었기 때문이다. 비록 그 진화적으로 공정한 경쟁은 '약육강식'을 전제로 하지만 말이다. 이 생물학적으로 공정한 경쟁 모델이 호소력을 얻게 된 것은 그 모델의 논리가 공정했기 때문이 아니라, 당대 '중세적 세습 모델'을 극복하는 과정에서 시대적으로 적절한 대안이 되었기 때문이다. 프랑스혁명은 바로 사회적 신분이 세습으로 결정되고, 이후의 삶을 숙명적으로 결정하는 중세적 잔재를 극복하기 위한 시민봉기였다는 점에서 '평등'이라는 사유를 정치적으로 혁명화한 사건이었다. 그 혁명이 결과적으로 혹은 정치적으로 혹은 사회적으로 성공했느냐의 문제는 사실 부차적인 문제로 여겨질 수도 있다. 그 혁명을 추동했던 개념이 혁명의 실패 이후에도 사회적 상상의 차원에서 개념적으로 근대 혁명을 성취해 나갔기 때문이다.

'평등'의 사유와 연관하여 우리는 페미니즘 운동을 누락시킬 수는 없다. 중세적 신분 질서 속에서 '여성'은 사회적인 자리(position)가 없다. 사회적으로 보장된 자리를 갖지 못할 때, 그녀들은 존재론적으로 존재할 자리도 갖지 못했다. 여성의 평등권을 주장하기 시작한 사람들이 모두 기독교인이었던 것은 아니다. 하지만 이들의 운동은 종교개혁의 평등 개념, 즉 하나님 앞에서 모든 사람은 동등하게 죄인이다라는 사고방식으로부터 이어져 내려온 개념의 전통을 보다 급진적으로 수용하고 정치적으로 주장했던 셈이다. 하지만 프랑스혁명 이후 근대 시민권자들이 주장하는 '시민' 혹은 '인간' 개념은 불완전하다. 왜냐하면 동등한 인간임에도 불구하고, 성적으로 남자가 아니라는 이유로 권리를 인정받지 못하는 존재들이 있기 때문이다. 20세기 후반 이들의 운동은 스피박과 호미 바바를 위시한 탈식민주의(postcolonialism) 운동가들에게 큰 영감을 제공했다. 여전히 그들(서구인들)이 규정하는 '인간' 개념은 아시아와 아프리카 지역의 사람들을 동등한 존재로 공정하게 담지 못하고 있다는 사실을 지적하면서, 데리다를 필두로 '포스트모던주의'가 일어났던 사실을 상기하면, 프랑스혁명과 페미니즘 운동 그리고 탈식민주의 운동은 어떤 힘의 '연속'을 보여준다. 하지만 그 '힘'은 동일성의 힘이 아니라 '차연'의 힘임을 알 수 있다. 즉 이전 혁명이 완수한 인간 개념을 완성된 것으로 받아들이면서 운동이 시작된 것이 아니라, 그것을 해체하고 새롭게 재구성할 개념으로 받아들였다는 점에서 그렇다. 바로 이것이 종교개혁과 포스트휴먼이 맺는 차연의 관계이다. 말하자면 종교개혁과 포스트휴먼은 그 기표들 자체가 의미가 아니라, 자신들과는 다른 무언가를 가리키는 기표 즉 기호라는 것이다. 기호는 자기 자신을 가리키지 않고, 자신과는 다른 그러나 자신에게 의미를 부여하는 대상을 가리킨다. 그것을 기의(the signified)라 부른다. 다시 한 번 말하지만, 기의라는 대상을 통해 종교개혁과 포스트휴먼이라는 기표를 연결하는 것은 차연의 관계가 아니라 동일성(identity)의 관계 즉 동일성의 정치이다. 차연의 관계란 서로 간의 차이로 연결되는 관계, 서로가 서로에게 차이를 통해 새로운 개념을 창조적으로 재구성해 나아가는 관계를 말한다. 따라서 실현해야 할 어떤 이상적인 모델이 존재하지 않는다. 오히려 그런 '오리지널'을 전제하는 것 자체가 동일성의 폭력이라고 데리다는 누누이 강조한 바 있다. 종교개혁은 이 차연의 몸짓을 추구한 운동이었다. 이전의 질서로부터 분리와 단절을 촉구하는 사건 말이다. 그 분리와 단절을 통해 새로운 질서를 상상하는 사건.

'사람'(human)이라는 이유만으로 존재(being)로 인정받는다는 것은 그렇게 혁명적인 발상이었고, 바로 그것이 근대 서구 문명의 가치를 놓는 초석이 되었다. 이전 시대에 존재의 근거는 '사람됨'(being-human)을 통해 주어진 것이 아니라, 그가 속한 사회적 신분 질서 즉 왕족이냐 귀족이냐 평민이냐 노비냐를 통해서 선천적으로 주어졌다. 그리고 이 신분 질서는 세습되는 질서였다. 운명처럼 주어진 이 신분을 부정할 방법은 없었다. 그것이 중세의 질서가 개인들에게 요구한 조화와 하모니의 질서였다. 하지만 종교개혁 이후, 사람들은 하나님 앞에서 모두가 하나님의 은혜가 필요한 동등한 죄인이라는 생각을 갖게 되었고, 사람이 된다는 것은 곧 동등한 존재가 된다는 생각이 이후의 혁명과 사건들을 통해 공고히 자리 잡게 되었다. 이는 분명히 근대가 우리에게 물려준 중요한 기여이다. 이를 통해 우리는 인권(human right) 개념을 정초할 수 있었다. 모든 인간이 동등한 존재라는 개념적 혁명 없이, 인권 개념이 우리 정치·경제·사회 질서의 근간이 되는 개념으로 자리 잡을 수 없었을 것이다. 그리고 이러한 평등의 개념과 인권의 개념 없이 우리가 정의(justice)를 외치고 주장하는 사회의 도래를 꿈꿀 수도 없었을 것이다. 평등과 인권은 우리가 정의, 올바름, 선을 주장할 수 있는 개념적 토대이기 때문이다. 그래서 사사키 아타루는 the Reformation을 '종교개혁'으로 번역하기를 거절하고 대혁명으로 번역해야 한다고 주장했다.

4. 혁명의 휴우증: 개인의 폐해

하지만 근대 문명의 개념적 창조인 '개인'(individual)이 우리 시대에 더 이상 문명적 대안이 되지 못하고 있다. 여전히 세계 곳곳에 인권의 개념이 필요한 곳들이 있지만, 그럼에도 불구하고 현재 우리 지구 문명이 맞이한 위기의 이면에는 바로 이 '개체로서의 인간' 개념이 놓여 있다. 왜냐하면 이 개체로서의 인간 개념은 다윈의 진화론이 이데올로기적으로 전용되는 과정에서 자본주의 체재의 '무한경쟁'과 '약육강식'을 뒷받침하는 개념으로 남용되어 버렸기 때문이다. 물론 개체로서의 인간 개념이 종교개혁기 시절 문명사적으로 기여한 공헌을 무시해서는 안 된다. 여전히 우리 사회 곳곳에 사람과 사람 사이에 차별과 귀천의식이 자리 잡고 있는 현실에서 모든 사람은 (하나님 앞에서) 동등하다는 발상은 여전히 유효하다. 하지만 이제는 다른 개념적 틀 속에서 해석되고 의미가 추구되어져야 한다.

본래 다윈의 『종의 기원』은 적자생존과 무한경쟁을 설명하는 책이 전혀 아니었다. 책의 제목에 나와 있듯이, 하나의 종이 어떻게 도래하게 되는지를 생물학적 사례들을 통해 과학적으로 설명하는 책이었다. 이 과정에서 다윈은 '자연선택'(natural selection)이라는 개념을 통해 한 종이 다음 세대의 적응도를 보다 향상시키면서 진화에 적응해 나가는 과정을 설명하고자 하였다. 다윈이나 후대의 생물학자들이 설명하는 자연선택은 적자생존(the survival of the fittest)이 아니라 '부적자 제거 과정'(the eliminative process of the unfit)이었다. 하지만 당시 종교개혁과 혁명의 물결이 들썩거리고 있던 유럽에서 이데올로기적 주체(들)은 기존의 신분적 위계질서를 능력적 위계질서로 변환시키고자 하면서, 다윈의 자연선택의 기본기제를 '적자생존'과 무한경쟁의 시스템으로 바꾸어 버렸다. 사실 적자생존과 무한경쟁이란 개념들은 멜서스의 『인구론』에 등장하는 개념들이다. 초기 『종의 기원』은 이 개념들을 담고 있지 않았지만, 제5판 이래 이 개념들이 생존투쟁 개념과 상호 교환적으로 사용되면서, 자연선택은 적자생존과 무한경쟁 개념으로 치환되었다. 이러한 과정은 다윈 자신이나 그 후예들의 어떤 의도적인 오독이었다기보다는 그 시대를 휩쓸고 지나갔던 자본주의와 제국주의 시스템의 영향일 것이다.

모든 개인은 평등하다. 모든 각자는 자신이 갖고 있는 능력에 근거하여, 만인과 공정하게 경쟁하며, 오직 적자(the fittest) 혹은 승자만이 살아남거나 독식한다는 근대의 경쟁 규칙이 공정성이라는 미명 하에 자리 잡기 시작한다. 중세 사람들이 갖고 있는 신분적 인종적 제국적 차이들은 하나님의 섭리로 인한 것이었다면, 이제 근대 사람들이 갖고 있는 그러한 차이들은 각자의 능력 혹은 각 민족의 능력에 따른 것이다. 따라서 자연선택의 현장에서 부적자(the unfit)를 위한 동정이나 배려는 사치스러운 것이다. 개인 혹은 개체 간의 공정한 경쟁을 기반으로 다양성의 증가와 부적자 제거 과정을 통해 전체 집단의 유전 시스템을 건전하게 유지하는 종 선택 시스템이 '적자생존'과 '무한경쟁'이라는 개념의 도입으로 인해 이빨과 손톱에 빨간 피를 흘리는 야생 자연의 모습으로 바뀌고, 이제 생존을 위한 무한경쟁이 벌어지는 전쟁터로 자연에 대한 이미지가 바뀌면서, 역설적으로 우리가 살아가는 문명사회가 승자독식과 적자생존을 위한 무한경쟁의 장으로 바뀌어 갔다. 그렇게 인간 사회들을 감당할 수 없는 무한경쟁 시스템으로 몰아간 것은 제국과 자본주의의 의도였다. 특정 계층이나 권력층에 자본과 힘이 독점되는 부당함과 부정의함을 은폐하기 위해 사회 내 모든 개인들을 공정성이라는 미명 하에 경쟁의 장으로 내몰아 버림으로써, 정권이나 권력에 대한 비판과 저항을 사전에 차단하는 것이다. 이렇게 경쟁 시스템을 통해 사람들의 주의를 다른 곳으로 돌리는 전략은 소비 자본주의 시대에 다국적 기업들이 그대로 물려받았다.

이제 21세기 자본이 네트워크로 연결되어 세계 모든 곳을 하나로 통합하는 시대에 우리는 인종과 언어와 민족과 국적이 달라도, 심지어 통화(currency)가 달라도, 자본 안에서 우리는 하나가 된 세상을 살고 있다. 아마도 우리는 역사상 가장 평등(equal)한 세상을 살고 있다. 예전의 우리 세계는 인종이나, 가문이나, 국적이나, 신분이나, 성 등에 따라서 당연히 차별을 받았다. 하지만 21세기 지구촌 네트워크 자본주의 시대에 우리는 더 이상 그런 차이들을 통해 차별받는 것이 불법인 세상을 살고 있다. 모든 이들은 정말 평등하다. 한 가지 차이는 바로 '돈을 얼마나 갖고 있느냐'의 차이이다. 돈을 갖고 있는 한, 우리는 그가 누구인지 묻지 않는다. 모든 사람을 돈을 매개로 동등하게 대우한다. 단 돈이 없는 사람은 존재가 아니다. 돈은 존재로 나아가는 통로인 셈이다. 문제는 '돈을 버는 수단들'이 특정계층이나 기업들에게 무척 유리하게 기울어져 있다는 것이다. 돈이 있는 한, 이 기울어진 운동장은 무척 살기 좋은 곳이다. 하지만, 그들처럼 돈을 갖고 있지 못하는 한, 가난한 이들은 이곳을 지옥으로 여길 것이다.

그 와중에 한편으로 어떤 이들은 지구촌 모든 문화에 '인권'을 기치로 해방운동을 전개하면서, 각 문화를 평가한다. 다른 한편으로 현재 지구촌 자본주의 구조 하에서 이미 유리한 위치를 선점한 이들은 이 경쟁의 구조를 영구화시키고자 골몰한다. 역사상 가장 평등한 세상이 역사상 가장 기울어진 운동장이라는 사실이 매우 역설적이다. 적자생존과 무한경쟁이라는 방식의 유통은 '공정성'(fairness) 개념을 명분으로 이루어졌다. 그러한 경쟁의 논리들이 공정성을 위한 명분으로 사용될 수 있었던 이면에는 모든 존재를 개체(individual) 단위로 간주하고, 각 개체의 동등성 혹은 평등을 전제로 하기 때문이다. 그리고 이는 오늘날 우리가 누리고 있는 인권 개념에 고스란히 담겨 있다. 문제는 개체 단위에 기반해 문명과 사회의 진보를 이끌어가던 개념이 역으로 근대 문명의 폐해를 드러내는 근원이 되었다는 것이다. 인간이 이제 '개체'로서만 이해되면서, 나의 삶은 그 누구와도 상관없이 오직 나만이 관심한다는 사고방식이 자본주의적 삶의 구조 속에서 이기적인 삶의 태도들을 정당화시켜 주면서, 우리는 역사상 가장 이기적이고 타인에게 무관심한 시대를 살아가고 있다.

생태 위기가 우리에게 알려주는 것은 모든 존재들이 연결되어 있다는 것(all-connected, interconnected), 그래서 누군가의 기쁨과 누군가의 슬픔은 결코 별도의 사건과 과정들이 아니라는 것이다. 심지어 이 연결 구조에는 자연과 무생물 등을 포함하는 모든 존재들이 포함된다. 우리의 인문학적 지혜와 과학적 지식은 결코 이 연결의 총체성을 다 헤아리기 턱없이 부족하다. 단지 '기후변화'의 증상을 목격하면서, 이것이 무척 심각하다는 것을 경험하게 되는 정도이다.

다른 한편으로 종교개혁을 통해 촉발된 '평등'(equality)에 대한 사유는 경제 분야에서 '분배 정의'에 대한 성찰과 난점을 동시에 야기하고 있다. '분배'의 문제가 난감하다는 것은 공산주의의 몰락과 성서의 사도행전 공동체의 분배 방식의 차이를 보면 알 수 있다. 공산주의의 기본 아이디어는 한 사람 한 사람에게 동등한 권리를 인정하고, 각 사람에게 공정하게 경제적 이익을 분배하는 것을 원칙으로 삼는다. 문제는 모든 각자에게 공정한 분배를 그나마 가시적으로 실현할 방법이 '양적인 공정한 분배 방식'밖에 없다는 것이다. 이윤의 양을 객관적으로 공정하게 나누는 것도 쉽지 않지만, 양적으로 공정하게 나누어 준다고 해서 '정의'가 실현되는 것은 아니다. 그래서 사도행전 공동체는 "각자의 필요에 따라" 공정하게 나누어 주었다고 기록되어 있다. 그렇다. 각자의 필요에 따라 하지만 이러한 배분 방식은 소규모 공동체 안에서는 가능하겠지만, 집단의 단위가 수백 명 단위만 되어도 실현 불가능하다. 각 사람이 필요로 하는 것을 어떻게 공정하게 측정하여, 그 필요에 따라 배분하겠는가?

이제 우리에게는 다른 상상력이 필요하다. '인간됨'(being-human)에 대한 새로운 이해가 요구되는 것이다. 각자 개인으로 살아가는 이상을 꿈꾸었던 근대는 우리에게 살벌하고 잔인한 경쟁의 체재를 남겨주었고, 그 체제 안에서 우리는 서로를 배려하기보다는 다른 동료들을 짓밟고 높이 더 높이 올라가기 위해 동분서주한다. 공정성과 평등을 이상으로 하는 근대적 사회 모델이 이제는 부익부 빈익빈을 정당화시키는 이데올로기로 변질되었다. 오늘날 포스트휴먼의 시대에 우리가 당면하고 있는 근대적 문제의 근원에는 종교개혁의 혁명적 아이디어들이 자리 잡고 있다. 그 개념들이 근대와 현대에 기여한 바가 적지 않지만, 이제 우리가 살아갈 포스트휴먼 시대에는 기여보다는 부작용을 일으킬 소지가 더 많은 것으로 판명되고 있다. 더 나아가 이 근대적 개념들에 대한 비판만큼 중요한 것은 이 개념들에 대한 대안적 사유와 상상력을 발전시켜 내는 일이다.

5. 포스트휴먼으로서 종교개혁의 재해석

종교개혁을 '포스트휴먼'(post-human)으로 해석하자는 제안은 자칫 기술만

능주의나 기술낙관주의로 잘못 들려지기 쉽다. 하지만 사실 기독교는 처음부터 '포스트휴먼' 운동이었는지도 모른다. 포스트휴먼의 몸짓들은 인류 역사상 여러 번 있었다고 볼 수 있다. 예를 들어, 가부장적인 질서가 당연한 도덕적 질서의 토대일 때, 페미니스트들은 당신들의 '인간' 개념에 '우리'는 포함되지 않았음을 지적하면서, 기존의 인간 개념의 경계들을 넘어설 것을 요청했다. 거의 모든 제국의 사람들이 '노예제'의 편리함을 익히 알고 있던 시절, 하나님이 만드신 인간의 생명이 피부색으로 차별되어서는 안 된다고 말하면서, 신앙인들은 노예제 폐지를 주장하였다. 즉 그들도 인간의 범위에 포함되어야 한다고 주장한 것이다. 그들은 인간의 범주에 포함되지 못했기 때문에 노예였던 것이다. 귀족과 노예가 서로 다른 존재일 때, 남자와 여자가 서로 다른 존재일 때, 초대교회 공동체는 하나님의 가족이라고 선포하면서 형제와 자매로 부르며 함께 예배하였다. 그래서 모든 사람은 하나님의 가족이 되었다. 그렇다 가족이 되었다. 그리고 그 가족의 아버지는 교황이 되었다. 루터의 종교개혁은 바로 이 교황제가 틀렸다고 말하지 않았다. 이 교황제의 토대를 구성하는 권위 즉 하나님의 은혜를 매개하는 권위를 허물어 버린 것이다. 그러면서 이제 하나님의 가족은 하나님 앞에서 모두가 죄인이라는 그래서 모두가 하나님의 은혜가 필요하다는 '동등함'(equality)의 원리로 나아갔다.

우리는 1960년대 흑인인권운동의 모태가 왜 교회였는지를 잊고 있다. 흑인들에 대한 린치가 당연하게 여겨지던 시절, 대각성 캠프는 우리가 생각하듯이 단지 보수적이고 미신적인 영성의 아지트가 되었던 것이 아니라, 못 배우고 무식한 노예 출신들이 서로를 위한 하나님의 메시지를 백인을 통하지 않고 직접 받고 경험하는 자리였다는 사실을 망각한다. 혁명과 영성은 그렇게 동전의 앞뒤 면인 것이다. 60년대 미국에서 흑인교회(the Black Church)

는, 마르틴 루터 킹이 말하는, 꿈이 현존하는 자리였다. 더 이상 인종과 성과 계급에 의해 차별받지 않는 나라, 그런 나라의 꿈을 자유롭게 꿈꾸는 자리였고, 그래서 앨라배마의 몽고메리시에서 버스 보이콧을 벌였을 때, 심지어는 12킬로미터 정도의 거리를 매일 걸어 출퇴근하며 흑인들은 1년이 넘는 시간 동안 투쟁을 벌였다. 그들의 핵심 메시지는 간단했다: 너희와 우리는 같은 인간이다. 하지만 당시를 살아가던 백인들의 도덕적 상식 속에서 모든 사람은 평등하지 않았다.

우리는 종교와 정치를 분리하는 시대를 살아간다. 이 종교와 정치의 분리는 사실 종교가 정치를 포괄하던 시대 즉 중세를 극복하는 근대의 과정 속에서 제기된 장치였다. 더 이상 종교가 시민 정치의 영역에서 억압을 행사하지 못하도록 하는 장치 말이다. 그런데 근대의 이성이 절정에 다다르던 시대에 우리는 이성의 광신이 시대를 파멸시켰던 것을 기억한다. 인간 이성의 오만은 21세기인 지금도 여전히 자행되고 있다. 기후변화는 없다고 말하면서 말이다.

종교-개혁이 포스트휴먼이라는 것은 곧 우리의 혁명은 기존의 도덕적 상식적 개념의 경계 안에서 '인간'의 범위를 해체하자는 제안이다. 이는 기존의 개념적 경계가 더 이상 유효하지 않기 때문이다. 우리는 초대교회의 운동에서, 중세 신비주의 운동에서, 종교개혁에서, 근대 노예제 해방운동에서, 페미니즘 운동에서, 60년대 흑인 시민권 운동에서, 20세기 후반 탈식민주의 운동에서 우리는 그 "탈-인간"(post-human)의 운동들이 불연속적으로 일어나는 것을 본다. 물론 그것은 우리의 주관적인 혹은 주체적인 해석의 결과이다. 이미 앞에서 언급한 바, 의미란 실재에 대한 것이 아니다. 의미란 오늘을 살아가는 개체의 삶에 관한 것이지 결코 종에 관한 것이 아니다. 왜 우리는 개체(individual)로서 의미를 추구하는지, 그리고 그 개체의 의미를 추구하는 활동들을 통해 또 왜 연대(solidarity)를 추구하는지 미처 의식하지도 못한 채, 의미의 추구와 가치의 연대를 표방하며 나아간다. 아마도 이 "왜"에 대한 물음에 대해서 직접적으로 답할 도리는 없을 것 같다. 그 '왜'에 대한 답을 구하기 위해서는 다시 우리가 '종교'의 영역으로 나아가야 할 것이다. 요즈음 바디우나 지젝 같은 무신론적 유물론자들이 종교, 특별히 개신교의 영성을 기웃거리는 이유일 것이다. 우리는 요즘 다시 영성을 필요로 한다. 다가오는 시대를 위한 혁신의 개념을 말이다.

요즘 우리 주변에 회자되는 '영성'이라는 말은 그 의도가 매우 '반복적'인 혹은 과거회귀적인 몸짓을 담고 있다는 점에서 우려스럽다. 영성을 말하면서, 많은 이들이 중세나 서구 교회의 예전으로 돌아가거나 반복한다. 우리 시대에 영성에 대한 필요가 급증하는 이유는 결코 우리가 보고 있는 제도교회에 대한 염증 때문만으로 일어난 것이 아니다. 우리 시대가 근원적인 개념적 변화를 요청하기 때문이다. 그것은 곧 근대 이래로 우리 사회가 구조를 터놓았던 개체(individual) 개념이 더 이상 제 기능을 발휘하지 못하기 때문이다. 모든 것이 무한경쟁과 적자생존이라는 지구촌 자본주의 체제의 모토 하에서 판단되는 시대에 우리는 각자도생의 삶을 살아간다. 아마도 신문지상에 금수저, 흙수저 논쟁이 불거지는 것은 불평등한 세상을 까발리려는 의도가 아니다. 세상이 불공평하다는 것은 우리 모두가 다 알고 있는 사실이다. 오히려 그러한 논쟁들은 영웅신화처럼, 우리에게 심리적 보상을 제공한다. 그러한 불공정한 사례를 사회적으로 징벌함으로써 말이다. 하지만 우린 뼛속 깊이 자각하고 있다. 지금 이 세상이 결코 공평하지 않다는 것을 말이다. 그래서 우리는 더욱 더 이기적으로 살아가는 각자 자신의 모습을 정당화한다. 적자생존과 무한경쟁의 세계 속에서 우리가 각자도생을 도모하며 이기적인 삶을 추구하게 되는 것은 '타락'의 결과가 아니라 논리적 결과이다.

결국 근대 종교개혁은 인권을 배태하는 온상이 되었지만, 그 인권의 개념만으로 더 이상 다가오는 시대를 준비하기에는 역부족인 시대가 도래하였다. 왜냐하면 이제 우리는 더 이상 각자 존재하는 시대가 아니라, 비인간(non-human) 존재들과 더불어 공생하는 삶을 도모해야 하는 시대가 되었기 때문이다.

6. 포스트휴먼 시대의 공생

최근 우리는 알파고 이야기나 체스 챔피언 이야기 그리고 제파디 게임 이야기기의 승자가 인공지능 혹은 슈퍼컴퓨터였다는 이야기를 듣는다. 그러면서 제4차 산업혁명이나 인공지능의 시대라는 표제어 아래, 인간 대 기계의 대결 구조를 설정한 여러 미디어와 매체들의 허구들을 전달받는다.

이런 여러 게임들의 신화 이면에 잘 인용되지 않는 '프리스타일 게임' 이야기가 있다. 슈퍼컴퓨터가 인간 체스 챔피언을 이기고 난 후, 프리스타일 게임으로 팀 간 체스 게임이 벌어졌는데, 인간과 인간, 인간과 기계, 컴퓨터와 컴퓨터 간 팀을 만들 수 있는 선택권이 주어지고 2명씩 자유롭게 팀을 이루어 게임을 진행하였다. 진행된 모든 게임의 승자는? 인공지능 팀이 아니라, 모두 인간과 기계의 혼성팀이었다. 심지어 그 혼성팀의 기계가 겨우 노트북 수준의 평범함 컴퓨터였을지라도 모든 슈퍼컴퓨터 팀을 이겼다. 이는 곧 앞으로 우리가 살아갈 시대의 패러다임을 보여주는 징표가 아닐까? 그럼에도 불구하고 우리가 보고 있는 매체들은 알파고 이야기 때처럼 자꾸 '대결의 구도'로 몰아간다. 우리 삶의 구조가 '적자생존과 무한경쟁'의 구조를 '공정성'이라는 이름으로 정당화해 왔기 때문이다.

우리는 기후변화 문제를 놓고, 더불어 함께 살아가야 하는 중요성과 이러한 더불어 사는 삶은 함께 변화하면 안 되는 삶이라는 것을 절감한다. 그것은 곧 우리가 살아왔던 삶의 구조를 적자생존과 무한경쟁의 구조로부터 뺄셈해야 하는 것을 의미한다. 끊임없이 상대방과 비교 평가하면서 석차를 매기고, 그를 통해 나의 가치를 정당화하려는 시도가 극복되지 않는다면, 더불어 살아가는 삶이라는 꿈은 꾸어질 수조차 없다.

문제는 우리의 삶의 구조가 너무나 개인적으로 구조화되어 있다는 것이다. 여전히 삶의 문제들이 '각자도생'의 방식으로 해결되어야만 하는 세상에서 '공생'이란 결국 지금의 기울어진 운동장을 그대로 용인하고 화해하자는 몸짓으로밖에 들릴 수 없지 않는가? 예를 들어, 주식시장에서 인공지능은 1초에 10만 번 거래를 할 수 있다. 인간으로서는 도저히 따라잡을 수 없는 숫자이면서, 이 정도 거래 속도를 가질 수 있다면, 0.01원의 이윤밖에 남지 않아 인간 수준에서는 거의 무의미한 거래라 할지라도 인공지능에게는 수익이 나는 거래가 될 수 있음을 짐작할 수 있다. 즉 인공지능이 작업하는 속도에 뒤처져 인간은 도태될 수밖에 없다는 '이분법적 종말론'의 이야기가 많이 회람된다. 현재 '인권' 개념에 기초한 법체계와 조세체계는 그런 미래를 야기할 것이다. 아무것도 하지 않는다면 말이다. 하지만 우리는 그러한 미래가 다가오기를 앉아서 기다리지만은 않는다. 끊임없이 우리는 우리 시대를 위한 개념적 실험을 할 것이고, 그 과정을 통해 대안적 개념의 창출을 멈추지 않을 것이다. 다만 그 대안 개념의 창출을 교회가 혹은 기독교가 할는지는 확실치 않다.

하지만 초대교회로 돌아가서, 하나님의 가족(family of God)이라는 개념 아래, 귀족과 노예가, 남자와 여자가, 어른과 아이가 하나되어 예배드렸다는 사실로 돌아가 보자. 종교개혁의 개념적 혁명이 간과했던 것은 바로 '공동체' 가족이었다는 사실이다. 사실 중세 교황제 아래 모든 사회는 공동체 사회였기 때문에 종교개혁은 '공동체' 개념을 개혁과 혁명의 개념으로 삼을 수 없었다. 하지만 이제 모든 것이 각자도생과 이기주의의 발현을 통해 도모되어야 하는 시대에 정작 필요한 것이 바로 이 '공동체 정신'이다. 여기서 유의하자. 우리가 필요로 하는 공동체는 아는 사람끼리 인간관계로 결탁해서 혹은 가족주의로 결탁해서 혹은 이권으로 결탁해서 '우리가 남이가' 하는 정신으로 타인들을 배척하는 공동체주의가 아님을. 그렇다면 우리 시대 대안공동체 개념의 핵심은 바로 '타자에 대한 환대'일 것이다. 여기서 타자는 '비인간'(nonhuman) 존재들을 포함하는 타자이다.

이미 해러웨이는 여성과 사이보그와 동물을 그 '타자'의 범위 안에 포함시켰다. 브루노 라투르는 인간과 기계의 혼종적 존재를 그 타자의 범위에 포함시키는 것을 넘어서서 정치적 존재로 대변되어야 한다고까지 주장한다. 철학자 앤디 클라크는 인간은 이미 사이보그로서, 기계와의 혼종이며, 이는 인류사 초기부터 즉 '도구를 만드는 존재'(toolmaker)로서 인간의 정체성이었다고 주장한다. 비인간적 존재들, 비생물적 존재들, 비유기적 존재들도 인간적이고 생물적이고 유기적인 존재들만큼 '유기체적 존재'라는 것을 철학자 화이트헤드는 그의 과정철학을 통해서 지속적으로 논구해 주고 있다. 이들의 주장들은 과학적으로 혹은 논리적으로 '참이냐' 혹은 '사실이냐'를 묻는 것은 의미없고 부질없는 일이다. 이미 언급한바, 다윈의 진화론은 그것이 '사실'(fact)이어서 이후 시대를 살아가는 사람들의 세계를 주도하고 지배했던 것이 아니다. 당시 일어나고 있었던 개체로서의 인간 개념과 중세적 사회로부터 근대적 사회로의 이전에 필요한 개념적 토대를 담지한 이야기(narrative)적 차원을 갖고 있었기에 다윈의 진화론은 우리들의 삶에 맹위를 떨치는 것이다. 예를 들어, 이 금융자본주의 사회를 떠받치고 있는 증권 개념을 한번 생각해 보라. 그것이 만들어내는 이윤들이 실물로서 만들어지는 이윤일까? 그것은 사람들이 이런 이자놀이를 허용하는 금융시스템을 실재(reality)라고 "믿기" 때문에 가능한 시스템이다. 냉전 시대 군비경쟁을 부추겼던 논리는 중앙아시아를 차지하는 민족이나 국가가 세계를 지배한다는 허구의 이야기였다. 그래서 미국은 중앙아시아를 차지한 공산권 국가가 더 이상 확장하지 못하도록 초생달 모양의 방어선을 치는 전략을 구사했고, 그 전략의 일환으로 한반도의 분단과 한국전쟁이 있다는 사실이 '사실로 믿어지는가?' 이는 본고에서 언급하는 해러웨이, 라뚜르, 클라크, 화이트헤드 등과 같은 철학자들의 이야기도 마찬가지이다.

우리는 이야기를 통해 가상의 세계를 창출한다. 그것은 실재나 현실이 되기 이전에 우리의 물질적 세계와 우리 마음의 상상력이 함께 자유롭게 어울리는 영토이자, 또한 그 가상의 영역을 통해 기존에 생각할 수 없었던 새로운 개념과 구조들을 창조적으로 창출해 내는 소중한 영역이다. 포스트휴먼의 시대를 눈앞에 두고, 우리가 종교개혁을 다시 역사적으로 돌아보는 것은 종교개혁의 본래적인 역사적 이야기를 다시금 캐내어 본래성을 회복하자는 식의 이야기가 아니다. 오히려 종교개혁을 포스트휴먼 시대를 위한 이야기로 재창출하여, 미래를 위한 공생의 이야기로 삼고자 함이다. 그것은 곧 '가치에 대한 느낌'(feeing for value)에 근거할 것이다. 우리는 미래를 살아보지 않았다. 미래를 위해 어떤 가치가 필요할지를 우리가 여기서 확정할 수는 없다. 이야기는 미래를 위한 가상의 시나리오를 통해 "구성-사건 시뮬레이션" 과정을 세대로부터 세대로 내려가면서 전해주는 매체이다.[4]

인간 대 컴퓨터 혹은 인간 대 인공지능 대결 이야기 이후, 우리는 '프리스타일 게임' 이야기를 주목한다. 왜냐하면 그 이야기 속에는 포스트휴먼 시대를 살아가는 존재는 인간-기계 공생체가 되어야 할 것임을 강조하고 있기 때문이다.

종교개혁과 포스트휴먼 시대를 잇는 중간 시점에 우리는 현대 시민권 운동을 기억한다. 그중 특별히 1950-60년대 흑인인권운동을 우리는 다시 보게 된다. 1953년 배튼루지(Baton Rouge)라는 지역에서 흑인들이 차별에 저항하여 버스 보이콧 행동을 벌이게 된다. 버스에 흑인석과 백인석이 따로 구별되어 있는 것에 저항하여 버스 타기를 거부한 것이다. 이 버스 보이콧은 10일 동안 지속되었고, 보이콧 당한 버스회사는 이 열흘간의 수입결손이 가져다준 재정적 충격을 이겨내지 못하고, 부도를 맞았다. 이 베튼루지 버스 보이콧 사건은 이후 1955년 몽고메리 버스 보이콧 사건으로 이어지고, 이 사건에서 우리는 마르틴 루터 킹 주니어라는 인물을 만나게 된다. 이 흑인인권 운동의 자세한 역사는 여기서 주제가 아니기 때문에 간략하게 넘긴다. 하지만 이 일련의 사건과 집단적 행동을 통해 흑인 공동체는 분명한 사실을 깨닫게 된다: 우리가 집단으로 담합하여, 합법적으로 저항하면, 힘이 있다는 것이다. 베튼루지 보이콧 사건은 집단적 보이콧을 통해 버스회사의 부도를 유발했고, 바로 이것이 흑인 공동체에 운동을 추진할 자신감을 심어주게 되었다. 이후 몽고메리 버스 보이콧은 무려 1년을 넘게 전개되었다. 1년 동안 그 시의 흑인들은 버스를 타지 않고 걸어 다녔던 것이다. 때론 매일 걸어 다녀야 하는 거리가 15km 정도에 이르기도 했다. 거의 1-2시간을 꼬박 걸어 출퇴근하며 그들은 투쟁했고, 1년을 넘게 이 투쟁을 지속한 것이다. 이렇게 끈기 있는 투쟁을 전개할 수 있었던 것은 베튼루지 사건의 영향이다. 우리가 모여 함께 행동하면, 부정의한 세력들에게 타격을 줄 수 있다는 것, 그리고 그렇게 부정의한 사회에 우리가 정의를 외치고 세워갈 수 있다는 자신감을 주었다.

근대 시민운동은 투쟁하는 시민들에게 "함께 행동"할 수 있는 자신감을 주었다. 그것은 더 이상 개체로 존재하는 원자적 개인들이 아니었다. 공동의 목표를 향해 함께 모여 외치는 것이다. 때로 폭력적으로 귀결되는 현장들이 많지만, 또 많은 경우 성숙한 대중들이 모여 끝까지 비폭력운동을 전개하는 경우들도 많았고, 그런 투쟁들을 통해 우리는 '함께 더불어 살아가는 삶'의 중요성을 체감하고 있다. 사회는 누구 혼자의 것도, 누구 혼자 변혁해 나갈 수 있는 것도 아니다. 오히려 사회는 함께 더불어 공생하는 터전이다. 이 당연한 진리를 우리는 너무도 쉽게 망각하고 있었던 것이다. 아마도 프리스타일 게임은 이 상식적인 진리를 포스트휴먼의 시대에 다시 일깨워주고 있는 것 같다.

7. 포스트휴먼 시대를 위한 이야기

모든 사건들을 관통하는 자아 혹은 집단의 정체성은 이야기를 통해 이루어진다. 인류가 역사상 창조해 낸 강력한 조직들 예를 들어 "파라오의 이집트, 공산국가 중국, 유럽 제국들 그리고 근대 학교 시스템" 등은 다른 것들보다 출중하게 뛰어났던 것들이라기보다는 "그의 허구적 믿음들을 따르는 무리들에게 강요할 수 있는 능력"[5]을 통해 그들의 힘을 일굴 수 있었다. 우리 인류는 그렇게 이야기가 창출한 허구의 세계 속에서 현실의 세계를 접속하며 문명을 일구어 왔다. 그래서 인간은 '종교적 믿음'의 차원을 벗어날 수 없는 것이다. 이것은 심지어 포스트휴먼의 시대에도 마찬가지이다. 정의와 평화와 같은 가치들이 존재하는가? 존재하는 것을 본 적이 있는가? 우리는 그러한 가치들이 존재해야만 한다고 믿으며 살아가는 것 아닌가? 사실 인간의 정신의 물리적 집인 뇌는 외부 세계를 직접 접촉하지 못한다. 몸이라는 인터페이스를 통해 접촉할 수 있는 한계 내에서 외부 세계와 상호작용할 수 있을 뿐이다. 그러니 우리가 마음으로 생각하는 세계와 타자는 언제나 각자의 환상의 구조 속에서 이루어진다는 정신분석학자 라캉의 이야기는 결코 과장이 아니다.

그렇다면 모든 것은 허구인가? 그렇다. 적어도 '우리가 인식하고 반응하는 모든 것'들에 한해서는 그렇다. 우리의 인식 너머에 "위대한 야전"(great outdoor)이 있다고 주장하는 사변적 실재주의자들(speculaitve realists)이 요즘 등장하고 있기는 하지만, 적어도 지금까지 알고 있는 필자의 상식에는 그렇다. 우리가 인식하는 모든 실재적인 것들은 허구적 이야기(fiction) 혹은 이야기이다. 이는, 이미 도나 해러웨이가 주장했듯이, 과학도 "이야기"(narrative) 장르에 포함한다.[6] 이는 인간이 세계를 이해하고 파악하는 방식이 '이야기'에 기반하여 정보를 공유하는 시스템이기 때문이다. 그래서 우리는 장기적 기억을 '이야기 방식으로'(episodic memory) 기억하며, 그것을 이야기적으로 간직하기 위해 감정적으로 결부시켜 저장한다. 그렇다면 우리는 거짓된 혹은, 그렇지 않다면, 지어낸 기억들 위에 존재하는 것인가? 우리는 적어도 우리의 의식이 우리의 무의식과 다르다는 것을 알고 있다. 이를 철학자 화이트헤드는 '오직 강도에게 도덕성이 필요하다'는 재치 있는 문구로 표현한다. 모든 유기체는 다른 유기체를 섭취함으로써 영양을 유지한다. 자기 스스로 에너지를 만들어내는 유기체는 없다. 그렇다면, 모든 유기체는 다른 유기체의 생명을 취해야만 하는 강도짓(robbery)을 할 수밖에 없는데, 그들의 그 짓은 생존을 위한 어쩔 수 없는 행위이다. 하지만 그들에게는 '도덕'(morality)이 필요하다. 의식을 지닌 존재들에게만 '도덕'이 요구된다. 모든 생존의 방식들은 무의식적으로 그리고 본능적으로 이루어지지만, 우리의 의식은 그 행위를 도덕적 정당성이라는 바탕 위에서 기억해야 할 필요를 갖는다. 화이트헤드가 해석하는 프로이트인 셈이다. 내가 성적 매력을 느끼는 상대에게 나는 어떤 운명적인 그런 것을 느낀다. 하지만 우리의 성 메커니즘은 우리의 성적 매력을 자극하는 상대의 범위가 한정되어 있음을 말한다. 그리고 그런 범위의 상대방을 만나면, 우리는 '운명'을 만난 느낌을 받는다. '나는 그녀를 사랑한다.' 사실일까 허구일까? 이를 묻는 것 자체가 논의의 본질을 이해하지 못한 것이다. 라캉의 정신분석학이 밝혀주듯, 우리는 실재(the Real)를 만나지 못한다. 그래서 우리는 '이야기'를 필요로 한다. 유발 하라리는 자신의 책 『Homo Deus』에서 인간의 고유한 특성이 이성이나 지능이 아니며, 그렇다고 '마음'도 아니라고 말한다. 심지어는 '도구를 제작하는 능력'조차, 제인 구달의 보고서를 따르자면, 이미 침팬지들과 공유하는 능력이다. 그럼 인간의 고유한 능력은 무엇인가? 그것은 바로 '이야기를 엮어 익명의 무수한 사람들을 하나로 엮어내는 능력'("our ability to connect many humans to one another")[7]에 있다.

전통적으로 종교는 이야기를 통해 사람들을 엮어내는 능력, 그래서 무수한 사람들이 한 가족처럼 살아갈 수 있도록 해 준 데 있었다. 문제는 21세기 종교도 철학도 인문학도 사회과학도 이데올로기도 과학도 더 이상 그 역할을 감당하지 못한다는 데 있다. 그래서 철학자 바디우는 오늘날 우리에게 필요한 것이 바로 "궁극적인 믿음"[8]이며, 이는 곧 "허구에 대한 믿음"이라고 말하는 월리스 스티븐스를 인용한다. '허구'는 말하자면 가상이 창출되는 지평이다. 우리는 주관/객관, 실재/허구, 자연주의/주관주의 등의 이분법적 지평 속에 갇혀, 이 이분법적 도식의 너머에 있는 존재 혹은 실재를 상상조차 하지 못한다. 그래서 이 지평 너머의 허구는 이름이 없다. 그 이름 없는 허구 즉 "고유명 없는 허구"[9]를 찾는 데 어려움을 겪는다.

중요한 것은 대중, 계급, 정당 사이의 또 다른 배치, 정치적 영역의 또 다른 구성을 갖는 것이다. 왜냐하면 위대한 허구는 언제나 정치적 영역 그 자체의 재구성의 이름과 같은 어떤 것이기 때문이다. 계급투쟁의 매개를 통해 대중으로부터 고유명으로 향하는 공산주의라는 위대한 허구는 정치적 영역의 고전적인 혁명적 구성의 한 형식이다. 우리는 새로운 허구를 찾아야 하고, 유적인 무언가를 얻어낼 국지적 가능성에 대한 궁극적인 믿음을 찾아야 한다.[10]

바디우에 따르면, 오늘 철학이 해야 할 일은 진리나 사실을 발견하거나 입증하는 데 있지 않다. 오히려 이 절망의 시대에 적합한 "용기의 새로운 형식에 대한 문제를 제기"해야 하고, "우리의 허구에 대한 실재적 가능성을 창조해야만" 한다.[11] 그 허구는 "새로운 형식 아래에 있는 유적인 허구"를 의미하는데, 변화하는 상황들과 조건들에 맞춘 "새로운 위치 설정은 … 새로운 정치적 용기에 대한 문제"[12]이다. 이 정치적 용기는 '허구에 대한 믿음'을 통해 힘을 얻으며, 이 용기는 "법으로도, 욕망으로도 환원할 수 없는 무언가의 이름"[13]이다. 이를 통해 정치의 임무는 "정확하게 법이나 욕망으로 환원할 수 없는, 유적인 어떤 것의 장소, 유적인 의지로서의 어떤 것의 국지적 장소를 창조하는"[14] 것이다. 그래서,

그것은 가능하며, 가능하고, 가능하며, 가능해야만 한다. 아마도 우리는 새로운 허구의 가능성을 찾는 것이 가능할 것이라고 희망하며, 희망해야 한다.[15]

여기서 우리는 '이야기'(story-telling)의 역할을 이해할 수 있다. 이야기는 그저 허구에 그치는 것이 아니다. 허구적 이야기는 우리들에게 가상적인 것(the virtual)을 창출하고, 그 주관도 객관도 아닌 사이 영역의 가상을 통해, 기

존과는 다른 상상력으로 다른 세계를 꿈꿀 수 있는 힘을 얻는다. 이것이 바로 전통적인 종교의 이야기들이 문명과 사회 속에서 감당하던 역할이다. 현재 이 역할을 젊은 세대 속에서 가장 잘 발휘하고 있는 것은 '게임'과 '판타지 소설'이다. 그들은 게임과 판타지 속에서 세계를 구하고 지키는 영웅들이다. 어네스트 베커는 자신의 책『죽음의 부정』에서 이를 인간이 자신에게 드리운 죽음의 그림자를 무의식적으로 극복하려는 노력이 이러한 영웅 이야기들로 표현된다고 하였다. 즉 죽음에 맞서 혹은 죽음을 불사하는 영웅들의 이야기 속에서 인간은 자신들의 패배감을 극복하고, 쾌감을 맛보지만, 같은 동전의 반대 면으로 죽음에 맞서지 못하는 대부분의 인간들에게 그 영웅 이야기는 영웅이 되지 못할 자신에 대한 실패의 이야기가 되기도 한다고 지적한다. 요점은 인간은 의식적으로 '의미'를 추구하고, 그 의미가 없으면 살아가지 못한다. 하지만 우리가 추구하는 의미는 언제나 '실재'(the Real)가 아니다. '실재적으로'(realistically), 나의 성적 메커니즘은 그녀를 만나면 작동하게끔 되어 있었다. 나는 내 자식을 본능적으로 사랑하게끔 되어 있었다. 그런데 '의식적으로' 우리는 그런 자동기계가 되기를 거부한다. 아마도 의식을 갖고 살아가야 하는 존재의 비애인지도 모른다. 우리가 추구하는 의미는 언제나 '허구'이다. 하지만 우리는 그 허구가 없으면 살아가지 못한다. 따라서 우리에게는 이 '허구'가 곧 '실재'가 된다.

인간의 그러한 의미 추구는 결코 반복을 추구하지 않는다. 아마도 우리의 유기체적 생물학적 메커니즘은 개체를 초점으로 작동하지 않는다. 다윈의 진화 이론이『종의 기원』인 이유를 짐작하겠는가? 생물학적 메커니즘은 언제나 종 단위에서 작동한다. 종의 생존을 위해 가장 많은 성공적인 개체를 만들어내는 전략, 이것이 진화의 목적이다. 하지만 각 개체의 의식은 종의 메커니즘에 순응하기를 거절한다. 종이 살아남는다 하더라도, 나라는 개체가 사라지면 의미가 없기 때문이다. 그래서 인간 혹은 유기체의 문화에는 이타적 헌신과 이기적 노력이 균형을 이루고 있을 것이다.

실재 사건의 반복은 없다. 500주년이란 결국 500년이 지난 후에 되돌아보는 종교개혁의 의미란 무엇일까에 대한 오늘날의 응답일 것이다. 그것은 반복일 수도 그리고 반복될 수도 없는 바로 오늘 여기를 살아가는 우리들을 위한 '의미'이다. 종교개혁은 '전체 인류의 구원 드라마'가 믿는 신자의 희생을 발판으로 삼는다는 중세 이래의 신화를 거절한 것이다. 그리고 초대교회의 이야기를 다시 읽었다. 그 안에서 귀족과 노예가, 남자와 여자가, 그리고 어른과 아이가 함께 예배를 드리며 형제와 자매로 불렀다. 그것은 곧 그 어떤 명분과 제도와 이념으로도 희생될 수 없는 (그럼에도 불구하고 역사의 질곡마다 희생되어야 했던) 개체의 존엄성을 확보해 준 것이다. 바로 직접적 경험의 중요성을 강조함으로써 말이다. 그리고 이를 통해 근대 인권으로 나아가는 발판을 마련했다. 저항권이라는 개념을 매개로 해서 말이다. '부당한 상급자의 명령에 하급행정관은 어떻게 처신해야 하는가'를 묻는 저항권 개념은 교황권 아래에서 설파되던 하나님의 공의 개념에 의문을 제기하게 만들었고, 따라서 이제 정의란 무엇인가의 물음에 '신'이라는 요소 없이 대답해야 할 필요성을 창출하였다. 프랑스혁명의 이념들 즉 '자유, 평등, 박애'는 그 필요성에 대한 대안들이었다.

결국 '인간'(human-being)은 인간(human-between)으로 다시 재해석되어야 한다. 정의는 관계의 문제이다. 분배의 문제가 아니다. 우리가 얽혀 있는 관계의 복잡성과 중층성은 결코 단순하고 깔끔한 정의 개념으로 해결되지 않는다. 그래서 우리는 '끈적끈적한 정의'(sticky justice)를 말할 수밖에 없다. 이것은 곧 관계를 어떻게 해석해 내느냐의 문제로서, 관계를 해답으로서가 아니라 물음으로서 바라볼 것을 요청한다. 즉 관계를 '사이'(the between)로서 보는 문제를 요청한다. 정의는 결국 '둘'(the Two)의 문제이다. 이 둘의 정의를 포스트휴먼의 시대에 어떻게 성찰해 나아가느냐의 문제가 21세기에 '종교-개혁'이 사건화되어야 하는 이유가 아닐까?

박 일 준_ 감신대 연구교수

| 제3부 |

루터,
아시아적 문화에서
만나다

01

루터의 코랄과
한국 찬송가

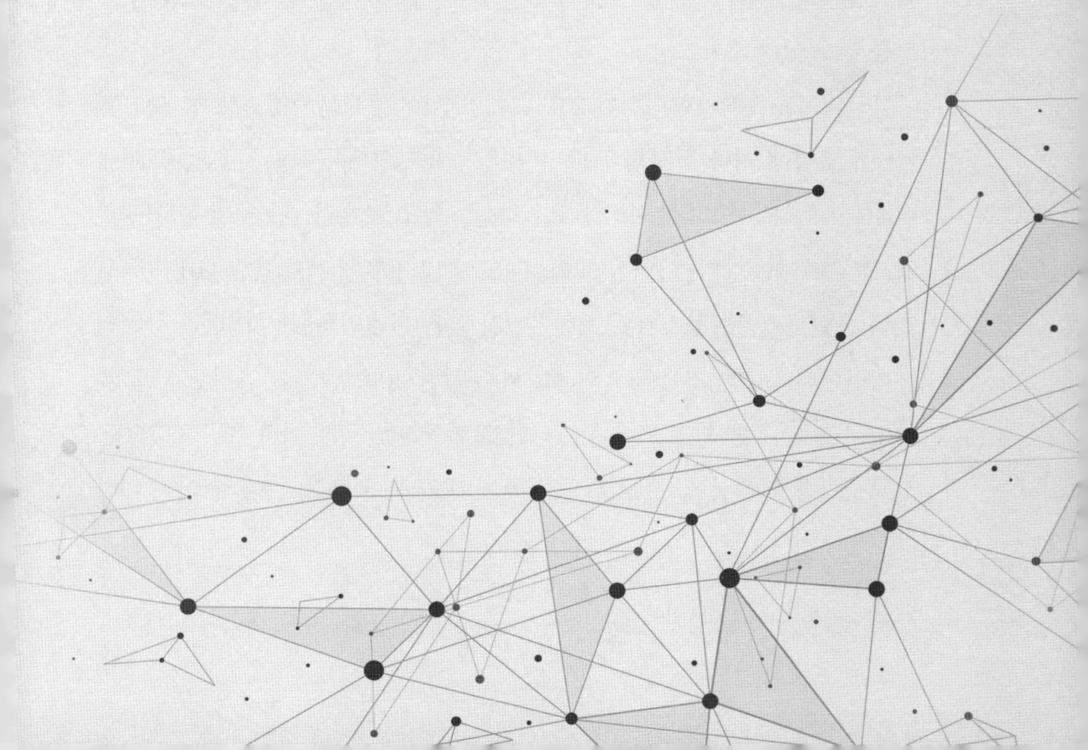

1. 도전에 직면한 한국교회

조계종 불교사회연구소가 2014년 8월 말에 16세 이상 국민 1,500명을 대상으로 2014년 한국의 사회, 정치 및 종교에 관한 대국민 여론조사'를 실시한 결과를 〈뉴스 미션〉이 2014년 10월 2일자를 통하여 보도하였다. 종교별 신뢰도에서 '천주교'가 45.5%로 높게 나타났고, 다음으로 '불교(41.6%)', '개신교(26.1%)'순이었다. '향후 믿음을 갖는다면 선택할 종교'를 묻는 질문에도 '바꾸거나 가질 의향 없다'(61.0%)가 가장 높았고, 불교(14.0%), 천주교(12.7%), 개신교(9.9%) 순으로 적은 수치를 보였다. 500년 전에 유럽에서 시민들의 전폭적인 존경과 지지를 받았던 개신교가 500년 후, 한국에서 시민들로부터 신뢰를 잃고 있다.

한국기독교목회자협의회가 2013년에 「한국기독교분석리포트」를 출간했다. 이 조사에 의하면 교회에 다니다가 현재 교회에 출석하지 않는 교인들이 10.5%이다. 이 사람들을 '가나안 교인'이라고 부른다. '안 나가'를 거꾸로 읽으면, '가나안'이다. 가나안 교인이 100만 명 정도에 이르렀다. 2013년 4월 25일 목회사회학연구소가 주최한 '갈 길 잃은 현대인의 영성'이라는 주제의 세미나에서 글로벌리서치에 의뢰해서 분석한 '소속 없는 신앙인 조사 결과 보고서'를 발표했다. 보고서에 나타난 교회를 떠난 이유이다. 1위 자유로운 신앙생활을 위해서 30.3%, 2위 목회자에 대한 불만 24.3%, 3위 교인에 대한 불만 19.1%, 떠나기 전 교회에 대한 평가이다. 1위 교인들의 삶이 매우 신앙인답지 못했다. 30.6%, 2위 지나친 헌금 강요 30.0%, 3위 담임목사가 매우 독단적이었다. 26.5%, 결국, 한국교회와 그리스도인의 문제는 신앙의 실천에 문제가 있다는 것이다.

〈시사저널〉이 미디어 리서치의 도움을 받아 한국인이 가장 신뢰하는 직업을 조사하여 2009년 7월 29일, 〈1032호〉에 발표했다. 1위는 소방관, 2위는 간호사, 3위는 환경미화원, 4위는 직업 운동선수, 5위는 의사, 6위는 한의사, 7위는 초중고 교사, 8위는 은행원, 9위는 이/미용사, 10위는 프로그래머로 나타났다. 11위 신부, 18위 승려, 25위 목사, 〈시사저널〉은 "국민의 대다수가 종교 지도자를 크게 신봉하거나 신뢰하지 않고 있다"고 평가했다. 목사에 대한 신뢰도가 낮은 이유에 대해서 개신교의 배타적 선교 행위와 초대형 및 대형교회의 목사직의 세습, 헌금 강요, 초대형 교회 목사들의 막대한 부동산 소유 등과 사치스러운 생활 등을 들었다.

1970년에 노벨문학상을 수상한 알렉산드르 솔제니친(Aleksandr Isaevich Solzhenitsyn)은 1978년 6월 8일, 하버드대학 졸업식에서 〈분열된 세계〉(a world split apart)라는 제목으로 강연을 했다. "우리는 사회적, 정치적 개혁에 너무 많은 희망을 걸었습니다. 하지만 그 과정에서 우리는 인생의 가장 소중한 부분인 영적인 삶을 빼앗겼습니다. 동양의 영성은 독재적인 집권당의 음모와 책략으로 파괴되었습니다. 서양의 영성은 상업주의에 의해 숨이 끊어졌습니다. 이것이야말로 진정한 위기입니다." 솔제니친은 인류의 위기는 영성의 숨이 끊어진 것이라고 하였다.

500년 전의 루터의 종교개혁은 끊어진 영성의 숨을 회복시킨 사건이었다. 교황과 가톨릭교회는 타락한 욕망으로 영성의 숨을 끊었다. 루터는 끊어진 영성의 숨을 회복시키기 위하여 가톨릭의 그레고리오 성가를 코랄 찬송으로 개혁하였다. 그레고리오 성가는 대중이 '듣는 찬송'이었지만, 코랄 찬송은 대중이 '부르는 찬송'이었다. 그레고리오 성가는 사제와 성가대, 특권층이 독점한 찬송이었지만, 코랄 찬송은 대중이 함께 참여하여 부르는 찬송이었다. 그레고리오 성가는 라틴어 성가이었지만, 코랄 찬송은 민족적인 독일어 찬송이었다. 독일인들은 독일어 코랄 찬송을 부르면서 영성의 숨을 회복하였다. 종교개혁 500주년을 맞이하여 루터의 종교개혁과 코랄 찬송에서 영성의 숨을 찾아보고, 500년이 지난 현재, 500년 전의 루터와 종교개혁을 넘어서서 한반도에서 한국인의 영성의 숨을 회복시킬 수 있는 한국 찬송가를 찾아본다.

2. 루터의 종교개혁과 행함이 있는 믿음

비텐베르크대학교(Wittenberg) 교수였던 마르틴 루터(Martin Luther)는 교황 레오 10세(Leo X)가 성 베드로 대성당의 건축에 필요한 막대한 자금을 마련하기 위해서, 죄의 용서를 빙자하며 죄를 용서받을 수 있는 면벌부(免罰符, indulgentia)를 판매한다는 것을 신학적으로, 신앙적으로 동의하기 어려웠다. 루터는 1517년 10월 31일 정오, 〈사면의 능력의 선언에 대한 논제〉(Disputatio pro declaratione virtutis indulgentiarum) 〈95개조 논제〉(Die 95 Thesen)를 작성하여 비텐베르크대학교회(Wittenberg castle church) 정문에 게시했다. "루터는 본래 종교개혁을 일으킬 의도가 없었다. 그래서 95개조의 항의문을 쉬운 독일어로 쓰지 않고 어려운 학문의 언어인 라틴어로 썼다. 학문적 토론을 하고 싶었던 것이다. 그러나 그의 의도와는 전혀 다르게 삽시간에 인쇄되어, 유럽 전역에 여러 나라 말로 번역되어 알려지게 되었다. 그래서 그는 어쩔 수 없이 운명적으로 논쟁에 휩싸이게 된 것이다."[1]

종교개혁은 본래의 틀(form, 성서)로 돌이킨다는 의미이다. 95개조 논제(Die 95 Thesen) 1조이다. "우리들의 주님이시며 선생이신 예수 그리스도께서 '회개하라云云'(마 4장 17절)이라고 말씀하실 때 그는 신자들의 전 생애가 참회(깊이 뉘우치는 것)가 되어야 한다는 것을 의미한다." 36조, "어떠한 크리스천이고 진심으로 자기 죄에 대하여 뉘우치고 회개하는 사람은 면죄증서 없이도 형벌과 죄책에서 완전한 사함을 받는다." 루터가 95개 논제를 통하여 강조한 것은 회개이다. 욕망으로부터 돌이켜서 그리스도를 따라야 한다는 것이다. 6조이다. "교황은 하나님께서 죄를 사하였다는 것을 선언 혹은 시인하는 이외에 어떤 죄든지 사할 힘이 없다." 32조, "면죄증서에 의하여 자신의 구원이 확실하다고 스스로 믿는 사람은 그것을 가르치는 사람들과 함께 영원히 저주를 받을 것이다."[2]

종교개혁의 원리는 첫째, 오직 성서(sola Scriptura), 둘째, 오직 그리스도(sola Christus), 셋째, 오직 은혜(sola Gratia), 넷째, 오직 믿음(sola Fide), 다섯째, 오직 하나님께만 영광(soli Deo Gloria)이다. 첫째, 로마 가톨릭은 성서보다 교회를 더 위에 두었다. 교회의 전통과 교황의 칙령이 성서보다 더 권위가 있었다. 그리스도를 따르기 위해서는 교회의 전통으로부터 성서의 전통으로 돌이켜야 한다는 것이다. 둘째, 로마 가톨릭은 오직 그리스도를 통하여 구원받는 것이 아니라, '면벌부'(indulgentia, 免罰符)를 통하여 죄에 대한 벌을 면한다고 하였다. 교황이 그리스도보다 더 권위를 가졌다. 그리스도를 따르기 위해서는 교황 중심으로부터 예수 그리스도 중심으로 돌이켜야 한다는 것이다. 셋째, 로마 가톨릭은 하나님의 은혜에 의한 구원이 아닌 인간의 공로를 강조했다. 그리스도를 따르기 위해서는 나의 공로를 드러내는 것으로부터 은혜에 대한 감사로 돌이켜야 한다는 것이다. 넷째, 로마 가톨릭은 믿음보다 면벌부를 더 강조했다. 믿음이 아닌, 욕망을 추구했다. 종교개혁의 정신은 '행함이 아닌 믿음'이 아니라, '면벌부가 아닌 믿음', '욕망이 아닌 믿음'을 강조했다. 믿음은 나의 욕망을 체념할 때에 시작하기 때문이다. 그리스도를 따르기 위해서는 욕망으로부터 믿음으로 돌이켜야 한다는 것이다. 다섯째, 로마 가톨릭은 하느님이 영광 받는 것이 아니라, 교황과 교회가 영광을 받기 위해서 성 베드로 성당을 건축하였다. 교황과 교회의 영광이 하느님의 영광보다 더 중요했다. 그리스도를 따르기 위해서는 나와 교회가 영광을 받으려는 욕망으로부터 하느님께 영광을 돌리는 믿음으로 돌이켜야 한다는 것이다. 그리스도를 따르기 위해서는 교회의 전통으로부터 성서의 전통으로, 교회 중심으로부터 예수 중심으로, 공로 중심으로부터 은혜 중심으로, 욕망으로부터 예수를 따르는 믿음으로, 나와 교회의 영광으로부터 하느님께 영광을 돌리는 믿음으로 돌이켜야 한다. 돌이키는 회개는 고백과 함께 행함으로 이루어진다.

루터가 1517년 10월 31일 정오에 〈95개조 논제〉를 작성하여 비텐베르크 대학교회 정문에 게시한 3년 후인 1520년에 논문, "그리스도인의 자유"(Von der Freiheit eines Christenmenschen)를 썼다. 논문에서 "신앙에 관한 문제-내적인 것"에 관하여 이야기했다. 그는 면벌부가 아닌 오직 믿음(sola Fide)을 강조했다. 루터는 의롭게 되는 것은 신앙만으로 되는 것이지, 나의 공적으로 되는 것이 아니라고 주장했다. 내가 만일 어떤 다른 것으로 의롭게 될 수 있다면, 나는 말씀을 필요로 하지 않을 것이고, 따라서 신앙도 필요로 하지 않을 것이라고 강조했다. 루터는 "신앙에 관한 문제-내적인 것"에 이어서 "행동에 관한 문제-외적인 것"에 대하여 이야기했다. "우리는 몸을 편히 가져 아무 일도 하지 아니하고 신앙으로 만족하리라고 묻는 모든 사람들에게 대답하려고 한다. 그렇지 않다. 너희 몽매한 자들아!"[3] 루터는 의롭게 되거나 의롭기 위하여 선행을 필요로 하지는 않는다고 했다. 그러나 오직 하나님을 기쁘시게 하기 위해서는 행동이 필요하다고 주장했다. 선행이 선(善)한 사람을 만들지는 못하나, 선한 사람은 선한 일을 행하고, 악한 행위가 악한 사람을 만들지는 못하나, 악한 사람은 악한 일을 행한다고 강조했다. 루터는 믿음의 사람은 믿음을 행한다고 강조했다.

강영선은 《국민일보》 2011년 10월 28일자에 실린 〈루터의 오직 믿음으로〉라는 글을 통하여 '행함을 동반한 믿음'을 강조했다. "500년 전 당시 상황에서는 루터의 sola fidei(오직 믿음) 신학이 필요했지만 지금은 루터 신학의 재해석이 필요합니다. 만약 기독교인들이 루터의 sola fidei 신학을 절대화하고 행함을 강조하신 예수님 말씀을 이차적인 것으로 여긴다면 그것은 루터를 우상화하는 일이며, 그렇게 되는 것을 루터도 결코 원치 않을 것입니다. 따라서 루터의 sola fidei(오직 믿음) 신학은 'fidei cum opera(행함을 동반한 믿음)'의 신학으로 바뀌어야 합니다." 마태 성서기자는 행함이 있는 믿음을 강조하였다. "나더러 '주님, 주님' 하는 사람이라고 해서, 다 하늘나라에 들어가는 것이 아니다. 하늘에 계신 내 아버지의 뜻을 행하는 사람이라야 들어간다."(마태복음 7장 21절)

행함과 믿음을 대조시키면서, '행함이 아니라 믿음으로 구원받는다.'라는 선동은 교회 성장을 위한 성서의 왜곡이다. 행함과 믿음은 대척점의 위치에 있지 않고, 동일선상에 있다. '행함이 아니라 믿음으로 구원받는다.'라는 구호는 '욕망이 아니라, 믿음으로 구원받는다.'로 수정해야 한다. 루터는 교황 중심을 성서 중심으로, 교회 중심을 예수 중심으로, 공로 중심을 은혜 중심으로, 욕망 중심을 믿음 중심으로, 교회와 성직자의 영광을 하느님 영광으로, 행함이 없는 믿음을 행함이 있는 믿음으로 개혁하기 위하여 그레고리오 성가를 코랄 찬송으로 개혁하였다.

3. 루터의 종교개혁과 코랄

서양음악의 음계는 귀도 다레초(Guido D'Arezzo)가 성 요한 찬미가인 〈우트 쿠에안트 라시스〉(Ut queant laxis), 〈당신의 종들이〉라는 찬미가 여섯 악절의 첫 음의 가사인 우트(Ut), 레(Re), 미(Mi), 파(Fa), 솔(Sol), 라(La)를 계이름으로 삼았다. 〈우트 쿠에안트 라시스(Ut Queant laxis) / 레소나레 피브리스(Resonare fibris) / 미라 제스또룸(Mira gestorum) / 파물리 뚜오룸(Famuli tuorum) / 솔베 뽈루티(Solve polluti) / 라비이 레아뚬(Labii reatum) / 상테 요하네스(Sancte Iohannes)〉 후에 우트(ut)가 도미누스(dominus)로 바뀌어 도(do)가 되었고, 시(Si)는 상테 요하네스(Sancte Iohannes)에서 사(sa)를 시(si)로 바꾸었다. 도(Do)는 하느님(Dominus), 레(Re)는 하느님의 음성(Resonare), 미(Mi)는 하느님의 기적(Miracle), 파(Fa)는 하느님의 제자, 솔(Sol)은 하느님의 사랑(Solve), 라(La)는 입술(Labii), 하느님의 사도, 시(Si)는 거룩한 예수(Sanctus), 도(Do)는 오메가 하느님(Dominus)이라는 뜻이다. 음계, 스케일(scale)이라는 단어는 계단을 의미하는 라틴어 스칼라(scala)에서 나왔다. 음악은 하느님을 만나는 계단이다. 신을 만나는 영성의 숨이다. 그래서 루터는 영성의 숨을 회복하기 위하여 그레고리오 성가를 코랄 찬송으로 개혁하였다. 내 안에 있는 영성의 숨으로 코랄 찬송을 부를 때에 영성의 숨이 살아나기 때문이다.

피타고라스(Πυθαγόρας)는 우주에 화음이 있다고 하였다. 화성과 지구의 거리 비례는 약 2대 3이 되는데, 따라서 두 별은 서로 5도 관계에 있는 음을 연주한다고 하였다. 피타고라스는 음악을 신이 창조했다고 보았다. 플라톤(Πλάτων)은 음악에는 천상의 음악이 있고, 지상의 음악이 있는데, 지상의 음악은 천상의 음악을 원형으로 한다고 하였다. 음악은 천상에서 신에 의해서 창조되었다는 것이다. 음악은 쾌락의 도구가 아니라, 신을 만나는 영성의 숨이다. 모세(משה)와 미리암(מרים)은 홍해 바다를 건넌 후에 최초의 찬송을 불렀다.(출애굽기 15장) 이 찬송은 히브리인들이 광야에서 한(恨)을 흥으로 승화시키는 영성의 숨이었다. 천사들이 성전에서 찬송을 불렀다. "거룩하다 거룩하다 거룩하다" 전통적으로 교회 예배에서 불러온 '삼성창', '상투스'(sanctus)이다. 여기에 하느님이 현현하셨다.(이사야 6장) 이 찬송은 예언자 이사야가 성전에서 하느님을 만나는 영성의 숨이었다.

주전 586년, 바벨론의 침략으로 예루살렘 성전이 무너졌다. 히브리인들은 주전 537년, 바벨론에서 예루살렘으로 돌아왔다. 주전 515년에 제2성전(Second Temple)을 완공했다. 히브리인들은 하느님을 만나기 위해 찬송가책(Hymnbook of the Sencond Temple)을 편집했다. 이것이 최초의 찬송가인 〈시편〉(테힐림, תהלים, 찬양의 노래)이다. 하느님을 경험하는 중심이 성전에서 지혜로 옮겨갔다. 성전으로부터 말씀으로, 소리로, 찬송으로 옮겨갔다. 〈지혜가 길거리에서 부르며, 광장에서 그 소리를 높이며〉(잠언 1장 20절) 지혜(호크마, חכמה)의 소리는 성전이 아닌, 길거리에서, 삶의 현장에서 울려 퍼졌다. 시편 찬송가는 히브리인들이 민족적인 신앙고백을 히브리 고유 가락에 실어 부른 찬송가였다. 삶의 현장에서 하느님을 만나는 영성의 숨이었다. 중세에 교회에서 부른 그레고리오 성가(Gregorian chant)는 시편 찬송의 영향을 받았다. "그레고리 성가의 상당수는 시편에서 발췌한 것으로 산문 형식에 기초하고 있다."[4] 유대교 시편 성가는 독창 형식이었다. 너무 단조롭게 느껴져서 성가대원들이 느린 템포로 부르는 제창(齊唱)으로 바꾸었다. 그레고리오 성가는 신을 만나기 위한 음악적 영성이었다.

로마 가톨릭교회 사제였던 루터는 교회 중심을 성서 중심으로 개혁하기 위하여, 사제들을 통해서만 읽을 수 있었던 라틴어 성서를 독일어로 번역하여 성도들이 직접 성서를 읽게 하였다. 교회 중심을 예수 중심으로 개혁하기 위하여, 교회 안의 전문가들만 부르던 그레고리오 성가를 대중이 부를 수 있는 코랄(Chorale) 찬송으로 개혁하였다. 인간은 성서를 읽으면서, 찬송을 부르면서, 영성의 숨을 호흡하며 신을 만난다는 확신이 있었기 때문이다. 코랄(Chorale)은 루터가 독일 회중들을 위하여 만든 찬송가를 의미하는데, '코랄'(Chorale)이라는 명칭은 '합창으로'라는 뜻을 지닌 'Chorally' 때문에 붙여진 것이다. 회중과 합창대가 함께 유니즌으로 부르는 것을 '코랄리테르'(choraliter)라고 하였다. 루터의 이야기이다. "예언자들과 고대 교부들의 모범을 따라 회중을 위한 독일어 찬송을 만들어서 하느님의 말씀이 그들 안에 살아 있게 하기를 원하며, 이 목적을 위하여 찬송을 만들려는 것이 나의 의도입니다."[5] 루터는 독일인들이 찬송을 통하여 영성의 숨을 호흡하고, 신을 만나는 사건을 통하여, 하느님 나라의 기쁨을 경험하게 하기 위하여 코랄을 만들었다.

정기락은 루터의 코랄의 의미를 이렇게 이야기하였다. "루터는 코랄을 통하여 예배에서 라틴어로 벙어리 된 자신의 민족들에게 살아 있는 찬송가를 부를 수 있도록 하기 위해 코랄 보급을 위한 구체적인 사업을 벌였고, 그 계획은 마침내 성공적으로 수행되었으며 그의 코랄로 인한 영향은 16세기 이후 독일 음악이 주변 국가들의 음악 수준과 동등한 위치에 올라서는 데 발판이 되었다."[6] 루터의 코랄은 특권층인 사제와 성가대의 노래를 듣기만 하는 죽은 찬송으로부터 대중이 부르면서 살아 숨 쉬는 하느님의 숨을 경험하는 살아있는 찬송으로의 개혁이었다.

루터의 코랄은 누구나 쉽게 부를 수 있는 대중 찬송이었다. 최초의 코랄은 화음도 없고 반주도 없이 제창으로 부르는 단순한 노래였다. 코랄의 주요 출처는 네 가지였다. 첫째, 그레고리오 성가(Gregorian chant)의 번안이다. 둘째, 기존 독일어 봉헌 노래이다. 셋째, 콘트라팍툼(Contrafactum), 기존 세속 노래에 새 가사를 붙인 노래이다. 루터는 독일 민요를 코랄로 사용하였다. 넷째, 새롭게 작곡한 곡이다. '내 주는 강한 성'(Ein feste Burg ist unser Gott)은 새로운 곡조로 작곡한 곡이다. 종교개혁 운동의 상징적인 찬미가이다. 루터는 1523년부터 코랄 찬송을 만들었다. 37곡 정도 지었다. 9곡은 루터의 창작 찬송이고, 11곡은 라틴어 찬송을 번역한 찬송이고, 4곡은 종교개혁 이전의 찬송을 수정한 찬송이고, 7곡은 시편에서, 6곡은 기타 성서의 여러 부분에서 따온 찬송이다. 루터는 1524년에 최초의 찬송가집, 「8개의 그리스도교 찬송가」(Etlich Christliche Lieder)를 출판하였다. 종교개혁이 일어난 6년 후에 루터가 코랄을 만들기 시작한 것은 종교개혁의 정신이 계속 살아 숨 쉬기 위해서는 찬송을 부르며 영성의 숨을 호흡해야 한다고 생각한 것이다.

펠리칸(J. Pelikan)과 레만(H. T. Lehmann)은 「루터의 작품들」(Luther's Works)을 통하여 코랄 37곡을 소개하고 있다. 정기락의 논문, "마르틴 루터의 민족교회음악"에서 재인용한다.

"01) 새로운 노래를(Ein Neues Lied), 1523 / 02) 오 하나님 하늘로부터(Ach Gott Vom Himmel), 1523, 전례 성가의 선율에서 / 03) 주께서 우리에게 은혜를 베푸시려 한다면(Es Wollt uns Gott gn ding sein), 1523, 전례 성가의 선율에서 / 04) 깊은 절망에서 부르짖사오니(Aus tiefer Not), 1523 / 05) 크리스챤들이여 함께 기뻐하자(Nun freut euch liebe Christen gmein), 1523, 전례 성가의 선율에서 / 06) 이것은 거룩한 십계명이다(Dies sind die heli'gen Zehn Gebot), 1523 / 07) 사람아, 참 행복을 원한다면(Mensch, willst du leben seliglich) 1524, 라틴어 성가의 선율에서 / 08) 오소서, 이방인의 치료자여(Nun Komm der Heiden Heiland), 독일 민요에서 / 09) 그리스도를 찬양하자(Christum wir sollen loben schon), 1523?, 라틴어 성가의 선율에서 / 10) 오 주님 찬미 받으소서(Gelobet Seist du Jesu Christ), 1524, 독일 민요에

서 / 11) 예수 그리스도는 우리의 구원자(Jesu Christus Heiland, der von Uns), 1524 / 12) 하나님을 경외하는 자는 복이 있도다(Wohl dem, der in Gottes Furcht steht), 1524 / 13) 평화와 기쁨으로(Mit Fried und Freud), 1524, 존 후스의 선율에서 / 14) 하나님은 우리와 아니 계셨으니(War Gott nicht mit ums), 1524 / 15) 우둔한 자의 입으로 말할지라도(Es spricht der unweysen Mund wohl), 1523 / 16) 우리 주는 무덤에 묻히셨다(Christ lag in Todesbanden), 1524 / 17) 예수 그리스도는 우리 구세주(Jesu Christus unser Heiland), 1524 / 18) 오소서 창조자 하나님이여(Komm Gott Schöpfer heiliger Geist), 1524 / 19) 우리 모두 성령께 기도하자(Nun bitten wir den heiligen Geist), 1524, 독일 민요에서 / 20) 오소서, 주 하나님 성령이여(Komm heiliger Geist Herre Gott), 1524, 라틴어 안티폰에서 / 21) 하나님은 우리와 함께 하시는 아버지(Gott der Vater wohn' uns bei), 1524, 전례 성가 크레도(Credo)의 선율에서 / 22) 참되신 하나님을 우리는 믿습니다(Wir glauben an einen Gott), 1524 / 23) 하나님께 찬미와 영광을(Gott sei gelobet und gebenedeiet), 1524, 독일 민요에서 / 24) 우리 삶 가운데(Mitten wir im Leben sind), 1524, 라틴어 안티폰에서 / 25) 이사야는 예언자(Iesaia dem Propheten das geschah), 1528 / 26) 내 주는 강한 성(Ein' feste Burg), 1527…28? / 27) 주여 비옵나니 평화를 주옵소서(Verley uns Frieden gnediglich), 1527/28?, 라틴어 안티폰에서 / 28) 주 하나님, 찬양 받으소서(Das Tedeum), 1534/35 / 29) 하늘 높은 곳에서(Vom Himmel hoch), 1534/35, 세속 민요 선율에서 / 30) 맘에 드는 내 귀한 여종(Sie ist mir lieb, die werte Magd), 1535/45 / 31) 하늘에 계신 우리 아버지(Vater unser im Himmelreich), 1539 / 32) 주여 우리를 당신 말씀안에(Erhalt uns Herr Deinem Wort), 1541/42? / 33) 주님이 요르단에 가셨을 때(Christ unser Herr zum Jordan Kam), 1541, 라틴어 성가의 선율에서 / 34) 헤롯, 무엇을 두려워하는가(Was fürcht'st du Feind Herodes sehr), 1541, 라틴어 성가의 선율에서 / 35) 하늘에서 천사의 노래가(Vom Himmel kam der Engel Schar), 1541 / 36) 삼위일체이신 하나

님(Der du bist drei in Einigheit), 1543, 라틴어 성가의 선율에서 / 37) 하나님께 찬양과 영광을(An Lob und Ehr soll Gottes Sein), 1537."

37곡 중에 루터가 최초로 만든 코랄은 'Ein neues Lied'(새로운 노래를)이다. 루터는 이 노래를 삐라(Flugblatt)에 담아 퍼뜨렸다. 코랄은 종교개혁 운동이 독일 전역으로 확산되는 사건에 결정적인 역할을 한 것이다. 살아 있는 영성의 숨이 세계를 향하여 퍼져 나간 것이다. 이 코랄은 10절로 되어 있는데, 1절 가사는 다음과 같다. "우리는 새로운 노래를 시작하노라 / 우리 주 하느님께서 다스리신다 / 하느님 찬양과 영광을 위하여 / 하느님이 행하신 일을 노래하기 위하여 / 네덜란드의 브뤼셀에서 두 사람의 젊은이를 통하여 / 하느님은 자신의 놀라운 힘을 밝히셨다 / 하느님은 젊은이들에게 풍부한 선물을 부어주셨다" 이 가사에서 코랄에 대한 루터의 마음을 읽을 수 있다. 코랄은 새로운 노래이다. 듣는 찬송이 아니라, 부르는 새로운 찬송이다. 사제가 중심이 되어 특권층이 독점하는 찬송이 아니라, 대중이 함께 숨을 쉬는 새로운 노래이다. 교회의 확장을 위한 노래가 아니라, 하느님 나라를 확장하는 새로운 노래이다. 코랄은 사제가 다스리는 사제의 나라를 노래하지 않고, 하느님이 다스리는 하느님 나라를 노래한다. 코랄은 사제와 교회의 영광을 위한 노래가 아니라, 하느님의 영광을 위한 노래이다. 코랄은 사제와 교회의 일을 노래하지 않고, 하느님이 행하신 일을 노래한다. 코랄은 사제와 교회의 힘을 드러내지 않고, 하느님의 힘을 드러낸다. 코랄은 '나의 왕국'을 지향하는 기득권층의 노래가 아니라, '하느님 나라'를 지향하는 대중들의 노래이다.

37곡 중에 루터의 대표적인 코랄은 찬송가 585장인 〈내 주는 강한 성이요〉(Ein feste Burg ist unser Gott)이다. 이 찬송은 1528년에 시편 46편을 근거로 만든 찬송이다. "종교개혁에서 햇불 찬송이라 꼽힌다."[7] 1527년 카를 5세(Karl V) 황제는 교황 클레멘스 7세(Clemens VII)와 싸웠다. 카를 5세(Karl V) 황제는 독일 루터 교도들이 많이 포함된 군대를 이끌고 이탈리아를 침범하여 교황을 가두고 가톨릭교회를 약탈하였다. 그리고 강제적으로 화해를 하도록 교황에게 압력을 가했다. 이 일이 있은 후 카를 5세(Karl V) 황제는 화살을 루터교도들에게 돌리기로 작정하고 1529년 2월 스파이에르에서 국회를 소집했다. 그 국회는 루터교를 동조하던 제후들에게 명령하기를 제후들이 금지시켰던 가톨릭 예배의식을 모두 허용하라고 했다. 루터교 제후들은 정식으로 항의하기에 이르렀다. 항의운동을 한 사람들을 신교도(Protestants)라고 부른다. 루터의 뒤를 따르던 사람들은 오랜 싸움과 탄압에 지쳐서 실의에 차 있었다. 이때 루터는 그들의 사기를 돋우기 위하여 전투명령과 같은 내용으로 찬송시를 지었다. 이 찬송이 루터가 1529년에 지은 '내 주는 강한 성'(Ein feste Burg ist unser Gott)이다. 이 찬송을 프레드릭 헨리 헤지(Frederick Henry Hedge)가 1852년에 영역하여 1853년에 퍼니스(W. H. Furness)의 〈독일시의 보석들〉(Gems of German Verse)에 실었다. 4절중에 1절을 소개한다.

1절 / A mighty fortress is our God / A bulwark never failing; / Our helper He, amid the flood / Of mortal ills pervailing / For still our ancient foe / Doth seek to work us woe; / His craft and power are great, / And, armed with cruel hate, / On earth is not his equal / 우리 하느님은 강한 요새시오 / 결코 실패함이 없는 성채시라 / 범람하는 인간악의 홍수 속에서 / 우리를 도우는 자시라 / 우리의 옛 원수는 여전히 / 우리에게 화를 줄 길을 찾고 있고 / 그의 간교한 힘은 크며 / 잔인한 증오로 무장하였네. / 이 땅위엔 그를 당할 자 없도다.

루터는 〈내 주는 강한 성이요〉(Ein feste Burg ist unser Gott) 1절에서 우리의 요새와 성채는 교회가 아니라, 하느님임을 강조하고 있다. 하느님이 통치하는 하느님 나라에는 계급이 존재하지 않는다. 루터의 코랄은 교회 안에 있는 계급의 구조를 깨뜨리고, 하느님 나라를 이루는 대중음악이었다. 루터는 대중성을 위하여 라틴어가 아닌, 독일어로 불렀다. 루터의 동역자인 뮌츠(Thomas Müntzer)는 그레고리 성가의 선율 위에 가사만 독일어로 고쳐서 사용하였다. 루터는 교회 안의 계급을 깨뜨리고 대중적인 찬송을 위해서 가사만이 아니라, 선율도 독일적이어야 한다고 주장했다. "나는 요즈음에 독일어로 된 미사가 있었으면 좋겠다고 생각한다. 나는 여기에 대한 계획을 가지고 있다. 나는 이것이 정말 독일적인 것이었으면 한다. 라틴어 가사를 번역하고 라틴어의 음악을 유지하는 것을 나는 허락하지만, 이는 좋지도 않고 바르지도 않다. 가사나 음악, 표현 방식, 악센트, 선율 등이 독일어법에 충실해야 된다고 생각한다. 이해되지 않는 미사는 진정으로 드리는 미사가 되지 못하고 원숭이의 흉내 내는 것에 불과하다."[8]

루터는 독일적인 것을 위하여, 대중성을 위하여, 교회 안의 계급을 깨뜨리기 위하여 독일의 세속 노래를 적극적으로 활용했다. 독일 민요의 가락에 성서적인 가사를 얹어 불렀다. 콘트라팍툼(Contrafactum)의 출발이다. 가장 유명하고 가장 아름다운 콘트라팍툼 중 하나인, 〈O Welt, ich muss dich lassen(오 세상아, 나는 너를 떠나야만 하네)〉은 가곡 〈Innsbruck, ich muss dich lassen(인스부르크여, 나는 너를 떠나야만 하네)〉의 선율이다. 바흐(Bach)의 마태수난곡에 나오는 찬송가 145장 〈오 거룩하신 주님〉은 하슬러(Hans Leo Hassler)의 〈내 마음의 혼란(Mein Gemüt ist mir verwirret)〉이라는 연애 노래의 선율에 거룩한 가사인 〈Herzlich thut mich verlangen(내 마음은 갈망으로 가득하도다)〉를 붙인 코랄이다. 후에 가사를 〈O Haupt voll Blut und Wunden(피투성이 그리고 상하신,

오 그 머리여〉〉으로 바꾸었다.

루터는 1530년에 미완성으로 남은 〈음악을 위해〉(Peri tes mousikes)라는 글을 통하여 음악은 하느님의 선물임을 강조했다. "나는 음악을 사랑한다. 그리고 음악을 저주하는 열심당이 마음에 들지 않는다. 왜냐하면 음악은, 사람의 선물이 아니고 하나님의 선물이며, 영혼을 즐겁게 하고, 마귀를 몰아내고, 죄 없는 기쁨을 일으키고, 이를 통해 분노, 욕정, 교만을 지나가게 하기 때문이다. 나는 신학 다음의 맨 첫 번째 자리를 음악에게 부여하는데 이는 다윗과 모든 선지자들의 예를 보아 얻은 결론이다. 그들은 자신의 행적을 시와 노래로 전했다. 음악은 평화의 때를 지배한다. 그러므로 견뎌내라. 우리 이후에 오는 인간들은 이 예술과 함께 더욱 나아지리라. 나는 평화 속에 사는 바이에른 영주들을 칭송하는데, 이는 그들이 음악을 육성하기 때문이다. 우리 작센 영주들은 무기와 폭탄을 설교한다."[9]

음악은 하느님의 선물이기 때문에 천상의 음악이고, 하늘의 소리이다. 이 천상의 음악, 하늘의 소리를 원형으로 하여 삶의 현장에서, 길거리에서, 일터에서, 부르는 음악이 지상의 음악, 땅의 소리다. William Reynolds와 Miburn Price에 의하면, 루터는 찬송가를 가정에서 익히는 것은 물론이고 교구 부속학교에서 어린이들에게 가르쳐야 한다고 주장하였다. 지혜, 하늘의 소리가 길거리, 땅에서 울려 퍼졌다. 하늘의 소리와 땅의 소리의 만남이다. 이것이 세속 노래를 신을 만나는 노래로 부른 지혜의 소리인 콘트라팍툼(contrafactum)이다.

루터는 독일인들의 신앙고백을 독일 민요의 가락에 담아서 코랄 찬송을 불렀다. 코랄 찬송은 독일인들에게 영성의 숨이었다. "그는 찬송의 가사를 독일어로 바꾸었을 뿐만 아니라 곡도 독일적이어야 한다고 주장하였다. 그는 찬송에서 가사와 가락, 액센트, 운율 등이 모두 독일어와 일치해야 하며 그렇지 못할 경우에는 원숭이의 소리처럼 아무 의미가 없다고 말한다. 그는 독일어가 가진 독특한 언어 구조를 노래로 표현하기 위해서는 이에 상응하는 독일적 가락을 만들 필요성이 있음을 깨달았다."[10] 루터가 강조하는 가사와 가락, 액센트, 운율 등이 영성의 숨이다. 교황과 교회와 교리에 의하여 숨막혔던 독일인들은 코랄 찬송을 통하여 영성의 숨을 쉬기 시작했다. 이것이 종교개혁이다. 루터와 같은 도시인 아이제나흐(Eisenach)에서 태어났고, 루터파 신자였던 바흐(Bach)는 루터의 종교개혁에 나타난 음악 정신에 대하여 이렇게 이야기하였다. "…종교개혁 시대의 음악은 음악을 통해 말씀이 선포되는 것이었고, 그 음악을 통한 말씀은 직접적이고 명백하였다."[11] 코랄은 하느님이 인간을 만나는 하느님의 숨, 영성의 숨이다.

4. 한국인의 영성과 한국 찬송가

현재 한국교회에서 사용하고 있는 「21세기 찬송가」에도 세속 노래를 신을 만나는 노래로 부르는 지혜의 소리, 콘트라팍툼(contrafactum)이 실려 있다. 찬송가에 수록된 세속 노래는 국가, 가요, 민요, 오페라 곡, 교향곡, 소방대원 행진곡, 피아노곡 등 그 종류가 다양하다. 첫째, 국가가 실려 있다. 70장 〈피난처 있으니〉는 영국 국가이다. 210장 〈시온성과 같은 교회〉는 독일 국가이다. 둘째, 가요가 실려 있다. 141장 〈만복의 근원 하나님〉은 프랑스 가요, 145장 〈오 거룩하신 주님〉은 독일 가요이다. 하슬러(Hans Leo Hassler)의 '내 마음의 혼란'(Mein Gemüt ist mir verwirret)은 연애 노래이다. 88장 〈내 진정 사모하는〉, 509장 〈기쁜 일이 있어 천국 종 치네〉, 352장 〈십자가 군병들아〉, 364장 〈내 기도하는 그 시간〉은 미국 가요이다. 셋째, 민요가 실려 있다. 21장 〈다 찬양하여라〉, 117장 〈만백성 기뻐하여라〉, 184장 〈불길 같은 주 성령〉은 영국 민요이다. 280장 〈천부여 의지 없어서〉와 493장 〈하늘가는 밝은 길이〉는 스코틀랜드 민요이다. 484장 〈내 맘의 주여 소망되소서〉는 아일랜드 민요이고, 26장 〈구세주를 아는 이들〉, 32장 〈만유의 주재〉, 54장 〈즐겁게 안식할 날〉, 69장 〈온 천하 만물 우러러〉, 378장 〈내 선한 목자〉, 462장 〈생명 진리 은혜 되신〉은 독일 민요이다. 125장 〈천사들의 노래가〉, 163장 〈할렐루야 할렐루야〉는 프랑스 민요이고, 39장 〈주 은혜를 받으려〉, 68장 〈오 하나님 우리의 창조주시니〉는 네덜란드 민요이다. 79장 〈주 하나님 지으신 모든 세계〉는 스웨덴 민요이고, 397장 〈주사랑 안에 살면〉은 핀란드 민요이다. 그리고 108장 〈그 어린 주 예수〉와 305장 〈나 같은 죄인 살리신〉은 미국 민요이다. 넷째, 오페라 곡이 실려 있다. 46장 〈이 날은 주님 정하신〉은 오페라 '알렉서지스' 서곡에서 온 찬송이고, 54장 〈주여 복을 구하오니〉는 가극 '마을의 점장이'에서 온 찬송이다. 96장 〈예수님은 누구신가〉도 가극 '마을의 점장이'에서 온 찬송이다. 549장 〈내 주여 뜻대로〉는 베버(Weber, Carl Maria Friedrich Ernst von)의 오페라, '마탄의 사수'(魔彈의 射手, Der Freischütz)의 서곡이다. 580장 〈삼천리반도 금수강산〉은 도니제티(Gaetano Donizetti)의 오페라, '람메르무어의 루치아'(Lucia di Lammermoor) 제2막에 나오는 결혼 축하객의 합창곡이다. 다섯째, 교향곡이 실려 있다. 64장 〈기뻐하며 경배하세〉는 베토벤의 심포니 9번에서 온 찬송이고, 605장 〈오늘 모여 찬송함은〉도 베토벤의 심포니 9번에서 온 찬송이다. 여섯째, 소방대원 행진곡이 실려 있다. 348장 〈마귀들과 싸울지라〉는 미국의 소방대원 행진곡이다. 한국교회에서 사용하는 찬송가에 외국의 국가, 가요, 민요 등은 실려 있지만, 한국의 애국가, 민요, 가요는 한 곡도 없다. 이것은 사대주의이고, 한국인의 영성의 숨을 막는 것이다.

2017년 현재 한국교회에서 사용하고 있는 「21세기찬송가」에 수록된 645

곡의 찬송 중에 한국인이 작곡한 찬송은 126곡이다. 이 126곡의 찬송을 '한국인 찬송가'라고 부른다. 126곡의 찬송을 모두 '한국 찬송가'라고 부를 수 없다. 한국인이 그린 서양화를 '한국 미술'이라고 부를 수 없다. 한국인이 서양음악의 선법으로 작곡한 음악을 '한국 음악'이라고 부를 수 없다. 그래서 한국인이 서양음악의 선법으로 작곡한 찬송을 '한국인 찬송가'라고 부르고, 한국 전통 음악선법으로 작곡한 찬송을 '한국 찬송가'라고 부른다. 「21세기 찬송가」에 수록된 645곡의 찬송 중에 한국인이 작곡한 '한국인 찬송가'는 126곡(19.5%)이고, 그중에 한국 전통 음악선법으로 작곡한 '한국 찬송가'는 40곡(6.8%)이다. 여기에서 말하는 한국 찬송가는 한국인의 신앙고백을 한국의 고유 가락으로 부르는 찬송가를 말한다. 이 한국의 고유 가락이 하느님으로부터 한국인에게 온 영성의 숨이다. 그래서 한국의 고유 가락을 통하여 한국인의 고유성을 찾을 수 있다.

하느님이 인간을 창조하는 장면이다. 〈하나님이 당신의 형상대로 사람을 창조하셨으니, 곧 하나님의 형상대로 사람을 창조하셨다. 하나님이 그들을 남자와 여자로 창조하셨다.(창세기 1장 27절) 하느님은 사람을 하느님의 형상대로 창조하셨다. '하느님의 형상대로'는 '베셀렘 엘로힘(בצלם אלהים), in the image of God'이다. 한국인은 하느님의 형상이다. 한국인은 하느님의 이미지 중 하나이다. 한국인에게 있는 하느님의 이미지를 윤성범은 '한국의 종교 문화적 아 프리오리(a priori)'라고 불렀고, 유동식은 '한국인의 영성'이라고 불렀고, 김광식은 '한국의 고유성'(Proprium Coreanum), '한국적 경건'이라고 불렀다. 한국인의 고유성은 하느님으로부터 한국인에게 온 영성이다. 윤성범은 이것을 유교에서 찾으려고 하였고, 유동식은 풍류도에서 찾으려고 하였고, 김광식은 건국신화에서 찾으려고 하였다. 한국인의 고유성은 한국음악에서도 찾을 수 있다. 음악은 하느님으로부터 온 영성의 숨이기 때문이다.

〈악학궤범〉(樂學軌範)은 조선 성종 때 최초의 음악서이다. 첫 글귀에 있는 말이다. 〈樂學軌範 序(악학궤범 서문)〉 "樂也者 出於天而寓於人(악야자 출어천이우어인) 發於虛而成於自然(발어허이성어자연) 所以使人心感(소이사인심감) 而動盪血脈流通精神也(이동탕혈맥류통정신야)"[12] 조요한의 해석이다. "한국음악의 귀중한 문헌인 악학궤범(樂學軌範)은 서문에서 '음악은 하늘에서 나와 사람에게 머물고, 허무에서 발생해 자연에서 이루어지는 것이니, 사람의 마음으로 느끼게 하고, 그 혈맥을 뛰게 해 정신을 유통케 하는 것이다.'라고 기록해 음악의 형성을 설명했다."[13] 한국 음악은 하늘로부터 온 것이기 때문에 한국 음악에서 '한국인의 고유성'(Proprium Coreanum), 한국인에게 있는 하느님의 형상을 찾을 수 있다.

토착화 신학자, 윤성범은 '멋'을 한국인의 영성으로 보았다. "'멋'은 단순히 감성적인 또는 심미적인 것만이 아니고 형상(形相)과 질료(質料)의 혼연일체, 신비적 합일의 경지라고 보아 좋을 것이다. 성(誠)의 문화는 바로 멋의 문화인 것이다."[14] 음악학자, 한명희도 한국 전통음악의 엇모리장단에 한국의 고유한 멋이 있다고 하였다. "전통음악의 엇모리장단은 이와 같은 원리에 유사한 특정한 리듬인데, 그 속에 배어나는 예술적 속멋이란 여간 기막힌 게 아니다. 가히 엇모리장단에 내재된 속멋을 모르고는 한국의 멋을 이해할 수 없다고 해도 과언이 아닐 만큼 엇모리장단은 우리네 멋의 본질과 멋의 속성을 두루 갖추고 있다."[15] 한국인의 영성의 숨을 한국음악의 엇모리장단에서 찾을 수 있다.

토착화 신학자, 유동식은 한국인의 영성을 풍류도(風流道)라고 하였다. 풍류도의 핵심은 신과 인간이 하나로 교합하는 것이다. 옛 한인들은 노래와 춤에서 신과 하나로 융합되는 황홀경을 경험했다. "옛날 사람들은 이러한 황홀경에서 신령(神靈)들과 직접으로 만나고 대화하는 세계로 들어간다고 믿었다. 그래서 하늘에 제사 지낼 때에는 밤낮으로 술 마시며 노래하고 춤을 추었다. 거기에서 그들은 하느님과 만나며 사귈 수 있었으며, 신(神)의 힘을 빌어서 모든 재앙(災殃)과 액운(厄運)을 없이하고 축복(祝福)을 초래할 수 있었다."[16] 유동식이 한국인의 영성이라고 주장하는 풍류도를 음악학자 이성천은 「한국 한국인 한국음악」에서 '신명'(神明)이라고 하였다. 신명은 감정의 밑바닥을 훑어도 몇 겹을 도려내야 하는 아픔과, 그래서 얻게 되는 애정, 결국 목숨이 다할 때까지 판소리를 버리지 못하는 경험이라고 하면서, 이 경험이 판과 무대로 옮겨져 신바람으로 재연되고 그 신바람이 청중과 어우러져 '얼씨구', '좋지' 추임새의 난장을 벌이게 된다고 하였다. 이성천은 한국인의 영성, 신명(神明)을 농악과 산조, 판소리, 잡가, 민요에서 찾았다. 신명은 신과 인간의 창조적 어울림에서 나오는 멋, 풍류이다.

토착화 신학자, 김광식은 한국인의 영성을 '신토불이의 영성'이라고 하였다.[17] 그는 한국인의 영성을 조화 전개적 사유를 통하여 전개했다. "동양적 사고에서는 하느님과 인간 사이의 화해 대신 하늘과 땅의 조화를 더 선호해 온 것이다. 하늘과 땅뿐 아니라 남자와 여자, 위와 아래, 음과 양, 이(理)와 기(氣) 등은 화해의 관계를 가지고 있는 것이 아니라 조화 전개의 관계를 가지고 있는 것이다. 솜씨와 풍류를 강조하는 토착화 신학에서는 화해보다는 조화를 더 강조한다."[18] 다르면서 같은 것, 즉, 둘이면서 소외와 갈등이 일어나지 않으며 같은 것, 이것을 '불이'(不二)라고 하였다. 김광식은 신과 사람이 다른 존재로서 둘이지만, 마음의 차원에서 모순과 갈등과 소외를 일으키지 않으며, 조화하는 것을 '신토불이'(不二)라고 하였다. 김광식이 주장하는 한국인의 영성, 불이(不二)를 음악학자 이성천은 '화이부동'(和而不同)이라고 하였다. "한국전통음악의 정신은 화이부동(和而不同)이다. 이 어귀는 〈논어(論語)〉 자로(子路)편 23장에 '군자(君子) 화이부동(和而不同), 소인(小人) 동이불화(同而不和)'

의 구절에서 따온 것이다."[19] 그는 화(和)를 '하나 된다.'라고 풀이하였다. 천인합일(天人合一), 주객일체(主客一體)의 의미가 있다고 하면서, 화(和)의 뜻은 '고르게 한다.'는 의미를 가지고 있다고 하였다. 화이부동(和而不同)은 신과 사람이 다른 존재로서 둘이지만, 마음의 차원에서 모순과 갈등과 소외를 일으키지 않으며, 조화하는 한국인의 영성이다.

한국 찬송가는 한국인의 신앙고백을 한국의 고유한 가락에 담아서 부르는 찬송가이다. 한국인의 신앙고백을 한국 고유 가락에 담아서 찬송을 부를 때에 땅의 소리와 하늘의 소리가 만나는 사건을 경험할 수 있다. 막혔던 영성의 숨을 호흡할 수 있다. 한국 찬송가는 한국인이 하느님을 만나는 영성의 숨이다. 한국기독교 초기에 한국교회 찬송가 편집에 관여한 선교사들은 한국의 고유한 가락에 담아서 부르는 한국 찬송가를 주장하였다. 1892년에 발간된 한국교회 최초의 찬송가인 「찬미가」를 편집한 선교사들은 서문에서 외국 찬송가를 번역하여 부르는 번역 찬송가의 한계를 지적하면서 한국인들의 영성의 숨을 호흡하는 한국 찬송가를 불러야 한다고 주장하였다. "번역으로 적절하고도 가납될 만한 찬송가가 나타날 수 있겠는가. 그럴 수 없다. 한 찬송가의 번역을 가지고 줄곧 며칠씩 골치를 앓으며 애쓰고, 겨우 한 줄 정도 해 놓고 불완(不完)에 그친 경험들을 다하고 나서, 우리는 한 결론에 도달하였다. 곧 이 한국 사람들 틈에서 그들 마음 그대로 솟구치는 가락으로 노래할, 그들 자신의 찬송가 작곡 작사자들이 나와야 하겠다는, 그런 다짐이었다."[20]

1894년에 「찬양가」 편집에 참여하였던 밀러(F. S. Miller)도 못갖춘마디로 이루어진 번역 찬송은 모두 빼야 한다고 번역 찬송가의 한계를 주장하였다. "가장 컸던 난관은 한국어가 약 강조 운율에는 맞지 않게 되어 있다는 점이다. 둘째 음절에 악센트가 있는 단어가 거의 없다. 그래서 할 수 없이 한 음절의 단어를 거의 모든 행의 첫머리에 놓아두게 되었다. 단조로울 것이야 두말할 것 없다. 차라리 모든 약 강조의 찬송을 빼어 버렸더라면 좋을 뻔하였다."[21]

제임스 게일(J. S. Gale)도 번역 찬송가의 한계를 지적하였다. "그는 1895년 찬양가나 찬미가의 곡이나 가사들을 보고, 서양 음악조의 찬송가가 한국교회에 맞지 않는다고 비난하고, 말이나 번역에 나타난 글에 억지로 맞추어 놓은 조작된 가사의 인상이 가실 길 없고, 따라서 전인적 혼의 감회가 결여된 공백 때문에 찬송 본래의 의미가 시든다고 탄식했던 것이다."[22] "이「찬송가」의 찬송들은 손댈 수 없으리만큼 절망적입니다. 이것들은 그저 찬송가 원본에 있는 사상들을 될수록 다 압축해 넣어야 된다는 생각만 하고, 그렇게도 많은 한국말들을 서양 가락의 철형(iron-clad)에다가 잔인하게 틀어박아 놓았습니다. 이런 방법은 찬송가 역사상 일찍이 들어 본 일이 없는 것입니다. 이러고서도 좋은 찬송가를 기대한다는 것은 언어도단입니다."[23]

1931년 6월 감리교와 장로교의 연합으로「신정 찬송가」가 간행되었다. 여기에는 한국인 창작 찬송(가사) 6편이 실려 있었다.(89장, 126장, 195장, 230장, 158장 등) 그런데 편찬 과정에서 한국적 가락의 찬송에 대한 한국인 위원들의 반대로 한국적 가락의 찬송을 제거하기로 결정하였다. 외국인들이 아니라, 한국인들이 한국적 가락을 제거했다는 사실은 사대주의의 문제를 여실히 보여주고 있는 장면이다. 당시 평양신학교 음악 강사였던 권태희는 우리 곡조 찬송을 제거한 것을 다음과 같이 비판하였다. "그것이 비록 단순한 곡으로 되었을지라도 조선인의 표현인 곡만은 사실입니다. 나의 이상(理想)하는 찬송가는 우리들의 심금을 울리울 곡, 우리들의 정조(情操)에 맞는 시가(詩歌), 즉 우리의 신앙시인, 신앙악가를 통하여서 나온 성가입니다. 노래는 민족성을 초월하는 동시에 민족성에 따라 특성이 있습니다. 만일 마음을 움직일 수 없는 노래라면 그것은 노래가 아닙니다."[24] 권태희도 이미 1935년에 한국인의 신앙고백을 한국의 고유한 가락에 담아서 한국인의 영성의 숨으로 부르는 한국 찬송가를 주장하였다.

이화여자전문학교의 음악교수였던 박경호도 가사 문제에서는 조선의 문인과 시인에게 맡겨 조선 사람이 부르기에 적당한 노래를 만들고, 곡조 문제에서 곡조 선택은 조선 사람의 음악적 경향을 잘 이해하는 음악 전문가에게 맡겨 달라고 지적하였다.[25] 김교신도 「신정찬송가」를 비판하였다. "이것이 과연 개정인가 개오인가. 신앙 없는 음악가의 찬송가 편찬과, 조선말 모르는 박사의 성서 개역과 이런 것이 모두 조선에서만 볼 수 있는 일이니 반도의 영계도 탄식하지 않는가."[26] 「신정찬송가」는 민족 주체성과 한국인의 영성의 숨을 무시하였다는 비판이었다.

『세종실록』은 세종 즉위년(1418) 8월부터 세종 32년(1450) 2월까지 역사를 기록한 책으로, 모두 163권 154책으로 되어 있다. 권 136부터 147까지가 악보(樂譜)이다. 악보에는 아악보서, 조회아악보, 제사아악보, 정대업, 보태평, 방상, 봉래의, 봉황음, 만전춘, 악장, 용비어천가 등이 실려 있다. 〈아악보서〉(雅樂譜序)에 다음과 같은 기록이 있다. 이성천의 「한국 한국인 한국음악」에서 인용한다. "樂者聖人所以養性情, 和神人, 順天地, 調陰陽之道也"(음악이란 성인(聖人)이 성정(性情)을 기르는 것이며, 신(神)과 사람을 화(和)하게 하고 하늘과 땅을 순(順)하게 하며 음양의 도(道)를 고르게 한다.) 음악은 인간이 신을 만나는 영성의 숨이고, 땅이 하늘을 만나는 숨이고, 음이 양을 만나는 숨이다. 한국 찬송가는 한국인이 하느님을 만나는 영성의 숨이다.

「악기」(樂記)는 동양 최초로, 음악의 이론과 악장을 다룬 예술서이다. 전국 시대에서 한대까지의 음악 이론을 수록하고 있다. 6경(六經: 詩經, 書經, 周易, 禮記, 春秋, 樂記)의 하나인데, 예기(禮記) 제19편에 속한다. 악기(樂記)는 모두 11편으로 구성되어 있다. 악기(樂記)에 이러한 표현이 있다. "樂者, 天地之和也; 禮者, 天地之序也. 和故百物皆化 ; 序故羣物皆別. 樂由天作, 禮以之制. 過制 則亂, 過作則暴. 明於天地, 然後能興禮樂也."(악자, 천지지화야; 예자, 천지지서야. 화 고백물개화; 서고군물개별. 악유천작, 예이지제. 과제칙란, 과작칙폭. 명어천지, 연후능흥예악야)" [27] 한홍섭은 이렇게 번역하였다. "악(樂)이란 천지의 조화의 표현이요, 예(禮) 란 천지의 질서의 표현이다. 조화로운 까닭에 만물이 생겨나고, 질서가 있 는 까닭에 만물이 드러난다. 악이란 하늘을 본받아 만들고, 예는 땅을 본받 아 제정한다. 지나치게 제정하면 어지럽고, 지나치게 만들면 거칠어진다. 그러므로 천지(의 이치)에 밝은 연후에 예악을 일으킬 수 있는 것이다."[28] 음악 은 하늘을 본받아 만들어졌기 때문에 한국 음악을 통하여 한국인의 고유성, 한국인의 영성의 숨을 찾을 수 있다. 한국교회의 종교개혁은 사람과 교회가 하느님이 되려는 욕망의 숨을 끊고, 하느님이 한국인에게 주신 한국인의 영 성의 숨을 회복하는 것이다. 한국 찬송가는 한국인이 하느님을 만나는 영성 의 숨이다.

5. 하느님 나라를 위한 영성의 숨

예수는 서른 살의 청년이었다. 사람들은 죄를 고백하며 요단강 안(in)에서 세례를 받았다.(마가복음 1장 5절) 〈엔토 요르다네 포타모(ἐν τῷ Ἰορδάνη ποταμῷ), in the Jordan river〉 예수는 요단 강 속(into)으로 들어가서 세례를 받았다.(마 가복음 1장 9절) 〈에이스 톤 요르다네(εἰς τὸν Ἰορδάνην), into the Jordan〉 사람들 은 몸을 물에 반쯤 넣었지만, 예수는 몸을 완전히 물속에 넣었다. 자신의 숨 을 끊었다. 예수에게 중요한 것은 나의 욕망을 이루기 위한 숨이 아니라, 하 느님 나라를 이 땅에 이루기 위한 숨이 중요했다. 그래서 예수는 자신의 숨을 끊고, 하느님의 숨, 성령의 숨을 쉬기 위해서 물속으로 들어갔다. 자신의 욕망을 죽이지 않으면, 하느님 나라를 이루는 일을 할 수 없기 때문이다.

예수가 물속에서 올라왔다. 하늘이 갈라졌다.(마가복음 1장 10절) 하늘의 세계와 땅의 세계가 하나가 되는 사건이었다. 성령이 비둘기같이 예수에게 내려왔다. 예수의 마음에 성령의 숨이 가득했다. 〈토 프뉴마($τὸ\,Πνεῦμα$), the Spirit〉, 창세기에서 흙을 사람으로 창조했던 그 영이다. 하느님 나라를 위해서 쉬는 성령의 숨이다. 이때, 하늘로부터 소리가 들려왔다. 광야의 소리, 땅의 소리가 울려 퍼지는 가운데 하늘의 소리가 함께 울려 퍼졌다. 하늘의 소리와 땅의 소리의 만남은 천지를 진동시키는 소리였다. "너는 내 사랑하는 아들이다. 내가 너를 좋아한다."(마가복음 1장 11절)

예수께서 성령의 숨을 쉬면서, 갈릴리에서 하느님의 복음을 선포하였다.(마가복음 1장 14절) "때가 찼다. 하나님의 나라가 가까이 왔다. 회개하여라. 복음을 믿어라."(마가복음 1장 15절) 예수의 창조적 소리, 창조적 발성, 복음의 핵심은 하느님 나라가 지금 여기에 가까이 왔다는 것이다. 예수는 '영혼 구원', '교회 성장', '예수 믿고 구원받아라', 이러한 표현을 쓰지 않았다. 예수의 소리, 복음은 '하느님 나라가 가까이 왔다'는 것이다. 그래서 예수는 간절히 기도하였다. 〈그 나라를 오게 하여 주시며〉(마태복음 6장 10절) 김득중은 「성서주석, 누가복음 II」에서 이렇게 이야기하였다. "'나라'라고 번역된 헬라어 '바실레이아'($βασιλεία$)는 영토, 혹은 공간을 나타내는 정적인 개념이기보다는 '통치'나 '지배'를 뜻하는 역동적인 개념이다." 예수는 '가는 하느님 나라'가 아니라, '오는 하느님 나라'를 위해서 기도하였다.

위르겐 몰트만(Jürgen Moltmann)은 「오시는 하나님」(Das Kommen Gottes)에서 미래를 '푸투룸'(Futurum, Future)과 '아드벤투스'(Adventus, Advent)로 구분했다. "독일어 추쿤프트(Zukunft, 미래)는 라틴어 푸투룸(futurum)의 번역이 아니라, 아

드벤투스(adventus)의 번역이다."[29] 예수가 꿈꾼 하느님 나라는 막연한 미래(Future)가 아니라, 지금 여기에 이루어지는 구체적인 도래(Advent)이다. 예수는 교회 성장이 아니라, 하느님 나라를 꿈꾸었는데, 한국교회는 예수가 꿈꾼 적이 없는 교회 성장을 꿈꾸고 있다. 예수를 버린 교회의 모습이다.

루터는 교황의 나라, 교회의 나라를 하느님의 나라로 개혁하기 위해 코랄 찬송을 만들고, 대중들과 함께 불렀다. 코랄은 교회 성장을 위한 욕망의 숨이 아니라, 하느님 나라의 도래를 위한 성령의 숨이었다. 다른 민족으로부터 문화적으로 지배를 받지 않는 독일적인 영성의 숨이었다. 하느님 나라를 위한 숨을 살리기 위한 것이 루터의 종교개혁이고, 코랄 찬송이었다. 루터가 하느님 나라를 위한 숨을 살리기 위해서 종교개혁을 하고, 코랄 찬송을 부른 지 500년이 흘렀다. 한국교회는 500년 전의 로마 가톨릭처럼 교회 성장과 교회의 영광을 위한 욕망의 숨을 쉬고 있다. 하느님 나라를 위한 영성의 숨은 미약하다. 교회를 위한 이기적인 욕망의 숨을 끊고, 하느님과 하느님 나라를 위하여, 하느님이 한국인에게 주신 한국 찬송가라는 영성의 숨을 회복해야 한다.

이 천 진_ 한양대 교목실장

한국교회 예배 개혁의 길

‘음악의 아버지 바흐’라는 말이 언제부턴가 나는 거슬렸다. 아마 내가 한국음악에 눈뜨게 되면서부터였을 것이다. 너무 단편적인 생각인지 몰라도, 아프리카 음악, 아시아 음악, 더욱이 한국 음악을 모르는 분한테 너무 과한 표현이 아니냐는 생각이다. 서양 문화가 대세인 세상인지라, 그리고 나 또한 바흐를 존경하니 그냥 받아들일 수도 있지만, 그래도 정확히 하고 싶은 것이다. 좀 더 풀어 말하자면, 내가 정작 정확히 지적하고 싶은 것은, 한국교회의 한국 전통문화 전반에 대한 무지와 편견이다. 바흐만 한국음악을 모르는 게 아니라 한국교회조차 한국음악을 모른다는 사실, 이 두 생각이 뭉쳐서 ‘음악의 아버지’ 운운하고 있는 것이다.

‘오직 성경’으로 시작한 루터의 종교개혁은 사실상 예배 개혁이라 할 만하다. 무엇보다도 자기 나라 말, 즉 모국어로 성경을 읽고 들을 수 있는 예배를 이룬 것이다. 루터보다 약 200년 앞서 모국어로 성경을 읽고 들을 수 있게 한 영국의 위클리프와 롤라드(Lollard) 사람들, 그리고 위클리프보다도 200년 앞서 모국어로 성경을 읽고 들을 수 있게 한 프랑스의 발도와 발데제 교회 사람들은 모두 화형당하는 순교를 무릅쓴 예배 개혁자들이었다.

루터의 예배 개혁은 다방면으로 펼쳐졌다. 성경을 모국어로 번역한 것뿐 아니라 그 글조차 읽지 못하는 약자들을 위하여 성경 그림을 그려 성경삽화로 넣는 수고를 아끼지 않았다. 어디 그뿐인가? 음악에 조예가 깊었던 루터는 누구나 부를 수 있는 코랄을 지어 예배를 발전시켰다. 회중이 찬양을 할 수 있게 된 것은, 모국어 성경을 읽고 들을 수 있는 것만큼이나 혁명적인 일이었을 것이다. 게다가 알아들을 수 있는 모국어 가사요, 그 모국어 가사와 가장 잘 어울리는 자기 민족의 가락이었음에야 두말할 것 있겠는가?

종교개혁 500주년을 맞이하여, 루터의 예배 개혁을 다시 본다. 자기 민족어로 된 가사, 자기 민족의 가락으로 찬양해야 한다는 루터의 주장을 돌아본다. 심지어 자기 민족 고유의 창법으로 찬양해야 마땅하다고 해석하는 대목에서는 정신이 번쩍 든다.[1] 루터는 왜 모국어 예배, 자기 민족의 고유문화 예배를 목숨 걸고 주장한 것일까? 그런데 한국교회 예배는 왜 자기 전통문화에 무지하고 무관심한 것일까? 그리고 500년 전 루터의 개혁에서 놓치고 있는 것은 없을까? 이 글에서는 지난 110여 년 동안이나 한국교회 예배와 한국 전통문화 사이를 갈라놓은 담벼락의 문제, 그 담벼락이 얼마나 단단한지, 과연 그것을 어떻게 허물 것인지, 그리고 그것을 허물고 나서 새로 지을 한국교회 예배는 어떤 모습일지 정리해 보려 한다. 내가 이 글에서 다루려는 것은 예배 형식, 예배 양식 문제다. 형식이 내용을 제어한다는 생각, 마치 숨 쉬는 그릇인 옹기가 장을 담아두기만 하는 게 아니라 맛있고 영양가 있게 숙성시키는 것처럼, 형식이 내용을 제어한다는 이 오랜 생각으로 예배와 한국 전통문화의 어울림에 대하여 몇 가지 짚어볼 것이다.

1. 한국교회 예배 이야기

1) 대화 과정인 예배

기독교 예배를 연구한 책들을 보면 대부분 예배의 정의를 '계시와 응답'이라 한다. 이는 예배의 형식에 관한 정의로서, 하나님께서 주시는 성경과 성찬, 그리고 이에 대한 교회의 다양한 응답으로 예배가 진행함을 간략히 보여준다. '계시와 응답'은 더 간략히 '대화'라고 할 수 있다. 즉 예배란 대화를 통하여 하나 되어 가는 과정이다. 성경과 성찬을 받아먹음으로 주님과 하나 되고, 교회 공동체가 하나 되며, 마침내 파송받아 세상으로 나가서 성경의 도(道), 성찬의 도(道)를 전함으로 세상과 하나 됨을 이루는 것, 이것이 예배의 목적인 것이다. 요약하면, 주님과 하나 되고~ 교회가 하나 되고~ 세상과 하나 되기 위한 삼각대화! 예배의 시작과 완성은 이런 삼각대화 과정이라 정리해 본다.

이렇게 삼각대화를 통하여 하나 되려는 예배의 목적을 다른 말로 '하나님의 영화와 성도의 성화'라고도 한다. 그런데 하나님께서 영광 받으시는 것과 성도가 주님 닮아 성화되는 것은 별개의 것이 아니라 동전의 양면처럼 하나라고 볼 수 있다. 풀어 말하면, 예배가 아무리 예배당 시설이 좋고 성가대가 화려하고 설교 말씀이 구성지고 재미있어도, 결국 회중이 주님 닮아가지 못한다면 그건 하나님께 영광되지 못하다는 것이다. 즉 예배를 통해 성도가 점점 주님 닮아 명실상부한 성도(聖徒)가 될 때, 그렇게 서로 하나 되어 갈 때, 하나님은 비로소 영광받으신다는, 즉 하나님과 우리가 완전히 하나 되어 간다는 것이다.[2]

2) 대화에 필요한 공동 언어, 전통문화

이렇게 예배의 구성과 목적이, 성경과 성찬을 중심으로 대화하고 하나 되어감이라면, 예배는 온 회중이 소통 가능한 모국어로 진행되어야 마땅하다. 그뿐 아니라 예배의 모든 과정과 모든 예배 환경 또한 말과 글자를 넘어서는 온갖 종류의 공동 언어로 준비되어야 마땅할 것이다. 모든 종교개혁자들은 아주 당연한 이 예배의 원리를 알았을 것이며, 이를 위해 목숨 걸고 개혁을 시작한 것일 게다. 그럼에도 과연 지금 한국교회는 그 정신에 어울리는 예배를 하고 있는지 의문이다.

조금만 생각해 보면 누구나 알 수 있듯이, 어느 나라 어느 교회든, 그 교회 예배의 가장 좋은 공동 언어는 제 나라 전통문화일 것이다. 게다가 한국교회는 루터도 부러워할 우수한 언어와 우수한 음악 문화를 가진 교회다. 우수한 표의문자인 한자와 뛰어난 표음문자인 한글, 세계에서 유일한 자질문자(資質文字)인 한글! 이런 우수한 문자로 번역한 성경을 가진 교회다. 그리고 그 성경 말씀을 담아 가장 잘 전달하고 기억하게 할 우수한 노래 문화를 가진 교회가 한국교회다.[3] 과연 그렇다. 고대 중국인들이 의아하게 여길 정도로, 사람이 죽어 상여를 메고 가면서도 노래할 만큼 노래를 좋아하는 민족이요, 일제강점기 일본인들이 조선인의 노래를 망가뜨리려고 치밀하게 연구하고 각종 만행을 저지를 만큼, 우리는 노래를 좋아하고 노래로 뭉치고 노래로 퍼뜨리는 민족이다. 최초의 순 한글 정기간행물(잡지)인 《신학월보》에 다음과 같은 글이 나온다. 한국인이 얼마나 노래를 좋아하는지를 짧지만 강렬하게 간파한 글이다.[4]

무릇 노래라 하는 것은 말에서 더 지나지 못한 것이라. 그러나 특별히 곡조를 택하여 고하청탁과 오음육률에 맞도록 하는 것은 사람의 마음을 더욱 기쁘게 하여 비창함과 울력함과 우수사려에 심병이 된 이를 화평한 데로 돌아오게 하는 큰 방법이라. 그런고로 동서양을 물론하고 자기의 큰 목적을 이룬 사람의 사적을 볼진대, 거의 노래로 사람의 마음을 감동하여 자기 목적을 확실히 드러냈으니 이로 말미암아 볼진대 노래의 효험이 적지 아니한지라. 그런즉 예수교 목적을 이루고자 하는 이가 더욱 노래를 힘쓸지니라. 대개 대한 노래 풍속을 본즉, 무슨 동요가 새로 생기면 일동에 가득하고, 일동에 가득한즉, 일면에 가득하여, 이렇게 차차 퍼져 전국에 편만하여지는지라. 그러나 현금 예수교 노래가 대한에 들어온 지 15년이나 되었으되 교당과 혹 독실한 교우집 외에는 별로 들을 수 없으니 이 어찌된 연고뇨? 그 원인을 살펴본즉, 두 가지 까닭이 있으니, 첫째는 예수교를 미워함이요, 둘째는 곡조가 습관된 것만큼 토음에 합당치 못함이라. 이에 성신의 감동함을 입어 회개가 넷을 지었으니 성신께서 도와주시면 사람의 마음을 더욱 감동하여 듣는 이들이 더욱 기뻐할 줄 믿노라. 권사 리경직.

3) 한국교회가 전통문화를 버린 까닭

한국교회는 이미 오래 전에, 정확히 말하면 일제강점기 시작 무렵부터 우리 가락은 물론 전통문화 여러 분야를 땅에 묻어 버렸다. 그렇게 묻힌 귀한 보배들을 광복 후에도 발굴하지 않았다. 한마디로 말해서, 열 달란트, 아니 열두 달란트를 받았는데, 120미터 깊은 암반 아래 파묻어 버린 꼴이 바로 지금 우리 모습이라고 나는 생각한다. 이 귀한 예배 달란트인 전통문화를 발굴은커녕 교회가 여전히 외면하고 홀기기 일쑤인 것은 매우 안타깝고 죄스러운 일이 아닐 수 없다. 거기엔 수많은 역사적 원인이 있고 지금도 반복되는 교회 안팎의 요인이 있으나, 여기서는 짤막하게 두 가지 상징적인 화두만 제시하려 한다. 한국교회와 한국 전통문화 사이를 끊임없이 이간질하는 대표적인 상징 둘, 그것은 바로 '굿거리장단', 그리고 '귀신'(鬼神)이다.

한국교회 찬송가집이 여러 차례 개편되었지만 여전히 한국 전통 가락과 장단은 마치 가물에 콩 나기처럼 찾기 어렵다. 심지어 우리 민요의 대표 장단이라 할 굿거리장단조차 그 이름 '굿' 때문에 여태 사용을 꺼리는 게 우리

형편이다. 굿이란 무엇인가? 원래 '굿'이라는 말은 사람들이 많이 모여 구경할 정도로 크게 벌어지는 일들을 총칭할 때 쓰던 말이다. 심지어 선교사님들이 벌인 재미있는 행사를 가리켜서도 굿을 했다고 기록한 신문기사가 있을 정도였다. 1887년 1월 16일 덕수궁 얼음연못에서, 아펜젤러 선교사를 비롯한 여러 선교사들이 고종 임금 부부 앞에서 스케이트 경연을 벌였는데, 이때 스케이트를 처음 본 신문기자가 기사제목으로 '얼음날굿'을 했다고 쓴 것이다. 그날 행사에 흡족한 고종이 그해 2월 21일에 배재학당이라는 이름을 지어 하사했다는 것은 잘 알려진 역사다. 이처럼 '굿'이란 매우 넓은 의미로 사용되던 용어다. 굿거리장단이라는 이름 역시 무당굿과는 전혀 상관없는 이름이다. 무속인이면서 진도북춤의 명인이었던 박병천 씨는 생전에 KBS 국악한마당의 '사부님 우리 사부님'이라는 코너에서, 굿거리장단이 굿판이 아니라 소걸음에서 나왔다고 증언한 바 있을 정도다.

굿거리장단에 대한 편견과 오해는 어느 정도 시간을 들여 설명하고 맛을 보이면 해결이 되는데, 문제는 귀신(鬼神)이다. 왜냐하면, 성경에 굿거리장단은 안 나와도 귀신은 참 자주 나오기 때문이다. 그것도 아주 안 좋게 나오기 때문이다. 이야기인즉 그 바람에 한국교회는 전통문화를 마치 무슨 귀신 놀이터처럼 보는 왜곡된 정서가 짙게 깔리게 되었다는 것이다.

결론부터 말하자면, 한국교회 성경책에 '귀신'이라는 번역은 큰 오류다. 악하고 더러운 거짓의 영 다이모니온을 번역할 때, 예전 한글 성경에서는 악귀(惡鬼), 사귀(邪鬼)라 번역하던 시절도 있었는데, 지금은 대부분 귀신(鬼神)이라 통용하고 있다. 귀신은 훈민정음 해례본(訓民正音解例本) 제자해(制字解)의 앞부분에 나올 만큼 격이 높은 용어로서, 원래 음양의 조화를 일으키는 존재, 더 근본적으로 음양의 개념으로[5], 넓게는 주로 조상신을 가리키던 용어다. 현대 국어사전에도 귀신의 여러 풀이 가운데서 첫 번째로 올려놓은 것이, '죽은 이의 넋'이다. 그럼에도 성경에서 가리키는 그 단어의 의미는 죽은 사람의 넋과 상관없다. 즉 그건 사람이 죽어서 되는 존재가 아니라, 원래 존재하는 악마적인, 악하고 거짓되고 더러운 존재인 것이다. 그런데 그런 지극히 부정적인 단어를, 한국에서 오랜 세월 동안 전혀 다른 뜻으로 사용해 온 '귀신'이라는 단어로 번역해 버린 것이다. 기독교의 관점에서 볼 때, 조상신에 대한 한국의 전통적 상식이 허구라 하더라도, 즉 제사 밥 먹으러 여행 다니는 조상신의 존재를 허구라 치더라도, 적어도 한국 전통문화의 바닥에 깔려 있는 그 귀신 이해와는 전혀 다른 존재를 가리키는 성경의 다이모니온을 귀신이라 번역한 것은, 한국인의 제사문화 뿐 아니라 전통문화 전반에 대한 기독교인들의 혐오감을 부추기는 일이요, 한국 사회와 교회를 이간질하는 결과밖에 안 될 것이다.

2. 한국 전통문화 이야기

1) 전통문화가 우수한 문화인 까닭

한국교회에게 전통문화란 무엇인가? 국어사전은 '전통'의 개념을 이렇게 정의하고 있다. '어떤 집단이나 공동체에서 과거로부터 이어 내려오는 바람직한 사상이나 관습, 행동 따위가 계통을 이루어 현재까지 전해진 것[6] 물론 우리 옛것이 다 우수한 것은 아닐 것이다. 때론 불합리하고 지나치게 가부장적인 것, 시대착오적인 것도 있을 것이다. 그러나 적어도 '전통'이라는 말이 뜻하는 것은 그 옛것들 중에서도 '바람직한' 부분을 특정한다는 사실이다. 요약하면, 그리고 정확히 말하자면 전통문화란 옛것이 아니라 현재 우리가 쓰고 있으며 또 미래를 향해 열려있는 문화라는 말이다. 지금 현대에 우리가 누리는 다양한 문화들 가운데 하나인데, 그중에서도 옛것의 장점들을 고스란히 계승한 것, 즉 옛것들 가운데서도 우수한 부분을 계승한 것이 전통문화라는 뜻이다.

그러고 보면 지금까지 우리 생활 속에 남아있는 전통문화란 참으로 대단한 힘을 가졌다. 실용성과 예술성 면에서 그 깊이가 남다르며, 게다가 한국인 사이에 무언가 교감을 일으키는, 우리 안의 민족적 원형질과도 통하는 그 무엇이 담겨있으리라는 것이다. 이게 지금 우리가 손만 뻗치면 잡을 수 있는 전통문화의 정체다. 모든 문화는 서로 주고받으면서 변화 발전한다. 그리고 수명을 다할 때, 즉 주고받으며 앞으로 한발 더 나갈 수 있는 여력을 상실할 때 그 문화는 소멸한다. 그럼에도 여태 우리 곁에 살아 숨 쉬는 것만으로도, 그 전통문화는 참으로 강하고 우수하다. 박수칠 만하다.

2) 한국 전통문화의 얼개, 산 이야기

우리나라는 유달리 산이 많다. 그것도 나이를 많이 먹어 그런지 둥그스름하게 낮아진 산이 많다. 아무리 기차나 차를 타고 달려도 지평선을 볼 수 없는 게 우리나라다. 어느 마을이든 산으로 둘러 있다. 그래서 한국인은 태어나서부터 그 산을 보며 자랐다. 마루에 앉아 고개만 들면 앞산이, 뒷간에 다녀오면서도 뒷산이 보인다. 그리고 그 능선은 매우 부드러운 곡선이다. 이런 곡선의 감각은 한국인의 의식주(衣食住) 문화 가운데 특히 옷과 집에 잘 드러난다. 집을 지어도 뒷산의 능선에 어울리게 지었다. 한복의 도련선들 역시 그렇게 부드러운 곡선이다. 한복은 우수한 난방시스템인 구들 덕분에 일찍부터 방바닥에 앉아 생활하게 된 한옥과 관련 있다. 중국과 일본의 옷에 비해 펑퍼짐한 바지와 풍성한 치마를 만들게 된 것도 그렇다. 또한 건축과 복장은 악기 모양과 연주 방법에도 영향을 주었다.

산의 능선은 옷과 집뿐 아니라 여러 미술 분야에도 영향을 미쳤다. 부드러우면서도 변화무쌍한 능선들은 사람들의 눈길을 끌었고, 그렇게 이끌어 하늘을 보게 했다. 사철 변화하는 산의 빛깔에 비해 드넓은 하늘빛은 우리에게 여백의 아름다움을 알게 했다. 우리 그림의 구성이 그렇게 산과 하늘을 닮았다.

전 국토의 70%가 넘을 정도로 많은 산은, 우리나라를 매우 다양하고 풍성한 문화를 가진 나라로 만들어냈다. 사투리만 해도 그렇다. 팔도 사투리가 각각 다르지만 희한하게도 경상도와 강원도 그리고 함경도는 특정 억양이 비슷하다. 그 이유는 구름도 울고 넘는 백두대간 때문이다. 백두대간에 가로막힌 덕에 동해안을 따라 아래위로 교통이 발달하였고 그렇게 문물이 통했던 것이다. 그 바람에 생긴 재미있는 현상이 바로 '메나리' 토리다. 토리란 각 지역 민요의 특정 음계를 가리키는 음악 용어로서 '사투리'에서 나온 말로 보인다. 예를 들면, 평안도 황해도 지역의 민요를 '수심가 토리'권으로 분류하고, 경기도 지역을 '경 토리'권으로, 충청도 일부와 전라도 지역을 '육자백이 토리'권으로 분류하는데, 유독 기나긴 경상도~강원도~함경도 지역은 '메나리 토리'권으로 묶이는 것이다. 이 밖에도 산은 여러 부문에서 우리 땅의 문화를 다양하게 만들었다. 산이 많은 전라도 동부 지역을 예로 들자면, '재 하나 넘어도 가락이 달라진다'고 할 정도로, 풍물놀이 가락이 산이 험하지 않는 지역에 비하여 훨씬 다양하고 다채롭다.

산(山) 노래 메아리가 아리랑을 낳은 걸까?('아리'는 노래를 뜻하는 옛 이름들 가운데 하나다) 늘 노래를 입에 달고 사는, 노래랑 사는 우리에게 자장가 다음으로 오랜 벗 아리랑 말이다. 유달리 산이 많은 강원도에서 태어난 아리랑은 수많은 세월 따라 각 지역 아리랑을 만들었으며, 굽이굽이 능선처럼 오르내리는 노래, 산을 닮은 노래 아리랑은 우리를 숨(호흡)의 민족으로 만들어 갔다. 서양음악이 보통 빠르기로 삼은 기준인 1분간 뛰는 맥박수에 비하여 우리 가락의 보통 빠르기가 훨씬 느린 것은, 그 기준을 맥박이 아니라 1분간 쉬는 숨에 두었기 때문이다.[7] 죽음의 판단 역시 심장이 멎었다가 아니라 숨졌다고 할 만큼, 우리에게 '숨'은 생명의 근본이요 모든 가락과 장단의 뿌리다.

3) 숨의 원리, 기경결해(起景結解)

기경결해(起景結解)라는 말이 있다. 우리 숨의 구조를 설명한 네 글자다. 이것을 풀면 '치고~달고~맺고~풀고~'가 된다. '치고'는 강하게 일어선다는 뜻이다. 우리말 구조가 그렇고, 우리 말투, 말법을 고스란히 이어받은 우리 가락의 구조가 딱 그렇다. 서양 말과 서양음악이 못갖춘마디가 발달하고 약박으로 시작하는 경우가 많은 것에 비해서, 우리말은 강하게 시작하고 따라서 우리 가락은 예외 없이 강박으로 시작한다. 즉 우리 가락에는 못갖춘마디 형식이 아예 없다는 말이다.[8] '달고'는 점점 뜨겁게 달아 올린다는 뜻이다. 그러다가 강하게 맺는다. 그 뒤는 풀어주는 것이다.

기경결해는 기승전결(起承轉結)과 다르다. 서양 연극의 구성 원리와 통하고 중국의 한시 작법과도 통하는 '기승전결(起承轉結)'과 처음은 닮았으나 마지막이 다르다. 즉 중국어와 영어의 문장구조처럼 '결'로 끝나지 않고 '해'로 마무른다는 점이다. 가마솥 밥을 지을 때 '결'에서 불을 끄고 나서 뜸 들이는 것에 해당하는 것이 바로 '해'다. 요리의 완성이라고나 할까? 의미 없어 보이는 '해'가 우리 숨의 원리에서는 매우 중요하다는 말이다. 그러고 보니 우리 숨의 원리인 기경결해는 우리 땅과 하늘의 숨, 사계절 춘하추동(春夏秋冬)의 장단을, 그에 따른 농사의 호흡을 쏙 빼닮았다.

기경결해의 쓰임새는 주로 우리 가락 연주에서 많이 볼 수 있으며, 각종 공연의 판을 짤 때도 두루 해당한다. 한 장단 안에 기경결해의 원리가 고스란히 눈에 보이는 것을 꼽으라면 단연 중모리장단이다. 민요와 산조음악, 그리고 판소리와 단가에 주로 쓰이는 중모리 한 장단 열두 박은 다음과 같다.

'떵 궁 다, 궁 다 다따, (궁) 궁 딱, 궁 (궁) 궁~'

4) 3박자

우리처럼 3박자가 발달한 민족이 또 있을까? 2박, 4박이 발달한 중국과 일본 역시 그렇고, 한국이 중국 일본 못지않게 영향을 많이 받은 서양 역시 그렇다. 서양의 보기 드문 3박자요 대표적인 3박자 음악인 왈츠의 경우도, 우리 3박자가 첫 박을 강하게 연주하는 것과 달리, '원, 투, 쓰리~'에서 강세는 '투'에 들어간다. 물론 그 이유는 앞서 살핀 대로, 서양 말과 서양음악이 약박으로 시작하는 것과 같은 이치다. 그런데 우리 3박자는 첫 박에 강세를 두고 '하나~둘~셋~, 하나~둘~셋~'이라 안 하고, '하나~~ 둘~, 하나~~ 둘~,' 이런 식으로 진행한다. 바로 굿거리장단의 기본 맛 "둥~둥, 둥~둥, 둥~둥, 둥 두두둥" 이것이다. 이를테면, 3박 가운데 첫 박에 강세를 주어 (두 번째 박까지 먹고) 길게, 그리고 다음 세 번째 박은 짧게! 이렇게 '길고~ 짧게'! 리듬과는 다른 특별한 개념인 장단(長短)이라는 말이 여기서 나온 것으로 보인다.

우리 가락은 3박자가 매우 발달했다. 내가 아는 한 민요의 경우도 3박자 계통의 노래가 전체의 80%는 되지 싶다. 그 이유는 많은 연구가 있으나 마음에 쏙 드는 것은 아직 못 보았다. 사람의 이름을 지어 불러도 3음절로 불

러야 편하게 느껴지는 것 역시, 우리가 3박자 민족이라는 또 하나의 증거일
것이다.

5) 아리랑

우리 가락이 유달리 3박자가 발달했다는 것은 아리랑만 보아도 알 수 있
다. 아리랑은 그 시원을 알 수 없을 만큼 오랜 노래다. 아마 이 땅 최초의 노
래였을 자장가 다음으로 오래된 노래일 것이다. 아리랑 연구가들은, 아리랑
이 산이 많은 땅 강원도에서 발생한 것으로 보아, 하늘과 가장 가까운 곳인
산꼭대기에 올라 불렀던 종교적 의식 노래였을 것으로 추측한다. 가장 오래
된 아리랑으로 꼽히는 정선아리랑을 필두로 전국에 각기 다른 빛깔의 100
여 가지 아리랑이 있다지만, 현대 한국인들은 기껏해야 진도아리랑과 밀양
아리랑을 알 뿐이고, 1926년에 나온 영화 '아리랑'의 주제가로 만들어져서
세계적으로 널리 알려진 '본조아리랑'만 아는 이들이 태반이다. 본조아리랑
은 1990년 북경아시안게임 남북한 단일팀 단가가 되었고, 그 곡조가 쉽고
아름다워서 미국과 캐나다의 연합장로교회 찬송가집에 연속해서 두 차례나
오를 정도로 세계인의 사랑을 받는 아리랑이 되었다.

아리랑은 우리 옛 노래의 역사와 갈래를 보여주는 귀한 전통문화요, 남북
한과 해외 동포들까지 모든 한국인을 하나로 묶어주는 민족의 노래다. 그뿐
아니라 아리랑은 '전통문화'가 옛것으로 머물지 않고 변화무쌍하게 발전하
는 오늘의 문화라는 것을 보여주는 산 증거다. 한반도의 고대인들로부터 시
작했던 옛 아리랑이 20세기 초 일제강점기 때 영화주제가로까지 새 가지를
뻗더니, 21세기를 전후로 수많은 아리랑이 만들어지고 있다. 그리고 그 대
부분은 우리 전통 가락과 장단을 쓰고 있다. 1990년에 한돌이 만들어 부른

홀로아리랑(독도아리랑)이 독도에 한국인이 거주하기 시작한 것을 보고 감동하여 지은 것이라는 사실은 유명한 일화다. 한돌의 이 생각은, 한국인이 사는 곳에는 당연히 아리랑이 있기 마련이라는 상식에서 나온 것이었다. 실제로 한반도 곳곳에는 그곳 아리랑이 있으며, 일제의 수탈에 못 이겨 북만주로 이주하던 동포들과 스탈린에 의해 강제 이주당하던 시절 고려인들이 가는 곳마다 그곳 아리랑을 지었다는 역사는 이 아리랑 상식을 뒷받침한다. 한국 전통문화를 한국인보다 더 사랑한 선교사 헐버트가 '아리랑은 한국인에게 쌀과 같다'고 한 명언은 그래서 나온 것이다.

3. 예배와 전통문화 이야기

1) 한국교회가 예배의 진수(眞髓)를 되찾을 길

①'오직 성경!' 그리고 성경의 알맹이, 섬김의 도(道)

한국교회는 선교 초기부터 급성장한 것으로 유명하다. 그 요인 가운데 내가 유심히 보는 지점은 이것이다. 한국교회는 그 처음 교회 시절에 이미 예배의 진수를 맛보았었다는 사실이다. 풀어서 말하자면, 회중의 일상생활 현장과 예배 현장에서 '예배의 원리'가 합을 이룰 때 교회가 각성하고 자란다는 지극히 상식적인 부분이다. 예배의 바탕은 성경 말씀이고, 그 알맹이는 섬김이다. 이야기인즉, 당시 한국교회 회중은 성경 말씀에 갈급하여 마치 마른 땅이 단비를 빨아들이듯 성경 말씀을 받았으며, 그 안에 담긴 섬김의 도(道)를 얼른 깨치고 낮아질 수 있었다는 것이다.

기독교 예배의 첫 원리가 무엇인가? 성경 말씀으로 대화함으로써, 성경 말씀대로 나를 낮추어 허리를 동이고 너의 발을 닦아주고 내 몸을 내어 먹여주기까지 섬기는 것 아닌가? 거기서 막힌 담 허물어지고 하나 되는 것, 나와 너가 하나 되고 주님과 하나 되어 세상으로 들어가 천국을 이루어가는 것 아닌가? 그런데 처음 한국교회 예배에는 이게 있었다는 말이다.

한국 전통문화 가운데 하나인 지극한 경전(經典) 사랑은, 처음 한국교회가 예배의 진수를 맛볼 수 있었던 중요한 요인이었다. 선비란, 관직에 나갈 목적보다 먼저 경전 자체를 매일 맛보며 궁리하고 궁행하던 사람이다. 매일 경전을 외우기 위하여 소리 내어 읊조리고(誦書), 중요한 부분을 베껴 썼다(抄書). 이 선비들이 글 읽는 소리가 어찌나 아름다웠던지,[9] 담 밖에서 그 소리 들으며 가슴 설레던 가난한 사람들, 급기야 몰래 그 글을 익히다 발각되어 멍석말이당하던 가난한 사람들에게 성경이 나타났다! 옛 성현의 글 정도가 아니라 하나님 말씀이라는 성경이 전해진 것이다. 더욱이 누구나 조금만 노력하면 볼 수 있는 한글 성경이었다. 그렇게 성경을 갖게 된 처음 한국교회는 열정적으로 성경을 읊조리며 암송했던 것이다. 이것은 선교사들이 깜짝 놀랄 정도로 그들이 듣도 보도 못한, 난생처음 보는 현상이었다. 이렇게 성경 말씀으로 가득한 한국교회 예배 자리는 점점 낮아져갔으며, 급기야 서로의 죄를 고백하고 얼싸안고 화해하고 서로 섬기는 예배의 진수를 맛보는 경지에까지 이른 것이었다.

② 우리 예배의 고질병 '동문서답'을 치료해 줄 '성서일과'

이러한 처음 한국교회 예배 모습에 비추어, 지금 한국교회 예배는 초라하기 그지없다. 교회가 커지고 건축과 장식, 악기와 음향은 웅장하고 화려해졌지만, 성경 말씀과 섬김의 기운은 매우 초라하다. 무엇 때문인가? 무엇이 문제인가? 앞에서 한국교회 예배의 문제점으로 공동 언어가 부족하다는 점을 이야기했지만, 여기서는 그보다 더 근본적인 문제로, 동문서답(東問西答)

식 예배 과정을 지적하지 않을 수 없다. 예배 과정이 시종일관 대화 과정임에도 본문 말씀과 아무 상관없이 동문서답하는 식으로 진행하고 있다는 말이다. 예배 순서 순서마다 이어지는 응답의 순서들 가운데 찬양대의 성가와 회중찬송들이 본문 말씀과 상관없는 경우가 비일비재하다. 예배당 장식이나 기도 순서 역시 마찬가지다. 한국교회 예배 현실에서 가장 먼저 회복해야 할 부분이 바로 이것이다.

이 부분을 해결하기 위해서는 '성서일과' 사용이 급선무라고 나는 생각한다. 온 교회가 성서일과를 함께 사용해야 명실상부한 공동 예배 준비가 가능하다. 그러할 때 교회의 예배 현장은 보다 빠른 시간에 말씀을 생생하고도 쉽게 교감할 수 있게 된다. 성서일과를 사용해야 찬양대 지휘자도 미리 본문 말씀에 제대로 응답할 수 있는 성가곡을 준비할 수 있을 것이고, 예배 장식 담당자 역시 그럴 수 있을 것이다. 이런 예배 환경이 조성되고 반복될 때, 예배에서 받은 성경 말씀 기억력이 배가될 것이다. 즉 성경 말씀을 중심으로 수미일관하게 대화하는 예배가 이루어지고, 그래야 예배에서 받은 말씀, 나눈 말씀들을 머리와 몸과 공동체로 기억하여 세상에서 예배의 완성을 이룰 수 있을 것이다.

2) 예배와 전통문화가 만나는 길

수많은 편견을 극복하고 한국교회 예배와 한국 전통문화가 건전하게 어울릴 수 있는 첫걸음은, 기독교 예배의 진수를 담고 있는 예배의 원리에 충실하기라고 나는 생각한다. 그럴 때 전통문화의 장점들이 보이기 시작할 것이기 때문이다. 이런 생각으로 한국교회 예배에 전통문화를 도입하는 길을 하나하나 찾아보자.

① 시편송서, 말씀시조, 말씀한시, 말씀서예, 말씀동시, 말씀노래, 말씀놀이, 말씀동화

2천 년 전 초대교회 예배는 강물처럼 흐르는 성경 말씀의 잔치였을 것이다. 설교 없이 성경 말씀을 읽고 또 읽었으며, 회중은 귀를 쫑긋 세우고 그 말씀을 경청했다. 그러다 한 말씀이 내 마음을 찌르면 그 사람이 일어나 죄를 고백하고 회중은 함께 기도해 주고 감사의 시편 찬양을 하고 다시 성경 말씀을 읽고 경청했다. 그러다 또 한 말씀에서 기억나는 옛 이야기가 떠오르는 사람이 간증하면 모두 경청하고 기도하고, 또 성경 말씀을 읽다가 떡을 떼면서 끝까지 낮아지고 섬기셨던 주 예수님을 기념했던 것이다. 처음 한국교회는 설교가 있었으나, 초대교회 예배처럼 성경 말씀이 가득한 설교였다. 사경회는 물론이고 부흥회조차 성경 말씀을 집중적으로 듣고 새기는 부흥사경회였다.

성경 말씀이 한없이 빈약한 예배, 말씀이 있어도 동문서답식으로 기억에서 금세 흩어져버리기 일쑤인 지금 한국교회 예배는, 이 대목에서 한국 전통문화의 송서(誦書) 문화를 눈여겨 볼 필요가 있다. 경서(經書)를 한껏 외우기 위해 노래 가락을 붙였던 지혜가 지금 우리에게 긴요하기 때문이다. 돌아보면, 천주교회 예배가 그런 문화를 지키고 있다. 성경봉독과 기도할 때 우리 가락으로 읊조리는 문화를 오래도록 유지해 오고 있는 것이다. 나는 이 부분이 장차 한국 천주교회의 변화와 무관하지 않을 것이라고 본다. 나는 지난 2010년부터 시편송서(詩篇誦書)라는 영역을 개척하여 『성실문화』[10]에 실어 보급하고 있다. 한국교회 예배의 시편 교독이 시편가가 없어서 궁여지책으로 만들어진 것이라 반성하면서, 여러 차례 우리 가락 시편가집을 만들려 애쓰던 끝에, 한국인이라면 누구나 알만한 가장 쉬운 가락에 시편 본문을 얹어 만든 것이다. 일반 시편은 '전래 자장가 가락'(천자문 독송 가락과 거의 같

다), 참회시나 탄식시는 '새야새야 가락', 그리고 경축일에는 '아리랑 가락'에 얹어 부른다.[11]

『성실문화』에서 송서(誦書) 문화와 관련하여 만들어 보급하는 '말씀시조'와 '말씀한시'[12]도 유의미하다고 본다. 본문 말씀을 시조와 한시로 압축하는 일은 쉬운 일이 아니지만, 짤막하게 요약된 말씀시조와 말씀한시를 읊조리다 보면, 예배 안에서 주일 말씀이 환하게 드러날 수 있을 것이다.[13] 이밖에도 주일예배에서 회중이 그날 본문 말씀을 가능한 한 자주 반복해서 접할 수 있도록, 성실문화에서 시도하고 있는 것 가운데 '말씀서예'가 있다. 본문 말씀 가운데 요절에 해당하는 성구를 붓글씨로 써서 예배실 전면에 붙이는 것인데, 교회의 어린 학생들이 한 달씩 맡아서 예배 시작 전에 먹을 갈고 써서 붙이면 좋다. 어린 학생들이 예배에 적극적으로 참여할 수 있는 좋은 기회이기도 하다. 서예가 가진 장점은 이미 널리 알려져 있다. 서예는 빨리빨리 문화가 판을 치는 강산성시대를 약알칼리로 중화시킬 수 있는 문화이며, 특히 말씀서예는 요절을 최대한 천천히 써서 붙이므로 예배 시간 내내, 그리고 한 주간 내내 함께 눈으로 보고 기억하게 한다. 이 밖에도 말씀동시, 말씀노래, 말씀놀이, 말씀동화 등이 성실문화에 연재되고 있다. '구슬이 서 말이라도 꿰어야 보배'라는 말이 있다. 소중한 성경 말씀이 흐트러지지 않도록 우리 전통문화라는 끈으로 꿰는 길은, 이 밖에도 얼마든지 있을 것이다.

② 평화의 인사, 큰절

한국 전통문화 가운데 또 하나의 소중한 보배인 '절(拜)'을 한국교회는 놓치지 말아야 한다. 예배 시간에 큰절을 하는 것은 여러모로 힘들 테지만, 여러 오해와 공간적 어려움을 극복할 수 있다면, '절'로 인하여 한국교회 예배는 한 단계 성숙해 질 수 있다는 것이 내 생각이다. 큰절은 한국교회가 헤어

졌던 전통문화와 만나게 하는 오작교요, 나를 낮추고 너를 높이는 섬김의 지극한 표현이기 때문이다.[14]

③ 나머지 편견들

전통문화가 예배 언어로 제아무리 좋다 해도 이미 너무 오래 헤어져서 남남이 되어버린 듯이 여기는 경우가 많다. 그 밖에도 앞서 살핀 '굿거리장단'과 '귀신'처럼 짙은 오해와 편견들이 여전히 많다. 그것들을 일일이 다 풀 수는 없지만 몇 가지를 정리해 본다.

우리 전통문화 우리 가락이 천하다고 생각하는 사람들에게는 가야금을 만든 가야국의 가실왕을 소개하고 싶고, 우리나라 중요무형문화제 1호인 종묘제례악을 작곡한 분이 바로 세종대왕이라는 사실도 소개하고 싶다. 천하다기에 귀한 왕들을 소개한 것이다. 우리 가락은 다 그게 그거 같아서 재미없다고 생각하는 사람들에게는 조금만 애정을 가지고 우리 가락 감상을 해 보시라고 권하고 싶다. 음악의 시작은 감상이다. 반복해서 감상해 봐야 맛을 알게 되는 법이다. 130년 전에 우리를 찾아 왔던 선교사님들이 들려준 서양 가곡들을 처음 들은 우리 옛 어른들 감상이 딱 그랬다. '다 그 노래가 그 노래 같더라…!' 우리 가락은 어려운 노래라고 생각하는 사람들에게는 쉬운 우리 가락 노래들을 골라 감상할 것을 권한다. 우리 가락이 어렵게 느껴지는 이유는 우선은 배울 기회가 없었기 때문이고, 둘째는 주로 우리 가락을 접하는 통로인 텔레비전이나 여러 동영상에 나오는 국악인들 대부분이 엘리트 음악가들이기 때문이다. 좀 우스운 표현이지만 그들은 일부러 어렵게 부르는 경향이 있다. 원래 한국 전통음악은 미국 사람이나 아프리카 사람들에게는 어렵지만, 우리나라 사람에게는 세상 모든 음악 중에서 가장 쉬운 음악이라는 사실을 알아야 한다. 그도 그럴 것이 우리 가락은 5천 년 세월을 거치면서 우리 말, 우리 말투, 우리 말법, 우리 억양에 따라 다듬어져 온 가락이기 때문이다. 영어보다 우리말이 더 편하다면, 그 사람에게는 서양 멜로디보다 우리 가락이 더 쉬운 게 정상이다. 우리 가락은 우리말과 가장 궁합이 잘 맞는 안성맞춤이기 때문이다. 이 말을 조금 더 확대하면, 우리 가락에 말씀을 얹을 때에, 성경 말씀 기억력을 높이는 둘도 없이 훌륭한 말씀노래가 된다는 사실이다.

3) 다시 시작하는 이야기

25년 전쯤 어느 날 나는 서울 하월곡동에 있는 동월교회 주일 공동예배에 참여했었다. 허름한 산동네 허름한 교회였고, 예배실은 의자 없이 가운데 통로를 두고 양편으로 나뉘어 강대상을 향해 앉는 평범한 구조였다. 평범하게 진행되던 예배가 갑자기 빛나기 시작한 것은 친교 시간이었다. 인도자의 신호에 따라 모든 교인들이 일제히 마주보는 것이었다. 전면을 향해 둘로 나뉘었던 50여 명의 사람들이 '좌우향~우!'를 한 것이다. 얼떨결에 90도 틀어 앉으니 순식간에 절반의 회중들이 모두 나를 보는 것이었다. 당황한 나는 얼른 고개를 돌려 예배실 벽화들을 구경하는 척했다. 그 상태로 예배 시간 끝까지 광고도 하고 인사도 하였다. 바닥에 앉았어도, 예배 시간 내내 전면만 바라보고 있었어도, 친교 시간만큼은 서로를 바라보자는 뜻이었다. 동월교회 교인들은 그 시간이 정말 즐거워 보였다. 상대편에 앉은 사람들과 눈이 마주치면 밝게 웃으며 눈인사를 나누었다. 공간이 여의치 않아도 이처럼 작은 아이디어 하나로 예배 공간은 크게 변할 수 있었다.

역시 오래전 어느 주일, 서울 한백교회 예배에 참석했었다. 그 교회는 친교 시간 중에 '현장의 소리'라는 순서가 있었다. 교인들이 매 주일 돌아가면서 일상의 현장에서 있었던 일을 나누는 시간이었다. 간증 시간 같기도 하고, 시사채널이나 카메라출동을 보는 느낌도 들었다. 목회자가 설교에 다 담지 못하는 성도들의 삶의 현장 이야기를 직접 나와서 전하는 것이었다. 내가 몰랐던 세상살이를 생동감 있게 만나는 시간이었다. 예배의 친교 시간이란 단순한 공지를 전하기 위한 시간이 아니라, 음식도 나누고 소식을 나누며 나아가 교회 밖으로 가서 세상과 친교하는 징검다리와 같은 시간이라는 사실을 나는 그때 환히 깨달았다.

바흐가 한국음악을 알지 못한 것처럼, 루터는 한국의 다종교적인 상황을 알지 못했다. 그래서 500년 전 예배 개혁 저 너머에 있는 의례신학을 볼 수 없었다. 이야기인즉, 한 가족 안에도 다종교 상황일 수 있는 한국의 기독인들의 갈등과 고통을 몰랐다는 것이다. 혼례식이나 장례식을 기독교식으로 예배할 때 참석자들을 하나 되지 못하게 하는 경우가 많다. 어디 그뿐이겠는가? 제사 문제는 두말할 것도 없고, 아버지 죽음 앞에서 형제가 갈라져 종교별로 세 차례나 장례식을 하는 진풍경을 본 적이 있을 정도다. 이 문제를 해결하기 위하여 15여 년 전에 한국의례신학연구소(소장 전병식 목사)가 문을 열고 한국 상제례 전통과 기독교 예배를 연구하기도 했었다. 이처럼 한국교회 예배 개혁의 길에는 루터 시대와는 또 다른 과제들이 즐비하다. 활연관통(豁然貫通)[15]! 성경 말씀으로 온 회중이 하나로 통하고 세상 구석구석 약자들의 한숨과 억울한 눈물들 속으로 직통할 수 있는 예배를 위하여, 120년 동안 묻어둔 소중한 예배 달란트인 전통문화를 발굴하는 일에 너나없이 손을 맞잡을 때다.

이 정 훈 _ 성실교회 목사

03

식탁의 나눔과 소외로부터 보는 종교개혁의 현대적 과제

- 일본 기독교단의 예를 통하여

1. 들어가는 말

올해는 마르틴 루터가 면죄부에 대해 95개조의 반박문을 제시한 1517년 으로부터 500년이 되는 해이다. 이 500이라는 숫자가 갖는 상징성으로 인하여, 세계의 각지에서 종교개혁 500주년이라는 자성과 기념의 시간을 보내고 있다. 이러한 흐름 속에서 종교개혁을 되돌아보는 여러 가지 시각이 있을 수 있으며, 이 책에 모인 여러 글들은 다양한 시각의 결과물이라 할 수 있다. 그러한 여러 시각들 중에서도 이 글은 일본이라는 시점을 매개로 종교개혁 500주년을 생각해 보고자 한다. 이는 필자가 일본 기독교단에 몸담고 있다는 이유도 있겠지만, 무엇보다 지금의 일본 기독교단의 상황이 주목할 만한 가치가 있기 때문이다.

종교개혁 500주년을 맞이하는 뜻깊은 해를 맞이하여, 일본 최대 개신교 교단인 일본 기독교단은 성찬을 두고 첨예한 대립의 각을 세우고 있다. 여기서 대립의 초점이 되는 것은 다름아닌, 세례를 받지 않은 사람들의 참여 여부이다. 즉, 세례를 받지 않은 사람이 성찬에 참여할 수 있는 열린 성찬에 찬성하는 입장과 세례를 받은 사람만 참여하는 열린 성찬에 반대하는 입장의 양 진영으로 갈라져 있다. 교단의 지도부와 보수적인 교회는 열린 성찬을 성찬의 의미와 전통을 어지럽히는 것으로 단죄하고 있으나, 중도 진보적인 교회는 열린 성찬을 용인 혹은 추구하고 있다. 이러한 집단적인 반발과 대립 속에서, 교단의 지도부는 목사 인준 절차의 면접 과정에서 성찬의 이해를 묻고 반영하는 검열을 시도하고 있으며, 반대 세력은 교단의 탈퇴와 새로운 교단을 만든다는 등의 극단적인 논의마저 이루어지고 있다. 또한, 교회가 목사를 초빙하는 과정에서 열린 성찬의 이해를 미리 확인하고 초빙의 여부를 결정하는 경우도 나오고 있다. 즉, 성찬의 이해가 교회와 목사, 신학자의 정체성을 확인하는 극단적인 쟁점이 되고 있는 현실이다. 2017년 7월 현재, 아직 이 문제는 해결의 기미가 보이지 않고 있다.

왜 이렇게 극단적인 양상으로 치닫게 되었을까. 지금까지 일본의 기독교는 대체적으로 다른 종교에 대하여 포용적이며 다원주의적 태도를 보여왔다. 그로 인해 일본의 기독교에 대하여 극단적이지 않으며 관용적이라는 이미지가 존재해 왔다. 하지만 일본 기독교의 대표적인 교단인 일본 기독교단의 성찬을 둘러싼 일련의 상황을 보면, 그리 관용적인 것처럼 보이지 않으며 오히려 배타적으로까지 비추어진다. 이처럼 성찬을 중심으로 복잡한 양상을 보이는 일본 기독교의 모습을 바라보며, 다음의 문제를 생각해 보게 된다.

첫째로, 오늘날 성찬이 갖는 신학적이고도 선교적인 의의는 무엇인가라는 문제이다. 주지하다시피 종교개혁은 단지 면죄부에 대한 반박만이 있었던 것이 아니라, 유명한 마르부르크 회담으로 대표되는 성찬을 둘러싼 치열한 논의와 대립이 있었다. 그로부터 500년이 되는 오늘날 일본에서는 다시금 성찬을 두고 격렬히 대립하고 있다. 따라서 이 시점에서 성찬에 대한 의의를 되묻지 않을 수 없는 것이다. 둘째로, 일본의 기독교가 보여 왔던 관용의 자세와 지금의 배타적인 자세라는 모순의 원인이 무엇인가라는 문제이다. 왜 그들은 다른 종교에 대하여, 타자에 대하여 그토록 관대한 태도를 보여왔으면서도, 유독 성찬에 대해서는 그렇게 배타적인 것일까. 그리고 여기서 관용을 긍정적으로, 배타를 부정적으로 바라보는 이해는 일본 기독교단의 상황에도 그대로 적용할 수 있는 것일까. 마지막으로, 이와 같은 일본 기독교단의 상황이 우리에게 무엇을 시사하고 있는가라는 문제이다. 이 글은 단지 일본 기독교단에 대한 연구가 아니라, 이 책의 여러 글의 의도처럼 종교개혁 500주년을 되돌아보며 한국이라는 상황 속에서 생각해 보고자 하는 글이다. 따라서 일본 기독교단의 성찬의 문제가 우리에게 시사하는 바와 그 의의를 묻는 것이야 말로 이 글의 가장 커다란 목적이라 할 수 있다.

이 글은 이상의 문제의식에 근거하여 다음과 같이 논의를 전개해 보고자 한다. 우선, 성찬을 둘러싼 일본 기독교단 내부의 주된 논점과 이해들을 확인하여 검토의 토대를 마련하도록 하겠다. 다음으로, 종교개혁 당시 마르부르크 회담의 논의에 주목하고, 그 신학적 논의를 선교적인 관점에서 검토해 보도록 하겠다. 더 나아가 그러한 신학적, 선교적 논의와 더불어 역사적인 시점에서 일본 기독교단의 분열과 대립을 검토하여, 오늘날의 성찬을 둘러싼 대립의 의의를 입체적으로 고찰해 보겠다. 이상의 검토를 통하여 성찬을 둘러싼 문제의 본질을 규명하고, 종교개혁 500주년을 맞는 우리의 신학적 과제와 의미를 도출해 보겠다.

2. 일본 기독교단의 성찬 문제

1) 개요

사건의 발단은 지금으로부터 10년 전인 2007년, 일본 기독교단의 의장이었던 야마키타 노부히사(山北宣久)의 발의로, 교단의 상임위원회가 교단에 소속된 교회 중 하나인 모미지자카(紅葉坂) 교회의 담임목사 키타무라 지로오

(北村慈朗)에 대한 퇴임 권고를 결의하는 것으로부터 시작된다. 퇴임 권고의 사유는 세례를 받지 않은 사람도 성찬에 참여할 수 있도록 했다는 것이었다. 즉, 열린 성찬을 거행함으로 일본 기독교단, 더 나아가 기독교의 성례전의 전통을 어지럽혔다는 것이다.

그러나 키타무라는 이에 승복하지 않았으며 갈등은 점점 더 고조되었다. 결국, 의장을 중심으로 한 교단의 집행부는 징계 절차에 나서게 되고, 2010년에는 반대 입장의 격렬한 저항에도 불구하고 총회의 다수파를 점한 퇴임 권고 세력은 목사직 파면이라는 극단적인 징계 처분을 내린다. 이는 일본 기독교단 최초의 파면 처분이었다.[1]

퇴임 권고의 시점에서부터, 교단의 내부에서는 목사와 교수들을 중심으로 성찬에 대한 공동 논의의 필요성을 제시하는 의견들이 불같이 일어났으나, 교단의 집행부는 공식적인 논의를 거부하였다. 그리고 파면이라는 극단적인 결정은 당시 총회의 논의와 절차를 무시한 제도적 결함과 선거제도의 모순을 이용한 조직적 선거운동 등, 여러 가지 문제점을 안고 있었다. 이러한 문제점들을 통하여 교단에 속한 구성원들은 파면에 이르는 절차와 결과에서 폭력적 파행을 경험하게 된다.

위와 같은 파행을 경험한 일본 기독교단은 성찬의 이해를 두고 격렬히 대립하는 양상을 보이게 된다. 이러한 대립은 단지 기독교의 진보와 보수라는 가치의 대립뿐만 아니라, 도오시샤(同志社) 대학과 칸세에(関西) 학원 대학, 그리고 토오쿄오(東京) 신학대학이라는 학벌의 대립, 일본 기독교단으로 하나가 되기(1941년) 이전의 구 교파 간의 대립 등, 복잡한 가치의 충돌이 성찬이라는 주제로 분출되고 있는 양상이다.

2) 논점

위와 같은 분열과 충돌의 발단은 앞서 언급한 교단 상임위원회가 퇴임 권고를 결의하는 것으로 시작된다. 이 결의는 논의의 절차가 거의 없었던 갑작스러운 결정이었기에 가결된 후 교단 내부에서 많은 항의와 비판이 일어났다. 그러한 상황이 계속되자 교단 의장이었던 야마키타는 교단 신문에 성명을 발표하고, 자신과 교단 집행부에 제기되는 비판에 답하는 형식으로 의견을 개진한다. 여기서 그 주된 논점을 정리하면 다음과 같다.

우선 징계의 형식과 방법의 문제이다. 이미 교단에는 열린 성찬을 취하는 교회가 적지 않은데 왜 지금 키타무라에 대해서만 본보기식으로 처벌하느냐는 문제이다. 이러한 문제제기에 대해 야마키타는 어느 정도 그 타당성을 인정하지만, 자신은 이전부터 문제를 인식해 왔었으며 그것이 지금 드러난 것에 불과하다고 반론한다. 둘째로 논의의 필요성에 대한 비판이다. 야마키타는 여러가지 성찬론에 대한 논의를 하는 것은 좋으나, 그것이 여러 가지 방식으로 성찬을 집행해도 된다는 말은 아니라고 주장한다. 즉, 여러 의견들이 있는 것은 상관하지 않겠으나, 그것을 실행하는 것은 용서할 수 없다는 입장이다. 마지막으로, 제도적인 문제이다. 이는 목사를 세우는 것은 개교회의 결정과 책임임에도 불구하고, 교단이 개입해 퇴임을 요구하는 것은 개교회의 자주성을 침해하고 초빙 제도를 파괴한다는 비판에 대한 것이다. 여기에 대해 야마키타는 목사를 세우는 것은 교단이며, 교회는 교단이 세운 목사를 초빙하는 것이라 주장한다. 따라서 교단은 목사에 대해 제재를 가할 수 있다는 입장을 취한다. 더 나아가, 세례를 무의미하게 하며 복음을 휴머니즘으로 만들어 버리고, 차별과 구별을 애매하게 만드는 것을 피하기 위해서라도 이번 문제를 확실히 해결해야 한다고 주장한다.[2]

위의 야마키타의 논점을 다시 한 번 정리해 본다면, 결의안은 정당한 것이며 열린 성찬의 집행 여부는 논의의 대상이 아니라는 점, 마지막으로 교단은 목사를 양성하며 교회에(초빙을 받아) 파견하고, 필요할 경우에는 제재를 가할 수 있는 권한을 지니고 있다는 주장이다. 이 중에서 교단의 규정과 절차에 대한 정당성 여부는, 일본 기독교단과 연관이 없는 한 그리 중요한 문제가 아니고, 이 글의 논지를 벗어난 것이기에 여기서 구체적으로 다룰 필요는 없을 것이다. 하지만 위의 주장에서 교단 집행부가 기본적으로 논의를 통해 성찬에 대한 입장을 형성해 나아가고자 하는 의지가 없으며, 오히려 마음대로 논의는 해도 좋으나 실행하는 것은 용서할 수 없다는 입장에서 그들이 경직된 자세를 가지고 있다는 것을 확인할 수 있다. 그뿐만 아니라 의장과 그 주변의 세력들이, 교단과 목사, 교회의 정의와 역할, 더 나아가 세례, 복음, 차별이라는 기독교의 근본적인 주제에 대하여 명확히 표현하고 있지는 않으나, 암묵적으로 하나의 입장을 견지하고 있다는 것도 확인할 수 있다. 그 입장은 자신들이 세례의 의미를 분명히 하며, 복음의 가치를 휴머니즘으로부터 지켜내고, 자신들이 행하는 바가 세례를 받지 않은 이들에 대한 차별이 아니라 구별이라는 것이다. 그리고 이러한 입장은 '세례를 무의미한 것으로 만들고, 복음을 휴머니즘으로 변질시키는' 세력에 대한 상당한 적대감을 내포하고 있는 것도 읽을 수 있다. 이러한 야마키타의 논리는 이후 징계에 찬성하고 열린 성찬을 반대하는 진영의 논리적 골자를 이루게 되며, 확대 재생산된다. 야마키타의 성명이 발표된 후 얼마되지 않아, 또 하나의 주목할 만한 성명이 발표된다. 그것은 키타무라가 재임하고 있던 모미지자카 교회의 임원회에서 2008년 1월 20일에 발표한 견해문이다. 모미지자카 교회는 요코하마에 설립된 120년이 넘는 역사를 가진 일본의 중견 교회이다. 그러한 교회가 성찬을 둘러싼 파문으로 갑자기 논의의 중심으로 주목을 받으며, 자신들의 담임목사가 퇴임을 권고받았다는 것에 대해 어떠한 생각을 하였던 것일까.

견해문을 통해 교회는 전전 대의 목사 때부터 성찬이 담고 있는 선교적 과제를 인식하고 있었으며, 그 문제의식은 후임의 목사 재임 중에도 계속되고 있었다고 한다. 그리고 그러한 문제의식은 시간과 더불어 점점 무르익어, 키타무라 목사의 재임 중 임원회는 성찬에 대한 공식적 논의를 요청하였으며, 교회의 전체 논의와 연령별 논의를 계속해 나아갔다. 또한, 신학적 해석을 위하여 칸다 켄지(神田健二)와 아라이 켄(荒井献)이라는 일본의 선교학과 성서학의 저명한 학자를 초청하여 학습도 거듭했다. 이러한 논의와 학습의 결과, 열린 성찬과 닫힌 성찬 모두가 가능하다는 결론에 도달하였고, 1999년 3월 교회 총회에서 최종적으로 열린 성찬을 결의하게 되었다고 설명한다. 즉, 열린 성찬은 단지 키타무라 목사 개인이 결정한 사안이 아니라, 선교적 과제에 대한 교회의 문제의식이 논의와 학습 절차를 거쳐 도출한 합리적 결과였다는 것이다.[3]

이러한 입장에서 교회는 크게 다음의 두 가지의 시각에서 문제를 제기한다. 하나는 절차적 문제이다. 교단 총회에서의 퇴임 권고라는 의결은 정당한 징계의 절차, 즉, 교단 교사(教師) 위원회의 3분의 2 이상의 동의가 필요한 것이나, 의장은 이를 무시하고, 상임위원회에서 겨우 과반의 찬성으로 처리하였으며, 징계의 규정에도 없는 퇴임 권고라는 형식을 취한 것으로, 절차적인 하자를 지닌 결의라는 것이다. 또 하나는 성찬의 이해에 대한 것이다. 의장은 성찬이 「올바른 성찬」으로서 집행되어야 한다고 주장하나, 여기서 올바르다는 것의 근거는 신앙직제(信仰職制) 위원회의 답신에 근거한 이해이다. 그러나 그 답신은 하나의 견해에 불과하기에, 의장은 그 답신에 근거하여 교단 내에서 폭넓은 논의를 해야 하지만, 의장은 하나의 견해에 불과한 것을 절대적인 기준으로 만들어 버렸다. 그러나 일본 기독교단의 규칙에는 세례를 받지 않은 자에 대에 성찬을 거행해서는 안된다는 명확한 규정이 없으며, 더구나 일본 기독교단은 각각의 교파적 입장을 지닌 여러 교단이 연합한 단체이다. 따라서, 의장과 일부 세력의 입장을 일방적으로 강요하는 것은 연합 교단이라는 정체성에 어긋나며, 교회의 자주성을 침해하여 교단의 분열을 초래할 뿐이라는 문제제기이다.

여기서 교단의 규칙과 절차적인 문제는 차치하더라도, 이 견해문에는 다음의 중요한 문제가 거론되고 있다는 것을 확인할 수 있다. 첫째로 열린 성찬은 목사 개인의 결정이 아니라, 교회가 선교적 과제에 직면하여 신학적 학습과 논의를 통하여 내린 결정이라는 점이다. 따라서 목사의 파면이라는 것은 공격의 대상이 잘못되어 있을 뿐만 아니라 교회가 내린 자주적이고 합리적인 결정에 대한 교단의 부당한 침해라는 견해이다. 둘째로, 일본 기독교단은 교리적 독립성을 가지고 성립된 교단이 아니라 다양한 전통을 지니고 있는 교회가 일본 제국의 종교 단체법(1940년에 시행된 각 종교에 대한 국가주의적 재편을 목적으로 한 법)에 의하여 강제적으로 하나가 된 교단이다. 전후 이러한 종교 단체법의 역할은 일본이라는 지역성으로 대체가 되었다고는 하지만, 교단은 각각의 교회의 전통에 대하여 일방적인 입장과 교리를 강요할 수 있는 조직이 아니라는 기본적인 이해로부터, 교단의 처사는 연합 교단이라는 특성을 무시한 독선이라는 것이다. 따라서 퇴임 권고라는 것은 교회로서는 납득할 수 없는 결정이며, 기존의 입장을 철회하지 않을 것을 분명히 하고 있다. 이러한 교회의 견해는 선교적 과제와 교단의 이해라는 두 가지의 논점으로 정리할 수 있으며, 이는 단지 하나의 교회의 입장이라기보다는, 교단과 교회의 이해를 공유하는 당시의 여러 교회와 사람들에 의해 지지를 받는 입장이었고, 이후 열린 성찬을 찬성하는 진영의 논리로 유지되게 된다.

위와 같이, 열린 성찬을 반대하는 입장과 찬성하는 입장 간의 이해가 평행선을 그리는 상황 속에서, 많은 요청에도 불구하고 교단 지도부는 성찬에 대한 공식적이고 열려진 논의를 전개하지 않았다. 더 나아가 교단 지도부는 더욱 강경한 입장으로 퇴임 권고를 넘어서 파면 처분을 내림으로써 더 이상 돌이킬 수 없는 강을 건너고 말았다. 현재에는 그에 대한 반발과 자극으로 이전보다 훨씬 많은 교회가 오픈으로 전환하여 성찬을 거행하고 있다. 이처럼 지금의 교단은 겉으로는 하나를 이루고 있으나 실질적으로는 심각한 대립과 분열의 상황에 있다고 할 수 있다.

3. 논의의 확대 고찰

위와 같은 일본 기독교단의 양상은 우리에게 두 가지 역사적 사건을 오버랩 시킨다. 하나는 종교개혁이라는 커다란 주제에서 떠올리게 되는 성찬을 둘러싼 루터와 츠빙글리의 마르부르크 회담이다. 잘 알려져 있듯이, 로마 가톨릭에 대항한 종교개혁 진영 사이의 연합이 절실히 요청되는 그 상황에서, 루터와 츠빙글리는 3박 4일에 이르는 회담에도 불구하고 결국에는 성찬에 대한 상호이해에 도달하지 못했다. 그리고 프로테스탄트 운동은 분열되었고, 가톨릭의 반격은 더욱더 거세진다. 이처럼 성찬이 통합과 분열을 가르는 하나의 상징이 된다는 점에서 바로 지금의 일본 기독교단의 상황과 겹치고 있는 것이다.

또 하나는, 1992년에 감리교의 종교재판이다. 그것은 신앙과 학문적 입장의 차이에 대해 포용과 대화가 아니라, 교단에서의 축출이라는 폭력적 배타성이 행사된 극단적인 사건이었다. 더구나 이후 구속까지 된 범죄자의 주도로 이루어진 일방적이고 어처구니없는 사건이기도 하였다. 이 사건을 통하여 일부의 사람들이 느꼈던 분노와 기막힘, 슬픔과 자조라는 복잡한 감정이, 일본 기독교단에서도 일어났다고 한다면 이해하기가 쉬울 것이다. 단 당시 한국의 상황이 일방적인 마녀사냥의 양상이었다면, 일본 기독교단의 상황은 교단의 분열이라는 형태를 띠고 있다고 할 수 있다.

이처럼 일본 기독교단의 성찬의 문제는 종교개혁을 둘러싼 신학적 논쟁이라는 측면에서, 또 한편으로는 교단에서의 폭력적이고 배타적인 축출이라는 역사적인 사건이라는 측면에서, 신학적이고도 역사적인 측면 모두를 생각해 볼 여지가 있다. 따라서 여기서는 우선 성찬에 대한 신학적 의의에 대하여 고찰해 보고, 다음으로 일본 기독교단의 통합과 분열에 대한 역사적인 시각에서 성찬의 문제를 고찰해 보도록 하겠다.

1) 신학적 의의

루터와 츠빙글리의 논쟁은 독일과 스위스의 프로테스탄트 개혁 진영의 마르부르크 회담으로 잘 알려져 있다. 결국에는 결렬되어 버린 그 회담에 대하여 단순히 신학적 논의뿐만 아니라, 스위스와 독일의 민족적 대립과 루터의 배타적인 태도도 자주 회자되는 부분이기도 하다. 합의와 연대를 이루지 못한 프로테스탄트 진영은 가톨릭의 반격으로 크게 위축되었으며, 후일 츠빙글리는 가톨릭의 공격으로 목숨을 잃었고, 루터의 개혁 역시 적지 않은 피해를 입었다고 전해진다. 그들의 회담이나 논의 그 자체에 주목하는 것은 이 글의 목적에서 벗어나는 영역이기에, 여기서는 어디까지나 성찬을 중심으로 그들의 이해를 간단히 짚어 보겠다. 주지하다시피, 성찬에 대한 루터와 츠빙글리의 차이는 예수의 '이것은 나의 몸이다'라는 선언 중에 '이다'의 해석의 차이에서 기인한다.[4] 즉, 츠빙글리는 그것을 의미한다라고 해석하는 반면, 루터는 문자적으로 이해한다. 따라서 루터는 그것을 실재로 이해하고, 빵과 포도주, 그리고 그리스도의 몸과 피라는 두 가지의 서로 다른 실재가 서로 교차하며, 공존한다는 성찬 이해를 주장한다. 그리고 이에 대한 근거로 제시하는 것이 그리스도의 본질이 편재 혹은 공재한다는 주장이다. 이에 반해 츠빙글리의 성찬론은 빵과 몸에 대한 실재적 교차나 변화를 인정하지 않고 서로 다른 차원의 것으로 이해한다. 즉, 빵은 실재적으로 이해됨과 동시에 그리스도의 몸과의 관계 속에서 상징적으로 이해함으로써 성찬을 하나의 기념으로 이해하는 것이다.[5] 물론 여기서 상징과 실재 혹은 본질이라는 관계에 대하여 루터는 실재로 츠빙글리는 상징으로 단순히 이해한 것은 아니다. 그들은 가리키는 존재(상징)와 가리켜지는 존재(실재, 본질) 간의 차이를 명확히 인식하고 있었으나, 그들의 차이는 상징과 본질의 관계성에 대한 인식의 차이에 있었다. 즉, 상징이 상징되어진 존재에 융합되며 종속되는가(공재), 혹은 상징과 상징된 존재 사이에는 결코 건널 수 없는 질적인 차이가 있는가(기념)라는 이해의 차이라 할 수 있는 것이다.[6]

이러한 성찬의 논의는 중요한 신학적 문제라 할 수 있지만, 오늘날의 아시아에서 500년이란 시공의 차이를 무시하고 그러한 추상적인 이해만을 추구하는 것은, 오히려 심도 있는 논의를 방해하는 것은 아닐까. 그 대표적인 사항의 하나로 간과해서는 안 될 문제는, 츠빙글리와 루터의 성찬을 둘러싼 논쟁이 비기독교인을 전제로 한 것이 아니었다는 점이다. 성찬에 참여한다는 것은 그대로 예수 그리스도라는 기독교의 신앙을 의미했으며, 국민의 100%를 기독교인으로 전제하는 국교라는 시스템 속에서, 기독교를 벗어난 이들은 애초부터 그들의 고려 대상이 아니었다. 즉, 그들의 논의는 이 글에서 다루고 있는 세례를 받지 않은 사람, 혹은 비기독교인을 전제로 한 논의가 아니라는 것이다. 하지만, 우리는 중세나 종교개혁의 시대가 아닌 세속화된 정교분리의 시대를 살고 있다. 종교는 선택의 영역이 되어버렸으며 교회의 예배 참석자 중에는 당연히 기독교적 신앙을 가지지 않은 사람이, 혹은 다른 신앙을 가진 사람이 참석하는 것도 크게 이상한 일은 아니며 언제든지 일어날 수 있는 일이다. 이는 가톨릭과 종교개혁의 본고장인 유럽에서 일어나고 있는 현실이며, 성찬에서 비기독교인을 상정하는 것은 상식적이고도 선교적인 과제가 되어버렸다.

이러한 흐름 속에서 500년 전 종교개혁 진영 사이의 성찬을 둘러싼 논의가 성찬의 빵과 포도주가 실재냐 상징이냐라는 것을 둘러싸고 벌어졌다면, 지금의 우리에게는 단순히 그 논의를 답습하는 것보다 더 큰 과제가 눈앞에 놓여 있다. 특히나 기독교가 전통적 주류 종교로서 자리잡고 있는 서구 사회가 아닌, 비기독교가 사회의 지배적인 주류로서 자리잡고 있는 아시아라는 특수성 속에서는 이러한 선교적 시각은 기독교의 자기 이해와 밀접하게 연관된다. 즉, 단순히 아시아적 가치를 배제하고 기독교만을 주장하는 것은, 아시아를 구성하는 대다수의 비기독교인과 아시아적 전통을 소외시킴으로 결국에는 아시아의 교회로서의 자기 소외와 분열에 빠지게 되는 모순을 경험할 수 있는 것이다. 따라서 성찬에 대한 이해는 단순히 추상적이고도 신학적인 논의를 넘어서, 아시아의 기독교라는 자기 이해와 선교의 대상에 대한 이해라는 보다 현실적이고 근본적인 문제와 연결되는 것이다.

이처럼 성찬 논의가 가진 중요성을 되짚어보며, 다시 한 번 이 글에서 문제가 되고 있는 성찬의 대상을 제한하는 하나의 기준으로 세례에 집중해 보도록 하자. 바울의 논의와 종교개혁의 논의 속에서 믿음(신앙)은 행위를 넘어서는 본질적인 것으로 이해된다. 물론 믿음과 행위는 서로 대립적인 개념으로만 이해되는 것이 아니라, 믿음이 보다 본질적인 것으로 행위를 완성시키는 것으로 이해되며, 행위는 결코 본질적인 믿음보다 앞서지 않는다는 것이

루터의 주장으로 이해된다.[7] 이러한 루터의 오직 믿음으로라는 슬로건을 음미할 때 한 가지 중요한 문제가 대두된다. 즉, 세례는 과연 본질적인 믿음에 해당하는 것인가, 아니면 행위에 해당하는 것인가.

물론 세례는 하나의 의지(믿음)의 결과로써 드러나는 것이기에 당연히 하나의 행위이다. 하지만, 행위는 결코 행위만으로 존재하지 않으며 의지의 결과로 존재한다는 점, 또한 의지는 행위가 동반되지 않는다 하더라도 존재한다는 점에서 의지가 보다 본질적이라는 점은 부정할 수 없다. 따라서 세례라는 것은 믿음의 결과는 될 수 있으나, 세례가 믿음을 판단할 수 있는 어떠한 근거라 생각될 수는 없다. 이러한 믿음과 세례의 관계에 대한 이해는 앞선 츠빙글리의 이해를 떠올리게 한다. 즉, 세례는 믿음의 상징이 될 수 있으나, 그것은 본질적인 믿음과 결코 넘을 수 없는 차이가 존재하는 것이라 이해되기 때문이다.

그리고 이러한 이해는 루터의 성찬 이해의 중심인 공재설에 의문을 갖게 한다. 만약 우리가 믿음 없는 세례를 가정할 수 있다면, 혹은 믿음은 있으나 그것이 세례라는 행위로 이어지지 않는 경우를 가정할 수 있다고 한다면, 세례는 믿음에 종속되는 것도 아니며 융합되는 것도 아니다. 우리는 그저 세례가 본질을 재는 절대적인 척도가 될 수 없음을 인정하면서, 그것을 믿음의 한 가지 결과(상징)로 받아들일 뿐이다. 이러한 질서를 무시하고, 단지 공재설만을 주장하게 된다면, 오직 믿음으로라는 그의 슬로건이 무색해지게 되는 것은 아닐까.

이러한 본질과 상징의 관계는 그것이 오직 은총이라는 슬로건과 결합할 때 더욱 명확해진다. 우리의 의지라는 것이 행위에 우선되는 보다 본질적인 것이라 하더라도, 그것이 결단에 의한 것이든, 혹은 우연히 주어진 충동에 의한 것이든 간에, 그것은 어디까지나 인간에게 있어서 하나의 조건에 불과

하다. 그것은 결코 궁극적 본질인 신의 의지에 앞서는 것이 될 수 없다. 신의 의지는 우리의 조건과는 상관없이 주어지는 신의 절대적인 역사인 것이다.[8] 그리고 그러한 신의 의지를 우리는 사랑, 혹은 은총이라 부른다. 만약 그렇다면, 믿음이든 행위든 인간이 형성하는 하나의 조건적인 상황에 의해 하나님의 은총이 좌우되는 것이 과연 가능한 것일까.

지금까지의 논리에서 행위가 믿음에 앞서지 못하듯, 믿음은 결코 은총에 앞서지 못한다. 즉, 인간은 결코 신의 절대적 의지에 개입할 수 없다는 것이다. 물론 세례가 우리의 믿음을 드러내는 하나의 상징이 될 수 있듯이, 우리의 믿음은 우리를 향한 신의 의지를 드러내는 하나의 상징이라 할 수 있을 것이다. 하지만, 우리의 세례가 우리의 믿음을 가늠하는 척도가 될 수 없는 것처럼, 우리의 믿음의 여부는 신의 절대적 의지를 제한하는 것이 될 수는 없다. 하나님의 숨은 모든 인간에게 불어 넣어졌으며, 악인에게건 선인에게 건 햇빛과 비는 주어지고 있다. 자격이 없는 이를 받아들여 자신의 자녀로 삼는다는 무조건적이고도 절대적이며 일방적인 사랑과 은총을, 사람의 조건으로 재단하고 제어한다는 것은 기독교적인 이해가 아닐 것이다. 따라서 우리의 행위는 믿음으로, 그리고 그것들 모두는 어디까지나 은총으로 최종적으로 통합되며, 이 하나님의 절대적이고 일방적인 은총의 행사는 인간의 어떠한 조건과 상황으로 제한될 수 없는 것이다.

우리가 이러한 이해에 동의한다면, 설교와 성경의 말씀이 비기독교인들을 향해 열려 있는 것처럼, 성찬도 역시 열려 있어야 한다고 말하지 않을 수 없을 것이다. 그것은 결코 세례의 여부에 따라서 제한할 수 있는 것이 아니다. 더구나 성찬이라는 것은 본래 당시의 죄인과 소외된 자에 대한 포용과 나눔의 장이었다. 그러한 성찬을 비기독교인이 다수를 차지하는 아시아에서 세례를 받은 사람에게만 허용해 버린다면, 성찬은 더 이상 포용과 나눔의 장이 아니라, 오히려 차별과 소외의 장이 되어버린다. 따라서, 성찬에 대한 재인식은 기독교의 현실적이고 선교적인 과제라 할 수 있을 것이다. 더구나, 일본과 같이 99% 이상이 비기독교인이라는 현실 속에서 그와 같은 배타적이고 경직된 성찬 이해는, 일본 기독교의 분열적인 자기 이해를 초래하는 것이다. 더 나아가, 미국의 연합 감리교회를 중심으로 점점 열린 성찬을 추구하고 있는 세계 기독교의 변화에도 뒤처진 시대착오적인 이해라 생각되는 것이다.[9]

앞서 모미지자카 교회가 인식한 선교적 과제는 바로 이 점에 닿아 있다. 즉, 상징적 의미에서건 실재적 의미에서건, 그리스도의 몸이 부족하고 죄 많은 인간에게 주어지는 은총의 장이라는 성찬의 본래적인 의미가, 그 장에 같이 참여하고 있음에도 불구하고 인간의 하나의 조건에 불과한 세례라는 문턱을 넘지 못하여 깊은 소외를 경험하게 하는 장으로 변해 버리게 된다는 모순에 대한 비판 의식이었다. 그리고 그러한 모순이 비기독교인이 대다수를 차지하는 일본과 같은 지역에서는 빈번하게 일어날 수밖에 없다는 것이 현실적이고 선교적인 과제로 다가왔던 것이다.

그렇다면 여기서 한 가지 근본적인 의문이 들게 된다. 위와 같은 현실적이고 절실한 선교적 과제에 대한 인식이 교회에서 일어났고, 그러한 교회의 요청에 따라 열린 성찬을 거행했던 목사에 대해 파면을 선고한 사람들은 도대체 어떠한 시각과 논리를 갖고 있었던 것일까. 물론 그것은 위에 살펴본 것처럼 신학적 이해도 아니고 현실적인 선교적 과제에 대한 이해도 아니라 생각된다. 왜냐하면, 적어도 위와 같은 이해를 공유하고 있었다면, 그러한 대립도 일어나지 않았을 것이며, 혹여 입장의 차이가 있다고 할지라도 대화가 가능했을 것이기 때문이다. 따라서, 그들의 논리는 더 이상 신학적 시점에서는 이해가 불가능하며 그들을 이해하기 위해서는 다른 시각에서의 고찰이 필요한 것이다. 여기서 우리는 또 하나의 시각이 역사적인 측면에서 교단의 대립과 분열을 고찰해 보도록 하겠다.

2) 분열의 역사와 관용

위와 같이 열린 성찬을 반대하고 극단적인 배타성을 보이는 이들의 자세가 현실적이고 타당한 신학적 이해에 근거한 것이 아니라고 한다면, 도대체 그들이 보이는 입장은 무엇에 근거한 것일까. 이는 앞서 언급한 일본의 기독교가 보여 왔던 타종교에 대한 관용적인 자세와 겹치며 혼란스럽게 느껴진다. 또한, 교단 내의 대립의 양상 또한 단순히 성찬을 두고 벌어지는 것뿐만이 아닌 학벌과 다양한 가치가 혼재하며 그것이 크게 두 부류로 나누어져 분열의 양상을 보이는 것도 흥미롭다. 이는 앞서 성찬에 대한 신학적이고 이론적인 검토로는 해결되지 않는 부분이다. 그렇다면 여기서 우리의 시야를 넓혀 보도록 하자. 즉, 역사적인 시점에서 일본 기독교단을 바라보고 문제의 해답을 구해 보도록 하겠다.

우리의 시야를 역사적 측면에까지 넓혀 본다면, 무엇보다도 시선을 끄는 것이 일본 기독교단 성립의 문제이다. 앞서 잠시 언급한 것처럼 일본 제국은 파시즘 속에서 종교를 보다 효과적으로 통제하기 위하여 1939년 4월에 종교 단체법을 공포하고 1940년 4월에 실시하게 된다. 이를 계기로 당시 33개 이상의 교파가 서구의 선교단체와의 관계를 끊고 하나로 통합하여, 1941년 6월 일본 기독교단 총회를 열게 된다. 여기서 알 수 있듯이, 일본 기독교단의 성립은 1939년 법의 공포로부터 1941년 통합까지 겨우 2년 정도 밖에 걸리지 않았다.[10] 이는 아무리 법의 강제가 있었다고 할지라도 그들의 내적인 동기가 없었다고 한다면 불가능한 일이었다.

그 통합의 내적인 동기를 한마디로 표현하면, 시민권의 획득이라 할 수 있다. 즉, 당시의 일본 사회 속에 합법적이고도 협력적으로 소속됨으로써 자신들의 존재에 대한 정당한 시민권을 획득하는 것이 내적인 동기로 작용하고 있었다는 것이다.[11] 이는 단지 기독교단 성립에 국한된 것이 아니라, 존재 자체가 위협받는 오랜 박해의 시간 속에 철저한 마이너로서 일본 기독교가 갖게 된 열망이었을 것이다. 이는 이미 일본 제국에 협력을 위한 종교계의 공식적인 회동에 신도와 불교 다음으로 기독교가 초대되었던 삼교 회동(1912)에서, 비로소 자신들이 일본 사회의 일원으로 인정받게 되었다며 감격했던 기독교의 모습 속에서 상징적으로 드러난 바와 같다.[12] 즉, 일본의 기독교는 역사적으로 일본 사회의 시민권을 획득하고자 하는 강렬한 욕망이 있었고, 이는 국가를 넘어서지 못한 교회로 하라 마코토(原誠)가 정의한 바와 같이 국가라는 틀 속에 자신들을 가두어 버렸던 것이다.[13] 그러한 일본의 기독교에서 일본의 전통적인 타종교는 배척의 대상이나 극복의 대상이라기보다는, 이미 시민권을 획득한 부러움과 선망의 대상이었다. 즉, 일제를 위한 협력 체제 속에서 기독교가 그들과 어깨를 나란히 할 수 있는 것 자체가 하나의 감격스러운 상황이었던 것이다.

여기서 한 가지 사실이 분명해진다. 즉, 일본 기독교가 타종교에 대하여 보여왔던 관용적인 태도는 1960년대 이후의 현대 신학의 흐름 속에서 보이는 신학적 고뇌의 결과가 아니라는 점이다. 1960년대 중반 이후의 제2 바티칸 공의회와 다원주의, 해방신학 등의 전개는 서구 중심적인 기독교의 헤게모니에 대한 자기반성이 더불어 진행되어온 흐름이지만, 이와는 반대로 일본에서의 타종교에 대한 관용적인 자세는 기득권에 대한 선망이고 자신들의 생존에 직결된 것이었다. 이러한 일본 기독교의 역사적 흐름을 이해하지 못한다면, 그들의 관용을 기독교의 자기중심적 자세에서 벗어나려고 하는 고뇌의 결과로 이해하는 오류를 범하게 되는 것이다. 다시 말해, 우리가 신학적 흐름에서 관용적이라 이해하는 자기 반성적, 자기 포기적, 타자 수용적인 자세는 「관용적」인 일본의 기독교에는 해당되지 않는다. 그것은 단지 서구나 제3세계의 신학적 흐름에 익숙한 외부인들이 그들에게 덧씌운 하나의 이미지일 뿐이다.

이는 앞서 언급한 일본 기독교단의 통합의 과정에서 잘 드러나고 있다. 교파를 통합한다는 것은 각각의 교파의 신조와 전통을 어떻게 통합할 것인지가 첨예한 대립의 문제가 되지 않을 수 없다. 이것은 예를 들어 장로교와 감리교가 하나로 되는 것을 생각하는 것만으로, 그 교파가 가지고 있는 성향과 제도 그 의의 등을 조화롭게 이루어 나아가는 것이 얼마나 큰 과제인지 가늠할 수 있는 문제이다. 하지만 그들은 33개가 넘는 교파를 통합하는 과정에서 교리적인 차이를 생각하기보다는 통합과 시민권 획득에 우선을 두고 각각의 차이를 그리 심각하게 생각하지 않았다. 따라서 제도와 형식을 넓혀 통합의 형태를 취하는 것은 가능하였지만, 그 안의 내용, 즉, 성향과 신조와 전통의 문제에 대한 것은 심각하게 논의되지 않았던 것이다.[14] 일본 기독교단은 그 성립부터 하나의 몸이 되지 못했고, 이러한 불완전한 통합은 역사의 흐름에 따라 민감한 이슈가 불거질 때마다 교단의 분열이라는 형태로 나타나게 된다.

그러한 분열이 처음으로 가시화된 것이 제2차 세계대전에 대한 일본 기독교단의 책임 고백이다.[15] 당시의 일본 기독교단은 다양한 논의와 총회의 의결을 거쳐 1967년 3월 부활주일에 '제2차 세계대전하에서의 일본 기독교단의 책임에 대한 고백'을 교단 의장이었던 스즈키 마사히사(鈴木正久)의 명의로 발표하게 된다. 이 고백문을 통하여 일본 기독교단은 단지 자신들이 제국주의하에서의 피해자였다는 인식에서부터, 가해자로서의 인식의 전환을 이루고 그에 따른 책임과 사죄를 표명하였다. 그리고 이러한 고백문을 발표하는 것에서 그치지 않고 한국과 타이완 교단의 총회 등을 직접 방문하여 자신들의 책임을 고백하고 사죄하였다. 이러한 인식의 전환과 사죄 행위는 스즈키 개인의 것이 아니라, 당시 논의를 주도하였던 기독교단의 많은 이들의 인식이 전후 깊이 성숙해졌다는 것을 의미하는 것이었으며, 당시의 젊은 세대의 신도, 목회자는 이를 환영하며 적극적으로 수용했다. 또한, 이를 계기로 단절되었던 한일 교회 간의 교류가 재개되어 오늘날에 이르고 있다.[16]

　하지만, 그러한 일본 기독교단의 성숙한 자세는 한편으로 강한 반대에 부딪히게 된다. 그 반대 진영의 논리는 다음의 두 가지이다. 하나는 일제하의 기독교를 모두 부정해 버린다면 교단 성립을 위해 바처졌던 기독교인들의 소망과 기도의 의미가 부정되어 버린다는 점, 또 하나는 당시의 일제하에서 많은 박해 속에서도 기독교를 지켜 왔던 당시 교단의 지도자들을 그리 간단히 비판할 수 없다는 점이었다. 하지만 이 두 가지 주장은 앞서 살펴본 바와 같이 기독교단 성립의 내적인 동기가 기득권에 대한 선망에 있었고, 그것을 주도했던 이들이 교단의 지도부를 차지하고 있었다는 점에서, 당시 신도들의 기도와 소망은 순수한 것이었을지는 몰라도 그 역사적 맥락과 의미에 서 그들의 논리에 동의하기 어렵다.

　더 큰 문제는 이러한 반대 의견이 제기되는 배경에는, 일제시대의 교단 지도자들이 그대로 패전 후에도 교단의 중추를 맡고 있었고, 그중의 일부 세력을 중심으로 반대 의견이 전개되었다는 점이다.[17] 다시 말해 당시의 일본 기독교단은 갑작스럽게 닥친 패전 이후에 어떠한 개혁이 일어났었던 것이 아니었다. 얼마간의 정신적인 공황을 겪은 후, 교단의 재정립으로 정신이 없었다. 그러한 상황 속에서 일제하의 역사 속에서 자신들을 객관적으로 바라볼 여유가 없었으며, 교단의 지도자들은 패전 후에도 지속적으로 활동을 하고 있었던 것이다. 그 가운데 책임 고백을 통하여 과거와 더불어 일본 기독교단의 성립과 가치가 부정되게 된다면 간신히 재기의 발판을 마련했던 기독교단이 그 존재 의의가 부정되는 것은 아닐까 하는 위기감도 있었던 것이다. 하지만 그것은 일본 기독교단의 위기가 아니라 전후 처음으로 객관적인 자기반성과 그에 따른 자기 정체성을 결정하는 개혁적이고 주체적인 행위였다. 이러한 위기와 개혁이라는 두 가지의 이해 속에서, 과거에 대한 자기비판을 수용하는 세력이 젊은 세대를 중심으로 책임 고백을 지지하는 입장을 형성하였고, 한편으로는 과거에 대한 자기비판을 수용할 수 없었던 세력을 중심으로 반대파를 형성했던 것이다.

결과적으로 이러한 대립 속에서도 교단은 하나의 틀을 유지해 나아가지만, 한번 불거진 자기 반성적인 새로운 세대의 입장과 자기 옹호적 구세력의 대립은 다시 되돌릴 수 없었다. 이는 단지 일본 기독교단의 문제만이 아니라 청산보다는 체제 안정과 재건에 중심을 둔 일본의 전후 처리의 과정 전체 속에서 이해해야 할 문제이기도 하다. 즉, 과거에 대한 객관적인 자기 반성과 그것이 동반되지 않는 사람들에 대한 인적 청산이 필요했던 것이었다. 하지만, 당시의 일본 사회는 주체적으로 그러한 정리를 하지 못했고 이는 기독교단에서도 그대로 남아있던 문제이기도 했다.

책임 고백을 둘러싼 신구 세력과 가치의 대립은 이후 더욱 복잡한 양상으로 전개되고, 그것이 다시 한 번 크게 분출된 것이 1970년의 일본 만국박람회를 두고 벌어진 대립이었다.[18] 당시 박람회에 기독교 코너를 만들 것인가를 두고 당시의 기독교는 치열하게 대립하게 된다. 즉, 자본주의와 성장 중심주의의 산물인 만국박람회에 기독교의 코너를 만든다는 것은 기독교의 기본 정신에 어긋난다는 문제제기와 함께 찬성파와 반대파로 나뉘게 되며, 이러한 가치의 충돌은 교회파와 사회파라는 용어로 정착되어 간다. 즉, 교회파는 사회적인 관심이나 참여보다는 교회와 선교에 중심을 둔다는 입장이며, 사회파라는 것은 사회에 대한 적극적인 관심과 참여를 추구한다는 입장이다. 예를 들어 교회파는 전책고백보다는 신앙고백에 초점을 두며, 사회파는 신앙고백과 함께 전책고백을 거론한다.

앞선 교단의 성립과 전책고백을 둘러싼 입장의 차이가 체제 옹호적이었는가 그렇지 않았는가, 또 과거에 대해 자기반성적인가 자기보호적인가라는, 주로 과거를 둘러싼 대립이었다고 한다면, 교회파와 사회파의 대립부터는 일본 기독교단의 자기 이해로부터 현실과 미래의 과제에 대한 근본적인 충돌이 시작된다. 갖은 이슈에 대하여 진보와 보수, 학벌, 전통과 개혁 등의 입장의 차이가, 단지 교회파와 사회파라는 단순한 논리로 정리가 되는 것은 아니었지만, 크게 두 가지 입장에서 수용되고 있었다는 점 또한 주목할 만하다. 하지만 이처럼 피아의 구분이 단순해질수록 대립의 골은 깊어지고, 극단적으로 나아가게 된다. 토오쿄오 총회는 난투와 유혈 사태로 이후 19년간 열리지 못했으며, 토오쿄오 신학대학 교수회는 데모를 벌이던 사회파 학생들에 대하여 경찰기동대 투입을 요청하고 만다. 또한 아오야마 학원대학과 칸토오 학원대학은 신학부를 폐지하는 사태까지 이르게 된다. 이러한 대립은 지울 수 없는 깊은 상처를 남기게 되고, 이때부터 2000년 전후까지의 시기는 잃어버린 30년이라 회자되고 있다.

위와 같은 역사적 이해는 우리에게 다음과 같은 사실을 드러내어 준다. 즉, 일본 기독교단의 성찬의 문제는 단순히 그 대상이 누구인가라는 문제가 아니었다. 그것은 첫째로, 일본 기독교단이 성립의 단계에서부터 타자 이해를 소홀히 하였다는 점, 둘째로, 전후에 근본적인 인식적, 인적 청산이 이루어지지 않았다는 점, 마지막으로, 오랜 시간 동안 대립의 상처가 치유되지 않았다는 점 등의 다양한 원인에 의한 결과라는 것을 알 수 있다. 즉, 기독교단은 그 성립에서부터 과제를 안고 있었고, 그것이 중요한 이슈마다 터져 나왔던 것이다. 그리고, 70년대 이후 점점 과거의 일이 되어가던 분열에 의한 상처는, 그간 치유되어 왔거나 상호이해를 추구해 왔던 것이 아니라, 표면적으로는 풍화되어 가고 있었으나, 내면에서 그 깊은 골이 조금도 메꾸어지지 않고 있었다. 그리고 그것이 이번의 성찬을 둘러싼 대립으로 다시 한 번 분출되었다고 이해할 수 있는 것이다. 그들의 대립은 교회파와 사회파라는 용어로 자주 표현되지만, 실제로는 보다 근본적으로, 일본 제국 시대까지 거슬러 올라가는 것으로, 자기 옹호적, 체제 옹호적인 세력과 자기 개혁적, 체제 개혁적인 세력의 충돌이었다는 것이 드러났다.

이러한 의미에서 자기 옹호적, 체제 옹호적인 세력이 대화를 거부하고 있는 것도 아주 자연스러운 자세라 생각된다. 왜냐하면, 대화라는 것은 기본적으로 자기 개혁을 전제로 한 상호이해의 수단이기 때문에, 자신을 비판적으로 개혁할 의지가 없는 사람들에게는 대화의 필요성이 없는 것이다. 또한, 그들이 보여왔던 관용적이고도 배타적이라는 상호 모순적 태도도 위와 같은 역사적 맥락에서 명확히 이해할 수 있었다. 즉, 그들에게 관용의 대상은 자기와 동등하거나 약한 이들이 아니라, 사회의 주류 혹은 그 사회의 틀을 이루는 국가에 대한 관용이었던 것이다. 그리고 그 안에는 오랜 시간 절대적 약자로서 그 사회의 시민권을 획득하고자 하는 강한 바람과 사회의 주류에 대한 강한 선망이 자리 잡고 있었다는 것이다.

이상의 고찰을 통하여 성찬으로 불거진 일본 기독교단의 총체적인 과제가 명백해진다. 즉, 일본 기독교단의 성찬 문제의 핵심에는 자기 옹호적이고 체제 옹호적인 세력이 존재하고 있으며, 그들의 내부에는 자기 생존적, 권력 지향적인 욕구가 자리하고 있었다. 그들은 시대적 순간마다 기독교의 자기 성숙과 자기 개혁을 방해해 왔고, 배타적 자세를 견지해 왔다. 과연 일

본 기독교단은 그 세력을 어떻게 이해하고 극복할 수 있을 것인가. 그들은
과연 또 하나의 종교개혁을 이루어 갈 수 있을 것인가.

4. 나가는 말

지금까지 우리는 종교개혁 500주년이라는 커다란 주제 속에서, 일본 기독
교단의 성찬에 대한 문제에 주목하고, 신학적이고도 역사적인 고찰을 시도
해 보았다. 이를 통하여, 신학적인 측면뿐만 아니라 아시아의 선교적 과제
라는 측면에서도 열린 성찬의 당위성을 확인할 수 있었다. 하지만, 기독교
단의 성찬의 문제는 그러한 당위성에 대한 인식의 결여에서 오는 것만은 아
니었다. 거기에는 같은 교단을 이루면서도 자기 옹호적이며 체제 옹호적인
세력과 자기 개혁적인 세력 사이의 뿌리 깊은 대립과 충돌이 존재하고 있으
며, 일본 기독교의 근본적 혁신에 대한 과제를 안고 있었다. 결국, 우리는 이
글의 검토를 통하여 지금 일본 기독교단에서 성찬의 문제가 단지 참여의 대
상을 어떻게 제한하는가라는 단순한 문제를 넘어, 성찬에 대한 신학적 의의
와 동아시아의 선교적 과제, 역사적 인식의 정리와 청산의 과제가 걸린 중
요한 문제라는 것을 확인할 수 있었다.

이상과 같은 검토를 한 우리는 이제 어떠한 결론을 내려야 하는 것일까.
제삼자로서 방관을 하면 되는 것일까. 아니면 그들의 힘겨운 과제를 동정하
면 되는 것일까. 여기서 우리는 그들이 우리와 같은 아버지를 둔 형제와 자
매라는 것을 잊으면 안 될 것이다. 또한, 그들은 위에서 언급했듯이 한국의
주요 3교단과 선교 협약을 맺은 우리의 이웃이라는 것을 잊으면 안 될 것이
다. 그러한 이웃에 대하여 설부른 해답을 제시하거나 결론을 내릴 필요는
없을 것이다. 오히려 이 글의 목적은 서두에서 밝힌 것처럼 여기서는 그들

을 거울로 삼아 우리를 비추어 보고자 하는 것이다. 따라서 여기서는 지금까지의 고찰로부터 다음의 몇 가지 과제를 제시하는 것으로 결론을 대신하고자 한다.

우선 성찬에 대해서는 한국의 기독교가 세계적 추세에 따라 적극적으로 대응하고 있다고 보인다. 특히나 감리교를 중심으로 열린 성찬에 주목하고 있으며, 그리 경직되지 않은 유연한 태도도 전반적으로 바람직하다고 생각된다. 하지만 이러한 태도가 아시아의 선교적 과제에 대한 교단과 교회의 진지한 고민과 논의의 결과인가라는 점에는 조금 주저하지 않을 수 없다. 지금의 한국교회와 기독교는 무엇을 바라보고 무엇을 추구하고 있는 것일까. 그리고 성찬은 그 가운데 어디쯤 위치하고 있는 것일까. 혹시나 한국의 기독교에서 성찬이란, 교회와 기독교의 세력 확장 등의 다른 가치에 소외되어 버린 변두리의 과제 중 하나로 인식되고 있는 것은 아닐까. 물론 성찬이라는 것이 꼭 우리의 중심 관심사가 될 필요는 없다. 하지만 성찬이 아니라 할지라도, 우리의 현실적이고 신학적이며 선교적인 관심사가 무엇이며, 그것이 얼마만큼 교회와 기독교인에게 큰 가치로 자리하고 있는지는 생각해 볼 필요가 있을 것이다. 하지만, 그보다 더 심각하게 다가오는 문제는 역사적인 측면이다. 주지하다시피 전후에 인식적, 인적 청산이 제대로 되지 못했다는 점에서는 일본과 한국은 별반 차이가 없다. 하지만, 일본은 전후에 개혁적인 입장이 대등을 넘어선 우월한 세력을 구축하였고, 그것에 근거하여 대립과 갈등의 구도까지 나아가게 된다. 한편으로, 한국에서는 해방 이후의 정치적 혼란에 가중하여 1950년의 한국전쟁을 통하여 반공이라는 더욱더 경직된 사고와, 그 이후의 경제 개발의 신화에 편승하여 개혁적 세력이 성장할 수 있는 여건이 되지 못하였다. 그 때문에 한국의 기독교는 일본 기독교단의 용어를 빌리자면, 언제나 교회파가 절대적 다수를 차지하고 있었고, 과거에 대한 객관적이고도 개혁적인 자기 이해의 시도는 교회와 교단에 커다란 흐름을 형성하지 못했다. 실제로 교단 차원의 개혁적 자기반성의 선언문이 나오기 시작하는 것은 겨우 최근 10년 정도밖에 되지 않았다.[19] 이는 이미 60년대에 자기 개혁의 흐름을 이룬 일본의 상황과 비교해 보면, 이것이 얼마나 커다란 과제인지를 알 수 있다. 다시 말해, 한국의 기독교는 일본 기독교단이 성찰으로 불거진 개혁의 과제보다 훨씬 더 뿌리 깊고 거대한 과제를 안고 있다는 것이다.

더구나 앞서 언급한 일본 기독교단의 경우에서 확인했듯이, 자기 옹호적이고 체제 옹호적인 세력은 자주 자기 개혁적으로 성숙하고자 하는 기독교의 흐름을 역행해 왔으며, 그들이 권력을 쥐고 있는 상황에서 단죄와 축출을 거듭해 왔다. 이것은 한국의 상황에서도 별반 다르지 않으며, 변선환의 사례로 잘 드러난 바와 같다. 그리고 일본이든 한국이든 그러한 세력을 극복하는 근본적인 개혁이 이루어지지 않는 한 얼마든지 다시 일어날 수 있는 일이다. 지금의 한국 사회에서는 적폐청산이라는 것이 하나의 화두로 제기되고 있다. 역사적 순간마다 정리하지 못한 시대적 과제가 쌓여 온 것을 적폐라고 이해한다면, 그것은 그대로 한일의 기독교의 화두로 다가온다. 즉, 자기 옹호적이고 자기 목적적으로 존재하는 인식과 입장을 청산해 나아가고, 시대의 변화와 더불어 자신들의 기득권을 내려놓고 선교적 과제에 집중해 나아가는 것이야말로 지금의 우리에게 필요한 것이 아닐까.

이러한 의미에서 그들의 개혁이 500주년을 맞이하는 오늘날, 우리의 개혁은 이제 겨우 시작되었을 뿐이다. 500년 전 그들이 자기 옹호적이고 체제 옹호적인 세력에 대항하여 들고 일어나 반항(protest)의 깃발을 내건 것처럼, 어쩌면 지금 우리는 우리의 깃발을 내걸지 않으면 안 될 때가 된 것은 아닐까.

김 진 희_ 일본 기독교단 노세구치교회 목사

04

떡과 포도주로 본 종교개혁

- 제2 종교개혁을 향한 지혜와 사회변혁

1. 〈떡과 포도주〉의 과거, 현재, 미래
: 루터, 요한복음, 동서양의 지혜 전통

루터가 종교개혁의 기치를 든 지 500년이 되었다. 흔히 루터의 종교개혁이 당시의 로마 가톨릭의 부패와 타락에 맞선 종교적 운동이라고만 생각하기 쉽다. 그러나 루터의 종교개혁은 하나의 종교개혁운동으로만 그친 것이 아니라, 깊은 신학적 성찰이 함께 있었다는 사실에 주목해야 한다. 더욱 중요한 것은 이렇게 시작된 종교개혁의 정신이 이 시대의 문제를 해결할 수 있는 근원적 힘으로서 작용할 수 있는가를 다시금 성찰해 보아야 한다는 것이다.

과연 500년 전의 종교개혁의 정신은 무엇을 말하고 있는가? 또한 이 시대에 필요한 정신은 무엇인가? 앞으로의 세대를 이해 필요한 정신은 무엇인가? 이러한 문제의식에 접근하기 위해서는 다양한 주제와 방법들이 제시될 수 있을 것이다. 이 글은 그중에서도 특히, 〈떡과 포도주〉[1]라는 소재를 중심으로 접근하고자 한다. 〈떡과 포도주〉가 종교개혁의 과거, 현재, 미래를 조망할 수 있는 매우 중요한 소재라고 판단했기 때문이다.

그 근거는 다음과 같다.

첫째, 루터의 종교개혁 3대 논문 중의 하나인 「교회의 바벨론 포로」는 바로 이 〈떡과 포도주〉의 문제를 다룬 바 있다. 즉 성만찬에 관련된 문제제기를 통해 당시의 가톨릭의 문제를 종교개혁 정신을 통해 드러내고 있는 것이다.

둘째, 루터 이외, 루터 이후의 종교개혁자들이 성만찬의 의미에 대해 제각각 첨예한 이해를 드러내고 있다. 이는 가톨릭의 화체설에 대한 종교개혁자들의 정신이자 당대 가톨릭의 사상과 제도에 저항하고자 했던 종교개혁자들의 고유한 개혁정신의 표현이라고 할 수 있다.

셋째, 사복음서 중 요한복음은 동서양의 수행 정신과 맞닿을 수 있는 지혜의 복음서라고 할 수 있다. 그런데 이 요한복음의 핵심 소재가 바로 〈떡과 포도주〉이다. 즉 〈떡과 포도주〉야말로 요한복음의 중핵을 이루고 있는 핵심 정신인 것이다. 따라서 이상의 근거를 통해 본 논문은 다음과 같은 사실을 드러내고자 한다.

첫째, 루터로부터 촉발된 제1 종교개혁의 정신의 하나의 축을 루터의 「교회의 바벨론 포로」의 〈떡과 포도주〉에 대한 글을 통해 그 의미를 분석해 볼 것이다. 또한 이 글이 갖고 있는 개인적, 시대적 한계를 짚어냄으로써 본 논문이 지향하고 있는 문제의식의 발판으로 삼고자 한다.

둘째, 영의 복음서이자 〈떡과 포도주의 복음서〉인 요한복음 정신의 재발견을 통해 제2 종교개혁을 위한 근원적 힘을 얻고자 한다.

셋째, 결론 부분에서는 〈떡과 포도주〉와 관련된 종교개혁 정신의 한계를 극복하고, 제2 종교개혁으로서의 정신적 바탕이 될 것이라고 믿는 요한복음의 정신과 맥을 같이 해온 신학적 작업들로는 어떠한 것이 있을까 하는 것에 대해 간략히 소개할 것이다. 이것은 필자가 요한복음의 정신이라고 파악하고 있는 〈지혜와 사회변혁〉이라는 관점에 부합하는 신학을 말하는 것이다. 다만, 본 논문의 의도와 범위의 문제, 분량의 문제로 인하여 이 작업은 다음 기회에 다른 논문을 통해 구체적으로 논술하고자 한다.

필자가 하나의 쌍으로 묶어서 제시하고 있는 '지혜와 사회변혁'이라는 개념에서 '지혜'는 동서양의 수행 정신이 서로 맞닿을 수 있는 대화의 장이다. 영성, 수행, 신비 등 다양한 이름으로 불려온 이러한 것들을 필자는 '지혜 전통'이라고 부른다. 그 이유는 이 개념이 동양과 서양의 어느 한편에 편향되게 치우치지 않으면서도, 이 전통이 추구해 온 동서양의 이상을 함께 아울러서 지칭할 수 있는 개념이라고 생각했기 때문이다. 이러한 작업들은 종교 신학, 종교 간 대화의 신학, 교토학파와 같은 종교철학적 사조 등을 통해서 행해져 온 작업들이기도 하다.

그러나 필자는 많은 지혜 종교, 수행 종교의 전통이 사회적, 정치적 무관심을 표명해 온 사실에 주목한다. 마음의 평정, 인격 수양, 덕의 함양, 종교적 깨달음 등에 치중해 온 이 전통들이 이 세상 속에서 신음하는 존재들에 대해 얼마나 관심을 기울여 왔으며 얼마나 이 문제들을 해결하기 위해 적극적으로 참여해 왔는가 하는 점이다. 따라서 필자는 제2 종교개혁이 존재해야 한다면, 반드시 지혜와 사회변혁이라는 두 축이 함께 구현되어야 한다고 생각한다.

개인적, 사회적, 인식적, 시대적 한계 등으로 인하여, 서구 세계에서의 제1 종교개혁은 이 두 축을 다 담아내지 못했다. 아니, 어느 면에서 제1 종교개혁은 근대 이성의 빛 속에서 지혜의 전통마저 다 담아내지 못했다고 본다. 독일 신비주의의 영향을 받은 루터의 정신도 그 빛을 바래고 말았던 것이다. 그렇기에 제2 종교개혁이라는 것이 있다면, 그것은 동서양의 영성가들의 지혜를 재발견하는 작업과 또한 그것을 사회변혁과 연계하는 작업 속에서 이루어져야 하지 않을까 생각한다. 필자는 그것을 제1 축의 시대의 예언자 정신을 계승, 발전시킨 요한복음의 정신 속에서 찾아보고자 한다.

요한복음의 정신 속에서 제2 종교개혁의 정신을 찾고자 하는 것은 과거로의 낭만적 회귀가 아니다. 그것은 과거로 돌아가는 사건이 아니다. 그것은 나아가나 본래의 자리로 돌아오는 사건이다. 요한복음의 니고데모의 지혜 수준은 어머니 뱃속으로 다시 돌아갈 수 없는 것이지만, 요한복음의 예수의 지혜수준은 물이 포도주로 변하듯 새롭게 다시 태어나는 일일 뿐이다. 또한 제2 종교개혁이란 어느 특정 시점에서 불현듯이 나타나는 것이 아니라고 생각한다. 제2 종교개혁이란 제1 종교개혁[2] 이후 수많은 사람과 사상을 통하여 계속해서 진행되어 가는 현재진행형이라 생각한다. 그렇게 나아가다 보면, 요한복음의 본래적 선언과 필연적으로 만나리라고 생각한다. 본각과 시각의 원융회통적 일치라 할 것이다.

〈떡과 포도주의 성서〉인 〈요한복음〉은 〈지혜의 복음서〉다. 그러나 필자가 보기에, 요한복음은 그 어느 복음서보다도 강력한 사회변혁의 복음이자 혁명의 복음이다. 이러한 요한복음의 관점은 제2 종교개혁을 위한 근원적인 힘을 다시 되살려 내는 데에 매우 중요한 역할을 할 것이며, 중세 가톨릭의 성만찬 사상과 근대 종교개혁의 성만찬 사상을 비판적으로 읽어내는 데에 유용한 자료이자 지침이 될 것이라고 믿는다.

루터가 떡과 포도주의 문제를 통해서 저항하고 해방시키고자 한 것은 무엇인가? 요한복음이 떡과 포도주를 통해 해방시키고자 한 것은 무엇인가? 무엇이 이 시대를 위한 떡과 포도주인가?

안병무 선생이 어느 글에서 한국 신학이 이제는 각주 없는 논문을 써야 한다고 말했던 기억이 난다. 이 글은 성찬의 기원과 역사를 제외한 핵심 내용들을 루터의 논문 〈교회의 바벨론 감금〉과 〈요한복음〉에 대한 필자의 직접적인 분석과 해석을 통해 접근하고자 한다. 그리고 떡과 포도주를 단지 성만찬의 예식으로만 여겨왔던 기존의 관점을 넘어서, 지혜의 관점, 사회변혁의 관점에서 접근해보고자 한다.

2. 종교개혁자들의 떡과 포도주

1) 성만찬의 기원과 의미

성만찬이야말로 기독교 예전의 중심, 기독교 영성의 핵심이 아닐런가? 잘 알다시피, 성만찬은 성서에서의 예수의 최후의 만찬을 그 기원으로 하고 있다. 그리고 그것은 제자들을 향한 예수의 명령 형식을 취하고 있다. 물론 그 이전에도 유사한 것들이 있었다.

그 기원에 대해서는 학자마다 다른 주장을 펴고 있는데, 전통적으로는 성만찬의 기원을 유월절 식사에 두어 왔으나, 키두쉬에 두고자 하는 주장도 활발히 제기되고 있으며, 챠브라와 에세네파 식사에 대한 견해도 나름대로 설득력을 가지고 있다.[3] 키두쉬나 다른 유대교 식사의 의미를 계승하고 있는 것인가 아니면 유월절 식사였는가 하는 것이 핵심 문제인 것이다.[4]

최후의 만찬의 기원을 유월절에 두는 가장 큰 이유는 공관복음서 기자들의 기록들이 유월절의 성격을 강하게 나타내고 있으며, 최후의 만찬이 유월절 하루 전에 예수께서 유월절을 언급하는 가운데 행해졌다는 점 때문이다.[5]

그러나 그 기원이 어떠하든지, 그것이 예수의 최후의 만찬이라는 사건을 통해서 이전의 식사 예식과는 차별되는 독특한 어떤 의미를 갖고 있다고 하는 점에 주목해야만 할 것이다. 예수가 명한 성찬의 의미는 성서에 의해, 예수에 의해, 복음서 기록자들에 의해, 새로운 의미로 다시 태어났다고 할 수 있다. 즉 예수는 성찬의 사건을 통해 우리에게 새로운 비전을 제시해 주고 있는 것이다. 그렇기에 성찬의 의미는 각 복음서마다 차이가 있으며, 바울 서신에서의 의미에서도 차이가 있다고 할 수 있다. 이 글에서는 복음서의 성찬의 의미를 루터의 논문과 요한복음을 중심으로 해명해 보고자 한다.

2) 성만찬 해석의 역사

(1) 화체설 성립까지의 해석의 역사[6]

성만찬에서의 해석의 역사는 '떡과 포도주가 과연 무엇인가' 하는 것에 대한 논란에 집중되어 왔다. 즉 떡과 포도주의 실체에 대한 관심과 해석의 차이의 역사다. 이는 단순한 견해의 차이가 아니다. 여기에는 치열한 해석학적 전쟁이 존재하고 있었다.

초기 서방 교회의 입장은 유스티누스(실재론), 이레니우스(실재론), 터툴리안(실재론적 상징론), 오리게네스(상징론, 신비주의적 해석, 영적 음식) 등에 의해서 떡과 포도주의 의미가 해석되었다. 각기 다른 입장이 있었지만, 이러한 과정 속에서 서방 교회는 오리겐의 영향으로 떡과 포도주를 상징(영적 음식)으로 보게 되었다. 동방 교회는 시릴, 닛사 닛사의 그레고리 등에 의해 전환설이 주장되었다. 전환설은 떡과 포도주가 살과 피로 변화된다고 하는 주장이다. 이후, 다메섹의 요한에 의해 전환설은 화체설로 더욱 발전되었다. 현재 가톨릭교회의 화체설은 동방 교회 교부들로부터 발전해 온 사상임을 알 수 있다.

상징론이 유행하던 서방 교회에 암브로스에 의해 전환설이 도입되었다. 암브로시우스의 제자 어거스틴은 스승의 전환설과 화체설을 거부하고 상징설을 채택하였다. 그러나 아우구스티누스 이후 화체설을 찬반 논쟁을 거치다가 결국 서방 교회는 화체설을 택하게 되었다.

(2) 종교개혁자들의 성만찬관

종교개혁자들은 가톨릭교회의 성만찬관에 대해 강한 반기를 들고 일어났

다. 이들의 주장에는 공통점이 있었다. 그것은 바로 ① 화체설과 ② 희생제
사설을 부정하였다는 점이다. 왜 그랬을까? 왜 이들은 화체설과 희생제사설
을 부정해야만 했을까? 여기에 해석의 차이가 있다. 해석학적 싸움이었다.
이것은 기득권과 우위를 점하고 있던 당대의 로마 가톨릭의 사상체계와 이
에 맞서 아래로부터 위로 저항하고 개혁하려 했던 종교개혁가들의 사상체
계의 싸움이 있다.

그러나 모든 종교개혁가들이 의견의 일치, 해석의 일치를 보았던 것은 아
니다. 로마 가톨릭과 종교개혁가들의 위와 아래의 수직적인 해석학적 싸움
과 달리, 종교개혁가들 사이의 수평적인 해석학적 논쟁이 존재했던 것이다.
이들의 입장은 오늘날 각각 공재설(루터), 상징설 또는 기념설(쯔빙글리), 영적
임재설 또는 영적 상징설(칼빈) 등으로 부르고 있다. 이렇게 성만찬의 떡과
포도주에 관한 종교개혁가들의 의견은 서로 엇갈리면서 서로 다른 길을 걸
어갔다. 그것은 해석이 차이, 신학적 세계관의 차이에서 비롯된 것이었다.
그러나 그것은 오늘날의 관점에서 보면, 화체설을 통해 수직적 위계질서의
통일점을 도모했던 중세의 성찬식이 아니라, 다양한 해석의 힘, 차이의 축
제로 나아가는 전초적인 역할이었다고도 평가할 수 있을 것이다.

3. 루터의 「바벨론 포로」에 담긴 떡과 포도주의 저항과 개혁 정신

1) 바벨론 포로화된 성례전[7]

우리가 이 글에서 볼 것은 루터가 "〈떡과 포도주〉를 통해 루터가 해방시
키고자 한 것이 무엇이었나?" 하는 것이다. 또한 "이것이 제1 종교개혁의 빛
에서 어떤 의미를 갖고 있는가?" 하는 것이다. 그리고 이에 대한 분석은 앞

으로 떡과 포도주의 의미를 통해 "우리가 이 시대에 해방시켜야 할 것은 무엇인가?" 하는 것에 대한 성찰을 제공해 줄 것이라고 생각한다.

루터가 〈떡과 포도주〉의 문제에 대해 다루고 있는 것은 「바벨론 포로」라는 논문이다. 그 주요 내용은 당대의 로마 가톨릭교회의 성례관에 대한 설명과 비판이다. 그런데 루터는 교회의 성례관에 대해 다루면서 도대체 왜 "바벨론 포로"라는 말을 사용했을까?

그 이유는 다음과 같은 것이 아니었을까? 바벨론 포로기가 무엇인가? 그렇게 힘없이 바벨론으로 끌려가 포로의 신분으로 압제자들의 그늘에서 살 수밖에 없었던 바로 그 시기가 아니던가? 그렇기에 창세기에서 흑암의 세계, 빛이 없는 세계로 표현하고 있을 만큼의 유대-기독교 역사에서의 대암흑기가 아닌가? 생명이 자라날 수 있다는 희망조차 보이지 않기에, 혼돈의 세계, 무의 세계로 표현하고 있던 시기가 아닌가?

루터가 이 표현을 사용했던 것은 당시의 교회(권력)에 의해서 성례전이 포로된 상태에 놓여 있었다는 것을 말하고자 함이었다. 즉 성례전의 대상인 평신도들이 마치 바벨론의 포로처럼 자기 힘으로는 아무것도 할 수 없는 포로된 존재로 속박되어 있다고 하는 것을 상징적으로 표현하고 있는 것이다. 이것이 성례전에 대한 루터의 문제의식이다. 그는 이를 통해 부당한 로마 교황권에 도전하고 비판하는 근거로 삼고 있다.

2) 떡의 감금, 떡의 공평한 분배

이는 당대 가톨릭교회의 성찬관이었던 화체설에 대한 것이다. 화체설이란 떡과 포도주가 실제로 그리스도의 살과 피로 변한다는 해석이다. 그러나 이를 이렇게 간단하게만 이해하기는 어렵다. 왜냐하면, 여기에는 가톨릭 신학의 모태가 되었던 아리스토텔레스 철학과 토마스 아퀴나스의 신학적 사상이 자리 잡고 있기 때문이다.

이에 바탕을 둔 화체설 해석의 요지는 다음과 같다. 즉 떡과 포도주가 실제로 그리스도의 살과 피로 변한다고 하는 것은 떡과 포도주의 실체가 변한다는 말이지, 떡과 포도주의 외형적 표징이 변한다는 말이 아니다. 다시 말해, 떡과 포도주의 냄새, 모양, 맛 등은 변하지 않지만, 떡과 포도주의 실체는 그리스도의 살과 피로 변한다는 말이다.[8] 이러한 해석에는 실체와 속성, 본체와 현상을 구분하는 당대 철학적 개념이 내재되어 있는 것이다.

이에 대해 루터는 성서나 입증된 주장이 아니라 하나의 의견일 뿐이라며 화체설을 비판한다. 그리고 성서를 인용하여 비판한다: "받아먹어라, 이것은 나의 몸이다"(마 26:26); "우리가 떼는 떡은 그리스도의 몸에 참여함이 아니냐"(고전 10:16).[9]

그런데, 이 논쟁에서 정작 중요한 점은 화체설 자체의 옳고 그름의 문제가 아니다. 떡이 뭐냐고? 화체설처럼 실체만 변하는 것일 수도 있고, 공재설처럼 부활한 그리스도가 함께 임재하는 것일 수도 있고, 상징설처럼 떡은 그리스도의 몸에 대한 상징일 수도 있으며, 기념설처럼 그리스도의 사건을 기념하는 것일 수도 있다. 그러나 보다 중요한 것은 '그리스도의 몸'에 참여한다는 점이며, 그것도 '우리 모두가 참여한다'는 점이다. 다시 말해, 떡 안에 또는 떡 아래에 그리스도의 몸이 있다는 것이 중요한 것이 아니라, 우리 모두가 그리스도의 몸에 참여한다는 것이 중요하다는 말이다.

더군다나 루터는 "나는 모든 사람이 자기 좋을 대로 의견을 선택하는 것을 허용한다"고 말하고 있다. 이것은 뒤에서 언급하게 될 〈선택권의 감금〉으로부터 평신도를 해방시키려 했던 루터의 주장과도 일맥상통한다. 이것이 바로 루터가 해방시키고자 했던 것이다.

그런데 필자는 또한 이러한 루터의 주장을 다음과 같은 사건이었다고도 해석하고 싶다. 즉 이 사건은 (화체설의) "떡 아래 갇혀 있던 그리스도를 해방시키는 일"이었다라고. 비록 꿈보다 해몽이 좋다고 해도 말이다.

3) 포도주의 헤게모니: 포도주의 감금, 포도주의 공평한 분배[10]

「교회의 바벨론 포로」에서, 루터는 면죄증과 교회(교황)의 우위권에 대해 신랄하게 비판한다. 그 요지는 교회가 사람들에게 강요한 '교회에 대한 복종', '교황 무오'에 대한 것이다. 그는 교황권은 "바벨론 왕국과 힘센 사냥꾼 님로드(Nimrod)의 힘"이라 말한다. 그는 교회의 결정과 그리스도의 명령을 동일시하는 것을 비판한다. 즉 교회의 결정과 그리스도의 명령이 동일하니, 교회의 결정에 절대복종하라는 것에 대해 비판한 것이다.

이는 성례전에서도 동일하게 적용하고 있다고 보아야 한다. 성찬과 관련된 모든 것은 교회의 결정, 즉 그리스도의 명령과 동일하니 이 결정에 따르라는 것이다. 그러나 이 논문에서 루터는 이 결정에 따르지 않는다. 아니 오히려 저항하고 비판한다. 그 내용의 하나가 교회가 평신도에게 포도주는 주지 않고 떡만 주는 것에 대한 것이다.

교회의 주장과 루터의 반박 내용은 다음과 같다.

교회는 그리스도가 "나는 산 떡이다(요 6:5)"라고만 했지, "나는 산 잔이다"라고 하지 않았다고 말하며 포도주를 주지 않는다. 그러나 루터는 "내 살은 참 양식이며, 내 피는 참 음료다"(요 6:55), "너희가 인자의 살을 먹지 않고 그의 피를 마셔야 한다"(요 6:53)는 성경 구절을 들어 이에 대해 반박하고 있다.

그리고 루터는 다음 복음서의 구절을 인용하여 떡과 잔이 모두 평신도들에게 전체적으로 주어져야 한다고 주장한다: "너희가 이것을 먹으라"가 아니라, 잔에 대해 "너희가 이것을 마시라"(마 26:27 이하), "그들이 다 이것을 먹었다"가 아니라, "다 마셨다"(막 14:23 이하). 여기에서는 두 가지가 강조된다. "다"라는 표현과 "마셨다"는 표현이다. 루터는 이를 근거로 모두 다 예외 없이 포도주를 마실 수 있다고 주장한 것이다.

4) 떡과 포도주의 개혁(성찬의 개혁): 루터가 얻은 것과 놓친 것

루터에겐 '떡과 포도주가 무엇인가?' 하는 것은 주관심사가 아니었다. 루터는 기독교 역사상의 다양한 해석들을 해방시켰다. 그는 사람들은 그들 스스로 선택할 권리가 있다는 견해를 피력했다. 선택권의 해방은 떡의 분례에 모든 사람이 참여할 수 있다는 것과 떡은 물론 포도주도 모든 사람이 받을 권리가 있다는 것을 말한다. 그러나 여기에서조차 루터는 기존의 전통대로 떡만 받을 사람은 떡만 받고, 둘 다 받을 사람은 둘 다 받을 수 있게 선택권을 허용하라고 주장하고 있다. 루터 주장의 핵심은 단연코 선택권이다. 비록 그 자신의 해석학적 입장이 있었지만, 그것을 고집하지 않았다. 루터는 떡과 포도주의 실체보다도 떡과 포도주를 제단에서 누구에게 어떻게 분배할 것인가 하는 것에 더 큰 관심을 가졌던 것이다.

성찬에서의 떡과 포도주! 왜 어떤 이에게는 허락되고 어떤 이에게는 허락되지 않는가?

사제들은 평신도들이 선택할 수 없도록 포로로 만들고 감금시켰다. 여기엔 사제와 평신도의 위계질서, 질적 차이, 불평등, 차별이 존재한다. 이 차별에 저항하고 떡과 포도주 앞의 평등함을 이루어내는 것, 여기에 루터의 종교개혁 정신의 핵심이 있다고 할 것이다.

이것은 곧 바벨론 포로가 되었던, 바벨론에 감금되었던 성례전의 해방이자, 계급의 해방이자, 신분의 해방 사건이라 하겠다. 이로써 루터의 이 주장이 우리는 단지 성례전이라고 하는 기독교 예식의 문제가 아니라, 해결해야 할 수많은 인간해방의 문제들 중 하나를 다룬 것이라는 사실을 간파하게 되었다. 떡과 포도주를 통한 루터의 개혁 정신은 중세의 질서를 타파하고 근대적인 의미로 변혁시키고자 한 것이라고 할 수 있다. 실제로 그것이 이루어졌는지는 별개의 문제이지만 말이다.

그러나 이러한 루터의 성공적인 시도에도 불구하고, 루터의 저항과 개혁 정신이 놓치고 있는 점이 있다. 그것이 무엇일까? 그것은 루터가 비록 교회 안에서의 사제와 평신도의 신분적 차별을 극복했음에도 불구하고, 그것을 교회 밖에서의 사회의 문제로 확장시키지 못했다는 점이다. 더욱 중요한 것은 떡과 포도주가 "먹을 것"임에도 불구하고, 성찬이라고 하는 의미를 교회 안의' 예전(예식)이라는 제도적 틀 안에서 인식하고 있었다고 하는 점이다.

이 글은 루터가 놓친 이 부분의 의미를 요한복음의 떡과 포도주의 정신에서 찾을 것이다. 떡과 포도주라는 소재를 생명양식과 생명수로 제시했던 요한복음의 의미에서 말이다. 요한복음은 죽음의 문화를 생명의 문화로 바꾸고자 했던 변혁의 복음, 혁명의 복음이다. 지혜의 물이자 생명의 물인 요한복음의 떡과 포도주는 과연요 우리에게 무엇을 말하고 있는가?

4. 〈요한복음〉에서의 떡과 포도주: 지혜와 사회변혁
: 비분별적 공감의 지혜와 밥의 정의

1) 종교개혁 정신의 한계: 성찬을 제단에서 해방시켜라!

떡과 포도주란 무엇인가? 떡과 포도주는 중세 교회에서나 종교개혁에 있어서나 오늘날 성찬의 가장 중요한 재료이다. 그리고 이것은 교회의 예식 안에서, 교회의 제단 안에서의 중요한 의미를 가진다.

루터는 떡과 포도주의 성찬을 교회의 위계질서에서 해방시켰다. 그것은 제도은총에 근거한 교회의 절대적 권위, 예수 그리스도의 명령과 동일시하는 교회의 권위에서 해방시키라는 것이었다. 그러나 루터 역시 성찬을 교회의 제단 위에서 해방시키지는 못했다. 교회 안에서의 성례전도 중요하지만, 성찬의 의미를 보다 넓은 의미로 확장시키지는 못했다.

성만찬은 교회의 예전인 성례전에서 해방되어야 한다. 루터가 종교개혁을 통해 떡 아래 있던 그리스도의 몸을 해방시켰다고 한다면, 이제는 제단 위에, 교회 안에 감금되어 있는 그리스도의 살과 피를 세상 밖으로 해방시켜야 한다.

종교개혁 이전의 가톨릭교회는 제단 위의 떡과 포도주에만 관심을 기울여 왔다. 제단 위의 떡과 포도주에 관한 수많은 논쟁을 벌여 왔고, 그 결과 화체설을 공식적인 교리로 세웠다. 그리고 떡과 포도주 중에서 평신도들에게 포도주를 마실 권리를 빼앗고 떡만을 허락하였다.

그러면 다른 종교개혁자들은 어떠했을까? 종교개혁자들은 화체설, 희생제사의 의미에 맞서면서, 그것이 상징이든 공재든 영적 음식이든, 떡과 포도주의 변화보다도, 그리스도의 살과 피를 통해 받는 은혜와 참여에 더 큰 초점을 맞추었다. 이 역시 진일보한 일이었지만, 이들 역시 성찬의 의미를 교회의 제단 밖으로 끌고 나오지 못하였다.

하지만 떡과 포도주의 복음서인 요한복음에서의 성찬의 의미는 결코 성전, 교회, 제단, 예배 안에 갇혀 있지 않았다. 그것은 우주적 성찬임을 선언함과 동시에 이 세상의 성찬이기도 했다. 이제 이 글은 교회와 제단의 성례전에서 나와, 세상 안에서의, 세상을 위한, 세상을 향한 요한복음의 떡과 포도주의 의미에 대해 살펴보고자 한다.

2) 요한복음의 성찬

요한복음서는 떡과 포도주의 복음서이다. 이 요한복음에는 떡과 포도주에 관한 많은 이야기가 등장한다. 그리고 갈릴리 바다에서 오병이어의 기적을 행하고 생명의 떡에 관해 설교한 요한복음은 오늘날의 성찬을 연상케 하는 일련의 언어들을 사용한다. 그러면 요한복음에서의 떡과 포도주의 의미는 중세 가톨릭의 화체설, 종교개혁자들의 성만찬 해석, 오늘의 교회 안에서 행해지는 제단 위에서의 성찬식의 의미와 같을까?

그렇지 않다. 요한복음의 성찬은 우주적 성찬이다.

그것은 말씀이 이 세상이 창조되기 이전의 우주적인 시간, 즉 태초부터 있었다고 하는 요한복음 1장의 선언에서부터 시작한다. 그런데 말씀(로고스)의 성육화인 요한복음에서의 예수는 자기 자신이 하늘에서 내려온 떡이라고 말한다(요 6:32-35). 그러나 사람들은 그 의미를 전혀 알아듣지 못한다. 예수가 말한 이 말은 도대체 무슨 뜻인가?

요한복음 1장의 선언은 로고스가 육체로 내려왔다는 선포다. 이것이 성육화다. 또한 요한복음 6장은 로고스가 떡이 되어 내려왔다는 선포다. 우리말 성경에 떡이라고 번역된 것은 사실 일용할 양식, 즉 밥이다. 우리가 생존하기 위해, 살기 위해 반드시 먹어야만 하는 주식(主食) 말이다. 밥이라고 표현되었든 떡이라고 표현되었든, 우리들은 이것을 먹어야 산다. 그렇기에 이 양식은 곧 생명이다. 밥을 먹어야 살고, 밥이 사람을 살리니, 밥이 곧 생명인 것이다. 그렇다면 이제 예수의 말이 이해가 된다. 나 예수는 밥이다. 나를 먹어야 한다. 나를 먹어야 산다. 이에 걸맞듯 요한복음 1장은 로고스가 생명이라고 말하고 있다. 그러므로 떡과 포도주의 성찬은 말씀이신 로고스를 먹고 마시는 우주적 성찬이라고 이해할 수 있다.

요한복음에서 예수는 바로 태초부터 있던 말씀이다. 우주를 창조한 말씀이다. 그렇기에 이 떡(밥)은 태초의 밥, 우주의 밥이다. 세상의 모든 생명을 먹여 살릴 수 있는 우주의 밥인 것이다. 그렇기에 요한복음의 성찬의 의미는 우주적이다. 단지 세례 받은 기독교인들만을 위한 성찬, 그리스도교라는 종교인만을 위한 성찬, 교회라는 제도 안에 갇힌 성찬, 제단 위에 놓인 성찬, 떡 아래 있는 그리스도의 몸이 아니라는 말이다.

그런데 필자는 요한복음의 성찬의 진정한 의미가 이러한 우주의 차원에만 머물러 있다고 보지 않는다. 성찬은 우주의 시작을 알리는 빅뱅의 대폭발이나 장엄한 대우주의 쇼가 아니다. 요한복음 1장에서의 우주적 차원의 선언은 권위의 선언, 의미의 무게인 것이다. 성찬의 진정한 의미는 우리로부터 멀리 떨어진 태초의 시간, 측량할 수 없는 광활한 우주의 신적인 크기에 있는 것이 아니다. 성찬의 진정한 의미는 이 세상 속에 있다. 요한복음 1장의 우주적 선언은 곧바로 성육화를 통해 지상으로 내려오기 때문이다. 그렇기에 성육화는 예수가 선언했듯이, 하늘에서, 우주에서 이 땅으로 내려온 떡의 성찬이다.

3) 떡과 포도주의 의미: 생명, 지혜, 변혁

(1) 떡과 포도주: 생명의 양식[11]

떡과 포도주란 무엇인가? 요한복음에서의 첫 번째 기적이 물을 포도주로 만든 기적이듯이 떡과 포도주는 요한복음에서 대단히 중요한 의미를 갖고 있다.

생명의 복음서인 요한복음에서 그 일차적 의미는 생명이다. 떡과 포도주는 먹을 것과 마실 것이다. 우리는 이것을 음식이라고 부른다. 사람은 먹어야 산다. 사람은 밥을 먹지 않으면 죽는다. 그러므로 밥은 곧 생명이다. 떡과 포도주는 바로 생명의 양식으로서의 상징물인 것이다. 요한복음은 떡과 포도주를 각각 생명의 물, 생명의 떡의 상징으로 사용하고 있다. 예수가 가르쳐 준 기도문에서 보는 것처럼, 예수에게 일용할 양식은 매우 중요하다. 또한 그것은 하늘의 뜻이 땅에서 이루어지는 일이다. 밥의 정의(正義)다.

생명수의 상징인 포도주는 요한복음의 곳곳에서 언급된다. 예를 들어, 요한복음에서의 예수의 첫 번째 기적이었으며 물(정결수)을 포도주(생명수)로 만든 가나의 혼인 잔치의 기적, 요단강 · 사마리아 우물 · 갈릴리 호수(티베랴 호수)로 대표되는 물의 상징, 베데스다 연못(유대인의 물)에서의 38년 된 병자 이야기, 생명의 구원을 이야기하는 장면에서 "그 배에서 생수의 강이 흘러나오리라"는 암호 같은 구절, 십자가 위에서 "내가 목마르다"는 외침, 창에 찔린 옆구리에 흘러내린 액체와 피 등이 그것이다.

이 이야기들은 '무엇이 진짜 생명수인가?' 하는 물음과 함께 있다. 그 기준은 '먹을 수 있는 물인가?' 하는 것이다. 모든 음식이 몸에 좋은 것은 아니다. 또한 어떤 것들은 먹을 수도 없고 마실 수도 없다. 또한 어떤 것들은 먹고 마시면 해로우며 어떤 것들은 사람을 죽게 만들기도 한다. 그래서 우리는 먹을 수 있는 것과 먹을 수 없는 것을 구별해야만 한다. 그래서인지 요한복음은 마실 수 있는 물과 마실 수 없는 물을 구분하고 있다.

가나 혼인 잔치에 사용된 정결수는 먹는 물이 아니다. 그것은 부정한 것을 씻는 정결수이다. 요단강 물 역시 죄를 씻는 세례수이지 먹는 물이 아니다. 유대 땅에 있는 베데스다 연못의 물도 몸을 담가 죄를 씻는 물이지 먹는 물이 아니다. 이에 비해 사마리아의 우물, 갈릴리 호수의 물은 사람을 먹여 살릴 수 있는 물이다.

이제 비로소 요한복음의 성찬의 의미가 드러나기 시작한다. 요한복음의 성찬은 성전 안이나 교회 안에서 행해지는 하나의 예배 의식, 종교의식에 불과한 것이 아니다. 성찬은 세상 속에서 사람들을 먹여 살리는 일이다.

요한복음에서의 밥의 의미는 포도주(생명수)보다는 적게 언급되어 있다. 오병이어의 기적, 생명의 떡에 대한 설교, 십자가 아래 통옷 사건, 부활 후 갈릴리 호수에서 말이다. 생명의 떡에 대한 절정은 십자가 사건에서 행해진다. 예수의 통옷이 십자가 아래에서 찢김을 당한 사건 말이다. 일차적인 의미는 예수가 찢김을 당했음을 의미한다. 이것은 죽음이며 패배를 의미한다. 그러나 여기에 역설이 있고 반전이 있다. 죽음을 통해 생명이 다시 태어나기 때문이다. 그들은 찢겨진 통옷을 나누어 가졌다. 통옷은 예수의 살을 상징하는 물건이다. 실제로 예수의 살을 찢을 수는 없기 때문이다. 또한 통옷은 생명의 떡을 의미한다. 찢어서 나누어 먹는 빵 말이다. 이로써 이 찢겨진 통옷 사건의 의미가 완전히 드러난다. 이것은 성찬식이다. 통옷의 찢김은 예수의 살의 찢김, 곧 성찬에서의 떡의 찢김을 의미하는 것이다. 나누어 가졌다는 것은 빵을 찢어 나누어 먹는 성찬식의 모습 그대로이다.

이 십자가의 성찬식은 교회 제단에 갇혀 있을 수 없다. 요한복음의 성찬식의 의미는 십자가 사건이며 그것은 죽음의 문화를 생명의 문화로 바꾸어 놓는 의식이다. 사람들에게 먹을 것을 나누어 주는 사건이다. 요한복음에서의 십자가 사건은 부정함을 씻는 희생 제사적 의미가 결코 아니다. 그것은 죽어 버린 종교, 요단강 세례종교의 것일 뿐이다.

(2) 떡과 포도주: 진짜 지혜

떡과 포도주는 생명의 상징이다. 필자의 독해에 의하면, 요한복음에서 떡과 포도주는 지혜의 상징이기도 하다. 왜 그러한가? 생명의 떡이며 생명의 물인 이 로고스가 바로 지혜를 의미하기 때문이다. 우리말 성경은 로고스를 말씀이라고 번역하고 있다. 말씀으로 세상을 창조했다고 하는 기독교 전통과 신앙의 테두리 안에서 가능한 해석이다. 그러나 필자가 보기에 그것만으로는 부족하다. 떡이라는 표현, 빵이라는 표현, 밥이라는 표현이 그 원래의 의미를 다 충족시키지 못하듯이 말이다.

로고스는 지혜다. 깨달음이다. 그런데 이 지혜는 단순한 지혜가 아니다. 이것은 우주적 지혜를 의미한다. 우주적 지혜란 바로 로고스의 본질이다. 요한복음 1장이 선언하고 있듯이 태초부터 있었던 지혜, 세상의 창조 이전의 지혜, 영원한 지혜인 것이다. 왜 요한복음은 로고스를 이렇게 우주적 차원에서 선언하고 있을까? 그것은 권위다. 이 지혜가 한순간의 덧없는 지혜가 아니라, 태초부터 영원까지 하나님과 함께 하는 지혜임을 강조함으로써 이것에 그 누구도 범접할 수 없고 이의를 제기할 수 없는 신적인 권위를 부여하고 있는 것이다. 또한 로고스는 하나님과 동일하니, 로고스는 신적 지혜, 신의 지혜 자체인 것이다. 그러므로 떡과 포도주의 성찬, 즉 생명의 떡을 먹고, 생명수를 마신다는 것은 독생자(모노게네스)의 의미의 맥락에서 보면, 신으로부터 온 지혜를 먹고 마시는 행위인 것이다.

필자의 분석에 의하면, 요한복음 지혜를 세 가지 수준에서 나누어 이야기하고 있다. 그것은 또한 3개의 물로 각각 대표된다. 유대 요단강물, 사마리아 우물물, 갈릴리 호숫물이 각각 그것이다. 이 물들은 또한 유대, 사마리아, 갈릴리의 종교적 수준을 대표하는 것이기도 하다.

요단강물은 깨끗한 물이다. 가나 혼인 잔치의 여섯 항아리의 정결수가 상징하고 있듯이, 부정한 것, 더러운 것을 깨끗하게 씻기는 정결수이자 세례수이다. 요단강의 세례도 그러하고, 성전에서 드리는 희생 제사도 그러하다. 모두 다 더러움, 부정함, 죄를 씻는 종교의식이다. 그러나 이 물은 더러운 것을 씻기는 하되, 마실 수는 없는 물이다

그러나 요한복음의 눈은 다르다. 예수는 먹지 못하는 정결수를 생명수로 바꾸어야 한다는 표징을 보여주었다. 예수는 더러운 죄를 씻는 희생 제사를 드리는 성전에 들어가 상을 뒤엎었다. 정결수, 세례수로는 단 한 사람의 생명도 살릴 수 없다. 희생 제사를 통해서는 단 한 사람의 죽어가는 유대 백성들도 살릴 수 없다.

왜 그런가? 요한복음은 그 이유 중 하나가 지혜의 눈높이, 영적 수준 때문이라고 말한다. 즉 정결 중심의 유대종교의 지혜의 눈높이가 높지 않기 때문이라고 말한다. 아니 오히려 그로 인하여 사람을 살리기는커녕, 죽음으로 내몰고 있다고 비판한다.

나다나엘의 예를 보자. 나다나엘은 속에 간사한 것이 없는 참 이스라엘 사람이다. 그러나 이 말엔 역설이 있다. 그것은 역으로 이스라엘의 의로움의 수준, 이스라엘의 영적 수준, 이스라엘의 지혜의 수준, 이스라엘의 종교적 수준을 극명하게 보여주고 있는 것이다. '그래? 이스라엘의 의로움? 그것은 이 정도 수준밖에 안 되는 거야' 라는 말이 은폐되어 있는 것이다. 유대의 의로움이란 나는 깨끗하고 너는 더럽다는 〈차별의 의로움〉이다. 자기는 순결하고 고결하나 다른 이들은 불결하고 더럽다는 눈이다. 유대인들은 사마리아인이나 갈릴리 사람들을 그러한 눈으로 바라보았다. 요한복음은 이것을 지혜의 수준, 생명의 수준으로 해석한다. 가장 낮은 눈. 자신들은 깨끗하고 고결한 눈이라고 하나, 실상은 가장 더럽고 가장 불결하고 가장 저열한 눈이다. "이스라엘의 가장 의로운 사람"인 나다나엘은 실상은 "나사렛에서 무슨 선한 것이 나느냐?"는 차별의 눈을 갖고 있던 사람에 불과했다.

요한복음은 결국 차별의 눈을 갖고 있는 세례종교, 정결종교인 유대종교

는 어떤 사람도 살리지 못하는 죽음의 종교라고 선언하고 있는 것이다.

그러면 사마리아의 물은 어떤 물인가? 사마리아의 물은 야곱의 물이며, 마실 수 있는 물이다. 그런데 야곱의 우물이 유대 땅이 아니라, 유대인들이 경멸했던 사마리아 땅에 있다. 이 무슨 아이러니인가? 이 아이러니는 야곱의 생명의 젖줄이 유대인이 아니라 사마리아인들에게 계승되고 있다는 암시하고 있다. 생명수를 마실 수 있는 땅은 요단강 유대땅이 아니라 우물이 있는 사마리아 땅이라는 암시다. 그러나 이 사마리아의 물은 언제나 마음껏 마실 수 있는 물이 아니다. 사마리아 여인은 사람들의 눈치를 보며 겨우 물을 길어다 마셔야 했다. 그러니 이 우물은 요한복음의 예수가 "그 배에서 생수의 강이 흘러나리라"고 했던 그 생명수가 아니다. 목마른 자가 누구나 와서 마실 수 있는 그 생명수가 아니다. 모두가 마음껏 양껏 마실 수 있는 물이 아니다. 결국 요한복음은 사마리아 종교는 적은 사람들은 살릴 수는 있는 종교이나 많은 사람들을 살릴 수 있는 종교는 아니라고 선언하고 있는 것이다.

그러면 갈릴리의 물은 어떤 물인가? 갈릴리 물이야말로 진정한 생명수다. 불완전한 6항아리 정결수를 완전한 생명수인 포도주로 탈바꿈한 곳도 갈릴리이며, 죽어가는 아이를 살린 곳도 갈릴리이며, 굶주린 사람들을 배불리 먹이고 완전한 12광주리의 기적을 낳았던 오병이어의 기적도 갈릴리에서 일어났다. 부활 후 나타나 예수가 잡수신 물고기들도 생명의 바다 갈릴리에서 낚은 것이다. 갈릴리 바다(티베랴 호수)의 물이야말로 많은 사람들을 먹여 살리는 진정한 생명의 젖줄인 것이다.

요한복음의 진짜 성찬의 의미는 목마르고 배고프고 굶주린 사람들에게 먹을 것을 주는 성찬이다. 요한복음은 우주의 파노라마, 우주의 다큐멘터리를 이 세상으로 가져왔다. 그 거대한 우주생명의 힘을 보잘 것 없는 갈릴리로 가져왔다. 성찬이 우리에게 의미가 있는 것은 바로 이 세상에서다. 그렇기에 우리는 이 의미를 성육화에서 찾아야 한다.

많은 사람들이 요한복음을 지혜의 복음서, 영적 복음서의 관점에서만 보아왔다. 많은 기적, 상징, 암호, 로고스와 같은 개념들이 그렇게 보게 만들었다. 그것은 일면 타당하다. 하지만 그것은 요한복음의 한 면일 뿐이다. 필자가 보기에, 요한복음은 4복음서 중에서도 가장 강력한 사회복음서이며, 가장 현실적이며, 가장 혁명적인 성서라고 파악한다. 요한복음의 예수는 현실변혁의 비전을 제시했던 묵시문학적 예언서의 끝자리에 위치한 가장 강력한 정치신학이었다고 말이다.

지혜의 성찬! 생명수를 마시고 생명식을 먹는 잔치! 생명을 살리지 못하는 지혜는 지혜가 아니다. 진정한 지혜는 세상을 변화시키는 지혜다!

(3) 변혁: 종교변혁과 사회변혁- 죽음의 종교에서 생명의 종교로

요한복음은 생명, 지혜에 대한 새로운 규정을 통해, 어떤 종교가 과연 참 종교인가를 강력하게 묻고 있다. 요한복음은 유대의 종교는 더 이상 참 종교가 아니라고 말한다. 유대종교는 반쪽짜리 종교(정결수 6항아리, 요 2장)요, 다시 거듭나기 어려운 종교(니고데모, 요 3장)이며, 미래의 새싹인 어린 생명이 죽어가듯이 죽어가는 종교(헤롯 왕의 궁정관리 아들, 요 4장)이며, 생명을 구한다고 해도 가뭄에 콩 나듯 생명을 구하는 종교(베데스다 연못 38년 된 병자, 요 5장)이며, 내일의 주역인 청년들이 죽어가는 종교(청년 나사로, 요 11장)다. 생명을 살려야 할 종교가 그 본연의 사명을 잊고 오히려 생명을 죽음으로 내몰고 있는 것이다. 비단 요한복음에서만의 일이랴. 오늘날 현대 교회는 어떠한가?

그러나 떡과 포도주의 종교는 참 생명의 종교다. 마실 수도 먹을 수도 있기 때문이다. 요한복음은 생명을 살리는 종교야말로 참 종교라고 말한다.

죽음에서 살아난 나사로처럼, 죽음에서 부활하신 예수처럼 생명을 살리는 종교야말로 참 종교란 말이다. 오병이어의 기적처럼 배고파 죽겠다는 사람들을 먹여 살리는 종교가 참 종교란 말이다.

요한복음이 말하는 참 성찬의 의미는 바로 여기에 있다. 예수의 살과 피를 먹고 마심으로써 우리도 새 생명을 얻고, 죽어가는 이들을 영적으로나 육적으로나 살려내는 것, 그것이 바로 요한복음이 말하는 성찬의 의미다.

그러면 죽음의 종교가 어떻게 생명의 종교가 될 수 있는가? 그리고 그것이 과연 가능한가? 아무도 안 된다고 고개를 젓고 뒤돌아갈 때 요한복음의 예수는 포기하지 않고 가능하다고 말한다. 죽으면 끝이지 어떻게 다시 살아난단 말인가? 죽은 나사로가, 죽은 예수가 어떻게 다시 살아난다는 말인가? 그러나 요한복음의 예수는 자기를 죽이려고 돌을 들었던 어둠의 자식들, 무지의 자녀들, 죽음의 자녀들을 살리려고 가던 길을 멈추고 뒤돌아섰다.

그리고 나사로를 기어코 살려냈다.[12]

이미 생명력을 잃고 죽어버린 종교를 어떻게 할 것인가? 이미 죽음의 문화가 되어 버린 사회를 어떻게 구할 것인가? 이에 대한 요한복음의 메시지는 단 하나다.

"변해라! 거듭나라!" "트랜스포메이션해라!"

요한복음이 말하는 최고의 성찬의 기적은 루터가 비판했듯이 떡이 그리스도의 몸으로, 포도주가 그리스도의 피로 변하는 화체설의 요술이 아니다. 떡과 포도주의 의미는 나 자신, 우리 종교, 우리 사회의 변화와 갱생이다. 물이 포도주로 바뀌듯이 나 자신, 우리 스스로가 바뀌는 기적이야말로 성만찬의 기적이다. 물과 성령으로 거듭나야 하는 것이 성만찬의 힘이다. 성전을 허물고 사흘 만에 새 성전을 다시 짓는 변화, 거듭남이 성찬의 기적이다. 무엇보다도 십자가와 부활 사건이 이 변화와 거듭남의 정점이다.

이는 동서양의 지혜자들이 한결같이 외쳤던 말이다. 그러나 그것은 인식론적 변화에만 그치면 안 된다. 흔히 거듭남이라고 하면, 개인적, 인격적 변화만을 생각하기 쉽다. 하지만 다시 한 번 주지할 것은 요한복음은 강력한 종교 변혁, 사회변혁을 요구하는 복음서라는 점이다. 그렇기에 요한복음에서의 지혜는 곧 사회변혁이다. 요한복음의 성찬의 의미는 철저하게 〈변혁〉에 있다. 나도 변하고, 너도 변하고, 세상도 변하고, 종교도 변해야 한다.

요한복음의 성찬이 강조하는 또 다른 의미는 〈나눔〉이다. 요한복음의 성찬의 의미가 갈릴리 오병이어의 기적에서 예표되었듯이, 십자가 위에서의 피흘림의 포도주와 통옷의 찢김의 떡을 통해서 온전히 그 의미를 드러냈듯이, 요한복음의 성찬의 의미는 철저하게 〈나눔〉에 있다. "나누어라!" 이 시대의 종교와 이 시대의 사회에도 요청되는 말씀이다.

무엇보다도 요한복음은 갈릴리 호수가에서 예수가 베드로에게 남긴 마지막 말을 통해 그 대단원의 막을 내린다.

"내 양을 먹여라"

내 양이 무엇인가에 대한 해석은 분분할 수 있다. 그러나 적어도 요한복음의 전체적인 흐름과 내용의 맥락에서 보면, 그것은 저 죽어가는 사람들이다. 생명을 살려야 할 종교가 오히려 생명을 죽이는 상황 속에서, 요한복음은 저 종교의 의례, 예배, 율법, 교리, 신학 아래에서 신음하며 죽어가고 있는 사람들을 먹여 살리라고 당부하는 말씀이라고 볼 수 있다. 너의 떡을 찢어 나누어 주라는 말씀이라 하겠다. 오늘날 기득권자들은 어떠한가? 〈해와 달이 된 오누이〉 설화에 나오는 호랑이처럼 나의 떡을 나누어 주기는커녕, 없는 사람의 한 톨 남은 쌀알까지 빼앗아 먹으려 하지 않는가? 떡과 포도주의 기적은 분별의식으로 자아와 타자를 갈라 차별하며 내 먹을 것만 챙겼던 사람이 공감의식을 통해 타자와 함께 먹을 것을 나누는 사람으로 탈바꿈하는 기적에 다름 아니다.

5. 제2 종교개혁으로의 점층적 전진
: 강력한 사회변혁의 근원적 힘으로서의 지혜

야스퍼스가 말한 제1 차축시대(축의 시대)에는 전 세계적으로 많은 현자들이 출현하였다. 카렌 암스트롱은 이 시대의 많은 종교들이 이전에 깨닫지 못했던 지적 도약을 이루었다고 주장했다. 그리고 이 세계의 위대한 종교들은 한결같이 〈공감〉의 능력을 향해 나아갔다고 했다.[13] 그 의미는 소위 지혜라는 것이 새로운 지식을 얻는 것이 아니라, 바로 공감의 능력에 다름 아니라는 말이다. 그것이 소위 사랑, 자비, 연민, 긍휼이다. 가진 자들을 향해 외쳤던 마태복음의 예수가 "마음이 가난한 자는 천국이 있다"고 하는 한편, "지극히 작은 자 하나에게 한 것이 곧 나에게 한 것"이라는 결론적인 선언을 행했던 바로 그 의미라 하겠다.

요한복음의 성찬의 의미도 지혜는 곧 생명 나눔이라는 선언에 다름 아니라고 생각한다. 생명을 나누지 못하는 종교는 죽은 종교에 불과하다는 폭탄선언과 함께, 저 죽어가는 사람들에게 먹을 것을 나누어 주는 것이야말로 진정으로 신의 원하는 뜻이요 신적 지혜라고 강력히 선포하고 있는 것이다. 요한복음의 예수는 생명의 양식을 나누기 위해, 십자가 위에서 스스로 밥이 되었다. 피 흘리고 통옷이 찢기는 사건을 통하여 우주적 성찬, 세상의 성찬의 의미를 상징적으로 보여주었다. 그럼에도 불구하고 예수 이후의 교회는 오늘날까지 성찬의 의미를 제단 위의 떡과 포도주의 의미에 머물고 말았던 것이다.

제1 종교개혁, 아니 더 정확하게는 근대 기독교 개혁은 중세적 질서에서의 탈피를 통해 성서, 개인, 믿음, 은혜, 평신도 중심의 개혁을 이룩해 왔다. 이것은 루터의 여러 논문들 속에서도 확인이 된다. 그러나 요한복음의 정신은 이 시대를 향해 다시 물을 것이다. 떡과 포도주는 누가 가지고 있는가? 떡과 포도주는 누구에게나 공평하게 나누어지고 있는가?

제2 종교개혁이 있어야 한다면, 바로 이러한 요한복음의 영성, 요한복음의 성찬의 의미가 구현되어야 하지 않을까? 떡과 포도주의 의미를 통해서 말이다. 그러나 이를 위해서는 강력한 변화가 필요하다. 물이 포도주로 변하는 변화, 죽은 나사로가 다시 소생하는 변화, 모든 죽음을 이기고 새 생명으로 다시 찾아온 부활의 변화. 이 모든 것은 기적적인 혁명적 변화가 아니고는 불가능한 일이다.

요한복음은 다양한 의미에서 우리에게 변화를 요구하고 있다.

먼저 의식이 변해야 한다고 선언한다. 그것은 바로 지혜다. 나다나엘이나 니고데모와 같은 낡은 가죽 부대의 종교적 현자가 아니라, 새 부대의 생명의 현자의 의식으로 말이다. 요한복음은 무엇보다도 종교가 변해야 한다고 선언한다. 정결함, 깨끗함, 고결한, 의로움을 무기로 한 세례종교, 희생 제사의 종교, 정화 의식의 종교는 더 이상 의미가 없다. 이 종교의 가장 큰 위험은 차별의식, 분별의식이다. 그것은 이웃 종교가 말하는 무명(無明)과 지혜(智慧)의 차이와도 같다. 인류의 생명, 공동체를 위해 가장 위험한 적은 바로 차별의식이다. 요한복음은 종교가 추구해야 할 지혜가 어떤 지혜이어야 하는가를 분명하게 선언하고 있다.

또한 요한복음은 세상이 변해야 한다고 선언한다. 요한복음에서 얻을 수 있는 지혜는 사회의 변혁이다. 흔히 지식과 행위, 수행 종교와 사회참여적 종교를 이분법적으로 나누는 경향이 있다. 많은 수행가, 영성가들이 속세와의 분리된 삶을 추구하거나 종교와 정치를 분리하는 선언을 해 오기도 했다. 그러나 요한복음에서의 지혜는 곧 사회변혁이다. 사회변혁을 가능케 하는 힘은 분별의식과 차별의식이 아닌 공감의식의 지혜에서 발원(發源)된다.

떡과 포도주를 지혜의 상징이자 사회변혁의 상징으로 삼았던 요한복음의 기조는 지혜와 사회변혁을 연결시키려 했던 예수 이전의 제1 축의 시대의 문을 열었던 예언자들로부터 시작되었다고 할 수 있다. 또한 그 정신이 요한복음의 예수의 입을 통해 강력하게 선포되었던 것이라 할 수 있다.

그러면 오늘날은 어떠한가? 아주 멀지 않은 20세기에서도 그러한 선각자들은 있었다. 이들은 기독교와 동양 종교의 대화와 만남을 추구했다. 바로 '지혜'를 축으로 해서 말이다. 20세기 중엽에 이르러 진보적인 신학자들, 이웃 종교인들을 통해 종교 간 대화가 시도되면서 동양과 서양의 지적인 대화와 만남이 시도되었다. 그러나 지혜를 강력한 사회변혁의 근원적 힘으로 파악한 사람들은 그렇게 많지 않았다. 대부분이 수행의 관점에서만 머물러 있었기 때문이다. 이러한 가운데 송천성이나 피에리스와 같은 사람들의 작업은 매우 의미 있는 일이었다고 생각한다. 송천성은 동아시아의 불교의 정신과 기독교 정신의 만남을 추구했으며, 연민의 시선으로 세상을 바라보는 '제3의 눈' 개념을 제시한 바 있다.[14] 이러한 맥락에서 송천성은 이 땅의 군부독재 시절에 신음하며 저항하던 민주화 운동에 대한 지지를 표명하기도 하였다. 또한 피에리스는 스리랑카 불교의 정신과 기독교 정신과의 대화를 추구했으며 해방신학의 관점에서 종교가 사회변혁의 한 축이 되어야 함을 강조하였다. 변선환 또한 이러한 선구적인 작업을 수행했던 인물로 평가되어야 할 것이다. 그는 지혜 종교인 선불교를 중심으로 한 교토학파에 대한 박사학위 논문에서의 관심을 평생 이어 갔음에도, 그의 관점은 초기부터 늘 지혜 종교를 사회비판적 시각에서 바라보고 있었다. 그러한 관심은 무(無)를 바탕으로 서로 소통할 수 있는 지혜 종교 사이의 종교 간 대화에만 있었던 것이 아니라, 무(無)에 함몰되어 세상에 무관심한 종교가 되어버릴 것에 대한 염려에 바탕한 것이었다. 이러한 그의 관심은 송천성이라는 학자와의 만남, 피에리스 신부와의 만남을 통해서 점점 더 확고하게 굳어갔던 것으로 추정된다.[15] 이러한 그의 신학적 여정은 결국 '종교해방신학'이라는 그의 최후의 제언으로 향했던 것이다. 하지만 그는 결국 이 제언을 구체화시키지 못한 채 생을 마감하고 말았다. 그러나 그의 후학들을 통해 이 종교해방신학의 작업이 계속해서 계승 발전될 수 있을 것이라고 기대해 본다.

이들의 관심은 오직 한 가지였다. 그것은 바로 요한복음의 떡과 포도주 정신이다. 생명의 양식, 굶주리고 목마른 자들을 향한 생명의 양식 말이다. 지혜의 물·지혜의 떡이자 변혁의 물·변혁의 떡. 그것은 의식을 변혁시키고 사람을 변혁시키고 종교를 변혁시키고 사회를 변혁시키는 트랜스포메이션의 떡과 포도주이다. 무엇보다도 그것은 사람에게 종교에게 사회에게 새로운 생명과 삶을 주는 떡과 포도주이다.

어제나 오늘이나 변함 없이 종교와 사회를 향해서 울리는 요한복음의 경종의 메시지는 이것이다.

"변하지 않으면 죽는다!" 아니 "변해야 산다!"

진정한 종교개혁의 의미는 바로 여기에서 찾을 수 있지 않을까?

이 한 영_ 감신대 외래교수

05

한국 개혁교회의 경제신앙

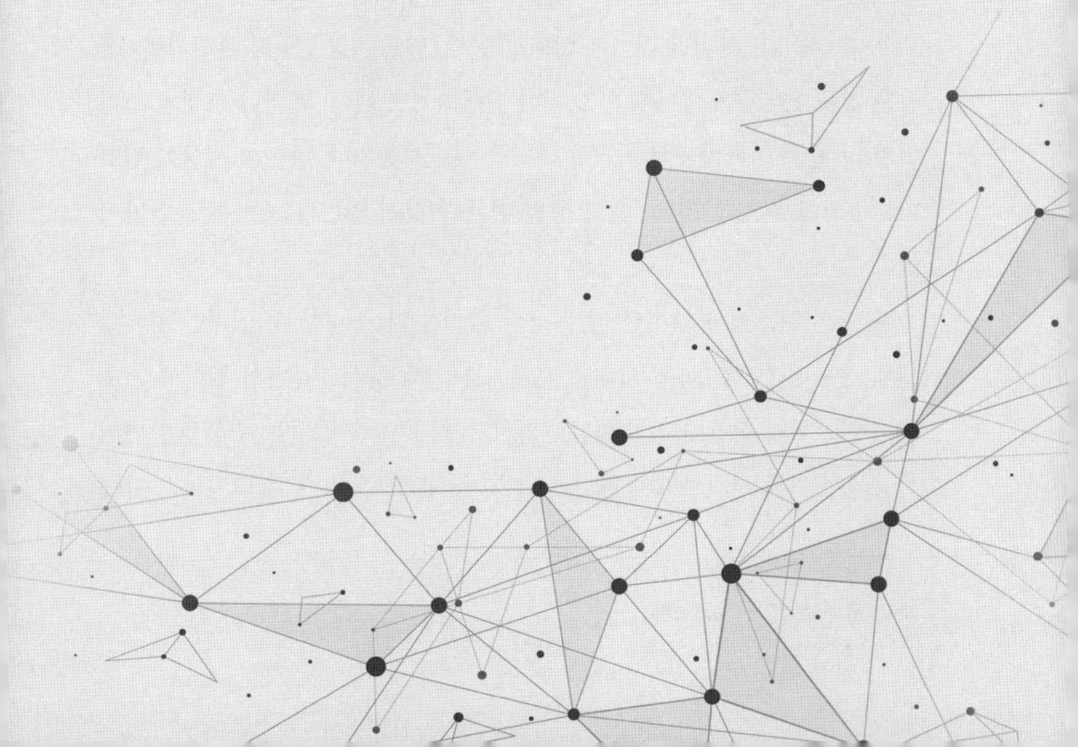

　　종교개혁 500주년을 맞이하면서 한국 개신교에 대한 반성적 성찰이 이루어지고 있다. 그중에 가장 중요한 문제제기 중의 하나는 한국교회가 자본주의의 포로가 되어 있다는 것이다.[1] 한국 개신교회가 1970년대 이후 개교회주의와 교회 건축 열풍, 말씀 사경회가 아닌 전도 축제를 가장한 성장 욕구, 담임 목사의 권력 집중화는 세상을 지배하는 자본주의 정신이 교회를 완전히 지배했다는 것을 보여주는 사례들이다. 그런데 이러한 한국교회의 자본주의화가 개혁교회[2]의 본질에 기인한 것으로 보는 견해도 있다.[3] 이러한 주장의 바탕에는 넓게는 개신교(프로테스탄티즘), 좁게는 개혁교회(칼빈주의)의 정신이 자본주의의 토대가 되었다는 그 유명한 베버의 주장에 기인한다 하겠다. 이러한 주장은 상당한 설득력을 지니고 일반화되었으며 어느 정도 근거도 있다 하겠다. 하지만 여기에 대해 과연 "칼빈은 자본주의의 아버지인가?"라는 질문으로 학계에서 많은 토론이 진행되기도 했다. 베버나 트뢸치 그리고 토니 같은 대학자들이 이러한 주장을 밑받침했지만, 칼빈의 사상이 결코 자본주의의 기초가 될 수 없고 동반 관계를 갖지 않는다는 반론도 만만치 않다.

　　이 작은 논문에서 그러한 큰 논쟁의 줄기를 다 소개할 수 없지만 자본주의에 경도된 한국교회에 대해 문제제기를 위해서라도 칼빈의 신학에 기초한 개혁교회의 신앙이 결코 자본주의의 기초가 될 수 없다는 주장을 칼빈의 사상에 근거해 살펴보고자 한다. 그리고 구체적으로 이를 뒷받침하는 칼빈의 경제에 대한 견해들을 주제별로 구체적으로 살펴보고자 한다. 이러한 논제는 결론적으로 개혁교회의 경제신학이 오늘날의 신자유주의적 자본주의가 보여주는 약탈적 자본주의와는 거리가 멀고 도리어 가난한 자들을 우선하고 보호하는 이른바 '연대의 경제학'을 지향하는 것이라는 주장에 이른다. 이러한 논점은 오늘날 신자유주의 세계화 시대에 신자유주의적 자본주의가 가져온 갖가지 문제들에 대한 대응을 위해서 꼭 필요하다. 그동안 세계 에큐메니칼교회가 협의회적 과정을 통하여 이러한 이슈를 토의하고 정리하며 대응해 나간 것과 한국교회가 IMF 위기 이후에 신자유주의 세계화의 영향 속에서 이를 대응했던 것 또한 이러한 흐름의 맥락을 같이하는 것이다. 그래서 신자유주의 세계화에 대한 신학적 교회적 대응을 위해 한국(개혁)교회가 어떻게 대응할 수 있는가를 제시함으로 결론을 맺고자 한다.

1. 칼빈과 자본주의의 관계

종교개혁자들의 신학과 사회사상과 관련하여 그들의 신학이 중세 시대의 연장에 있는가, 아니면 새롭게 전개되던 근대를 여는 발판을 놓았는가가 대단히 중요하다. 이와 관련해서는 루터와 칼빈이 일정하게 다른 입장을 보여주고 있다. 그런데 장원제로 대표되는 옛 질서인 봉건제에서 새롭게 생겨난 도시의 부르주아는 개혁신학을 필요로 했고 직접 개혁자들을 도와서 종교개혁에 협력하였다. 부르주아는 농업이 주된 산업이었던 봉건제 하에서 이제 상공업을 발전시켰고 그 결과 여러 가지 새로운 직업이 창출되게 되었다. 칼빈의 제네바는 당시 국제무역 시장이었고 칼빈의 개혁 활동 이후 가톨릭이 지배적이던 지역에서 많은 피난민들이 (주로 프랑스에서) 이주하여 제네바의 상공업을 발전시켰다. 그래서 인쇄업, 직물, 금속공예, 보석 가공, 시계분야에서 급속도의 발전이 이루어졌다.

루터와 칼빈과 같은 개혁자들은 이들 직업을 하나님의 소명으로 보았다. 하지만 둘 사이에는 차이점이 있었다. 이에 대해 이은선은 "루터의 소명사상은 하나님께서 주신 것이라는 것을 강조하면서 직업과 신분 구조의 변화를 거부하여 오히려 독일 사회의 전통적인 직업 구조와 사회구조를 유지하게 만들었다. 특별히 루터가 영주들과 손잡고 종교개혁을 진행함으로써 독일은 중세의 봉건적 농노 체제가 계속 유지"되었다고 말한다.[4] 루터가 기존 사회질서를 수용하면서 직업에 충실할 것을 말했다면, 칼빈은 "사회질서 자체를 하나님의 말씀으로 개혁하려고 하였고 새로운 사회의 변화를 수용하는 입장이었다."[5] 변화를 지향하는 부르주아의 입장에서 루터보다는 칼빈 쪽에 더 관심을 갖게 되었다고 볼 수 있다.

이 부분에서 또한 중요한 것은 이자에 관한 견해이다. 이자를 금지하는가, 허용하는가라는 문제에서 루터와 칼빈은 다른 입장을 보이고 있다. 이자에 관한 견해는 나중에 더 상술하겠지만 시장을 중심으로 한 상공업 활동에 있어서 화폐의 유통은 불가결한 것이고 거기에 수반되는 이자는 상공업의 담지자인 부르주아에게 있어 매우 중요한 요소였다. 중세는 상업 및 이자에 대해 부정적인 입장을 취하고 있었다. 루터도 1524년 반대하는 입장을 취했고, 한편 칼빈은 생산적인 활동에 투자하여 이윤을 남기는 활동을 위한 것에서 돈에 이자를 허용할 수 있다고 보았기 때문이다. 이러한 칼빈의 접근은 유럽사회에서 새롭게 대두하고 있던 부르주아들이 칼빈의 신학을 적극적으로 수용하는 데 영향을 미쳤다고 볼 수 있다. 그러므로 칼빈의 사상은 상공업이 발달하고 있었던 프랑스의 위그노, 네덜란드 개혁주의자, 영국의 청교도 등에게 전파되어 미국으로까지 확산될 수 있었다고 본다.

바로 여기에서 "칼빈은 자본주의의 아버지인가?"[6]라는 중요한 학문적 명제가 등장하게 된다. 그리고 앞에서 루터와의 대비되는 입장을 취한 칼빈이 부르주아 사회를 위한 자본주의의 기초를 놓은 사람이라는 명제가 일반적으로 당연하게 받아들여지고 있다. 칼빈과 자본주의의 관계에 대해 이러한 견해의 기초를 놓은 것은 막스 베버의 〈프로테스탄트 윤리와 자본주의 정신〉(The Protestant Ethic and the Spirit of Capitalism, 1904-1905)이다. 베버의 기본적 명제는 종교가 문화의 경제적 사회적 에토스의 원천이 된다는 것이다. 그는 칼빈의 직업에 대한 견해가 중세 시대의 것과 상당히 다른데, 이를 "직업소명설"이라고 하며 바로 이것이 자본주의의 결정적 요소가 되었다고 지적한다. 하나님께서는 우리들 각자를 공인, 농민, 상인, 그리고 목사이든 상관없이 각자의 삶에서 특정한 소명으로 부르셨다는 것이다. 그는 또한 칼빈신학에서 가장 중심적이고 근본적인 이론이 '예정설'(doctrine of election)이라고 말하며 이 예정설이 개인주의로의 문을 열었다고 주장한다. 어떤 사람도 교회나 성직자 또는 다른 어떤 외부적 도움으로 구원을 얻는 것이 아니라 오로지 주권적인 하나님의 선택에 의해 받는 것이므로 하나님 앞에 단독자로 설 수 있다는 것이다. 그러기에 어떤 사람도 개인으로서 자신을 생각할 수 있다. 베버에 따르면, 이것이 17세기 영국, 미국 그리고 네덜란드에서 청교도들에 의한 청교도 윤리의 바탕을 이루었다.

이러한 베버의 명제를 대중적으로 퍼뜨리는 데 중요한 역할을 했던 두 사람이 더 있다. 그중 한 사람은 독일 신학자 에른스트 트뢸취(Ernst Treoltsch)로 베버의 명제에 기본적으로 동의하면서 약간 수정을 가했다. 그는 "개신교금욕주의/기독교금욕주의"라는 개념을 통해[7] 칼빈이 근대자본주의의 발전에 바탕을 놓았다는 칼빈의 견해에 동의한다. 다른 한 사람은 영국 역사학자 토니(R. H. Tawney)로 그의 책 『종교와 자본주의의 발흥 Religion and the Rise of Capitalism』(London, 1926)[8]을 통해 초기 근대 유럽의 영어를 쓰는 학자들에게 강력한 영향력을 행사했다. 그는 칼빈이 이자를 취하는 것을 용인하여 금융자본주의의 발전의 길을 열었다고 강조했다.

하지만 많은 학자들이 베버의 명제에 대해 이견을 제시했다. 그중에서도 가장 광범위하고 철저한 비판은 제네바대학의 교회사 교수인 앙드레 비에르가 제기했다. 그는 『칼빈의 경제 사회사상』이라는 책을 통해 칼빈의 사회 경제사상을 구체적으로 보여주며 베버가 명제나 주제를 얼마나 많이 벗어났는지 다루고 있다.[9] 비에르는 주장하기를, 칼빈의 사상에 대한 왜곡은 청교도들이 책임져야 할 부분으로, 개인적 부가 하나님이 예정하신 표시이고 가난은 하나님의 심판의 표시라는 주장에서부터 시작되었다는 것이다. 여기에 반하여 그는 칼빈의 이론이 그의 사상의 전체적인 기초가 되는 '은혜의 신학'과 결코 분리할 수 없다고 강조한다. 만약에 자본이 하나님 은혜의 외부적 표시이고 모든 사람에 대한 그의 사랑의 풍성함의 표시라면 은혜와 마찬가지로 결코 배타적으로 소유할 수 없다는 것이다. 자본은 결코 비축되어서는 안 되고, 도리어 봉사하고, 유통하고, 다른 사람들을 향하여 나아가야 하며 그래서 모든 사람들에 대한 방해받지 않는 은혜의 사역을 상징하는 것이 되어야 한다. 은혜는 고립적으로 나타날 수 없고 오직 만남에서 가능하다.

결국 그는 이러한 주장을 바탕으로 칼빈을 진정으로 근대 자본주의의 아버지라고 부를 수 있을까라고 의문을 제기하는 것이다. 어떤 점에서, 즉 교회가 이자를 받고 대출하는 것을 도덕적으로 비방하는 것에 대해 다른 견해를 보여주고, 또한 부르주아사회의 다양한 계층들에게 복음에 기초한 근면과 높은 도덕적 기준을 제시함으로써 칼빈이 자본주의의 발전에 중요한 역할을 했다고 주장할 수 있을 것이다. 이러한 이중적 강조는 불가피하게 생산의 증가와 소비의 절제를 동반하게 된다. 그래서 새로운 투자를 할 수 있는 자본의 축적이 가능해진다. 하지만 우리는 초기 칼빈주의자들의 생각과 실천에서 자본의 역할과 기능이 결코 베버나 토니가 말하듯 칼빈주의가 이익이 중심적인 동기라는 것을 정당화하지 않는다. 더구나 칼빈이나 그의 후계자들이 자본의 오용을 막기 위해 한계와 통제체계를 만든 것은 고전 자본주의의 경제적 자유와 맞지 않는다. 칼빈은 현실주의자였고, 그가 하나님의 말씀으로 계시된 인간의 본성에 대한 지식은 깊이가 있어 자본의 힘을 모든 통제로부터 자유롭게 함으로써 사회의 진정한 진보를 열어놓을 수 있다는 생각을 한다는 것은 쉽지 않다. 칼빈은 언제나 하나님이 사회적 질서에 대한 책임성을 부여한 국가가 그러한 문제에 대해 제한을 가하는 일들을 부지런히 해야 한다고 주장했다. 그의 사상은 오늘날에도 영향을 잃지 않고 있다. 칼빈은 자본주의에 충실했지만, 그 가운데에서도 교회와 국가가 가난한 사람들의 보호를 위해 브레이크를 두어야 한다고 강조했다. 그렇다면 비에르가 보는 칼빈의 사회경제사상에 대해 구체적으로 더 살펴보아야 할 것이다.

2. 칼빈의 사회경제사상

1) 하나님의 도구로서의 재산과 화폐

개혁신앙에 따르면, 경제적 재화와 물질적 부는 기독교신앙에 직접적으로 귀속된 가치이며 영적 생활과 긴밀하게 연동된다. 자신이 엄격하게 복음에 근거한 기독교인으로서 칼빈은 영적 가치를 물질적 현실에 기반하지 않는 이교도적 대립주의(이원론)를 이해할 수 없었다. 칼빈은 영성주의와 물질주의를 대비하는 아주 오래된 논쟁을 거부했다. 끊임없이 성경을 인용하면서, 칼빈은 물질적 재화는 하나님의 섭리의 도구라고 가르쳤다. 화폐가 이러한 물질적 재화를 대표하는 것으로 인간의 생존을 지원하기 위해 필요한 인간성을 보장하는 데 하나님이 사용하는 수단이다. 하나님은 부를 개인의 처분에 맡겼는데, 이것은 그들이 그들의 삶을 잘 영위하도록 하기 위함이지만 또한 그들이 책임을 갖고 있는 사회의 삶을 잘 조직하기 위함이기도 하다. 더 나아가, 모든 물질적 재화를 특히 화폐를 그의 피조물에게 맡김으로 조물주는 생명을 주는(life-giving) 아버지가 되었다. 그러므로 화폐는 단지 공리적 기능만 하는 것이 아니라, 영적인 사명도 갖고 있다. 그것은 그의 자녀들이 살도록 하는 하나님의 은혜의 표시이다. 더구나, 화폐는 하나님의 나라의 표지이다. 그러므로 화폐는 두 가지 복합적인 의미를 지닌다. 믿음으로 자신의 소유가 모두 하나님께로부터 왔다는 것을 인정하는 사람은 은혜의 표지가 되고, 하지만 그것이 하나님의 선물인지를 분별하지 못하고 자신의 소유물로 자신만을 위해 사는 사람들에게는 저주의 표지가 된다. 하나님의 목적에 따르면, 부의 유통에는 또 다른 동기가 있다. 그것은 사랑이다. 사랑은 부자로부터 가난한 자에게 가는 비이기적인 선물을 초래한다. 부자들은 섭리적인 경제적 사명을 가진다. 그들은 자신의 재산을 자신보다 가난한 사람들과 나누어야 할 책임이 있는데, 그렇게 해서 가난한 자는 더 이상 가난하지 않고, 부자도 더 이상 부자가 되지 않아야 한다. 다른 한편으로는, 가난한 사람도 성취해야 할 영적인 사명이 있다. 가난한 자는 부자들의 이웃이 되어 하나님 편에서는 부자들에게 그들 자신의 물질적 재화로부터 자유롭게 되는 기회를 갖게 하고, 돈의 노예에서 자유롭게 하는 역할을 하게 되는 것이다. 칼빈은 강하게 사회에서 부의 상호적 용도에 대해 주장했다.

칼빈은 이러한 예로 이스라엘 백성들이 출애굽하던 시대에 만나를 나누는 것을 모델로 삼았다. 만나의 재분배는 차별화된 평등을 보여주었는데, "많이 거둔 사람도 남지 아니하고, 적게 거둔 사람도 모자라지 아니하였다"

(고후 8:15)고 기록된 것과 같다. 그러므로 칼빈은 부자를 "가난한 자들의 목회자"로 불렀다. 가난한 자는 하나님 편에서 보면 부자들에게 그들의 신앙과 사랑을 시험하기 위해 하나님께서 보낸 자들이었다. 칼빈은 가난한 자들을 '하나님의 수령인'(the receivers of God), '그리스도의 대리자'(the vicars of Christ), '하나님의 대리인 또는 변호인'(the proxies or solicitors of God)이라고 불렀다.[10]

2) 고리대금과 이자(Usury and Interest)

구약에서는 가난한 동료 유대인에게 이자를 받고 돈을 꿔주는 것은 금지되었다(출 23:25). 이 금지의 목적은 분명히 가난한 사람을 보호하기 위한 것이다. 나중에 가난한 사람을 보호하는 하나님의 명령은 일반화되었다. 예수가 한 걸음 더 나갔다. 산상설교에서 예수는 사람들에게 아무것도 바라지 말고 꾸어주라고 가르친다(눅 6:35). 대부분의 교부들은 고리대금과 이자에 대해 반대했다. 암보로우스는 고리대금은 도둑질이라고 말했고, 어거스틴은 이자를 취하는(고리대금) 사람은 천국에서 배제된다고 천명했다.[11] 루터는 1524년 "무역과 고리에 대하여"라는 글에서 이자 받는 것에 대해 반대하였다. 이러한 기본적인 생각에서 칼빈은 이들과 다르지는 않다. 그의 누가복음 6장35절의 주석에서 칼빈은 "그리스도는 자신의 소유로 선을 행해야 하며 어떤 가능한 이득도 취하려고 해서는 안 된다고 권유했다"고 말했다. 이러한 방식으로 하나님께서 명예를 얻는다는 것이다. 칼빈은 우리 기독교인들은 하나님과 이웃들에 대한 책임과 관계에 있어 이 세상의 자녀들과는 다른 편에 서야 한다는 것을 꼭 기억해야 한다고 말했다. 그들이 친구를 사랑하고 그들을 돕는다고 돈을 빌려준다고 하면서 댓가를 바라면 벌을 받을 것이다. 하지만 그리스도는 그의 제자들에게 아무것도 바라지 말고 꾸어주라고 요구했다. 칼빈은 구약에서 이자를 금지한 것에서 같은 영성을 보았다. 십계명은 정확하게 하나님의 뜻을 보여주신 것이다. 칼빈은 이자와 고리대금에 관한 문제를 여덟 번째 계명에 대한 주석을 하면서 다시 논의했다. 사랑의 계명에 기초하여 칼빈은 사람들을 죽이고 하나님의 분노를 촉발하는 고리대금과 같은 이자를 통해 취하는 모든 종류의 부당한 이득에 대해 무조건적으로 정죄했다. 이 점에서 그는 루터와 츠빙글리와 다르지 않았다.

하지만 그는 그들이 한 것보다 조금 달랐는데, 성경이 모든 종류의 이자를 정죄하는 것은 아니라고 선언했다. 만약에 그렇게 한다면 모든 상업적 활동이 불가능해지기 때문이다. 칼빈은 눅 6:35이 모든 종류의 이자를 막는 것을 의미하지는 않는다고 말했다. 우리는 가난하고 어려워서 돈을 꾸는 사람과 생산적이고 무언가를 남기기 위해 돈을 꾸는 것을 구분해야 한다는 것이다. 첫 번째 경우에는 이자가 허용되어서는 안 된다. 왜냐하면 이는 가난한 자에게 또 다른 짐을 안겨주고, 가난한 사람을 희생하여 이득을 얻는 것이기 때문이다. 그러한 행동은 이기적이고 사랑의 계명에 반하는 것이다. 그것은 공정하지도 정의롭지도 않다. 두 번째 경우에는 이자가 정당화될 수 있다. 여기에서 칼빈은 공정의 원리에 의거하여 논의하는 것이다. 채권자는 그 기간 동안 자신의 재산을 사용하지 못하는 데 비해 채무자는 이익을 남길 수 있다. 그러므로 채무자가 적절한 이자로 채권자에게 지불하는 것이 정당하다. 그렇지 않으면 채권자는 채무자가 이익을 얻는 동안 손해를 보는 것이다.

이러한 차이로 칼빈은 '화폐의 비증식성'(unfruitfulness of money)이라는 전통적 원리에서 벗어났다. 아리스토텔레스가 말한 이 원리를 교회는 초대교부 암보로우스와 크리소스톰을 통해서 받아들였다. 그것은 "nummus mummum non parit"(돈은 돈을 낳지 못한다)라는 근본적 원리로 표현되었다. 칼빈은 이러한 주장을 옹호할 수 없고, 잘못된 것으로 거부하면서 돈이 상자에 넣어져 있지 않고 사람과 노동과 관계할 때에는 돈이 생산적일 수 있다고 주장했다. 당시의 제네바에서 고정 이자율은 5%였는데 일반적 규범으로 받아들일 수 있다고 칼빈은 말했다. 하지만 이러한 일반적 규범보다 더 중요한 것은 평등의 원리 즉 채권자와 채무자 간의 동등함의 원리이다. 그들 모두는 마태 7:12의 황금률에 따라 사랑으로 행동해야만 한다.[12]

칼빈은 장사하는 사람들이 자본금에 대해 이자를 지불하는 것 등으로 이자가 사람들에게 큰 영향을 주는 것에 대해서 잘 알고 있었다. 그러나 바로 이러한 이유로 인해, 그리고 이로 인한 인플레이션으로 가난한 자에게 짐이 된다고 생각하여 모든 종류의 이자를 거부한 루터와는 달리, 칼빈은 자본시장에서 사업적 관계와 공적인 삶이 손상되지 않고 촉진되는 형식으로 갈 수 있도록 준비했다. 이것은 자칫 오해를 낳기 쉽다. 칼빈이 모든 이자를 용인한다고 한 것인데 하지만 칼빈은 고리대금업으로만 살아가는 것은 문제가 있다고 분명히 하고 있다. 전문적인 고리대금업의 존재는 윤리적으로 받아들이기 어렵다는 것이다. 왜냐하면 이러한 사람들은 일하지 않고 다른 사람의 노동의 열매로 살아가는 것이기 때문이다. 하나님께서는 인간이 노동으로 살아가도록 명령했다. 칼빈이 이자에 대해 양보한 것은 돈을 빌려서 일할 수밖에 없는 장사하는 사람에게 개인적으로 자본을 꾸어주는 사람들에게 제한적으로 허용한 것이다.

3) 하나님의 노동으로서의 인간의 노동

사람들이 발전시킬 수 있는 인간의 노동, 노동의 힘은 바로 피조물의 생명을 위해 제공한 하나님의 노동과 같은 것이다. 그것은 하나님의 노동이다. 인간이 정확하게 행동하려면 하나님의 행동과 일치하면 된다. 인간의 노동이 의미를 가지는 것은 그것을 통해 피조물의 생명을 지탱하는 하나님의 노동이기 때문이다. 하지만 다른 모든 것과 마찬가지로 이 인간의 노동도 죄로 인해 타락했다. 하나님의 노동과 분리되어, 인간의 노동은 고통, 걱정, 부정의, 그리고 억압의 원천이 되었다. 인간에게 각자의 노동을 할당함으로 하나님이 사람들에게 이 땅위에서의 목적을 부여했다. 인간은 노동하기 위해 창조되었다. 여기 이 땅에서 인간은 노동의 운명을 감당하기 시작했다.

문제는 게으름이란 본성과 반대되는 것이 나타났다. 게으름은 인간 소외의 한 형태이다. 그것은 신의 소명을 거부하는 것이고 하나님과 불화하는 것이다. 노동은 인간이 그것을 통해 하나님을 따르는 것을 완수하는 데 필수적 활동이고, 그것 없이는 사람도 될 수 없고 기독교인도 될 수 없기에, 일자리가 없는 것은 우리가 싸워야 하고 힘을 다해 고발해야 할 사회적 재앙이다. 그러기에 인간에게 노동을 할 수 없도록 하는 것은 범죄이다. 실제로 그것은 사람의 생명을 빼앗는 것과 마찬가지이다. 더구나 칼빈은 다른 사람의 노동을 오용하거나 착취하는 것 또한 범죄라고 했다.

> 어떤 사람들이 가난한 사람이 그들이 하는 일에서 3일을 넘이 나갈 정도로 하게 하면서 좋아하는 사람은 그들에게 주어질 이득을 빼앗는 것과 같다. 반대로 하나님은 우리에게 선언하기를 우리는 우리를 위해 일하는 사람들에게 그들에게 무거운 짐을 지우지 아니하는 방식으로 대해야 하는데 그래서 그들이 계속해서 일할 수 있고 하나님에게 감사하는 기회를 가지도록 해야 한다. 하나님이 원하시는 것은 자신들의 일을 위해 고용했지만, 일하는 사람들의 노동에 대해 충분히 보상하지 않는 부자들의 잔인성을 교정하는 것이다.[13]

4) 하나님의 선물로서의 월급

하나님 앞에서 인간은 그의 노동에 대해 보수를 받을 권리가 없다. 인간이 한 일은 보수를 받을 가치는 없는데, 왜냐하면 그는 단순히 그의 조물주, 또한 주인에게 순종할 수밖에 없기 때문이다. 그러므로 모든 사람이 받은 보수는 하나님이 아무런 공이 없이 주신 은혜의 표시이다. 누가 17장7절의 '쓸모없는 종의 비유'를 주석하면서 칼빈은 "하나님께서 보상해 주시는 것은 우리의 노동의 가치 때문이 아니라 그의 과분한 호의 때문이다."라고 했다. 이것이 문자적으로 의미하는 것은 하나님께서 부자나 가난한 자에게 똑같이 보수를 주는데 누구도 그것을 받을 만하기 때문은 아니라는 것이다. 결론적으로, 그들이 주어야 할 노동자에 대한 보수를 주지 않는 사용자는 사실은 그들에게 하나님이 주신 것을 주지 않는 것과 마찬가지다. 월급을 지불하는 사람은 사실상 그에게 전혀 속하지 않는 그가 하지 않는 것으로 지불하는 것이다. 노동자들에게 월급을 박하게 지불하거나 지불하지 않는 사람들에 대한 견해를 나타내는 표현으로 칼빈이 자주 사용한 것이 '피를 빨아먹는'(bloodsucking)이라는 단어이다. "강도가 사람을 죽일 때 그 목적은 빼앗기 위함이다. 하지만 가난한 사람을 그의 노동에서 갈취하는 사람은 그의 피를 빨아먹는 것이고, 그래서 그를 벌거벗고 궁핍하게 내보내는 것이다. 이것은 낯선 사람을 폭력적으로 죽이는 것보다 더 끔찍한 것이다."[14] 칼빈은 정당한 보수에 대한 수학적 근거를 찾으려고 하지는 않았다. 도리어 이 문제는 무엇보다 영적인 것인데 왜냐하면 보수를 지불하는 것은 인간 공동체 안에서 사람과 사람 사이에서 주어지는 하나님의 은혜를 다루는 것이기 때문이다. 그리스도 안에서 인간의 연대는 자본-노동 관계의 열쇠를 제공한다. 인간의 노동은 투기할 수 있는 단순한 상품이 아니다. 여기에서 칼빈은 그의 이름을 자랑스럽게 생각하는 사람들에게 '도움이 못되는 위안'(cold comfort)을 준다. 칼빈은 아마도 이렇게 말했을 것인데, 그것은 노동자의 땀이나 피에서 오는 것이라고. 궁극적 보수는 하나님에게서 온다. 그리고 가난한 사람을 매정하게 사취하는 사람들에겐 마지막 심판에서 자비가 거부될 것이다.

5) 칼빈의 상업에 대한 견해

경제적 재화와 인간의 노동은 사회에 봉사하기 위함이다. 하나님은 각 사람들에게 특정한 사명을 주셨고, 사람들이 다른 사람들의 활동을 통해 노동과 서비스에서 서로 의존하도록 했다. 분업은 하나님의 목적에 따른 것이다. 그것은 피조물의 상호의존성을 보여주고, 한 사회 속에서 살아가도록 부름받은 것이다. 그것은 개인들 간의 영원한 교환을 의미하고, 서로를 연결하는 상호성이다. 사업은 분업의 필수적 요소이다. 교환은 하나님이 예비하신 조화로운 사회질서의 실현을 위해 필수적인 것이다. 물자의 교역은 사회 구성원들의 영적 나눔의 표지이다. 그러므로 상업의 일차적 목적은 사람이 살기 위해 필요한 것을 조달해 주는 것이다. 상업은 사람들의 고통을 덜어주는 것이고 그의 삶을 즐겁게 해 준다. 하나님의 목적에 대답하기 위해 상업(교역)은 언제나 이러한 목적을 보여주어야 한다.

이러한 하나님의 목적에서 벗어날 때, 상업(교역)은 빠르게 본질이 변질된다. 사기와 부정직은 경제적 관계를 실제적으로 불가능하게 한다. 그것은 사람들과 집단들을 고립시켜서 교환과 생명을 위해 필수적인 사회적 질서의 기반을 약화시킨다. 그러므로 사업에서 부정직은 인간의 도덕성에 대한 결함일 뿐만 아니라, 하나님의 질서를 본래의 목적에서 왜곡시키는 만큼 신성모독(sacrilege)이다. 사업에 있어 부정직은 조물주가 사람들의 삶을 지탱하기 위해 혜택을 준 상품과 서비스에 반하는 공격이다. 칼빈은 "사람들이 더 이상 사거나 팔지 못하면 인간사회는 산산조각 난다"고 말했다.[15]

투기, 매점, 그리고 독점은 경제적 질서를 해치는 주요한 양태이다. 이러한 양태는 특별히 16세기에 널리 퍼지고 일반적이었는데, 당시에는 생활비가 매일 오르고 상인들은 상품을 오른 가격에 팔아 큰 이득을 얻기 위해 생필품을 비축하였다. 이러한 상황에서 예언자의 대담성을 가지고 칼빈은 투기꾼들을 엄청나게 비판했다. 그는 독점하는 사람들은 살인자와 같은데 왜냐하면 그들은 삶에 필요한 상품의 유통을 막기 때문이라고 말했다. 칼빈은 "모든 물건들이 그렇게 고물가인 오늘날 우리는 그들이 곡물저장고를 닫은 사람들을 보고 있다. 이것은 가난한 사람들을 극단적 기아로 몰아가는 것이기에 그들의 목을 자르는 것과 같다"고 말했다.[16]

제네바에서 종교개혁이 일어나자마자 와인, 빵, 그리고 고기와 같은 가장 필수적인 상품들에 대한 물가 통제가 이루어진 것은 잘 알려져 있다. 이러한 시정부에 의한 통제는 모든 사람들에게 필요한 일반적 상품의 평등한 분배를 보호하는 것이고, 재고 통제, 비축, 투기 그리고 독점에 대해 싸우는 칼빈의 생각과 완전히 일치하는 것이다.

결론적으로 칼빈의 사회경제사상은 "연대의 경제학"이라고 할 수 있고, 그것의 특징을 다음과 같이 요약할 수 있다.

- 칼빈의 경제학은 "신앙과 경제학의 이분법"을 극복하기 위한 것이다.
- 경제적 자원들은 전적으로 하나님의 주권 아래에 있고, 피조물들을 위해 봉사해야 한다.
- 칼빈의 경제학의 원칙은 개인적·경제적 필요를 보증하고 있지만, 동시에

형제애와 연대에 기초한 공공적 이익에 관심을 둔다.

- 칼빈의 경제학은 언제나 "가난한 사람의 경제학"을 표명한다.

- 칼빈은 경제학을 "하나님의 은혜"의 빛 아래에서 보고 있다.

- 칼빈의 경제학의 관점은 단지 이론적이거나 신학적 차원만이 아니라 그의 사상 대부분은 제네바에서 여러 가지 경제 정책이나 사회복지프로그램을 실행하면서 얻어진 것이다.

3. 신자유주의 세계화에 대한 세계개혁교회의 대응

21세기 문턱에서 세계의 정치, 경제, 사회, 문화, 심지어 종교까지도 신자유주의 경제 세계화의 영향권 아래 휘몰리게 되자 세계개혁교회들은 여타 에큐메니칼 기구들 즉 세계교회협의회(WCC)나 세계루터교회연맹(Lutheran World Federation)과 함께 신자유주의에 신학적 신앙적 대응을 하기 시작했다. 신자유주의 경제 세계화에 대한 개혁교회의 신학을 잘 표현해 준 것은 가나 아크라에서 2004년 열린 세계개혁교회연맹(WARC)[17] 제24차 총회에서 발표된 "아크라 신앙고백서"이다. 세계개혁교회연맹(WARC) 앞에서 설명한 칼빈의 경제관과 연대의 경제학에 기초하여 이미 제23차 총회(헝가리 데브레첸, 1997)에서, 1995년 키트웨(아프리카 잠비아)에서 열린 남부아프리카 교회들의 긴급요청과 날로 심화되는 경제적 불의와 생태계 파괴에 응답하여 세계개혁교회연맹회원교회들이 경제적 불의와 생태계 파괴에 대해 "인식하고, 배우고, 고백하는" 고백신앙의 과정(processus confessionis)에 돌입하도록 권유했다. 말하자면 개혁교회는 전 세계 형제자매들의 부르짖음과 하나님의 선물인 이 창조세계가 파멸될 지경에 달한 상황을 보면서 새로운 신앙고백과 행동에 나선 것이다. 세계화로 인한 부익부 빈익빈 현상을 아크라 신앙고백은 이렇게 보고 있다.

전 세계 1퍼센트의 부자들의 연간 수입이 57퍼센트의 가난한 자의 연간 수입과 맞먹고 있고, 하루에 빈곤 및 영양실조와 관련하여 죽는 사람의 수가 매년 2만4천 명에 이르고 있다. 가난한 나라의 외채는 끊임없이 원금을 갚아 나가는 상황 속에서도 계속 증가하고 있다. 여성과 어린이들이 빈곤층의 대다수를 차지하고 있고 하루에 1달러 이하의 생계비로 살아가야 하는 절대빈곤 속에 세계 인구도 계속 증가하고 있다.

그뿐만 아니라 부국들의 무한 경제성장 정책과 다국적 기업의 이윤 추구 극대화 지향이 생태계를 약탈하고 환경을 심각하게 손상시켰다는 생태계 파괴에 대해서도 경각심을 지닌다.

1989년에는 하루에 한 종(種)의 생물이 사라졌으나 2000년에는 시간 당 한 종(種)이 사라지고 있다. 황폐화의 결과가 기후변화, 어족의 고갈, 벌목, 토지의 부식, 물의 오염 등으로 나타나고 있다. 공동체는 파괴되고, 살림살이는 불가능하게 되고, 해안 지역과 태평양 섬들은 침수될 위협을 받고 있고 폭풍이 날로 증가하고 있다. 고농도의 방사능 방출이 건강과 생태계를 위협하고 있다. 생명의 구조와 문화적 지식이 경제적 이윤 추구를 위해 특허화되고 있다.

그런데 이러한 위기는 무엇보다도 신자유주의 경제 세계화의 진행과 그들의 신념과 직접적으로 연관되고 있다고 보고 있다.

- 무한경쟁, 소비주의, 무한경제성장, 부의 무제한 축적이 전 세계를 위해 제

일 좋은 방안이다.

- 사유재산권은 사회적 의무를 가지지 않는다.

- 자본투기, 시장의 자유화와 탈규제화, 공기업과 국가자원의 민영화, 규제 없는 외국자본의 투기와 수입, 낮은 세율, 통제받지 않는 자본의 자유 이동 등이 모든 사람의 부를 성취하게 할 것이다.

- 사회적 의무, 가난한 자와 사회적 약자의 보호, 노조, 사람들의 관계성 등은 경제성장과 자본 축적의 과정에 부수적이다.

말하자면 신자유주의는 가난한 자와 자연으로부터 끊임없는 희생을 강요하며 이것 외에는 대안이 없다고 강변하는 이념이다. 이것은 경제가 생명위에 주권을 행사하며 우상숭배에 이르게 하는 절대충성을 강요하면서 부와 번영의 창조가 세상의 구원의 길이라고 주장하는 거짓 약속이다. 16세기의 중세 시대와 자본주의의 이행기에서 나타난 문제들에 대해서도 칼빈이 문제 제기를 했듯이 21세기의 개혁신앙의 관점에서도 신자유주의적 자본주의에 대한 비판이 맥락을 같이 하고 있는 것이다. 이것은 말하자면 현대판 우상숭배이며 맘몬을 선택한 신앙이라는 것이다.

결국 아크라 신앙고백은 이러한 신자유주의 자본주의와 절대적 계획경제를 포함한 여러 가지 경제구조가 가난한 자와 연약한 자 그리고 모든 피조물이 생명의 풍성함을 누리지 못하도록 제외시킴으로써 그들과 계약을 맺으신 하나님께 도전하는 현 세계의 경제질서를 거부한다고 단호하게 선언했던 것이다. 그리고 나아가 신자유주의 세계 시장 구조의 광포한 소비주의와 경쟁적 탐욕과 이기적 속성의 문화와 그 구조가 어떤 것이든 이것 외에는 대안이 없다고 주장하는 체제를 거부한다고 말한다.

나아가 아크라 신앙고백을 통해 세계개혁교회는 칼빈의 경제관에 기초하여 신앙을 함께 고백하면서 하나님의 뜻에 순종하여 신실한 행함으로 서로 연대하고 상호의무성을 지닌 관계를 맺는 계약을 맺고자 하는 것이다. 이 계약은 개혁교회를 서로 연결하여 지구적 차원과 지역적 차원에서의 경제정의와 환경정의의 실현을 위해 함께 일하게 할 것이다. 개혁교회의 신앙에 기초하고 아크라 신앙고백의 계약에 의지하여 세계 여러 지역과 현장에서 구체적인 행동으로 옮기고, 교육과 고백과 행동을 통해 그런 행동을 더 심화시켜 나가야 할 것을 권유하고 있다. 한국교회의 개혁교회도 여기에서 예외는 아니다. 더구나 이러한 신자유주의적 세계화가 한국 경제에 치명적 영향을 미친 1997년 한국경제위기를 통해서 구체화되었다.

4. 신자유주의 세계화에 대한 한국(개혁)교회의 대응

1997년 한국의 경제 위기는 실제로 신자유주의 세계화로 인한 아시아 네 나라의 경제 위기(태국, 인도네시아, 말레이시아, 한국)의 일환이다. 이른바 외환위기라 일컬어지는 이 사태로 국가 파산을 막기 위해 우리나라는 IMF(국제통화기금)의 자금 지원을 받게 되었고, 지원의 조건으로 IMF가 요구하는 구조조정프로그램(Structural Adjustment Program)을 수용하게 되었다. 이로 인해 높은 이자율을 감당할 수 없었던 수많은 회사들이 문을 닫게 되었고 특히 많은 은행들이 파산했다. 많은 사람들은 실업과 고환율 그리고 높은 생활비로 고통받게 되었다. 갑자기 실업자가 400만이 넘어섰고, 처음으로 홈리스피플이 서울역을 비롯한 곳곳에 나타나기 시작했다. 이러한 경제적 고통과 함께 오늘날에 일반화된 비정규직 노동자들이 생겨나기 시작했다. 이러한 경제위기는 신자유주의 세계화의 일환으로 세계 투기자본의 개입이라는 외부적 요인과 미성숙한 자본자유화, 취약한 금융제도, 모순된 회사 운영, 재벌의 독점, 그리고 무엇보다도 부패한 정경유착이 그 내부적 요인으로 꼽힌다.

그런데 이러한 세계적인 경제위기는 계속되고 있는데 지난 2008년의 미국발 서브프라임 사태로 인한 국제적인 경제위기 사태와, 2012년에는 유럽의 유로존의 위기까지 15년 이래 세 번씩이나 큰 국제적인 경제위기 상황을 경험하고 있다. 경제위기가 지속되고 반복되면서 빈익빈 부익부의 전 지구적인 양극화 현상이 더욱 심화되어 저소득층의 빈곤 문제가 심각한 국가적 문제, 사회적 문제, 국제적 문제가 되고 있다. 이러한 문제는 국민들 개개인들의 경제생활과 일상적인 삶에 깊이 영향을 미쳐서 지속 가능한 안정된 삶을 해치고 있으며, 신 빈곤층을 양상하고 있어서 심각한 우려를 하게 되는 것이다. 이러한 문제들이 단순한 경제문제가 아니고, 신앙과 직결된 문제이며, 이 시대의 그리스도인들의 삶의 경제정의와 경제윤리 차원의 문제가 되고 있는 것이다. 그렇기 때문에 교회는 당연히 교회와 사회 앞에서 기독교적 가치관, 성서적 근거를 가진 윤리적 응답을 책임적으로 해야 할 의무와 책임이 있는 것이다.

예장 통합 제83회(1998) 총회에서는 IMF 상황에서 역사상 최초로 '경제위기 극복을 위한 교회의 신앙각서'(A Faith Affirmation of the Church for Overcoming the Current Economic Crisis)라는 제목의 정책문서를 채택하여 경제위기 상황에서 그리스도인들이 가져야 할 신앙적 입장을 밝힌 바가 있고, 2010년 제94회 총회에서는 경제와 생태정의를 위한 총회선언문으로서 '경제와 생태정의를 위한 하나님의 부르심'이라는 문서를 채택한 바가 있다. 이 문서는 세계적인 경제위기에 대하여 세계교회협의회(WCC)가 지난 2005년 브라질 포르투알레그레에서 열린 제7차 총회에서 아가페 과정(AGAPE Process, Alternative globalization addressing people and earth, 민중과 땅에 대한 대안적 세계화 과정)이 채택되어 전 세계적인 경제구조에 하나님의 공의가 실현되기를 촉구하였던 것과 세계개혁교회연맹(WARC)이 2004년 가나의 아크라에서 열린 24차 총회에서 '아크라 신앙고백-경제와 지구의 정의를 위한 계약'(Covenanting for Justice in the Economy and the Earth)을 채택하여 세계 속에서 경제와 생태 정의를 추구하는 그리스도인들의 신앙과 실천을 고백한 내용을 참고하여 이 시대적 상황 속에서의 우리 그리스도인들의 신앙고백적이며 경제윤리적 과제로서 그리스도인들의 삶에 필요한 행동지침과 방향제시의 의미로서 역사 속에 제시되어진 문서로 중요한 의미를 갖게 되었다.

오늘의 세계경제는 철저한 약육강식의 신자유주의 경제원칙이 지배하는 경쟁 중심의 경제가 주류를 이루고 있는 시대가 되었다. 이런 구조 속에서 전 세계 1%의 부자들의 총 연간 수입이 57% 가난한 자들의 총 연간 수입과 맞먹고 있고, 매일 24,000명의 어린이가 영양실조로 고통을 겪고 있으며, 가난한 나라의 외채는 끊임없이 늘어나 원금을 갚지 못하는 상황 속에서도 계속 증가하고 있다. 여성과 어린이들이 빈곤층의 대다수를 차지하고 있고, 하루에 1달러 이하의 생계비로 살아가야 하는 절대빈곤 속에 있는 세계 인구도 계속 증가하고 있다. 국내의 상황도 빈부격차가 심각한 양극화가 이루어지고 있다. 무능력자는 도태되는 무한경쟁, 승자독식의 서바이벌 추세가 확산되고 실업자와 비정규 노동자가 절망스러운 상황에 처해 있다. 양극화의 문제는 교육 현장에서도 심각한 문제가 되어 처음부터 빈부격차가 자녀들의 교육에 막대한 영향을 주고 있어 가난의 대물림현상도 나타나고, 저소득층의 자녀들의 교육 효과에 큰 문제가 되고 있다. 이런 문제가 학교폭력이라는 사회적 문제로도 나타나게 되는 것으로 밝혀지고 있다. 또한 빈곤의 문제로 인한 자살, 범죄, 폭력의 문제 등으로 사회적 약자들의 삶이 크게 위협을 받고 있다. 농어촌 사회가 붕괴되어 가고, 부동산의 투기, 주식과 펀드의 투자가 세계적인 금융위기와 함께 어려움을 겪고 있으며, 제2금융권이라 불리는 저축은행들의 도덕적 해이로 인한 사고들로 수많은 고객들이 어려움을 겪고 있다. 이는 정치권과도 연계되어 사회 전반의 정의 문제로도 부각되고 있는 것이다. 이러한 문제들이 종합적으로는 경제문제로 인하여 결혼이 늦어지고 저출산 고령화 문제와 함께 복지 문제가 중요하게 여겨지는 이때에 재원이 부족하여 필요한 복지사업을 제대로 감당하지 못하는 사례들이 나타나고 있다. 한국교회는 교회 성장을 크게 이루어 대형화된 교회들이 많아졌고 오늘날도 여전히 교회 성장을 중심으로 하는 교회들이 다수이다. 그러나 교회의 본질적인 사명에 충실하려고 힘쓰는 교회들도 많아졌는데 그중에서 사회적 책임을 감당하는 사회 선교에 힘쓰는 교회들이 건강한 교회로 거듭나며 교회 갱신과 발전을 이루어가는 좋은 현상도 나타나고 있다. 또한 우리 시대의 생명평화선교의 사명을 감당하고자 하는 탈성장, 탈성직, 탈성별을 추구하는 작은 교회들도 생겨나고 있다. 이러한 교회들은 우리 시대의 생명평화적 사명을 감당하는 통전적 선교를 모색하고 있다.

5. 한국교회의 통전적인 선교를 위하여

세계화는 세계적 경쟁과 함께 다양한 협력이 필요한 시대를 만든다. 이것은 경제적 차원에서뿐만 아니라 시민운동에서도 마찬가지이다. 인권과 환경을 보호하기 위해 많은 사람들이 서로 협력하고 함께 일해야 한다. 선교에서도 동일한 한 가지의 방법으로 모든 경우에 적용하는, 신자유주의적 접근방식을 피하고, 대신에 서로 연결하여 여러 가지 자원들을 각 지역에서 기독교의 공적 증언의 중요성을 높이는 방법으로 사용해 가야 한다. 이를 위해 한국교회는 다른 지역 교회들과 세계적으로 진지한 대화를 해 나아가며 협력을 모색해야 한다.

세계화 시대의 기독교의 책임성은 자족과 나눔과 긴밀하게 연결되어 있다. 네덜란드 경제학자 하우즈바르트는 충분함과 자족의 목적(Purpose of enough, purpose of sufficiency)이 세계화 시대에 기독교를 각성시키는 데 있어 중요한 것으로 강조한다. 그는 스스로 만든 무제한의 물질적 확장의 목적을 점차로 충분함과 자족의 목표로 대체해야 한다고 보았다.[18] 자족과 나눔의 기독교윤리를 한국교회는 세계를 향해 천명해야 한다. 더 나아가 한국교회는 더 많은 물질을 개발도상국의 교회들과 함께 나누어야 한다.

한국교회는 기독교 시민사회운동을 활성화시켜야 한다. 그래서 사람들의 삶의 질에 큰 영향을 미치는 정부의 정책이나 방향에 대해 감시하고 참여해야 한다. 한국교회의 성장이 교회적 자기도취에 빠지거나 승리주의로 귀결되지 않도록 주의해야 한다. 한국교회의 구성원들이 자기가 살고 있는 지역공동체에서나 사회에서 변혁적 영향을 미치지 못하고, 그들의 종교적 메시지가 사회에 적용되지 않는다면 한국교회는 주변화되어 현대의 세속주의의 희생물이 되기 쉽다. 이와 더불어 한국교회는 세계화 시대에 경제 정의와 생태 정의를 위한 세계교회의 부름에 응답해야 한다. 앞서 말한 WARC의 아크라 신앙고백의 네트워크에 함께 참여하여 생명을 살리는 경제적 실천을 해 나가야 한다. 한국교회는 또한 세계시민사회에도 참여해야 한다. 왜냐하면 경제학자 스티글리츠라 말한 대로 1999년 시애틀에서 있었던 대규모 반세계화 시위는 많은 정부들과 국제경제기구들로 하여금 자신들의 정책들을 심각하게 재평가하도록 하는 좋은 기회가 되었다고 한다.[19] 이것은 신자유주의 세계화의 정책들에 대한 재평가를 통해 세계화의 영향과 개혁의 필요성에 대한 새로운 토론을 열어 주었던 것이다. 그러기에 한국교회는 세계교회와 함께 세계시민사회의 참여를 통해 이러한 역할을 해 나가야 할 것이다.

김 영 철_ 경기도교육연구원 초빙연구원

06

촛불의 미학,
촛불의 시민 신학

- 프로테스탄트 원리로 조명하는 촛불 민심의
  종말론적 정치 신학 고찰

종이컵을 받침 삼아 초를 꽂고 불을 붙인다. 여기저기 하나둘 불이 켜지고 마침내 광화문 광장이 촛불들로 가득 찬다. 더 이상은 안 되겠다는 분노를 절제하여 상식이 통용되고 생명이 존중받는 세상을 향한 시민들의 열망을 결연한 의지로 모아 작은 촛불에 담는다. 칼바람과 진눈개비에 맥없이 꺼져버리는 촛불이지만 두 손으로 감싸 불씨를 살리고 옆 사람 뒷사람의 불씨를 옮겨와 다시 촛불을 밝힌다. 모두가 평등한 사회, 국민의 생명과 안전을 최우선으로 하는 나라, 진실이 규명되는 정의로운 세상을 촉구하며 밝혀든 촛불 민심의 물결이 장관을 이룬다. 어린아이부터 젊은이와 노인에 이르기까지 대한민국 시민들이 하나 되어 지르는 함성이 소망의 메아리가 되어 광장 가득 울려 퍼진다. "어둠은 빛을 이길 수 없다. 거짓은 참을 이길 수 없다. 진실은 침몰하지 않는다. 우리는 포기하지 않는다."

2017년 5월 대한민국 국민들의 간절한 마음을 촛불에 담아 밝힌 결연한 시민들의 행보는 마침내 부패하고 독선적인 18대 박근혜 정권을 탄핵하고 새로운 민주 정부를 출범시키는 '촛불혁명'을 이루어냈다. 300여 명의 생명이 수장당한 세월호 사태에 대해 위압적인 행태로 진실 규명조차 회피해 온 무책임하고 오만한 정권에 맞서 함성과 행진, 촛불시위로 이어진 시민 저항운동은 아버지와 딸로 세대를 이어온 대한민국 유신 독재의 역사에 마침내 종지부를 찍었다. 세계사에 유례가 없을 만큼 성숙하고 평화로운 시민들의 촛불시위로 이룬 정권 교체의 성과에 대해 세계의 언론들이 주목했고 경외감을 표한다. 그러나 물대포와 차벽, 무장한 공권력 앞에 오로지 촛불만을 앞세운 성숙한 시민들이 이루어 낸 역사적인 비폭력 촛불혁명은 대가 없이 그저 주어진 것은 아니다. 그리 멀지 않은 87년 민주항쟁의 현장에서 희생된 수많은 젊은이들, 광주민중항쟁에서 군부 독재에 의해 무참히 살해된 무고한 시민들, 유신 독재 정권에 저항하다 간첩으로 몰려 억울하게 죽임을 당한 시민들, 4·19혁명 때 부패한 정권에 저항하다 희생당한 무고한 시민들과 학생들, 그리고 멀리는 동학혁명에 이르기까지 역사의 굽이굽이 민중과 시민들이 정의로운 사회, 더 나은 세상을 만들기 위해 목숨을 건 항쟁의 결과로 얻을 수 있었던 무혈의 촛불혁명이다.

2017년은 종교개혁 500주년을 맞는 해다. 부패한 정치권력을 심판하고 정권 교체라는 촛불혁명을 이루어낸 대한민국 시민이자 동시에 개신교인이라는 정체성을 가진 대한민국 기독교인에게 2017년은 그래서 더욱 특별한 의미를 갖는다. 이 특별한 해에 민중항쟁, 민주화운동, 시민 촛불혁명으로 이어지는 시민들의 생생한 삶의 현장과 역사의 한가운데서 기독교는 그리고 교회는 어떤 의미이며 그 존재 가치는 무엇인지를 묻는다. 촛불을 든 광장의 시민 가운데 기독교인은 몇 퍼센트나 되는가에 대한 물음이 아니다. 개신교회는 민중의 삶과 시민 사회에 얼마나 유익한가를 평가하는 실용주의적 관점에서 제기하는 기독교의 효용성에 대한 물음은 더욱 아니다. 성숙한 시민들이 촛불을 들고 광장에서 만들어 낸 '새로운 역사의 분기점' 앞에 선 '종교개혁 500주년의 개신교회'는 이제 자신의 존재론적 의미를 갱신하고 무엇을 위해 어떤 길로 나갈 것인지에 대한 결단을 요구받고 있다는 의미다. 기독교가 처한 위기감은 교회나 교인의 숫자가 감소해 가는 가시적 쇠퇴에 있는 것이 아니라 삶의 다양한 분야와 사회 속에서 기독교가 미치는 영향력이 쇠퇴해 가는 데 있다. 대한민국 사회와 공적 분야는 말할 것도 없고 개인의 도덕적 행위와 물질적 정신적 삶의 가치에서조차 기독교의 영향력이 소멸해가고 있는 위기의 개신교회가 '종교개혁 500주년'의 해에 기독교 자체의 변혁, 신학의 갱신을 요청받고 있다.

개개인과 공동체가 갖는 정체성과 존재의 의미는 다양한 사회적 관계 속에서 형성된다. 마찬가지로 종교개혁 500주년을 맞는 개신교의 존재 의미와 영향력 역시 그동안 대한민국 시민들의 다면적인 삶의 맥락과 역사 속에서 평가되고 자리매김되어야 할 것이다. 성육신의 사건이 구체적 역사의 한가운데서 일어났듯이 복음의 보편적인 메시지가 구체적 삶의 현장에 전파되고 기독교의 진리는 시민들의 일상의 삶 가운데서 실질적 영향력으로 실현되어야만 한다는 것을 의미한다. 다시 말해 복음의 보편성이 구체적으로 개인과 공동체의 실존에 적용되고 삶의 가치를 변화시키고 사회를 변혁시킬 수 있는 특수한 상황 신학 곧 지역 신학으로 구현될 때 기독교의 참된 정체성과 존재의미가 현실 속에서 형성될 수 있다는 것을 의미한다. 소금이 소금 자체의 성질로 영향력을 증명하고 빛은 단지 존재 자체만으로도 밝은 세상을 만들듯 기독교의 초월적 복음의 진리는 제도적 기독교, 공동체적 교회 안에 제한되는 것이 아니라 역사의 시간과 공간을 초월해 시민들의 삶과 사회에 때로 명시적으로 때로 묵시적으로 그 영향력으로 존재의 의미와 가치를 드러내야 한다.

따라서 이 글은 종교개혁 500주년을 맞는 기독교의 초월적 진리가 대한민국 사회에서 상황화되고 시민들의 민심 속에서 구체화되고 광화문 광장에서 사건화되어 실현된 복음의 진리를 폴 틸리히가 명명한 '프로테스탄트 원리'의 시각으로 읽어내고자 한다. 이는 '우주적 하나님'의 진리인 '정의의 원리'가 제도적 기독교의 한계와 교회 공동체의 제한된 범주를 넘어 역사적 시공을 넘나들며 영원한 '프로테스탄트 원리'로 실현되는 역사적 과정을 살펴보고자 한다. 초월적 하나님의 진리가 성육신의 사랑을 통해 역사 한 가운데서 실체화되었듯이 영원한 하나님의 진리가 프로테스탄트의 원리, 곧 저항의 원리이자 정의의 원리로 하나님의 진리에 반하는 제도적 종교, 세속적 정치권력을 심판하고 구체적 상황 속에서 진리의 사건화로 구현되는 역사적 상황에 대하여 신학적으로 기술하고자 한다.

'프로테스탄트 원리'는 가톨릭의 교권에 저항하며 탄생한 개신교의 발생과 신앙의 자율을 얻어낸 16세기 '프로테스탄트 주의'의 명명화에 국한되지 않으며, '저항의 원리'이자 '정의의 원리'로서 하나님의 진리가 구체적 역사 한가운데서 사건화되는 곳이면 어디서나 실현된다는 것을 설명할 것이다. 따라서 '프로테스탄트 원리'는 틸리히가 주장한 것처럼, 구약의 예언자 정신에서, 예수와 제자들의 생애에서 구현되었으며 더욱이 마르틴 루터의 종교개혁의 프로텐스탄트 주의에서도 역시 정의의 원리로서 실현되었다. 더 나아가 영원한 하나님의 진리로서 프로테스탄트의 원리는 시대와 공간을 넘어 지금도 다양한 문화와 역사 속에서 구현되고 실현되고 있다는 것을 보이고자한다.

따라서 이 글을 통해 우주적 하나님의 진리인 '프로테스탄트 원리'가 제도에 갇힌 기독교와 건물의 포로가 된 교회의 장벽을 넘어 촛불의 상징으로 대한민국 민중항쟁과 민주화운동, 그리고 2017년 종교개혁 500주년 촛불혁명에 이르기까지 구체화되고 사건화되어 실현되고 있음을 주장할 것이다. 이를 위해 먼저 프로테스탄트의 원리의 상징으로서의 촛불의 미학과 정치신학적 의미를 설명할 것이다. 다음은 부패하고 타락했던 거대한 종교권력에 대항하여 종교개혁을 이루어 세계사적 분기점을 이루었던 마르틴 루터의 종교개혁에서 프로테스탄트의 원리의 실현을 살펴 볼 것이다. 마지막으로 촛불 민심을 통해 표출된 대한민국 시민의 절박한 소망을 프로테스탄트 원리의 근거로 삼아 시민이 주체가 되고 사회적 공공성을 확보하는 종말론적 시민 신학을 구성하고자 한다.

1. 프로테스탄트 원리의 상징으로서의 촛불의 미학
　　: 빛의 공공성과 정치 신학적 함의

칠흑과도 같은 캄캄함과 어둠에도 나름대로 어둠의 미학과 미덕이 있는 것처럼 빛의 미덕과 빛의 미학이 있다. 고된 하루의 일과를 마치고 어둑어둑한 저녁녘에 집에 돌아와 한 날을 마무리하며 어두운 밤 비로소 깊은 잠으로 쉼을 얻는다. 모든 것을 잠식해 버릴 것 같은 어둠일지라도 분주한 하루를 정리하며 깊은 잠을 청하는 어둠의 미덕과 안식과 평안함, 고요함의 미학을 갖는다. 어둠과 빛, 흑과 백의 이원론적 구분이나 상대적 비교가 아닐지라도 역시 빛만이 가질 수 있는 빛의 아름다움, 빛의 철학이 있다. 태양도 달빛도 그리고 인위적인 그 어떤 빛도 없는 암흑이 일주일, 이주일, 한 달, 두 달 계속된다고 상상해 보라. 지구상의 생명체는 필연적으로 사라지고 말 것이다. 빛은 생명의 근원이다. 그래서 신이 제일 먼저 시작한 노동이 바로 빛의 창조다. 신이 만든 빛이 사라지고 천둥 번개와 함께 갑자기 전기마저 끊어져 한치 앞도 분간할 수 없을 때 우리는 더듬더듬 서랍 속 깊은 곳에 넣어둔 초를 꺼내 촛불을 밝힌다. 촛불은 인간의 노동을 통해 만들어진 인간의 작품이다. 예기치 않게 우리의 삶 가운데 어둠이 스며들고 시대가 암흑에 잠겨 앞이 보이지 않을 때 우리의 노동으로 얻은 초를 꺼내 빛을 밝히고 우리의 미래를 만든다.

　인류가 초를 사용해 빛을 얻은 촛불의 역사는 꽤나 오래되었다. 어두운 공간을 밝히기 위해서나 일상의 활동을 위해서나 인간의 필요와 편의를 위해 사용된 이외에도 촛불의 용도는 다양하다. 촛불의 다양한 용도 가운데서도 특별한 의미가 부여되는 것은 바로 엄숙한 의식, 신성한 예식에서 사용되는 촛불이 가진 상징적 존재감이다. 기독교를 비롯한 유대교, 불교 등 대부분의 종교 예식에서 촛불이 사용된다. 가톨릭과 동방정교회의 미사에서는 물론 개신교의 다양한 교파에서도 예배 시 종교적 상징인 촛불을 밝힌다. 예배 때만이 아니다. 결혼 예식 때도 그리고 장례 예식 때도 그리고 명상과 기도 시에도 상징적 의미에서 촛불을 사용한다. 촛불은 우리의 마음을 모으고 정신을 집중시켜 사색하게 하고 자신을 넘어 초월자에게 향하게 한다. 기독교가 들어오기 오래 전부터 우리 어머니들은 모두가 잠든 깊은 밤에 마당에 나가 촛불을 켜고 하나님께 소원을 빌었다. 초에 불을 밝히고 불꽃이 타오르고 주변이 밝아질 때 혼란스러운 문제들이 불순물로 소멸되며 우리의 의식도 정화되어 신의 세계로 상승한다. 촛불은 이렇게 우리의 영혼을 정화시키고 신적 현존에 참여하도록 상승시키는 상징적 의미를 갖는다. 가스통 바슐라르가 말한 것처럼 "의식과 불꽃은 수직성의 동일한 운명을 지니고 있다."[1] 우리가 초에 불을 붙이는 것은 빛을 얻기 위함이다. 우리가 광장에서 초에 불을 붙이는 것은 빛을 만들기 위함이며 "빛은 불의 과정에서 정수이다."[2] 하나님께 드리는 신성한 의식에서나 시민들이 광장에서 촛불을 밝히는 것은 우리의 몸과 마음을 하나로 모아 성속을 초월한 존재로 향하는 상징적 의미를 갖는다.

"어둠은 빛을 이길 수 없다." 광장에 모여든 시민들이 촛불을 켜는 것은 빛을 만들기 위함이며 빛을 밝히는 것은 곧 빛을 통한 저항의 상징, 시대의 어둠을 물리치고 빛을 밝히겠다는 촛불 민심의 징치학을 표명하는 것이다. 초에 불을 붙이는 순간 촛불은 빛을 발하고 빛은 환하게 주변을 밝힌다. 주변을 밝히는 백색의 환한 빛은 다른 범주의 백색, 눈과 같은 순백이나 흰 물감과 같은 백색과는 사뭇 다른 상징 다른 정치적 함의를 갖는다. 백색의 환한 빛과 물감의 백색은 비교 불가한 다른 범주임에도 때로는 일상생활 가운데 관계되기도 하고 (때로는) 특별히 숭고함과 거룩함, 성스러움과 경건함을 나타내는 종교적 상징과 곧잘 비교되고 대조되기도 한다. 종교적 의미에서 거룩함, 순결함의 상징으로 표현되는 백색의 정치학은 구별과 분리, 성과 속의 이원화, 위계적 등급화로 표출되는 배제의 정치학으로 마커스 보그의 "거룩의 정치학"[3]으로 묘사되는 반면 빛의 백색은 전혀 다른 정치적 의미가 도출된다.

순결하고 깨끗해서 고결해 보이기까지 하는 하얀 눈과 같은 백색의 정치학은 배제와 분리의 원리에 그 근거를 둔다. 물감의 하얀색처럼 그리고 지붕 위에 싸인 흰 눈처럼 아름다운 신부의 하얀 드레스와 같은 순백의 흰색은 순결함과 깨끗함을 보존하기 위해 그 어떤 오점이나 티끌, 불순물도 용납되지 않기 때문이다. 그래서 순수성을 해칠 수 있는 모든 여타 것들, 오염될 수 있는 모든 것으로부터 거리를 두고 격리해야 한다. 경계와 등급을 나누어 철저히 범주화하고 그래서 때때로 배타적이고 적대적이어야 한다. 순결과 순수, 정결과 경건을 위한 경계와 분리는 거룩하고 고귀하고 선한 것이 되는 반면 혼합과 조화와 화합은 배제의 정치학적 범주에서는 오염이고 불결이며 부정하고 불완전하며 혐오스런 악으로 정죄된다. 그래서 성속의 분리, 순결과 불결의 범주화는 거룩함과 경건함의 영역을 보존하기 위해 필수적인 요건이 된다. 백색의 정치학 곧 분리와 배제의 정치학이 작동되는 교회나 종교 그리고 공동체에서는 힘없는 민중들, 가난하고 평범한 서민들, 시민들이 함께할 화합의 공간은 없다. 차별하고 분리하여 축출해 버리는 배제의 원칙에 근거한 '백색의 정치학'은 민중과 서민들의 삶을 억압하고 착취한 잉여가치로부터 기득권을 획득한 권력자들의 수사학이다. 순수 혈통과 특수 계층의 이익을 보존하고 세습하기 위해 민중과 서민과 약자들을 배제한 백색의 특별 계층은 21세기 대한민국의 현실에서도 그들만의 리그를 만든다. 금수저, 은수저 그리고 흙수저라는 수저의 색깔과 재질로 대변되는 대한민국의 새로운 계급층의 형성은 이러한 백색의 정치학, 분리와 배제의 논리에 의해 작동된다.

시민의 손에 들린 촛불은 모든 국민이 평등한 사회, 국민의 생명권과 안전을 최우선으로 하는 상식 통하는 정의로운 나라를 요청하는 촛불 민심의 표현이다. 촛불 민심은 배제와 차별의 논리학, 백색의 정치학에 대한 저항의 몸짓이며 분노의 표현이다. 초에 불을 붙이는 순간 주위를 환하게 밝히는 빛의 존재는 포용과 조화와 화합의 원리를 요청한다. 프리즘을 통해 분산되어 나오는 빨주노초파남보 다양한 색의 빛이 섞이고 어울려 조화를 이루어야 비로소 주변을 환하게 밝히는 빛의 백색이 되는 원리처럼 배제가 아닌 포용, 분리가 아닌 화합을 의미하는 빛의 정치학에 대한 요청이다. 광장 가득 밝히는 촛불의 정치학은 이렇게 복수성의 화합, 다양함의 조화, 다름의 포용이라는 포괄적 원리 위에 근거한다. 광화문의 촛불 민심은 중심부가 아닌 배제되어 밀려나간 주변부에 초점을 맞추고 다수만이 아닌 소수의 의견도 존중할 것을 요청한다. 광화문의 촛불 민심은 고정된 위계적 계층과 등급의 경계를 없애 부와 가난이 대물림되지 않는 모두가 평등하고 정의로운 세상을 이루고자 하는 대한민국 시민들의 절절한 소망의 표현이다. 거절과 배타가 아닌 포용과 화합이며 배제와 멸시가 아닌 관용과 사랑으로 정치와 종교의 권력에 의해 희생당한 이들을 품고 감싸므로 세상의 정의를 밝히는 것이 광화문 촛불의 정치학이 갖는 함의다.

성스러운 것, 거룩한 것, 종교적 예식에서도 목숨처럼 강조되는 것 역시 정결함과 순전함, 순결함이다. 부정한 것, 오염된 것, 불완전한 것들은 결코 용납되지 않았으며, 신께 바치는 모든 제물은 깨끗하며 순결하고 완전한 것이어야 한다. 티가 없고 불순물이 없이 순수한 것, 정결한 것, 순결한 동정이 거룩한 것이며 성스러운 것이다. 그래서 자식의 주검을 부여잡고 눈물 흘리는 늙고 병든 어머니 마리아보다 아이를 낳고도 그저 순결하고 여전히 동정녀인 마리아를 더 선호하고 추앙한다. 흑백으로 나누고 불순한 것을 걸러내고 속된 것을 빼버린 순결한 율법주의와 바리새인적인 배타성이 종교지도자들의 손을 거쳐 마치 하나님의 거룩함인 것처럼 환원되고 말았다. 잘라내고 밀어내어 격리하고 차별하고 억압하는 독선적인 배타성에 근거한 거룩의 정치학으로 예수님 당시의 종교지도자들은 병든 자와 가난한 자, 장애를 가진 자, 소외된 자, 세리와 창기들을 경건과 거룩한 신성의 이름으로 공동체 밖으로 몰아냈으며 그래서 메시아 예수까지 성문 밖 미문으로 몰아냈다. 십일조를 꼬박꼬박 바치고 일주일에 하루씩 금식하는 바리새인은 자신의 죄를 부끄러워하며 감히 고개를 들지 못하고 가슴을 치며 기도하는 세리를 보며 자신이 저렇게 속된 세리와 같지 않음에 감사하는 모습을 성서는 묘사한다.

"참 빛 곧 세상에 와서 각 사람에게 비취는 빛이 있었나니"(요 1: 9) 성서는 이 땅에 오신 예수를 '빛으로 오신 주님'으로 증언한다. '빛으로 오신 주님' 곧 참된 빛인 예수께서 이 땅에서 선포하고 살아낸 빛의 정치학을 통해 순혈주의적 배타주의와 바리새적인 율법주의에 사로잡힌 당시 종교주의자들을 꾸짖는다. 빛 자체가 되시는 그분은 하나님의 율법은 지키되 가난한 자들을 멸시하고 장애를 가진 자, 병든 자를 업신여겨 공동체 밖으로 쫓아내면서도 자신들은 하나님의 의를 지킨다고 말하는 서기관과 바리새인들을 책망한다. "너희가 박하와 회향과 근채의 십일조를 드리되 율법의 더 중한 바 의와 인과 신은 버렸도다. 그러나 이것도 행하고 저것도 버리지 말아야 할지니라." 빛 되신 예수께서는 거룩의 정치학을 무기삼아 힘없는 백성들을 밀어내고 하나님마저 밀어낸 종교지도자들을 향해 "소경된 인도자여 하루살이는 걸러 내고 약대는 삼키는 도다."(마 23:23-24)라고 책망하며 빛 된 삶이란 무엇이며 참된 빛의 정치학은 어떤 것인지 삶과 가르침 그리고 죽음, 자신의 전 생애를 통해 몸소 보여준다. 포용과 화합 그리고 조화의 빛의 정치학으로 '빛으로 오신 주님'은 종교권력자들이 휘두르는 거룩의 정치학에 의해 배제된 사람들을 하나님의 사람들로 품는다. '빛으로 오신 주님'은 거룩의 수사학으로 오염되고 불완전하며 불순하고 불결한 것으로 낙인 찍혀 밀려나간 세리와 창기들, 나그네와 이방인들, 병든 자들, 가난한 주변인들 모두를 주의 식탁 공동체로 환대한다. '빛으로 오신 주님'은 광화문 광장의 시민 속에서 촛불로 비춘다.

2. 프로테스탄트 원리의 보편성: 성례적전 상징으로서의 촛불

촛불을 한 손에 높이 치올린 시민들의 함성이 광장을 메운다. "거짓은 참을 이길 수 없다. 진실은 침몰하지 않는다." 국민에게 거짓을 일삼는 비윤리적이며 불의한 정권에 대한 사실상의 불신임 선언이다. 국민들이 위임한 권한을 사적 이익과 권력으로 사유화하여 국민과 국가를 위한 공적 책임을 방기해버린 무능하고 부패한 정권에 대한 준엄한 심판의 선포이기도 하다. 참은 반드시 승리하며 진실은 기필코 밝혀지고야 만다는 신념은 국민을 저버리고 거짓을 일삼는 불의한 권력을 용납하지 않겠다는 저항의 외침이다. 살아있는 권력의 불의한 실체를 폭로하고 서항한다는 것은 신변의 위험마저 감수하겠다고 결단하는 용기이며 군림하는 실세의 힘이 정의가 아니라 보다 높은 차원의 정의가 있다는 것을 포고하는 것이다. 권력자가 내세우는

상대적 정의가 아닌 시공을 초월한 보편적 원리로서의 정의가 있다는 신념
이며 이는 세속적 언어로 표현되는 신적 차원의 절대적 표준이 되는 보편
적 정의에 대한 신앙고백이라고 할 수 있다. 신학자 폴 틸리히는 이와 같은
보편적인 저항의 원리, 신율적인 정의의 원리를 명명하여 '프로테스탄트 원
리'⁴라고 부른다. 광화문 광장에서 진실과 참의 궁극적 승리를 외치며 치올
린 시민의 손에 들린 촛불이 바로 저항의 원리, 참된 정의의 원리를 향한 간
절한 소망이라 할 때 촛불은 곧 '프로테스탄트 원리'의 상징이라 할 수 있다.
궁극적 진리와 참의 승리를 소망하는 촛불은 저항과 정의의 원리의 상징이
며 이는 틸리히가 의미한 '성례전적 거룩성'의 상징이라 할 수 있다.

문화 신학자라고 불리는 폴 틸리히는 종교와 세속 문화의 관계를 "종교는
문화의 실체이며 문화는 종교의 형식"이라고 주장하며 종교와 문화 두 영
역이 분리할 수 없이 상호 내재적으로 깊은 연관성을 가지고 있음을 지적한
다.⁵ 틸리히에 의하면, 인간이 살아가는 사회와 문화 등 세속의 다양한 영역
은 종교적 차원, 신적 차원이 드러날 수 있는 공간이 되며 역으로 초월적이
고 종교적인 차원, 신적인 차원은 다양한 예술이나 문화 즉 세속적 차원을
통해 계시된다는 것을 의미한다. 틸리히는 이렇게 종교와 세속 문화가 상호
내재적 관계로 가장 이상적으로 결합된 상태를 '신율적 문화'라고 부른다.
다시 말해 '신율적 문화'란 인간의 창조물인 세속문화는 "그 자신의 정신적
근거로서 궁극적 관심과 초월적 의미"를 그 자체 안에 담지하고 있다는 것
으로, 이는 종교는 세속 문화에 심오한 정신적 깊이와 의미를 부여하는 반
면 세속 문화 역시 보다 깊은 종교적 진리를 표출하는 터전이 된다는 것을
의미한다. 따라서 신율적 문화는 인간이 모든 문화와 종교의 근원이자 척도
라는 '자율적 문화'를 거부할 뿐만 아니라 인간의 이성이 타율적인 종교에
무조건적으로 굴복해야 한다는 '타율적 문화' 역시 거부한다. '신율적 문화'

에서는 세속적 문화가 종교에 의해 일방적으로 굴복되거나 억압되지 않으며 종교 또한 세속 문화 안에 무차별적으로 용해되지도 않는다.[6] 이렇게 종교와 세속 문화의 관계가 타율적 종교나 자율적 세속 문화로 분리되지 않도록 하면서 상호 내재적 관계라는 신율적 차원이 되도록 하는 비판적인 저항의 원리를 '프로테스탄트 원리'라고 할 수 있다.

'프로테스탄트 원리'는 세속 문화의 차원, 곧 세속적 존재가 마치 신적인 거룩함 자체인양, 마치 절대 그 자체인양 자신을 높이는 모든 우상화에 대한 '비판적 원리'이자 '저항의 원리'다. 문화, 예술, 세속 문화는 초월적 진리가 표현되는 영역임에도 불구하고 신의 이름으로 굴복시켜 버리고 억압하는 "종교적 타율" 역시 비판하고 저항하는 원리가 바로 '프로테스탄트 원리'다. 세속적 영역에서 '신율'이 제거된 '자율', 종교적 영역에서 '신율'이 제거된 '타율'은 모두 '프로테스탄트 원리' 곧 비판과 저항의 대상이다. 틸리히에게 종교적 교리, 율법, 가르침 등을 포함한 모든 문화와 예술, 세속적 존재는 무한자 하나님을 드러내는 오로지 '상징'으로서만 그 의미를 갖는다. 광화문 광장에서 빛을 발하는 촛불 역시 절대적 권력으로 군림하는 거만한 정부를 향해 비판하고 저항하며 정의를 요구하는 '프로테스탄트 원리'의 상징이라고 할 수 있다.

종교와 문화, 세속과 초월, 유한자와 무한자 사이에서 이렇게 비판적, 저항적 원리로 작동하는 '프로테스탄트 원리'는 보편적 원리로서 구체적 일상의 삶 속에서 사건화로 구현된다는 것이 틸리히의 입장이다. 이렇듯 인류 역사의 굽이굽이 시대와 문화를 초월해 '프로테스탄트 원리'가 작동하고 있는 것을 성서를 통해서 그리고 역사적 사건을 통해 우리는 경험한다. 틸리히는 이러한 비판적 원리, 곧 프로테스탄트 원리가 구약성서 속 유대교 예언자들의 메시지에 의해 구체화되고 있으며, 나사렛 예수의 삶과 제자들의 삶을 통해 현실화되고 마르틴 루터로부터 시작된 종교개혁 운동에서도 역시 보편적인 '프로테스탄트 원리'가 프로테스탄트 주의로 표현되고 사건화되었다고 설명한다. 종교권력을 포함한 유한한 권력과 우연한 정권의 이데올로기가 자신을 필연시하고 절대화하며 국민 위에 군림하는 '마성화'에 대해 저항하며 예수 그리스도를 통해 계시된 하나님의 정의를 요청하는 '프로테스탄트 원리'는 시공을 가로질러 세계 역사 가운데 곳곳에서 실현되고 있다. 이러한 '프로테스탄트 원리'를 확장하여 적용할 때, 서슬 퍼런 독재정권에 맞서 저항하며 민주화의 실현을 위해 정의를 부르짖은 민중항쟁과 민주화투쟁 그리고 촛불혁명에 이르기까지 대한민국 역사의 굽이굽이 '프로테스탄트 원리'가 전개되어 왔다는 것을 알 수 있다.

부패한 지도자들과 죄를 범한 백성들을 향해 유대교의 예언자들이 전했던 회개와 심판의 메시지는 "정의의 원리"를 구현하는 것으로 '프로테스탄트 원리'가 예언자들의 메시지를 통해 나타난 것이라고 틸리히는 말한다. 하나님의 자리를 대신하여 자신을 절대시하는 그 어떤 유한한 존재라도 비판과 심판의 대상으로 삼았던 예언자들이 판단하는 기준으로 삼았던 것은 정의의 원리로서 곧 '프로테스탄트 원리'라는 의미다. 따라서 '프로테스탄트 원리'는 상황에 따라 주체에 따라 달라지는 일시적인 판단 기준이 아니라 시간과 공간을 가로질러 보편적 원리로서 작동하는 '정의의 원리'이다. 이러한 보편적이고 영원한 기준이 되는 '정의의 원리'가 구약 성서 속에서 만나는 유대교 예언자들의 메시지에서 나타났던 것처럼 예수 그리스도와 그의 제자들인 사도들에게도 다시 구현된다. 오직 하나님과 하나님 나라를 목적으로 선포하고 자신은 오로지 전달자로서만 여겼던 예수 그리스도와 제자들은 당시 하나님을 하나의 종교 속에 제한하려는 종교지도자들을 향해 비판하고 저항했던 것을 알 수 있다. 틸리히는 영원한 원리로서의 '프로테스탄트 원리'가 완성되는 곳이 바로 새로운 존재 예수 그리스도를 통해 계시된 하나님이라고 주장한다.

한국어로는 개신교로 번역된 '프로테스탄트(Protestant)'라는 용어가 처음 유래된 곳은 1529년 독일의 슈파에르(Speyer)에서 열린 제2차 제국의회에서다. 1517년 마르틴 루터로부터 발화된 종교개혁은 걷잡을 수 없이 퍼져나갔고 이를 막고자 했던 가톨릭의 종교지도자들과 독일의 군주들이 1526년에 슈파에르에서 제1차 국회를 열어 각 지역은 제후가 결정하는 종교를 그 지역의 종교로 결정된다고 결의했으나 이후 이 결의는 잘 지켜지지 않았다. 1529년에 제2차 슈파에르 의회에서 가톨릭 세력은 루터주의자들의 활동을 금지시키는 결정을 하려 했고 이에 반발한 제국 내의 개혁파들이 동맹을 맺어 항의(protest)한 데서 항의자, 곧 프로테스탄트라는 말이 생겨났다.[7] 틸리히가 말한 "프로테스탄트 원리"란 개신교 원리로서 이렇게 슈파에르 국회에서 저항자라는 의미에서 비롯되었지만 단순히 역사적인 사건으로서의 프로테스탄트나, 혹은 루터주의나 개혁주의를 포괄하는 프로테스탄티즘, 곧 개신교주의에 제한되지 않는다.

틸리히는 이러한 '프로테스탄트 원리'가 루터의 종교개혁 원리 가운데 하나인 "믿음을 통한 구원" 곧 '인의론(justification)'에서 구현된다고 말한다. 사도 바울로부터 유래된 은총에 의한 구원은 루터의 '인의론'으로 이어지는데 이는 죄인으로서의 인간이 구원받는 것은 인간의 공적이나 행위가 아닌 오직 은혜로 주어진 믿음에 의해 구원을 받는다는 것을 의미하는 것으로 오직 성서, 오직 은총에 이은 3대 종교개혁 원리 가운데 가장 핵심적인 원리라고 할 수 있다. 이는 인간이 자신의 율법적 행위를 통해서나 인간적인 업적을 통해 혹은 도덕적 추구를 통해 스스로 의로워지고 구원에 이를 수 있다는 오만과 자만에 대해 전면 부인하고 비판하는 것이다. 홀로 완전한 절대자를 통한 은총이 없이는 인간은 믿음도 가질 수 없고 결코 의로워질 수도 없다는 것을 상기시키는 루터의 칭의론에 대해 틸리히는 '프로테스탄트 원리'의 실현이라고 말한다. 다시 말해 오직 하나님의 은총으로 주어진 믿음을 통해 구원이 가능하다는 것으로 인간은 여전히 죄인이며 불의하고 불경한 존재임에도 불구하고 하나님께서 인간을 의롭다고 인정해 주신다는 것을 의미한다. 하나님에 대한 인간의 믿음이 인간을 의롭게 만드는 것이 아니라 여전히 죄인임에도 불구하고 인간의 상태와는 아무 상관없이 "하나님이 자기 포기적인 은총"에 근거해서 인간을 의롭다고 인정해 주심으로만 구원이 가능하다는 것이다.[8] 여기서 '프로테스탄트 원리'는 홀로 완전하고 거룩하신 하나님과 결코 의로울 수 없는 인간의 관계, 곧 무한자와 유한자의 좁힐 수 없는 심연의 관계를 하나님의 은총을 매개로 하나님이 의롭다고 판단하신다는 의미에서 "신인 관계의 역설이 받아들여지고 모든 이데올로기는 파괴된다"[9]고 틸리히는 말한다. 이런 면에서 루터의 칭의론은 프로테스탄트의 원리의 구현이라고 할 수 있다.

마르틴 루터는 면죄부를 매매하면서까지 하나님을 대신하여 절대적 권세를 누리던 로마 교황의 종교권력을 향하여 적그리스도라 비판하였으며 그에 대해 예언자적 비판을 한다. 또한 루터는 당시 인문주의자 에라스무스와 논쟁하며 인간의 '자유의지'를 통해 하나님께 향할 수 있다고 하는 에라스무스에 반대해 인간의 '노예의지'를 주장하며 인간의 한계를 주장한다. 틸리히는 이러한 루터의 종교개혁적 입장에 대해 평가하기를 루터는 "인간의 참된 상황을 은폐하는 두 가지 방식의 이데올로기와 투쟁했다"고 한다. 즉 하나는 교황의 종교권력으로 대변되는 "가톨릭적인 이데올로기"와 에라스무스의 자유의지로 대변되는 "휴머니즘적인 이데올로기"라고 지적한다. 다시 말해 가톨릭적인 이데올로기는 "인간이 신적인 터전으로부터 분리되어 있는 상태를 마치 성례전적 은총과 금욕의 실천을 통해 극복"할 수 있는 것처럼 주장하는 "종교적 이데올로기"며, 휴머니즘적인 이데올로기는 "인간 상황의 왜곡된 성격을 부정하며 인간의 자기 결정에 근거해서 본질적인 인간성을 성취하고자 하는" 세속적 이데올로기라고 설명한다.[10] 마르틴 루터로부터 시작된 개신교는 이러한 종교적 세속적 이데올로기에 맞서서 "자신의 원리를 이데올로기화하는 데서 자유롭지 못했다"[11]고 틸리히는 지적한다. 이는 개신교가 '프로테스탄트 원리'를 통해 스스로를 절대화시키는 이데올로기가 되는 것에 저항하고 투쟁하는 데서는 실패했다는 것을 의미한다.

프로테스탄트 원리가 적용되어야 하는 곳은 단순히 몇 가지 사례들로 제한 될 수 없다. 모든 삶의 영역과 제도와 체제를 포함해서 유한한 존재가 자신의 입지를 인식하지 못하고 스스로 절대화시키는 모든 것들로, 예를 들어 개신교와 같은 종교와 문화를 포함 모든 종교적이고 문화적 실재들 모두가 예언자적 원리의 심판 대상이 된다. 더욱이 "프로테스탄트 원리는 인간의 상황, 기본적으로 왜곡되어 있는 인간의 상황에 대한 심판을 의미한다"[12]고 틸리히는 주장한다. 따라서 인간이 처한 상황이 전쟁이나 독재 지배체제 혹은 자본주의 체제 등으로 왜곡되었다면 그 역시 예언자적 심판의 대상, 곧 '프로테스탄트 원리'의 비판과 저항의 대상이 된다. 따라서 인간의 상황을 왜곡시키는 외부 세력의 침탈, 지배자의 독재에 맞선 프로테스탄트의 원리는 대한민국 역사에서 민중항쟁이나 민주화를 위한 운동, 학생인권운동을 포함 광화문에서의 촛불혁명에서 사건화되었다는 것을 알 수 있다.

3. 촛불의 정치 신학: 종말론적 소망의 시민 신학

촛불이 커지며 촛불에 담긴 촛불 민심의 함성이 광화문 광장에 메아리로 퍼진다. "우리는 포기하지 않는다." 매일 저녁, 매주 토요일, 삼삼오오 아이들을 동반한 가족들이, 직장을 퇴근하고 함께한 동료들이, 지방에서 상경한 농민들이 광화문 광장으로 모여든다. 여전히 서슬 퍼렇게 살아있는 실세들의 경고와 위협에 대항해 광화문 시민들의 손에 들려진 것은 오로지 촛불뿐이다. 얼마 전 쌀값 안정을 요구하기 위해 맨몸으로 광화문 광장으로 왔던 백남기 농민이 경찰들이 쏜 물대포에 맞아 주검이 되었다는 사실을 광화문 광장의 시민들은 알고 있다. 차벽을 세워 평화행진을 막는 공권력이 언제 무력을 사용하여 평화로운 시민들의 시위를 진압할지, 백남기 농민을 향했던 물대포가 (언제) 다시 시민들을 겨냥할지 그 누구도 확신할 수 없는 상황이다. 무장한 공권력 앞에 촛불이란 얼마나 나약하고 보잘것없는 것인지, 촛불 하나 손에 든 시민은 또 얼마나 나약한 존재인지, 일상의 삶을 뒤로 한 채 얼마나 더 광장에 나와야 하는지 아무 것도 예측할 수 없는 불안한 상황에서도 촛불과 함께 대한민국의 시민들은 함께 외친다. "우리는 포기하지 않는다." 국민이 5년간 머물도록 공적으로 허락해서 청와대에 계신 그분, 국민의 바람과 소망을 무참히 저버린 국정농단의 실세들 그리고 부역자와 조력자들에게 "우리는 포기하지 않는다"는 말보다 더 무섭고 두려운 선전포고가 있을까? 어떠한 위협과 두려움 앞에서도 '결코 포기하지 않겠다'고 한 목소리로 외치는 대한민국 시민들의 저항은 정의로운 세상, 상식이 통하고 모든 사람이 평등한 세상이 올 때까지 촛불을 끄지 않겠다는 결의이자, 촛불 민심의 함성을 결코 멈추지 않겠다는 결연한 의지의 표출이다. 프로테스탄트 원리가 영원한 보편적 원리로서 지속되는 것처럼 결연한 의지의 표출인 촛불의 함성은 '프로테스탄트 원리'의 계속적인 실현이다.

광장과 거리의 시민들의 함성으로 마침내 국정농단의 주범이 된 정권의 수장이 탄핵되고 국민들이 뽑은 국민의 대표가 새로운 정권으로 교체되었다. 성숙하고 높은 시민들이 보여준 결연한 의지와 정치의식에 소위 전문 정치인이라는 집단의 엘리트들이 시민들에게 굴복한 것으로, 이는 시민 정치의 승리라 할 수 있다. 시민 정치의 특징에 대해 "무정형이지만 방향이 있고, 무질서 속에서 질서를 찾는다. 주름진 협곡 산골짜기 지류처럼 이리저리 흘러가지만, 결국 하나로 모여들어 대하를 이루는 그런 참여의 조각들이 시민 정치"[13]라고 말한다. 유태계 독일 정치철학자 한나 아렌트는 인간의 진정한 삶의 조건은 다름아닌 (시민들의) 자유로운 발언을 기반으로 한 정치적 행위에 근거한다고 말한다. 인간을 인간되게 하는 참된 조건은 생계를 위한 필요한 노동(labor)이나 도구나 예술 작품을 만드는 작업(work)이 아니라 자발적 토론(speech)와 정치적 행위(action)라는 것이다. 아렌트가 여기서 말하는 정치적 행위란 전문적인 정당 정치를 말하기보다는 오히려 시민 정치의 특성을 말한다. 따라서 아렌트에 따르면, 시민들이 공동의 관심으로 자발적 발언을 통한 상호 동의 속에서 공통으로 하는 행동 가운데서 권력은 자연스럽게 나오는 것이라고 한다. 그러한 정치권력은 정치 공동체 속에서의 공동 행동에서 생겨나는 것이기에 자체가 정당성을 가지고 있으며 시민들의 공동체가 흩어지면 그 권력은 사라진다고 말한다.[14] 정치권력과 폭력은 필연적인 동반 관계라고 알려진 일반적인 생각을 거부하며 폭력은 권력의 목적을 이루기 위한 수단으로 사용되기에 정당성을 얻지 못한다고 지적한다.[15]

부정선거를 통해서 영구 집권을 꾀했던 이승만 초대 정권, 쿠데타로 탈취해 정당성을 확보하지 못한 정권을 유지하고 영구 집권을 하고자 했던 박정희 정권, 전두환과 노태우로 이어지는 군사정권들에게 보이는 공통점은 정치권력을 유지하기 위해 모두 폭력을 수단으로 삼은 정권이었다는 점이다. 정치 공동체 구성원들의 자발적인 토론과 합의에 근거한 정치적 행위에서 나오는 정당한 권력이 아니라, 독재정치를 유지하기 위해 유신의 공포와 광주학살이라는 폭력을 통해서만 유지될 수 있었던 권력이었다. 부정부패로 이루어진 불의한 권력과 폭력을 수단으로만 유지할 수 있었던 부당한 정치권력으로 인해 대한민국 국민들의 일상의 삶은 비참하게 왜곡되었다. 민주화를 위한 시민의 투쟁으로 민주 정부가 구성되고 국민의 손으로 뽑은 대통령들이 선출되었으나 사회적 타살로 인해 억울한 죽음으로 생을 마감해야 했던 노무현 대통령을 기억하며 국민은 여전히 불행하고 왜곡된 실존을 가슴 시리게 경험한다. 정치권력과 경제권력인 재벌들의 정경 유착, 부패하고 무능한 정치권력과 종교권력의 결탁 등으로 21세기 대한민국 시민들은 왜곡된 일상 속에서 살아가야만 한다. 이렇듯 기본적으로 왜곡되어 있는 인간의 상황과 피폐하고 그릇된 인간의 실존을 프로테스탄트 원리는 심판의 대상으로 삼아 정의를 요구한다.

　개인적 억압의 상황이나 정치 · 경제 · 종교권력의 조직적인 핍박과 통제로 인해 왜곡된 대한민국 시민의 실존에 '프로테스탄트 원리'는 저항과 정의의 원리로 작용한다. 대한민국의 주권자인 국민을 농락하고 폭력으로 인권을 유린한 억압의 역사 곳곳마다 (절대) 군주로 군림하는 지배 권력에 대항해 민주주의를 회복하고 인간의 존엄성을 되찾기 위한 저항의 몸부림들이 있었다. 백성을 억압하는 불의한 지배 세력을 향해 유대교 예언자들이 비판과 심판을 외쳤던 예언자의 원리가 시공을 넘어 대한민국 역사에서도 끊임없이 '프로테스탄트 원리'로 이어져오고 있었다는 의미다. 이러한 저항은 수단과 방법을 가리지 않고 권력을 장악하고 정권을 탈취하기 위한 위한 전복적 저항이 아니었다. 부정선거에 맞서 분연히 일어선 4 · 19의거, 군부 세력에 맞선 5 · 18 광주항쟁, 1987년 시민항쟁, 그리고 촛불혁명에 이르기까지 왜곡된 인간 실존을 바로잡고 민주화를 진척시키고 국민 주권을 되찾기 위한 시민들의 저항의 역사는 정의를 요구하는 프로테스탄트 원리의 전개들이라

할 수 있다. 저항의 촛불과 함성은 마침내 아버지와 딸로 이어진 유신의 왕국을 종결시키고 마침내 시민들의 자발적인 정치 참여로 이룬 시민 정치 시대를 열었다.

여전히 불안하고 아직은 미완이지만 성숙한 시민들의 자발적인 참여로 이제 막 시작한 새로운 실존에 대하여 송호근은 '시민 정치' 시대라고 부른다. 그가 이렇게 호명하는 것은 광화문 광장과 전국의 거리에 모여 촛불을 밝히고 함성을 외친 주체가 바로 시민, 특별히 '교양 시민'이기 때문이라고 설명한다.[16] 그가 교양 시민이라 칭한 것은 지식의 우월성을 가진 지적 계층을 의미하는 것은 아니라 불의와 정의에 대한 판단 인식을 가지고 행위의 실천에 참여하는 시민을 지칭하고 있다. 다양한 배경과 다양한 층으로 이루어진 시민들이 광화문 광장으로 모여든 이유는 330명의 국민의 생명을 세월호와 함께 수장해 버린 부도덕하고 불의한 정권이 여전히 사태에 책임지지 않은 채 또 다시 국정농단을 통해 국민을 기만한 참담한 현실에 대한 정의로운 분노와 새로운 사회를 향한 소망 때문이었다. 대한민국 시민사회라는 세속적 문화 속에서 살아가며 불의에 저항하고 정의를 소망하는 시민들은 보다 초월적인 가치가 대한민국 사회의 터전에 실현되기를 원하는 것이다. 다른 말로 광화문 광장에 모여든 시민들의 저항과 소망은 세속적 문화의 터전 가운데 하나님의 정의가 실현되는 신율적 문화가 형성되기를 희망하는 것이라 할 수 있다. 각각의 다른 배경을 가진 다양한 시민들이 간절히 소망하는 마음으로 들어 올린 촛불은 저항과 정의를 상징하는 성례전적 거룩함의 상징이며 촛불 민심의 함성은 대한민국 시민들의 간절한 종말론적 소망을 표출하고 있다.

"어둠은 빛을 이길 수 없다. 거짓은 참을 이길 수 없다. 진실은 침몰하지 않는다. 우리는 포기하지 않는다." 이구동성의 함성이 드러내는 촛불 민심은 대한민국 시민들이 기대하고 소망하는 사회란 거짓이 아닌 진실이 밝혀져 드러나며 정직하고 바른 것이 존중되는 밝고 투명한 사회를 소망한다는 의미다. 바로 그런 사회를 만들기 위해 한반도 역사의 중요 시점마다 민중과 시민들이 정의를 위해 헌신적인 노력을 지속해 왔다. 이러한 노력과 헌신, 목숨을 내건 투쟁은 2017년 촛불혁명을 통해 시민들의 힘으로 정권을 교체해냈다. 다른 말로 세속적인 시민사회 가운데 프로테스탄트 원리라는 저항과 정의의 원리가 실현되어 왔다는 것을 의미한다. '프로테스탄트 원리'의 상징인 촛불은 결코 꺼질 수 없다. 촛불혁명을 통해 부패한 세속의 자율적 문화, 절대 권력으로 군림하던 오만한 정권을 심판하고 새로운 민주 정부를 창출해냈지만 촛불은 꺼지지 않고 촛불 민심은 광장을 계속적인 발언의 터전으로 삼겠다고 결의한다. 촛불 민심의 함성은 끝나지 않는 여운을 남긴다. "우리는 포기하지 않는다." 촛불로 일궈낸 것은 아직 완성된 것이 아니기에 결단코 포기할 수 없다는 결의로서 이는 종말론적 신앙에 대한 세속적 표현이 된다.

광화문 광장의 촛불 시민들, 소위 교양 있는 시민들은 자신들의 노력만으로는 그들이 원하고 소망하는 완전한 사회를 이룰 수 없다는 것을 알고 있다. 또한 역사는 진보의 역사가 아니라 때로 퇴보할 수도 있다는 사실도 인지한다. 그럼에도 불구하고 자신들이 이룩하고자 소망하는 사회, 진실이 드러나며 어둠이 물러나고 정직과 올곧음이 존중되는 사회를 만들어 갈 것을 포기하지 않겠다는 신념의 표출이다. 자신을 절대시하는 모든 존재, 인간의 실존을 비참하게 왜곡하는 그 어떤 권력이나 체제일지라도 영원한 프로테스탄트 원리의 심판과 정의의 원칙에 종속된다는 믿음의 표현이다. 민중항쟁, 학생운동, 민주화운동 그리고 촛불혁명 등을 거쳐 이미 시작된 시민 민주사회가 여전히 불안하고 완성되지 않았으나 결코 포기하지 않고 완성을 향해 끊임없이 노력하고 일구어내겠다고 하는 세속적으로 표현된 종말론적 신앙이라고 할 수 있다. 비록 내가 살아있는 동안 내가 노력한 성과를 볼 수 없을지라도 세대를 넘어 미래의 후손을 위해서 노력할 것이며 이 세계의 마지막의 때, 하나님의 시간이 열리는 그때라도 이루어질 것이라는 종말론적 전망에 대한 믿음의 표출이라고 할 수 있다. 필요할 때면 언제든 한 손에 촛불을 들고 광장으로 향할 것이며 광장 한가득 메아리치도록 계속해서 함성을 지를 것이라는 것을 의미한다.

기독교 신학의 전체를 관통하는 핵심 주제로 새로이 부각되는 종말론은 인간 실존에서 전망하고 바라는 비전 곧 희망의 현상에 대한 신학적 주제가 된다. 인간이 가장 절실하게 소망하고 기대하는 것은 막연한 상상에서 나오는 것이 아니라 자신들의 삶에서 구체적으로 결여하고 있는 가장 중요한 것으로부터 비롯된다. 따라서 종말론의 핵심은 인류 역사의 종말에 무엇이 일어날 것인가에 대한 호기심에서 비롯된 것이 아니라 현재 우리에게 결여된 가장 중요한 요소가 결국은 궁극적으로 "성취될 것이라는 희망"이다. 따라서 종말론의 다른 이름은 '희망론'이라고 할 수 있다. 구약의 예언자들이 선포한 "야훼의 날, 심판의 날, 새 예루살렘"으로 묘사된 이스라엘의 종말론은 죽음 이후에 가는 내세의 삶에 대한 소망이나 역사의 마지막에 있을 일에 대한 기술이 아니라 그들이 그토록 바라는 "지상에 낙원이 마침내 도래할 것"이라는 기대에 근거하고 있다.[17]

신약성서 학자들이 공감하는 예수의 전 메시지의 핵심은 하나님 나라다. 예수께서 선포하고 비유를 통해 전하는 하나님 나라의 전망과 이미지는 인간 실존의 종말론적 비전을 제시하고 있음을 알 수 있다. 회개를 촉구하며 선포하는 임박한 하나님 나라의 도래는 당시 인간 실존과 무관한 것이 아니라 현실의 이기적이고 왜곡된 가치를 전복하는 것으로 새로운 이상적 비전으로 성서는 묘사한다. 예수께서 선포한 하나님 나라의 비전이 단순히 저세상적인 것이나 초월적인 장소, 혹은 온전히 미래지향적인 것이 아니라 예수의 인격과 사역 그리고 가르침 등에서 이미 하나님 나라가 도래했으나 아직은 완성되지 않은 나라로서 비로소 하나님의 때에 완성될 것이라는 종말론적 신앙에 근거한다. 예수 그리스도로부터 시작되어 그의 전 생애를 통해 체화되고 예시된 하나님 나라의 과업을 계속해서 그의 제자들이 이루어가야 한다는 의미다. 예수로부터 시작된 기독교 역사 2,000여 년, 그리고 종교개혁 500주년을 맞는 개신교인들이 계속해서 일구어나가야 하는 종말론적 비전이며 소명이다.

"우리는 포기하지 않는다"는 시민들의 함성은 종말론적 신앙의 외침이다. 성숙한 시민들이 광화문 광장과 거리에서 일궈낸 촛불혁명은 아직 끝나지 않았다는 것을 알리는 것이다. 예수의 선포로 시작된 하나님 나라를 계속해서 이 땅에서 이루어 나가야 하듯 대한민국의 시민들 역시 모두가 평등한 사회, 인간의 존엄성과 생명을 최우선으로 하는 정의로운 사회라는 종말론적 비전을 품고 하나님의 신율이 한반도를 터전 삼아 온전히 드러날 때까지 촛불을 끄지 않을 것이며 포기하지 않고 외칠 것이라는 신율적 신앙고백이다.

세계 기독교인에게 2017년은 종교개혁 500주년이 되는 뜻깊은 해다. 우리나라를 포함해 세계 곳곳에서 오래전부터 종교개혁 500주년을 기념하는 행사를 준비해 왔다. 그러나 대한민국의 시민이며 기독인으로서의 정체성을 가진 이들에게 2017년은 더 큰 의미를 갖는 해가 될 것이다. 평화로운 촛불집회를 통해 오로지 시민의 힘으로 부패한 정권을 심판하고 정권 교체를 이루어낸 뜻깊은 해이기 때문이다. 안타깝지만 기독교가 한국 사회에 미치는 부정적인 영향력은 증가하는 반면 긍정적인 영향력은 급속도로 감소하고 있는 현실을 직시하지 않을 수 없다.

시간은 또 흐를 것이고 떠들썩한 종교개혁 500년의 행사도 곧 끝날 것인데 그 이후의 기독교의 행방은 어떠해야 하며 신학은 어떠해야 할지 고민스럽기만 하다. '프로테스탄트 원리'의 시각으로 조명하면서 한국기독교가 이제 교회 건물의 벽을 넘어 시민사회 속으로 들어가야 한다고 주장하며 고민의 실타래를 풀어나가고자 했다. 광화문 광장에 모인 성숙한 시민들의 평화로운 촛불의 혁명은 참으로 감동이었고 기독교인의 행위나 삶보다 훨씬 성숙하고 열려있다는 도전을 받았기 때문이다. 촛불을 손에 들고 종말론적 비전의 한국 사회를 그리며 촛불 민심을 외친 자랑스러운 대한민국 시민이자 기독교인들도 많이 있었을 것이다. 미래의 세대를 위해, 정의가 하수처럼 흐를 정의로운 사회를 만들기 위해 자발적으로 광장에 모인 시민들에게서 열린 그리스도인의 모습, 신율적 문화가 실현된 모습을 어렴풋이나마 느낄 수 있었다.

복음의 진리가 대한민국 사회에서 상황화되고 시민들의 민심 속에서 구체화되고 광화문 광장에서 사건화되어 실현되는 현실을 '프로테스탄트 원리'의 시각으로 조명했다. 이렇게 종교개혁 500년 이후의 한국기독교는 그리고 신학은 '우주적 하나님'의 진리인 '정의의 원리'가 제도적인 기독교의 한계와 교회 울타리를 훌쩍 넘어 역사적 시공을 넘나들며 모든 시민들의 삶 속에 실현되는 기독교가 되길 소망한다.

김 정 숙_감신대 교수

| 제4부 |

루터 밖에서
아시아적으로

01

한국 개신교 시장신학의 해체를 위한 비평적 분석

1. 종교개혁 500주년과 한국 개신교의 풍경

종교개혁 500주년을 맞이하는 개신교의 교계와 학계의 움직임이 활발하다. 종교개혁을 기념하는 각종 행사가 교계와 학계에서 개최되고 있다. 종교개혁 500주년 서울성령대회, 종교개혁 500주년 기념 장로교 심포지엄, 종교개혁 500주년과 목회자 윤리 발표회와 같은 학술 및 종교 집회에서부터 '종교개혁 500주년'을 강조하는 각종 저서의 출판에 이르기까지 한국 개신교는 종교개혁을 맞이하면서 분주한 풍경을 보여주고 있다. 500년의 역사라는 시간이 주는 중압감 탓인지 혹은 한국 개신교가 처한 '성장 위기'에 대한 인식 탓인지는 모르겠지만, 이러한 분주한 풍경 속에서 한국 개신교가 처한 현실을 진단하고 문제를 해결하기 위한 대책들이 공동의 관심사인 것만은 분명하다.

여기서 우리는 종교개혁에 대한 한국 개신교의 논의에서 '종교개혁'이 한국 개신교의 현실을 진단하는 하나의 기준 혹은 전제로서 상정되고 있다는 점에 주목할 필요가 있다. 곧, 1517년 루터의 95개조 반박문에서 촉발된 종교개혁은 당대의 정치적, 사회적, 종교적 계기를 따라서 구성된 '운동'이라는 성격이 간과되는 경향이 있다. 우리가 종교개혁의 의미를 파악하는 '색인'(index)은 역사적 맥락과 연관되어서 작성될 수 있을 뿐이다. 종교개혁은 역사적 맥락 속에서 생성되고 역사적 계기에 따라서 여러 양태를 띠면서 전개되었다. 이처럼 종교개혁은 정태적이고 단일한 하나의 실체가 아니라 역동적이고 다양한 양태의 운동이었음에 동의한다면, 우리는 종교개혁을 개신교의 상태를 진단하는 '표준'으로 상정하고 과거 종교개혁의 정신으로 돌아가자고 외치기보다는, 우리의 관심을 종교개혁 그 자체가 병리적 징후를 보이는 개신교의 현재를 이루는 '역사적 계기'임에 집중해야 한다. 오늘날에 한국 개신교가 하나의 사회적 문제로 상정되고 있다면, 그러한 문제가 발생되는 조건과 계기에 대한 비판적 성찰이 필요하다는 말이다.

종교개혁을 바라보는 개신교의 안과 밖의 입장에는 분명 차이가 있을 것이다. 개신교 신학자와 목회자는 자기 교단의 진원지인 종교개혁의 정신을 파악하고 그 정신을 현실에서 창조적으로 적용·발전시킬 수 있는 신학적 패러다임의 모색과 구체적인 실천을 절실하게 느낄 것이다. 그에 반해 개신교 바깥에 머무는 인문학자는 조금은 다른 입장을 지닐 수밖에 없다. 곧 종교개혁의 본질과 의미를 해석하기보다는 개신교가 오늘날에 우리에게 보여주는 현상과 그 성격에 대한 이해에 더 많은 관심을 갖게 된다. 이렇듯 개신교의 안과 밖의 관심사는 분명히 차이가 있을 테지만, 그럼에도 한국 개신교의 정체성을 확인하고 개신교의 종교현상을 분석하는 작업은 어떤 입장에 서있건 간에 중요한 일이다. 그리고 그러한 작업의 심화를 위해서는 한국 개신교의 정체성을 확인하고 그 정체성 구성에 영양분을 제공했던 종교개혁의 이념적 요소에 주목할 필요가 있다. 나아가 성찰적 인문학의 책임이 강조되는 시대에 학문의 객관성을 빙자한 방관자적인 입장에서 벗어나 한국 개신교의 현상을 매개로 '여기 지금'의 상황에서 요청되는 '변혁의 종교'에 관한 얼개를 그려보기 위해 동아시아의 사유와 그것을 기반으로 한 신학 작업을 조금이나 검토하는 일은 나름의 의미가 있다고 본다.

이 글의 논의는 한국 개신교가 드러내는 병리적 징후의 핵심에는 개신교의 자본주의화와 그것에 편승한 시장신학이 놓여 있다는 진단에서 출발한다. 한국 개신교의 자본주의화 현상은 종교개혁 정신으로부터의 일탈과 회복이라는 단순 구도에 의해서는 설명되기 어렵다. 왜냐하면 우리가 경험하는 시장자본주의는 근대성과 종교개혁의 접합 지점에서 하나의 통치체제로 자리하면서 종교로서의 성격을 획득하는 반면에, 개신교는 그러한 통치체제와의 교섭을 통해서 자본주의의 논리를 교회 내부에 구축하고 정당화해왔기 때문이다. 다시 말해서, 개신교는 시장자본주의 체제와의 내적 필연성을 지닌 종교인 까닭에, 우리가 개신교에서 발견하는 병리적 징후는 실상 시장자본주의 체제의 내적 모순의 외적 발현에 불과한 것이다. 이러한 관점에서 보면, 오늘날 한국 개신교의 개혁에 관한 논의가 종교개혁으로부터의 일탈과 회복, 궁극적으로는 예수의 삶과 정신으로부터의 일탈과 회복이라는 구도에 갇힐 경우에 우리는 출구 없는 담론의 감옥 속에서 자족하거나 좌절하는 상태에 직면하게 될 것이다. 우리가 개신교의 장에서 시대 변혁의 힘을 비축하고 확장하기 위해서는 무엇보다도 탈자본주의의 틀을 신앙 공동체 내부에 구축하고, 이러한 구축의 사회적 확장을 통해 시장자본주의의 통치체제에 균열을 일으킬 수 있는 신학적 사유의 모델을 찾는 진지한 성찰의 여정에 나서야 한다.

2. 한국 개신교의 자본주의화와 속물적 신념[1]

1980년대 후반 이후, 억압적 국가기관의 민주적 이행, 사회의 민주화, 명확한 이익집단의 성격을 지닌 시민사회단체의 출현, 신자유주의의 세계화와 소비문화의 출현 등은 개신교의 진보 진영과 각각에게 사회참여의 수준에서 변화를 가져왔다. 이전에 개신교의 사회참여는 진보 진영의 주도하에

독재정권에 대한 반체제·반정부운동이라는 저항운동에서 이루어졌던 반면에, 사회 환경의 변화에 따라 계급론에 기초한 진보 진영의 급진적 사회운동은 현저히 약화되었고 진보 진영의 기반이었던 지식인, 청년과 시민들은 시민운동에 흡수되는 현상을 보였다. 더구나 신자유주의의 세계화와 소비문화의 출현은 비판적 저항운동의 인적 자원이었던 청년층의 이념적 다변화와 경제에 대한 관심을 고조시키면서 급진적 저항운동에 대해 거리감과 회의를 형성하게 했다. 한편, 이러한 사회 환경의 변화는 보수 진영에게는 사회 영역에 자신의 공간을 확보할 수 있는 계기를 제공함으로써 보수 진영의 사회적·정치적 관심을 불러 일으켰다. 다시 말해서, 정치적-경제적 민주화와 신자유주의의 세계화로의 편입과 그것에 의한 문화 변동에 의해서 표면적으로는 진보와 보수의 이념 논쟁에서 벗어날 수 있는 사회적 환경이 형성된 것이다.

그러나 좀 더 엄밀한 시각에서 보면, 1980년대 후반과 1990년대 개신교의 변화 양상의 중심 동력은 '경제력'이었음이 분명하게 드러난다. 곧 진보 진영과 보수 진영이 중간 지점으로 이동했다는 '수렴'[2]이나 개신교의 이념과 사회적 실천의 양상이 '다층적 다원화'[3]로 분화되었다는 관점보다는 '보수 세력의 헤게모니 확장'[4]으로 보는 관점이 설득력을 얻는데, 그 이유는 1990년대 이후 교회의 '경제력' 혹은 '경제 장악력'이 종교권력의 교체 내지 재편을 초래하는 현상들이 가시화되기 때문이다. 이에 대해 강인철은 개신교 시장의 팽창 및 재편 과정에서 형성된 교회의 대형화 내지 '교회의 초대형화'라는 현상이 종교권력 지배 구조의 교체를 촉진하는 핵심 요인으로 작용했다고 주장한다.[5] 즉 대형교회는 막대한 교회 자본을 바탕으로 소형교회, 교단, 그리고 교회연합기구에 대한 재정 지원으로 긴밀한 인적 네트워크를 형성하면서 개신교의 종교권력을 장악해 나갔다는 것이다. 강인철은 그 배경으로 개신교 시장의 성장 과정에서 형성된 '교회 규모의 양극화 현상', 신도시 개발에 근거한 중산층 대형교회의 출현, 목회자의 과잉 공급, 금권에 의한 교단 선거, 연합기관에 대한 재정적 지원 등을 지적한다.[6] 개신교 시장은 전적으로 시장 논리에 따라 그 외형을 확장해 왔고, 이러한 시장 경쟁에서 밀려난 목회자와 소형교회, 연합기관들은 대형교회의 영향력 속으로 흡수되었다는 것이다.

이러한 배경에서 개신교의 자본주의화는 자본주의 시장경제의 논리에 따른 교회 안팎의 비판으로부터 두터운 보호막을 구축하면서 1990년대 이후 '영성의 자본화'와 '자본의 영성화'를 본격적으로 가동시킨다. 영성의 자본화는 신앙을 매개로 한 자본의 축적 행위를 의미하는데, 개신교에서 영성의 자본화는 유형의 방식과 무형의 방식으로 실천된다. 유형의 방식은 신문, 잡지, 서적, 음반, 부동산 구입 및 건물 임대 사업, 커피숍 경영, 언론매체의 광고 수익 등과 같은 상품의 생산과 유통, 그리고 고정자산의 운영을 통한 수익 사업으로 이루어진다. 이에 비해 무형의 방식은 주식, 채권, 예금 등을 통한 이윤 창출과, 부흥회, 전도와 교회 성장 관련 세미나, 대중 강연 등의 종교 지식에 기초한 수익 사업 등을 통해 진행된다. 이러한 개신교의 수익 사업은 1990년대 이전부터 존재했던 전형적인 영성의 자본화 방식이었다. 주목할 점은 1990년대부터 노골화된 개신교의 자본 축적 과정이다. 이 과정은 주로 교단의 암묵적 동의 혹은 지원을 통해 대형교회를 중심으로 진행된다. 대형교회를 중심으로 형성되는 영성의 자본화는 지교회, 기도원, 수련원, 복지관, 학교, 병원, 민간 교도소 등을 건립함으로써 외형적 자산을 증식하는 방법으로 진행된다. 교회의 막대한 자본을 투자하여 종교 시설과 사회복지시설의 이름으로 건립되는 이들 교회 기관들은 규모와 시설의 측면에서 대형화와 최신 설비를 추구한다. 비록 종교내지 사회복지의 이름으로 부동산을 매입하고 건축한다고 하지만, 실상은 부동산이 교회의 자산 증식의 중요한 수단임을 부인하기 어렵다.

심각한 문제는 증식된 교회 자산을 교회 세습의 방식으로 다음 세대에게 증여하는 현상이다. 교회 세습은 옹호론자들에 의해 교회 '계승'으로 표현되기도 하지만, 명백히 목회자 자녀 혹은 친인척에 대한 기형적인 증여 방식에 불과하다. 교회 세습은 1990년대부터 일부 대형교회를 중심으로 진행되다가,[7] 사회적 인지도가 높은 대형교회들이 연달아 교회 세습을 선언하면서 교회 안팎의 논란을 불러 일으켰다. 1997년 충현교회, 2001년 광림교회, 2003년 소망교회[8], 2004년 만나교회에 이어 2006년에는 금란교회의 담임목사도 교회 세습을 결정했다.[9] 또한 2015년 명성교회의 청빙위원회는 김삼환 목사의 아들 김하나 목사 청빙안과 명성교회와 새노래명성교회와의 합병안을 결의했다. 이러한 명성교회의 태도에 대해서 소속 교단(예장통합)의 세습금지법을 피하기 위한 '편법'을 동원한 교회 세습이라는 비판이 있다. 그러나 이러한 의혹에 앞서 김하나 목사의 새노래명성교회는 명성교회로부터 수백억에 달하는 교회 설립 자금과 1천여 명의 교인을 제공받아 설립되었고 그 법적 소유권도 명성교회에 있다는 점에서 부자간의 교회 세습은 이미 충분히 이루어진 셈이다. 이처럼 개신교의 성직 권력층은 교회 세습을 통해 증여세 한 푼 납부하지 않으면서 자신들의 경제적 · 인적 자산을 확보하는 특권을 누리고 있다.

한국 개신교가 스스로 교회 세습을 저지할 수 있는 가능성은 거의 없다. 비록 교회 갱신을 내세우는 교계 단체들이 교회 세습 반대운동을 전개하고 있고 예장통합의 경우처럼 교단의 차원에서 세습금지법을 마련하려는 움직임이 있기는 하지만, 교회 세습 혹은 교회 증여는 어떤 형태로든 감행될 가능성이 높다. 그 이유는 교회 운영과 목회자의 개인적인 생활이 철저히 자

본주의적 시장 논리에 의해 지배되고 있기 때문이다.[10] 개신교의 목회 제도
는 교회나 교계 기관에 고용되지 않은 '무능력한' 목회자는 도태될 수밖에
없는 구조를 지니고 있으며, 또한 목회자의 생계비를 전적으로 교회 재정에
의존할 수밖에 없는 구조 속에서 목회자는 자신의 경제적 필요를 충족하기
위해서라도 교회 성장에 전력을 기울일 수밖에 없다. 그러나 교회 성장과
더불어 목회자의 카리스마와 그에 대한 신뢰가 높아짐에 따라 목회자는 교
회 권력의 중심에 위치하게 되고, 마침내 교회(자산)와 목회자가 합체된 '성
스러운 괴물'이 탄생하게 된다.

쉼 없이 자본을 소비하고 자산을 증식하는 '성스러운 괴물'은 자기 행위의
정당성을 확보하기 위한 신학적 이데올로기, 즉 '자본의 영성화'를 추구한
다. 자본의 영성화는 물질의 축복과 신앙 속의 성공적인 삶이라는 기조 속
에서 형성되어 왔다. 물질의 풍요와 성공적인 삶을 신의 축복 내지 신앙의
결과물로 해석하는 신학적 관점은 사회적 경제적 소외 계층들에게는 미래
에 대한 기대와 억제된 감정의 분출구를 안겨 주었고, 중산층에게는 신앙으
로 이 세상에서 승리하는 삶을 추구하도록 하는 내적 동기를 제공했다. 이
러한 자본의 영성화를 구축하는 신학적 논리와 수사학은 개인 구원과 현세
구복적인 요소로 신학적 비판에 직면하기도 했지만, 물질의 축복과 신앙 속
의 성공적인 삶은 목회자들 대부분의 주요 설교 주제였다. 특히 축복 지향
적 부흥회는 이러한 자본의 영성화를 개신교 내부에 확산시키는 산파 역할
을 했고, 대형교회들은 물질적이고 현세적인 복을 약속하고 선전하면서 외
적 성장을 추구해 왔다.[11]

그런데 대략 2000년을 기점[12]으로 이러한 자본의 영성화 논리와는 구별되
는 흐름이 전개되기 시작했다. 소위 '청부론'(淸富論)으로 불리는 신학적 담론
은 중산층과 상류층을 주요 대상으로 삼으면서 경제적 부에 대한 신학적 정

당성을 부여한다. 청부론이 개신교 담론에서 차지하는 의미는 개신교 신학의 경제 윤리가 목회 현장에 제대로 수용되지 않는 상황에서 현장 목회자들에 의해 교인들을 대상으로 부의 신학적 정당화가 구축됨으로써 개신교 전반에 미치는 파급 효과가 크다는 점에 있다. 청부론의 핵심은 '깨끗한 부'를 하나님의 은혜와 상급으로 규정하면서 돈을 죄악시하는 편견에서 벗어나야 한다는 데 있다.[13] 이러한 담론은 부를 신의 은사(선물 혹은 부를 축적할 수 있는 능력)로 규정한다는 점에서 물질적 풍요를 신의 축복으로 해석하던 기존의 논리와는 구별된다. 김동호 목사는 예수가 말한 가난과 부함의 의미를 에릭 프롬이 말한 소유와 존재의 관점에서 이해하여야 한다면서, 예수가 말한 '복 있는 가난한 사람'과 '복 없는 부자'의 구별짓기는 존재의 의미와 목적이라는 기준에 의한 것이라고 주장한다. 곧 예수는 단순히 가난한 사람에게 복이 있다고 말한 것이 아니라 존재의 목적과 의미를 지향하는, 세상과 소유에 대해 욕심이 없는 사람을 대상으로 한 것이고, 부자에게 복이 없다는 말은 세상과 소유에 삶의 의미와 목적을 둔 사람을 대상으로 한 것이라는 말이다.[14] 또한 그는 '깨끗한 돈'과 '더러운 돈'을 구별한다.[15] 그에게 깨끗한 돈은 공정한 방법으로 얻은 것이고, 도둑질한 돈, 정당하지 못한 직업으로 벌어들인 돈, 불로소득으로 벌어들인 돈, 공정하지 않은 방법으로 벌어들인 돈은 더러운 돈이다. 그는 이랜드의 박성수 회장을 깨끗한 돈을 버는 사람의 모범으로, '몸을 파는 여자'를 더러운 돈을 버는 모범으로 제시한다.

그러나 이러한 깨끗한 돈과 더러운 돈을 구별하는 경제-신학적 구별에는 두 가지 중요한 사실이 감추어져 있다. 하나는 자본주의 경제체제의 구조적 모순에 대한 간과이고, 다른 하나는 '구제 논리'에 의한 자본 축적의 정당성 확보이다. 김동호 목사가 예로 든 박성수 회장의 경우에 신앙의 차원에서 그의 평가는 논외로 하더라도, 노동 인권의 차원에서는 노조 탄압과 비정규직법을 근거로 근로자의 대량 해고를 승인하는 냉혹한 기업가에 불과하다. 이러한 그의 기업 행위는 청부론의 관점에서는 시장 자본주의에서 이루어지는 합법적이고 공정한 부의 축적 방법이다. 더구나 이렇게 축적한 부를 교회와 사회적 약자를 위해 내어주는 그의 행위는 '선한 청지기'의 전형으로 간주된다.

2000년대에 접어들어 세련된 수사학과 성서적 근거를 활용하면서 형성된 '청부론'은 한편으로 부자 계층에 대한 사회적 편견에서 오는 중상류층 교인들의 심리적 부담감을 덜어주며, 다른 한편으로는 시장경제의 논리를 개신교 내부에 고착화시키는 효과를 낳고 있다. 청부론은 경제적 가난과 부유함의 실제 간격을 확장시킴으로써 특권화 · 귀족화된 교회로 변질시키는 이념적 토대를 제공한다. 또한 청부론은 신자유주의의 경제구조의 모순을 외면하고 사회 구제비를 늘이는 것으로 자본주의 시장의 경쟁에서 배제된 빈곤 계층에 대한 교회의 책임을 다한 것으로 착각하게 만드는 시각을 형성하게 만든다. 이러한 착시는 빈곤층을 공존과 연대의 대상보다는 시혜적 대상으로 간주하는 것 외에 다름이 아니다.

사회적 강자(상류층)와 약자(하층)가 생성되고 그 차이가 극대화되는 장(사회 구조)에 대한 개신교의 무관심과 무지는 신앙심과 경제력을 기준으로 인간을 등급화하는 속물적 경제 논리에 이른다. 소위 '행복한 부자학'의 주창자 박정윤은 "성경을 연구해 보면 우리가 추구해야 할 목표는 '행복한 부자'임을 알 수"있다면서, 행복한 부자가 되기 위한 원리와 방법을 삶에 적용해야 한다고 주장한다.[16] 그에 의하면, '행복한 부자'는 "예수님을 주인으로 모시고, 선한 청지기로서 하나님께서 맡기신 것을 최선을 다해 관리하여 자신과 가족을 돌보고 남은 여유 자금을 다른 사람 또는 금융기관에게 빌려주거나 예금 또는 투자를 하며, 그것을 이웃들과 하나님의 나라 확장을 위해 기뻔 마음으로 사용함으로써 하나님께 영광을 돌리는 사람"이다. 행복한 부자에 비교되는, 행복한 빈자는 재산 증식의 기법을 모르는, 곧 청지기의 능력이 없는 신앙인이며, 불행한 부자와 불행한 빈자는 그리스도에 대한 신앙이 없는 자들이다. 그의 주장처럼 '참' 행복의 조건이 물질적 풍요와 종교적 믿음에 달려 있다면, 오늘날에 그러한 행복이 가능하기 위해서는 신자유주의적 자본주의의 사회에서 생존과 재산 증식의 기술에 숙달된 인간으로 존재해야 한다. 기독교에서 고백되는 신이 어떤 사회경제적 구조를 막론하고 자신을 믿는 자들에게 '부'를 하나의 선물(축복)으로 주고, 또한 성서에 재산 증식의 특수한(종교적) 기법이 있다고 한다면, 기독교는 부자들의 종교, 최소한 부자를 지향하는 '속물적 종교'일 수밖에 없다. 왜냐하면 그런 행복한 부자는 자기의 삶과 영역에만 관심이 있을 뿐이며 타자와 공동의 삶에는 관심이 없기 때문이다. 그 타자들은 재산 증식에서 무능력하거나 신앙심이 없어서 불행한 존재들일 뿐이다.

이처럼 자본주의와 개신교의 결합이 보여주는 종교의 속물성은 '품위 있는 하나님의 자녀'가 되라는 종교적 선포에서 절정에 달한다.[17] 김병삼 목사는 '규모 있는 삶', 곧 절제된 삶으로서 자연스럽게 얻어지는 열매가 재물이고, 이러한 재물이 '하나님의 자녀로서의 품위'를 지켜줄 수 있다고 말한다.[18] 이러한 담론은 가난은 절제 없는 삶, 곧 규모 없는 삶의 결과물이고 그러한 가난을 미화해서는 안 된다는 논리로 전개된다.[19] 김병삼 목사가 말하는 청부론의 성격은 설교 현장에서 좀 더 구체적으로 드러난다. 그는 기독교인으로서 품위를 유지하기 위해서라면, 외제차를 탈 수 있고 골프를 칠 수 있다고 말한다. 나아가 외제차를 많이 타서 경쟁을 통해 국산차의 가격을 낮춰야 한다고 주장한다.[20] 가난의 궁색함이 기독교의 품위를 유지하는 장애가 될 수 있고 신의 영광을 가리는 요인이 되기에 기독교인은 정당한 방법으로 벌 수 있는 한 돈을 벌어 풍요로움을 누려야 한다는 것이다.

일찍이 발터 벤야민은 자본주의의 종교적 구조를 논하면서 이렇게 말한다. "이 자본주의라는 종교운동의 본질은 종말까지 견디기, 궁극적으로 신이 완전히 죄를 짓게 되는 순간까지, 세계 전체가 절망의 상태에 도달할 때까지 견디기이다. 그것은 이러한 절망의 상태를 희망하고 있는 것이다."[21] 벤야민에게 자본주의는 죄를 씻어주는 것이 아니라 죄를 지우는 종교이고, 특정한 교리나 신학도 없는 '순수한 제의종교'이다. 이러한 자본주의 종교에서 쉼 없이 제의적 행위를 통해 신을 숭배하지만 그에게 늘어나는 것은 죄, 곧 부채일 뿐이다. 숭배자의 극도의 긴장을 수반하는 "끔찍한 의미에서의 축제일"만이 존재하는,[22] 이러한 자본주의 종교로부터 탈출하는 것은 불가능하다. 이러한 탈출의 불가능성 때문에 생기는 자본주의의 고유한 정신병을 벤야민은 걱정들(Die Sorge)이라고 부른다.[23]

이러한 자본주의는 "서구 기독교에서 기생하여, 종국에는 기독교의 역사가 그것의 기생충인 자본주의의 역사가 되는 형태로 발전해 왔다." 여기서 기독교는 개신교를 가리키는 바, 벤야민은 "기독교 자체가 자본주의로 변형되었다."고 지적하고 있다.[24] 막스 베버가 지적했듯이, 청교도적 금욕주의의 합리적인 생활양식을 본질로 삼았던 근대의 자본주의는 승리를 거둔 후에 그 금욕주의의 정신을 자신의 '쇠우리'에서 소멸시켰다. 종교적 뿌리를 상실한 근대 자본주의의 형태를 바라보면서 베버는 다음과 같이 경고한다.

미래에 누가 저 쇠우리에 안에서 살게 되는지, 그리고 이 무시무시한 발전 과정의 끝자락에 전혀 새로운 예언자들이 등장하게 되는지 혹은 옛 사상과 이상이 강력하게 부활하게 되는지, 아니면-둘 다 아니라면-일종의 발작적인 자기 중시로 치장된 기계화된 화석화가 도래하게 되는지 아직 아무도 모른다.

만약 기계화된 화석화가 도래하게 된다면, 그러한 문화 발전의 '마지막 단계의 인간들'에게는 물론 다음 명제가 진리가 될 것이다. "정신없는 전문인, 가슴 없는 향락인-이 무가치한 인간들은 그들이 인류가 지금껏 도달하지 못한 단계에 올랐다고 공상한다."[25]

벤야민의 말처럼 개신교는 자본주의에 포섭됨으로써 빚을 안고 온갖 걱정들 속에서 하루하루를 살아가는 인간에게 내밀 구원의 손을 상실했다. 특히 한국 개신교의 교회들은 자본주의의 억압적 구조에 대한 비판적·윤리적 태도를 취하기보다는 양적 세계관과 유물주의적 가치관을 자신의 언어[26]로 삼으면서 베버가 경고했던 '정신없는 전문인, 가슴 없는 향락인'을 생산하고 찬양하고 있다. 우리는 개신교-자본주의의 군상들에서 인간의 '속물성'을 엿보게 되고, 그 정반대의 자리에 위치한 배제된 자들(억눌린 자들)의 '잉여성'을 접하게 된다. 베버가 말했던 최후의 인간의 속물성은 그가 '부끄러움'을 알지 모른다는 데서 명징하게 드러난다. 최초의 인간, 아담과 하와가 에덴동산에게 추방될 때 자신의 동물성을 부끄러워함으로써 자기를 동물과 다른 존재로 구별하고자 했다면, 신자유주의적 자본주의 세계에 갇힌 최후의 인간은 "치부와 성공과 장수, 한마디로 웰빙을 위해 수단을 가리지 않는 삶의 피상성과 천박성을 그대로 긍정하는 몰염치한 존재들이다. 부끄러움에 대한 감각이 무뎌진 것은 진정성의 에토스가 전제로 하는 "성찰성·내면성·주체성의 성좌, 즉 근대적 '인간'이 해체되고 있다는 것을 의미한다.[27]

성공과 축적이라는 속물적 가치는 한국 사회에서 진정성의 윤리를 내몰고 그 자리를 차지했다. "속물 에토스는 천박하고 보잘 것 없어 보이지만 다른 무엇보다도 힘이 세다."[28] 그러한 힘의 위력은 속물 인간과 속물 교회가 소유한 경제적·사회적·문화적 자본에 근거한 것이다. 대형교회와 그곳의 교인들은 지방의 소형교회와 그곳의 사람들과 구별된 존재들이다. 동일한 신을 믿고 동일한 교단에 속하고 동일한 신조를 읊조린다고 해도, 지방의 이름 없는 교회와 교인들은 동원 가능한 자본의 양과 질에서 강남의 소망교회와 교인을 따라잡을 수 없다. 피에르 부르디외의 지적처럼, 이러한 자본에 의해 다른 삶의 양식이 몸에 각인되어 표출되기 때문이고, 좀 더 확대하면 성공과 축적을 삶의 토대로 삼는 이들의 세계는 자본으로부터 소외된 잉여 인간의 세계와는 다르게 구성되기 때문이다.

'전 국민의 잉여화'[29]가 진행되는 현 상황에서 "일하지 않는 자는 먹지도 말라."는 구호는 성립되기 어렵다. 일할 곳을 찾아 떠도는 자들, 그러나 일할 곳을 찾았다 해도 비정규직, 알바, 계약직, 인턴, 파트타임 등의 불안정한 취업만이 가능할 때, 그곳의 노동자들에게 자신의 능력을 발휘하고 그것을 토대로 한 올바른 삶의 구성을 기대하기는 어렵다. 목회자도 예외는 아니다. 기본 생계비조차 주지 못하는 미자립 교회에서, 그리고 대형교회를 향한 욕망과 포기의 극단에서 자기 신앙의 견고함을 시험하는 목회자에게 억눌린 자들과의 연대와 치유의 사역을 요구한다는 것은 너무나 가혹한 '윤리적 폭력'이다.

테오도르 아도르노는 이러한 자본주의의 세계에서 그나마 양식 있는 지식인이 할 수 있는 일이란 "자신의 실존을 정당화하기 위한 이데올로기적 남용을 삼가고 사적인 생활에서도 뻐기고 젠체하지 않는 겸손함"이라고 말하면서 이런 태도를 취할 수 있는 것은 그가 좋은 교육을 받았기 때문이 아니라 "지옥 속에서도 그에게는 아직 숨 쉴 공기가 남아 있다는 데 대한 수치심에서 나온다."고 토로한다.[30] 이러한 수치심을 '성장주의'를 욕망하는 개신교인에게 기대하는 것은 무리다. 개신교-자본주의에서 성장은 일상의 삶에서 새겨진 신의 은총이자 '선한 청지기'의 삶의 목표가 되기 때문이다.

3. 시장신학의 해체를 향한 동아시아의 사유와 신학적 몸짓

벤야민의 생각처럼 개신교가 자본주의로 변질되었다면, 그러한 변질이 가능했던 관념의 틀에 의문을 던져야 한다. 찰스 테일러(Charles Taylor)는 근대적 정체성의 특징으로 '일상적 삶에 대한 긍정'을 꼽으면서 그러한 태도를 형성시킨 주요 요인으로서 종교개혁을 제시한다.[31] 그에 의하면, 종교개혁운동의 핵심 이념 중의 하나는 교회의 중재적 역할과 신성함에 대한 완전한 거부였다. 종교개혁운동은 타락한 인간은 구원을 위해 할 수 있는 일은 전혀 없으며 구원의 권한은 오직 신에게만 있다는 신학적 이념을 내세우면서 신의 권능을 교회와 성직, 미사 등에 의한 인간의 영향력에서 제거하고자 했다. 구원은 신이 인간에 주는 은총이자 선물일 뿐, 타락한 인간이 신의 구원 행위에 공헌할 점은 하나도 없다. 이러한 신학적 이념은 특별한 삶의 형태를 특권화해서 교회와 성직자에게 성스러움의 아우라를 부여해 왔던 종교적 태도에서부터 "평신도적 삶을 하느님의 목적을 실현하는 중심적 장소로 재긍정"하도록 이끌었다. 성직자에게 한정되었던 소명 의식은 일상의 세속인도 지녀야 하는 신앙적 가치로 인식되면서 근대인의 모든 영역에서 신의 영광과 일치된 삶을 구현하려는 일상의 신성함이 추진되었던 것이다. 더 이상 세속의 일과 사물은 근대적 종교인에게는 금욕과 배제의 대상이 아니었다. 중요한 점은 신의 영광과 합목적성이 개인의 삶 속에 존재하는가 여부이다. 종교개혁운동의 진영에서도 특히 칼뱅주의는 '신의 절대적 초월성'을 내세워 신비적 혹은 내면적 감정의 작용을 통해 신과 인간의 거리가 좁혀지는 위험성을 원천적으로 차단하고, "매 순간 선택되었는가 아니면 버림받았는가의 냉혹한 양자택일에 직면해 행해지는 체계적인 자기통제"에 의한 삶의 합리화, 곧 현세적 금욕주의'를 통한 구원의 확실성을 확보하고자

했다.[32]

칼뱅주의와 청교도주의를 거치면서 자연-세계는 비로소 인간의 영역에 완전히 편입된다. "교회적·성례전적 구원의 절대적 폐지"는 모든 주술적 구원 추구 수단의 거부를 뜻하며, 이러한 종교적 신념은 "저 위대한 종교사적 과정, 즉 세계의 탈주술화 과정"의 완결을 의미하기 때문이다.[33] 이제 비로소 자연-세계는 인간이 노동을 통해서 신의 영광을 드러내는 장소이자 재료로 인식되었고, 근대의 과학은 이러한 인식 속에서 산업자본주의를 위한 지식과 기술을 생산할 수 있었다. 신의 절대적 초월성과 신의 영광을 드러내기 위한 삶의 합리화와 효율화는 단지 새로운 유형의 종교적 인간을 생산한 것만이 아니라 제국주의의 식민지 개척과 산업혁명을 거치면서 구축된 자본주의의 통치체제에 적합한 '신민'을 육성했다.

운명공동체로서의 개신교와 자본주의의 관계는 증여-교환 체계의 측면에서 보면 조금 더 명확하게 드러난다. 박정호는 마르셀 모스(Marcel Mauss)의 『증여론』과 베버의 『프로테스탄티즘의 윤리와 자본주의 정신』의 논의를 바탕으로 근대적 자본주의의 정신에 기여한 개신교의 공리주의적 세계관이 주술적 선물의 교환 체계에 대한 탈주술화에 따른 것임을 제시한다.[34] 그는 호혜적 증여-교환 체계의 종교적 작동 원리로서 모스가 지적하는 신과 인간의 동일한 존재론적 층위와 사물의 힘 혹은 사물의 영에 대한 주술적 믿음에 주목한다. 예컨대 모스에 의하면, 마오리 족의 증여-교환 행위에서 물건의 영, 하우는 어떤 종류의 선물로라도 타인의 손을 거쳐 반드시 증여자에게 되돌아가려는 의지를 지닌다. 그러므로 증여된 선물에는 증여자의 인격 혹은 혼이 스며든 것으로 간주된다. 이러한 선물-답례의 증여-교환의 행위는 신(정령)과 인간 사이에서도 실천된다. 신(정령)의 영역에 속한 물건을 획득하기 위해서는 제의적 방식을 통해 그에게서 받은 선물의 일부를 신에게 되돌려주는, '수평적 증여-교환'이 이루어지는 것이다. 이와 대조적인 '수직적 증여'와 사적 이익에 중심을 둔 경제적 교환 행위는 개혁주의적 기독교의 신학적-경제적 신념에 뿌리를 둔다. 루터는 노동은 인간의 본능으로 신을 기쁘게 하는 데 그 의미가 있기에 세속적 직업(노동)의 충실함으로 그러한 본능을 실현해야 한다고 보았다. 그리고 타자에 대한 증여보다는 세속적 노동을 통해 이웃에 봉사하는 것이 더 중요하다고 보았다. 그의 세속 직업의 신학적 의미 부여는 칼뱅주의와 청교도주의에 의한 신의 영광에 일치된 삶의 합리화와 체계화와 더불어 세속 사회에 합리적 경제가 작동할 수 있는 이념적 동력을 제공했다. 문제는 기독교의 신이 구원을 통해 인간을 향해 취한 일방적이고 순수한 증여 행위가 인간의 영역에서는 종교적 당위성과 세속적 합리성 간의 균열을 일으키는 요인이 된다는 사실이다.

여기서 박성호는 종교개혁의 전개 속에서 형성된 종교의 합리화 과정에 의해서 이른바 '은총의 경제'에서 '경제의 은총'으로의 이행에 주목한다. 기독교의 신은 구원이라는 은총의 선물을 인간에게 베풀고, 이러한 선물의 힘으로 세속의 공동선을 관리(운영)한다. 이러한 신의 은총의 순수한 증여 방식은 인간의 입장에서는 '종교적 형제애'를 통해서 재현된다. 그러나 현실의 조건에서 종교적 형제애와 합리적 경제 사이에는 넘기 힘든 간극이 있다. 베버에 의하면, 자본주의의 경제체제의 합리적 운영은 시장에서 형성된 이해관계의 투쟁에 따라 가치가 정해지는 화폐에 의한 것이다. 화폐는 인간과 인간의 노동을 탈인격화하여 상품화하고 교환 가치를 통해 잉여 자본의 축적이 가능하게 한다는 측면에서 인격적이고 종교적인 의미로 충전된 종교적 형제애와 양립할 수 없다. 그러한 종교와 경제의 불균형은 종교적 형제애를 현세적 시장(경제 영역) 외부에 놓고 '자비'의 형식으로 탈바꿈하게 이끌었다. 그러나 베버는 이러한 자비의 성격에 대해서 자기만족을 위한 재화의

포기이자 인간성 자체가 고사(枯死)한 행위에 불과하다고 평가한다.[35]

그렇다면 종교개혁 이후 상실된 호혜성의 증여-교환 체계의 회복은 어디에서 그 가능성을 확보할 수 있을까? 모스는 "증여 속에 들어 있는 자유와 의무, 후한 인심 그리고 주는 것이 이롭다는 주제가 마치 오랫동안 잊어버린 주요 동기의 부활처럼 우리 사회에서 다시 나타나고 있다."고 말한다. 그는 영국의 강제실업보험운동, 프랑스의 사회보장, 저축금고, 공제조합, 퇴직금고, 협동조합 등과 같은 사례들에서 호혜적 증여의 부활 징조를 확인한다.[36] 교환 체계의 형식 변경을 통한 호혜적 사회를 추구하려는 사유 방식은 가라타니 고진의 논의에서도 충분히 드러난다. 가라타닌 고진에 따르면, 교환 양식에는 호수(증여-답례), 약탈과 재분배(지배와 보호), 상품 교환(화폐와 상품), 교환 양식 x(호수의 고차원적인 회복)이 있다. 현재 우리가 경험하고 있는 자본제 사회에서는 상품 교환 양식이 지배적이지만, 다른 교환 양식도 변형된 형태로 그 속에 존재한다. "국가는 근대국가로서 공동체는 네이션으로서, 즉 자본제 이전의 사회구성체는 상품 교환 양식이 우세(dominant)하게 됨에 따라서 자본=네이션=국가라는 통합체로서 변형되는 것이다." 자본제 사회에서 상품 교환은 구성원의 동의하에 화폐를 매개로 이루어진다. 또한 화폐를 통하지 않고서는 상품 교환은 불가능하기에 막대한 권력이 화폐에게 주어지고, 화폐 보유(자본)량에 따른 불평등한 계급사회의 형성은 당연한 일이다. 가라타니 고진은 이러한 불평등 계급사회 해체를 위한 대안으로 발전된 호혜성(호수)의 교환 양식을 제시한다. 여기서 주목할 점은 호혜적 교환양식은 기독교나 불교와 같은 보편 종교 형성 초기에 존재하는 공산주의 집단에서 처음으로 구현되었다는 가라타니 고진의 관점이다. 예컨대, 예수는 사제·율법학자에 대한 비판, 가족·공동체에 대한 거부, 부의 불평등·계급사회에 저항했으며, 핵심적인 두 가지의 가르침을 강조했다. 곧 신에 대한 사랑과 이웃에 대한 사랑이다. 가라타니 고진은 "예수가 말하는 '사랑'은 단순히 마음의 문제가 아니다. 현실적으로 그것은 '무상의 증여'를 의미한다."고 본다.[37]

그러나 가라타니의 논의에 따르면, 기독교는 로마제국에 편입되고 세계종교가 되면서 호혜성의 정신을 상실했다. 심지어 루터의 종교개혁도 농민전쟁에 대한 그의 부정적 입장에서 확인되듯이 초기 예수 공동체로의 회귀를 지향했던 것은 아니다. 종교개혁은 "기독교 신앙을 개인의 내면으로 가두고, '신의 나라'를 천상화"하는 결과를 초래했을 뿐이다. 이러한 기독교의 일반적 흐름에 반하는 종교현상을 가라타니 고진은 11세기의 카타리나파와 12세기의 왈도파에서 발견한다. 이들은 종교와 호혜적 증여-교환 양식의 성립 조건을 이해하기 위한 세 가지 점을 보여준다. 첫째는 신의 나라의 차안화이고, 둘째는 교회의 위계질서에 대한 부정, 셋째는 청빈한 삶의 지향이다. 카타리나파는 선과 악의 투쟁을 통해 현실 세계에 신(하느님)의 나라가 실현될 것이라 확신했고, 신은 개개인에게 내재한다는 신비주의적 관념을 통해 성직자의 특권을 부정하고 평등주의 사상을 내세웠다. 반면에 왈도파는 예수처럼 청빈한 삶에서 종교적 의미를 발견했다.[38]

이러한 그의 논의에서 우리는 호혜적 증여-교환 체계를 지탱하는 종교 양태에서 '신의 초월성과 내재성의 역설적 결합'이 중요함을 파악하게 된다.[39] 가라타니 고진은 다음과 같이 말한다. "만약 신이 외부에 인격적 존재로서 있다면, 그와 같은 신은 '우상'에 지나지 않는다. 하지만 다른 한편으로 신이 인간에 내재적이라면, 신은 불필요하다. 신이 존재하는 것은 역시 초월적으로, 즉 외부적으로 있기 때문이다. 그러므로 초월성과 내재성은 분리할 수 없는 역설적 결합으로 존재한다. 이 두 계기 중 어느 한쪽을 해소하면, 보편 종교는 끝나고 만다." 신의 초월성과 내재성의 역설적 결합이 보편종교의 조건이라면, 신의 절대적 초월성과 우월성만을 내세우는 개신교는 보편

종교로서의 자격이 없다. 신의 내재성이 배제되고 초월성만이 존재하는 신념 체계에서는 신과 인간의 관계는 주인과 노예, 궁극적으로는 '신성한 프로그램'과 '신앙 기계'의 관계만 성립될 뿐이다. 이러한 신과 인간의 관계가 산출해내는 종교적 풍경이 오늘날 개신교에 의해서 펼쳐지고 있다. 우리는 종교개혁 이후 신의 영광을 위한 삶의 구성에서 구원의 확실성을 인식하라는 개혁주의 종교의 지상명령에서 신과 인간의 건널 수 없는 심연을 확인하고, 신조차 변경할 수 없는 구원 프로그램에 의해 작동하는 신앙 기계가 구축한 개신교-자본주의체제의 속물성과 물신주의, 그리고 불평등의 사회구조를 목격할 수 있는 것이다. 지난날 예수가 토로했듯이 이러한 신앙 기계는 자신들이 무엇을 하는지도 모른 채 프로그램의 명령을 수행한다.

무한한 자본 증식과 성장우선주의의 신자유주의적 시장경제는 불평등의 폭력 관계를 인간과 인간 사이에서만이 아니라 인간과 자연(생명체) 사이에서도 심화시키며 온 생명체를 총체적 절멸 위기의 상황에 내몰고 있기 때문이다. 이러한 맥락에서 지금 여기에서 펼쳐지고 있는 신자유주의적 자본주의체제의 폭력적 구조를 해체할 대안을 모색하기 위해서는 신의 절대적 초월에 의해 제거된 인간의 자리(주체)를 재설정 혹은 재정립하려는 동아시아의 종교 사상과 그것을 기반으로 한 신학적 작업이다. 우리는 동아시아의 종교 사상 가운데 신-자연-인간(천-지-인)의 관계에서 종교적 신념 체계를 구축했던 동학사상, 역의 사유를 바탕으로 한 이정용의 신학적 작업, 그리고 약한 인간중심주의를 내세우며 다석 유영모의 사상을 바탕으로 스승 기독론얼 기독론과 수행적 기독교를 제시하는 이정배의 신학에서 대안적 종교 사유의 사례를 찾아볼 수가 있다.

수운 최제우는 시천주(侍天主)의 신 관념을 내유신령(內有神靈)과 외유기화(外有氣化)의 구조로 설명한다. 내 몸 안에 한울님 신령이 모셔져 있고 몸 안에 모셔진 신령함이 밖으로 기화한다는 뜻이다. 이때 기화는 생명 자체의 자기조직력을 의미한다. 표영삼은 수운의 한울님은 바로 온 천지생명 체계에 인격성을 부여하여 인격화한 것이라고 해석한다.[40] 이러한 인격적인 한울님은 초월의 영역에 머무는 것이 아니라 모든 생명체 각각에 내재하면서 생명의 자기조직력으로 개체화된다. 천지생명체로서의 한울님은 기의 작용을 통해서 각 생명체가 자기다움을 형성하면서 조화를 이루며 살아가도록 이끄는 생성 변화의 창조적 과정을 쉼 없이 전개하는 것이다. 수운은 자연의 합리적인 질서와 신의 창조 행위를 분리하지 않고 신을 생성 자체로 인식함으로써 초월성과 내재성을 동시에 보유한 양극성적 존재로 신을 제시한다.[41]

생성 자체로서의 신의 원초성은 『주역』의 생생(生生) 관념에서 찾을 수 있다. 생생의 관념은 『주역』의 '낳고 낳는 것이 역이다(生生之謂易)'는 언급에서 드러나듯이 역의 사상에서 중요한 의미를 지닌다. 『주역』 「계사전」에는 "하늘과 땅의 큰 덕은 생성이다."라고 언급되어 있는데, 북송의 주돈이는 『역통(易通)』 「순화(順化)」에서 그 의미를 다음과 같이 제시한다.

> 하늘은 양으로서 만물을 낳고, 음으로서 만물을 이룬다. 낳음(生)은 인(仁)이고 이룸(成)은 의(義)이다. 그러므로 성인이 윗자리에 있어 인으로 만물을 기르고 의로 만민을 바로잡는다. 도가 행하고 만물이 순하며, 성덕이 닦여 만민이 화한다. 크게 순하고 화하여 그 자취를 볼 수 없고 그러한 바를 알지 못함을 신(神)이라 한다. 그러므로 천하의 대중은 한 사람에게 근본하니 도가 어찌 멀리 있겠는가? 술(術)이 어찌 많겠는가?[42]

주목할 점은 역의 사유에서 생성 과정에는 천지인 삼재(三才)의 상호작용이 강조되고 있다는 사실이다. 「설괘전」은 삼재와 관련해서 "이때문에 하늘의 도를 세워서 음양이라 하고, 땅의 도를 세워서 유와 강이라 하고, 사람의 도를 세워서 인과 의라고 한다."고 말하고 있는데, 이와 관련해서 북송의 범중엄은 천지의 생성 과정에 담긴 도의 이치를 근본으로 삼아 사람의 도를 세워 인의(仁義)의 윤리를 정립한다고 해석했다.[43]

이정용은 궁극적 실재의 특성으로 '존재'와 '생성'을 포괄하는 대안적 신학의 필요성을 제기하면서 역의 사상에 천착했다. 그는 서구 신학의 이원론적 신관에 함축된 반생태적 절대 신학의 성격을 비판하면서, 인격과 비인격, 존재와 생성, 창조성과 수용성을 포괄하는 '변화 자체로서의 신'을 제시한다.[44] 그에 의하면, "역의 신학은 음과 양, 건과 곤, 수용성과 창조성, 존재와 생성 이 둘 다를 포괄한다. 왜냐하면 역은 이 둘의 근원이기 때문이다. 따라서 역은 과거와 현재와 미래에 존재하는 모든 것의 총체이다. 그렇기 때문에 존재와 생성 모두를 궁극적 실재로 특징짓는 역의 신학은 우리가 향해야 할 포괄적 신학이다."[45] 이정용은 역의 세 측면, 곧 변역(變易), 이간(易簡), 불역(不易)에서 변역과 불역을 각각 생성과 존재에 할당함으로써 생성과 존재의 두 성질을 지닌 역을 궁극적 실재로서 제시한다. 비록 불역에 대한 그의 해석에 이론의 여지가 없는 건 아니지만,[46] 이원론과 실체론에 바탕을 둔 서구 신학의 한계를 역의 사상을 통해 극복하려는 시도는 의미가 있다.

이정배는 다석 유영모의 사유 속에서 추구되었던 기독교의 모습은 "헬라화를 거친 제도적 은총의 종교로서가 아니라 유불선의 바탕에서 이해된 수행적 기독교"임을 언급하면서, 이러한 신학적 사유가 가능했던 사유의 토대로 천지인 '삼재론'을 꼽는다.[47] 하늘과 땅이 인간 속에서 하나로 만난다는 삼재론의 요체는 다석의 사유 속에서 세속의 욕망(탐진치)를 끊고 인간의 자기 본성을 깨달아 영원한 하나의 세계로 돌아가야 한다는 사상의 골격을 이룬다. 그리고 다석은 서구의 정통 신학에서 상정되는 성부 성자 성령의 관념과는 구별되는, 깨달음과 수행을 중시하는 유불선의 사상과 회통하면서 얼 기독론, 스승 기독론, 수행적 기독교를 내세우며 기독교 신학의 동양적 혹은 한국적 재구성을 시도한다. 이정배가 다석 사상에 천착하는 근본적인 이유는 제국주의적 서구 신학으로부터의 해방이라는 아시아 신학자의 당위성과 함께, 신자유주의적 자본주의의 폭압적인 지배로 인한 불평등한 세계와 생태적 위기 앞에서 지금 우리가 지닌 신학 모델을 통해서는 그러한 난제를 극복하는 지혜와 힘을 발견하기보다는 실망과 좌절을 맛볼 수밖에 없다는 철저한 성찰에 있다. 이정배의 신학적 작업에서 다석 사상과 함께 켄 윌버의 홀아키적 구조에 대한 관심이 나타나는 배경도 여기에 있다.

신-자연(생명/생태)-인간의 관계에서 서구의 정통 신학은 신의 초월성과 우월성, 그리고 신의 청지기로서의 인간(혹은 남성)을 상정함으로써 인간중심주의적 · 남성중심주의적 세계관을 하나의 '신화'로서 세상에 유통시켰다. 생태신학과 여성신학이 그러한 신화적 세계관을 벗겨내기 위해 인간중심주의와 남성중심주의로부터 벗어나 새로운 애니미즘, 자연의 재주술화, 양성구유적 신성 혹은 여성적 신성을 추구하는 것은 당연한 일이다. 이러한 신학의 흐름 속에서 이정배는 홀아키적 구조의 사유에 기초해서 인간의 지위와 책임을 묻기 위한 바탕으로 '약한 인간중심주의'을 발견하고, 인격과 비인격, 그리고 초월과 내재를 아우르는 범재신론의 구성을 통해 기독교의 사회적-생태적 역할을 모색한다.

4. 대안의 실현을 꿈꾸며

선으로 다가가기 위한 노력을 주저하게 되는 것은 바로 육체의 혐오 때문이다. 육체가 혐오하는 것은 노력이 아니라 선이다. 옳지 않은 것을 위해라도 자극이 강하다면 육체는 무엇이든 받아들일 것이다. 그것을 행해도 죽지 않으리라는 것을 알기 때문이다. 옳지 않을 것을 위하여 죽는다면 그것은 영혼의 육욕적 부분에서는 진정한 죽음이 아니다. 영혼의 육욕적인 부분은 신과 마주 대해야 비로소 죽는다. 그래서 우리는 신이 스며들 수 있는 우리 안의 빈 자리를 피하는 것이다.[48]

벤야민은 자본주의를 논하면서 "억압자들의 전통은 우리가 그 속에 살고 있는 '비상 상태'(Ausnahmezustand, 예외 상태)가 상례임을 가르쳐 준다."[49]고 말한다. 신자유주의의 세계화에 부합해서 한국의 개신교는 억압자들의 전통을 역사 속에 새겨놓는 데 앞장서고 있다. 신의 천상화, 교회의 속물화, 그리고 자본의 물신화가 하나의 연결망을 이루면서 일으키는 불평등-폭력의 구조를 해체할 수 있는 대안을 종교에서 발견할 수 있을까? 가라타니 고진의 분석대로라면 신의 초월성과 내재성을 아우르는 범재신론을 장착한 새로운 보편 종교의 탄생에서 그 가능성을 찾을 수 있을 것이다.

그러나 범재신론의 기독교적 구성이 신자유주의적 자본주의체제에 대항하는 무기가 되기 위해서는 개신교의 현실적 조건에서 실천 동력을 끌어올 수밖에 없다. 현재의 개신교를 퇴행시키는 요소들에 대한 철저한 반성과 분석을 통해서 추출될 수 있는 실천력이 필요하다. 그러한 실천력은 먼저 깨침과 닦음에 바탕을 둔 수행의 삶에서 확보할 수 있을 것이다. "모두가 탐진치(貪瞋痴) 삼독(三毒)에 취해 자신을 낳지 못한 '못난이'로 머물고 있을 때, '나'라고 소리치며 영원한 생명에 이르는 길을 보여준 예수"를 스승으로 삼아 자신의 얼 생명을 싹 틔워 하느님 일자에게로 돌아가려는 자기 성찰과 수행의 삶은 개신교-자본주의의 물신주의의 곤고한 벽을 부술 수 있는 강력한 힘을 우리 안에 채워줄 것이다.[50] 다음으로는 변혁적 공동체의 새로운 구성이다. 가라타니 고진은 시민 통화에 근거한 생산·소비협동조합의 어소시에이션에서 호혜적 증여-교환 양식에 근거한 공동체의 가능성을 엿본다.[51] 그의 사유에 기대어 범재신론의 신학적 재구성과 깨달음과 수행을 축으로 한 '어소시에이션' 형태의 기독교를 상상하는 것은 단순한 공상에 지나지 않을까? 그러나 자본주의=개신교의 등식이 성립되고 있는 현시점에서 이론적 무기는 그 연대의 신화(주문)를 깨는 것이며, 실천적 무기는 현재의 교회 형태와는 구별되는 전혀 다른 종교적 회로를 장착한 새로운 형식의 신앙 공동체를 구축하는 것이다. 애초에 종교개혁에서 삭제되었던 성직주의와 교회지상주의의 마술에서 벗어나, 예수의 청빈한 삶을 추구하고, 나아가 호혜적 증여의 교환 체계를 가동시킬 수 있는 신앙 공동체를 구성하는 일이다. 그러한 신앙 공동체를 형성하기 위해서는 '어소시에이션' 형식을 띤 신앙공동체와 협동조합형 교회 연합체의 구성을 진지하게 고민할 필요가 있다. 수행적 종교 전통의 회복과 확장, 그리고 호혜적 증여-교환 체계를 장착한 신앙 공동체와 협동조합형 교회 연합체의 결성은 오늘날에 세계를 지배하고 향유하는 맘몬의 성스러운 괴물과 그의 폭력으로부터 억압받는 자들을 해방시키는 토대를 마련해줄 것이다. 이 땅에 억압받는 자들은 우리의 외부에 놓인 채 우리의 시혜를 기다리는 외로운 타자가 아니다. 우리가 바로 그들 자신이고, 우리 자신이 개신교-자본주의 숭배자들의 타자로 외부에 존재한다. 그러므로 이제 우리는 우리 자신의 배제됨과 타자화의 고통 속에서 예수의 존재를 증언하는 신의 은총의 낮은 자가 된 것이다.

박 상 언_ 한국종교문화연구소 연구원

02

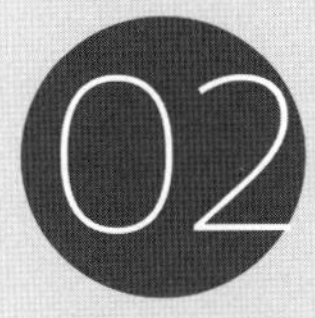

대결에서 대화로

- 종교개혁과 사회개혁을 위한 한국 개신교와 이웃 종교의 만남

1. "향나무는 자신을 찍는 도끼에도 향을 묻힌다."

그리스도교는 더 이상 약자의 종교가 아니다. 그리스도교는 강자의 종교다. 아주 오래된 일이다. 4세기 초 콘스탄티누스의 군대가 그리스도를 상징하는 '라바룸(☧)' 문양을 새긴 깃발을 들고 나간 밀비안 다리 전투에서 승리하면서 그리스도교는 노예의 종교에서 제국의 종교로 바뀌었다. 종교권력이 된 그리스도교의 십자가도 고통의 상징에서 승리의 상징으로 변했다. 중세 서양의 십자군은 예루살렘을 향해 진군했고 근세 서양 그리스도교 제국주의의 군대는 세계 정복에 나섰다. 근현대 서양 제국주의가 저지른 악에는 일정 부분 그리스도교의 책임과 공모가 있다. 십자가를 치켜든 제국의 선교사들은 칼을 든 식민 정복자들을 종교적으로 정당화해 주고 축복해 주었기 때문이다. 이처럼 콘스탄티누스 이후 그리스도교가 권력을 추구해 오면서 그리스도교 신앙과 신학과 문화에 호전적 정복주의가 내면화되었다.

정복욕에 사로잡힌 '십자가 군병들'에게 이웃 종교는 배타하고 파괴시켜야 할 악이었다. 사실 이 글의 제목이 포함하고 있는 '이웃 종교'라는 표현은 이 〈여는 말〉에서는 아직 부적절하다. 대부분의 그리스도교 선교사들과 식민 정복자들은 지금 우리가 말하는 이웃 종교를 '이웃'은 커녕 '종교'로도 여기지 않았기 때문이다. 예를 들면 1533년 리처드 이든은 북아프리카 카나리아 제도의 원주민들을 "부끄러움도 없이 벌거벗고 종교나 하느님에 대한 지식도 없는" 존재들로 묘사했다. 같은 해 페드로 시에사 데 레옹은 북부 안데스산맥의 원주민들은 "어떠한 종교도 지켜 행하지 않는다"고 기록했다.[1] 종교가 없는 땅의 사람들은 정복하고 지배해도 좋은 야만인들 혹은 동물이나 다름없는 비인간이었다.

롤랑 조페 감독의 영화 〈미션〉은 식민 정복과 지배를 정당화하기 위해 식민지의 인간을 비인간화하는 그리스도인들의 악을 적나라하게 보여 준다. 천상의 화음으로 성가를 부르는 과라니족 아이들을 보며 그들의 천부적 인간성을 느끼는 추기경에게 정복자들은 "앵무새도 가르치면 노래할 수 있다"며 우긴다. 한편으로 그것은 일말의 양심에서 나온 말이기도 하다. 그리스도인으로서, 아니 인간으로서 최소한의 양심이 있다면, 아무런 죄의식 없이 같은 인간을 파괴할 수는 없을 테니까. 그래서 그들은 자신들이 파괴하려는 존재를 인간이 아니라 동물로 보기로 작정한 것이다. 이처럼 인간을 비인간화하는 식민주의 현실에 적극적으로 공모하거나 소극적으로 방조한 그리스도인들에게 이웃 종교와 대화할 마음이 있을 리 없었다. 이웃 종교는 대화가 아니라 대결 대상이었을 뿐이다.

"향나무는 자신을 찍는 도끼에도 향을 묻힌다." 힌두교의 지혜로운 잠언이다. 제국의 십자가와 칼에 파괴당한 이웃 종교인의 피가 파괴자와 방관자의 양심을 일깨웠다. 서양 그리스도인들이 발견한 이웃 종교의 지성과 영성과 윤리는 단순히 야만과 악으로 치부하기에는 너무 심오하고 고귀했다. 그래서 〈미션〉의 가브리엘 신부와 멘도사 수사처럼 파괴당하는 존재의 인간성에 눈을 뜬 예외적 그리스도인들도 있었다. 예를 들면, 16세기 중반의 바르톨로메 데 라스 카사스는 원주민의 인간성에 대한 '바야돌리드 논쟁'에서 원주민도 하느님의 어린양이라고 주장하며 그들의 천부적 인권을 옹호했다. 비그리스도인, 비서구인의 인간성에 대한 자각과 회심은 그리스도인들로 하여금 이웃 종교와의 대결에서 대화로 나아가게 하는 동기와 동인이 되었다.

그러나 대결의 종식과 대화의 시작을 낙관하기에는 아직 때가 이르다. 20세기 이후 종교 간 대화의 기운이 일어나고는 있지만, 여전히 제도 그리스도교를 지배하고 있는 것은 이웃 종교와의 대화보다는 대결 의식이기 때문이다. 이웃 종교 안의 진리와 구원의 힘을 전적으로 부정하며 대결하려는 그리스도인과, 그것을 부분적으로 혹은 전체적으로든 긍정하며 대화하려는 그리스도인 사이의 신앙적, 신학적 긴장은 세기가 바뀐 오늘날에도 계속 존재하고 있다.

종교개혁 500주년을 맞아 한국적 상황에서의 '제2의 종교개혁'을 공동으로 모색하는 노력의 하나로 이웃 종교에 대한 한국 개신교의 태도를 성찰해 보려는 이유는, 서구 개신교가 20세기 중후반까지 비서구, 비그리스도교 종교들과 주로 대결적 태도를 취한 반면, 한국 개신교는 서구 개신교의 신학적 영향을 강하게 받았으면서도 선교 초기부터 어느 정도 대화적 입장과 태도도 보였기 때문이다. 그러므로 이 글에서는 우선 이웃 종교에 대한 한국 개신교 그리스도인의 <u>두 상반되는 태도인 대결에서 대화로 한국적 상황에서 성찰해 보고</u>, 다음으로 종교개혁을 교회의 울타리 안에서만 기억하고 기념하는 것이 아니라, 세상 속에서 종교개혁과 사회개혁을 동시에 실현하기 위해 한국 종교들이 만나고 협력해야 할 필요성과 가능성을 모색해 보고자 한다.

2. 개신교 종교신학?

그리스도교의 두 줄기인 가톨릭 전통과 개신교 전통 사이에는 교리적, 제도적, 문화적 차이가 존재한다. 그러나 이웃 종교에 대한 신학적 입장에서는 두 전통 사이에 근본적 차이가 없다. 흔히 종교신학의 세 유형으로 분류하는 '배타주의', '포용주의', '다원주의'는 가톨릭과 개신교 각각의 전통 안에 모두 비중 있게 나타난다.

물론 가톨릭은 제2차 바티칸 공의회 이후 『교회와 비그리스도교 종교들의 관계에 대한 선언』(*Nostra Aetate*), 『교회에 관한 교의 헌장』(*Lumen Gentium*), 『교회와 선교 활동에 관한 교령』(*Ad Gentes*) 등의 공식 문서를 통해 어느 정도 포용주의적 입장을 취해 온 것이 사실이다. 하지만 가톨릭 안에도 『예수 그리스도와 교회의 유일성과 구원의 보편성에 관한 선언』(*Dominus Iesus*)처럼 배타주의적 입장도 있고, 라이문도 파니카, 폴 니터, 알로이시우스 피어리스 등의 다원주의적 입장도 뚜렷이 존재한다.

마찬가지로, 배타주의적 입장이 지배적인 것으로 평가되는 개신교 안에도 포용주의와 다원주의가 목소리를 내고 있다. 예를 들면, 개신교 안에는 칼 바르트의 신정통주의 신학이나 근본주의, 복음주의 신학 같은 배타주의적 입장만 있는 것이 아니라, 세계교회협의회(WCC)의 포용주의적 입장도 있고, 존 힉, 윌프레드 캔트웰 스미스, 존 캅 등의 종교신학에서 볼 수 있는 다원주의적 입장도 있다. 그 어느 입장도 가벼이 여길 수 없는 신학적 무게와 영향력을 가지고 있다.

또 한 가지 중요한 것은 세 종교신학 유형이 이웃 종교에 대한 그리스도인의 모든 태도를 반영할 수 없다는 사실이다. 그래서 종교신학자 폴 니터는 세 유형 대신 '대체', '완성', '관계', '수용' 네 모델로 확장하여 종교신학적 입장을 설명한다. 게다가 그는 각 모델 안의 하위 유형을 구분해 제시한다. 예를 들면, 대체 모델은 "완전 대체"와 "부분 대체"로 나누어 제시하고, 관계 모델도 "철학적 · 역사적 다리", "종교적 · 신비적 다리", "윤리적 · 실천적 다리"로 나누어 소개한다.[2] 또한 종교신학적 유형 사이의 경계가 모호한 경우도 있고, 특정 유형으로 분류하기 어려운 태도도 있다. 예를 들면, 가톨릭의 중요한 종교신학자 중 하나인 자크 드퓌는 자신의 신학적 입장을 "포용주의적 다원주의"로 설명하기도 한다.

또한 다원주의는 그 이름 그대로 '다원적'이다. 신학적 지향과 강조점에 따라 다원주의는 신중심주의, 영(靈)중심주의, 하느님나라중심주의 혹은 구원중심주의 등으로 구분될 수 있다. 그리고 하나의 절대적 실재(The Ultimate)의 다양한 현현을 가정하는 일원론적(monistic) 입장의 다원주의도 있고(존 힉) 여러 절대적 실재들(Ultimates)을 가정하는, 말 그대로 '다원론적' 다원주의도 있다(존 캅). 후자의 다원주의는 니터가 제시하는 수용 모델과도 통한다. 한편, 『구원들』(Salvations)[3]이라는 논쟁적 책을 낸 신학자 S. 마크 하임은 힉, 니터, 스미스의 다원주의는 충분히 다원적이지 못하다고 비판하면서 여러 구원들의 가능성에 대한 자신의 가설이야말로 진정한 의미에서 "더 다원적"이라고 주장한다. 그러면서도 하임은 자신을 "투철한 포용주의자"로 표현한다.[4] 이처럼 이웃 종교에 대한 신학적 입장과 태도는 쉽게 단정적으로 유형화할 수 없는 복합성을 갖는다.

종교신학적 입장의 복합성은 여기에서 그치지 않는다. 한 신학자가 이론적으로 추구하는 종교신학적 유형과 이웃 종교에 대한 그 신학자의 태도가 반드시 일치하지 않는 경우도 있다. 예를 들면, 칼 바르트의 신학은 한편으로는 분명히 배타주의적 유형을 보이지만, 다른 한편으로는 그리스도교도 포함한 종교 일반을 상대화하고, 심지어 만인구원론적 경향도 보인다는 점에서 일반적 의미의 배타주의로만 규정하기 어렵다. 신학자요 선교사였던 레슬리 뉴비긴이나 헨드릭 크래머도 신학적 입장에서는 보수적이고 배타주의적이었지만, 그들의 선교 사역 현장에서는 이웃 종교를 이해하고 존중하는 태도를 보였다. 그들의 선교는 대결적이기보다는 대화적이었던 것이다.

1910년의 에딘버러 세계선교대회도 "그리스도의 군병들아, 일어나라!(Soldiers of Christ, Arise)"라는 대결적 찬송으로 시작해 세계를 복음화하자는 선교적 다짐으로 끝났지만, 대회 도중 세계 각지에서 활동하던 선교사들의 실제 경험을 나눌 때는 이웃 종교의 가르침을 존중하고 이해해야 한다는 대화적 입장이 지배적이었다.[5]

무엇보다도 선교 역사의 역설은, 타종교와 직접 대결할 기회가 더 많았던 배타주의적 입장의 선교사들이 수집하고 축적한 타종교에 대한 지식이 이후 종교 간 대화를 위한 신학적 자원이 되었다는 사실이다.

결론적으로, 하나의 보편 교회를 이루고 있는 가톨릭이 최소한의 종교신학적 입장을 공유할 수 있는 것과 달리, 복수의 국제적, 지역적 교회 연합체, 교파, 교단으로 복잡하게 구성되어 있는 개신교는 단일한(The) 종교신학을 갖기 어렵다. 심지어 같은 교파나 교단 안에서도 다른 입장의 종교신학들이 공존하거나 경쟁한다. 또한, 앞에서 살펴본 것처럼, 한 신학자의 종교신학적 입장과 태도는 시대와 상황에 따라 변하기도 하고, 여러 유형이 동시에 복합적으로 나타나기도 한다. 그러므로 개신교의 종교신학적 입장과 태도를 탐구하려면 신학적 유형이나 모델을 이해하는 것도 중요하지만, 그런 신학이 형성되고 적용되는 역사적 맥락을 이해하는 것이 더 중요하다.

3. 대결 의식의 기원: 근본주의 선교사의 상륙

역사학자들은 그리스도교와 한국 종교의 역사적 접촉이 8-9세기 통일신라시대 때부터 있었다고 본다. 그 근거로 제시하는 것은 경주에서 출토된 마리아와 예수(로 보이는) 조각상이나 불국사에서 발견된 돌 십자가 등의 유물이다. 당시 중국에 경교(景敎)로 불리던 네스토리우스파 공동체가 있었으니 충분히 가능한 추정이다. 하지만 그런 접촉을 오늘날의 종교 간 만남이나 대화와 비슷한 것으로 보기는 어렵다. 또한 일부 종교적 상징물을 제외하고는 그리스도교와의 만남에 대한 문헌 자료도 남아 있지 않다. 그러니 그리스도교와 한국 종교의 본격적 만남은 그리스도교가 한국 사회에 들어와 신앙 공동체를 형성한 근대 이후에 시작되었다고 보는 것이 무리가 없을 것이다.

가톨릭은 18세기 말에 서학(西學)이라는 이름으로 불리면서 수용되기 시작했고 개신교는 그로부터 100여 년 쯤 뒤인 19세기 말에 주로 호러스 그랜트 언더우드와 헨리 아펜젤러 같은 북미 출신 선교사들을 통해 전해졌다. 그리스도교의 한국 전래 과정에서 가톨릭과 개신교의 경험은 두 가지 차이를 보여준다. 첫째, 가톨릭은 시대적 위기 속에서 새로운 대안 사상을 찾고 있던 이들에 의해 '한국 사회 내부로부터' 자발적으로 수용된 반면, 개신교는 서양인 선교사들에 의해 '한국 사회 외부로부터' 전해졌다는 사실이다. 둘째, 아직 조선왕조의 힘이 남아 있던 18세기 말에 수용된 가톨릭은 정권의 혹독한 박해를 경험한 반면, 조선의 몰락 전야인 19세기 말에 들어온 그리스도교는 대대적 박해를 피할 수 있었다는 점이다.

그러나 그런 전래 과정의 역사적 차이에도 불구하고 한국 전통 종교에 대한 태도에서는 가톨릭과 개신교의 차이가 크지 않다. 가톨릭과 개신교 모두 한국의 전통 종교와 대화하기보다는 대결적 태도를 취했던 것이다. 그것은 개종을 목적으로 한 제국주의적 선교 때문이기도 하지만, 동시에 한국의 지배체제로부터 배제되고 억압당한 경험과도 관련이 있다. 우선 가톨릭이 경험한 신유박해, 기해박해, 병오박해, 병인박해 등은 정치적 당쟁이나 제국주의 열강과의 충돌을 배경으로 하고 있지만, 명목상으로는 종교로서의 가톨릭에 대한 반감이 중요한 원인이 되었다. 예를 들면, 신해박해는 윤지충과 권상연의 조상 신주 소각과 가톨릭 예식에 따른 장례 사건처럼, 유교적 조상 제례를 거부한 것을 이유로 일어났다. 그로 인해 초기 가톨릭 신자 가운데 순교자가 많이 배출되었다.

개신교는 조선의 지배체제와 전통 종교가 쇠약해졌을 때 전래되었기 때문에 정치적 박해나 견제를 덜 받았지만, 한국 전통 종교와의 대결에서는 가톨릭보다 더 배타적이었다. 그것은 앞에서 언급한 것처럼 개신교가 '한국 사회 외부로부터' 전해졌다는 역사적 사실과 관련이 있다. 즉 한국 개신교는 서양 개신교 선교사들의 신학적 영향 아래 형성되었는데, 문제는 19세기 말, 20세기 초에 한국에 들어온 개신교 선교사들 대부분이 근본주의 신앙과 신학의 세례를 받았다는 사실이다.

근본주의는 근대를 열고 주도한 계몽주의적, 합리주의적 이성에 대한 반발로 일어난 보수적 그리스도교 신앙과 신학 운동이다. 미국에서 1910년부터 1915년까지 『근본: 진리의 증언』이라는 제목으로 90편의 논문을 수록한 12권의 책이 나온 것을 개신교 근본주의의 출발점으로 보기도 하지만, 이미 19세기 말부터 근본주의가 형성되고 있었다. 그 형성을 자극한 것은 자유주의 신학의 확산이었다. 르네상스와 세속적 근대화의 세례를 받은 유럽 지성계는 성서 고등비평과 역사적 그리스도교 연구 등을 통해 전통적 신앙과 신학의 기반을 약화시켰다. 이에 위기의식을 느낀 보수적 개신교 그리스도인들이 자유주의에 맞서 근본주의를 들고 나온 것이다. 근본주의의 핵심 교리는 성서무오설(혹은 축자영감설)을 한 축으로 하고 예수의 동정녀 탄생, 대속적 죽음, 육체적 부활과 재림을 다른 한 축으로 한다.

미국의 근본주의 개신교와 한국의 개신교는 떼려야 뗄 수 없는 관계다. 미국에서 신학적 실지(失地)를 경험한 근본주의 그리스도인들은 새로운 종교적 영토를 찾아 해외로 눈을 돌렸다. 특히 근본주의 신앙의 열정으로 무장한 젊은 혈기의 개신교 선교사들이 아시아로 대거 진출했다. 예를 들면, 그들이 한국에 첫발을 내딛었을 때 언더우드는 스물다섯 살이었고 아펜젤러는 스물여섯 살이었다. 젊은 그리스도인들의 열망은 자유주의신학에 오염되지 않은 종교적 신세계에 '성서적 그리스도교'를 이식하는 것이었다. 그런 근본주의적 신앙과 신학을 갖고 있던 개신교 선교사들에게 이웃 종교에 대한 관심과 존중하는 태도가 있을 리 없었다. 오히려 그들은 한국의 종교를 미개하고 미신적이고 심지어 악마적인 것으로 여겼다. 그런 근본주의적 선교사들의 절대적 영향 속에 이식된 한국 개신교는 그 기원부터 이웃 종교와 대결하려는 성향을 갖게 되었다.

4. 대결의 심화: 정치적 반공 이념과 경제적 물질주의

여기에서 한 가지 상기해야 할 것은, 종교적 배타주의가 개신교만의 태도인 것도 아니고, 근대의 특유한 현상인 것도 아니라는 사실이다. 원래 유대-그리스도교 전통 자체에 종교적 배타성의 경향이 존재한다. 특히 "너희는 내 앞에서 감히 다른 신을 모시지 못한다"(신명기 5:7)는 유일인격신 신앙과 예수 그리스도의 유일회적 구원 신앙에 뿌리를 두고 있는 그리스도교는 태생적으로 다른 종교와 불화하고 대결할 가능성을 갖고 있었다. 하지만 콘스탄티누스 이전 시대나 조선 후기 시대처럼 그리스도인들이 사회적으로 소수자, 약자일 경우에는 종교적 타자에 대한 배타적 태도가 대결적, 공격적 행동으로 나타나기 어려웠다. 종교적 타자에게 실제적 위협이 될 수 있는 공격적 행동을 하려면 권력이 필요하다. 이 점에서 한국 개신교의 배타주의적 신앙과 행동은 권력을 욕망해 온 한국교회의 역사와 관련되어 있다.

개신교는 구한말, 일제 강점기까지는 소수 외래 종교였지만, 분단과 한국
전쟁, 군사독재, 산업화를 거치면서 종교권력으로 급성장한다. 그것이 가능
했던 이유는 해방 후 지금까지 개신교 그리스도인들이 남한 정치권력의 반
공 이념을 종교적으로 정당화해 주고 지지해 주었기 때문이다. 여기에서 한
가지 묻지 않을 수 없는 것은 "원수 사랑"을 표방하는 그리스도인들이 왜 같
은 민족을 원수로 지목하여 적대하는 반공 이념을 지지했는가 하는 점이다.
그것은 우선 해방 후 한반도 북부를 차지한 공산정권이 그리스도교를 정치
적으로 억압한 역사와 관련이 있다. 많은 개신교 지도자들과 신자들이 공산
정권의 억압을 피해 월남했고, 그들이 이후 남한 개신교의 핵심 세력이 되
었다. 그리고 최초의 국제적 이념 전쟁이었던 한국전쟁의 참혹한 경험도 개
신교의 반공 정서를 강화하는 결정적 계기가 되었다.

대부분의 역대 남한 정치권력은 반공 이념을 통해 체제를 정당화하고 유
지했다. 해방 후 공산정권과 충돌하면서 반공 이념을 신앙화한 개신교는 반
공 정치권력에 자발적으로 협력했다. 그들은 이승만 정권의 반공 노선과 장
기집권을 지지했고, 유신 독재 시절에는 '신앙전력화(信仰戰力化)'를 내건 박
정희에게 '전군(全軍)의 신자화'로 화답했다. 개신교 지도자들은 광주 시민의
피가 아직 마르지 않고 있던 1980년 8월 '국가조찬기도회'를 시작하면서 유
혈 쿠데타로 집권한 신군부에게 면죄부를 주었다. 그 공모의 역사는 계속되
어, 2014년 지방선거 사흘 전인 6월 1일, 대형교회 목사들은 박근혜 대통령
을 '세월호 참사 위로와 회복을 위한 한국교회 연합 기도회'에 초대해 세월
호 참사로 정치적 위기에 빠져 있던 정부와 집권 여당을 '구조'했다.

개신교의 그런 정치적 협력에 대한 보답으로 정치권력은 다양한 형태의
종교적 특혜를 제공했다. 이승만 정권 시기 적산불하, 군목/형목제도 시행
과 개신교 단체들에 대한 재정 지원, 1973년 빌리 그래함 전도 집회, 1974년

〈엑스플로 74〉 대회, 1977년 〈민족복음화대성회〉와 같은 대규모 부흥집회에 대한 정부 차원의 지원 등은 그런 특혜의 한 예였다.

개신교의 종교적 배타주의와 대결 의식은 전쟁과 군부독재를 겪으면서 한국 사회에 내면화된 호전적 군사주의와도 관련이 있다. 군부독재는 반공 아니면 용공이라는 단순 흑백논리, 상명하복식 권위주의, 반생명적 폭력, 마초적 남성우월주의 등을 통해 전 사회를 '병영화'했다. 군사주의의 핵심 원리는 적과 아(我)를 편 가르고 적과 대결하는 것이다. 이런 군사주의는 세속 사회만이 아니라 종교에도 깊이 스며들었다. 개신교 그리스도인들이 이웃 종교에 대해 배타적이고 개종을 목표로 하는 공격적 선교에 몰두하는 것은 근본주의 신학 때문이기도 하지만, 오랜 세월 동안 우리 사회와 마음을 지배해온 군사주의와도 무관하지 않다. 실제로 일부 개신교 해외선교 단체들은 선교 대상 지역에 있는 타종교 성지들이나 중요한 사원들을 "영적 전쟁의 공격 목표지"로 명시해 지목하고, 선교를 위한 조직도 군사조직처럼 운영한다. 그런 군사주의적 태도와 방식을 갖고 있는 그리스도인들에게 다른 종교인은 대화해야 할 이웃이 아니라 대결해야 할 적이다.

정치적 반공 이념과 함께 한국 개신교의 종교적 배타주의에 영향을 미친 또 하나의 가치는 경제적 물질주의다. 경제적 물질주의, 즉 자본주의는 오늘의 세계를 지배하는 가장 강력한 이념이며 세계관이다. 한국 사회는 군부독재가 군사작전처럼 주도한 경제개발을 압축적으로 거치면서, 그리고 신자유주의 체제에 급격히 편입되면서 물질주의적 가치를 전면적으로 수용했다. 한국교회는 물질주의를 신앙화하여, 기복주의 혹은 번영복음의 이름으로 자본주의적 가치를 종교적으로 승인하고 권장했다. 한국교회 특유의 대형교회 현상도 자본주의적 가치인 물질주의, 성장주의를 수용한 것과 관련이 있다. "아무도 두 주인을 섬길 수는 없습니다. 한 편을 미워하고 다른 편을 사랑하거나 한 편을 존중하고 다른 편을 업신여기게 됩니다. 여러분은 하느님과 맘몬을 아울러 섬길 수 없습니다."(마 6:24) 예수 그리스도는 맘몬의 유혹을 물리쳤는데, 예수를 따르는 오늘의 그리스도인들은 물질주의를 부추기고 신앙화한 것이다.

이런 경제적 물질주의가 종교적 배타주의와 무슨 상관일까? 그것은 자본주의의 기본적 작동 원리인 '경쟁'을 종교적 배타주의가 공유하기 때문이다. 외적 규모의 크고 작음, 신자 수의 많고 적음으로 교회의 성공과 실패를 가늠하는 태도는 양적, 수적 지표를 놓고 경쟁하는 자본주의적 원리와 동일한 것이다. 자본주의 기업들의 총성 없는 전쟁인 경쟁이 타자에 대한 배타성과 대결 의식을 조장하는 것처럼, 개신교 '종교기업들'도 같은 개신교 혹은 비그리스도교 '종교기업들'과 전쟁하듯 경쟁하는 것이다.

이처럼 정치적 반공주의와 경제적 물질주의는 타자와의 대결을 한국 개신교의 습성으로 만들었다. 그런 대결의 습성은 개신교 교회 안과 밖 모두에서 작용한다. 우선 교회 안에서는 개신교 교단의 분열로 나타난다. 장로교의 경우만 예로 들면 〈한국장로교총연합회〉 공식 회원 교단만 21개다.[6] 그 외에도 장로교 명칭을 사용하고 있는 군소 교단들이 무려 200여 개에 이른다. 내부 분열의 원인은 다양하다. 역사적으로 중요한 분열만 간략히 살펴보면, 신사참배를 거부한 '고신' 측과의 1차 분열, 자유주의 신학을 둘러싼 '예수교장로회'와 '기독교장로회'의 2차 분열, WCC에 대한 입장 차이에 따른 '통합'과 '합동'의 3차 분열이 이어졌다. 이런 분열이 교단 간 경쟁심을 유발해 한국교회를 성장시킨 동기와 동인이 되었다고 긍정적으로 평가하는 이들도 있지만, 문제는 그런 분열의 에너지에서 나오는 것은 조화와 대화가 아닌 불화와 대결이라는 사실이다. 이처럼 같은 개신교 내부의 다름에 대해서도 대결적인데 개신교 외부의 다름에 대해서는 어떻겠는가?

내부와 외부의 종교적 타자에 대한 개신교 그리스도인들의 적대적 태도와 행동은 최근에 그 정도가 더 심해지고 있다. 2013년 WCC 부산총회 때 개신교 근본주의자들은 WCC가 종교다원주의, 공산주의, 동성애를 지지한다고 맹비난하면서 격렬한 반대 운동을 전개했다. 2014년 가톨릭 프란치스코 교종의 방한 직전에는 일산 킨텍스에서 1만여 명의 개신교인들이 모여 교종을 '적그리스도'요 '우상숭배자'로 규탄했다. 대부분의 한국 개신교 그리스도인들은 가톨릭을 '타종교'로 여기며 배타한다. 그리고 2016년 총선 당시 등장한 우파 개신교 정당들이 내건 핵심 정책 중 하나는 이슬람 반대였다.

이웃 종교에 대한 개신교 그리스도인들의 대결적 행위는 개인적, 집단적으로 계속 나타나고 있다. 제주 원명선원 훼불사건, 서울 봉은사와 대구 동화사에서 있었던 '땅밟기' 사건이 큰 사회적 물의를 일으켰고, 최근에는 불교의 최고 성지 중 하나인 인도 보드가야의 마하보디 사원에서 한국 근본주의 개신교 그리스도인들이 큰 소리로 찬송하고 기도하는 선교 행위를 해서 국제적으로 지탄받았다. 이웃 종교에 대한 개신교 그리스도인들의 공격적 행동이 어제오늘의 일은 아니지만, 이웃 종교의 성지나 사원에까지 들어가 선교 행위를 하는 것은 심각한 종교모독이다. 타인에 대한 인격적 모욕이나 신체적 상해는 법적으로 제재 받아야 하는 범죄인 것처럼, 여러 종교가 공존하고 있는 다종교 사회에서 이웃 종교에 대한 언어적, 물리적 폭력도 규제되어야 할 '범죄행위'다.

물론 대부분의 개신교 그리스도인들, 특히 복음주의자들은 근본주의자들의 폭력적 언행에 눈살을 찌푸린다. 하지만 그것은 근본주의자들의 표현 방식이나 행동 양태에 대한 비판이지 근본주의적 신앙과 신학 자체에 대한 비판은 아니다. 복음주의자들 가운데는 예의를 갖춰 이웃 종교인들을 대하는 이들도 있지만, 그렇다고 해서 이웃 종교에 진리와 구원하는 힘이 있다고 인정하는 것은 아니다. 이웃 종교의 구원론적 불모성과 불능성을 주장하는 데서는 근본주의와 복음주의의 차이가 거의 없다. 복음주의와 근본주의 모두 그리스도교로 개종하는 것을 구원의 필수 조건으로 여긴다. 어쩌면, 이웃 종교에 대한 태도에서만큼은, 근본주의자는 '무례한 복음주의자'이고 복음주의자는 '예의바른 근본주의자'일지도 모른다.

5. 대화의 역사

다행히, 그리고 당연하게도, 종교적 타자와의 대결이 한국 개신교 경험의 전부는 아니다. 한국 개신교 안에도 종교적 타자를 '이웃 종교인'으로 환대하며 만나고 대화해 온 그리스도인들이 적지 않다. 여기서는 그런 종교적 환대를 실천한 세 명의 그리스도인 사상가 최병헌, 변선환, 길희성의 종교신학에 대해 이야기하고자 한다. 많은 그리스도교 신학자들 중에 이들 세 학자를 선택한 이유는 두 가지다. 첫째, 그들이 한국 개신교의 이웃 종교 이해 변화 과정을 유형적으로 보여주기 때문이고, 둘째, 그들이 신학적 입장의 차이에도 불구하고 각자의 방식으로 이웃 종교를 깊이 탐구하며 대화했기 때문이다. 이 두 번째 이유가 특히 중요한데, 그것은 종교적 근본주의와 배타주의가 지배적인 한국 개신교 풍토에서도 이웃 종교와 만나고 대화하는 것이 가능하다는 것을 보여주기 때문이다.

탁사(濯斯) 최병헌은 한국 개신교 역사 초기에 이웃 종교에 대한 그리스도인의 이해를 심화시킨 사상가다. 그가 쓴 『성산명경(聖山明鏡)』(1909)과 『만종일련(萬宗一臠)』(1922)은 한국 신학계 최초의 비교종교 저술들이라고 해도 좋을 것이다. 『성산명경』은 유교, 불교, 도교의 종교인들과 그리스도인의 가상 대화이고, 『만종일련』은 유교, 불교, 힌두교, 조로아스터교, 이슬람 등 세계의 종교들을 소개하고 평가한 것이다. 물론 그런 저술에서 드러나는 최병헌의 신학적 결론은 결국 그리스도교의 최종적 우월성이다. 그리스도교 외의 다른 종교들은 완전한 진리를 갖고 있지 않으며 참된 구원에 이를 수 있는 길이 아니라는 것이다. 이런 최병헌의 신학적 입장은 서구 종교신학의 유형으로 보면 배타주의나 대체 모델에 속할 것이다.

하지만 이웃 종교에 대한 그의 비판적 이해와 표현은 오늘의 근본주의자들이 보이는 반지성주의적, 군사주의적 적대와 다르다. 그는 당시의 지적 풍토의 한계 속에서도 여러 종교의 핵심적 가르침을 최대한 깊이 있게 소개한다. 최병헌은 이웃 종교에 대해 아무 것도 알려고 하지 않은 채 맹목적으로 비난하고 부정하는 근본주의 선교사들과 달리 지적, 영적, 윤리적 비교를 통해 그리스도교의 우월성을 입증하려고 했다. 이는 비교를 통해 이웃 종교를 이해함으로써 자신의 종교를 더 깊이 이해하게 되는 과정이기도 했다. 또한 "동양의 하늘이 곧 서양의 하늘"이라는 최병헌의 주장은 종교의 경계를 상대화하는 급진적 태도로 해석될 수도 있다. 대화의 목적은 합의가 아니라 이해다. 그러므로 이웃 종교의 가르침을 깊이 이해하며 비교한 최병헌은 제한적이지만 종교 간 대화를 실천한 최초의 개신교 사상가라고 할 수 있을 것이다.

여기에서 한 가지 주목해야 할 것은 최병헌이 감리교 전통에 속한다는 사실이다. 한국 개신교 초기의 감리교가 이웃 종교에 대해 특별히 더 대화적 태도를 보인 것은 아니지만, 그래도 감리교 특유의 종교적, 문화적 개방성이 있었기에 최병헌의 비교종교학 혹은 종교신학이 가능했을 것이다. 실제로 감리교를 창시한 존 웨슬리는 이웃 종교에 관용적이었고 이웃 종교의 선한 것은 배우려고 했다. 그런 열린 태도 덕분에 감리교 신자와 신학자들은 다른 개신교 교파와 비교할 때 상대적으로 더 열린 자세로 이웃 종교인과 만나고 대화할 수 있었던 것이다. 그런 만남과 대화의 신학적 결실이 바로 '토착화신학'이다.

한국 토착화신학자들이 붙들고 씨름한 화두는 '복음'과 '문화'의 관계다. 그들은 복음의 씨앗은 한국인의 종교적 심성과 문화라는 토양 없이는 발아할 수도 자라날 수도 없다고 보았다. 그렇기 때문에 유교, 불교, 도교, 무교(巫敎) 등 동양과 한국의 전통 종교들을 연구하며 종교 간 대화를 시도했다. 윤성범의 유교적 성(誠)의 신학, 유동식의 무교적 풍류(風流)신학, 변선환의 불교적 신학 등은 그런 종교 간 대화의 신학적 산물이다. 하지만 진리관과 구원관에서는 토착화신학자들 역시 그리스도교의 최종적 우월성에 대해서는 부정하지 않았다. 그런 의미에서 본다면 토착화신학자들의 이웃 종교에 대한 태도는 유형적으로 포용주의에 가깝다고 할 수 있을 것이다

토착화신학을 포용주의에서 다원주의로 발전시킨 감리교 신학자는 변선환이다. 다원주의의 핵심적 관심과 주제는 종교의 다양성이 아니라 구원의 보편성이다. 그리스도교만이 아니라 이웃 종교에도 보편적 구원이 있을 수 있다는 신학적 '가설'이 다원주의의 핵심이다. 변선환은 교회중심주의에서 그리스도 중심주의로, 그리고 다시 신중심주의로 신학적 변화를 겪으면서 종교다원주의 신학을 수용했다. 또한 그는 다원주의 신학을 이론적으로만 받아들이는 것을 넘어 이웃 종교 특히 불교와 대화하며 타종교의 신학을 시도했다. 변선환은 일본 교토학파, 한국 불교학자 이기영 등과 대화하며 불교의 종교적 지혜를 탐구했고, 아시아 참여불교, 한국 민중불교와 대화하며 불교의 사회적 자비를 배웠다. 또한 그는 종교신학자 폴 니터, 아시아 해방신학자 알로이시우스 피어리스, 한국 민중신학자 안병무, 서남동 등과의 대화를 통해 사회적 고통과 해방의 실천에도 눈을 떴다. 이런 폭넓은 대화를 통해 변선환은 아시아 종교해방신학을 구상했다.

하지만 안타깝게도 그의 신학적 구상은 실현되지 못했다. 한국 개신교를 지배하고 있던 대결의 기운이 대화의 씨앗이 싹트는 것을 가만 놓아 두지 않았기 때문이다. 근본주의 신앙과 신학의 절대적 영향 아래 있는 한국 개신교 현실에서 경계를 넘어 이웃 종교를 만나고 대화하고 배우는 것은 위험한 일이었다. 변선환의 탈경계적 다원주의 신학은 그가 속한 감리교 안에서 격렬한 반발에 부딪혔다. 1992년 5월 7일, 감리교 서울연회는 변선환의 목사직과 신자 자격을 박탈하고 그를 교단에서 제명시켰다. 그리고 3년 후인 1995년 8월 7일 오후 5시, 변선환은 원고 집필 중에 쓰러져 세상을 떠났다. 변선환의 출교와 때 이른 죽음은 그가 구상했던 아시아 종교해방신학을 미완의 과제로 남게 했다. 또한 '변선환 사건'은 한국 개신교 신학계와 교계에 커다란 트라우마를 남겼고, 이후 종교다원주의는 다루어서는 안 될 위험한 주제가 되었다. 자연히 이웃 종교에 대한 그리스도인들의 지적, 영적 탐구도 위축되었다. 하지만 그럼에도 불구하고, 변선환의 신학적 모험은 오늘의 다원주의 신학, 타종교의 신학, 비교신학의 탐험을 위한 중요한 신학적 지도(地圖)를 유산으로 남겼다.

세계적으로도 드물게 불교, 가톨릭, 개신교가 서로 무시할 수 없는 사회적 영향력과 세력을 나눠 갖고 있으며, 종교의 소속은 달라도 유교, 도교, 무교의 종교문화적 기풍을 공유하고 있는 한국의 종교 현실에서 종교적 다원성은 그리스도인들이 회피할 수 없는 신학적 문제다. 또한 종교적 다원성은 위기가 아니라 기회이기도 하다. 다름, 낯섦, 새로움과 만날 때 종교는 변화하고 성숙하기 때문이다. 그리스도교도 그리스 철학, 근동 신비주의 등을 만나면서 비로소 특수한 유대문화의 경계를 넘어 보편적 종교가 될 수 있었다. 그런 만남이 없었다면 그리스도교는 유대교의 한 분파로 존재하다가 역사 저편으로 사라졌을지도 모른다. 그러므로 이웃 종교와의 만남과 대화는

오늘의 그리스도교를 '서양종교'에서 진정한 의미의 '세계종교'로 변화하게
해 줄 기회이며 은총이다.

은총은 '믿음의 도약'을 요구한다. 문제는 도약이 두려운 일이라는 사실이
다. 그래서 대부분의 개신교 그리스도인들은 은총으로의 도약 대신 은총으
로부터의 도피를 선택했다. 하지만 은총을 피하지 않는, 즉 종교적 다원성
의 현실을 정직하게 직면하면서 이웃 종교와 만나고 대화하는 개신교 그리
스도인들도 있다. 그런 그리스도인들 중 한 사람인 길희성은 종교의 경계를
자유롭게 넘나드는 지적 탐험가이면서 영적 구도자다. 그리스도인인 그가
대한민국학술원의 '불교학' 회원이라는 사실은 그의 지적 탈경계성을 단적
으로 보여준다. 또한 길희성은 불교를 학문적으로 연구하는 것에 머물지 않
고 두 전통의 창조적 만남과 상호변혁을 꿈꾼다. 그의 책『보살예수』는 그
런 만남의 열매다.

길희성은 배타주의의 신학적 근거가 되는 유일신 신앙을 새롭게 해석한
다. 즉 '하나님'의 '하나'는 수(數)로서의 유일성을 나타내는 말이 아니라 "숫
자를 가진 모든 유한한 사물의 배후에서 그것들을 하나로 묶어주는 무한하
고 포괄적인 실재를 가리키는 말"이라는 것이다.[7] 그는 종교는 하나의 산정
을 향해 오르는 길이라고 비유한다. "종교는 길이다. 길은 달라도 우리는 모
두 같은 산을 오르고 있다."[8] 그의 이런 지적, 영적 통찰은 그리스도교와 이
웃 종교의 창조적 만남을 모색하는 그리스도인들에게 소중한 나침반이 되
어 주고 있다.

너무도 당연한 말이지만, 지금까지 언급한 세 학자 외에도 동양과 한국의
종교 사상을 깊이 탐구하면서 복음을 창조적으로 수용하고 변혁한 개신교
사상가들이 많다. 신중심주의적 입장에서 유교, 불교, 도교를 깊이 융합한
유영모, 그리스도교는 위대하지만 '참'은 그리스도교보다 더 위대하다고 선

언한 함석헌, 다른 종교를 존중하면서 자기 종교를 증거하는 '겸손'을 가르친 김재준 등이 있다. 그리고 선배들의 길을 따라 대화의 역사를 새롭게 계속 만들어가고 있는 김경재, 이정배, 이은선 등 중견·소장 종교신학자, 문화신학자들도 많다.

토착화신학과 창조적 긴장 관계에 있던 민중신학에도 이웃 종교에 대한 긍정적 인식이 존재한다. 서남동은 그의 신학 방법인 '두 이야기의 합류'를 통해 유대-그리스도교의 민중전통과 한국의 민중전통을 합류시키고자 했다. 그의 방법론이 종교신학적으로 중요한 점은 그가 그리스도교 민중신학의 전거로 제시한 한국의 민중전통에는 동학이나 미륵신앙 같은 이웃 종교의 경험도 포함된다는 것이다. 안병무는 이웃 종교와의 대화를 더 절박한 과제로 제시한다. "지금 다원화 시대를 사는 우리가 기독교인으로서 타종교, 특히 불교나 도교로부터 제일 먼저 배워야 할 점은 바로 그것[침묵]입니다. … 기독교가 침묵의 세계에 대해 존중하는 마음으로 문을 열고 배우지 않으면, 현재의 막다른 골목에서 더 이상 나갈 길이 없습니다."[9] 김경재는 한국의 두 전위신학인 민중신학과 토착화신학의 상보성을 강조하며 한국의 민중 현실과 종교 현실에 응답하는 통전적 신학을 시도했다. 그리고 좀 더 실천적 차원에서 대화문화아카데미를 통해 종교대화운동을 전개한 강원룡도 대화의 역사에서 간과할 수 없는 개신교 사상가다.

이러한 대화의 역사를 돌아보며 우리가 가장 중요하게 인식해야 할 것은, 한국의 종교 간 대화는 사회적 고통의 역사 현장에서 가장 치열하게 이루어졌다는 사실이다. 천도교, 불교, 개신교 지도자들이 주도한 3·1운동은 사회참여적 종교 간 대화와 협력의 역사적 경험이다. 이처럼 세상의 고통을 없애기 위한 종교인 공동의 실천이 한국 사회에서의 종교 간 대화의 '기원'인 것이다. 그런 실천적 대화와 협력 전통을 계승한 종교인들은 독재와 자본의 지배 아래 고통 받는 민중의 곁으로 다가갔고, 그 고통의 자리에서 서로를 만났다. 이런 사회참여적 종교대화의 역사는 고통 받는 이웃에게 다가가는 길과 종교적 이웃에게 다가가는 길이 둘이 아님을 가르쳐 준다. 오늘의 다종교적 한국 현실에서 '종교적 이웃'은 곧 '고통 받는 이웃'이기 때문이다.

이처럼 한국 개신교 안에 이웃 종교와의 대결만이 아니라 대화의 역사가 존재했다는 사실은 한국 사회에서의 종교 간 대화의 필요성과 가능성을 확인하게 해 준다. 가슴을 열고 이웃 종교와 대화한 그리스도인들이 보여주는 것은, 대화가 그들의 그리스도교 신앙을 위협한 것이 아니라 더 깊고 풍요롭게 했다는 것이다. 어쩌면 그들의 그리스도교 신앙이 깊었기 때문에 오히려 두려움 없이 이웃 종교를 만나고 대화하고 배우고 공동선을 위해 협력할 수 있었는지도 모른다. 이웃 종교 전통에 대해 개방적일수록 자신의 전통에 더 헌신적일 수 있게 되는 역설이 여기에 있다.

6. 그리스도, 이웃 종교를 향해 열린 길

종교개혁의 3대 원리인 '오직 믿음(*Sola Fide*)', '오직 성서(*Sola Scriptura*)', '오직 은총(*Sola Gratia*)'은 사실 또 하나의 원리인 '오직 그리스도(*Sola Christus*)'에 종속된다. 그리스도인의 신앙과 경전이 모두 하느님의 은총인 그리스도를 중심으로 한 좌표계 안에 있기 때문이다. 종교개혁의 그리스도 중심주의는 그리스도교 전통을 개혁하는 원동력이 되었지만, 동시에 이웃 종교에 대한 개신교의 배타주의를 초래하는 원인이 되었다.

이웃 종교와의 대화를 가로막는 걸림돌은 '그리스도'다. 더 정확히 말하면 그리스도 중심주의다. '예수천당 불신지옥'의 배타적 전도 구호도 '오직 그리스도'의 그리스도 중심주의에서 나온 것이다. 그리스도교 신앙과 신학은 역사적 예수의 특수성보다 신앙의 그리스도의 보편성에 기초해 있다. 즉, 특수한 예수 사건과 인격을 구원의 보편적 필수 조건으로 믿고 주장하게 되면서 그리스도를 구원에 이르는 유일한 길로 보게 된 것이다. 이러한 그리스도 중심주의 혹은 그리스도 유일주의에서는 이웃 종교의 진리성과 구원하는 능력이 부정될 수밖에 없다. 그러므로 이웃 종교와의 대결에서 대화로 나아가기 위한 그리스도교 신학의 과제는 그리스도인들을 가두고 있는 그리스도 중심주의를 창조적으로 재해석하는 것이다.

그런 탈그리스도 중심주의의 과제는 이미 개신교 내부에서 수행되고 있다. WCC의 〈1982 선교와 전도〉 문서와 〈2012 선교와 전도〉 문서 사이의 신학적 차이는 개신교 선교신학의 중심이 그리스도론에서 삼위일체론으로 변화하고 있음을 보여준다. 즉 1982년 문서에서 강조되던 성자의 유일성 혹은 특수성이 2012년 문서에서는 성령의 보편성으로 보완 내지 확장된 것이다. 종교신학적으로 볼 때도 그리스도 중심적 선교신학보다는 성령 중심적 선교신학이 오늘의 다종교 사회에 더 부합한다. "제가 불고 싶은 대로 부는 바람"(요한복음서 3:8)과 같은 성령은 이웃 종교를 향한 탈교리적, 탈경계적 개방성을 불어넣어 줄 수 있기 때문이다. 이러한 개신교신학의 변화는 그리스도교 내부의 에큐메니즘을 이웃 종교와의 "보다 넓은 에큐메니즘(wider ecumenism)"으로 확장시키고 있다.

그런데 여기에서 오해해선 안 될 것이 하나 있다. 영중심주의로의 전환이 예수 그리스도의 신앙적, 신학적 의미를 약화시키거나 부정하는 것이 결코 아니라는 사실이다. 그리스도교는 그리스도를 따르는 길이다. 그리스도를 향한 그리스도인의 믿음과 소망과 사랑이 너무 깊어서 그리스도가 길이 되었다. 그래서 요한복음서의 예수는 다음과 같이 말한다. "나는 길이요 진리요 생명이다. 나를 거치지 않고서는 아무도 아버지께 갈 수 없다.”(요한복음서 14:6) 이 말씀은 그리스도교 신앙의 핵심이며 존재이유다. 가장 창조적인, 그리고 상호변혁적인 종교 간 대화는 자기 종교 전통에 전적으로 헌신하는 종교인들 사이에서만 가능하다. 그러므로 그리스도교 종교신학의 가장 중요한 과제는 그리스도에 대한 헌신을 약화시키지 않으면서 이웃 종교를 향해 개방하는 새로운 언어를 찾는 것이다.

이에 대해 크리스터 스텐달은 성서의 종교적 언어는 ‘사랑의 언어’로 해석해야 한다고 주장한다.[10] 배타주의적으로 들리는 성서의 언어는 그리스도에 대한 사랑을 표현하는 주관적 고백 언어로 이해해야지 객관적 사실 언어로 이해해서는 안 된다는 것이다. 니터는 그런 사랑의 언어는 ‘친밀함의 상황’에서만, 즉 그리스도교 공동체 안에서만 사용되어야 한다고 주장한다.[11]

캅은 “예수는 다른 길들에게 열린 길”이라고 주장한다. 그리스도인들이 헌신적으로 따르는 그리스도는 다른 길들을 배제하지 않는 길이라는 것이다. 그리스도인들이 열린 길인 예수를 따라 걸으며 만나는 이웃 종교인들은 구원과 해방의 길을 함께 가는 도반(道伴)으로서의 선한 벗들이다. 이런 인식을 공유하는 그리스도인들에게 예수는 더 이상 대화의 벽이 아니라 문이다. 예수의 유일회성에 대한 그리스도교의 전통적 신앙도 근원적으로 재해석될 수 있다. 이정배는 “예수의 유일회성은 그리스도교인에게 존재로서, 실체로서 유일회성이 아니라 선한 벗으로서 타종교인들과 관계 맺을 수 있고 대화할 수 있는 유일회성”이라고 재해석한다.[12]

선한 벗들의 관계는 대결과 개종이 아닌 대화이다. 미움을 일으키는 대결과 개종은 복음적일 수 없다. 복음의 핵심은 미움이 아니라 사랑이기 때문이다. 역설적으로, 정말 개종시켜야 할 이들이 있다면, 종교적 이웃, 고통 받는 이웃을 섬기기보다는 지배하려 하고 사랑하기보다는 미워하는 개신교 그리스도인들 자신들이다. 이러한 개종의 전복적 의미를 한국 개신교의 큰 스승인 장공 김재준이 50여 년 전에 일깨워준다. "우리가 타종교인을 개종 시킨다는 고자세는 서구인의 제국주의 침략에 편승했던 선교사의 종교적 침략 기분에 유사한 바 없지 않은 것이다. 우리 자신이 먼저 '지배욕'의 종교 에서 '사랑과 봉사'의 종교에로 개종해야 할 것이다."[13] 사랑과 봉사의 종교 로 개종하는 것, 그것이 종교개혁과 사회개혁을 동시에 추구해야 하는 이 시대 한국 그리스도인들의 가장 중요한 소명이다.

정 경 일_ 새길기독사회문화원

03

탈근대/탈식민 시대의 선교신학
- 타자를 위한 신학에서 타자의 신학으로

종교개혁 500주년을 맞아 개신교계를 중심으로 마르틴 루터를 재조명하는 논의들이 쏟아져 나오고 있다. 물질주의, 향락주의, 권위주의, 패권주의 등으로 얼룩진 오늘의 한국교회가 종교개혁의 대상이 되었다는 비판과 더불어 부패한 교회 현실을 개혁해야 한다는 목소리가 크다. 그러나 과문한 탓이겠지만 종교개혁과 근대성의 유산에 관한 본격적인 신학비판은 눈에 잘 띄지 않는다. 신학비판이 드물다는 것은 현실비판을 가능하도록 만든 정신의 원천에 대한 비판, 즉 종교개혁 이후 '신학'의 내용과 방법을 구성해 온 사유방식에 관한 메타-비판적(meta-critical) 논의가 한국교회와 신학 안에 여전히 부족하다는 것을 뜻할 테다. 이미 우리 시대 '시민적 교양'으로 자리 잡은 개신교 비판에 외마디 소리를 보태는 것보다는 진지한 신학비판을 통해 종교개혁 이후 개신교의 방향성 모색하는 일이 더 시급한 과제일 것이다.

마르틴 루터는 교황 레오 10세로부터 이단으로 정죄당한 1520년에 세 편의 논문을 연달아 출판했다.[1] 그 가운데 오늘날까지도 가장 중요한 논문으로 간주되는 〈독일 그리스도인 귀족에게 고함〉에서 루터는 중세 가톨릭교회가 높이 쌓아올린 세 개의 담장을 허물어야 한다고 주장했다. 그것은 다름 아닌 성직자와 평신도를 구분하는 담장, 성서해석의 권한이 성직자(교황)에게만 있다고 가르치는 담장, 그리고 공의회를 소집할 권한이 교황에게만 있다고 주장하는 중세신학의 담장이었다. 루터는 자신의 비판이 여리고성을 무너뜨린 나팔(수 6:20)이 되어 타락한 교회와 세상 사이를 가로막고 선 견고한 신학의 장벽을 무너뜨리기 바랐다. 면죄부 판매에 대한 현실비판에서 시작된 루터의 종교개혁은, 그러한 실천을 계속해서 가능하게 만들고 정당화하는 정신에 대한 근원적 비판, 즉 신학비판을 통해 그리스도교가 중세로부터 근대로 향하는 새로운 길을 마련했다. "교리가 개혁되지 않으면, 관습의 개혁은 무의미하다"(*Doctrina non reforma frustra sit reformatio morum*)[2]는 루터의 말은, 교회개혁의 원동력이 신학비판에 있음을 상기시킨다.

오늘날 개혁되어야 할 것은 교회의 현실만이 아니다. 정신의 개혁을 멈춘 종교야말로 개혁의 진정한 대상이다. 문제는 신학의 쇄신이다. 신학의 쇄신 없는 현실비판은 종교개혁 정신의 반쪽짜리 실천에 불과하다. 그것은 또한 기만적 실천으로 전락할 우려도 안고 있다. 신학비판 없는 현실비판은 문제를 양산하는 토대(신학)에 대한 비판을 에둘러가는 동시에 정신과 제도의 재형성(re-formation)이라는 종교개혁의 이중적 과제를 도덕적 우월성의 쟁취라는 규범적 실천으로 축소시키기 때문이다. 이를 방증하듯 타락한 교회 현실에 대한 비판을 목소리를 높이는 이들 가운데에는 보수주의 신학의 틀을 벗어 버리지 못한 채 이웃 종교인과 소수자들에 대한 편견을 신앙의 진리인 양 고수하는 이들이 있는가 하면, 보수주의 신학의 틀을 벗어 버렸다고 자처하는 이들 가운데는 계몽주의적 특권의식과 나르시시즘적 엘리트의식에 안주한 채 시대의 절박한 요청에 등을 돌리는 이들도 적지 않은 것 같다. 그러므로 오늘 우리의 과제는, 신학비판과 현실비판을 동시적으로 수행하는 것이다. 성서에 대한 문자주의적 편견, 이웃 종교에 대한 배타적 시선, 권위주의와 특권의식, 약자와 소수자들에 대한 혐오, 이념적 타자에 대한 분열증적 증오 따위를 동시에 극복한 새로운 그리스도교 신학과 실천의 장을 마련하는 것, 그것이 종교개혁의 유산을 창조적으로 계승하는 교회와 신학의 과제가 되어야 할 것이다.

이러한 문제의식을 바탕으로 필자는 '그리스도교의 자기중심성 극복'과 '타자 중심적 전환'이라는 주제를 탈근대 선교신학의 과제로 제안하고자 한다. 타자를 의식하지 않는 근대적 주체의 자기중심성, 혹은 자기완결성의 신화야말로 루터의 종교개혁이 오늘에 이르도록 '개혁'하지 못한 과제라고 인식하기 때문이다. 사실, 20세기 선교학과 종교신학은, 종교적 타자에 대한 인정담론을 중심으로 자기중심성의 한계를 극복하기 위한 노력에 매진해 왔다. 가톨릭교회의 제2차 바티칸공의회와 에큐메니칼교회의 10차에 걸친 총회는 다양성과 대화를 시대적 요청으로 받아들이면서도 어떻게 그리스도교의 중심성을 계속 유지할 수 있을 것인가에 관한 서구 신학의 문제의식을 주제화해 온 노력의 결실이었다.[3] 이러한 결실이 가능했던 이유는 근대 계몽주의적 선교에 대한 자기비판과 더불어 그리스도교의 복음이 서구의 전유물일 수 없다는 인식이 확산되었기 때문이다. 또한 2차 세계대전의 종식 이후 식민지 국가들이 속속 해방을 맞이하면서 문화적 본질주의에 입각한 정체성 형성 열망이 비서구세계를 중심으로 거세게 일어난 것도 '다양성'과 '대화'를 신학적으로 주제화하는 데 영향을 미쳤다고 볼 수 있다. 요컨대 지난 세기에 그리스도교는 서구 백인의 종교에서 비서구 비백인의 종교로, 지구촌의 북반구를 중심으로 하는 종교에서 남반구의 아시아, 아프리카, 라틴아메리카를 새로운 중심으로 하는 종교로의 대전환을 경험했다.[4] 이것이 오늘날 탈근대/탈식민 시대의 변화된 선교적 상황이며, 그리스도교가 자기중심적 구심력을 극복하고 타자로부터 자기를 재형성하는 타자 중심적 전환을 이루어야 하는 신학적 이유다.

1. 종교개혁과 자기중심적 주체의 탄생
   : '일치 안의 다양성'에서 '다양성 안의 일치'로

앞서 언급한 것처럼 지난 세기 그리스도교는 타자에 대한 인정의 문제를
주제화하는 한편 그리스도교의 자기중심성을 유지하기 위한 노력에 매진
해 왔다. 비서구세계에서 급증하는 다양성과 대화의 요청을 수용하되, 타자
의 인정 범위를 어디까지 확장할 수 있는지를 실험하는, 일종의 관용의 한
계에 관한 논의가 20세기 선교학과 종교신학에 있어 주류적 신학 담론의 위
치를 차지해 온 것이다. 그것은 "다양성을 인정하며 대화에 나서되, 그리스
도교의 중심성은 포기할 수 없다"는 입장으로 정리될 수 있을 것이다. 이 점
에서 "우리 모두가 포괄주의라는 사실을 인정할 수 없으면 모두가 제국주
의자가 될 수밖에 없다"[5]는 폴 니터(Paul F. Knitter)의 언급은 서양 근대정신에 입
각한 자유주의적 타자 인정 담론의 현재성과 한계를 정확히 드러낸다. "타
자와 대화하기 위해서는 대화에 나서는 내가 누구인지를 먼저 알아야 한다"
는 일견 당연한 듯 보이는 이러한 인식은, 내가 누구인지를 정의하는 데 있
어 타자의 존재를 부수적 위치에 두는 근대적 주체의 자기중심성을 신학적
사고의 전제로 수용한 결과이기 때문이다. 다시 말해 16세기 종교개혁 이후
오늘날까지 지속되는 서구의 신학적 사고에 있어 '타자'는 주체의 자기중심
성 확장에 기여하는 방식으로만, 즉 주체에게 그 어떤 '보람'과 '의미'를 부여
하는 대상으로서만 존재할 뿐 주체 형성의 동시적 조건으로 간주되지는 못
한 것이다.[6] 때문에 이러한 전제를 문제 삼지 않고 전개된 서양의 종교다원
주의 신학은, 타자의 문제를 신학적으로 주제화하는 데 크게 공헌했음에도
불구하고, 근대신학의 자기중심성을 극복하고 타자와 더불어 상호변화에
이르는 길을 모색하는 데 실패했다고 말할 수 있다.

한편 타자철학(윤리학)은 1, 2차 세계대전을 거치면서 근대적 주체의 자기 중심성이 불러일으킨 폭력성을 반성적으로 성찰하는 가운데 출현했고, 유럽 중심주의 비판 담론의 확산과 더불어 무르익었다. 타자에 대한 사유는 근대의 주체 중심성에 대한 일종의 반작용이었던 셈이다. 그렇다면 이러한 자기중심적 주체가 어떻게 탄생했는지를 살펴볼 필요가 있다. 본고의 주제와 관련하여 약술하자면, 그것은 마르틴 루터의 종교개혁이 촉발시킨 개인(individual)에 대한 관심과 더불어 탄생했다고 말할 수 있다. 흔히 서양의 근대철학은 데카르트(RenéDescartes, 1596-1650)의 '코기토'(cogito) 사유에서 비롯되었다고 말한다. 라틴어 '코기타레'(cogitare)의 1인칭으로서 '나는 생각한다'는 뜻을 갖는 '코기토'는, 중세교회가 '나'를 대신해 생각하고 가르쳐 준 것들을 믿음으로 받아들이는 대신, '나'를 생각의 주체로 등장시킴으로써 이성-'나'의 이성-을 중심으로 하는 근대적 주체를 형성하는 밑바탕이 되었다. 그러나 데카르트의 '코기토'가 양심의 자유에 관한 당대의 역사적 흐름으로부터 단절된 사유의 결과일 수 없음은 주지의 사실이다. 1521년 보름스 제국의회에 소환되어 지금껏 자신이 쓴 모든 책의 입장을 철회하라는 압박을 받은 루터는, 교회의 권위에 맞서 '나'의 양심과 자유의 우선성을 주장함으로써 '코기토' 사유에 앞선 근대적 주체성 형성의 길을 열었다. 루터의 말이다.

나는 성경의 증거나 또는 명백한 이성적 논증에 근거하여 설득력 있게 분명히 반박하지 않는 한 나의 잘못을 인정하지 않을 것입니다. 나는 교황이나 공의회 자체만을 신뢰하지는 않습니다. 왜냐하면 그들은 많은 오류를 범해 왔으며, 때로는 서로 반대되는 결정을 내리곤 했기 때문입니다. 나는 오직 내가 인용한 성경 구절에 묶여 있습니다. 나의 양심이 하나님의 말씀에 사로잡혀 있는 한, 나는 상황이 확정되지 않았기에 아무것도 취소할 수 없고 또

취소하지도 않을 것입니다. 만일 당신이 양심에 어긋나게 행동한다면 구원의 위협을 당하게 될 것입니다. 하나님이여, 나를 도우소서. 아멘.[7]

여기에서 루터는 이성 대신 양심을 전면에 내세우고 있지만, 중세신학이 대신해 온 '올바른 규범'(*norma rectitudinis*)에 관한 믿음(순종)을 거부한 채 '나'의 양심의 확증성과 우선성을 주장한다. 이것은 '나'를 사고의 주체로 내세운 데카르트의 '코기토' 사유를 윤리적 맥락에서 선취한 것이라고 말할 수 있다. 다시 말해 스콜라신학의 동일성을 바탕으로 하나의 보편교회(*ecclesia universa*)를 지향해 온 중세교회는, 루터의 종교개혁이 일으킨 파문으로 인해 양심의 자유에 관한 개인의 권리 인정을 더 이상 묵과하기 어려운 지경에 이르게 됨으로써 교회의 오랜 보편성 지향에 타격을 입게 된 것이다. 이것이 루터가 이단으로 파문당하지 않을 수 없었던 한 이유다.

그러나 다른 물음도 가능하다. 중세교회가 말한 '올바른 규범'의 보편성에 저항함으로써 획득한 개인의 양심과 자유는, 그것의 보편성을 주장할 근거를 어디에서 마련할 수 있는가? 자신의 양심에 따른 자유로운 선택의 권리를 주장한다면, 타인의 자유로운 권리와의 충돌은 어떻게 다루어져야 하는가? 나아가, 개인의 양심과 자유에 대한 인정이 공동체의 규범과 권리에 우선하는 것이라면, 그것은 어느 수준까지 용인될 수 있는 것인가? 이러한 질문들은 결국 유럽 내에서 관용(tolerance)에 관한 근대적 논의의 장을 여는 계기를 마련했다. 관용(인내, 참을성, 자제심)을 뜻하는 라틴어 톨레란티아(*tolerantia*)를 독일어(toleranz)로 번역한 사람이 루터인 것은 우연의 일치만은 아닌 것이다.

이러한 물음에 적절히 답하기 위해서는 양심에 따른 자유로운 선택을 할 권리를 지닌다고 선언된 근대 유럽의 개인들이, 그들이 설정해 놓은 '개인'과 '양심'과 '자유'의 범주 안으로 환원될 수 없는 비유럽세계의 타자들을 어떻게 대해 왔는지를 살펴보아야 한다.[8] 그것은 종교개혁이 불러일으킨 변화에 대한 유럽 중심주의적 관점을 넘어서는 역사 이해를 지향한다. 간단히 말하자면 근대 유럽의 합리성(rationality)과 비유럽세계의 식민성(coloniality)이 동전의 양면을 이룬다는 것이다. 합리성과 식민성이 분리될 수 없는 하나라는 이러한 인식은, 식민지에 대한 타자화와 착취의 역사가 존재할 뿐 유럽이 자랑해 마지않는 '양심'에 따른 '자유로운' 선택을 할 수 있는 '개인'이란 실상 존재하지 않는다는 유럽 밖 타자들의 도전적 문제제기에 따른 결론이기도 하다. 20세기 타자에 대한 사유는, 이러한 문제의식을 다시금 유럽적 맥락에서 주제화하면서 근대성이 조형해 온 주체성의 이면에 대한 반성적 고찰을 지속해 나갔다. 이에 타자철학과 윤리학은 합리적 이성을 도구화한 현실에 대한 비판을 넘어, 합리성 그 자체의 구성을 위한 주체의 인식론적 자기동일성 체계를 비판하면서, 타자를 '이해'하려는 근대성의 기획이 결국에는 타자의 타자성을 억압하는 거대한 폭력의 체계로 작용해 왔음을 고발해 왔다.

그러나 이성의 도구화는 루터에게서 이미 예견된 결과였다. 루터가 교황의 권위에 복종하기를 거부한 채 성서를 읽는 '나'의 양심과 자유의 우선성을 주장하기 시작했을 때 수많은 '루터들'에 의한 해석의 투쟁, 정답에 이를 수 없는 지난한 싸움은 이미 시작되었다고 보아야 한다. 환언하면, 루터 이후 이른바 '진리'를 놓고 벌이는 싸움은 더 이상 옳고 그름의 투쟁이 아니었던 것이다. 그것은 차라리 '옳음들 사이의 투쟁', '일리(一理) 간의 각축(角逐)'이라고 보아야 한다. 루터가 당대의 '최고존엄'(最高尊嚴)인 교황의 배타적 권위에 복종하지 않고 자유로운 자기 양심의 우선성에 따라, 혹은 이를 명분 삼아 '제멋대로' 행동하는 길을 택했을 때 진리의 보편성은 이미 박살이 나 버렸다.

프로테스탄트 신학이 '정통성'에 집착하는 것이 모순인 까닭은 여기에 있다. 프로테스탄트 신학의 자율성은 '정통성'에 관한 권위의 최종승인을 거부하는 진리의 무한한 개방성과 다양성에 근거해 있다. 그것은 하나의 절대적 진리가 아니라, '모든 것으로서 아무것도 아닌' 진리를 지향한다. 모두가 사제라고 주장하는 마당에 사제가 따로 있을 리 없기에 프로테스탄트의 장소에는 '아무것도 아닌 모든' 사제들로 넘쳐난다. 중세 천년을 지탱해 온, 그리고 아마 오늘날까지도 가장 강력한 권력의 은폐된 작동 체제라고 말해야 할 '사목통치'의 전제조건인 성직자의 아우라(aura)를 벗어던진 그들 '아무것도 아닌 모든' 사제들은, 그리스도교 교회의 통치 권한을 양떼를 인도하는 목자가 아닌 양떼 가운데에서 부대끼는 한 마리 양에게 위임함으로써 신앙(信仰)의 이름으로 '아무것도 아닌 모든' 자유를 누릴 수 있는 길을 열어 놓았다. 그러므로 만약 프로테스탄트의 정체성을 정의내리는 것이 가능하다면, 그들은 권위의 최종승인 따위는 기대하지 않는, '나'의 양심과 자유에 근거해 스스로를 사제라고 믿고 행동하는 데 아무런 거리낌이 없는, 계몽적 자의식으로 충만한 근대인들이라고 말해야 할 것이다. 이 점에서, 분열에 분열을 거듭하며 셀 수 없이 많은 교단과 교파로 갈라지는 프로테스탄트의 현재성은 극복해야 할 과제라기보다는 프로테스탄트 신학의 개방성과 다양성이 지닌 양면성을 그대로 드러내 보여주는 '숙명적' 현실로 인식되어야 할 것이다. 이렇듯 종교개혁은 교회의 개혁(reformatio ecclesiae)만을 이끌어내지 않았다. 그것은 진리에 관한 인식과 태도를 전복시킴으로써 중세교회가 독점해 온 진리를 어떤 명분하에서도 독점될 수 없는 모두의 것이자 그 누구의 것도 아닌 것으로 해체시켰다. 요컨대 마르틴 루터의 종교개혁은 '일치 안의 다양성'(diversity in unity)을 추구해 온 중세가 저물고, '다양성 안의 일치'(unity in diversity)를 추구하는 근대로의 전환을 알리는 서곡이었던 것이다.

2. 루터와 말하기 혁명
   : 루터에 대한 말과 루터의 스타일로 말하기

루터 연구자 한스-마르틴 바르트(Hans-Martin Barth)는 루터신학의 유산을 '유지해야 할 것', '버려야 할 것', 그리고 '발전시켜야 할 것'의 세 가지로 분류하여 계승할 것을 제안한다. 바르트는 루터의 '존재신학', '성서에서 얻은 신학', '해방시키는 신학'은 유지해야 하는 반면, '제도와 사회화에 근거한 편견들', '종교적 배척', '이중적 경향의 사고' 등은 버려야 할 유산이라고 보았다. 한편 '프로테스탄트식으로 인식된 삶의 방식', '영적인 해석학', '교회론의 심화', '통합적인 삼위일체론' 등은 계속해서 발전시켜 나가야 할 루터신학의 유산이라고 주장했다.[9] 이렇듯 균형 잡힌 근대신학 방법론에 의거한 바르트의 주장은, 무턱대고 "루터로 돌아가자"로 말하는 것에 비해 확실히 설득력 있게 들린다. 그러나 이런 합리적 제안에도 문제가 없는 것은 아니다.

무엇보다 루터는 "서기관들과 같지 않게"(마 7:29) 말했다는 사실에 주목해야 한다. 모순과 역설로 가득 찬 그의 말, 스스로를 삼킬 듯한 열정으로 내뱉는 루터의 말은, 루터라는 인간을 잘 짜여진 '이해'의 틀로 환원시켜 단순히 정의내리는 것을 불가능하도록 만드는 사건성의 원천이다. 반면 근대신학은 루터에 관한 말을 전혀 루터답지 않은 스타일로 지속해 왔다. 아니, 스타일은 아예 근대신학의 관심주제가 아니었다. 다시 말해 과학(*scientia*), 즉 전문화와 세분화를 통한 확고한 앎을 추구하는 근대신학의 맥락에서 볼 때, 사건성으로 충만한 루터의 말하기는, 그 말하기의 스타일이 갖는 논리적 비일관성과 편파성, 광기에 가까운 열정과 정제되지 않은 욕망의 노골적 표출로 인해 '신학적'으로 다루기에 곤혹스러운 대상이 아닐 수 없었던 것이다. 그러므로 근대성에 입각한 신학방법론에 의거하여 할 수 있는 최선의 작업은, 바르트가 앞서 한 것처럼 루터의 말을 분류하고, 거기로부터 유지·포기·계승해야 할 과제를 말끔히 구분해내는 방식으로 말의 사건성을 이해로 환원시키는 인식의 체계를 마련하는 것이 될 것이다. 그리고 이러한 지적 작업은, 루터가 이미 한 말(the said)을 헬레니즘적 유산에 근거한 존재신학(onto-theology)의 체계로 다시금 귀속시킴으로써, 루터의 혁명적 말하기(saying)가 갖는 동일성으로 환원될 수 없는 말의 사건성을 축소하는 방식으로 루터 신학의 현재성을 제한한다는 점이 비판되어야 한다.

루터는 '체험이 신학자를 만든다'(experientia facit theologum)고 말했다.[10] 그러나 앞서 언급한 것처럼 우리가 주목해야 할 것은 루터가 이미 한 말 그 자체가 아니라, 근대의 서기관들과 같지 않게 말하는 그의 스타일에 있다는 점이 다시 한 번 강조되어야 한다. 사실, 5세기의 역사적 간극을 둔 그의 말 그 자체로부터 얻어낼 수 있는 것은 그리 많지 않을 것이다. 루터의 반유대주의, 타종교(이슬람/터키인)에 대한 편견, 농민전쟁을 대하는 반민중적 태도, 그리고 여성에 대한 끔찍한 우월적 시각에 이르기까지,[11] 만약 우리가 루터로부터 계승해야 할 것이 그가 이미 한 말뿐이라고 한다면, 루터 자신이야말로 이 시대 종교개혁의 대상이라고 말해야 할지 모른다. 그러므로 루터의 말이 아닌 루터처럼 말하는 데 주목해야 한다. 중세의 여리고를 무너뜨린 루터의 스타일에서 영감을 얻은, 근대정신의 틀 안에서 '절대'(絶對)로 간주되어 온 그 어떤 말해진 것과도 타협하지 않는 말하기의 실천이 탈근대/탈식민 시대 프로테스탄트 신학의 과제가 되어야 할 것이다.

관용을 주제로 한 근대적 논의는 루터의 혁명적 말하기가 일으킨 사건의 한 예시다. 물론 근대 관용의 정신이 루터로부터 직접 비롯되었다고 말하는 데는 무리가 따른다.[12] 그러나 루터의 종교개혁이 유럽에서 관용의 정신을 꽃피우는 데 있어 결정적 계기를 마련한 사실은 인정할 수 있다. 중세 가톨릭교회는 무엇보다 성서해석의 다양성을 인정하지 않았다. 절대적 체제의 유지를 위해서는 하나의 목소리가 필요했기 때문이다. 오늘날의 관점에서 단순한 텍스트 전환 행위에 지나지 않는 '번역'이 교회에 근간을 뒤흔드는 도전으로 여겨질 수밖에 없었던 까닭은, 언어를 독점함으로써 통치를 지속하려는 주권자의 열망이 교회의 복음적 사명을 압도한 시대였기 때문이었을 것이다. 이런 상황에서 루터의 출현은 타자에 대한 관용과 인정의 한계에 관한 논의를 활성화하는 계기를 마련하였다.[13] 성서 해석의 권한을 독점함으로써 '정통' 신앙의 배타적 경계를 수립하고, 경계 밖 타자들에 대한 억압을 정당화해 온 사목통치의 주체들로서는 그들의 신적 폭력의 기반이 송두리째 흔들리게 된 상황을 위기로 인식하지 않을 수 없었던 것이다. '절대'가 무너지는 상황에서 유럽 각지에서 샘솟듯 솟아난 개혁의 요청은, 신구교 간, 그리고 신교 간(루터파와 칼뱅파) 첨예한 갈등을 불러일으킴으로써, 타자에 대한 관용과 인정의 문제를 공존을 위한 최소한의 과제로 인식하도록 만드는 역사적 계기를 마련했다. 즉, 루터의 말하기를 통해 형성된 다양성을 향한 열망은, 근대 자기중심적 주체의 탄생과 더불어 그리스도교를 '개인'의 종교로 탈바꿈하는 데 결정적인 영향을 미친 것이다.

한편 관용에 관한 그리스도교의 입장은 역사적으로 변천과정을 거쳐 왔다. 1세기의 그리스도교는 유대교와 로마제국의 박해를 받는 상황에서 관용을 요청하는 처지에 있던 소수집단에 불과했다. 그러나 콘스탄티누스적 전환(Constantinian shift) 이후 그리스도교는 관용을 베푸는 자리에 올랐다. 당대의 지배적 정치·종교 세력으로부터 이단자와 반역자로 낙인 찍혔던 그리스도교는, 이제 누가 이단자이고 반역자인지를 선별하여 낙인 찍을 수 있는 권력을 얻게 된 것이다. 문제는 이렇게 권력의 시녀가 된 그리스도교가 예수의 가르침으로부터, 그리고 이를 계승하는 사도들과 바울의 지향으로부터 점차 멀어지게 되었다는 데 있다. 예수의 육성(肉聲)을 담아내야 할 그리스도교의 교리와 의례체계에 있어 예수의 목소리는 점차 사라지고, 그 자리를 헬레니즘의 형이상학적 신학과 로마의 권력체계를 모방한 교권주의적 계급의식이 대신함으로써 그리스도교는 예수가 지향했던 하나님나라로부터 점점 더 멀어지는 길을 걸어오게 된 것이다. 종교개혁은 이렇듯 예수의 삶과 정신으로부터 멀어진 그리스도교가 필연적으로 맞닥뜨리지 않을 수 없었던 역사적 한계에 대한 내적 성찰과 정화의 열망으로부터 촉발(觸發)된 사건이었던 것이다.[14] 근대적 의미의 관용은, 개인의 양심과 자유를 교회의 '올바른 규범'에 앞선 것으로 인식한 루터의 종교개혁이 불러일으킨 혼란으로부터 출현했다. 존재의 본질과 위상에 대한 믿음을 바탕으로 잘 짜여진 중세신학의 체계는 "서기관들과 같지 않게" 말하는 루터의 말하기 혁명으로 인해 무너져 내린 것이다.

3. 신학의 타자 중심적 전환
: 타자를 위한 신학에서 타자의 신학으로

오늘날 관용이 문제가 되는 것은 타자에 대한 인정의 맥락에서가 아니다. 생각과 입장이 다른 이들에 대한 관용은, 서양의 근대를 지나는 동안 타자를 대하는 일상적 태도로 자리 잡았기 때문이다.[15] 문제는 관용이 아니라, 관용을 통한 타자의 재현(representation of the Other)이다. 동일성으로 환원 불가능한 타자의 타자성을 특정한 맥락에서 관용의 대상으로 재현해 내는 방식이 문제로 여겨지는 것이다. 예컨대 '장애인'이나 '이주민'과 같은 타자를 대하는 데 있어, 타자로서 그들이 갖는 무한한(infinite) 가능성을 몇 가지 신체적 조건이나 사회적 조건 등으로 환원하여 '도움을 필요로 하는 약자'로 대상화하려는 시도가 대표적이다. 타자가 도움을 필요로 하는 존재라는 사실이, 타자를 특정한 정체성으로 규정해도 좋다는 승인을 의미하는 것은 아니다. 타자는 주체의 욕망을 '정당화'하는 존재가 아니라 '어그러뜨리는' 존재, 주체의 재현 범위를 벗어나는 존재이기 때문이다. 그러므로 관용과 인정을 통해 타자를 특정한 방식으로 재현해 내는 행위는, 무한한 타자에게서 자기를 발견하려는 나르시시즘적 주체의 열망을, 다시 말해 이해 불가능한 타자를 이해 가능한 타아(他我)로 환원시킴으로써 자기에 의한 통치의 외연을 확장하려는 "자기 속으로 구부러진 인간"(homo incurvatus in se)의 욕망을 드러내는 하나의 계기에 지나지 않는다.

에드워드 사이드(Edward W. Said) 가 오리엔탈리즘(orientalism)을 "동양이란 무엇인가에 관한 서양의 지식"이라고 정의한 것은 이를 적시한다. 오리엔탈리즘을 통해 만나게 되는 것은 아시아라는 무한한 타자가 아니라, 아시아로 재현된 타자에 관한 서양의 인식일 뿐이다. 마찬가지로 '우리'를 서구사회에 재현해 내는 방식 역시 오리엔탈리즘의 방식을 따라왔다는 점이 지적되어야 한다. 아시아라는 삶의 자리에서 일어나는 사건을 신학화하는 대신, 신학적 오리엔탈리즘이 주제화해 놓은 재현의 맥락 어딘가에 이른바 '한국적 상황'을 우겨넣음으로써 '우리'를 서구의 시각으로 재현해내고, 이로써 '세계'신학이라는 지위와 인정을 얻어내려는 식민지적 교환의 열망이, 신학적 토착화의 근원적 걸림돌로 작용해 온 것이다. 달리 말해 이것은 서양이 '유사-자기'(타아)의 범주로 구성해 놓은 틀 안에서 자기를 재현해 낼 것인가 말 것인가의 문제, 곧 그들의 관용의 대상으로 기꺼이 들어가 그들이 보고 싶은 방식으로 자기를 재현해 내는 기술을 익힘으로써 모종의 실리를 취할 것인가 말 것인가의 문제였지, 아시아 신학의 타자성을 가지고 씨름한 문제는 아직 아니었다는 비판이 가능한 것이다.

루터로부터 오늘날 한국교회에 이르기까지 지난 5세기에 걸친 서양신학의 일관된 문제의식은, 관용을 통한 다양성의 증대, 즉 서구-백인-귀족-남성-그리스도교 중심적 관점에서 이것의 기득권을 허물어뜨리지 않으면서 포괄할 수 있는 최대범위를 실험하는 데 있었다. 타자의 타자성과 만나 자기를 해체/재구성하는 문제는 그들의 관심이 아니었던 것이다. 다시 말해 관용은 통치를 위한 은폐된 계기라는 것,[16] 타자성으로 충만한 '너'를 '나'에 의해 상상된 존재의 범주 어딘가에 포획해 둠으로써 무한한 인정과 자비의 대상으로 '모셔' 둔다는 점, 이것이 오늘날 관용의 문제인 것이다. 그러므로 종교개혁 이후 오늘날까지 '개혁'되지 않은 어떤 주제에 대한 도전적 문제제기가 가능하다면, 그것은 우리 신학이 '세계' 신학의 관용과 인정의 대상이 되어 그들의 다양성의 하위범주로 구성되려는 열망을 과감히 떠나야 한다는 요청이 될 것이다. 그들의 타자가 되는 데서 오는 이득에 골몰하기보다는 우리 시대 타자성의 체험을 신학적으로 주제화하는, 혹은 신학적 주제화가 타자성 체험의 조건이 되도록 '말'하는 어떤 스타일을 형성하는 것이 이 시대 아시아신학의 과제가 되어야 할 것이다.

그렇다면, 관용을 신학적으로 주제화 해 온 선교학은 오늘 어떤 도전에 직면해 있는가? 선교학은 그리스도교 중심적 관점에 입각해 타자와의 만남의 방식을 배타주의, 포괄주의, 다원주의 등의 유형론으로 구성하려고 노력해 왔다. 그러나 이러한 노력에 있어 실상 타자와의 만남은, 범주화를 거부하는 대화의 비종결성과 사건성을 특징으로 한다는 사실이 종종 간과되어 왔다. 실천으로서의 선교가 지리적 경계를 넘어 종교적 타자와 만나는 선교사의 탈경계적 행위라면, 선교사의 실천에 상응하는 선교학의 과제는 이미 범주화 된(말해진) 신학적 인식의 경계를 넘어 삶의 모든 양식(문화)에 있어 전개되는 타자와의 사건적 만남을 신학적으로 주제화하는 데 있을 것이다. 이를 위해서는 무엇보다 근대신학이 선교학에 할당해 놓은 역할, 즉 사유를 거세당한 실천적 방법론의 하나로 선교학의 역할을 제한해 놓은 전공분과 학문의 틀을 과감히 해체하는 작업이 선행되어야 할 것이다.

신학의 타자 중심적 전환을 지향하는 데 있어 변선환의 앞선 논의는 적절한 참조점을 제공한다. 변선환은 "선교사 신학이라는 우상"[17]을 극복해야 한다고 말한다. 개종(改宗)을 궁극의 목표로 삼는 '선교사 신학'은 제아무리 다양성의 가치를 찬양하고, 타자에 대한 인정의 목소리를 높인다 하더라도 자기기만적 한계를 벗어버리기 어렵기 때문이다. '선교사 신학'은 "경직화한 보수 정통주의 신학을 그대로 이식하려는"[18] 식민주의적 열망이 담긴 신학이다. 그것은 "어떤 간교한 수단을 써서든지 비기독교인을 회개시키고 강제로 세례하려고만"[19]할 뿐 타자로부터 주체의 변화에 이르는 길을 알지 못한다. 또한 '선교사 신학'은 그리스도교의 해방적 복음을 고작 관용의 윤리, 타자의 통치를 위한 은폐된 지배전략으로 전락시킬 뿐이다. 그리하여 변선환은 '선교사 신학'을 극복한 선교(학)의 목표를 다음과 같이 제시한다.

선교의 목표는 "이방인의 회심"이나 "교회 수립" 또는 "교회 확장"에 있지 않고 기독교 세계나 특정 교파교회의 안과 밖이라는 경계 선 너머에서, 세속 세계의 인간화(人間化)를 위하여서 일해야 한다는 것입니다. 그리스도는 오늘도 일하고 계십니다. 그리스도의 십자가는 거룩한 성(城), 예루살렘 성문 밖에 있는 골고다 언덕 위에서 있습니다. 신의 선교의 목표는 이 세속 세계 한 가운데서 메시아적인 샬롬(平和)을 세우는 것입니다. 구체적으로 말한다면 인간성의 회복을 위한 혁신운동에 참가를 촉진하고 있는 신의 선교는 세속성을 반기독교적이라고 보지 않으며, 세속화를 비기독교화와 동일시하지 않습니다. 오히려 신의 세속 세계의 역사 한가운데서의 활동과 그 속에서의 인간성

의 회복을 향하는 복음의 역사적인 촉발이야말로 세속화의 내용이라고 적극적으로 생각합니다.[20]

변선환은 '하나님의 선교'(*Missio Dei*) 신학의 영향을 받아 '인간화'(humanization)를 선교의 중요한 목표로 설정했다. 그러나 변선환이 '인간화'를 주제로 설정했다는 사실보다 중요한 것은, 그가 당대의 신학비판과 교회비판이라는 과제를 동시에 수행했다는 사실에 있다. 도덕주의에 입각한 현실비판 담론만으로는 '관용을 통한 통치'라는 서구 근대신학의 근본문제에 맞설 수 없으며, 한국교회의 성장 이후를 모색하는 진지한 선교학적 담론을 마련할 수 없다. 근대적 주체의 자기중심성을 유지한 채 관용의 포괄 범위를 좀 더 늘리는 방식으로 타자의 문제에 대응하는 것은, 비판을 통해 결국 자기를 확장시키는 서양 근대의 자기애적 주체성의 확장을 가져올 뿐이기 때문이다. 그러므로 그리스도교 선교가 문제라면, 그러한 선교를 지속 가능하게 만든 정신의 근원과 씨름할 필요가 있다. 변선환은 〈타종교와 신학〉이라는 논고에서 그리스도교의 자기중심성이라는 문제를 앞서 지적한 바 있다. 다시금 그의 말을 인용해 본다.

본인에게 주어진 제목은 "他宗敎와 神學"이다. 그러나 타종교와 관계시켜서 신학을 논한다고 할 때 가장 큰 문제는 타종교를 악마시하거나 저주하는 종교적 제국주의(배타주의)를 넘어서야 한다는 것이겠으나 타종교를 "복음에서의 준비"(praeparaio evangelica)라고 보며 호교하고 변증하려는 성취설(fulfilment theory)도 지양하여야 한다. 종교적 다원사회 속에서 그리스도교는 과거의 개종주의의 입장을 깨끗이 버리고 타종교와 동등한 자리에서 대화하는 공명한 자세를 가져야 하기 때문이다. 특히 동양처럼 다양한 종교들과 종파들이 절대적 관용에 의하여 다원적으로 공존하고 있는 풍토에서 그리스도교의 배타적 절대성의 주장은 불협화음만을 조장하는 서구 식민지 시대의 낡은 잔재물이 되고 말았다. (⋯) 타종교는 서구 신학의 관점에서 보게 되는 신학의 수단이 아니라 오히려 목적이며 신학의 객체가 아니라 오히려 주체가 되므로 **"타종교와 신학"이 아니라 "타종교의 신학"**이 새로운 주제가 되게 된다.[21]

여기에서 변선환은 타종교와 그리스도교 신학의 관계를 새롭게 설정한다. 그것은 그리스도교 중심적 관점에서 타종교(타자)를 지배의 대상으로 인식해 온 근대성의 오랜 관습에서 벗어난 것은 물론, 관용을 통해 타자인정의 범주를 늘림으로써 주체의 자기중심성을 지속하려는 포괄주의적 욕망으로부터도 벗어난 것이다. "타종교와 신학"이 아니라 "타종교의 신학"으로 자신의 신학적 과제를 명명한 변선환은, 신학적 담론의 구성과 그 실천의 맥락에 있어 타자를 부수적 지위에 머무는 존재로 여겼던 근대의 자기중심적 구심력에서 탈피하여, 타자가 중심이 되는 관계로의 전환을 촉구했다. 다시 말해 변선환은 '타종교'와 '신학'을 대등한 위치에 놓고 대화를 추구하는 길에서 한 걸음 더 나아가, '타종교'로 명명된 아시아적 타자의 타자성으로부터 근대적 주체의 '신학'을 재형성하는 신학의 타자 중심적 전환의 길을 개척해 나갔다는 사실에 주목해야 한다. 이것이 변선환의 "타종교의 신학" 담론이 갖는 동시대적 의미일 것이다. 또한 이러한 타자 중심으로의 전환을 통해 변선환은 자기에게 함몰된 근대적 주체를 탈출시키는 길을 마련함과 동시에 주체와 타자의 분리될 수 없는 동시 생성을 지향함으로써 관용을 통한 통치의 메커니즘을 해체시키는 길로 나아간다. 요컨대 변선환의 "타종교의 신학"은 20세기 동서양의 그리스도교가 한 목소리로 타자에 대한 주체의 관용과 인정의 범위를 늘려야 한다고 주장할 때, 타자(타종교)로부터 구성되는 주체(신학)의 재형성을 지향했다는 점에서 시대를 앞선 담론의 지평을 마련해 두었다고 말할 수 있을 것이다.

이러한 타자 중심적 전환에 따르면 선교의 목적은 타자를 변화시키는 데 있지 않고, 자기의 변화를 촉구하는 데 있다. 자기의 변화를 촉구하되, 근대성이 추구한 반성과 성찰이라는 타자성의 인식론적 자기수렴 방식에 포획되지 않는 새로운 방향으로의 변화가 요청된다. 그것은 타자와의 대면이 일으키는 사건에 자기를 무한히 개방함으로써 '자기의 변화'를 넘어, '변화가 자기를 구성하는' 데에까지 나아가는 것을 의미할 것이다. 변화가 어떤 방향으로, 어느 정도까지, 어떤 방식으로 일어나야 하는지를 미리 가늠하는 실천이 '자기의 변화'를 지향하는 주체의 행위라면, '변화가 자기를 구성하는' 데에까지 나아가는 실천은 변화의 내용과 방법과 범위를 앞서 설정하지 않는 실천을 지향한다. 다시 말해 타자가 일으키는 사건을 주체의 지배 아래 두려는 욕망을 자기 관리의 범주 바깥으로 '던져버리는' 혹은 '던져버려지도록 내버려 두는' 급진적 수동성(radical passivity)의 내면화를 지향한다. 근대 선교학의 이러한 타자 중심적 방향 전환 없이는 후기 근대 시대의 선교무용론(宣敎無用論)을 극복하는 만족할 만한 수준의 선교신학 담론을 형성하기 어려울 것이다.

"루터로 돌아가자"는 말은 뜬금없다. 루터가 마치 '정답'을 말해 놓은 양 그가 이미 한 말을 금과옥조(金科玉條)로 여기려는 태도는 "애굽에 남겨 놓은 서구 신학이라는 고기가마"[22]로 돌아가려는 열망에 불과하기 때문이다. 프로테스탄트 신학은 진리에 관한 최종승인을 거부한다. 절대와 금기에 도전함으로써 개방성과 다양성을 추구해 온 프로테스탄트 신학이, 서양 근대정신이 조형해 놓은 인식의 틀 안에서 다시금 '정통성'을 주장하는 것은 커다란 모순이 아닐 수 없다. 루터의 말은 프로테스탄트가 돌아가야 할 이타카

(Ithaca)가 아니다. 그런 곳은 없다. 프로테스탄트 앞에는 실현되지 않은 약속을 향해 떠나는 '아브라함의 여정'(Abrahamic journey)[23]이 있을 뿐이다. 그럼에도 불구하고 루터로 돌아가자고 말해야 한다면, 루터의 말이 아닌 말하기의 전망(展望)으로 돌아가자고 말해야 할 것이다. 근대적으로 말해진 것의 한계가 자주 지적되는 이 시대야말로 "서기관들과 같지 않게" 말하는 루터의 스타일이 재조명될 필요가 있기 때문이다.

오늘의 선교와 선교학은 타자를 향한 무한한 개방성을 신학의 새로운 출발로 삼아야 한다. 근대선교는 타자를 위한 주체의 계몽주의적 실천으로 집약된다. 계몽은 미성숙한 상태로부터 벗어나는 것(칸트)을 의미하는 동시에 그렇게 '벗어난' 혹은 '벗어났다는 자의식으로 충만한' 존재의 우월성과 그 실천의 정당성을 계속해서 주장할 수 있도록 만드는 알리바이를 제공한다. 즉, 계몽주의적 관념에 입각한 선교(宣敎)는, 우월한 견지에서 타자를 위해 가르침을 베푸는 주체의 활동을 '헌신'과 '봉사'의 이름으로 찬양해 온 반면, 계몽주의적 실천 안에 각인된 주체의 자기중심성을 당연(當然)으로 전제하거나 간과해 온 한계를 지녀 왔다고 말할 수 있다. 물론 계몽이 해방을 의미하는 한 그것이 우리 시대에도 지속되어야 할 실천임은 자명한 일이다. 그럼에도 불구하고 탈근대/탈식민 시대의 문제의식은, 주체의 형성이 아닌 주체의 자기중심성 극복에 있다는 사실을 간과해서는 안 될 것이다. 이러한 시대에 "타자를 위한" 계몽주의적 실천의 정당성에 집착하면서 그것만을 '올바른 선교'라고 주장하는 것은, 근대성/식민성의 종말과 더불어 선교 자체를 중단해야 한다는 선교무용론에 힘을 실어줄 뿐이다. 그러므로 이 시대의 선교는, 중세의 '올바른 규범'에 맞서 주체가 중심이 되는 근대를 열어갔던 루터의 말하기로부터 영감을 얻어, 근대의 '올바른 선교'에 맞서는 타자중심적 전환을 이루어내야 한다. 다시 말해 탈근대/탈식민 시대의 선교는 근대 계몽주의적 담론과 실천의 한계를 넘어서는 '선교'(先交), 즉 타자와의 앞선 사귐에 나서는 그리스도교의 전위적 실천 담론으로 재구성되어야 하는 것이다.

루터의 '다섯 개의 솔라'는 신과 인간 사이를 가로막은 권위주의와 배타주의, 독점주의의 높은 장벽 너머로 가기 위한 그 시대의 이정표였다. "타자를 위한 선교"는 종교개혁 이후 오늘에 이르기까지 그리스도교적 실천의 방향성을 알리고 이를 정당화 해 온 근대선교의 표지였던 셈이다. 그러나 "타자를 위한 선교"는 지금 위기를 맞고 있다. 타자가 실상은 계몽/선교를 필요로 하지 않을뿐더러, "타자를 위한 선교"란 결국 주체의 자기유지와 확장을 위한 알리바이였음이 점점 더 명확히 드러나고 있기 때문이다. 우리 시대에는 "타자의 선교"라는 새로운 이정표가 필요하다. 타자를 주체의 의식으로 환원함으로써 세워진 근대의 높은 담장을 허물고, 타자로부터 주체를 구성하는 사건에 자기를 개방하는 "타자의 선교"야말로 이 시대 그리스도교적 실천의 새로운 이정표가 되어야 한다. 이러한 선교의 방향전환, 곧 "타자를 위한 선교"에서 "타자의 선교"로의 전환을 이뤄내는 일이야말로 타자에 대한 계몽을 넘어 사귐의 사건성을 지향하는 우리 시대 선교학(先交學)의 임무(mission)인 것이다.

홍 정 호_ 신반포감리교회 목사

04

종교개혁 以後 신학으로서 '역사유비'의 신학, 그 아시아적 함의

- 존재유비와 신앙유비를 넘어서

1. 종교개혁 以後 신학은 가능한가?

종교개혁 500년을 맞아 루터로 돌아가자는 슬로건이 난무한다. 초대교회로 돌아가자는 그간의 목소리가 종교개혁 시기로의 귀환으로 대치된 것이다. 그러나 이런 말을 하는 교회들이 정작 '처음처럼' 되고자 하는 마음이 있는지 많이 의심스럽다. 그 '처음'이 분명 오늘의 교회상(像)과 다를 터인데 자본에 길들여진 상태로 어찌 복귀 및 환원을 말할 수 있을지 모르겠다. 그렇다고 루터에게로 돌아가자는 의견에도 온전히 동의하기 어렵다. 지난 천년 유럽 역사 속에서 가장 위대한 존재로 여겨지나, 당대의 난제를 해결하여 근대를 열었을 뿐 오늘을 해명하기에 충족치 않은 탓이다. 그렇기에 일부 신학자들은 종교개혁가 루터의 시각에서 자유로울 때 비로소 성서—특별히 로마서—가 제대로 읽힐 수 있고 '다른' 기독교의 길이 열릴 수 있다고 했다.[1]

크게 보아 루터는 '존재유비'(Analogia entis)에 근거한 중세 가톨릭교회와의 단절을 꾀한 종교 개혁가였다. 3개의 '오직'(sola) 교리의 토대인 '신앙유비'(Analogia fidei)의 세계관을 갖고서 그는 개신교 신학을 정초했고 근대적 여명을 밝혔다. 이후 기독교는 신구약성서를 공유하면서도 이들 신학원리 차(差)에 터해 가톨릭과 개신교, 두 유형으로 달리 전개되었다. 목하 가톨릭교회와 개신교 간의 차이는 오롯이 이 두 신학원리에서 비롯된 것이다. 그렇기에 이 두 원리는 옳고 그름의 문제로 접근, 판단할 수 없다. 성서를 해석하는 군건한 두 틀거지가 된 탓이다. 여기서 핵심 논제는 3개의 '오직' 교리가 자본주의와 짝하여 야기한 개신교의 위기상황이다. 이 땅을 찾았던 가톨릭 교종은 정작 '교회의 복음화 없이 세상 복음화 없다'며 교회의 자기모순을 적시했으나 자본 친화적인 개신교는 개혁 의지를 잃고 세습 문제로 시끄럽다. 물론 루터 종교개혁은 대응 종교개혁을 낳았고 가톨릭교회와 함께 경쟁적으로 근대를 추동했었다. 2차 바티칸 공의회, JPIC 모임 등을 통해 저마다 자기 변혁을 모색했고 세상과 옳게 조우하고자 노력했던 것이다. 하지만 과연 이 두 신학원리가 여전히 기독교 以後 시대의 토대일 수 있겠는가를 자문한다. 자본주의 폐해가 극에 이른 현실에서 '체제 밖' 사유로서 자본주의 以後를 상상할 힘이 부재한 탓이다. 1%의 최상층과 99% 빈자들로 대별되는 양극화된 현실에서 기독교의 책임이 결코 작지 않다. 자본주의를 잉태했으나 자본화된 개신교의 책임은 일층 더 위중할 것이다. 뿐만 아니라 이들 신학원리는 종교 고유한 신비주의를 배격했고 각기 포괄주의와 배타주의의 틀로서 혹은 근본주의 이름하에 가치(종교) 다원주의를 부정하며 인류 평화와 공존을 위협하고 있다. 자신들 진리를 평화보다 앞세운 결과라 할 것이다. 나아가 이들 기독교는 진보를 벗 삼은 탓에 발전신앙을 추동했고 지구적 차원의 생태학적 재난의 주범이란 말까지 들을 정도에 이르렀다. 이런 상황에서 신/구교 모두는 인류 및 지구 생태계 위기에 둔감한 채 자신들 교리체계에 안주하고 있으니 큰일이다. '사실적 종말' 위기를 아무리 강조해도 교회는 영혼구원을 앞세워 이를 귓전으로 흘리며 자본주의 사회의 승리자 되기를 축복하는 수준에 머물고 있을 뿐이다.

이런 이유로 필자는 앞선 두 신학원리가 현실과 조우함에 있어 문제가 있다고 판단한다. 한마디로 새로운 신학원리가 발견되어 작동할 시점이 되었다는 것이다. 물론 이미 언급했듯이 '존재유비'와 '신앙유비', 두 원리는 상호 견제하고 경쟁하며 숱하게 변혁, 진화되어 왔다. 그렇기에 저마다 이 원리들을 갖고서 직면한 난제들을 해결할 수 있다고들 확신한다. 하지만 이런 확신은 부분적으로는 타당하나 전적으로 옳을 수 없다. 이들 모두는 근본에 있어 헬라적 사유방식에 터한 것으로서 아우슈비츠 以後─나아가 우리의 경우, 세월호 以後─의 현실을 충족히 설명하기 어려울 것이다. 희랍의 피지스(physis) 철학을 탈각시킨 루터가 독일 신비주의 풍토에 말씀(하느님)을 접목시켰으나 '신앙유비'의 원리를 갖고 神(초자연)/人(자연)관계에 주목했기에 가톨릭신학과의 연속성을 벗지 못했다. 존재유비가 자연에, 신앙유비가 인간에 방점을 두었고 신과의 관계에 있어 저마다 닮음과 차이를 강조했으나 이들 모두는 초자연을 상정했기에 신학 구조상 변별력이 없다. 플라톤의 이데아론으로 히브리적 초자연 사유를 강화, 내면화시킨 것이 개신교 신학의 골자였던 탓이다. 따라서 어거스틴의 하느님 도성처럼 루터의 두 왕국설 역시 이원론적 양상을 벗을 수 없었다. 20세기 들어 개신교가 십자가 신학으로 전회했으나 그 역시 사변적인 삼위일체 구조하에서였기에 역사 속 고통에 대해 실질적으로 답이 되기 어려웠다.

　이런 정황에서 필자는 유대적 사유로부터 만들어진 신학적 인식 틀에 관심을 갖고 있다. 루터처럼 유대적 사유를 배척하거나 혹은 유대적 사유를 신학적으로 변형시켜 재구성하는 차원이 아니라 그것 자체를 신학화하는 방식으로 말이다. 주지하듯 2천년 역사 속에서 기독교는 유대교에 대해 혹독했고 적대적이었다. 성서 기자들조차 실현된 절대적 기독론을 앞세워 당시 경쟁관계에 있던 유대적 사유를 부정하고 흔적 지우는 일에 앞장섰다. 주지하듯 루터는 유대인을 동물처럼 보았고 그들 율법의 정당한 의미를 탈각시켰다. 히틀러에 의한 유대인 대학살(홀로코스트)도 실상 이런 이해에 근거한 것이었다. 하지만 이에 편승한 기독교가 오히려 죽었다는 것이 당대 지성인들의 판단이었다. 유대인을 죽였던 기독교, 희랍적 개념에 의존한 이들 신학체계가 아우슈비츠 참사로 인해 오히려 사망선고를 받은 것이다. 따라서 아우슈비츠 以後 신학을 위해 희랍적 사유 대신 유대(히브리적)적 사유를 절실히 요청했고 급기야 이 시대의 좌파 철학자들 역시도 이에 터해 '다른' 기독교의 길을 제시하고 있는 중이다. 이런 경향성이 비운의 유대인 철학자 W. 벤야민에게서 비롯했음은 주지의 사실이다.[2] 유대적 메시아주의를 마르크스 유물론과 결합시켰던 그는 무신론적 신학(神 없는 신학)을 통해 실패했던 과거역사를 현재로 소환하여 그를 구원코자 했다. 이는 승리자의 관점에서 기록된 2천년 기독교 역사 및 신학과의 결별이라 해도 좋겠다. 여기서 필자는 신없는 시대에서 '타자를 위한 존재(관계유비)'를 역설한 본회퍼 신학의 철저성을 본다. 초월의 지평을 세속 한가운데서 찾고 보았던 본회퍼, 그는 타자를 위한 존재로서 인간을 신적 존재로 여겼고, 그리스도와의 관계적 존재인 것을 강변했었다. 하지만 벤야민에게 세속은 개인(인간)을 넘어 역사 그 자체였고 그 속에서 실패한 자들이었다. 본회퍼처럼 초월은 더 이상 초자연이 아니었으나 초(超)개인적 차원에서 역사가 그의 초월적 지평이었다. 벤야민은 역사와 자연(생태계)의 대 파국에 직면하여 실증적(닫힌) 진보사관 대신 실패한 자의 시각에서 역사를 재(再)서술했고 역사 및 자연 생태계의 미래를 '달리' 생각했다. 실패한 과거를 소환하여 기억함으로 예측 불가능한(메시아적) 미래를 열고자 한 것이다. 실패한 역사의 구원이 메시아 도래의 목적이란 말이다. 이는 초자연 혹은 그의 변형인 진보사관에 의존한 이전 두 신학 유형과 패러다임을 전적으로 달리한다. 이에 필자는 벤야민 식의 낭만주의적 어법을 다소 비틀어 '역사유비'(Analogia historiae)[3]란 조어를 사용할 생각이다. '존재유비', '신앙유비'를 주창한 아퀴나스, 루터처럼 벤야민을 '역사유비'의 창시자로 내세워 종교개혁 以後 신학의 가능성을 모색할 목적에서다: 실패한 역사와 메시아(도래)의 유비.

이를 위해 중요한 것이 벤야민의 성좌(하늘별자리) 이념이다.[4] 여기서 성좌는 결코 동일성 원리에 종속되지 않는 이질적 현상들의 질서정연한 배치를 형상화한다. 일회적이고 극단적인 것들로 구성된 하늘 별자리처럼 역사가 불연속적인 것들도 구성되었으나 이들 간의 연관관계를 형상화시켜 연구하는 것을 벤야민은 역사철학(이념)이자 신학적 사유라 했다. 상호 불연속적인 것을 있는 그대로 사유하되 그들 간의 상호 '울림' 관계를 살펴내는 것도 반드시 필요하다. 후일 그가 신학적 사유와 유물론적 사유의 양 극단을 융화시킬 수 있었던 것도 이런 연유에서다. 이 과정에서 소외된 것, 평가절하된 것 그리고 뭇 차이들은 언제든 보편에 참여할 수 있다. 개별 특성과 보편 이념들이 독자적으로 반립하면서도 말이다. 역사가 미래만을 향하지 않고 과거로 결을 거스를 수도 있기에 가능한 일이다. 이렇듯 불연속성을 강조하는 역사 이해의 틀로서의 성좌 이념을 종래 신학이 사용했듯 '유비'로 언표하기가 적당치 않을 수도 있겠다. 하지만 역사이해의 또 다른 핵심 개념인 '기억'이 과거를 구제하는 메시아 사건과 관계하기에 감히 '역사유비'란 말로 새로운 신학 틀을 상정해 볼 것이다.

그럼에도 여전히 토착화 신학자로서 이에 더할 것이 없는지를 거듭 질문해 본다. 아시아의 종교문화 전통이 유대적 사유를 풍요롭게 하여 신학의 전회, 종교개혁 以後 시대의 기독교를 좀더 보편적으로 재정립할 수 있다고 믿는 탓이다. 유대적인 것과 아시아 사유 간에 유사성이 적지 않을 것이란 추측과 판단도 작용했다. 하지만 여기서 핵심은 존재의 집으로서의 언어에 관한 문제다. 주지하듯 '존재유비'와 '신앙유비'의 신학이 각기 라틴어와 독일어로 사유된 것인 반면 유대 신비주의에 바탕한 '역사유비'는 히브리적 세계관(언어)의 반영이라 할 것이다. 천지인(天地人) 삼재(三才) 사상에서 비롯한 한글 또한 의당 고유한 신학적, 철학적 뜻을 함축하고 있다.[5] 언어가 달라지면 사유방식도 함께 변하는 것인 바, '역사유비'의 신학을 이 땅 고유한 삼재론 틀거지에서 재구성할 때, 본고가 지향하는 작업 역시 끝날 수 있다. 이를 위해 성리학을 민중적으로 재해석했던 동학(東學)의 후천개벽설(後天開闢說)이 중요하다. 마지막 장에서 '역사유비' 신학을 위한 아시아적 공헌을 기대할 것이다. 실패한 인간역사뿐 아니라 고통 중인 자연역사의 통전적 구원을 위해서 말이다.

2. '존재유비'와 '신앙유비'를 넘어서
: 두 신학방법론의 형성, 의미 그리고 한계

탈(Post) 기독교 시대가 되었고 아시아가 세계의 중심인 시대에 이르렀으나 이 땅 기독교인들의 의식은 아직도 중세 혹은 근대에 머물고 있는 듯하다. 박근혜-최순실 게이트로 불거진 촛불 시민들의 성숙한 몸짓과 태극기, 성조기 심지어 이스라엘 국기까지 들고 나와 촛불을 끄려 했던 보수 기독교인들의 그것이 비교되면서 이 땅 기독교가 맘껏 초라해진 것이다. 이들 의식 속에서 기독교 종주국인 미국과 성서의 발원지인 이스라엘은 조국으로서의 대한민국을 능가하는 절대적 위상을 지녔다. 이런 사대적 발상은 계시종교로서의 기독교적 배타성이 거듭 지속적으로 학습된 결과이다. 칼 야스퍼스의 지적대로 실존적 차원에서의 무제약적인 신뢰와 실증주의적 배타성 요구가 동일하지 않음에도 계시신앙이 일체 타자를 부정하는 절대적 권위가 된 것이다. 즉 계시신앙에 터한 3개의 '오직(sola)' 교리는 이 땅의 문화와 전통을 거부했고 광장의 평균적 시민의식과도 갈등했으며 약자, 소수자를 불편하게 여기는 풍토를 만들어 왔다. 무엇보다 이런 절대성의 요구가 자본주의적 욕망과 결합되어 교회를 기득권 세력들의 장(場)으로 변질시켰으니 성서의 본뜻마저 왜곡, 부정하는 셈이다. 한마디로 기독교적 배타성이 종교(사상)적 사대주의를 낳았고 물질 욕망을 부추겼으며 생각하는 힘을 총체적으로 앗아간 것이다. 그렇기에 우리는 기독교, 즉 계시신앙이란 것이 절대 유일무이한 종교이자 사유체계이고 세계관인지를 다시 묻고자 한다.

앞서 본 대로 '존재유비'와 '신앙유비'는 기독교를 설명하고 이해하는 사유체계들이다. 각기 가톨릭교회와 개신교를 근거 짓는 핵심원리로서 저마다의 방식으로 기독교의 절대성을 설명하는 방식이었다. 전자는 포괄주의의 형태로, 후자는 배타주의적 방식으로 기독교 보편성과 절대성을 언표했던 것이다. 하지만 이런 인식 틀 자체는 선험적으로 주어진 것도 아니며 성서의 본뜻과도 일치되지 않는다. 히브리적 종교성이 각기 다른 풍토에서 적응 내지 토착화되는 과정에서 생겨난 후천적인 산물일 뿐이다. 그렇기에 특정 시공간 속에서 형성된 신학 혹은 그의 인식 틀을 보편적으로 강요할 수는 없다. 저마다 해당되는 시공간 속에 적합했던 것으로서 오늘 우리에겐 새로운 틀거지를 만들기 위한 범례가 될 수 있다. 그렇기에 한 신학자는 신학의 언어란 항시 '그렇지만, 그러나 그렇지 않은'(It is, but it is not) 구조, 즉 은유(Metaphor)로서 역할할 뿐이라고 했다.[6] 물론 지금도 '존재유비'로서의 자연신학과 '신앙유비'로서의 변증신학은 여전히 유의미하다. 초월과 내재, 하느님과 인간, 복음과 문화가 유비 혹은 변증의 논거로 해명될 수 있는 탓이다. 하지만 이것도 서구 기독교적 사유 틀 안에서만 가능할 것이다. 기독교 以後 시대와 아시아적 공간에서 적용되어야 할 당위가 될 수도, 될 필요도 없다. 신학은 언제든 특별한 시/공간 안에서 발생하는 것으로서 그의 역사성 나아가 토착성이 자기 본질일 뿐이다. 시공간이 달라지면 인식 틀의 차이도 필히 존재할 수 있는 법이다.

주지하듯 '존재유비'와 '신앙유비'는 각기 희랍과 독일적 풍토에서 생겨났다. 히브리적 사유와 희랍적, 특별히 아리스토텔레스의 '자연(physis)' 사유가 만나 형성된 것이 전자이며, 유럽문명의 중심이 북서부로 옮겨져서 독일적 에토스로 표현된 것이 바로 후자의 경우라 할 것이다. 흔히 세계관과 종교의 관계는 물과 물고기의 관계로 비유된다. 이 둘은 서로 같지는 않으나(不一) 결코 둘로 나뉠 수 없는(不二) 상태로 있는 탓이다. 물이 바뀌면 물고기도 달라지듯 세계관이 다르면 종교 역시 달라질 수밖에 없다. 세계관을 결정짓는 핵심은 풍토, 곧 인간이 그 속에서 거주하는 자연이다. 풍토에 따라 인간의 자기이해 방식이 달라지고 그로부터 종교적 표상의 차(差) 역시 생겨나는 까닭이다. 제 문명과 차축시대 종교들이 저마다 다른 풍토에서 생겨났음이 이를 실증적으로 적시한다. 인도와 같은 몬순 풍토에서 히브리적 초월신관을 기대할 수 없고, 자연을 질서(코스모스)로 인식한 희랍에서 '업'(業)이나 '윤회' 같은 종교적 표상을 상상하기 어려울 것이다. 이런 발상은 시간성에 무게를 실은 기독교 서구의 종교 이해와는 크게 다르겠으나 부정할 수 없는 진실이다. 풍토에 터해 생각할 경우 특정종교의 배타성과 우월성의 여지는 결코 존재할 수 없다. 하지만 기독교 서구는 사막풍토에서 비롯한 초월신관을 자신들 필요에 맞게 희랍적 풍토와 독일적 풍토에서 각기 다른 방식으로 절대화시켰다. 한스 큉은 5-6개의 패러다임으로 전체 기독교를 대별했으나 필자는 현존하는 가톨릭과 개신교만을 논제로 삼고자 한다.

사실 두 신학 유형에 '유비'란 말이 함께 붙었으나 자연신학의 경우와 달리 후자의 경우 변증(법)이란 말이 적절하다. 차이에 터한 변증신학이 바로 신앙유비의 본질인 때문이다. 지금껏 서구 기독교는 일천년간을 유비로, 이후 5백년을 변증(법)을 근간으로(방법론 삼아) 자신들 신학을 절대화했다. 전자는 초자연과 자연의 닮음에, 후자는 양자 간의 차이를 강조하며 이 틀을 갖고서 기독교와 기독교 이외의 것 일체를 도식화했다. 최근 들어 가톨릭 신학 역시도 은유 대신 역설(혹은 사이 논리, metaxology)이란 말을 선호하기 시작했다.[7] 하지만 이 역시 차이보다는 실재하는 보편성을 강조할 목적에서 그리한 것이다. 여하튼 '유비'를 역설과 변증(법)으로 달리 이해했을지라도 이들 각각은 보편성과 차이에 방점을 두고 긴 세월 동안 현존하는 기독교의 두 모습으로 자리 잡았다. 개체를 강조하는 유명론과 보편에 역점을 둔 실재론이 각기 현대적으로 재구성된 모습일 수 있다. 이들 개념들에 근거한 신학의 두 형식들은 탈(脫)서구, 기독교 以後 시대에 이르러 이제 재(再)구성을 넘어 그 한계에 직면할 필요가 있다. 익히 알 듯이 가톨릭의 유비는 존재의 일의성에 터해 개체 역시도 초월성을 공유하는 공통존재(res commune)인 것을 강조한다. 그렇다고 이것이 양자 간의 절대적 동일성을 뜻하지 않는다. 다르지만 공통적이라는 의미에서 유비는 동시에 역설이기도 하다. 존재의 일의성과 다의성(차이)을 함께 긍정하는 탓이다. 이 점에서 유비, 곧 역설은 차이만을 강조하며 존재의 다의성에 무게 실은 개신교의 유비, 곧 변증(법)과 크게 다르다. 존재 자체인 초월과 유한 존재 간의 공통범주를 허용치 않는 까닭이다. 변증(법)은 본질과 존재의 구별을 전제할 때 가능할 수 있다. 이들 두 유비 모두 모순의 존재성을 인정하나 이를 역설(유비)로 풀거나 존재부정의 변증(법)으로 해결하는 방식으로 각기 기독교를 구성했고 형식화했다. 가톨릭의 경우 초월적 존재는 현실 존재들의 무한한 자기실현에 상응한다. 즉 존재 그 자체가 현실적인 것의 최대공약수가 된 것이다. 아리스토텔레스의 유기체 철학으로 보편자와 개별자를 한 범주로 묶은 결과라 하겠다. 이 경우 보편적 실재는 다의적 존재들의 안정성을 보장한다. 일체 대립된 것들을 일치시키는 역설로 인한 것이다. 따라서 여기서는 모순의 극복 대신 모순율 자체의 폐기가 관건이다. 일자와 다자의 역설적 공존이 우선이다. 성령은 이런 역설의 신학적 언표가 될 것이다. 반면 개신교의 변증(법)은 현실적 우발성, 혹은 소외개념을 우선시한다. 여기서 십자가는 바로 우발성의 상징이다. 물론 부정될 대상이겠으나 존재 자체와 무관한 현실로서의 이런 대자적 존재는 변증(법)에 있어 으뜸이다. 보편적 실재론에 대한 거부, 내지 부정을 내포했기 때문이다. 우발성, 소외로 인해 존재자의 세계 자체도 의당 부정될 수밖에 없다. 오히려 다의적 우발성(차이)이 세계의 본질이 되었다 할 것이다. 하지만 변증(법)은 일체 차이를 환원할 수 있는, 즉 모순을 부정, 극복하는 힘을 역설한다. 철학은 이를 역사 필연적 운동원리라 했고 신학적으로 신앙이라 이름했던 바, 신앙유비의 존립 근거라 말해도 좋다.

하지만 목하 현실에서 이들 두 유비는 그것이 역설이든 변증이든 간에 세상을 옳게 설명할 수 없게 되었다. 우선 보편의 전제하에 일자와 다자의 공존을 말하는 가톨릭적 '역설'로서의 유비는 역사 필연적 변증(법)만큼이나 낙관적이다. 아우슈비츠나 세월호 참사에서 볼 수 있듯이 다자의 현실은 결코 일자와 공존하기 어렵다. 온갖 차이를 보편 혹은 초월의 이름하에 수렴시키기에 현실 악(惡)과 맞설 힘을 제공치 못한다. 최대공약수란 말을 통해 일자와 다자 간 차이를 논하나 실상 차이는 보편에 흡수, 환원될 수밖에 없는 운명이다. 보편이 초월의 다른 이름인 한에서, 하느님을 성령으로 대치할지라도 신학은 역사를 희생시킬 수밖에 없을 것이다. 그렇기에 가톨릭 '존재유비'는 기독교 이후 시대의 종교 상황, 곧 종교(가치) 다원적 현실과도 공명할 여지를 잃었다. 기독교와 이웃 종교들 간의 최대공약수로서의 가톨릭적 포괄주의가 하나와 여럿의 관계를 여전히 하나에 종속 내지 수렴시킨 또 다른 경우라 할 것이다. 역사와 종교의 문제만큼이나 자연 역시도 보편논리에 희생된 측면이 있다. 일자와 다자, 보편과 차이를 유기체적 틀거지로 엮었던 결과, 자연의 창발성, 우발성 역시 충분히 설명될 수 없었기 때문이다. 일자(一者)를 지향하는 과도한 목적론이 인간 역사뿐 아니라 자연 역사를 약화시켰던 결과였다. 결국 가톨릭의 존재유비는 보편, 일자, 초월에 대한 합리적 긍정을 위한 논거였기에 개체, 다자, 역사를 상대적으로 소홀히 다뤘다. 그렇기에 이런 신학적 틀이 자본주의, 군사주의 폐해가 만연된 오늘의 현실에 적합할 수 없을 듯싶다.

개신교의 '신앙유비' 역시 이와 조금도 다르지 않다. 결과는 같겠으나 비판의 방향은 서로 다를 것이다. 개체, 다자(다의성), 자연 세계를 철저하게 부정적으로 보았던 것에 대한 이의제기이다. '존재유비'와 달리 이들 현실을 자기극복 여지없는 절망적 상태로 보는 것의 타당성 여부에 대한 물음이다. 이런 부정적 현실은 개신교 '신앙유비' 전통 안에서 신적 초월성과 대비되었고 역사 필연적 이성을 통한 극복의 대상이었다. 신적 초월성과 역사적 낙관성은 동전의 양면으로서 '신앙유비' 곧 '변증'의 근거이자 내용이었기 때문이다. 여기서 예수 십자가는 초월성의 대자적 존재로서 온갖 부정성(우발성)의 실상이자 동시에 그를 무화시킬 수 있는 힘으로서 신학의 요체이다. 가톨릭이 성령으로 '역설'을 언표했다면 개신교의 경우 십자가는 변증(법)을 적시하고 있다. 따라서 '신앙유비'의 전제이자 토대로서 십자가는 역사의 어둠, 부정성 및 우발성을 말함에 있어 가톨릭 신학보다 우월하다. 역사적 우발성과 대면함에 있어 훨씬 철저할 수 있었다. 하지만 십자가 신앙이 역사 필연성으로 이해되었고 더구나 초월적 신관에 절대 의존됨으로써 가톨릭신학의 경우처럼 여전히 낙관론에 치우쳤다. 신적 초월성이 낙관론을 보장했고 그것을 결정론적으로 수용토록 한 것이다. 여기서 개신교 신학은 몇 가지 점에서 피할 수 없는 한계에 봉착했다. 우선 십자가와 초월적 신과의 관계에서이다. 십자가란 의당 초월적 신의 죽음을 뜻하는 것인 바, 여기서 신은 '사라지는 매개자'일 뿐 결코 회귀할 대상일 수 없다는 것이다.[8] 십자가를 필히 무신론적 시각에서 봐야 한다는 논거다. 형이상학적 보증으로서 신(초월)이 실종된 시대에 살고 있는 까닭이다. 두 번째로 신적 초월성과 현실부정성의 양립은 타자부정적인 배타적 정체성을 산출했다. 가톨릭 포괄주의와 달리 원천적 타자부정은 종교근본주의로 확대 재생산되어 평화와 공존을 허용치 않았다. 종교의 진리보다 소중한 것이 평화임에도 말이다. 초월적 신관이 근대 기계론적 자연관과 짝하여 생태위기의 진원지가 된 것도 '신앙유비'의 또 다른 한계라 하겠다. 자연의 능동성을 앗아간 기계론적 자연관이 초월신관을 강조한 종교개혁 신학 탓이란 지적도 수없이 많다. 기후붕괴 시대에 이른 지금 생태신학을 위해 새로운 기독교가 필요한 상황이다.

3. 기억을 통한 '역사유비'로서의 신학
: 실패한 과거와 메시아 사건의 상관성을 중심으로

이제 본고의 핵심에 이르렀다. 여기서는 '역사유비'란 조어(造語)에 의지하여 실패한 과거를 구원하는 메시아 사건을 다룰 것이다. 존재유비, 신앙유비와 달리 역사유비는 유대적 사유에 충실한 것으로서 초월의 역사적 지평을 강조한다. 여기서 핵심은 실패한 과거와 메시아 사건 간의 상관성이다. 실패한 과거가 자신의 구원을 위해 필히 메시아 사건과 연루된다는 것이 '역사유비'의 핵심이자 관건이란 말이다. 이전 신학의 두 '유비'가 초자연(초월)과 자연 간의 관계를 중시했다면 여기서의 유비는 과거와 메시아적 미래의 관계, 즉 실패한 과거의 구원 내지 회복이 관건이다. 역사 속에 초월이 개입했기에 역사를 통해 초월이 실현될 것이라 믿은 탓이다. 따라서 실패한 과거와 메시야, 상호 이질적인 두 개념이 '기억'을 통해 관계 맺고 그를 통해 과거를 구원할 수 있다는 역사철학(W. 벤야민)의 신학화가 본 장의 주제라 하겠다. 물론 여기서 사용된 '역사유비'란 것은 앞서 말했듯 필자가 만든 조어이다. 하지만 존재, 신앙유비가 있었듯이 기억에 의거한 '역사유비' 역시 사용 못할 이유가 없다. 기억을 통해 이질적 두 시제(時制)가 연관되고 실패한 과거를 구원한다는 발상은 아시아적 토양에서도 여전히 의미 깊다. 따라서 본 장에서는 기독교 내부의 앞선 두 유형을 대신하여 역사유비를 통해 기독교 신학의 새 지평을 제시할 것이다. 아우슈비츠 以後란 말이 있듯 세월호 以後 신학을 이 땅에서 말할 목적에서다. 동시에 이것은 두 번째 종교개혁의 가능성으로서 그 실현의 아시아적 지평을 열어젖힐 수 있다.

벤야민의 주저,『역사의 개념에 대하여』는 독일 낭만주의, 유대 메시아주의 그리고 마르크스주의의 세 지평에서 창조적으로 생기했다.[9] 낭만적 메시아주의와 역사적 유물론의 창조적 묘합(妙合)이라 불리기도 한다. 낭만주의가 메시아사상과 마르크스주의 간 연결고리라 해도 틀리지 않을 것이다. 이 과정에서 앞선 두 유비를 앞세운 기독교 서구의 진보사관에 대한 위험이 강하게 적시되었다. 진보가 역사를 파국으로 이끌었다고 본 탓이다. 그렇기에 위 책은 유대 문화와 전통을 옳게 기억하여 그 경험을 바탕으로 역사와 자연을 재구성하고자 했다. 진보의 과정에서 그것이 사람이든, 역사든, 자연이든 간에 오로지 실패한 것들, 희생양들을 구할 목적에서다. 앞선 두 유비가 초자연(초월)과 자연 간의 관계에 주목했다면 벤야민의 경우 실패한 과거, 곧 역사 속에서 메시아적 사건을 읽었기에 이런 '역사유비'는 오롯이 유대적 사유의 결과였다. 실패한 과거를 구원치 않고서 인간은 한 치도 앞을 향할 수 없다는 메시지를 자본주의 문명과 그를 추동한 서구 기독교에게 내뱉었다. 이런 점에서 벤야민의 역사철학이 서구 기독교문명에게 전하는 일종의 '화재경보'란 말은 옳다.[10]

거듭 말하지만 벤야민 역사철학은 시공간을 막론하고 패배했던 역사를 구원하고자 했다. 그렇기에 그의 역사 테제들은 시종일관 기존 종교, 정치, 이념, 역사를 뒤집어 달리 읽도록 촉구한다. 이를 위해 우선 신학과 역사적 유물론, 메시아주의와 마르크스 사상 간의 결합이 필요했다. 역사적 유물론의 역사적 승리를 위해 '체스 기계 속 난쟁이'로 언표되는 메시아사상이 필히 요청된다. 하지만 신학은 역사 이면에서 비가시적으로 현존한다. 유물론의 조력자일 뿐 그 자체가 목적일 수 없는 탓이다. 하지만 기억 혹은 회억 (回憶)과 메시아 구원을 핵심 요소로 삼는 신학은 역사 개념을 새롭게 구성하는 축이다. 즉 비가시적 동력, 곧 영적 힘으로서 이들 두 요소들이 역사적 유물론을 활성화시켜 패배한 과거를 치유하는 까닭이다. 이렇듯 유물론이 실패한 과거와 맞닥뜨리는 과정에서 신학, 곧 메시아주의는 그의 미래적 변화, 곧 구원을 추동하는 바, 여기서 우리는 '역사유비'의 개괄, 곧 총론을 본다. '역사유비'의 핵심은 기억 또는 회억이다. 신학의 한 요소로서 애도적 기억은 종결된 듯 여겨진 희생자, 패배자들의 고통을 현재로 불러내는 탓이다. 역사를 미(未)종결성, 미완의 과제로 보고 그를 구원할 방책으로서 회억, 기억을 말하고 있다. 이는 오로지 과거의 불의를 지양, 폐기시키려는 오롯한 목적, 즉 역사에 신학적 차원을 덧입혀 그를 완성코자 함이다. 이런 과제는 패배한 과거가 현재에게 부과한 의무이자 책무이다. 역사 속 희생자들을 쉽게 잊고 가볍게 여길수록 우리들 현재의 구원도 요원하다. 세월호 참사에 대해 '잊지 않겠노라' 선포한 것도 이런 연유에서다. 그렇기에 애도적 기억 (回憶)은 낭만적 회한과 달리 우리들 각자를 지금 메시아적 구원을 이룰 주체로 소환한다. 기억하여 혁명하라는 것이다. 과거의 복원만이 아니라 현재를 변혁시키라는 뜻일 것이다. 하지만 어디에도 이런 구원은 보장되어 있지 않다. 그러나 최소한 구원을 포착, 파악하는 법이라도 깨쳐야 한다. 그래서 기억이 중요한 것이다. 현재를 사는 우리와 실패한 과거가 이런 신학적 관계 속에 놓여져야 마땅하다. 초자연(초월)과 자연의 연속/비연속을 말하는 이전의 두 유비와 달리 과거와 현재를 메시아적 구원의 장(場)으로 통전시키는 '역사유비'로서 말이다.

이처럼 애도적 기억은 과거와 맺는 신학적 관계로서 '역사유비'의 핵심이다. 그래서 기억을 메시아사건을 실현시키는 돌쩌귀, 곧 바위 속의 가는 틈새라 여겼다. 아무리 큰 돌덩이라 해도 틈새로 인해 무너지고 조각날 수 있는 탓이다. 그래서 한 사람의 억울한 고통일지라도 기억하고 애도하는 것이 필요하다. 망각을 벗는 것이 '역사유비'에서 일차적 관건이다. 이런 신학적 사유는 망자에 대한 기억을 본질 삼는 유교의 제사 행위와 유사하다. 이 과정에서 인간관계를 비롯해 일체 존재의 회복 역시 공통 관심사일 것이다. 하지만 '역사유비'는 이런 원상회복과 미래적 상태의 유관성 역시 강조한다. 과거 그 자체는 자신의 이전 상태와 결코 동일하지 않다는 것이다. 메시아적 미래가 현재를 혁명적으로 성찰하여 패배한 과거의 역사를 단절시키는 까닭이다. 기억을 통해 혁명적인 메시아적 힘을 받음으로써만 과거는 그 의미를 변화시킬 수 있다. 그러나 동시에 이런 과거가 재차 현재를 위한 힘이 되는 것도 사실이다. 실패한 과거가 메시아적 빛으로 미래를 위한 자양분이 되는 탓이다. 이렇듯 메시아적 사건으로 과거와 현재가 상호 변증법적으로 영향을 미치는 바, 바로 여기서 우리는 '역사유비'의 묘미이자 요체를 본다. 과거에 대한 현재의 기억(회억)이 향일성 식물처럼 과거를 미래로 방향 지운다. 이 점에서 성좌(星座) 개념이 중요하다. 이질적인 현상들을 질서 있게 배치시킨 하늘의 별자리(星座)처럼 불연속적인 역사들 간의 연관성 역시 이에 터해 형상화된 까닭이다. 이로부터 과거 파편들이 현재와 만나 미래를 형성하는 일련의 관계성, '역사유비'가 비롯했다. 역사와 정치(신학), 회억과 구원의 관계를 적시할 목적에서다. 여기서 핵심은 뭇 야만성을 숨긴 채 승리자들의 도구가 된 역사(진보)주의와의 절연이다. 과거에서 기존질서를 뒤집는 혁명의 불씨가 점화될 수 있다고 보았던 탓이다. 이는 역사의 결을 거스르는 일로서 패배자, 배제된 자의 시각을 앞세웠던 결과였다. 이런 혁명, 곧 계급 없는 평등사회는 '예외상태'라 일컬어진다. 그럴수록 역사(진보)를 중단시켜 예외를 일상화시키는 것은 메시아적 사건일 수밖에 없다. 따라서 정치, 경제적 평등과 신학적 메시아성이 일방적 환원이 아닌 역전(逆轉) 가능한 호환(互換)적 관계 하에 놓여졌다. '계급'없는 평등사회가 희생자, 패배자들에 대한 회억에 바탕했기에 인류 과거를 품은 미래적 개념이자 보편적인 신학적 구원사의 본질이기 때문이다. 이 점에서 '역사유비'는 현재, 과거, 미래 간의 변증법적 종합의 산물이다. 여전히 관건은 메시아성과 회억에 대한 신학적 관점이다. 본래 미래적 차원인 이것이 패배한 과거를 회억시켜 지금 이곳을 예외 상태로 만들도록 추동하는 까닭이다. 그래서 기억을 메시아가 도래하는 틈새와 같은 것으로 비유했다. 실패한 과거, 억울한 역사에 대한 회억 없이 메시아 사건을 기대할 수 없는 것이다. 회억이 미래를 앞당겨 과거와 현재를 구원하기에 그것은 상호 다른 현상을 연관시킨 성좌(星座)처럼 '역사유비'에서 이질적 시제(時制)를 엮는 주체라 하겠다. 따라서 애도적 기억을 그치는 것은 인간 역사에서 메시아 성을 빼앗는 반신학적인 행위이다.

하지만 '역사유비'의 신학은 마르크스의 유물사관에 빚졌으나 그를 초극한다. 짐작하듯 역사 배면에서 활동하는 신학적 사유로 인함이다. 그것은 실패한 과거를 구할 뿐 승자의 역사를 지속하지 않는다. 마르크스주의가 진보 이념을 표방하는 한, 그 역시 불평등을 양산한 자본주의와 함께 비판될 수밖에 없다. 부를 창출하는 노동에 대한 자본주의의 예찬만큼이나 기술진보에 맹목적인 사회주의 또한 어설픈 낙관주의로 자신의 야만성을 멈추지 않았다. 기술적 진보가 결국 산업 숭배로 귀결되었기에 불평등 체제를 낳았고 반(反)생태적 문명을 초래했던 것이다. 문둥병(나병)에 걸린 문명이란 말도 이런 맥락에서 회자되었다. 기술이 자연을 지배했으나 노동의 자발성을 앗아 사회적 퇴보를 가중시킨 결과다. 기술 발전으로 촉발된 전쟁, 세계적 차원의 빈부격차로 진보개념은 이제 무용지물로 변했다. '역사유비'의 골자인 예외상태, 즉 현재와 과거 그리고 미래가 엮인 성좌의 한 지점을 결코 창발시킬 수 없는 것이다. 여기서 특별히 강조할 것은 자연생태계로 역사지평의 확장이다. 실패한 역사, 곧 착취된 노동만큼이나 수탈된 자연에 대한 회억 역시 소중하기 때문이다. 보편적인 신학(메시아)적 구원사에 자연 생태계 역시 포함되는 것이 마땅하다. 따라서 생태적 관심은 실패한 과거에 대한 애도(哀悼)적 기억의 다른 표현이라 할 것이다. 실패한 역사가 중요하듯, 수탈된 자연 역시 다른 현재를 추동하기에 미래적 희망과 분리될 수 없다. 그래서 '역사유비'는 거듭 희생된 과거를 기억할 것을 가르친다. "우리 세대가 남길 유일한 이미지는 패배한 세대의 이미지이다. 그것은 도래할 자들에게 줄 유품이 될 것이다."[11]

이제 성좌 이미지를 갖고 '역사유비'로서의 신학, 곧 종교개혁 以後의 신학, 무엇보다 자본주의적 진보사관을 극복할 수 있는 새로운 신학 장(場)을 연 W. 벤야민의 생각을 재차 약술, 개관해 보겠다. 이것은 아퀴나스의 '존재유비', 루터 이래로의 '신앙유비'와 견줘도 손색없는 획기적인 신학모형이자 내용을 세월호 以後 한국기독교에 주는 선물이라 믿는다. 실패한 과거를 현재 속에 농축, 전유함으로 미래로 도약하는 회억(回憶)에 기초한 '역사유비'의 신학은 개혁을 넘어 혁명을 가능케 한다. 요약하자면 '역사유비'의 신학은 실패한 과거, 역사의 불연속성 그리고 민중의 혁명성이란 개념에 의존해 있다. 패배한 역사는 수없이 반복되었으나 저마다 불연속적이다. 하지만 그것은 회억을 통해 예외적인 사건(혁명)을 지속적으로 발생시켰다. 따라서 '역사유비'의 신학은 예외가 된 이런 역사(전통)를 성좌가 그렇듯 현재 속에서 씨/날줄로 엮어내야 한다. 이런 과거사가 모두 수집될 때 비로소 과거와 미래(메시아性)의 합치가 가능해지기 때문이다. 기억이 개입한 과거와 혁명적 행동을 도발하는 현재 사이에 메시아적 통일성이 있다는 것이다. 메시아적 시간으로 채워진 역사만이 불평등을 낳는 진보, 곧 세계의 흐름을 중단시킬 수 있고 역사를 중단시키는 존재, 그가 바로 메시아인 탓이다. 바로 여기서 '역사유비'의 신학이 성립한다. 불연속적 역사개념에 터해 현재와 과거 간의 연관성을 구축하는 까닭이다. 성좌의 이미지가 말하듯 역사에서 축출한 예외성은 단자(單子)로서 한순간이긴 하나 동시에 일체 역사를 충만케 하는 혁명(메시아)적 순간이 된다. 이런 단자가 보편(메시아)적 구원사의 결정체란 뜻이다. 역사는 이렇듯 혁명(가)의 순간에 자신의 모든 시제(時制)를 집결시킨다.

4. 종교개혁 以後 신학으로서의 '역사유비' 신학, 그 한국적 함의와 수용

주지하듯 독일에 아우슈비츠가 있었다면 한국은 얼마 전 세월호 참사를 경험했다. 아우슈비츠와 함께 독일 기독교가 죽었듯이 세월호로 인해 이 땅 기독교 역시 더욱 세차게 몰락 중이다. 유대적 사유가 아우슈비츠 '以後' 신학의 토대가 되었던 것처럼 한국의 기독교도 이제는 새로운 사유에 터해야 옳다.[12] 기억을 말함에 있어서는 유교의 제사문화가 그리고 역사유비의 신학을 위해서 성리학과 '脫/向'의 관계에 있는 동학(東學)의 후천개벽사상이 필요할 것이다. 이들 한국적 사유들이 세월호 以後 신학으로서 '역사유비'의 원리를 수용함에 있어 좋은 용기(容器)가 될 수 있다. 본장에서는 이런 수용

과정을 논의할 것인 바, 이들 과정 전체를 필자는 시대 적합한, 혹은 시대 필연적인 신(新) 토착화운동이라 일컫고자 한다. 그리고 이를 과감하게 종교개혁 以後 신학이라 통칭할 작정이다. 하지만 이들 모두는 세월호 以後 신학의 다른 이름일 수밖에 없다. 세월호 以後 신학이 향후 토착화신학이자 유대적인 '역사유비' 신학의 한국적 수용이라 믿는 탓이다. 본 논의 속에 유대적 사유와 아시아적, 특히 한국적 사유 간의 친화성이 많고 깊다는 필자의 신학적 판단이 작용했다.

하늘이 수여한 인간의 바탈(本性), 곧 신적 씨앗이란 말은 다석(多夕) 유영모가 강조한 유교의 핵심이다. 신/인(神/人)의 관계를 이렇듯 불이(不二)로 보고 이를 성령론(수행)적으로 풀어낸 것이 다석의 기독교 이해였다. 여기서 바탈은 인(仁), 곧 사랑의 근원 처(端)로서 공감력의 보고(寶庫)라 할 것이다. 이후 동학은 오심즉여심(吾心卽如心)이라 하여 하늘과 인간 나아가 인간과 인간 간에 소통할 수 있는 힘을 확장, 심화시켰다. 이런 사유는 유대적 하느님 이해와 많이 유사하다. 의심 여지없이 이스라엘 하느님은 약자로서의 인간을 위한 존재인 탓이다. 특히 벤야민 류(類)의 사유에 있어 하느님은 실패한 역사, 체제에 희생양 된 이들을 떠날 수 없는 분이다. 기독교 신학이 유일무이한 성육신 사상을 발전시켰으나 이것 역시 약자들, 역사 속의 존재인 것을 강조하는데 그 목적이 있다. 성육신은 초월(하늘)을 '초월'하는 것으로서 그 지평은 공간적으로는 땅일 것이고 시간적으로는 역사이며 그리고 하느님에 대해서는 인간인 탓이다. 여기서 인간은 유일회적이기보다 보편적 존재를 적시한다. 이로부터 유대적 사유를 전유한 '역사유비' 신학의 한국적 재(再)전유의 길을 모색할 수 있다. 지속적으로 약자들을 기억하고 그들 깊은 탄식을 들으며 이들 과거를 복원시켜 새로운 미래로 이끄는 것이 신학, 곧 메시아적 사유의 책무일 터, 이들 지평을 확대하기 위함이다. 여기서 유대적 사유와 유교적 사유 간의 유사성이 차이보다 훨씬 크고 많음을 강조할 것이다. 더욱이 동학의 개벽사상과 '역사유비'의 사유 간의 상당한 친화력을 부각시킬 필요가 있다. 부언하지만 여기서 핵심은 유대적 사유에 대한 성령론적 접근이다. 불이(不二)적 구조에 터한 인간 바탈에 대한 강조가 유대적 사유와 만나야 하겠기 때문이다. 이를 위해 삼재(三才)론, 곧 하늘, 땅(자연) 그리고 인간에 대해 간략한 설명이 재차 요구된다.

삼재(三才)사상은 〈천부경〉의 핵심 요지로서 한글 창제 원리이자 한국적 사유방식의 원형이라 회자된다.[13] 다석 유영모는 〈천부경〉 전문을 순수 한글로 풀어낼 만큼 중요하게 생각했다. 천지인(天地人)을 상징하는 모음 셋이 자음에 붙어 한글을 창제했고 그 언어가 새로운 세상을 창조했던 탓이다. 이 땅 고유한 현묘지도(玄妙之道), 곧 풍류(風流) 역시 삼재(三才)론적 세계관에서 비롯했다. 그의 활동인 접화군생(接化群生), 만물에 접해 생명을 창출하는 힘 역시 삼재론적 세계관의 산물이다. 내유신령(內有神靈), 외유기화(外有氣化) 그리고 각지불이(各旨不移)로 풀이되는 동학의 시천주(侍天主) 또한 이런 삼재(三才)론에 터한 발상이었다. 본래 삼재론의 핵심은 '인중천지일'(人中天地一), 즉 하늘과 땅이 사람 속에서 하나가 되었다는 언술 속에 있다. 사람 속에서 하늘과 땅이 하나가 되었기에 사람의 중요성을 강조한 것이다. 여기서 사람은 단순한 사람이 아니라 우주적 생명을 지닌 존재로서 그 뜻을 밖으로 펼쳐내야 할 존재이다. 이것이 바로 시천주(侍天主)이자 인내천(人乃天)의 뜻이고 다석이 말한 '바탈'의 근본 내용이다. 그렇기에 유교와 그의 민중적 해석인 동학(東學)은 모두 사람이 하늘이라고 말한다. '그대가 바로 나'(吾心卽如心)라는 말은 '인중천지일'의 자각으로서 세상을 근본적으로 달리 만들 수 있는 동력이겠다. 이런 자각은 선천(先天)을 마감하고 후천(後天)의 세계를 여는 개벽(開闢)의 실상인 바, 메시아적 사유의 한국적 표현이라 해도 좋다. '오심즉여심'의 개벽사상이 실패한 과거를 구원하려는 유대적 메시아 사유와 조우할 여지가 충분히 있는 탓이다. 이하에서는 기억의 행위로서의 제사의 확대된 의미와 메시아적 사유로서의 개벽의 본뜻을 살펴볼 것이다.

제사는 본래 죽음을 극복하는 유교적 의식이었으나 살아생전 효(孝)를 잇고자 하는 발상, 즉 죽은 조상에 대한 기억의 책무로서 점차 축소, 전개되었다. 자기 생명의 근원을 잊지 않고자 생자(生者)의 자리에서 죽은 조상들을 기억해 내고 그들과의 삶(뜻)의 연대성을 도모하는 일을 제사라 불러도 좋겠다. 이렇듯 공백의 자리에서 슬퍼하며 사자(死者)를 기억(回憶)하는 방식을 우리는 유교로부터 배워 왔다. 하지만 이 과정에서 유교는 조상의 끝인 하느님을 잊었다. 다석의 말대로라면 '없이 계신 하느님'을 상실한 유(有)의 종교로 전락한 것이다. 이것이 함의하는 바는 대단히 중요하다. 하느님을 잃은 탓에 기억의 대상이 혈연관계로 한정되었고 유교를 조상숭배 종교로 전락시킨 것이다. 이 점에서 유교는 자신의 본질 회복과 함께 유대교적 메시아 사유와 접촉해야 옳다. 자신의 바탈에 근거하여 더 큰 공감력을 행사해야 살길이 있고 미래가 열린다. 약자들에 대한 배려, 실패한 역사에 대한 연민 역시 배울 일이다. 기억하는 의식으로서 제사는 아무리 강조해도 지나칠 수 없다. 더군다나 약자에 의한 약자들에 대한 기억은 더없이 소중하다. 제사로 인해 체화된 기억의 문화에 터해 현재를 혁명해야만 한다. 기억을 매장시키려 했던 정부, 제도적 종교들에 대한 투쟁도 감내해야 옳다. 유교적 제사문화가 망자를 기억하는 일이자 그의 한(恨)을 풀어내는 종교성의 표현인 까닭이다. 제사를 신독(身讀)의 행위로 여겼던 유교의 지혜가 그래서 더없이 중요하다.[14]

이 점에서 동학은 제사의 의미를 더욱 발전시켰다. 향아설위(向我設位)를 통해 유교적 제사(向壁設位)를 철지화했다. 오심즉여심(吾心卽如心)의 상태로서 우주적 자아를 깨쳐 공감력의 지평을 시공간적으로 확장시킨 것이다. 무엇보다 과거사 속 민중의 고통을 기억했고 이를 개벽의 세계로 접목시켰다. 억압과 착취로 점철된 선천(先天)의 현실을 회억하여 후천(後天)의 세계에서 이들을 품고자했기에 동학의 후천개벽설은 메시아적 사유와 내용적으로 중첩된다. 선천과 후천 간의 변증적 역설로서의 '역사적 유비'가 생겨난 것도 양자 간의 닮은꼴이다. 따라서 우리에게 낯선 유대적 사유에 생각을 맞추기보다 후천개벽을 통해 메시아적 뜻을 우리(한국) 식으로 찾는 것이 훨씬 지혜로울 수 있겠다. 여기서 후천(後天) 역시 벤야민이 말했듯이 서구적 진보사상과는 전혀 맥락을 달리 하는 바, 목하 자본주의 문명에 대한 비판이자 극복이고 대안이 될 것이다.

후천개벽은 억압과 착취로 점철된 선천(先天)의 현실에 대한 기억에서 비롯한다. 즉 개벽이란 뭇 생명의 아픔을 기억하며 그와 하나 되어 '서로 살림'의 세상을 이루겠다는 종교적 열망의 표현인 것이다. 실패한 과거가 메시아 개입과 짝을 이루듯 여기서 선천은 후천과 역설적 변증으로서 유비적 관계를 맺는다. 해원상생(解寃相生)이란 말이 이에 해당된다. 상극에서 상생으로 양(남성)의 문명에서 음(여성)의 문명으로의 전환을 위해서다. 이들 두 개념 쌍들은 상반되나 서로 공속(共屬) 관계에 있기에 양자 간 역사적(변증법적) 유비가 성립한다. '역사유비'의 신학이 마르크스주의와 유대 신비주의를 넘어선 3의 길이었듯이 후천개벽 역시 수구(中華)적 위정척사(파)와 서구지향적 개화(파)와 변별된 제 3의 길을 갔다. 즉 그것이 중국이든 서양이든 간에 그것을 선천의 세계라 여기고 이를 부정하는 '각비'(覺非)에 근거, 한국 고유한 영성적 사회운동을 야기시킨 것이다. 여기서 핵심은 분명 '궁궁'(弓弓)이란 말이겠다.[15] 이는 메시아의 개입과 견줄 수 있는 바, 자기 속에 내주한 우주적 생명의 발견(자각)을 뜻한다. 앞서 언급한 '오심즉여심'이란 말과도 다르지 않다. 수탈과 겁박의 대상이었던 민중이 바로 한생명의 존재로서 하늘과 다름없다는 의식의 환골탈태인 탓이다. 유대적 사유는 이를 진정 메시아적 개입이라 했고 동학은 이를 하늘의 소리라 했다. 이렇듯 '궁궁', 즉 '오심즉여심은 결코 관념과 추상의 산물이 아니었다. 우주적 생명을 모신 이들이 남/녀, 반/상, 적/서, 유/무에 상관없이 접(接)이라는 공동체를 만들었던 까닭이다. 이로써 후천개벽은 실패한 선천의 역사를 구(救)할 수 있었다. 천지 '비괘'(天地조卦)의 선천역사를 지천(地天) '비괘(泰卦)'의 현실로 개벽시켰던 것이다. 이는 선천에 대한 애도적 기억(回憶) 없이는 불가능한 일이었다. 즉 잘못된 현실(先天)에 대한 민중들의 아니란 생각, 즉 각비(覺非)가 지속되었기에 가능한 결과였다. 수운과 해월이 끊임없이 강조한 수도(修道), 예배, 그리고 신독(愼獨)은 바로 각비에 터한 회억의 실상이었다. 하지만 메시아적 사유와 하늘의 소리인 오심즉여심의 자각 사이에 차이가 없지 않다. 전자가 패배한 과거의 이미지를 강조했고 혁명을 예외적 사건이라 여겼다면 후자의 경우 생활세계 속에서 후천개벽의 현실을 구현시키고자 노력했던 까닭이다. 예외적 사건의 일상화를 위한 뜻은 동일했지만 낙관(樂觀)의 정도에 있어 동학이 훨씬 강했다고 볼 수 있을 것이다. 물론 후천개벽론 또한 역사 속에서 무참하게 짓밟혔으나 오히려 21세기에 접어든 지금이야 말로 후천(後天)의 열망을 실현시켜야 될 적기로 여기는 시각이 확대되고 있다. 그럴수록 후천개벽설 역시 자신들 역사적 실패를 철저히 회억할 필요가 있다. 실패한 역사를 성좌로 엮었던 벤야민식(式) 노력이 이 땅에서 더욱 절실히 이루어져야만 할 것이다.

이제 끝으로 '각비'(覺非)에 터한 개벽(開闢)에로의 열망이 유대적인 메시아 사유의 신학 화를 위해 공헌할 수 있는 점을 생각해 보겠다. 주지하듯 '역사유비'의 신학 역시 자본주의 비판에 초점을 두었고 생태위기에 대해 깊이 겪정했다. 진보를 추동하는 자본주의가 항시 실패한 과거에 대한 기억을 차단시키기 때문이다. 그렇기에 생태위기를 자초하는 자본주의 역사관을 폐기시키는 것이 메시아 개입의 본질이자 '역사유비' 신학의 존재이유라 생각하였다. 이 점에서 '역사유비' 신학은 그 한국적 표현인 후천개벽 사상으로 강화될 필요가 있다. 말했듯 후천개벽은 상극(相剋) 대신 서로 살림(相生)의 생명운동이었던 탓이다. 여기서는 인간 및 자연, 심지어 미물까지도 '한생명'으로 인식하기에 지금껏 인류가 경험치 못한 영성적 사회혁명을 실험할 수 있다. 자연생명을 포함, 뭇 생명의 아픔에 공감하는 운동이 후천개벽의 본질이자 실상인 까닭이다. 해월의 '이천식천'(以天食天), 즉 '하늘로서 하늘을 먹는다'는 이 말 속의 생태적 의미는 생명외경을 말하는 어떤 서구 사상도 견줘도 손색이 없다. 더구나 천민(賤民)자본주의가 대세인 정황에서 '궁을회문명'(弓乙回文明), 즉 내 마음이 그 마음이란 자각이 문명을 바꾼다는 그의 말 또한 대단히 귀(貴)하다. 따라서 오심즉여심의 세상, 곧 개벽된 후천의 세계는 단언컨대 예수의 하느님 나라와 다를 수 없다. 이는 현실에 대한 각비(覺非)에서 비롯하는 바, 체제 밖 사유로서 뭇 대안적 공동체 운동(接)을 불러 일으켰던 까닭이다. 경쟁이 아니라 환대, 이익이 아니라 호혜 그리고 상품이 선물로 바뀌는 공동체가 이에 기초하여 곳곳에서 일어나고 있다. 이런 사유를 실험하는 공동체를 일컬어 비로소 교회라 말할 수 있을 것이다. 선천의 세계 속에 갇혀 신음했던 인간 역사와 자연 역사를 공히 함께 구원하는 일이 교회의 사명이다. 여기서 개벽이란 인간의 깨침이자 하늘의 개입의 동시성, 곧 줄탁동시의 사건으로 이해할 수 있겠다. 이를 메시아적 개입과 기억의 상관성이라 여겨도 좋을 것이다.

5. '역사유비'로서의 종교개혁 以後 신학, 무엇이 새로운가?

앞서 필자는 종교개혁 500년을 맞아 루터에게 돌아가는 것이 능사가 아님을 말했다. 루터는 중세를 마감한 근대를 위한 신학자였고 기독교 세계 속에 시공간적으로 갇힌 존재였던 탓이다. 그가 말한 종교개혁은 가톨릭과의 변별을 위한 기독교 차원의 개혁이었을 뿐이다. 루터적 시각에서 벗어나야 로마서를 옳게 읽을 수 있다는 성서학자들 증언도 있기에 루터신학을 지금 이곳서 수용하기가 쉽지 않다. 기독교 이후 시대를 살고 있는 우리에게 루터의 개혁원리, 3개의 '오직' 교리에 한계가 있고 오/남용된 부분도 많다. 하지만 본고에서는 이런 주제를 다루지 못한 채 논의를 크게 단순화했다. 가톨릭 신학 원리인 '존재유비'와 그를 극복코자 한 개신교 신학원리인 '신앙유비'를 대별하고 이들 두 신학이 오늘을 읽고 풀기에 충분치 못함을 거칠게 서술한 것이다. 두 가지 이유에서 기독교 내 두 지배원리인 이들의 명제를 비판했다.

첫째는 이 두 신학원리가 동서 종교를 초월과 내재의 틀로 도식화시켜 차별한 것에 반발했고 둘째는 가역성/불가역성 차원에서 기독교와 그 밖의 종교를 대별한 것에 대한 이의제기였다. 한마디로 초월적 실재를 내세워 신과 인간 간의 가역적 관계 대신 중개 내지 대속 종교를 강조한 두 신학 원리의 시대적 한계를 적시했다. 초월적 사유, 곧 전통적 신학이 역사 배면(背面)으로 밀쳐져 버린 결과였다. 이렇듯 초월 대신 역사를 전면에 세운 유대적 사유, 곧 아우슈비츠 以後의 신학 사조는 이제 '자기만의 신'(神) 개념으로 종교개혁 신학을 비판한 종교사회학자 울리히 벡의 견해와 쉽게 조우할 수 있다. 오직 '믿음'으로 주체성을 강조했으나 초월(자)을 전제한 탓에 믿음의 유/무에 따라 기독교 안팎의 경계를 만든 루터의 한계를 적시한 것이다. 초월(자)에 대한 응답(믿음)의 표현으로서 3개의 '오직(교리)'을 앞세우는 것을 공히 주체성의 자기 배반이라 여겼다. 믿음이 또 다른 경계를 만든 탓에 기독교 진리는 평화를 일구는 수단이 될 수 없었던 것이다. 그렇기에 초월의 전제 없이, '오직' 교리들 없이도 실패한 역사의 구원을 믿었던 유대적 메시아주의, 그것이 타락한 자본주의와 맞서는 종교개혁 以後 신학의 풍요로운 토양이 될 것이라 믿었다. 이로부터 필자는 앞선 신/구교의 두 신학원리 대신 '역사유비'란 말을 차용했고 그것으로 세월호 以後 시대를 위한 신학을 상상(구상)했다.

그러나 이 글의 핵심은 이런 새로운 신학사조가 유교로부터 동학으로 이어지는 이 땅의 사유방식, 후천개벽의 틀거지에서 더 잘 설명될 수 있음을 피력한 데 있다. 애도적 기억(回憶)과 메시아 개입의 관계를 '줄탁동시(吾心卽如心)'적 차원에서 풀어냈고 실패한 과거와 메시아 개입 간의 변증적 역설을 선천과 후천의 관계로 설명했던 것인데, 창조적 발상이라 생각한다. 최종적으로는 후천개벽이 자본주의의 병폐와 자연생태계의 회복을 위해서 더욱 실천적인 논거가 될 수 있음을 적시했다. 이 땅에서 일어나는 수없는 생명 공동체 운동이 바로 이에 터한 까닭이다. 이제 종교개혁 以後 신학은 서구적 범주와 개념 없이도 가능할 수 있게 되었다. 선/후천 사상이 '역사유비'의 한 유형인 이상 이것은 기존의 두 신학원리들-가톨릭(존재유비)과 개신교(신앙유비)-과 상관없이 독자적 신학이라 말해도 좋다. 이로써 일찍이 일아(一雅) 변선환이 바랐듯 우리들 사유가 본문(Text)이 되고 서구 신학이 각주(footnote)가 되는, 실로 신학함에 있어 주객의 도치를 이루게 되었다. 이런 전환에 힘입어 기독교 개혁 500년 역사가 항차 축(軸)의 시대에 태동된 일체 종교들을 개혁할 수 있는 계기가 되었으면 좋겠다. '역사유비'로 재조명된 동학의 후천개벽론(論)이야말로 인류 및 지구 생태계의 미래를 위한 화재 경보인 까닭이다.

이 정 배_ 현장아카데미 원장

유교 문명사회에서의 한국교회와 제2의 종교개혁 그리고 동북아 평화이슈*

* 이 글은 2017년 5월 24일부터 28일까지 독일 베를린에서 열렸던 〈독일 교회의 날, Deutscher Evangelisher Krichentag Berlin-Wittenberg, Centre Reformation and Transformation, Christianity and Korean Confucianism〉 행사에서 발표했던 글("Korean Confucianism and Christianity-A new view on Reformation with Peace issues in Northeast Asia")의 한글본을 수정보완한 것이고, 그보다 먼저 2016년 9월 27일 〈생명평화마당〉 교회론 심포지엄에서 발표한 글("한국적 교회, 성(聖)·성(性)·성(誠)의 여성교회")을 기초로 하였다.

1. 신(新) 냉전체제 아래서의 위기의 한반도

지금 이 글을 쓰기 위해서 책상에 앉아 있는 시간에도 한반도 남쪽의 시골 마을 성주에는 미군의 새로운 미사일 방어체계인 '사드(고고도미사일방어체계 THAAD)'의 배치에 반대하는 주민들과 평화의 일꾼들이 밤을 새워 농성을 벌이고 있다. 사드는 오늘날 핵무기까지 거론하며 점점 더 위협적이 되어 가는 북한의 공격을 막기 위한 것이라고 하지만 그 배치를 반대하는 쪽에서는 오히려 그것은 중국과 러시아 등을 크게 자극해서 한반도를 세계 전쟁과 갈등의 두뇌처로 만들 가능성이 크다고 우려한다.

이러한 논란이 본격화되기 바로 전까지 한국은 세계가 놀란 대로 거대한 촛불혁명을 겪었다. 더 이상 참을 수 없을 정도로 누적된 신자유주의, 경제제일주의 보수정권의 불의와 폐해에 대해서 시민들은 촛불을 들었고, 매주 토요일마다 전국에서 수백만까지 모이는 평화시위를 통해서 마침내 박근혜 전 대통령을 탄핵시키고 새로운 민주정부를 창출해 냈다. 하지만 이 일이 있기 전 2014년 4월 16일 한국 사회는 그 근·현대사를 가르는 큰 사건을 겪었는데, 바로 제주도로 수학여행을 가는 단원고 학생 등 500여 명을 태운 페리호가 이유가 아직까지도 밝혀지지 않은 원인으로 한국 서해 진도 앞바다에서 침몰하여 307명의 희생자를 낸 것이다. 세월호 참사를 말한다.

한국교회는 이러한 모든 한국 사회 소용돌이의 한가운데 자리하고 있다. 주시하다시피 한국교회는 20세기에 들어서 늦게 시작되었지만 세계 선교사에서 유례를 찾아볼 수 없을 정도로 빠르고 크게 성장했다. 오늘 세계 대형교회들의 반 정도가 한국에 있고, 지금 한국은 세계에서 해외 선교사를 가장 많이 보내는 나라 중 하나가 되었다. 하지만 이러한 큰 성장에도 불구하고 한국 사회에서의 기독교에 대한 사회적 신뢰도나 호감도는 점점 더 떨어지고 있다. 이것은 교회가 점점 더 보수화되고, 천민자본주의의 물질주의에 물들어 가면서 자신의 본래적 역할을 하지 못하고 있기 때문이다. 오늘 한국교회는 대형교회일수록 위의 세 가지 사안들에 대해서 매우 보수주의적으로 대응했고, 친정부와 권력 지향적이었으며, 특히 북한과의 관계에서 평화와 통일보다는 갈등관계를 더 부추기는 행보를 해 왔다. 이러한 한국교회에서 요즈음 젊은 세대들의 이탈이 두드러지며, 교회 세습이나 남성 성직자들의 성적 타락, 권력독점 등 폐해가 심각하다.

본 성찰은 이러한 상황 속에서 한국교회의 변화 가능성을 특히 올해 종교개혁 500주년을 맞이하여 루터 종교개혁 3대 원리와 견주어 살펴보고자 한다. 지금까지 한국교회는 서구로부터 전해 받은 개혁의 원리들을 나름대로 충실히 이행해 왔다. 하지만 지금은 분명 한계상황에 도달했고, 그래서 다시 그 처음을 돌아보고자 한다. 처음 한국이 서구로부터 기독교 복음을 받아들이던 때는 이 땅에서 오래된 유교 문명이 심하게 퇴락해 있던 때였다. 그래서 기독교 복음을 받아들인다고 하는 것은 곧 자신의 오랜 유교 전통과 과거로부터의 결별과 부정을 의미하는 것이었다. 하지만 오늘 한국 사회와 교회의 현실에서도 보듯이 서구 기독교 문명이 전해준 삶의 원리들이 더 이상 잘 기능하지 못하는 것을 보면서 이 처음 기반으로서의 유교 문명과 다시 대화하고자 한다. 특히 이 일은 오늘 인류 문명이 함께 처한 정치사회적 현실에서도 의미가 있다고 생각하는데, 왜냐하면 앞으로 세계 인류의 삶은 서구 기독교 문명의 대변자 격인 미국과 그 대응으로서 동아시아 유교 문명의 중국이 어떻게 만나 서로 관계하는가에 따라서 크게 좌우될 것이기 때문이다. 즉 유교와 기독교 문명의 만남으로서의 한국교회의 모습이 어떻게 달라지는가가 세계교회와 평화를 위해서도 중요한 의미를 지닌다는 말이다. 이런 의미에서 한국교회로부터 제2의 종교개혁이 어떻게 가능할 지를 루터 종교개혁적 3대 원리를 매우 축약적으로 살펴보면서 탐색해 보려고 한다.[1]

2. 聖, 초월(神)의 새 이름과 '통합성'의 영성
: '오직 믿음으로(sola fide)'의 재해석

주지하듯이 로마교회의 충실한 성직자였던 마르틴 루터가 교회의 근본적인 개혁을 외친 이면에는 당시 교회의 면죄부 판매라는 큰 부패가 있었다. 루터가 1517년 95개조 테제들을 발표하면서 직접 접한 면죄부는 교황 율리우스 2세가 공포한 '희년 면죄부'(the jubilee indulgence)였다.[2] 나는 당시 가톨릭 교회가 '구원'을 빙자하여서 '면죄부 판매'를 강요하던 논리가 오늘 21세기 세계 신자유주의 다국적 기업시대의 세속사회에서는 세계의 강대국들이 '평화'를 명목으로 자신들이 개발한 '신식 무기'들을 팔려는 논리와 크게 다르지 않다고 본다. 지금 한반도는 미국산 사드 배치 문제로 몸살을 앓고 있고, 미국의 트럼프 대통령은 사드 비용으로 10억 달러를 언급하기도 했는데, 촛불혁명으로 들어선 문재인 정부도 사드 배치의 진실한 기능과 역할, 효능에 대한 논란이 비등한데도 불구하고 최근 북한의 미사일 실험이 계속되자 그 조속한 배치를 요구하는 미국의 요구에 무릎을 꿇는 모습을 보여주고 있다. 현재 사드 배치가 이미 부분적으로 이루어진 상황에서 성주 주민들의 거센 반대와 저항, 국민적 반대 여론에도 불구하고 무효화가 쉽지 않아 갈등이 고조되고 있다.

이러한 모든 상황을 염두에 두면서 나는 오늘 한국교회 타락과 부패의 가장 큰 요인으로 신과 거룩의 독점을 들고자 한다. 한국 기독교는 서구로부터 전해 받은 기독교 본래의 유일신적 특성에 더해서 강대국들에 대한 오랜 사대주의적 습성이 보태져서 매우 제국주의적이고 절대주의적인 모습을 보여 왔다. 그래서 거기서의 '하나님' 이해와 그리스도 이해는 아주 배타적이었다. 오늘 한국교회의 현실에서 보듯이 그 배타주의는 하늘을 찌르고, 남성 리더들의 교회 공동체 독점과 타락은 날로 증가하고 있으며, 교회 내에서의 반지성(反知性)은 점점 더 심해지고 있다.

나는 한국교회가 이 상황을 개혁하기 위해서 세상 전체를, 모든 사람을, 여남 모두와 교회 밖 전체를 무조건적으로 '거룩'(聖/神)의 영역으로 선포하고 발견하는 일을 우선적으로 해야 한다고 본다. 그리고 그 일을 위해서 한국교회의 본바탕이기도 했던 유교 전통과의 대화가 매우 큰 도움이 된다고 본다. 왜냐하면 유교 도는 이 세상 전체를 훨씬 더 통전적으로 '하늘'(天/聖/仁)과 직접 맞닿아 있는 것으로 파악하기 때문이다. 특히 거기서의 심(心) 이해는 그 안에 모든 것을 담고 있는 하늘의 보고(寶庫)로 보아서 끊임없이 '반구저기'(反求諸己, 돌아보아 자신에게서 구하라)를 말하고, 개별적 인간 하나 하나(人)를 "인간성 자체"(仁也者)로 파악하며 (하늘의) 도(道)도 그와 다른 것이 아니라고 강조하기 때문이다(仁也者人也. 合而言之道也, 『맹자』진심下, 16). 즉 유교적 초월은 매우 내재신적이고, 간세상적(間世上的)인데, 나는 오늘 인류의 문명은, 특히 AI(artificial intelligence)를 말하고 포스트휴먼이 적극적으로 받아들여지는 상황에서 이러한 내재신적인 인본주의적인 선험성을 더욱 요구한다고 본다.[3]

그런데 사실 신약성서를 통해서 우리가 알고 있는 예수도 이 땅에 와서 세상의 모든 사람들을 먼저 조건 없이 '하나님의 자녀'로 선포한 것을 읽을 수 있다. 그래서 그는 기존의 거룩의 구분에 목을 매며 온갖 이득을 취해 온 바리새인들과 권력자들을 그렇게 비난한 것이다. 또한 마르틴 루터가 종교개혁의 제1원리로 삼은 '오직 믿음으로'라는 것도 잘 생각해 보면 우선은 인간 '마음(心)'에 집중한 것이라고 할 수 있다. 즉 인간 마음이란 우리 누구나가의 '보편'인 '마음'의 힘(믿음)으로 구원을 얻는 것이지 어떤 특별한 사람들이 내세우는 배타적인 소수의 '특수'로 구원을 얻는 것이 아니라는 주장이다. 그렇게 하나님은 당신의 구원과 은총을 세상의 모든 사람들에게 고루 나누어주기를 원하신다는 표현을 루터는 '오직 믿음으로'라는 언술로 표현하면서 자신의 개혁을 시작한 것이라고 나는 이해한다.

하지만 이 하나님의 진실이 인간 언어에 다시 갇히고 고착되면서 '오직 믿음으로'의 언어는 다시 사람들을 차별하고, 안과 밖으로 나누고, 기독인의 신앙을 한없이 폐쇄된 자아관념과 이데올로기에 갇히게 했다. 그래서 우리는 제2의 종교개혁을 말하면서 이 '오직 믿음으로의' 언어를 새롭게 하기를 원한다. 그 개혁의 길로서 한국 유교 전통이 깊이 있게 성찰해 온 '천지생물지심'(天地生物之心, 천지의 낳고 살리는 마음)으로서의 인간 마음에 대한 신뢰를 다시 생각해 본다. 그것은 인간 모두의 본래 마음 안에 "따뜻하고, 사람을 사랑하고, 만물을 이롭게 하는 마음"을 간직하고 태어나는 것을 밝혀주기 때문이다. 우리 모두는 이 마음을 "각자의 마음으로 삼아서"(而人之所得以爲心) 태어난다는 것이고, 한국 성리학자 퇴계는 이 마음이 천지의 "낳고 살리는 따뜻한 사랑의 원리이고, 인(仁)의 본체"((所謂生之性, 愛之理, 仁之體也. 『聖學十圖』「제7 인설도(仁說圖)」)라고 강조했다. 나는 이 마음을 특히 한국 여성들이 자신들의 오랜 종교·문화 전통과 역사에서 '생명'과 '살림'의 '통합성'의 영성으로 잘 가꾸어왔다고 보는데,[4] 이 생명과 살림의 영성은 오늘 한국교회의 여러 혁신운동을 통해서도 활발히 역할하고 있다. 특히 세월호 참사 현장이나 한국적 작은교회운동 등에서 이제 초월(神)의 이름을 좀 더 성속 통합적이고 넓고 평등하게 온 세상을 포괄하는 '성(聖)'으로 부를 것을 제안하면서 그 거룩(聖)의 신성을 모두에게 인정하는 "성(聖)의 평범성의 확대"를 주창하고 있다.[5] 나는 이 마음이 바로 우리 창조성의 근원이고, 창조주 하나님이 인간을 창조하신 이유가 바로 그 마음으로 행하는 계속적인 창조를 위해서라는 것을 기독교 전통의 어거스틴도 다음과 같은 유명한 말(that a beginning be made man was created)도 유사하게 표현했다고 생각하는데,[6] 히브리 전통의 '하나님'(神)이라는 이름보다 이러한 유교 전통의 '성'(聖)이라는 이름이 더욱 보편적이고 넓고 평등하게 온 세상을 '신의 영역'(le milieu divin)으로 감지하도록 한다고 여긴다.

3. 性, 인간성(身)의 참된 근거와 '타자성'의 영성
: '오직 은총으로'(sola gratia)의 참 의미

마르틴 루터의 또 다른 종교개혁의 원리 '오직 은총으로'(sola gratia)는 구원에서의 하나님의 선재성을 강하게 지시하는 언어이다. 그것은 우리가 자유로운 이유는 스스로의 의지가 아니라 앞서 선험적으로 주어진 자유로 인해서 자유로운 존재라는 것이고,[7] 그래서 우리는 그것을 '오직 은총으로'라는 말로 표현하며, 이 은총이 모두에게 보편적으로 허락되는 것을 믿는다는 의미이다. 하지만 오늘 한국교회의 현실에서 이 언어는 많이 왜곡되어 있다. 한편에서는 남성 성직자들의 은총의 독점은 물론이려니와, 다른 편에서는 그와 반대로 은총이 너무 값싼 것이 되어서 '영의 분별' 문제가 대두되었다. 이것은 한국 사회뿐 아니라 교회에서 '권위'(authority)가 심각하게 문제시되었

다는 것이고, 이 '오직 은총으로'의 원리가 잘못하면 근대 자아의 자기중심
성과 유아독존성을 더 부채질하는 결과를 불러오는 위험 앞에 노출되어 있
는 것을 말한다.

　여기에 대해서 동아시아의 유교 전통은 끊임없이 인간 삶의 상대성과 조
건성을 말한다. 인간성이란 바로 '관계'(仁)이며, 그 인간성의 체득은 결코 홀
로 되는 것이 아니라 다른 사람과의 관계 안에서, 삶의 다원성의 인정을 통
해서, 거기서 스스로를 공적 인간으로 드러내면서 가능해지는 일이라는 것
을 강조한다. 또한 그 관계성의 핵심인 인간 '말'에 대해서 『역경(易經)』의 '집'
(家)의 의미를 다루는 '풍화가인'(風化家人)에 보면, 참된 인간이라면 "그 말이
항상 '사실'(物)에 근거해야 하고, 그 행위에는 언제나 '원칙'(恒)이 있어야 한
다"(君子以 言有物而行有恒)고 강조한다. 이것은 유교 도가 세상 존재와 평화의
구현을 '가정'(家人) 위에 두면서 인간 말에서의 진실과 바르게 체화된 행실을
평천하(平天下)의 기초적 근거로 삼는 것을 밝혀 준다. 즉 '사실'(物)과 '몸'(行)
의 구체성이 없이는 인간다운 공동체의 삶을 이룰 수가 없고, 그것을 지속
해 나갈 수 없다는 것이다. 하지만 오늘 한국 사회와 교회의 현실을 보면 자
아에 의한 사실의 왜곡과 거짓은 도를 넘었고, 부패한 상상과 가상의 언어
가 난무하고, 상식(恒)과 원칙, 합의의 파괴가 상상을 뛰어넘는 수준이다. 이
것은 오늘 우리 시대의 '권위'(authority) 붕괴와 깊이 관련이 있고, 우리 시대의
많은 '사이비' 주체들의 행태가 보여주듯이 그들 스스로에게는 이제 더 이상
삶에서 '남겨진', 또는 범해서는 안 되는 '타자'와 세계의 영역(거룩)의 영역이
하나도 남아 있지 않음을 지시해 주는 것이다. 16세기 극심한 사화(士禍)의
시대에 퇴계는 그러한 병을 "인물위기지병"(認物爲己之病, 세계를 온통 자기 자신으
로 환원시키는 병)이라고 명명했고, 20세기 서구 정치철학자 한나 아렌트는 인
류의 20세기에 나치나 스탈린이 극단으로 빠져들었던 그 병을 '전체주의'의

'세계소외'(world-alienation)라고 표현했다.

그렇지만 아렌트가 다시 '권위'(authority)라는 단어가 라틴어 'augere'(증진시키다, 증대시키다)에서 왔다는 것을 지시한 데서도 알 수 있듯이, 한 개인에게서도 그렇고 사회와 국가공동체의 권위는 그 개인과 공동체의 삶을 구체적으로 돕고, 증진시키고, 전개시켰을 때 기꺼이 주어지는 것이라는 사실이다. 오늘 한국교회가 한국인들의 삶에서 권위가 되지 못하고, 교회를 떠나는 사람들이 많은 것은 그 교회가 구체적으로 사람들의 삶을 증진시키고 북돋아 주지 못하기 때문이다. 오히려 착취하고, 노동을 부가시키고, 참된 성장과 삶의 의미를 찾아가는 데 길을 막고 답을 주지 못하는 것을 말하는데, 오늘 한국교회 지도자들이 추락하는 권위를 놓지 않으려고 붙잡는 언어가 바로 '오직 은총으로'의 언어인 것이다. 그 언어로 그들은 자신들만이 '은총'을 독점하고, 은총을 받게 할 수 있다고 주장하면서, 또한 자신들만이 '영적'이라고 외치면서 교회안과 밖을 더 견고하게 나누고, 신도들을, 특히 여성 신도들을 억압과 우민화, 심지어는 성적으로 노리개 삼으면서 사슬에 묶어두려고 한다.

오늘 한국교회의 에큐메니칼 혁신운동으로서 〈생명평화마당〉이 벌이는 '작은교회운동'은 그래서 그 한 모토로서 '탈성별'을 말하면서 지금까지 유교적 삶뿐 아니라 기독교 교회사 안에서 억눌려 왔고, 속(俗)되고, 부차적인 것으로 여겨져 온 여/성(性)의 존재론적 가치를 새롭게 의미화하는 일을 해오고 있다. 사실 우리가 지금 한국 신학과 교회의 개혁을 위해서 대화하고자 하는 유교 전통에서의 '성(性)'이라는 단어는 원래 오늘 서구적 근대 물질주의 시대에 통상적으로 주로 부정적인 톤에서 '섹슈얼리티'나 '섹스'의 의미로 이해되고 있는 것과는 사뭇 다르다. 특히 신유교 전통에서 그 신유교를 '성리학'(性理學)이라고 부르는 데서도 잘 나타나듯이, '性'이란 원래 마음심(心) 자의 '忄'과 낳고 살리는 의미의 '生'이 결합된 언어로 하늘의 도인 '理'와 마찬가지로 그것은 '거룩'(聖)이고, 초월이며, 인간 속에 내재한 인간적 선험성을 지시하는 단어이다. 그것은 먼저 깊은 '공감력'(仁)으로 이해되어 왔고, 감수성이고, 사고와 지성으로 전개되기 이전의 마음의 '선한 감정'(四端七情)으로 파악된다. 이러한 신유교 전통 중에서도 특히 우리 몸(身)과 性(섹슈얼리티), 물(物)에 대한 이해를 다르게 하는 경우가 조선의 성리학자 정하곡(霞谷 鄭齊斗, 1669-1736)에게서 특별하다고 생각한다. 그는 우리 내면의 천리(天理)인 性을 다시 '생리'(生理), 즉 '살아 있고, 살리는 이치'로 표현하였는데, 이 생리라는 단어가 오늘의 우리 일상생활에서도 그대로 여성들의 '달거리'(menstruation)를 표현하는 데도 쓰이는 것을 보면, 여성의 몸과 성을 속되고 비천한 것으로 보면서 그것을 오직 정신없는 물질로 천시하는 일은 오류이고 단견이라는 것을 알 수 있다.[8] 우리가 다원성과 관계성의 인간 삶에서 중심에 있던 권위와 권력의 주체가 '타자'라고 지목하면서 소외시켜 오던 대상을 다시 복권시키는 일을 '義'(정의)라고 한다면, 예수가 선포한 하나님 나라의 義도 이와 같이 소외되었던 '타자'에 대한 복권의 메시지를 전하는 일이라고 생각한다. 즉 지금까지 우리의 관행과 관습에 의해서, 또는 무지와 오해에 의해서 타자로 배척받아 온 대상과 분야에 대한 인정, 즉 '타자성'의 실천인 것이다.[9]

그렇다면 오늘 세속의 시대에 우리가 진정으로 사이비 은총이 아닌 우리 삶을 살찌우고, 성장시키고, 가능하게 해 주는 참된 은총과 은혜를 어디에서 만날 수 있을까를 묻지 않을 수 없다. 나는 그것은 우선적으로 우리 가족적 삶, 특히 부모와 자녀의 관계에서가 아닐까 생각한다. 다르게 말하면 진정으로 권위가 무엇이고, 그에 대한 인정으로 타자와 타인의 존재를 인정할 수 있는 인간성을 배우는 관계는 먼저 어린 시절로부터의 몸적 관계인 부모와의 관계에서, 좁은 삶의 반경인 가족적 삶으로부터라는 것이다. 그런 의미에서 한국교회는 우선 한국 사회의 무너져 가는 가족적 삶을 다시 회복하는 일에 힘을 쏟아야 한다고 본다. 물론 여기서 우리 가족적 삶의 형태와 모습도 예전의 것과 많이 다를 것이고, 달라져야 하지만 그 다양성의 수용 가운데서도 우리가 잃어버려서는 안 되는 것은 어떻게든지 인간적 삶이 밀접한 관계의 망에서 친밀한 관계를 지속해 나갈 수 있도록 하는 일이고, 이 일에서 교회 스스로도 또 하나의 대안적 가족공동체로 역할할 수 있다고 하겠다. 이런 맥락에서 일찍이 유교와의 대화로 '효(孝)기독론'을 말한 해천(海天) 윤성범 선생의 이야기는 의미 있다. 그는 예수의 삶과 의식을 동아시아적 효의 관점으로 보아서 예수야말로 참으로 큰 효자("예수는 모름지기 효자다")였으며, 그의 믿음이란 바로 하늘 아버지에 대한 효였고, 그것이 그의 모든 활동의 근거였다고 밝힌다.[10] 그는 기독교가 원래 동양 종교였던 가족과 공동체 중심의 유대교에 근거하는 것임을 상기시키면서 서구 기독교와 교회가 이렇게 몸과 공동체 안에서 경험되는 참된 은총의 윤리를 잃어버렸기 때문에 그 타락이 시작되었다고 일갈한다.

이러한 맥락에서 나는 이번 세월호 참사와 관련한 저항과 그 일의 지속이 특히 유족들의 가족사랑, 그 중에서도 유족 '어머니'들의 끈기와 노력, 그들의 자식을 향한 끝 모르는 사랑이 그 토대였음을 지적하고자 한다. 이 참사 앞에서 대부분의 한국 대형교회들은 유족들을 외면했고, 그들의 고통과 아픔을 왜곡했으며, 오히려 교회 밖으로 내쫓고자 했다. 하지만 유족들은 그 모든 것들을 견뎌내며 나중에는 그들 스스로가 오히려 기존 교회와 한국 사회의 허위와 거짓에 항거하면서 굳건한 저항과 개혁의 주체로 거듭났다. 그래서 거기에서 촉발되어 촛불혁명이 일어나 계속될 수 있었으며, 마침내 대한민국은 적폐의 정권을 무너뜨리고 새로운 촛불정국을 여는 일을 가능케 했다. 이 모든 일들이 그들의 가족 사랑과 어머니와 자식 간의 신뢰와 믿음, 그래서 어떻게든 진실을 밝혀내서 다시는 이러한 일이 반복되지 않도록 하려는 그들의 일깨워진 공적 의식이었다. 이들은 그 깨어난 의식으로 기존 신학과 교회의 허위와 행위 없음을 고발하며 교회 밖으로 나갔고, 그래서 한국 신학은 이제 '세월호 이후' 신학을 말하고, 이름 없던 민중 어머니들과 가족들의 이야기에 귀 기울이며 어떻게 우리 시대에 다시 새로운 '그리스도'가 탄생되고, 새로운 '부활'이 일어나는지를 상상한다.[11] 하나님의 은총은 결코 독점될 수 없고, 고정될 수 없으며, 바람이 불고 싶은 대로 부는 것처럼 하나님의 은총의 영은 그러해서 우리 시대에도 그리스도의 탄생은 지속되며(복수複數의 그리스도),[12] 몸의 끝이 모든 것의 끝이 아니고 부활은 명멸하며(영靈/얼 그리스도), 이것이 동서의 복음이 강조하는 '죽어야 산다'(捨生取義, 捨己從人)는 참된 의미일 것이다.

4. 誠, 우리 신앙(信)의 참된 열매와 '지속성'의 영성
: '오직 성서로만'(sola scriptura)의 재구성

21세기 신자유주의, 경제제일주의는 한국 사회뿐 아니라 한국교회를 온통 무차별적으로 점령했다. 그 가운데서 한국교회는 그 큰 규모와 외형적 편재에도 불구하고 한국 사회를 건강하게 이끄는 정신적 사회적 리더로서의 역할을 하고 있지 못하다. 오히려 현실의 삶에서 기독인들은 "실질적인 무신론자"가 되어서 우리 시대의 물질주의적 풍조에 편승하거나 그 물질주의를 더 부채질하면서 살아간다. 그런 가운데서 한국 개신교는 다른 세계 교회와의 차이나 구별점을 말할 때 빈번히 '성령'(the Holy Spirit)을 거론한다. 한국교회는 '영적'이고, 성령의 활동을 중시하고, 성령의 개별적 체험을 강조한다고 주장한다. 하지만 한국교회에서의 이러한 성령에 대한 강조에도 불구하고 앞에서 지적한 대로 왜 그 성령의 체험이 건강한 사회적 실천력과 윤리력, 지속적으로 한국 사회와 문화를 바꾸는 문화적 영성의 힘으로 자라나지 못할까? 나는 그 연유가 한국교회의 일차원적인 '성령' 이해와 거기서의 폐쇄성과 경직성과 밀접하게 연결되어 있다고 본다. 그래서 그 대안과 보완으로서 유교와의 대화로부터 '성(誠)'의 언어를 가져와서 그것을 한국적 성령론으로 풀고자 한다.

유교 『중용(中庸)』은 한마디로 "성(誠)은 하늘의 도이고, 그 성(誠)을 수행하는 일은 인간의 도"(誠者 天之道也, 誠之者 人之道也, 『중용』20)라는 말로 하늘의 본체를 성(誠)으로, 인간의 역할을 그 성(誠)을 실천하는 일로 삼고 있다. 앞에서 이야기한 윤성범 신학은 이 성(誠)을 요한복음의 '말씀(言)이 육신이 되었다(成)'의 뜻으로 기독론적으로 풀고 있지만 나는 오히려 한국적 성령론으로 삼고자 한다. 왜냐하면 오늘 영의 만연의 시대에 그 영이 참된 영인지 아닌지를 판단하는 시금석은 그 영의 '열매' 여부와 또한 거기서의 '지속성'이 관건이 되기 때문이다. 『중용』은 "성은 스스로 이루는 것이요"(誠者自成也), "만물의 마침과 시작으로서 성이 없으면 아무것도 이루어지지 않고"(誠者物之終始 無誠無物), 그래서 "지극한 정성은 쉼이 없다"(至誠無息) 등의 언술로 하늘의 도로서 誠을 바로 '진실성'과 '성실성(실천력)', '지속력' 등으로 풀어내고 있다. 이런 의미에서 한국의 함석헌 선생도 앞으로 새 시대 미래의 종교는 단순한 값싼 대속의 신앙이 아니라 "노력의 종교"가 될 것이고, 그것은 좁게 이해된 성령체험("법열")보다는 진실성과 성실성("참")을 귀하게 여기면서 "믿음은 곧 그대로 생활인 것"으로서의 참 신앙을 말하는 것이라고 지적했다.[13]

주지하듯이 한국교회는 '오직 성서로만'이라는 종교개혁의 모토를 축자영감설과 문자주의, 이웃 종교에 대한 배타주의 등으로 풀어내면서 많은 경직과 보수주의적 근본주의로 빠져들었다. 하지만 모두가 알듯이 루터가 당시 가톨릭교회의 개혁을 다시 '성서'로 돌아가는 일을 통해서 이루고자 한 배경에는 그 시대의 현학주의와 지적 엘리트주의, 실천과 실학과 멀어진 현란한 주지주의가 있었다. 그래서 일부 소수의 성직자가 성서를 독점하고 그 지식과 열매를 독차지하자 성서를 당시의 민중 언어인 독일어로 번역하여 독점된 역할과 열매를 사람들에게 고루 나누고자 했던 것이다. 하지만 오늘 한국교회에서는 루터의 이 구호가 다시 지독한 배타의 언어가 되어서 인간 지성을 억누르고, 남성 성직자가 설교권을 독점하고, 교회와 신앙이 일반 교육과 학교, 시대의 과학적 발견과 지식들과는 전혀 무관한 것으로 치부되고 있다. 그래서 한국교회는 시대의 지적 담론장에서 점점 소외되고, 한국의 학교교육이 그 지독한 기능주의에 빠져들어서 민중들에게 크나큰 고통을 야기하고 있는데도 교회는 거기에 대해서 진지하게 관심하지 않고 외면하고 있다.

참된 영의 열매를 '성(誠)'으로 인식하고, 진정한 믿음(信)이란 바로 그 믿음을 세상에서 체화(embodiment)하는 일이라고 보는 한국 작은교회운동은 그와는 다르게 더욱 더 교회 밖으로 나가고, 세상 한가운데의 마을과 고통의 현장으로 찾아가고자 한다.[14] 이런 이들에게 '성서'란 단지 한 시기에 특별한 문자로 고정된 기독교 성경만을 가리키는 것이 아니라 세상 전체가 하나님의 성경이고, 우리 마음의 내밀한 움직임이 또 다른 성서이며, 이웃 종교들의 성경이 우리의 텍스트도 될 수 있음을 받아들인다. 최근에 세월호 희생자의 엄마 박은희 전도사는 고백하기를, "참사 이후 한동안 성경을 보지 못하다가 어렵게 다시 성경을 보게 됐어요. 다시 본 성경은 더 이상 텍스트(Text)가 아니라 현장(Context)이더라고요, 그리고 내 삶이 텍스트(Text)였구요. … 그 후로 성경 말씀이 생생하게 다가왔어요"라고 한다.[15] 이러한 선언은 우리의 인습적인 책 이해와 경(經) 이해가 어떻게 전복될 수 있는지를 잘 드러내준다. 그리고 이것으로써 우리는 어쩌면 이제 모두 각자가 자신의 경(經)을 써 나가는 일을 참된 신앙의 일로 고백해야 하는지도 모르겠다. 즉 이미 쓰여진 문자적인 성경에 매여 있기보다는 스스로가 또 다른 성경의 저자가 되는 일까지의 확장을 말하거나,[16] 아니면 일찍이 유영모 선생이 "나는 길이요 진리요 생명"이라는 요한복음의 말씀에 대해서 거기서의 '나'는 예수의 나가 아닌 자신의 '나'를 가리킨다고 하면서 "나는 성경을 볼 때 남의 이야기로 보지 않아요. 내가 살고 죽는 이야기로 봅니다"라고 밝힌 것과 같은 지경으로 나아가는 것을 말하는 것일 수 있다.[17] 참된 자기 소리, '제 소리'를 낼 수 있는 사람만이 진정한 영의 사람이고 부활을 사는 사람이라는 의미에서이다.

이렇게 세상의 모든 영역을 하나님의 뜻이 드러나는 현장과 성서와 텍스트로 보는 성(誠)의 영성은 '지속성'의 영성이다. 그것은 하늘의 뜻이 이루어질 때까지 그만두지 않는 '지극한 성실성'(至誠不息)이므로 외양은 비록 약해 보이지만 결코 미약하지 않다. 오히려 끝까지 지속함으로써 일을 이루어내는 성령의 일이고, 하늘의 방식이며, 여성적 '곤도'(坤道)의 일로서 일을 성취하는 영이라고 나는 이해한다. 일찍이 18세기 유럽 계몽주의 사회에서 페스탈로치(1746-1827)는 프랑스 대혁명 전후의 유럽사회의 전개를 고민하면서 『리엔하르트와 게르투르드(Lienhard und Gertrud)』라는 농민소설을 썼다. 거기서 그는 한 마을과 국가, 유럽 사회 전체가 진정으로 개혁되기 위해서 어떻게 정치와 종교, 교육과 문화, 산업 등이 서로 관계 맺어야 하는지를 고민하면서 가난하고 비천한 가정의 게르투르드라는 한 평범한 주부의 체화된 지혜와 용기에 주목하였다. 그는 원래 혁명 전에 쓴 이 소설을 혁명 후의 혼란과 소용돌이를 겪는 가운데 계속 고쳐나갔는데, 거기서 신앙과 물질적 안녕

의 관계, 학교와 교회 목사의 역할, 정치와 신앙의 관계, 지도자의 권위와 민
중, 기도하는 일과 노동하는 일의 균형 등, 무엇이 진정으로 인간 공동체의
삶을 행복하게 하며, 사람들로 하여금 감사와 은총을 깨닫게 하면서 깊은
내면의 안정과 기쁨, 순진과 무구에로 이끄는지를 생각하고 또 생각했다.[18]

　나는 오늘 한국교회와 사회가 처한 현실도 이러한 상황과 많이 견주어서
볼 수 있다고 생각한다. 그래서 우리의 성찰도 이러한 주제들에 대해서 계
속 살펴야 한다고 본다. 그러면서 앞에서 들었던 유교『역경』의 가정괘인
‘풍화가인’(風火家人)괘를 다시 살펴보면, ‘바람’(風)은 ‘불’(火)에서부터 비롯되는
것을 지시하는데,[19] 즉 성령의 바람은 뜨거움, 사랑에서부터 나오는 것이고,
다음 세대에게 걸 수 있는 희망(바람)은 그들에게 쏟은 사랑(불)으로 인해서
가능해진다는 지적이라고 해석해 보고자 한다. 오늘 대한민국에서 우리 누
구나가 서로 가까이 사랑을 나눌 수 있는 가족과 같은 공동체 속에서 살도
록 하는 일, 자라나는 세대의 모두에게 그러한 사랑을 나누어주고, 따뜻한
밥을 먹게 하며, 참된 인간다움을 향한 배움을 가능하게 해주는 안정된 삶
의 반경을 마련해 주는 일, 그 일이 가장 중요한 출발이고, 또한 과정의 방법
론이기도 하며, 궁극의 목표로서 참으로 긴요한 일이라는 메시지라고 여긴
다. 오늘 한국 사회와 우리 교회가 어떻게 이 일에 힘쓰고 애쓸까를 생각하
는 일을 통해서 나는 한국교회 개혁과 사회 혁신의 많은 것을 이룰 수 있다
고 믿는다. 우리가 제2의 종교개혁을 말하고자 한다면 그것이 이렇게 구체
적이고 실질적으로 우리 삶과 정치와 공동체의 미래를 바꿀 수 있는 전망을
주는 일이어야 한다고 본다.

5. 한국 사회와 교회를 통한 제2의 종교개혁과 세계평화

나는 유교를 일종의 '세속종교'(a secular religion) 또는 '보편종교'(a common religion)로 이해하면서 그것의 특징인 '가장 적게 종교적이면서도 풍성하게 영적인' 특성이 오늘 우리의 세속 사회에서, 특히 포스트모던과 포스트휴먼을 말하며 근대의 탈신화화를 넘어서 다시 새로운 재신화화를 탐색하는 우리 시대에 줄 것이 많다고 생각한다. 한국교회와 사회는 긍정적이든 부정적이든 이 '세속 영성'(a lay spirituality)인 유교로부터 많은 영향을 받았는데, 앞에서 살펴보았듯이, 1) 지극한 내재신적 영성과 구체적인 몸의 수행과 가족적 삶을 평천하의 출발점으로 삼는 일, 2) 온 세상의 일을 공(公)의 시각에서 살피면서(天下爲公) 3) 각자가 자신의 책을 쓸 수 있을 정도로 학문과 배움을 중시하는 호학주의의 성실성 등이 그것이라고 이해한다.

이러한 면면 속의 한국인은 그래서 배우지 못한 것을 제일의 한으로 여긴다도 한다. 자식들의 공부를 최고의 가치로 여기며 온 가족이 힘을 합해서 그 일을 위해 희생하는 일은 다반사다. 세계에서 대학진학률이 제일 높고, 오늘날도 예를 들어 칸트의 번역서가 세계에서 제일 많이 팔리는 나라, 학문을 통한 입신양명에 관한 수많은 에피소드가 매일 신문을 장식하는 나라라는 지적이다. 나는 오늘 한국이 그 지난한 압축적 근대화 과정을 겪고서도 촛불혁명으로 새로운 민주주의를 이루어 나가고, 민중들의 손으로 새 정부를 수립할 수 있었던 것도 이러한 호학 정신과 인간 의식과 밀접히 연결되어 있다고 생각한다. 수백만이 광장에 모여서 한 손에는 촛불을 들고 다른 한 손에서 스마트폰을 들고서 그 자리에서도 서로 소통하면서 한목소리로 평화의 방식으로 자신들의 뜻을 관철시켜가는 민중들, 그 광장에 나와서는 선한 마음으로 어떻게든 협력하고, 폭력이 일어나지 않도록 서로 경계하고, 자신들의 인간성을 한껏 드러내면서 긴 시간 동안, 겨울의 혹독한 추위도 견디면서 무려 3개월 이상의 집회를 이어나갈 수 있는 광장의 평범한 사람들이 이루어낸 일인 것이다. 세계 민주주의 역사상 그렇게 많은 사람들이 직접 참여하여서, 3개월 이상의 시간이지만 폭력사태가 일어나지 않았고, 또한 젊은 세대와 청년 세대가 그토록 열정적으로 함께 하여서 이룬 예가 없다고 세계가 감탄한다.

하지만 오늘 한국의 이러한 성취에도 불구하고 앞으로 풀어야 할 난제들 또한 무수히 가지고 있다. 가장 급박하게는 남북의 대립과 첨예한 긴장, 그와 더불은 사드 문제와 북핵 문제, 남한 사회 안에서 여전히 골 깊게 나누어져 있는 진보와 보수의 대결, 청년 실업과 노인복지, 재벌 개혁과 빈부격차 문제, 그리고 오랜 기간 누적되어서 쉽게 청산되지 않는 법을 부리고 말을 부리는 법과 언론, 교육과 문화에서의 특권층의 독점 등이 그것이다. 그러나 나는 한국 사회가 이 어려움들도 풀어내리라 믿는다. 기독교를 포함해서 지금까지 인류가 각처에서 다양하게 발전시켜 온 대표적 종교문화 전통들을 모두 한 자리에 가지고 있는 나라, 그리고 그 전통의 삶을 참으로 생생하고 일상적으로 실행하고 있는 나라, 세계에서 인터넷 보급률이 최고이고, 가장 우수하게 소리를 담아낼 수 있다는 한글을 통해서 전 세계에서 날마다 생산되는 정보와 지식들을 빠른 시간에 섭렵하고 소화하는 민중 씨알들, 이들이 서로 협력하고 인내할 수 있다고 보기 때문이다. 오늘 한국이 마주하고 있는 문제들에는 21세기 인류가 아직 풀지 못하고 있는 이데올로기 문제, 다시 신자유주의 경제 원리와 더불어 혹독하게 등장한 제국주의 문제, 오늘날 전 세계의 갈등 현장에서 점점 더 세차게 야기되는 종교문화의 다원성 문제, 산업화로 인한 극심한 환경 파괴의 문제 등, 인류가 가진 문제들이 거의 집약적으로 모아져 있다. 그래서 나는 세계가 앞으로 한국 사회가 어떻게 진행될지에 대해서 주목해야 하고, 거기서의 남북통일이나 평화가 왜 중요한지를 알아야 한다고 본다. 나는 이러한 문제들의 개선과 해결을 위해서 특히 이곳 유럽에서 먼저 통일을 이룬 독일 교회와 그곳에서 살고 있는 한국 교민들이 세계 어느 누구보다도 좋은 협력자가 될 수 있다고 본다. 모두 같은 것은 아니었지만 그래도 이데올로기적 통일과 근대 인류 문명의 복지의 사회적 삶을 먼저 이룬 선취자이기 때문이다.

오늘 세계는 유대기독교 문명과 유교 문명의 대치로 앞으로 그 두 문명이 어떤 관계를 맺어나가는가에 따라서 많이 좌우될 것이다. 이 일에서 한국은 뛰어난 예를 보여줄 수 있다. 두 문명의 만남의 지혜를 가지고서 한국교회는 마르틴 루터의 제1의 종교개혁을 넘어서 제2의 종교개혁을 이루고자 애쓴다. 그 한 생생한 현장으로 지금 한국 땅에서 가장 한국적인 종교 원불교, 태동 시 동학과 유교의 영향을 깊이 받았고, 19세기 서구 물질주의가 물밀듯이 몰려올 때 '물질이 개벽되니 정신을 개벽하자'는 가르침으로 서구 기독교 과학 문명과도 대화하면서 탄생한 원불교가 중심이 되어서 한반도 사드 배치에 저항하고 있다. 그 일에 가톨릭과 개신교가 함께 힘을 보태고 있는데, 나는 오늘 아무도 쉽게 맞서지 못하는 세계 최강의 미국 제국주의에 대항해서 과감히 맞서는 한국 씨알 종교인들의 이 운동이 앞으로 인류의 미래와 동북아의 평화를 위해서 어떤 의미로 전개될지 주목한다. 한국 기독교와 교회가 이 일에서 다시 일어서서 또 다른 모습으로 그리스도의 탄생과 부활을 증거하는 영적 리더가 되기를 소망한다.

이 은 선_ 세종대 교수

1) 19세기의 사회사상을 지배했던 사회적 진화사상은 끊임없는 개발을 통해서 더 나은 사회로의 진보를 꿈꾸었다. 그러나 두 차례에 걸쳐 일어난 세계전쟁과 그로 인해 파괴된 문명의 꿈을 경험해야만 했던 지성인들은 방향을 잃고 새로운 사상을 찾아 방황했다. 허무주의, 실존주의 등은 이러한 혼돈의 세계로부터 나온 사상들이다. 이것으로 인해 진화론적 사회진보사상은 결국 옳지 않음이 판명되었다. 물론 당시 이러한 사상을 바탕으로 천국을 윤리적 이상사회로 여기며 꿈꾸었던 종교사회주의자들도 전쟁을 통해 드러난 인간본성의 진면목에 절망할 수밖에 없었다. 바르트(Karl Barth)가 종교사회주의적 배경에서 과감하게 빠져 나와 현대신학의 한 획을 그을 수 있었던 것은 그가 당시의 신학과 교회를 지배하고 있었던 하나님과 인간의 관계에 대한 새로운 인식을 보여주었기 때문이었다. '진보'로서의 개혁의 의미가 무너졌음에도 불구하고 이러한 이해가 오늘날에는 과학의 발달을 매개로 해서 부활되는 것 같다. IT산업과 생명과학 및 생명공학의 발달로 인해 인간과 세계, 인간과 하나님에 대한 인식에서 수정을 요구해 오고 있기 때문이다.

2) 오늘날 '개혁'을 의미하는 라틴어 reformare는 그리스어 *μεταμορφοω*(변형시키다, 모양을 바꾸다)에서 온 것이다. 이 개념은 2개의 의미를 갖는다. 그 하나는 어떤 상태를 단순히 변화시키는 것을 의미하고, 다른 하나는 더 나은 상태로 개선하는 것을 가리킬 때 사용되었다. 이것이 초대교회시대에는 restituere라는 의미가 추가되었다. 재산을 되돌려주는 것을 의미하는 말이다. 어거스틴은 reformare가 하나님의 행위라고 보았는데, 루터 역시 1518년에 기록한 글에서(WA. TR 4, 232) *officium solius dei*라고 하면서 하나님에게 속한 일이라고 보았다.

3) 소위 비판적 합리주의critical rationalism는 진리에 대한 성취에 궁극적인 목적을 두면서도 현실에 대한 끊임없는 비판을 통해 사회의 변화를 추구해나가는 사상적 배경을 제공해 주고 있다.

4) 그 이유에 대해서 독일의 본대학 조직신학 교수로서 은퇴한 자우터Gerhard Sauter(1935-)는 다음과 같이 설명한다: "왜냐하면 그는 그러한 움직임 속에서 더 나은 세계를 근본으로부터 새롭게 세워 보려는 시도를 확인하게 되었고 그 과정에서 고통을 통해서나마 유지될 수 있는 관계들이 무너지는 일들을 감수해야만 하고 그럼으로써 생명이 파괴될 수 있기 때문이었다. 그는 … 여러 가지 저항 운동과 전복 시도의 배후에 절망이 잠재해 있고, 또 그 가운데 자기 스스로의 동경으로부터

무엇인가를 일으켜 세우고 또 그 과정에서 대부분은 하나님의 뜻을 자신의 동기와 일치시키려는 시도가 내재해 있음을 감지하였다."(자우터, "신앙의 자유 안에서의 행위",『소망을 위하여』, 최성수 편역, 한들, 2001, 28-43쪽, 39쪽).

5) Martin Luter, WA 40 II, p.328.

6) W. Maurer, Art. Reformation, RGG3, p.858-874, p.862.

7) 참고: 게르하르트 자우터, "마르틴 루터의 칭의론",『소망을 위하여』, 최성수 편역, 247-253쪽, 247쪽.

8) G. Sauter, "Die Wahrnehmung des Menschen bei Martin Luther", in: EvTh, 1983, p.489-503, p.491.

9) 참고: Thomas M. Lindsay, *A History of the Reformation I*(1906)[이형기, 차종순 역, 종교개혁사(I), 한국장로교 출판사, 1990], 175ff. 런던 시장을 여러 차례 지낸 부유한 상인의 아들로 옥스퍼드에서 태어나 그곳에서 활동했다. 그래서 옥스퍼드 개혁자(Oxfordreformer)로 알려져 있다. 르네상스 분위기가 한창이던 북이탈리아를 방문하고 난 후에 이 여행으로부터 받은 깊은 인상은 그의 삶의 일대 변화를 가져오게 되었다. 콜렛은 성서연구에 전념했고 교부들의 신학자들에 대한 연구를 했다. 그의 성서 연구는 당시의 스콜라주의적 방법을 지양하고 성서 자체에 대한 연구를 하면서 성서 자체의 의미를 발견하려 노력했다. 이러한 노력 속에서 콜렛은 성서는 단순한 교리적인 계시가 아니라 인격적인 계시라는 것을 발견할 수 있었다. 성서연구와 더불어서 그는 당시의 교회의 악습이나 관행들, 예컨대 성직자들의 세속적 욕심과 면죄부 판매, 교회법원의 추문과 악덕, 교회 건물의 화려함, 기타 교회 재산을 낭비하는 행위들을 비판하였는데, 특히 시모니(Symony, 성직매매) 비판의 소리를 높였다.

10) 그는 고대 문학을 연구하는 중에 성경에 마음이 끌렸고, 그것을 학생들에게 소개하였다. 신앙과 사랑의 순수한 부흥을 염원한 르페브르는 열심 있는 성도 숭배자였으며, 그는 성도와 순교자들의 역사를 편집해서 교회의 성도전(聖徒傳)을 만들고자 계획하였다. 그 일은 엄청난 노력이 드는 일이었다. 그러나 그 일이 상당히 진척되었을 때, 성경에서 유력한 도움을 얻을 수 있을 것이라는 생각이 나서 그는 그런 목적으로 성경을 연구하기 시작하였다. 그는 성경에서 많은 성도들을 찾아볼 수 있었으나 물론 로마교의 성도의 목록에 기록된 사람들은 아니었다. 하늘의 빛은 홍수처럼 그의 마음에 넘쳐흘렀다. 그는 놀람과 혐오감에 사로잡혀서 종래에 하던 일을 던져 버리고 하나님의 말씀을 연구하는 데 몰두하였다. 그는 거기서 찾은 귀중한 진리를 즉시 가르치기 시작하였다. 르페브르는 비록 종교개혁을 이끌지는 않았지만, 1512년, 아직도 루터나 츠빙글리가 개혁 사업에 손을 대기 전에 사도 바울의 서신서를 라틴어로 번역하면서 각주에서 행위는 은총과 떨어져서는

아무런 공로가 없으며, 거룩한 성만찬에는 그리스도의 실재적인 임재가 있으나 화체(Transubstantiation)는 아니라고 주장하였다. 그는 또 구원의 오묘한 이치를 깨닫고 다음과 같이 부르짖었다: "아아, 이 얼마나 말할 수 없이 놀라운 교환이냐? 무죄한 분이 죄인으로 선고를 받고, 죄인이 자유의 몸을 얻게 된다. 축복받은 분이 저주를 받고, 저주를 받은 자가 축복을 받는다. 생명의 임금이 죽고, 죽은 자가 살아난다. 영광의 주께서 암흑 속에 잠기시고 허물과 치욕밖에 알지 못하는 자가 그 얼굴에 영광을 나타내게 된다."

11) 증축에 대한 결정은 1506년 율리우스 2세(Julius II)가 결정했고, 1514년 Leo X가 이 결정을 새롭게 강조하였다. 당시에 로마 가톨릭에 충실했던 독일에서도 이 결정에 대해서는 불만을 표현하였다. 독일인들의 불만에도 불구하고 강행된 면죄부 판매는 독일 민족감정을 심하게 훼손시키는 결과로 이어졌고 이것은 루터의 종교개혁을 지지하는 세력으로 나타나게 되었다.

12) 그러나 로마의 재정을 조달하기 위해 신앙을 이용해 성도들을 착취했던 것에 대해 불만을 품었던 당시의 많은 사람들은 루터의 95개조 반박문을 매우 환영하였다. 그러나 이것은 루터의 의도와는 전혀 맞지 않는 것이었다. 심지어 당시 루터의 강력한 상대자였던 Johann Eck(1486-1543)이 루터를 후스의 개혁 활동과 같은 것으로 취급했을 때 루터는 이에 대해 전면 부정했다.

13) "Aus Liebe zur Wahrheit und in dem Bestreben, diese zu ergründen…."

14) Luther, WA 6, p.497.

15) Luther, WA 54, p.185-186.

16) 린제이는 "종교개혁의 시작은 이론이 아니고 경험이었다."(Thomas M. Lindsay, *A History of the Reformation*, 『종교개혁사(I)』, 한국장로교출판사, 1990, 441)고 말하면서 루터의 개혁을 경험에서 비롯된 것으로 보았는데, 그것은 인식과 경험의 상관관계를 잘못 짚은 것이다(참고: George A. Lindbeck, *Christliche Lehre als Grammatik des Glaubens*, Gütersloh 1994, 52ff). 루터는 자신의 칭의적 사건에 대한 경험 이전에 먼저 스콜라 신학과 철학에 기초한 자신의 경험에 의문을 갖게 되었고, 그 의문은 하나님의 의에 대한 인식을 통해 해결되면서 비로소 하나님을 새롭게, 즉 칭의 믿음에 따른 경험을 할 수 있게 된 것이다.

17) 다음을 참조: Luhter, WA 19, p.206.

18) Luther, WA 7,32, p.4-7.

19) Luther, WA39 I, p.46.

20) Luther, WA39 I,114, p.28-30.

21) Luther, 참고: WA DB p.8-10.

22) Luther, WA 6, p.406.

23) Luther, WA 6, p.407.

24) Luther, WA 6, p.411-412.

25) Luther, WA 6, p.534.

26) Luther, WA 6, p.572.

27) Luther, WA 6, p.518

28) WA 7, 21: "Ein Christenmensch ist ein freier Herr über alle Dinge und niemand untertan. Ein Christenmensch ist ein dienstbarer Knecht aller Dinge und jedermann untertan"

29) WA 7, p.21-23.

30) WA 6, p.23.

31) WA 6, p.24.

32) 다음을 참고: Gerhard Sauter, *Das verborgene Leben*(Gütersloh Verlag, 2011). 자우터는 이 글에서 인간의 본질이 하나님 안에서 숨겨져 있음을 주장하고 있다.

33) 참고: 자우터, 「양심의 소리와 성령의 사역」, 『소망을 위하여』, 166-173쪽.

34) 참고로 하나님의 말씀에 해당하는 히브리어 다바르가 word와 thing의 의미를 갖는 것은 기독교 신학에서 교의학과 윤리학이 결코 분리되어서는 안 된다는 당위성을 암시해준다.

35) 이런 노력의 일환으로 필자는 과거 장로교의 분열을 단순한 교권 싸움으로 보는 관점에서 벗어나 신학적인 판단에 따른 결과로 조명한 바 있다. 다음을 참고: 성염/ 이태하/최성수, 『종교다원주의 시대의 기독교와 종교적 관용』(서울: 민지사, 2001), 57-138쪽.

36) 다음의 논문을 참고: 「한국 신학의 '신학적 과제 인식'에 대한 신학적 성찰」, 『한국문화와 예배』, 한국문화신학회 편, 한들, 1999, 216-249쪽.

비구상적 하나님 / 심은록

1) Cf. 심은록, 『세상에서 가장 비싼 작가 10, 무엇이 그들을 그토록 특별하게 만드는가?』 파주 : 아트북스, 2013.

2) 「이미지 제거에 관하여」(On the Removal of Images, 1522)에서, 칼슈타트(Andrea Bodensten von Karlstadt)는 선행을 강조하는 미술품 기부에 반대하고, 성상을 포함한 세상의 모든 형상뿐만 아니라 마음속에 새겨진 우상도 제거해야 한다고 주장한다. '성상파괴운동'은 독일, 네덜란드, 벨기에, 스위스, 특히 칼뱅주의의 영향을 받은 지역에서 일어났다. 카럴 판 만더르(Carel Van Mander, *Le livre de peinture*, trad.

Het Schilder-boeck, Paris : Hermann, 1965)는 1566년 네덜란드와 벨기에 성당과 수도원에서, 성상파괴운동으로 인해 문화유산이기도 한 수많은 예술품이 파괴된 것을 통탄한다.

3) 지원용 감수 편집, 『루터선집 제10권 설교자 루터』, 「비텐베르크에서 행한 8편의 설교, 1522년」, 서울 : 컨콜디아사, 1987, p.429 ; 「세 번째 설교, 1522년 3월 11일, 수난절 첫째 주일 후 화요일」, p.443. ; 「두 번째 설교, 1522년 3월 10일, 수난절 첫째 주일 후 월요일」, p.437.

4) 지원용, *op. cit.*, 「네 번째 설교, 1522년 3월 12일, 수난절 첫째 주일 후 수요일」, 서울 : 컨콜디아사, 1987, p.446-7.

5) Daniel Buren, Marc Sanchez, Sim Eunlog, *et al. Daniel Buren Les Écrits 1965-2012* (Participation/ Volume 2 : 1996-2012), Paris : Flammarion, Centre national des arts plastiques 2013.

6) 심은록, 『양의의 예술, 이우환과의 대화 그리고 산책』, 서울 : 현대문학, 2014.

3) Ibid.

근친애적 고착과 그리스도인의 자유 / 최태관

1) 중세의 인간은 자유를 소유하지는 못했으나, 고독하지도 않았고 고립되지도 않았다. 왜냐하면 그들은 개인의식을 알지 못했고, 중세의 계급제도가 가져다주는 사회적 안정감 때문이다.

2) 에리히 프롬/이상두 옮김, 『자유에서의 도피』, 서울: 범우사, 1996, 110-111쪽.

3) 앞의 책, 40쪽.

4) 에리히 프롬/김병익 옮김, 『건전한 사회』, 서울: 범우사, 1994, 58쪽.

5) 앞의 책, 63쪽.

6) 앞의 책, 65쪽.

7) 앞의 책, 79쪽.

8) 프롬, 『자유에서의 도피』, 1994, 117쪽.

9) 프롬, 『자유에서의 도피』, 1994, 121쪽.

10) 프란츠 힌켈리메르트, 김형성 옮김, 『물신』, 서울: 다산글방, 1999, 116쪽.

11) 프롬은 사도마조히즘과 뒤섞인 권위주의에 대한 도피메커니즘을 파괴성으로 규정했다. 로렌스 프리드먼/김비 옮김, 『에리히 프롬평전』, 파주: 글항아리, 2016, 231쪽.

12) 앞의 책, 217쪽.

13) 에리히 프롬/이재기 옮김,『정신분석과 종교』, 서울: 두영, 1995, 59쪽.

14) 예컨대 프롬은 병적인 조상숭배에서 비롯된 지나친 아버지 숭배를 신경증적 고착으로 정의한다. 이는 개인이 극복해야 할 병리적인 고착증세이다.

15) 로렌스 프리드먼,『에리히 프롬평전』, 파주: 글항아리, 2016, 206쪽.

16) 앞의 책, 209쪽.

17) 프롬/김병익 옮김,『건전한 사회』, 1994, 75쪽.

18) 프롬, 자유에서의 도피, 1994, 64쪽.

19) 프롬, 자유에서의 도피, 1994, 233쪽.

20) 에리히 프롬,『정신분석과 종교』, 서울: 도서출판 두영, 1995, 18쪽.

21) 앞의 책, 149쪽.

22) 앞의 책, 78쪽.

23) 앞의 책, 83쪽.

24) 앞의 책, 86쪽.

25) 앞의 책, 92쪽.

26) 앞의 책, 96쪽.

27) 에리히 프롬,『사회심리학적 그리스도론』, 서울: 전망사, 1980, 30쪽.

28) 앞의 책, 63쪽.

29) 앞의 책, 64쪽.

30) 앞의 책, 77쪽.

31) 앞의 책, 79쪽.

32) 앞의 책, 81쪽.

33) 에리히 프롬/이종훈 옮김,『너희도 신처럼 되리라』, 서울: 한겨레, 2013, 54쪽.

34) 앞의 책, 68쪽.

35) 프리드먼/김비 옮김,『에리히 프롬평전』, 2016, 462쪽.

36) 프롬/이종훈 옮김,『너희도 신처럼 되리라』, 2013, 70쪽.

37) 에리히 프롬,『사회심리학적 그리스도론』, 서울: 전망사, 1980, 114쪽.

38) 프롬/이종훈 옮김,『너희도 신처럼 되리라』, 2013, 79쪽.

39) 프리드먼,『에리히 프롬평전』, 2016, 278쪽.

40) 프롬,『사회심리학적 그리스도론』, 1980, 66쪽.

41) 앞의 책, 65쪽.

42) 에리히 프롬,『정신분석과 종교』, 1995, 87. 쪽

43) 앞의 책, 91쪽.

44) 앞의 책, 132쪽.

45) 변선환,「민중해방을 지향하는 민중불교와 민중신학」,『종교 간 대화와 아시아 신

학』, 서울: 한국 신학연구소, 1996, 379쪽.

46) 앞의 책, 382쪽.

47) 앞의 책, 383쪽.

48) 앞의 책, 384쪽.

49) 앞의 책, 384쪽.

마르틴 루터의 『로마서 강의』 새로 읽기 / 김종길

1) '토라(תורה)'는 사람을 올바른 삶으로 이끄는 하나님의 '가르침(teaching)'을 뜻한다. 대부분의 성경들이 종교적 계율을 의미하는 '율법'으로 번역한 것은 부적절하다고 본다. 하지만 이 글에서 관례에 따라서 '율법'이라는 용어를 사용하겠다.

2) Thomas von Aquinas, Summa Theologica I-II q. 107 art. 1 arg. 3.

3) Martin Luther, Lectures on Galatians. 김선회 역, 『말틴 루터의 갈라디아서 강해(상)』, 경기: 루터신학대학교 출판부, 2003, 314쪽.

4) James D. G. Dunn, "New Perspective on Paul," in *Jesus, Paul and the Law: Studies in Mark and Galatians* (Louisville: Westminster/Knox, 1990), 183-214. 던(James D. G. Dunn)의 '새 관점'은 샌더스(E. P. Sanders)가 그의 저서 *Paul and Palestinian Judaism*에서 제2성전 시대의 유대교를 '언약적 율법주의(covenantal nomism)'로 규정한 주장에 기초한 것이다.

5) Martin Luther, *Lectures on Romans*, 이재하 · 강치원 역, 『루터: 로마서 강의』, 서울: 두란노아카데미, 2011. 이 책은 바이마르판 루터 선집 가운데 로마서 주석(Roemer briefvorlesung)을 번역한 것이다. 이하 『로마서 강의』로 표기.

6) E. P. Sanders, *Paul and palestinian Judaism*, (London: SCM Press, 1977), p.75, p.420, p.544 참조.

7) James D. G. Dunn, *Romans 1-8*, WBC 38A (Dallas Texas: Word Books, Publisher, 1988), Iv-Iviii.

8) 샌더스(E. P. Sanders)는 바울이 상황에 따라서 상이하게 율법을 서술한다고 보았다. E. P. Sanders, Saint Paul, 이영립 역, 『바울』(서울: 시공사, 2003), 152쪽. 이러한 불일치는 율법에서 그리스도의 믿음으로 나아가는 바울 사상의 유기적인 발전을 보여준다고 샌더스는 평가했다. E. P. Sanders, *Paul, the Law, and the Jewish People*, 김진영 역, 『바울, 율법, 유대인』, 경기: 크리스챤다이제스트, 2001, 120쪽.

9) Sung-Woo Chung, *Paul, Jesus and the Roman Christian Community: New Perspective on Paul's Jewish Christology in Romans* (Seoul: Christian Herald Publishing Company,

2005), p.171.

10) 루터, 『로마서 강의』, 214쪽.

11) 루터, 『로마서 강의』, 208쪽, 214쪽.

12) Nicholas Thomas Wright, *Justification: God's Plan and Paul's Vision*. (London: Society for Promoting Christian Knowledge, 2016), p.178.

13) 한인철, 『예수, 선생으로 만나다』, 서울: 연세대학교 대학출판문화원, 2016, 286쪽.

14) 김용주, 『칭의, 루터에게 묻다』, 서울: 좋은씨앗, 2017, 55쪽.

15) 김용주, 『칭의, 루터에게 묻다』, 61쪽.

16) Paul Tillich, *Systematic Theology* vol. II(Chicago: The University of Chicago Press, 1975), p.176.

17) Wright, *Justification*, p.157, p.178.

18) Wright, *Justification*, p. 69.

19) 루터, 『로마서 강의』, 224쪽.

20) 루터, 『로마서 강의』, 214쪽.

21) Dunn, *Romans 1-8*, Ixxi.

22) 권연경, 『행위 없는 구원?』, 서울: SFC출판부, 2007, 205-6쪽.

23) 권연경, 『행위 없는 구원?』, 188쪽.

24) 루터, 『로마서 강의』, 322-333쪽.

25) 프뉴마($\pi\nu\varepsilon\acute{u}\mu\alpha$)는 '바람', '영혼', '성령'으로 번역된다. 영은 하나님의 임재/현존을 상징하며, 인간 안에서 활동하는 하나님의 생명력을 가리킨다. 성령은 인간으로 하여금 예수 그리스도에게서 오는 생명을 누리게 한다. 우리는 당시에 바울이 '영/성령'을 실체론적으로 파악하고 인격적 존재로 인식한 것으로 단언할 수 없다.

26) von Ernst Kaesemann, *An die Roemer Handbuch zum Neuen Testament*, 한국 신학연구소 편집부 역, 『로마서』, 서울: 한국 신학연구소, 1982, 460쪽.

27) 루터, 『로마서 강의』, 437쪽.

'오직 행위', '오직 믿음'에 응하다 / 김광현

1) 김율, 「실천적 학문으로서의 신학 - 둔스 스코투스의 이론을 중심으로」.

2) LW 34:336-337, 김주한, 『마르틴 루터의 삶과 신학이야기』, 서울: 대한기독교서회, 2002, 90쪽에서 재인용.

3) 그리스도인의 자유에 관해서는 루터가 1520년에 쓴 "그리스도인의 자유"라는 글에서 집중적으로 다루고 있다. 이에 대한 해설은 한스-마르틴 바르트의 『마르틴 루터의

신학』 제7장 "변증-자유와 구속에 관하여"를 참고할 것.

4) 1936년 1월 27일 핑켄발데에서 보낸 편지. Bonhoeffer, Dietrich, Gesammelte Schriften VI, 367, Bonhoeffer, Dietrich, 『나를 따르라』, 서울: 대한기독교서회, 2010, 364에서 재인용.

5) 1943년 10월 31일 테겔에서 부모에게 보낸 편지. Bonhoeffer, Dietrich, 『옥중서신-저항과 복종』, 서울: 복있는사람, 2016, 105-106쪽.

6) Bonhoeffer, Dietrich, 『나를 따르라』, 서울: 복있는 사람, 2016, 29쪽.

7) *Ibid.*, p.33.

8) *Ibid.*, p.55.

9) Bonhoeffer, Dietrich, 『그리스도론』, 서울: 대한기독교서회, 2010.

10) Bonhoeffer, 『나를 따르라』, p.65-66.

11) *Ibid.*, p.71.

12) *Ibid.*, p.77-91.

13) *Ibid.*, p.90-91.

14) Bonhoeffer, Dietrich, 『창조와 타락』, 서울: 대한기독교서회, 2010, p.47.

15) *Ibid.*, p.81-83.

16) *Ibid.*, p.84.

17) WA 23. 150-151, 유석성, 「본회퍼의 중심과 중보자로서 예수 그리스도」, 9에서 재인용.

18) Bonhoeffer, 『창조와 타락』, p.85-87.

19) Bethge, Eberhard, 『Dietrich Bonhoeffer: 신학자-그리스도인-동시대인』, 서울: 복있는 사람, 2014, p.601.

20) Ellsberg, Robert, 『간디, 그리스도교를 말하다』, 서울: 생활성서사, 2005, p.116.

21) Kierkegaard, Soren, 『주체적으로 되는 것』, 서울: 지식을 만드는 지식, 2012, p.7.

22) Badiou, Alain, 『철학을 위한 선언』과 『존재와 사건』의 5부, 8부 내용을 참고할 것.

23) Bonhoeffer, 『옥중서신-저항과 복종』, p.85-87

타락/구속의 영성에서 창조중심의 영성으로 / 최대광

1) 로제, 베른하르트, 정병식 역, 『마틴 루터의 신학』, 서울: 한국 신학연구소, 2016, 43-47쪽 참조

2) Roland H. Bainton, *A Life of Marin Luther*, New York: Abingdon-Cokesbury, 1950, p.57

3) 오강남, 「표층믿음에서 심층믿음으로」, 한자경 편집, 『믿음: 디딤돌인가 걸림돌인가』,

서울: 운주사, 2012, 261쪽.

4) M. Luther, Werke, Weimarer Auflage (W.A.), Vol. XVIII. p.685.

5) 한스 마르틴 바르트, 정병식, 홍지훈 옮김, 『마르틴 루터의 신학: 비평적 평가』, 서울: 대한기독교서회, 2015, 149쪽.

6) 윌리스 앨런, 이창엽 옮김, 『마음과 통찰: 과학, 불교, 그리스도교에서 본 명상』, 서울: 클리어 마인드, 2012, 15쪽.

7) 윌버, 켄, 조효남 옮김, 『감각과 영혼의 만남』, 서울: 범양사, 2007, 174-5쪽.

8) 페이걸스, 일레인, 『아담, 이브, 뱀』, 서울: 아우라, 2009, 26쪽.

9) 크로산, 도미닉, 『성경을 어떻게 읽어야 참 그리스도인이 되는가』, 서울: 한국 기독교연구소, 2015, 63-86쪽 참고

10) Van de Weyer, Robert, eds., *The Letters of Pelagius: Celtic Soul Friend*, (New York: Arthur James/Little Giddings 1995), p.85.

11) 뉴웰, 필립, 정미현 옮김, 『켈트영성이야기』, 서울: 대한기독교서회, 2001, 22쪽.

12) http://www.williamjames.com/transcripts/fox1.htm

13) 마이스터 엑카르트, 요셉 퀸트 편역, 이부현 옮김, 『마이스터 에크하르트 독일어 논고』, 서울: 누멘, 2009, 80쪽.

14) 한자경, 『심층 마음의 연구』, 서울: 서광사, 2016. 28쪽.

15) Fox, Matthew, *Original Blessing*, (New York: Jeremy P. Tarcher/Putnam, 2000), p.38.

16) 윌버, 켄, 조옥경, 윤상일 옮김, 『에덴을 넘어』, 서울: 한언, 2009, 172쪽.

17) 권용선, 『세계와 역사의 몽타주: 뱐야민의 아케이드 프로젝트』, 서울: 그린비, 2009, 195쪽.

18) Fox, Matthew, *One River, Many Wells*, (Jeremy Tarcher/Putnam, New York, 2000), p.2

자연을 통한 은총 / 이성호

1) 〈교회연합신문〉, "학술/루터의 종교개혁 정신에서 바라본 한국교회", 2017. 7. 6.

2) 여기서 언급한 항목에 대한 최근 OECD 통계는 다음과 같다. 노동시간(2015년)– 2113시간/년 (3위), 노인 빈곤율(2013년)–0.5 (1위), 자살률(2013년)–28.7명/10만명 (2위), 출산율(2015년), –1.2명 (최하위). https://data.oecd.org, OECD (2017), Hours worked (indicator). doi: 10.1787/47be1c78-en; Poverty rate (indicator). doi: 10.1787/0fe1315d-en; Suicide rates (indicator). doi: 10.1787/a82f3459-en; Fertility rates (indicator). doi: 10.1787/8272fb01-en (Accessed on 01 August 2017)

3) 세월호 사건을 신학적으로 진지하게 반성하고 세월호 이후의 신학적 담론을 모색한 두 권의 책을 소개한다. 한국문화신학회, 『세월호 이후 신학: 우는 자들과 함께 울라』, 서울: 모시는사람들, 2015; 세월호의 아픔을 함께하는 이 땅의 신학자들, 『남겨진 자들의 신학: 세월호의 기억과 분노 그리고 그 이후』, 서울: 동연, 2015.

4) 이는 기독교와 과학의 대화라 불린다. 특별히 필자는 현대과학이 주는 도전을 진지하면서도 비판적으로 수용하여 기독교 교리를 재구성하려는 자연의 신학(theology of nature) 방법을 이 글에 적용하였다. 이안 바버, 『과학이 종교를 만날 때』, 이철우 역, 서울: 김영사, 2002, 65쪽.

5) Richard Marius, *Martin Luther: The Christian between God and Death* (Cambridge, MA: Belknap Press of Harvard University Press, 1999), 60. Justo L. González, *A History of Christian Thought*, 3 vols. (Nashville: Abingdon Press, 1986), p.94-95.

6) Martin Luther, "The Bondage of the Will - Introduction, Part Vi, and Conclusion (1525)," in *Martin Luther's Basic Theological Writings*, ed. Timothy F. Lull and William R. Russell (Minneapolis: Fortress Press, 2005), 183, p.194.

7) Adolf von Harnack, *History of Dogma (1897)*, trans. James Millar, 3rd ed., 7 vols., vol. 5 (Eugene, OR: Wipe & Stock Publishers, 1997), p.65.

8) Augustine, *Expositions on the Psalms* 89, 4. Cited in Stephen Duffy, *The Dynamics of Grace: Perspectives in Theological Anthropology*, New Theology Studies (Collegeville, MN: Liturgical Press, 1993), p.94.

9) *Ibid.*, p.124.

10) ST I-Ii, q. 81. a. 3, ad. 3. Cited in Aquinas Thomas, *An Aquinas Reader,* ed. Mary T. Clark, 1st ed. (Garden City, N.Y.: Image Books, 1972), 449.; ST III, q. 56, a. 2, c. Cited in Thomas, p.477.

11) Martin Luther, "Disputation against Scholastic Theology " in *Selected Writings of Martin Luther, 1517-1520*, ed. Theodore G. Tappert (Philadelphia: Fortress Press, 1967), p.36, p.39, p.40.

12) Luther, "The Bondage of the Will - Introduction, Part Vi, and Conclusion (1525)," p.170.

13) ST I, q. 44, a. 4.; ST I q. 43, a.3, ad. 2.; ST I-II, q. 68, a. 1, c. Cited in Thomas, p.128, p.445, p.446.

14) Ted Peters and Martin Hewlett, *Evolution from Creation to New Creation: Conflict, Conversation, and Convergence* (Nashville, TN: Abingdon Press, 2003), p.39-40.

15) Charles Darwin, *Descent of Man and Selection in Relation to Sex*, The Barnes & Noble Library of Essential Reading (New York: Barnes & Noble Books, 2004), p.276.

16) Marc Bekoff, *The Emotional Lives of Animals: A Leading Scientist Explores Animal Joy, Sorrow, and Empathy--and Why They Matter* (Novato, Calif.: New World Library; Distributed by Pub. Group West, 2007), p.30.

17) 제인 구달, 마크 베코프, 『제인 구달의 생명사랑 십계명』, 최재천, 이상임 역, 서울: 바다출판사, 2003, 40-41쪽.

18) F. B. M. de Waal, *Good Natured: The Origins of Right and Wrong in Humans and Other Animals*(Cambridge, Mass.: Harvard University Press, 1996), p.164-166, p.51-52, p.58.

19) Ibid., 66-68. Marc Bekoff, *Why Dogs Hump and Bees Get Depressed: The Fascinating Science of Animal Intelligence, Emotions, Friendship, and Conservation* (Novato, Calif.: New World Library, 2013), p.120.

20) Tetsuro Matsuzawa, "Koshima Monkeys and Bossou Chimpanzees: Long-Term Research on Culture in Nonhuman Primates," in *Animal Social Complexity: Intelligence, Culture, and Individualized Societies*, ed. F. B. M. de Waal and Peter L. Tyack (Cambridge, Mass.; London: Harvard University Press, 2003).

21) Eduardo B. Ottoni and Massimo Mannu, "Spontaneous Use of Tools by Semifree-Ranging Capuchin Monkeys," in *Animal Social Complexity: Intelligence, Culture, and Individualized Societies*, ed. F. B. M. de Waal and Peter L. Tyack (Cambridge, Mass.; London: Harvard University Press, 2003).

22) Ewen Callaway, Monkey *'Tools' Raise Questions over Human Archaeological Record*, Nature, Oct 19, 2016.

종교개혁의 포스트휴먼 / 박일준

1) 에띠엔느 발리바르 외, 『법은 아무 것도 모른다』, 강수영 역, 무의식의 저널 Umbr(a) 1, 경기, 고양: 인간사랑, 2008, 81쪽.

2) 발리바르 외, 『법은 아무 것도 모른다』, 81쪽.

3) 발리바르 외, 『법은 아무 것도 모른다』, 81쪽.

4) 브라이언 보이드(Brian Boyd), 『이야기의 기원: 인간은 왜 스토리텔링에 탐닉하는가』 (*On the Origin of Stories: Evolution, Cognition and Fiction*), 남경태 역 (휴머니스트, 2013), p.227.

5) Yuval Noah Harari, Homo Deus: A Brief History of Tomorrow (London: Harvil Secker, 2015),

6) Joseph Schneider, *Donna Haraway: Live Theory* (New York: Continuum, 2005), p.28.

7) Harari, *Homo Deus*, p.131.

8) 바디우, 『투사를 위한 철학: 정치와 철학의 관계』, 111쪽.

9) 바디우, 『투사를 위한 철학: 정치와 철학의 관계』, 113쪽.

10) 바디우, 『투사를 위한 철학: 정치와 철학의 관계』, 113쪽.

11) 바디우, 『투사를 위한 철학: 정치와 철학의 관계』, 113쪽.

12) 바디우, 『투사를 위한 철학: 정치와 철학의 관계』, 114쪽.

13) 바디우, 『투사를 위한 철학: 정치와 철학의 관계』, 114쪽.

14) 바디우, 『투사를 위한 철학: 정치와 철학의 관계』, 114쪽.

15) 바디우, 『투사를 위한 철학: 정치와 철학의 관계』, 114쪽.

루터의 코랄과 한국 찬송가 / 이천진

1) 김홍기, 『세계교회 이야기』, 서울: 신앙과 지성사, 2009, 120쪽.

2) 지원용, 『말틴 루터』, 서울: 대한기독교서회, 1960, 237쪽, 252쪽, 240쪽, 250쪽.

3) 말틴 루터, 「크리스챤의 자유」, 『말틴 루터의 종교개혁 3대 논문』, 지원용 역, 서울: 컨콜디아사, 1993, 318쪽.

4) 홍세원, 『교회음악의 역사』, 서울: 연세대학교출판부, 1999, 40쪽.

5) 조숙자 조명자, 『찬송가학』, 서울: 장로회신학대학출판부, 1988, 54쪽.

6) 정기락, 「마르틴 루터의 민족교회음악」, 『음악과 민족 제6호』, 부산: 민족음악학회, 1993, 243쪽.

7) William Reynolds and Miburn Price, 「찬송가학」, 이혜자 역, 서울: 이화여자대학교 출판부, 1997), 55쪽.

8) Luther's Works, ed. J. Pelikan and H. T. Lehmann, St. Louis and Philadelphia, 1955, p.53. 정기락, "마르틴 루터의 민족교회음악", 「음악과 민족 제6호」, 253쪽에서 재인용.

9) 홍정수, 「송가의 생성과 마르틴 루터」, 『하나님 나라와 선교』, 서울: 대한기독교서회, 2001, 475쪽.

10) 문성모, 「마틴루터의 예배음악에 대한 신학적 이유」, 『민족음악과 예배』, 서울: 한들, 1995, 403쪽.

11) L. E. Lindau, Luther's Influence on Bach : Musical Theologian and Theological Musician, Crux ⅩⅩⅡ(Sept. 1986) No. 3. p.19, "마르틴 루터의 민족교회음악", 「음악과 민족 제6호」, 258쪽에서 재인용.

12) 성현, 『악학궤범』, 서울: 명문당, 2011, 453쪽.

13) 조요한, 『한국미의 조명』, 서울: 열화당, 1999, 83쪽.

14) 윤성범, 『한국적 신학』, 서울: 선명문화사, 1972, 175쪽.

15) 한명희, 「엇몰이 장단과 일탈의 미학」, 『멋과 한국인의 삶』, 최정호 편, 서울: 나남출판, 1997, 194-195쪽.

16) 유동식, 『민속종교와 한국문화』, 서울: 현대사상사, 1978, 30쪽.

17) 김광식, 『조직신학(IV)』, 서울: 대한기독교서회, 1997, 106-121쪽.

18) 김광식, 「기독교와 한국문화」, 『용재 백낙준 박사 기념강좌』, 서울: 대한기독교서회, 1992, 99-100쪽.

19) 이성천, 『한국 한국인 한국음악』, 서울: 도서출판 풍남, 1997, 15쪽.

20) Preface, 「Chan-mi-ka」(Seoul: Methodist Publishing House, 1895), 1. 민경배, 「韓國敎會 讚頌歌史」, 서울: 연세대학교출판부, 1997, 27쪽에서 재인용.

21) F. S. Miller, Early Korean Hymnology, The Korea Mission Field, September, 1930, 189-190. 민경배, 「韓國敎會 讚頌歌史」, 36쪽에서 재인용.

22) 민경배, 『교회와 민족』, 서울: 연세대학교출판부, 1992, 202쪽.

23) Wm. C. Kerr, The Revision of the Union hymnbook, The Korea Misson Field, October, 1925, 241. 민경배, 「韓國敎會 讚頌歌史」, p.111에서 재인용.

24) 권태희, 「찬송가 재공부 운동이 급무」, 『기독신보』 1935년 2월 27일자. 민경배, 「韓國敎會 讚頌歌史」, 124쪽에서 재인용.

25) 박경호, 「찬송가 재개편 문제에 대하여(4)」, 『기독신보』 1935년 2월 20일자. 민경배, 「韓國敎會 讚頌歌史」, 123쪽에서 재인용.

26) 김교신, 「찬송가의 변혁」, 『성서조선』 1933년 6월호. 민경배, 『韓國敎會 讚頌歌史』, 125쪽에서 재인용.

27) 이영구 편저, 『악기(樂記)』, 서울: 자유문고, 2003, 72쪽.

28) 한흥섭, 『한국의 음악사상』, 서울: 민속원, 2000, 165쪽.

29) Jürgen Moltmann, 『오시는 하나님』, 김균진 역, 서울: 대한기독교서회, 1998, 63쪽.

한국교회 예배 개혁의 길 / 이정훈

1) 지원용 편, 「루터선집」 제8권. 컨콜디아사, 1985, 464쪽.

2) 21 아버지, 아버지께서 내 안에 계시고, 내가 아버지 안에 있는 것과 같이, 그들도 하나가 되어서 우리 안에 있게 하여 주십시오. 그래서 아버지께서 나를 보내셨다는 것을, 세상이 믿게 하여 주십시오. 22 나는 아버지께서 내게 주신 영광을 그들에게 주었습니다. 그것은, 우리가 하나인 것과 같이, 그들도 하나가 되게 하려는 것입니다.

23 내가 그들 안에 있고, 아버지께서 내 안에 계신 것은, 그들이 완전히 하나가 되게 하려는 것입니다. 그것은 또, 아버지께서 나를 보내셨다는 것과, 아버지께서 나를 사랑하신 것과 같이 그들도 사랑하셨다는 것을, 세상이 알게 하려는 것입니다.(요한복음 17:21-23 새번역성경)

3) 나는 1988년 무렵부터 지금까지 노래, 특히 우리가락을 가르치는 일을 해 왔다. 어린이들을 비롯해서, 청소년, 주부, 노인들에 이르기까지 다양한 연령층을 지도했으며, 전국 여러 지역 YMCA, YWCA, 주민센터 문화교실을 비롯해서 전국 교회를 다니며 정기 강습을 했다. 그리고 한국동포들에게 노래를 가르치러 1년 반을 해외 여행한 적도 있었다. 그때 만난 수많은 우리나라 사람들과 외국인들로부터 얻은 교훈 한 가지를 꼽으라면, 과연 한국인들은 노래를 좋아하는 민족이라는 사실이다.

4) 리경직, 『신학월보』1권 9호 352쪽, 1901년 8월, 이정훈, 『한국의 그리스도인을 위한 절기예배이야기』, 대한기독교서회. 2000. 216-217쪽에 재인용(※문장을 현대적으로 고쳐 씀)

5) 天地之道 一陰陽五行而已(천지자연의 원리는 오로지 음양오행일 뿐이다.) 坤復之間爲 太極 而動靜之後爲陰陽(곤(坤)과 복(復) 사이에서 태극이 생겨나서 (태극이) 움직이고 멈춘 후에 음양이 생겨나는 것이다) 凡有生類在天地之間者 捨陰陽而何之(무릇 목숨을 가진 무리들로 하늘과 땅 사이에 있는 것들은 음양을 버리고 어떻게 할 것인가?) 故人之聲音 皆有陰陽之理 顧人不察耳(그러므로 사람의 목소리에는 모두 음양의 이치가 있는데, 사람들이 살펴서 깨닫지 못한 것일 뿐이다.) 今正音之作(이제 훈민정음을 만드는 것은) 初非智營而力索(처음부터 슬기로 마련하고, 애써서 찾은 것이 아니라) 但因其聲音而極其理而已(다만 성음을 바탕으로 이치를 다한 것뿐이다.) 理旣不二 則何得不與天地鬼神同其用也((음양의) 이치가 이미 둘이 아니니 어찌 천지 귀신과 더불어 그 사용을 같이 하지 않을 수 있겠는가?) [「훈민정음 해례본 제자해 (1446. 9. 상한) 첫머리]

6) 「다음 사전」, 그리고 민중서관『엣센스 국어사전』에도 그렇게 정의한다.

7) 노래를 뜻하는 또 하나의 옛 이름 '영언(永言)'은 말을 길게 늘여 노래가 되는 것을 보여주는 이름이다. 지금 우리가 유튜브 동영상을 통해 쉽게 접할 수 있는 옛 노래인 시조를 들어보면, 느리고도 여유 있는 우리 노래, 우리 가락이 얼마나 숨이 길며, 우리가 얼마나 숨이 긴 민족인지 알 수 있다. 아니나 다를까, 우리나라 최초의 노래책으로 꼽히는 「청구영언(靑丘永言)」에는 시조가 매우 많이 실려 있다.

8) 옛날 중국이나 우리나라 사람들에게 미국인은 '미리견(彌利堅)'으로 통했다. 처음 만난 미국인이 자신을 가리키며 '아메리칸'이라고 한 것인데, 그 단어의 첫음절 강세가 우리말의 그것에 비해 하도 약해서 우리 귀엔 '미리견'이라 들린 것이다. 바꾸어 말하면, 우리말은 영어에 비하여 첫음절 강세가 강하다는 것이며 이것이 음악에도

고스란히 통한다는 말이다. 과문한 탓인지 몰라도, 나는 지금까지 우리가락에서 첫
박을 약하게 시작하는 음악은 듣도 보도 못했다.

9) 실제로 선비들이 글 읽는 소리인 송서(誦書)는 주요무형문화재로 지정되어 종종
시연되고 있을 만큼 예술성이 뛰어난 노래다.

10) 『성실문화』는 한국교회의 '예배언어 찾기'와 '예배준비문화'를 이루기 위하여,
여러 동인 목회자들이 함께 계간으로 만들어내고 있는 책이다. 성서일과를 사용한
예배준비문화 정착과, 한국전통문화에서 예배언어 찾기를 찾기 위해서 지난 1995년
봄부터 만들기 시작했다.

11) 시편송서, 말씀시조, 말씀한시 등은 다음이나 네이버 검색창에 '시편송서'라고 치면
쉽게 찾아볼 수 있다.

12) 말씀한시의 원조 격인 「경제사율(經題詞律)」을 소개하고 싶다. 구한말 정3품 통정대
부를 지낸 정준모 장로(1860-1935)가 지은 책이다. 사연인즉 친구 사대부들에게
복음이 전해지지 않아 안타까워하던 차에, 한시라면 사족을 못 쓰는 그들을 위하여
약 10년에 걸쳐 구약과 신약 성경 말씀을 1,025수 한시로 번역하듯 지은 것이다.
부산에 거주하는 정 장로의 손자 정차영 장로가 이 책을 세상에 알린 뒤로, 지금까지
『성실문화』에서 2007년부터 10년째 꾸준히 번역하고 있다.

13) 성실교회는 주일공동예배 때 시편송서와 말씀시조를 한 목소리로 읊조린다. 이것이
교우들에게 10년 정도 익숙해질 때, 성경 말씀 기억력과 한국전통문화에 대한 애정이
동시에 살아날 것이라는 기대를 가지고 하고 있다.

14) 성실교회는 주일공동예배 때 절을 한다. 매주 성찬식 때 회중석 가운데로 성찬 상을
옮긴 뒤에 목사와 맡은이 둘이 맞절을 하고 서로에게 영대를 걸어주고(때론 허리에
동인다), 이어서 온 회중이 둥글게 서서 맞절을 한다. 입맞춤, 포옹, 악수보다는 나를
낮추는 섬김의 상징으로서, 평화의 인사 때 더 없이 좋은 것이 바로 '절'이다.

15) 활연관통(豁然貫通) ; 환하게 통하여 도를 깨달음(다음 사전).

식탁의 나눔과 소외로부터 보는 종교개혁의 현대적 과제 / 김진희

1) 키타무라 지로오 목사의 처분 철회를 요구하며, 열린 연합 교회를 만드는 모임
편집 위원회(北村慈朗牧師の処分撤回を求め, ひらかれた合同教会をつくる会編),
『징계인가 대화인가(戒規か対話か)』, 新教出版社, 2016, pp.12-14.

2) 일본 기독교단(日本基督教団), 『교단 신보(教団新報)』, 2007년 12월호.

3) 모미지자카(紅葉坂) 교회, 『키타무라 지로오 목사에 대한 「교사 퇴임 권고」에 대한
모미지자카의 견해(北村慈郎牧師への「教師退任勧告」に対する 紅葉坂教会役員会の

見解)』, 2008, pp.1-2.

4) 일본 루터 신학대학 루터 연구소(日本ルーテル神学大学ルター研究所),『루터와 종교개혁사전(ルターと宗教改革事典)』, 教文館, 1995, p.175.

5) 발터 켈러(Walter Köhler)저 세하라 요시오(瀬原義生)역,「츠빙글리, 루터의 성찬논쟁과 마르부르크 회담(ツヴィングリ, ルターの聖餐論争とマールブルク会談)」『立命館大学 = The journal of cultural sciences』, 立命館大学人文学会, 2008, pp.38-39.

6) 유지황「루터, 쯔빙글리, 캘빈의 성찬론에 관한 이해 : 급진 정통주의 신학적 관점에서」,『현대와 신학』vol.26, 2001, http://theologia.kr/board_system/47076?ckattempt=1.

7) 로마서 3장 참조 ; 루터,「그리스도인의 자유」『세계의 명저』, 中央公論社, 1969, pp.66.

8) 김진희,『타키자와 카츠미 신학연구』, 모시는사람들, 2014, 2장 1절 참조.

9) 김명실,「세례를 받지 않은 사람도 성찬에 참여할 수 있나요?」『한국 기독공보』2015.12, http://www.pckworld.com/news/articleView.html?idxno=69794.

10) 일본 기독교단 선교 연구소 교단 사료 편찬실(日本キリスト教団宣教研究所教団史料編纂室),『일본 기독교단사 자료집(日本基督教団史資料集) 제2권』日本基督教団宣教研究所, 2001, p.8.

11) 전게서, p.9.

12) 도히 아키오(土肥昭夫),『일본 프로테스탄트 기독교사(日本プロテスタントキリスト教史)』, 新教出版社, 1980, pp.133-134.

13) 하라 마코토(原誠),『국가를 넘지 못한 교회(国家を超えられなかった教会)』, 日本キリスト教団出版局, 2005, pp.313-317.

14) 일본 기독교단 선교 연구소 교단 사료 편찬실,『일본 기독교단사 자료집 제2권』, p.4, p.9.

15)「제2차 세계대전하에서의 일본 기독교단의 책임에 대한 고백(第二次大戦下における日本基督教団の責任についての告白)」, 1967, http://uccj.org/confession.

16) 일본 기독교단 선교 연구소 교단 사료 편찬실,『일본 기독교단사 자료집 제4권』日本基督教団宣教研究所, 1998, p.328.

17) 전게서, p.326.

18) 도히 아키오,『역사의 증언(歴史の証言)』, 教文館, 2004, I부 제6장 참조.

19)「신사참배와 부일협력에 대한 죄책 고백 선언문」, 2007, http://prok.org/gnu/bbs/board.php?bo_table=bbs_news1&wr_id=3252.

1) 본 논문에서는 서양의 주식인 〈빵〉, 동양의 주식인 〈밥〉의 개념을 쓰지 않고, 관례상의 표현인 〈떡〉이란 표현을 사용하고자 한다.

2) 더 정확히는 제 1기독교개혁이라 해야 옳지만, 이미 고유명사로 굳어 버린 관습상의 용어로 인해 이 글에서는 그대로 따른다.

3) 가홍순, 『성만찬과 예배 갱신』, 서울: 도서출판 나단, 1994, 25쪽. 이 책에는 각 식사에 대한 내용이 상세히 설명되어 있다.

4) 김춘배, 『기독교사상사』, 서울: 대한기독교서회, 1966, 40-41쪽.

5) 정장복, 『예배학개론』, 서울: 종로 서적, 1985, 184쪽.

6) 가홍순, 『성만찬과 예배 갱신』, 44-53쪽.

7) 지원용 역. 『말틴 루터의 종교개혁 3대논문』, 서울: 컨콜디아사, 1993, 170-223쪽. 이 책에 등장하는 루터의 논문은 모두 앞의 책을 참조한 필자의 분석과 해석이다.

8) 화체설에 대한 논쟁. 내적인 본체(substance)와 외적인 표징(accidents)을 논함에 있어서, 가톨릭의 화체설에 의하면, 떡과 포도주의 "substance"가 그리스도의 몸과 피의 "substance"로 변화되며 떡과 포도주의 "accidents" 즉 형태(form)만 남아 있다고 본다. 〈떡 아래 그리스도의 몸〉이라고 표현할 수 있겠다.

9) 오늘날에, 루터의 입장은 "공재설(共在說)"이라고 부른다. 그것은 떡과 포도주의 본질은 변하지 않으며, 대신 그리스도가 그 요소들의 "안에, 함께, 아래에, 몸으로" 임재한다고 하는 주장이다. 루터는 토마스 아퀴나스가 아리스토텔레스가 말한 본체와 외적 표징에 대해 곡해하고 있다고 주장한다. 화체설의 주장대로라면, 본체뿐만 아니라 표징의 변화도 있어야 하는 것이 아니냐고 비판한다.

10) 사실상 이 논문에서 루터가 언급하고 있는 3가지 감금은 〈선택권의 감금〉, 〈떡의 감금〉, 〈미사의 감금〉이다. 그러나 본 논문은 이 글의 취지에 맞게 취사선택하여 재구성하였다.

11) 더욱 상세한 내용은 필자의 졸고, 「밥이 된 예수: 요한복음의 밥 이야기 창해(創解)」, 『기독교사상』통권 제674호(2015. 02): 132-147쪽을 참조할 것. 앞 논문의 분석은 본 논문의 분석과 어느 정도 일치한다. 완전히 별개로 쓰인 글이지만, 동일한 사람의 것이므로 아이디어는 공통될 수밖에 없다.

12) 이에 대해서는 필자의 졸고, 「피악자와 죽음의 문화에 대한 분석: 나사로의 죽음과 소생」, 『기독교사상』672(2014.12): 170-183쪽에서 자세히 다룬 바 있다.

13) KCRP 종교간대화위원회 엮음, 『축의 시대와 종교간 대화』, 서울: 모시는사람들, 2014. 각 종교·사상에서의 공감정신에 대해서는 그리스정신은 68-72쪽(이한영), 불교는 86-88쪽(법현), 묵가는 112-118쪽(정혜정), 동학은 119-121쪽(김용휘)가 각각 그 의미를

규명한 바 있다.

14) 이한영, 「아시아의 지혜를 통해 본 생명과 정의: 송천성의 아시아신학」, 생명평화마당 엮음, 『생명과 평화를 여는 정의의 신학』, 서울: 동연, 2013, 552-553쪽, 565쪽. 이 논문에서 필자는 송천성 신학의 '지혜'관이 갖고 있는 의미와 한계에 대해 논한 바 있다.

15) 이러한 시각에 대해서는 필자의 졸고, 「종교해방신학의 여정에서 본 불교와 기독교의 대화: 일아 신학과 오늘」, 변선환아키브 엮음, 『하느님, 당신은 누구십니까: 트랜스-휴먼과 탈-종교 시대의 대화 신학』, 서울: 동연, 2015, 178-185쪽을 참조할 것.

한국 개혁교회의 경제신앙 / 김영철

1) 이 문제를 전반적으로 다룬 박득훈, 『돈에서 해방된 교회』, 포이에마, 2014 참조.

2) 종교개혁가 칼빈의 신학과 정신에 따른 개신교의 일파로서 유럽에서는 개혁교회 (Reformed Church)로, 한국에서는 일반적으로 장로교회라고 일컫는다.

3) 막스베버, 김덕영 옮김, 『프로테스탄티즘의 윤리와 자본주의 정신』, 길, 2014, 281-432쪽.

4) 이은선, 「칼빈과 청교도의 경제윤리」, 『한국개혁신학』 (Vol.6 No.1), 147쪽.

5) 위의 책, 148쪽.

6) W. Stanford Reid, "John Calvin: the Father of Capitalism", in *Articles on Calvin and Calvinism: Calvin's Thought on Economic and Social Issues and the Relationship of Church and State*, ed. By Richard C. Gamble(New York & London: Garland Publishing, Inc, 1992), p.199-205.

7) Ernst Treoltsch, *The Social Teachings of the Christian Churches vol.2*, Trans. by Olive Wyon(New York: Harper and Row, 1960), 614ff, 812ff.

8) R. H 토니 지음, 고세훈 옮김, 『기독교와 자본주의의 발흥』, 한길사, 2015.

9) Andre Bieler의 불어로 쓰인 책 La Pensee Econonimque et Sociale de Calvin(Geneve: Libraire de l'Universite, 1959)는 세계개혁교회연맹(The World Alliance of Reformed Churches, WARC 현재는 The World Communion of Reformed Churches, WCRC) 주도로 2005년 영어로 번역되었다. Calvin's Economic and Social Thought(Geneva: World Council of Churches, 2005). 이 책 6장에서 Calvinism and Capitalism을 다루며 자본주의의 발달에서의 칼빈의 역할과 그의 영향력에 대한 다양한 해석을 다루고 있다.

10) Ludi F. Schulze, Calvin and *"Social Ethics": His Views on Property, Interest and Usury*

(Pretoria: Kital, 1985), p.44.

11) Ludi F. Schulze, "Calvin on Interest and Property–Some Aspects of his socio-economic View", in *Articles on Calvin and Calvinism vol. XI: Calvin's Thought on Economic and Social Issues and the Relationship of Church and State*, ed. by Richard C. Gamble (New York & London: Garland Publshing Inc., 1992), 218〉

12) William C. Innes, *Social Concern in Calvin's Geneva*, ed. by Susan Cembalisty (Allison Park, PA: Pickwick Publications, 1983), p.251-260.

13) Andre Bieler, *The Social Humanism of Calvin*, trans. by Paul T. Fuhrmann (Richmond,VA: John Knox Press, 1964), p.46.

14) John Calvin, *Sermons on Jeremiah by Jean Calvin*. Texts and Studies in Religion, No.46. Trans. by Blair Reynolds Lewiston (New York: The Edwin Mellin Press, 1990), p.380.

15) Bieler, *The Social Humanism*, p.52.

16) Innes, *Social Concern*, p.189-204.

17) 세계개혁교회연맹(WARC)는 개혁교회의 세계적 기구로서 WCC와 협력하여 신자유주의 세계화에 대한 신학적 교회적 대응을 해 왔다. 현재는 세계개혁교회 커뮤니언(World Communion of Reformed Churches, WCRC)으로 변경되었다.

18) Bob Goudzwaard, *Globalization and the Kingdom of God* (Grand Rapids, MI: Baker Books, 2001), p.37-38.

19) Joseph E. Stiglitz, *Globaization and Its Discontents* (New York: W. Norton & Company, 2002), p.4.

촛불의 미학, 촛불의 시민 신학 / 김정숙

1) 가스통 바슐라르,『촛불의 미학』, 김웅권, 동문선, 2008, 43쪽.

2) 앞의 책, 86쪽.

3) 마커스 보그,『예수새로보기』, 김기석, 한국기독교연구소, 1997, 131쪽.

4) Paul Tillich, Systematic Theology I.(University of Chicago Press, 1951), 37쪽.

5) 폴 틸리히,『프로테스탄트 시대』, 이정순, 대한기독교서회, 2011, 118쪽.

6) 황민효, "폴 틸리히의 종교사회주의에 관한 연구-개신교원리를 중심으로",「한국조직신학논총」41, 2015, 87쪽.

7) 김주한,『마르틴 루터의 삶과 신학이야기』, 대한기독교서회 2015, 204-205쪽.

8) 폴 틸리히,『프로테스탄트 시대 』, 271쪽.

9) 앞의 책.

10) 앞의 책, 268쪽.

11) 앞의 책.

12) 앞의 책.

13) 송호근,『촛불의 시간: 군주·국가의 시간에서 시민의 시간으로』, 북극성, 2017, 91쪽.

14) 한나 아렌트,『폭력의 세기』, 김정한, 이후, 2000, 74쪽.

15) 앞의 책, 121쪽.

16) 송호근,『촛불의 시간』, 110쪽.

17)티퍼 C. 하지슨 & 로버트 H. 킹 eds.,『현대 기독교 조직신학』, 윤철호, 한국 장로교
　　출판사, 2015, 487쪽.

한국 개신교 시장신학의 해체를 위한 비평적 분석 / 박상언

1) 이 부분은 이 글의 취지에 맞추어 졸고,「신자유주의와 종교의 불안한 동거: IMF
　　이후 개신교 자본주의화 현상을 중심으로」(『종교문화비평』 13, 2008)와「자본과
　　한국 개신교의 친화력, 그리고 신학의 소거」(『종교문화연구』 25, 2015)의 내용을
　　수정·보완하여 재구성한 것이다.

2) 최종철,「한국 기독교교회들의 정치적 태도, 1972-1990: 종교집단들의 정치적 이견에
　　대한 하나의 사회학적 해석(1)」,『경제와 사회』 15쪽, 1992.

3) 이숙인,「1987년 이후 한국 시민사회의 변동과 개신교의 정치사회적 태도」,『경제와
　　사회』 56쪽, 2002.

4) 강인철,「수렴 혹은 헤게모니?: 1990년대 이후 개신교지형의 변화」,『경제와 사회』 62,
　　2004, 40-42쪽.

5) 위의 글, 30-31쪽.

6) 위의 글, 33-36쪽.

7) 구로중앙교회, 인천주안교회, 도림교회 등은 충현교회의 교회세습이 알려지기 전에
　　이미 교회세습을 완료한 상태였다.《매일경제》, 2000년 5월 3일자.

8) 소망교회의 곽선희 목사는 교회세습에 대한 교회 안팎의 비판에 직면하자 성남시
　　분당에 지하 2층 지상 8층 규모의 교회를 독립시켜 아들을 담임목사로 임명했다.

9)《한겨레》, 2006년 5월 23일자.

10) 이진구는 대형교회의 권위주의 문화를 양산하는 배경으로 개척교회 제도를
　　지적한다. 개척교회에서 대형교회로 성장시킨 주된 요인으로 목회자의 목회 능력이
　　거론됨으로써 교회의 사유화와 목회자의 권위가 발생한다는 것이다. 이진구,

「개신교와 성장주의 이데올로기」, 『당대비평』 12, 236쪽, 2000.

11) 김영봉, 「청부론인가, 청빈론인가」, 『기독교사상』 11월호, 2002, 232쪽.

12) 청부론과 청빈론의 논쟁을 촉발시켰던 김동호 목사는 2000년부터 자신의 교회에서 '신앙과 돈'이라는 주제로 설교를 시작했고, 2001년에 『깨끗한 부자』을 출판함으로써 청부론을 대중에게 알리기 시작했다.

13) 김동호, 『깨끗한 부자』, 규장, 2001, 72-73쪽.

14) 위의 책, 68쪽.

15) 위의 책, 103-118쪽.

16) 박정윤, 「행복한 부자학의 태동배경과 과정, 그리고 전망」, 『행복한부자학회』 1(1), 2012, 40-45쪽.

17) 김병삼, 『하나님, 솔직히 돈이 좋아요』, 프리셉트, 2004, 54쪽.

18) 위의 책, 59쪽.

19) 위의 책, 49쪽.

20) 김병삼, 『신앙인의 돈 모으기 3: 돈, 절제의 열매, 4: 부, 성령의 열매 CD』, 만나교회.

21) 발터 벤야민, 「종교로서의 자본주의」, 발터 벤야민, 『역사의 개념에 대하여/폭력비판을 위하여/초현실주의 외』, 최성만 옮김, 2012, 123쪽.

22) 위의 글, 122쪽.

23) 위의 글, 125쪽.

24) 위의 글, 124-125쪽.

25) 막스 베버, 『프로테스탄티즘의 윤리와 자본주의 정신』, 김덕영 옮김, 도서출판길, 2010, 363-367쪽.

26) 김덕영, 『환원근대: 한국 근대화와 근대성의 사회학적 보편사를 위하여』, 도서출판 길, 2014, 211-212쪽.

27) 김홍중, 「삶의 동물/속물화와 참을 수 없는 존재의 귀여움」, 백욱인 엮음, 『속물과 잉여』, 지식공작소, 2013, 58-61쪽.

28) 백욱인, 「속물 정치와 잉여 문화 사이에서」, 백욱인 엮음, 앞의 책, 6-7쪽.

29) 김상민, 「잉여 미학」, 위의 책, 88-89쪽.

30) 테오도로 아도르노, 『미니마 모랄리아』, 김유동 옮김, 도서출판 길, 2014, 45쪽.

31) 찰스 테일러, 『자아의 원천들』, 권기돈 · 하주영 옮김, 새물결출판사, 2015, 421-447쪽.

32) 막스 베버, 앞의 책, 195-202쪽.

33) 막스 베버, 앞의 책, 182-183쪽.

34) 박정호, 「공리주의의 종교적 기원-은총의 경제에서 경제의 은총으로」, 『사회와 이론』 23, 2013.

35) 막스 베버, 앞의 책, 268쪽.

36) 마르셀 모스, 『증여론』, 이상률 옮김, 한길사, 255-257쪽.

37) 가라타닌 고진, 『세계사의 구조』, 조영일 옮김, 도서출판 b, 2012, 220쪽.

38) 위의 책, 223-225쪽.

39) 위의 책, 218-219쪽.

40) 표영삼, 『동학(1)-수운의 삶과 생각-』, 통나무, 2004, 108-124쪽.

41) 김경재, 「최수운의 신 개념」, 신일철 외, 『동학사상과 동학혁명』, 청아출판사, 1987, 125-141쪽.

42) 료명춘 외, 『주역철학사』, 심경호 옮김, 예문서원, 404쪽.

43) 위의 책, 440-441쪽.

44) 이정용, 「역의 신학(2): 방법론적 시도」, 『세계의 신학』 35, 1997, 150-153쪽.

45) 이정용, 151-153쪽.

46) 예컨대 공영달(孔穎達)은 『주역정의(周易正義)』 「논역지삼명(論易之三名)」에서 역의 세 가지 뜻, 곧 이간, 변역, 불역에 대해 설명한다. 그에 의하면, 쉬움(易)과 간단함(簡)은 각각 건과 곤의 특성을 가리키는 바, 건은 쉬움으로써 창조를 맡고 곤은 간단함으로써 이룬다는 측면에서 건곤 변화의 자연스러움을 뜻한다. 변역은 기의 변화를 말하는 것으로, 기가 소통함으로써 천지만물이 변화의 과정에 있음을 의미한다. 불역은 변화 자체의 불변성, 곧 변화의 항상성을 가리키는 것으로, 불변의 본체가 있다거나 아니면 건·곤이 각각 '불변의 본체를 지닌 것으로 오해해서는 안 된다. 이시우, 「『주역』 '생생지위역'을 통해 본 유가의 사생관 고찰」, 『동서철학연구』 58, 2010, 147-148쪽.

47) 이정배, 『빈탕한데 맞혀놀이: 多夕으로 세상을 읽다』, 동연, 2011, 172-198쪽.

48) 시몬 베유, 『중력과 은총』, 윤진 옮김, 이제이북스, 2008, 101-102쪽.

49) 발터 벤야민, 「역사의 개념에 대하여」, 발터 벤야민, 앞의 책, 336-337쪽.

50) 이정배, 앞의 책, 165-168쪽.

51) 가라타니 고진, 『일본정신의 기원』, 송태욱 옮김, 이매진, 2006, 226-230쪽.

대결과 대화 / 정경일

1) Jonathan Z. Smith, "Religion, Religions, Religious," Mark C. Taylor, ed., *Critical Terms for Religious Studies* (Chicago: The University of Chicago Press, 1998), p.269.

2) 폴 니터, 유정원 역, 『종교신학입문』, 분도출판사, 2007 참조.

3) S. Mark Heim, *Salvations: Truth and Difference in Religion* (Maryknoll, NY: Orbis Books, 1995) 참조.

4) S. Mark Heim, *The Depth of the Riches: A Trinitarian Theology of Religious Ends* (Grand Rapids: Eerdmans, 2001), p.8.

5) S. Wesley Ariarajah, "Interreligious Dialogue and Mission in Protestant Theology," in *Modern Believing*, 51 no. 3, 2010, p.39-42.

6) http://www.cpck.kr/about/sub05.htm

7) 길희성, 『아직도 교회 다니십니까』, 서울: 대한기독교서회, 2015, 121-122쪽.

8) 길희성, 『길은 달라도 같은 산을 오른다』, 서울: 휴, 2013, 184쪽.

9) 안병무, 이주연, 「민중신학의 아버지 안병무」, 『기독교사상』, 1996년 8월(통권 제452호), 97쪽.

10) Krister Stendahl, "Notes for Three Bible Studies" in Gerald H. Anderson and Thomas F. Stransky, eds., *Christ's Lordship and Religious Pluralism* (Maryknoll, NY: Orbis Books, 1981), p.14.

11) Paul Knitter, *Without Buddha I Could Not Be A Christian* (Oxford; Oneworld, 2009), p.124.

12) 이정배, 「종교간 대화를 위한 자기발견적 해석학」, 김승혜 외, 『불교와 그리스도교의 수행』, 서울: 바오로딸, 2005, 256쪽.

13) 김재준, 「비기독교적 종교에 대한 이해」, 『기독교사상』, 1965년 11월(통권 제92), 25쪽.

탈근대/탈식민 시대의 선교신학 / 홍정호

1) 마르틴 루터, 『말틴 루터의 종교개혁 3대 논문』, 지원용 옮김, 서울: 컨콜디아사, 2003. 세 편의 논문은 〈독일 그리스도인 귀족에게 고함〉, 〈교회의 바벨론 포로〉, 〈그리스도인의 자유〉이다.

2) 아이케 볼가스트, 『코젤렉의 개념사 사전 8: 개혁과 종교개혁』, 라인하르트 코젤렉·오토 브루너·베르너 콘체 엮음, 백승종 옮김, 서울: 푸른역사, 2014, 45쪽에서 재인용.

3) 자세한 내용은 홍정호, "근대 기독교 선교의 타자 윤리적 전환: 관용 이후의 종교신학", 연세대학교 박사학위 논문(미간행), 2015, 제1장을 참고하라.

4) 다음을 참고하라. Philip Jenkins, *The Next Christendom: The Coming of Global Christianity* (New York: Oxford Univ. Press, 2006); Lamin O Sanneh and Joel A. Carpenter, Eds., *The Changing Face of Christianity: Africa, the West, and the World* (New York; Oxford Univ. Press, 2005).

5) 폴 니터, 『종교신학입문』, 유정원 옮김, 왜관: 분도출판사, 2007, 348쪽.

6) 홍정호, "선교신학의 주제로서의 관용", 「선교신학」 43(2016), 297-329쪽.

7) Martin Luther, *Werke: Kritische Gesamtausgabe(WA)* 7, p.838. 헤르만 셀더하위스, 『루터, 루터를 말하다』, 신호섭 옮김, 서울: 세움북스, 2016, 253쪽에서 재인용.

8) 다음을 참고하라. 엔리케 두셀, 『1492년 타자의 은폐: '근대성 신화'의 기원을 찾아서』, 박병규 옮김, 서울: 그린비, 2011 ; 월터 D. 미뇰로, 『라틴아메리카, 만들어진 대륙』, 김은중 옮김, 서울: 그린비, 2010.

9) 한스-마르틴 바르트, 『마르틴 루터의 신학: 비판적 평가』, 정병식 · 홍지훈 옮김, 서울: 대한기독교서회, 2015, 699-734쪽.

10) 앞의 책, 702쪽에서 재인용.

11) 앞의 책, 71-142쪽.

12) 다음을 참고하라. John Christian Laursen and Cary J. Nederman, Ed., *Beyond the Persecuting Society: Religious Toleration before the Enlightenment* (Philadelphia: Univ. of Pennsylvania, 1998); Idem, *Difference and Dissent: Theories of Toleration in Medieval and Early Modern Europe* (Lanham: Rowman & Littlefield, 1996).

13) 르네상스 인문주의의 영향 역시 루터의 종교개혁을 무르익게 만든 배경이었다. "오직 성서"(*sola scriptura*)를 포함한 다섯 개의 솔라(five solas) 표어는 당대의 인문주의적 흐름인 "원천으로 돌아가라"(*ad fontes*)라는 주장의 연장선상에서 나왔다. 그들 르네상스 인문주의자들은 성서를 중세 스콜라 신학의 틀에서 읽지 않고, 히브리어와 헬라어 원전을 통해 읽어냄으로써, 성서해석에 관한 교회의 전권에 도전하고, 왜곡된 신학적 해석에 토대를 둔 통치에 균열을 내기 시작했던 것이다. 루터는 인문주의적 시대의 흐름이 무르익은 상황에서 교권과의 대립을 전면화함으로써 문제의식을 폭발시키고, 이를 통해 중세로부터 근대로의 전환의 서곡을 울리는 역사의 중심에 서게 된 것이다.

14) 이것은 물론 프로테스탄트의 관점을 대변하는 말이다. 루터의 종교개혁에 관한 다른 해석도 존재한다. 그것은 대체로 루터의 종교개혁 이전에도 그리스도교의 쇄신을 위한 교회의 크고 작은 움직임들이 지속되어 왔다는 점을 강조한다. 발터 카스퍼는 루터를 아예 "개혁 성향의 가톨릭 신자"로 규정한다. 발터 카스퍼, 『마르틴 루터』, 모명숙 옮김, 왜관: 분도출판사, 2017, 13-16쪽.

15) 그러나 관용은 오늘날 큰 도전에 직면해 있다. 다음을 참고하라. 지그문트 바우만 · 슬라보예 지젝 · 아르준 아파두라이 외, 『거대한 후퇴』, 박지영 외 옮김, 파주: 살림, 2017.

16) 웬디 브라운, 『관용: 다문화제국의 새로운 통치전략』, 이승철 옮김(갈무리, 2010).

17) 변선환, "타종교와 신학", 변선환아키브 편, 『변선환 전집1: 종교간 대화와 아시아 신학』, 천안: 한국 신학연구소, 1996, 170쪽. 이하 변선환의 '선교사 신학'과 '타종교의

신학'에 관한 몇 가지 비판적 논의는 필자가 학술대회에서 발표한 원고(미간행)를 이 글의 맥락에 맞게 요약 및 재구성한 것임을 밝혀둔다. 다음을 참고하라. 홍정호, 「다원주의 이후의 선교: '타종교의 신학' 혹은 '타자의 윤리학」, 『한국기독교학회 제45차 정기학술대표 발표논문집』 제1권, 677-689쪽.

18) 변선환, 「타종교와 신학」, 170쪽.

19) 변선환, 「한국 기독교와 한국 문화」, 변선환아키브 편, 『변선환 전집3: 한국적 신학의 모색』, 천안: 한국 신학연구소, 1997, 14쪽.

20) 변선환, 「오늘의 선교와 그리스도인의 자유」, 변선환아키브 편, 『변선환 전집4』, 천안: 한국 신학연구소, 1998, 202쪽.

21) 변선환, 「타종교와 신학」, 180-181쪽. 강조는 필자의 것이다.

22) 변선환, 「아시아 교회의 신학적 과제」, 『변선환 전집1: 종교간 대화와 아시아 신학』, 천안: 한국 신학연구소, 1996, 106쪽.

23) 레비나스는 자아론(egology)으로 귀착되는 서양철학의 역사를 이타카(Ithaca)를 떠나 미지의 세계를 방랑하다 자기가 태어난 땅으로 다시 돌아오는 율리시스(Ulysses)의 이야기에 비유했다. 율리시스적 주체는 많은 이들과 만나 풍부한 경험을 쌓았음에도 불구하고 타자의 타자성과 대면할 수 있는 기회로부터 더욱 멀어진 "자기 속으로 구부러진 인간"(*homo incurvatus in se*)의 전형이다. 레비나스에게 있어서 아브라함의 여행은 율리시스적 주체의 자기(의미)로의 회귀와 대비되는, 타자 앞에서 자기의 주체성에 물음을 제기하도록 만드는 타자성과의 대면을 향한 끊임없는 출발의 은유다. 율리시스와 아브라함의 이야기는 Colin Davis, *Levinas: An Introduction* (Notre Dame: University of Notre Dame Press, 1996), 33쪽에서 자유롭게 재인용.

종교개혁 以後 신학으로서 '역사유비'의 신학, 그 아시아적 함의 / 이정배

1) M. 보그 & J. 크로산, 『첫 번째 바울의 복음』, 김준우 역, 한국기독교연구소, 2010, 211쪽 이하 내용 참조.

2) 이하 본고에서 다뤄지는 W. 벤야민의 사상은 다음 책들 내용을 나름 소화하여 재정리한 것이다. 발터 벤야민, 『역사의 개념에 대하여 외』, 최성만 역, 도서출판 길 2012; 문광훈, 『가면들의 병기창-발터 벤야민의 문제의식』, 한길사, 2014; 강수미, 『아이스테시스-발터 벤야민과 사유하는 미학』, 글 항아리, 2011; 미카엘 리비, 『발터 벤야민: 화재경보』, 양창렬 역, 난장, 2017. 특히 마지막 책에서 많은 영감을 얻었다.

3) 물론 역시서 이런 조어(造語)가 사용될 수 있을지 미지수이다. 하지만 지금껏 신학의 골자였던 신/구교의 두 유비가 초월과 내재의 관계에 터했었다면 역사적 과거를

구원하려는 미래를 메시아적 사유에서 또 다른 유비 구조를 밝혀 사용하는 것도 가능하다 생각한다.

4) 강수미, 앞의 책, 27-50쪽 참조.

5) 다석학회 편, 『다석강의』, 현암사, 2006; 이정배, 『없이 계신 하느님, 덜없는 인간』, 모시는사람들, 2009; 동저자, 『한국 개신교 전위 토착신학연구』, 기독교서회, 2003 참조.

6) S. Mcfague의 『은유신학(Mataphorical Theology)』, 정애성 역, 다산글방, 2001.

7) 슬라보예 지젝 & 밀뱅크, 『예수는 괴물이다』, 배성민 외 역, 마티, 2013, 178쪽; 이정배, 『신학-타자의 텍스트를 읽다』, 모시는사람들, 2015, 212-221쪽 참조.

8) 이정배, 위의 책, 167- 223쪽. 지젝에 과한 필자의 논문 제목은 다음과 같다; "유물론의 기독교적 이해-새로운 보편성을 추구하는 지젝의 유물론적 신학" 특히 182-184쪽을 보라.

9) 미카엘 뢰비, 앞의 책, 13-44쪽 참조.

10) 위의 책, 43쪽.

11) 위의 책, 161쪽.

12) 이정배, 「아우슈비츠 以後 신학에서 세월호 以後 신학을 보다」, 『세월호 以後 신학』, 한국문화신학회 엮음, 2015, 31-52쪽.

13) 이하 내용은 다음 책을 창조적으로 재해석하여 자유롭게 인용한 것이다. 주요섭, 『전환 이야기-열망의 유토피아가 온다』, 모시는사람들, 2015. 물론 앞서 언급한 『다석 강의』, 『없이 계신 하느님, 덜없는 인간』의 내용 역시 상당 부분 재구성되었다.

14) 이정배, 「평신도도 의례의 주체이다: 조상제례의 신학적 재구성-예배와 제사의 불이(不二)적 관계에 터하여」, 미간행논문 1-10, 2017. 본 논문은 2017년 5월 27일 독일 '교회의 날' 행사장에서 영어로 발표되었으나 아직 출판되지 않았다. 김승혜, 『다산 사상 속의 서학 지평』, 서강대학교 인문과학원 편, 2004, 72쪽; 이은선, 『유교, 기독교 그리고 페미니즘』, 지식산업사, 2003 참조.

15) 주요섭, 앞의 책, 232-235쪽. 247-248쪽.

16) 울리히 벡, 『자기만의 신』, 홍찬숙 역, 도서출판 길, 2013, 특히 1장과 4장을 비교하며 보라.

유교 문명사회에서의 한국교회와 제2의 종교개혁 그리고 동북아 평화이슈 / 이은선

1) 이은선, 「책을 내며」, 『다른 유교, 다른 기독교』, 모시는사람들, 2016, 5-15쪽.

2) 김주한 지음, 『마르틴 루터의 삶과 신학이야기』, 대한기독교서회, 2007.

3) 이은선, 「포스트휴먼 시대에서의 인간의 조건」, 『다른 유교, 다른 기독교』, 모시는사람들, 2016, 279쪽 이하.

4) 이은선, 「한국적 페미니스트 그리스도론과 오늘의 기독교」, 『한국생물生物여성영성의 신학-종교聖, 여성性, 정치誠의 한몸 짜기』, 모시는사람들, 2011, 98쪽.

5) 이은선, 「한국 여성신학 '천지생물지심(天地生物之心)'의 영성과 생명, 정의, 평화」, 『생명과 평화를 여는 정의의 신학』, 생명평화마당 엮음, 2013,

6) Hannah Arendt, *The Origins of Totalitarianism*, (A Harvest/HBJ Books, 1973); 이은선, 「한국 여성신학 '천지생물지심(天地生物之心)'의 영성과 생명, 정의, 평화」, 생명평화마당 엮음, 『생명과 평화를 여는 정의의 신학』, 368쪽.

7) 막스 피카르트, 『인간과 말』, 배수아 옮김, 봄날의 책, 2013, 100쪽.

8) 이은선, 「다른 유교, 다른 기독교, 한국 생물(生物)여성정치의 여성신학적 근거-한나 아렌트의 탄생성(natality)과 정하곡의 생리(生理)를 중심으로」, 한국여성신학회 엮음, 『위험사회와 여성신학』, 동연, 2016, 58쪽.

9) 이은선, 「여성으로 종교말하기」, 『한국여성조직신학 탐구-聖性誠의 여성신학』, 대한기독교서회, 2004, 46-51쪽.

10) 윤성범, 『孝와 종교』, 윤성범전집3, 감신, 1998, 342쪽.

11) 이은선, 「부활은 명멸(明滅)한다 - 4.16세월호의 진실을 통과하는 우리들」, 2016.4.4 세월호2주기 기독인포럼, 기독교세월호원탁회의, 한국기독교회관 2층 조에홀.

12) 이정배, 「다석 유영모의 동양적 기독교 이해와 얼 기독론-다원주의와 생명신학적 고찰」, 김흥호 · 이정배, 『다석 유영모의 동양사상과 신학』, 솔, 2002, 150쪽 이하.

13) 함석헌, 「새 시대의 종교」, 『함석헌 저작집 14』, 한길사, 2009, 74쪽, 이은선, 『다른 유교, 다른 기독교』, 273쪽.

14) 이은선, 「에큐메니컬 운동의 미래와 한국적 聖 · 性 · 誠 여성신학-2013WCC부산총회를 전망하며」, 『한국 생물生物여성영성의 신학-종교聖 · 여성性 · 정치誠의 한몸짜기』, 340쪽 이하.

15) 〈에큐메니언〉 2016.7.12, "세월호 이후 다시 본 성경, Text 아닌 Context였다", 죽제32주기 기념포럼.

16) 조르조 아감벤, 『불과 글』, 윤병언 옮김, 책세상, 2016, 161쪽.

17) 박재순, 『다석 유영모』, 홍성사, 2016, 105-106쪽.

18) 이은선, 「뜨거운 영혼의 사상가, 페스탈로치」, 『한국교육철학의 새 지평-聖 · 性 · 誠의 통합학문적 탐구』, 내일을 여는 책, 2000, 198쪽.

19) 김흥호, 『주역강해(周易講解) 卷 二』, 사색, 2003, 106쪽 이하.

| 참고문헌 |

"그리스도가 우리 안에" / 최성수

Lindbeck, George A. , *Christliche Lehre als Grammatik des Glaubens*, Gütersloh, 1994.

Lindsay, Thomas M. , *A History of the Reformation I*(1906), 이형기/차종순 역, 『종교개혁사(I)』, 한국장로교 출판사, 1990.

Luther, Martin, *Luthers Werke*, Weimar Ausgabe(WA로 약함).

Maurer, W. , Art. Reformation, RGG3.

Sauter, Gerhard, "신앙의 자유 안에서의 행위", 최성수 편역, 『소망을 위하여』, 한들, 2001.

________, "Die Wahrnehmung des Menschen bei Martin Luther", in: EvTh, 1983.

________, "마르틴 루터의 칭의론", 『소망을 위하여』, 앞의 같은 책.

________, Das verborgene Leben. Gütersloh Verlag, 2011.

________, "양심의 소리와 성령의 사역", 『소망을 위하여』, 앞의 같은 책.

성염/이태하/최성수, 『종교다원주의 시대의 기독교와 종교적 관용』, 서울: 민지사, 2001.

최성수, "한국 신학의 '신학적 과제 인식'에 대한 신학적 성찰", 『한국문화와 예배』, 한국문화신학회 편, 서울: 한들, 1999.

근친애적 고착과 그리스도인의 자유 / 최태관

프롬 에리히 · 이상두 옮김, 『자유에서의 도피』. 서울: 범우사, 1996.

프롬 에리히 · 김병익 옮김, 『건전한 사회』, 서울: 범우사, 1994.

프롬 에리히 · 이재기 옮김, 『정신분석과 종교』, 서울: 두영, 1995.

________, 『사회심리학적 그리스도론』, 서울: 전망사, 1980.

________ · 이종훈 옮김. 『너희도 신처럼 되리라』, 서울: 한겨레, 2013.

힌켈리메르트 프란츠 / 김형성 옮김, 『물신』, 서울: 다산글방, 1999.

프리드먼 렌스 /김비 옮김, 『에리히 프롬평전』, 파주: 글항아리, 2016.

변선환, "민중해방을 지향하는 민중불교와 민중신학", 『종교간 대화와 아시아 신학』, 1996.

Chung, Sung-Woo. *Paul, Jesus and the Roman Christian Community: New Perspective on Paul's Jewish Christology in Romans*. Seoul: Christian Herald Publishing Company, 2005.

Dunn, James D. G. *Romans 1-8*, WBC 38A. Dallas Texas: Word Books, Publisher, 1988.

Dunn, James D. G. *Romans 9-16*, WBC 38B. Dallas, Texas: Word Books, Publisher, 1988.

Dunn, James D. G. *The New Perspective on Paul*. Grand Rapids: Eerdmans, 2007.

Kaesemann, von Ernst. An *die Roemer Handbuch zum Neuen Testament*, 한국 신학연구소 편집부 역, 『로마서』 서울: 한국 신학연구소, 1982.

Luther, Martin. *Lectures on Galatians*. 김선회 역, 『말틴 루터의 갈라디아서 강해(상)』 경기: 루터신학대학교 출판부, 2003.

Luther, Martin. *Lectures on Romans*, 이재하 · 강치원 역, 『루터: 로마서 강의』 서울: 두란노아카데미, 2011.

Sanders, E. P. *Paul and palestinian Judaism: A Comparison of Patterns of Religion*. London: SCM Press, 1977,

Sanders, E. P. *Paul: The Apostle's Life, Letters, and Thought*. Minneapolis: Fortress Press, 2015.

Tillich, Paul. *Systematic Theology* vol. II. Chicago: The University of Chicago Press, 1975.

Wright. Nicholas Thomas, *Justification: God's Plan and Paul's Vision*. London: Society for Promoting Christian Knowledge, 2016.

권연경, 『행위 없는 구원?』 서울: SFC출판부, 2007.

김용주, 『칭의, 루터에게 묻다』 서울: 좋은씨앗, 2017.

한인철, 『예수, 선생으로 만나다』 서울: 연세대학교 대학출판문화원, 2016.

자연을 통한 은총 / 이성호

교회연합신문, '학술/루터의 종교개혁 정신에서 바라본 한국교회', 2017년 7월 6일.

구달, 제인과 마크 베코프, 『제인 구달의 생명사랑 십계명』, 최재천, 이상임 역, 서울: 바다출판사, 2003.

바버, 이안, 『과학이 종교를 만날 때』, 이철우 역, 서울: 김영사, 2002.

세월호의 아픔을 함께하는 이 땅의 신학자들, 『남겨진 자들의 신학: 세월호의 기억과 분노 그리고 그 이후』, 서울: 도서출판 동연, 2015.

한국문화신학회, 『세월호 이후 신학: 우는 자들과 함께 울라』, 서울: 모시는사람들, 2015.

Bekoff, Marc, *The Emotional Lives of Animals: A Leading Scientist Explores Animal Joy, Sorrow, and Empathy--and Why They Matter*. Novato, Calif.: New World Library; Distributed by Pub. Group West, 2007.

________, *Why Dogs Hump and Bees Get Depressed: The Fascinating Science of Animal Intelligence, Emotions, Friendship, and Conservation*. Novato, Calif.: New World Library, 2013.

Callaway, Ewen, *Monkey 'Tools'Raise Questions overHuman Archaeological Record*. Nature, Oct 19, 2016.

Darwin, Charles, *Descent of Man and Selection in Relation to Sex* The Barnes & Noble Library of Essential Reading. New York: Barnes & Noble Books, 2004.

de Waal, F. B. M, *Good Natured: The Origins of Right and Wrong in Humans and Other Animals*. Cambridge, Mass.: Harvard University Press, 1996.

Duffy, Stephen, *The Dynamics of Grace: Perspectives in Theological Anthropology* New Theology Studies. Collegeville, MN: Liturgical Press, 1993.

González, Justo L, *A History of Christian Thought*. 3 vols. Nashville: Abingdon Press, 1986.

Harnack, Adolf von, History of Dogma (1897). Translated by James Millar. Vol. 5. 7 vols. 3rd ed. Eugene, OR: Wipe & Stock Publishers, 1997.

Luther, Martin, "Disputation against Scholastic Theology " In *Selected Writings of Martin Luther, 1517-1520*, ed. Theodore G. Tappert, 1st. Philadelphia: Fortress Press, 1967.

________, "The Bondage of the Will - Introduction, Part Vi, and Conclusion (1525)." In *Martin Luther's Basic Theological Writings*, ed. Timothy F. Lull and William R. Russell, 165-196. Minneapolis: Fortress Press, 2005.

Marius, Richard, *Martin Luther: The Christian between God and Death*. Cambridge, MA: Belknap Press of Harvard University Press, 1999.

Matsuzawa, Tetsuro, "Koshima Monkeys and Bossou Chimpanzees: Long-Term Research on Culture in Nonhuman Primates." In *Animal Social Complexity: Intelligence, Culture, and Individualized Societies*, ed. F. B. M. de Waal and Peter L. Tyack, 374-387. Cambridge, Mass.; London: Harvard University Press, 2003.

Ottoni, Eduardo B., and Massimo Mannu, "Spontaneous Use of Tools by Semifree-Ranging Capuchin Monkeys." In *Animal Social Complexity: Intelligence, Culture, and Individualized Societies*, ed. F. B. M. de Waal and Peter L. Tyack, 440-443. Cambridge, Mass.; London: Harvard University Press, 2003.

Peters, Ted, and Martin Hewlett, *Evolution from Creation to New Creation: Conflict, Conversation, and Convergence*. Nashville, TN: Abingdon Press, 2003.

Thomas, Aquinas, *An Aquinas Reader*, 1st ed., ed. Mary T. Clark. Garden City, N.Y.: Image Books, 1972.

https://data.oecd.org, OECD (2017), Hours worked (indicator). doi: 10.1787/47be1c78-en; Poverty rate (indicator). doi: 10.1787/0fe1315d-en; Suicide rates (indicator). doi: 10.1787/a82f3459-en; Fertility rates (indicator). doi: 10.1787/8272fb01-en (Accessed on 01 August 2017)

루터의 코랄과 한국 찬송가 / 이천진

1. 단행본

김광식, 「조직신학(IV)」, 서울: 대한기독교서회, 1997.

김홍기, 「세계교회 이야기」, 서울: 신앙과 지성사, 2009.

민경배, 「교회와 민족」서울: 연세대학교출판부, 1992.

______, 「韓國敎會 讚頌歌史」, 서울: 연세대학교출판부, 1997.

성현, 「악학궤범」, 서울: 명문당, 2011.

유동식, 「민속종교와 한국문화」, 서울: 현대사상사, 1978.

윤성범, 「한국적 신학」, 서울: 선명문화사, 1972.

이성천, 「한국 한국인 한국음악」, 서울: 도서출판 풍남, 1997.

이영구 편저, 「악기(樂記)」, 서울: 자유문고, 2003.

조숙자, 조명자, 「찬송가학」, 서울: 장로회신학대학출판부, 1988.

조요한, 「한국미의 조명」, 서울: 열화당, 1999.

지원용, 「말틴 루터」, 서울: 대한기독교서회, 1960.

한홍섭, 「한국의 음악사상」, 서울: 민속원, 2000.

홍세원, 「교회음악의 역사」, 서울: 연세대학교출판부, 1999.

Jürgen Moltmann, 「오시는 하나님」, 김균진역, 서울: 대한기독교서회, 1998.

William Reynolds and Miburn Price, 「찬송가학」, 이혜자역, 서울: 이화여자대학교 출판부, 1997.

2. 논문 및 연설문

김광식, 「기독교와 한국문화」, 『용재 백낙준 박사 기념강좌』, 서울: 대한기독교서회,
        1992.

말틴 루터, 「크리스챤의 자유」, 『말틴 루터의 종교개혁 3대 논문』, 지원용 역, 서울:
        컨콜디아사, 1993.

문성모, 「마틴루터의 예배음악에 대한 신학적 이유」, 『민족음악과 예배』, 서울: 한들,
        1995.

알렉산드르 솔제니친, 「분열된 세계」, 『세상을 뒤흔든 명연설 21』, 홍희연 역, 서울: 에이
        지21, 2011.

정기락, 「마르틴 루터의 민족교회음악」, 『음악과 민족 제6호』, 부산: 민족음악학회, 1993.

한명희, 「엇몰이 장단과 일탈의 미학」, 『멋과 한국인의 삶』, 최정호 편, 서울: 나남출판,
        1997.

홍정수, 「찬송가의 생성과 마르틴 루터」, 『하나님 나라와 선교』, 서울: 대한기독교서회,
        2001.

한국교회 예배 개혁의 길 / 이정훈

훈민정음 해례본(解例本) 제자해(制字解).

월간 「신학월보」.

계간 「성실문화」.

지원용 편, 「루터선집」 제8권, (컨콜디아사, 1985).

James F. White. 정장복 역, 「기독교예배학입문」(엠마오, 1992).

김연갑, 「아리랑 그 맛, 멋, 그리고…」(집문당, 1998).

이정훈, 「그리스도인을 위한 전통문화 이야기」(한들, 1999).

이정훈, 「한국의 그리스도인을 위한 절기예배이야기」(대한기독교서회, 2000).

식탁의 나눔과 소외로부터 보는 종교개혁의 현대적 과제 / 김진희

김진희, 『타키자와 카츠미 신학연구』, 모시는사람들, 2014.

도히 아키오(土肥昭夫), 『일본 프로테스탄트 기독교사(日本プロテスタントキリスト教
        史)』新教出版社, 1980.

______, 『역사의 증언(歷史の証言)』, 教文館, 2004.

일본 기독교단 선교 연구소 교단 사료 편찬실(日本キリスト敎団宣敎研究所敎団史料編纂室),『일본 기독교단사 자료집(日本基督敎団史資料集) 제2권』日本基督敎団宣敎研究所, 2001.

일본 기독교단 선교 연구소 교단 사료 편찬실,『일본 기독교단사 자료집 제4권』, 日本基督敎団宣敎研究所, 1998.

일본 루터 신학대학 루터 연구소(日本ルーテル神学大学ルター研究所),『루터와 종교개혁사전(ルターと宗敎改革事典)』, 敎文館, 1995.

키타무라 지로오 목사의 처분 철회를 요구하며, 열린 연합 교회를 만드는 모임 편집 위원회(北村慈朗牧師の処分撤回を求め, ひらかれた合同敎会をつくる会編),『징계인가 대화인가(戒規か対話か)』新敎出版社, 2016.

키타무라 지로오 목사의 처분 철회를 요구하며, 열린 연합 교회를 만드는 모임 편집 위원회 연합『교회의「법」을 묻는다(合同敎会の「法」を問う)』, 新敎出版社, 2019.

하라 마코토(原誠),『국가를 넘지못한 교회(国家を超えられなかった敎会)』, 日本キリスト敎団出版局, 2005.

모미지자카(紅葉坂) 교회,『키타무라 지로오 목사에 대한「교사 퇴임 권고」에 대한 모미지자카의 견해(北村慈郎牧師への敎師退任勧告)に対する 紅葉坂敎会役員会の見解)), 2008.

발터 켈러(Walter Köhler)저 세하라 요시오(瀬原義生) 역,「츠빙글리, 루터의 성찬논쟁과 마르부르크 회담(ツヴィングリ, ルターの聖餐論争とマールブルク会談)」,『立命館大学 = The journal of cultural sciences』, 立命館大学人文学会, 2008.

유지황「루터, 쯔빙글리, 캘빈의 성찬론에 관한 이해 : 급진 정통주의 신학적 관점에서」,『현대와 신학』vol. 26, 2001, http://theologia.kr/board_system/47076?ckattempt=1.

일본 기독교단(日本基督敎団),「제2차 세계대전하에서의 일본 기독교단의 책임에 대한 고백(第二次大戦下における日本基督敎団の責任についての告白)」, 1967, http://uccj.org/confession.

한국기독교장로회총회,「신사참배와 부일협력에 대한 죄책 고백 선언문」, 2007, http://prok.org/gnu/bbs/board.php?bo_table=bbs_news1&wr_id=3252.

떡과 포도주로 본 종교개혁 / 이한영

가홍순,『성만찬과 예배 갱신』, 서울: 도서출판 나단, 1994.

김춘배, 『기독교사상사』, 서울: 대한기독교서회, 1966.

이한영,「밥이 된 예수: 요한복음의 밥 이야기 창해(創解)」,『기독교사상』674(2015.02):

132-147.

______, 「피악자와 죽음의 문화에 대한 분석: 나사로의 죽음과 소생」, 『기독교사상』672 (2014.12): 170-183.

______, 「아시아의 지혜를 통해 본 생명과 정의: 송천성의 아시아신학」, 생명평화마당 엮음, 『생명과 평화를 여는 정의의 신학』, 서울: 동연, 2013.

______, 「종교해방신학의 여정에서 본 불교와 기독교의 대화: 일아 신학과 오늘」, 변선환 아키브 엮음, 『하느님, 당신은 누구십니까: 트랜스-휴먼과 탈-종교 시대의 대화신학』, 서울: 동연, 2015.

정장복, 『예배학개론』, 서울: 종로서적, 1985.

지원용 역, 『말틴 루터의 종교개혁 3대 논문』, 서울: 컨콜디아사, 1993.

KCRP 종교간대화위원회 엮음, 『축의 시대와 종교간 대화』, 서울: 모시는사람들, 2014.

한국 개혁교회의 경제신앙 / 김영철

막스베버, 김덕영 옮김, 『프로테스탄티즘의 윤리와 자본주의 정신』, 서울:길, 2014.

박득훈, 『돈에서 해방된 교회』, 포이에마, 2014.

이은선, "칼빈과 청교도의 경제윤리", 『한국개혁신학』 Vol.6 No.1.

R. H 토니 지음, 고세훈 옮김, 『기독교와 자본주의의 발흥』, 한길사, 2015.

Bieler, Andre. *The Social Humanism of Calvin*, trans. by Paul T. Fuhrmann. Richmond, VA: John Knox Press, 1964.

------------. *Calvin's Economic and Social Thought*. Geneva: World Council of Churches, 2005.

Calvin, John. *Sermons on Jeremiah by Jean Calvin*. Texts and Studies in Religion, No.46. Trans. by Blair Reynolds Lewiston. New York: The Edwin Mellin Press, 1990.

Goudzwaard, Bob. *Globalization and the Kingdom of God*. Grand Rapids, MI: Baker Books, 2001.

Innes, William C. *Social Concern in Calvin's Geneva*, ed. by Susan Cembalisty. Allison Park, PA: Pickwick Publications, 1983.

Reid, W. Stanford. "John Calvin: the Father of Capitalism", in *Articles on Calvin and Calvinism: Calvin's Thought on Economic and Social Issues and the Relationship of Church and State*, ed. By Richard C. Gamble. New York & London: Garland Publishing, Inc, 1992.

Schulze, Ludi F. *Calvin and "Social Ethics": His Views on Property, Interest and Usury*.

Pretoria: Kital, 1985.

----------. "Calvin on Interest and Property--Some Aspects of his socio-economic View", in *Articles on Calvin and Calvinism vol. XI: Calvin's Thought on Economic and Social Issues and the Relationship of Church and State*, ed. by Richard C. Gamble. New York & London: Garland Publishing Inc., 1992.

Stiglitz, Joseph E. *Globaization and Its Discontents*. New York: W. Norton & Company, 2002.

Treoltsch, Ernst. *The Social Teachings of the Christian Churches vol.2*, Trans. by Olive Wyon. New York: Harper and Row, 1960.

촛불의 미학, 촛불의 시민 신학 / 김정숙

김주한, 『마르틴 루터의 삶과 신학이야기』, 대한기독교서회, 2015.

바슐라르, 가스통, 『촛불의 미학』, 김웅권, 동문선, 2008.

보그, 마커스, 『예수 새로 보기』, 김준우, 한국기독교연구소, 1997.

아렌트, 한나, 『폭력의 세기』, 김정한, 이후, 2000.

송호근, 『촛불의 시간: 군주·국가의 시간에서 시민의 시간으로』, 북극성, 2017.

틸리히, 폴. 『프로테스탄트 시대』, 이정순, 대한기독교서회, 2011.

하지슨, 티퍼 C. & 로버트 H. 킹. 『현대 기독교 조직신학』, 윤철호, 한국장로교출판사, 2015.

Tillich, Paul, *Systematic Theology I*. University of Chicago Press, 1951.

황민효, "폴 틸리히의 종교사회주의에 관한 연구-개신교원리를 중심으로", 「한국조직신학논총」 41. (2015): 87-119.

대결에서 대화로 / 정경일

길희성, 『길은 달라도 같은 산을 오른다』, 휴, 2013.

_____, 『보살예수』, 현암사, 1999.

_____, 『아직도 교회 다니십니까』, 대한기독교서회, 2015.

김경재, 『해석학과 종교신학』, 한국 신학연구소, 1994.

폴 니터, 유정원 역, 『종교신학입문』, 분도출판사, 2007.

변선환, 『종교 간 대화와 아시아신학』, 한국 신학연구소, 1996.

이정배, 『한국 개신교 전위 토착신학 연구』, 대한기독교서회, 2003.

탈근대/탈식민 시대의 선교신학 / 홍정호

니터, 폴, 『종교신학입문』, 유정원 옮김, 왜관: 분도출판사, 2007.
두셀, 엔리케, 『1492년 타자의 은폐: '근대성 신화'의 기원을 찾아서』, 박병규 옮김, 서울: 그린비, 2011.
루터, 마르틴, 『말틴 루터의 종교개혁 3대 논문』, 지원용 옮김, 서울: 컨콜디아사, 2003.
미뇰로, 월터 D, 『라틴아메리카, 만들어진 대륙』, 김은중 옮김, 서울: 그린비, 2010.
바르트, 한스-마르틴, 『마르틴 루터의 신학: 비판적 평가』, 정병식 · 홍지훈 옮김, 서울: 대한기독교서회, 2015.
바우만, 지그문트 · 슬라보예 지젝 · 아르준 아파두라이 외, 『거대한 후퇴』, 박지영 외 옮김, 파주: 살림, 2017.
변선환아키브 편, 『변선환 전집1: 종교간 대화와 아시아 신학』, 천안: 한국 신학연구소, 1996.
______, 『변선환 전집3: 한국적 신학의 모색』, 천안: 한국 신학연구소, 1997.
______, 『변선환 전집4: 요한 웨슬리 신학과 선교』, 천안: 한국 신학연구소, 1998.
브라운, 웬디, 『관용: 다문화제국의 새로운 통치전략』, 이승철 옮김, 갈무리, 2010.
셀더하위스, 헤르만, 『루터, 루터를 말하다』, 신호섭 옮김, 서울: 세움북스, 2016.
카스퍼, 발터, 『마르틴 루터』, 모명숙 옮김, 왜관: 분도출판사, 2017.
코젤렉, 라인하르트 · 오토 브루너 · 베르너 콘체 엮음, 『코젤렉의 개념사 사전 8: 개혁과 종교개혁』, 백승종 옮김, 서울: 푸른역사, 2014.
홍정호, "선교신학의 주제로서의 관용", 「선교신학」 제43집, 2016.
Davis, Colin. *Levinas: An Introduction*. Notre Dame: University of Notre Dame Press, 1996.
Jenkins, Philip. *The Next Christendom: The Coming of Global Christianity*. New York: Oxford Univ. Press, 2006.
Laursen, John Christian and Cary J. Nederman. Ed. *Beyond the Persecuting Society: Religious Toleration before the Enlightenment*. Philadelphia: Univ. of Pennsylvania, 1998.
______. *Difference and Dissent: Theories of Toleration in Medieval and Early Modern Europe*. Lanham: Rowman & Littlefield, 1996.
Sanneh, Lamin O. and Joel A. Carpenter. Eds. *The Changing Face of Christianity: Africa,*

the West, and the World. New York; Oxford Univ. Press, 2005.

종교개혁 以後 신학으로서 '역사유비'의 신학, 그 아시아적 함의 / 이정배

멕페이그, S, 『은유신학』, 정애성 역, 다산글방, 2001.

이은선, 『유교, 기독교 그리고 페미니즘』, 지식산업사, 2003.

이정배, 『한국 개신교 전위(前衛) 토착신학 연구』, 기독교서회, 2003.

______, 『없이 계신 하느님, 덜 없는 인간』, 모시는사람들, 2009.

______, 『신학-타자의 텍스트를 읽다』, 모시는사람들, 2013.

다석학회 편, 『다석강의』, 현암사, 2006.

보그, M 외, 『첫 번째 바울의 복음』, 김준우 역, 기독교연구소, 2010.

문광훈, 『가면들의 병기창-발터 벤야민의 문제의식』, 한길사, 2010.

강수미, 『아이스테시스- 발터 벤야민과 사유하는 미학』, 글항아리. 2011.

벤야민, W, 『역사의 개념에 대하여 외』, 최설만 역, 도서출판 길, 2012.

벡, U, 『자기만의 신』, 홍찬숙 역, 도서출판 길, 2013.

지젝, S 외, 『예수는 괴물이다』, 배성민 외 역, 마티, 2013.

주요섭, 『전환-열망의 유토피아가 온다』, 모시는사람들, 2015.

라비, M, 『발터 벤야민- 화재경보』, 양창렬 역, 난장, 2017.

유교 문명사회에서의 한국교회와 제2의 종교개혁 그리고 동북아 평화이슈 / 이은선

김흥호, 『주역강해(周易講解) 卷 二』, 사색, 2003.

박재순, 『다석 유영모』, 홍성사, 2016.

생명평화마당 엮음, 『생명과 평화를 여는 정의의 신학』, 동연, 2013.

윤성범, 『孝와 종교』, 윤성범전집3, 감신, 1998.

李信, 『슐리얼리즘과 영靈의 신학』, 이은선/이경 엮음, 동연, 2011.

이은선, 『다른 유교, 다른 기독교』, 도서출판 모시는사람들, 2016.

이은선/이정배. 『묻는다, 이것이 국가인가』, 동연, 2015.

이은선, 『생물권 정치학시대에서의 정치와 교육-한나 아렌트와 유교와의 대화 속에서』,
　　　모시는사람들, 2014.

______, 『한국 생물生物여성영성의 신학-종교聖·여성性·정치誠의 한몸짜기』, 모시는
　　　사람들, 2011.

_____, 『한국여성조직신학 탐구-聖性誠의 여성신학』, 대한기독교서회, 2004.

_____, 『한국교육철학의 새 지평-聖ㆍ性ㆍ誠의 통합학문적 탐구』, 내일을 여는 책, 2000.

이정배, 『빈탕한데』.

김흥호ㆍ이정배, 『다석 유영모의 동양사상과 신학』, 솔, 2002.

정하곡, 『신편 국역 하곡집』3, 「존언(存言)下」, 재단법인 민족문화추진회 옮김, 한국학술
　　　정부(주), 2007.

『함석헌 저작집 14』, 한길사, 2009.

한국여성신학회 엮음, 『다문화 사회와 여성신학-여성신학사상 제8집』, 동연, 2008.

_____, 『위험사회와 여성신학-여성신학사상 제11집』, 동연, 2016.

막스 피카르트, 『인간과 말』, 배수아 옮김, 봄날의 책, 2013,

조르조 아감벤, 『불과 글』, 윤병언 옮김, 책세상, 2016.

Hannah Arendt, *The Origins of Totalitarianism*, A Harvest/HBJ Books, 1973.

_____, *Love and Saint Agustine*, (ed.) and with an Interpretive Essays by Joanna
　　　Vecchiarelli Scott and Judith Chelius Stark, The University of Chicago Press, 1966.

선교학 471, 476, 477
성(聖) 513, 519, 520
성경공부 221
성경 말씀 295
성령 518
성령의 숨 276, 277
성령중심적 선교신학 454
성례전 334
성만찬 332, 333, 340
성상 파괴 60, 61
성상파괴자 55
성서 222
성서일과 294
성스러운 괴물 414
성 요한 찬미가 258
성찬 325, 339, 340, 341, 342, 348, 349
성찬론 312
성찰적 인문학 409
성천 271
세계개혁교회 370, 372
세계평화 523
세례 307
세월호 이후 신학 518
『세종실록』 274
소방대원 행진곡 268
속물성 426
송천성 353, 354
쇠렌 키에르케고르 153
수행적 기독교 426
수행 종교 330
스웨덴 민요 268
스코틀랜드 민요 268
시민권 318

시민 신학 395
시장신학 421
시천주 499
〈시편〉 259
시편 찬송가 259
신명 271
신바람 271
신앙고백 65, 322
신앙 기계 426
신앙에 관한 문제-내적인 것 256
신앙유비 483, 485, 486, 487, 490
신약성서 128
신의 천상화 430
신-인 220
신자유주의 372, 410
신자유주의 세계화 370
「신정 찬송가」 273
신토불이 271
신토불이의 영성 271
신학 49, 132, 133, 134, 403, 458, 469
신학비판 459
신학원리 481
《신학월보》 283
심판과 은총 165
십자가 490
십자가 신앙 490

[ㅇ]

아리랑 291
아리스토텔레스 488
아시아 313
〈아악보서〉 274

[기타]

종교개혁 500년, '以後' 신학
- 루터 밖에서 루터를 찾다

등록 1994.7.1 제1-1071
1쇄 발행 2017년 10월 31일
2쇄 발행 2018년 12월 31일

엮은이 변선환아키브
지은이 최성수 심은록 최태관 김영철 김종길 김광현 최대광
        이성호 박일준 이천진 이정훈 김진희 이한영 김정숙
        박상언 정경일 이정배 홍정호 이은선
펴낸이 박길수
편집인 소경희
편 집 조영준
관 리 위현정
디자인 이주향
펴낸곳 도서출판 모시는사람들
        03147 서울시 종로구 삼일대로 457(경운동 수운회관) 1207호
전 화 02-735-7173, 02-737-7173 / 팩스 02-730-7173
홈페이지 http://www.mosinsaram.com/

인 쇄 천일문화사(031-955-8100)
배 본 문화유통북스(031-937-6100)

값은 뒤표지에 있습니다.
ISBN 979-11-86502-97-6   93230

* 잘못된 책은 바꿔 드립니다.
* 이 책의 전부 또는 일부 내용을 재사용하려면 사전에 저작권자와 도서출판
모시는사람들의 동의를 받아야 합니다.

이 도서의 국립중앙도서관 출판예정도서목록(CIP)은 서지정보유통지원시스
템 홈페이지(http://seoji.nl.go.kr)와 국가자료공동목록시스템(http://www.
nl.go.kr/kolisnet)에서 이용하실 수 있습니다.(CIP제어번호: 2017024272)